爱尔兰

本书作者

芬恩·达文波特（Fionn Davenport） 达米安·哈珀（Damian Harper）

凯瑟琳·勒内韦（Catherine Le Nevez）

莱恩·冯·博克摩斯（Ryan Ver Berkmoes） 尼尔·威尔逊（Neil Wilson）

中国地图出版社

计划你的行程

DESIGN PICS/THE IRISH IMAGE COLLECTION/GETTY IMAGES ©

基尔肯尼郡，见136页

GARETH MCCORMACK/GETTY IMAGES ©

康尼马拉，见226页

在路上

目录

在路上

SHAUN EGAN/GETTY IMAGES ©

法纳德角半岛

了解爱尔兰

生存指南

特别呈现

欢迎来爱尔兰

面积不大，名声却响当当。古老的风景摄人心魄，友好的人民魅力非凡，他们热情奔放的天性在温暖人心的待客之道中展露无遗。

风景优美的奇境

不要以为明信片上的爱尔兰只是虚构出来的图像，它可是真实存在的。在西南部沉郁空寂的康尼马拉和壮美荒芜的多尼戈尔郡，你将与它相见；在利特里姆郡和罗斯康芒郡的湖区，在阳光明媚的东南部（当然这里的“阳光明媚”是相对而言）连绵起伏的山丘间，你会有所发现。勇渡波涛汹涌的大西洋前往斯凯利格·迈克尔岛，或者在茅屋小酒馆的院子里度过一个夏夜，你将感受到历经沧海桑田始终未变的爱尔兰。

丰富的历史遗产

历史无处不在：在博因宫、凯里的斯莱角和斯莱戈的卡罗莫尔，史前爱尔兰遗迹摄人心魄；在格伦达洛和科隆玛诺伊，爱尔兰历史悠久的修道院遗迹美不胜收；在科夫的泰坦尼克号博物馆和都柏林气氛肃杀的基尔曼汉姆监狱，眼前的历史并不遥远。而有的历史太过鲜活，正在发生，最佳体验方式是乘坐黑色出租车游览英国北爱尔兰西贝尔法斯特，或者在伦敦德里欣赏色彩鲜艳的政治壁画。

文化的源泉

爱尔兰丰富多彩的文化活动会令你应接不暇，可以在都柏林欣赏戏剧大师的作品，在爱尔兰西部的某家小酒馆里体验传统音乐演奏会，或者在利默里克的酒吧里参加摇滚演出。爱尔兰的夏天节日不断，从盛开的花朵到高雅文学，一切皆可庆祝。

热情的欢迎

在飞机上和旅途中，你可能会听到有人说“tá fáilte romhat”（taw fall-cha row-at）——“非常欢迎”，或者更加出名的那句“céad míle fáilte”——“十万分欢迎”。爱尔兰人的友好是听腻了的老生常谈，这样形容一种无限复杂的性格未免太过简单化，但是，爱尔兰人的确是热情友善的。不管何时遇到，你和他们都很可能会聊起天来，寒暄一番，如果发现你是新来的，他们常会伸出援手。不过，不必以为这是毫无保留的无私利人，放心吧，其实他们是为了让自己心安，因为如果身边的人不自在，爱尔兰人也没法放松。十万分欢迎似乎过头了，但爱尔兰鼓励这种“过头”，适度使用就好。

我为什么喜欢爱尔兰

本书作者 芬恩·达文波特（Fionn Davenport）

我珍视爱尔兰人率真而不拘礼节的态度。这种态度基于一种心照不宣的想法：人生是一场纠缠不清、令人困惑的斗争，我们每个人，不论身份和信仰，都要拼尽所能将它完成。不管发生什么情况，我们都在同一条船上，所以大家不妨客气一点，抓住机会共享美好一刻。

关于作者的更多信息，见446页。

上图：戈尔韦郡的康尼马拉（见226页）

爱尔兰亮点

0 100 km
0 50 miles
海拔高度
700m
500m
300m
200m
100m
0
多尼戈尔郡
海湾、悬崖，海岸线有绝妙风景（245页）
伦敦德里
以音乐和艺术闻名的围墙古城（352页）
卡罗莫尔巨石墓地
石器时代的纪念碑（243页）
康尼马拉
沉静而美丽的风景（226页）
堤道海岸
为《权力的游戏》提供合适背景（361页）
贝尔法斯特泰坦尼克号博物馆
展示世界上最著名的那艘船（323页）
博因宫
杰出的新石器时代墓地通道（270页）
ATLANTIC OCEAN
大西洋
North Channel
55°N
54°N
10°W
9°W
8°W
7°W
6°W
Tory Island
托里岛
Fanad Peninsula
法纳德半岛
Malin Head
马林角
Inishowen Head
伊尼什欧文角
Dunluce Castle
邓路斯城堡
Giant's Causeway
巨人之路
Bushmills
布什米尔斯
Rathlin Island 拉斯林岛
Ballycastle
巴利卡斯尔(安特里姆郡)
Rosguill Peninsula
罗斯基尔半岛
Ballyliffin
巴利里芬
Culdaff
卡尔达夫
Portrush
波特拉什
Bloody Foreland
布拉迪海岬
Dunfanaghy
邓法纳希
Moville 莫维
Lough Swilly
Inishowen Peninsula
伊尼什欧文半岛
Downhill
邓恩希尔
Coleraine
Arranmore Island
阿兰莫岛
Gortahork
戈塔霍克
Buncrana
班克拉纳
Limavady
利马瓦迪
Gweedore 圭多尔
Kincasslagh
金卡斯拉
Dunlewy
Glenveagh National Park
格伦威国家公园
Lough Gartan
加坦湖
Londonderry
伦敦德里
ANTRIM
安特里姆郡
River Bann
Ballymena
巴利米纳
Larne 拉恩
Slemish
斯莱米什(438m)
Dungloe
邓洛
Letterkenny
莱特肯尼
DONEGAL
多尼戈尔郡
LONDONDERRY
伦敦德里郡
Kells
Ardara
阿达拉
Glenties
格伦蒂斯
Blue Stack Mountains
Strabane
莱特肯尼
Sperrin Mountains
Crawfordsburn
克劳福兹本
Carrickfergus
卡里克弗格斯
Antrim
安特里姆
Maghery
Glencolumbcille
Killybegs
基利贝格斯
Lough Eske
TYRONE
蒂龙郡
Bangor 班戈
Loughrea Peninsula
洛赫雷半岛
Carrick
Kilcar 基尔卡
Donegal 多尼戈尔
UNITED KINGDOM
英国
Lough Neagh
内伊湖
Holywood
Belfast
贝尔法斯特
Newtownards
纽敦纳兹
Bruck-less
Mountcharles
芒特查尔斯
Omagh
奥马
Donegal Bay
多尼戈尔湾
Rossnowlagh
罗斯诺拉
Lower Lough Erne
下厄恩湖
Ards Peninsula
阿兹半岛
Lisburn
Craigavon
Lurgan
Portadown
Strang ford Lough
斯特兰福德湾
Inishmurray Island
Bundoran
班多伦
Lough Melvin
FERMANAGH
弗马纳郡
Rossmore Forest Park
罗斯莫尔森林公园
Armagh
Banbridge
Downpatrick
唐帕特里克
Céide Fields
赛尔德田野
Sligo Bay
斯莱戈湾
Enniskillen
Lough Macnean Upper
DOWN
邓恩郡
Lecale Peninsula
勒卡尔半岛
ARMAGH
阿马郡
Ballycastle
Lough Gill
Sligo
斯莱戈
Monaghan
Pollatomish
波拉托米什
Killala
Carrowmore Megalithic Cemetery
Lough Macnean Lower
Clones
Bangor Erris
Mullet Peninsula
马利特半岛
Ballina
巴利纳
卡罗莫尔巨石墓地
Culcagh Mountain
奎尔卡山(667m)
MONAGHAN
莫纳亨郡
SLIGO
斯莱戈郡
Upper Lough Erne
上厄恩湖
River Annagh
Inniskeen
Carlingford
Greencastle
Ballycroy National Park
Ireland West Airport Knock
爱尔兰西部诺克机场
Boyle
博伊尔
LEITRIM
利特里姆郡
Cavan
Cooley Peninsula
库利半岛
Carrickmacross
Dundalk
邓多克
MAYO 梅奥郡
Carrick-on-Shannon
香农河畔卡里克
Newport 纽波特
Clew Bay
克卢湾
Westport
Castlebar
ROSCOMMON
罗斯康芒郡
CAVAN
卡文郡
Clare Island
克莱尔岛
韦斯特波特
Knock
Battle of Boyne Site
Inishturk Island
伊尼什特克岛
Croagh Patrick
克罗帕特里克(765m)
LONGFORD
朗福德郡
Drogheda
Inishbofin
伊尼什博芬
Doolough Valley
杜勒谷
Connemara National Park
康尼马拉国家公园
Roscommon
罗斯康芒
Longford
朗福德郡
Loughcrew Cairns
Kells
Slane
Laytown
Letter-frack
莱特弗拉克
Leenane
利瑙恩
Navan
Brú na Bóinne
博因宫
Newgrange
Cleggan
Claddaghduff
Clare
River
Lough Ree
River
Inny
Mullingar
Trim
Cong

戈尔韦的节日
体现爱尔兰城市的享乐主义(295页)
克莱尔海岸
标志性的悬崖和冲浪海滩(206页)
丁格尔
说爱尔兰语的美丽渔村(179页)
凯里环线
爱尔兰最著名的全景镜头(173页)
都柏林
既有秩序又不乏活力的首都之城(64页)
格伦达洛
绝佳环境中的古老修道院(114页)
基尔肯尼
一座庄严的中世纪之城(136页)
卡舍尔岩
惊人的岩石之上古代堡垒(198页)
科克
爱尔兰第二大城市里的一流餐厅(143页)
DUBLIN 都柏林
Howth
Dalkey
Maynooth
Straffan
KILDARE 基尔代尔郡
Kildare 基尔代尔
Newbridge
Donnelly's Hollow
Wicklow 威克洛
Mizen Head
Glendalough 格伦达洛
Wicklow Mountains 威克洛山脉
River Avoca
WICKLOW 威克洛郡
Castledermot
Carlow 卡洛
CARLOW 卡洛郡
Timahoe
Rock of Dunamaise
Mountmellick
Portarlington
Abbeyleix
Durrow
Kilkenny 基尔肯尼
KILKENNY 基尔肯尼郡
Borris
River Barrow
Mt Leinster 伦斯特山 (796m)
Ferns
Enniscorthy
Wexford Bay
WEXFORD 韦克斯福德郡
Curracloe Beach 卡拉克鲁海滩
Wexford 韦克斯福德
Rosslare Strand
Rosslare Harbour 罗斯莱尔港
Kilmore Quay
Saltee Islands
Hook Peninsula 胡克半岛
Waterford 沃特福德
New Ross 新罗斯
St Mullins 圣穆林斯
Dungarvan
Kells
Ballingarry
Tramore
Dunmore East
Dungarvan 邓加文
WATERFORD 沃特福德郡
Ring Peninsula
Ardmore 阿德莫尔
Youghal
Youghal Bay
Cobh
Cork 科克
Fota Wildlife Park 福塔野生动物园
CORK 科克郡
Kinsale 金赛尔
Clonakilty 克洛纳基尔蒂
Skibbereen 斯基伯林
Castletownshend 卡斯尔敦申德
Baltimore
Clear Island
Schull 斯卡尔
Mizen Head Peninsula 米曾角半岛
Sheep's Head Peninsula 羊头半岛
Bantry 班特里
Glengarriff 格伦加里夫
Gougane Barra Forest Park
Kenmare
Killarney 基拉尼
Killarney National Park 基拉尼国家公园
Kerry Bog Village Museum
Killorglin 基洛格林
Castlemaine
Inch 因奇
Tralee 特拉里
KERRY 凯里郡
Dingle Peninsula
Connor Pass 康纳山口
Annascaul
Dingle 丁格尔
Rossbeigh Strand
Kells
Cahersiveen
Ring of Kerry 凯里环线
Valentia Island 瓦伦西亚岛
Portmagee
Sneem
Waterville
Caherdaniel
Skellig Ring
Skellig Islands 斯凯利格群岛
Beara Peninsula 贝拉半岛
Dursey Island 德西岛
Mallow
Listowel
Ballybunion
Tarbert
Mouth of the Shannon 香农河口
Loop Head 卢普角
Scattery Island
Kilkee 基尔基
Kilrush 基尔拉什
Shannon Airport 香农机场
Bunratty
Limerick 利默里克
LIMERICK 利默里克郡
Adare
Ballingarry 巴林加里
Tipperary 蒂珀雷里
Glen of Aherlow 阿赫洛峡谷
Galtee Mountains 加尔蒂山脉
Mitchelstown Caves 米切尔斯敦洞穴
River Blackwater
Lismore 利斯莫尔
Newcastle
Curraghmore Estate
River Suir
Clonmel 克朗梅尔
Carrick-on-Suir
Cahir 凯尔
Cashel 卡舍尔
SOUTH TIPPERARY 南蒂珀雷里郡
NORTH TIPPERARY 北蒂珀雷里郡
Nenagh 尼纳
Donaghmore
Roscrea
Ballina
Killaloe
Mountshannon
Ennis 恩尼斯
CLARE 克莱尔郡
Miltown Malbay 米尔敦马尔贝
Liscannor 利斯坎诺
Ennistymon 恩尼斯泰蒙
Corofin
Kilfenora
Lisdoonvarna
Hag's Head 哈格斯角
Cliffs of Moher 莫赫悬崖
Doolin 杜林
Fanore
Burren
Black Head
Ballyvaughan
Kinvara 金瓦拉
Gort
Kilcolgan
Clarinbridge
Galway 戈尔韦
GALWAY 戈尔韦郡
Athenry 阿森赖
Loughrea
Portumna
Ballinasloe
Banagher
Birr
Kinnitty
Slieve Bloom Mountains
OFFALY 奥法利郡
Clonmacnoise
Shannonbridge
Athlone 阿斯隆
Suck
River
Kilbeggan
Durrow Abbey
Tullamore
WESTMEATH 韦斯特米斯郡
LAOIS 莱伊什郡
Aran Islands 阿伦群岛
Inishmór 伊尼什莫尔
Inishmaan 伊尼什马恩
Inisheer 伊尼希尔
Mace Head
Roundstone 朗德斯通
Oughterard
Lough Corrib
Lough Inagh
Clifden 克利夫登
Cashel 卡舍尔
Omey Island
St George's Channel 圣乔治海峡
53°N
52°N
9°W
8°W
7°W
6°W

爱尔兰 Top 15

1

都柏林

1 都柏林是爱尔兰的首都和最大的城市，也是进入这个国家的主要门户，这里景点众多，足够游客玩上几天。从世界级的博物馆和娱乐场所到绝佳的餐厅和一流的酒店，这些为重要国际大都会增光添彩的地方，都柏林（见64页）一样不缺，但是真正起到决定性作用的是都柏林人，他们几乎比任何其他欧洲首都的市民都更友好、更随和、更热情。而且，这里是健力士黑啤的故乡。图为奥康奈尔桥

康尼马拉，戈尔韦郡

2 小巧的海湾和海滩构成了一条仿佛精雕细琢过的海岸，在康尼马拉（见226页）半岛和波涛汹涌的大西洋之间划下一道美丽的界线。沿着富有特色的道路漫步，可以从一个村庄前往另一个村庄，每个村庄都有传统小酒馆和餐厅，供应按照祖传秘方烹制的奶油海鲜浓汤。在内陆地区，景色更加激动人心。在空寂无人的美妙山谷，青翠的山丘、黄色的野花和倒映着蓝天的奔腾的溪流散发着自然之美。你可以随意漫步，远离人群，重返从前的朴素时光。图为伊纳湖（Lough Inagh）

RICHARD I'ANSON/GETTY IMAGES ©

CHRIS HILL/GETTY IMAGES ©

小酒馆

3 每个城镇和村庄都至少有一间小酒馆：不管去哪里，你都会发现小酒馆是爱尔兰最重要的社交心脏，要了解这个国家因何运作，小酒馆依然是最好的去处。在合适的环境里——可以是地面铺着石板，泥煤炉火烧得很旺的安静的传统小酒馆，也可以是灯光闪烁、音乐流淌、更加现代的酒吧——花些时间或一个晚上一边聆听那颗心脏的跳动，一边喝些美味的啤酒。图为Kehoe's（见101页）

戈尔韦市

4 如果只能用一个词来形容戈尔韦市（见215页），那就是欢乐！这是爱尔兰最有活力的城市，充满音乐的小酒馆会热闹一整晚，你能听到3位老人用汤勺和小提琴演奏，也可能看到当红的年轻乐队演出。加入当地人的行列，步伐轻快地到处跑，虽然从来不知道前方会发生什么开心事，但坚信这种可能性。再加上当地有著名的牡蛎等特产，还可以去附近的康尼马拉半岛和阿伦群岛探险，欢乐时光永远不会结束。

DANITA DELIMONT/GETTY IMAGES ©

丁格尔，凯里郡

5 丁格尔是两个地方的名字，既属于从凯里郡伸入大西洋、风景如画、点缀着古迹的半岛（见178页），又属于半岛上宜人的主要城镇（见179页），这座城镇是半岛活跃的中心。渔船上卸下的鱼和贝壳新鲜至极，就和你亲手捞的一样；许多小酒馆由老式店铺演化而来，之后再无变化；艺术家在迷人的精品店里出售自己的作品（包括带有爱尔兰装饰图案的美丽首饰）；在小酒馆熊熊燃烧的炉火旁，欢快的传统音乐演奏会正在进行。

格伦达洛，威克洛郡

6 圣凯文很懂选址，当他选择把修道院建在森林密布的山谷底部的一座冰湖上的僻静洞穴中时，也在无意之中建立了一个定居地，结果这个地方后来变成了爱尔兰最具活力的大学之一，到了我们这个时代则成了全国最美丽的遗址之一。定居地的遗迹（包括一座完好的圆形塔楼）配上美不胜收的风景，令人难以忘怀。

图为圣凯文厨房（见116页）

卡舍尔岩，蒂珀雷里郡

7 这座古老的堡垒（见198页）巍然矗立在蒂珀雷里翠绿的牧场间，第一眼就令人叹为观止。统治该地区1000多年的历代国王和牧师在此指点江山，卡舍尔岩在400年间作为爱尔兰的一个权力中心，与塔拉平起平坐。从15世纪的唱诗班大厅进入堡垒，密不透风的城墙保护着一片惊人的场地，场地内有一座完好的圆形塔楼、一座13世纪的哥特大教堂和爱尔兰最宏伟的12世纪罗马式小教堂。

8

9

科克市

8 爱尔兰的第二大城市只在规模上屈居第二——在许多其他方面，它几乎没有对手。市中心整洁又紧凑，有许多迷人的艺术馆、博物馆，就餐场所尤其集中。从便宜的小餐厅到高端美食餐厅，科克市（见143页）都出类拔萃，不过考虑到科克郡在美食方面的鼎鼎大名，这也不足为奇。城市的中心是绝妙的英国市场，这个有顶棚的农产品市场本身就是一景。

博因宫，米斯郡

9 纽格莱奇墓巨大的环形白色石墙上有一个长满青草的圆屋顶，看上去既古老，又有一种奇异的未来感，这里将是你见过的最杰出的景点之一。作为广阔的新石器时代墓地博因宫（见270页）的一部分，纽格莱奇墓拥有爱尔兰最精美的石器时代的隧道式坟墓，比金字塔的建造早了约6个世纪。最令人惊奇的是，冬至时的太阳刚好能照到坟墓。

图为纽格莱奇墓（见270页）

凯里环线

10 自驾凯里环线（见173页）是一次难忘的体验，但你大可不必局限在主路上。这条179公里的环线绕伊弗拉半岛一圈，沿途有无数绕道游览的机会。在基洛格林附近，开一小段路就是风景优美、鲜为人知的克罗曼恩半岛（Cromane Peninsula）。在波特马吉和沃特维尔之间，你可以去斯凯利格环路探索。半岛内陆的山景令人心醉。而这一切才刚刚开始。不管旅途通向何方，都要记得给相机充电！

堤道海岸

11 安特里姆郡的堤道海岸为《权力的游戏》的拍摄地点充当了尤为动人心魄的背景。在摇摇晃晃的卡里克索桥旁穿上徒步靴，然后沿着岩石突兀的海岸线走过风景壮美的16.5公里，沿途经过巴林托伊港（也就是铁群岛的君王港）和地质奇观巨人之路（见360页）的巨大玄武岩柱，经过悬崖和岛屿、沙滩和残破的城堡，最后在Old Bushmills Distillery喝一点威士忌。图为卡里克索桥（见362页）

10

CHRIS HILL/GETTY IMAGES ©

11

基尔肯尼市

12 从华贵的城堡到高耸的中世纪大教堂，基尔肯尼市（见136页）流露着一种恒久感和文化气息，让它成为南部和西部之旅中不可错过的一站。与它同名的基尔肯尼郡有大量工匠和手艺人，你可以在当地漂亮的商店和精品店里欣赏他们的作品。大厨们远离都柏林，只为靠近基尔肯尼美妙的农产品产地，你还可以在许许多多怡人的小酒馆里享用本地啤酒厂的啤酒。

贝尔法斯特泰坦尼克号博物馆

13 这座美妙的博物馆（见323页）用高科技和多媒体展现了全世界最著名的远洋客轮是如何建造的。你不但可以虚拟查看泰坦尼克号的每个细节（包括从船的龙骨直到驾驶台的模拟“飞越”），还可以置身于20世纪初贝尔法斯特的造船厂，感受工业时代的喧闹繁忙。为了提升参观体验，博物馆使用了摄影和音频，而最令人感伤的或许是真实的泰坦尼克号留存至今的唯一影像片段。

多尼戈尔海岸线

14 多尼戈尔海岸线峭壁众多，呈锯齿状，在野性大西洋之路（见48页）上，这里可能是壮丽至极的终点，也可能是动人心魄的起点，取决于你旅行的方向。爱尔兰的西北角是原生态之地，有高耸的悬崖（欧洲最高）和羊群四散的孤独海岬，中间是僻静的小海湾和绵长细腻的白沙滩。海岸线上的罗斯诺拉位于多尼戈尔郡的西南部，是欧洲顶级的冲浪海滩之一，也是追逐大浪的冲浪者的胜地。

克莱尔海岸

15 莫赫悬崖（见209页）沐浴在黄昏金色的阳光里，这个标志性的景点只是克莱尔郡壮丽风景的一部分。从下方漂浮在水面的船上望去，高耸的崖壁有一种令人心惊的壮美，大量海鸟让景色显得生机勃勃，其中包括可爱的小海鹦。在南部的卢普角，一根根石柱矗立于海上，上面有废弃的石屋，无人能解释它们因何而存在。整条海岸上都是迷人的小村庄，其中包括举办各种传统演奏会的恩尼斯泰蒙和冲浪胜地拉欣奇。图为莫赫悬崖

行前参考

更多信息见“生存指南”(见411页)

货币

爱尔兰共和国:欧元(€)
北爱尔兰:英镑(£)

语言

英语,爱尔兰语

签证

持中国护照前往爱尔兰旅游需要申请签证(www.vfsglobal.cn/ireland/china/chinese/visa_application_centre.html),但是如果你持有在有效期内的英国短期旅游签证可有条件免签。具体签证信息请以大使馆官方网站为准。

现金

北爱尔兰发行的纸币在英国可流通,但在北爱尔兰以外的许多地方被拒收,需去各个英国银行换钱。

手机

当地SIM卡€10起,SIM卡加简易手机约€40。中国手机可在爱尔兰漫游使用。行前可咨询运营商国际漫游套餐的详情,也可租用移动Wi-Fi。

时间

欧洲西部时间(11月至次年3月为世界时间/格林威治标准时间,4月至10月采用夏时制)。
北京时间比爱尔兰时间早8小时,夏时制时早7小时。

何时去

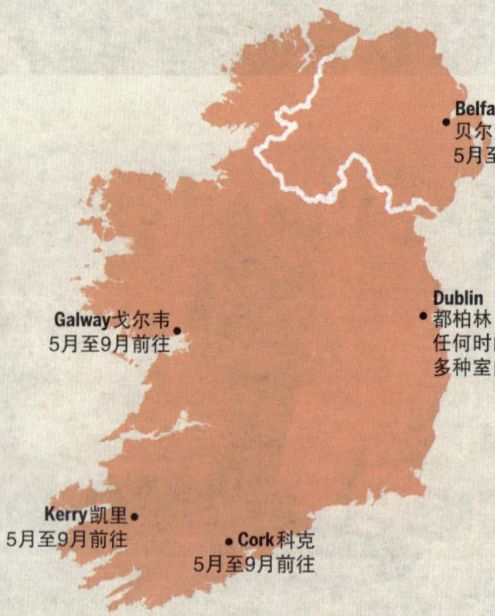

旺季
(6月至9月中旬)

- 天气最好。
- 住宿价格最高(特别是在8月)。
- 都柏林、凯里、南部海岸和西部海岸迎来旅游高峰。

平季
(复活节至5月、9月中旬至10月)

- 通常天气良好,5月有晴有雨,9月有“小阳春”,往往很暖和。
- 夏季成群的游客减少,住宿价格降低。

淡季
(11月至次年2月)

- 10月至复活节期间营业时间缩短,部分旅游景区关闭。
- 全国各地天气寒冷潮湿,雾气会使能见度降低。
- 大城市的景点照常开放。

实用网站

Entertainment Ireland（www.entertainment.ie）全国范围内各种娱乐活动的一览表。

Failte Ireland（www.discoverireland.ie）旅游局官方网站，提供实用信息和大量住宿资讯。

Lonely Planet（lonelyplanet.com/ireland）提供目的地信息、酒店预订信息、旅行者论坛及其他信息。

北爱尔兰旅游局（www.nitb.com）官方旅游网站。

重要号码

只有在从外地或使用手机拨打电话时才需要加上区号。从国外拨打电话时要去掉第一个0。

国家代码	爱尔兰 ☎353；英国 ☎44
国际拨号代码	☎00
紧急救助号码（报警、火警、急救）	☎999

汇率

人民币	CNY1	EUR 0.13/GBP 0.11
港币	HKD1	EUR 0.11/GBP 0.10
澳门元	MOP1	EUR 0.11/GBP 0.10
英镑	GBP1	EUR 1.14
美元	USD1	EUR 0.88/GBP 0.77

最新汇率见www.xe.com。

每日预算

经济：低于€60

- 宿舍床位：€12~20
- 小餐馆或小酒馆的便宜一餐：€6~12
- 乘长途汽车在城市间往来（200公里车程）：€12~25
- 一品脱啤酒：€4.50~5（城市里的售价会更贵）

中档：€60~120

- 酒店双人间或民宿（都柏林更贵）：€80~180
- 中档餐厅的主菜：€12~25
- 租车（每天）：€25~45起
- 乘坐3小时的火车：€65

高档：高于€120

- 四星级酒店住宿：€150起
- 优质餐厅含3道菜的一餐：约€50
- 打一场顶级高尔夫球（周中）：€90起

营业时间

银行 周一至周五10:00~16:00（周四至17:00）。

小酒馆 周一至周四10:30~23:30，周五和周六10:30至次日0:30，周日正午至23:00（多给30分钟"喝光杯中酒"的时间），圣诞节当天和耶稣受难日不营业。

餐厅 正午至22:30，许多餐厅每周休息一天。

商店 周一至周六9:30~18:00（各大城市周四至20:00），周日正午至18:00。

抵达爱尔兰岛

都柏林机场 每10~15分钟有私营大巴开往市中心（€7）。乘出租车需要30~45分钟，收费€20~25。

邓莱里渡船总站 公共汽车开往都柏林市中心大约需要45分钟。DART（都柏林地区城际列车）大约需要25分钟。

都柏林港总站 公共汽车的时刻表与渡船的抵港和离港时间同步，前往市中心需要€3。

贝尔法斯特国际机场/乔治·贝斯特贝尔法斯特城市机场 两个机场每隔15~20分钟各有一班公共汽车开往市中心。从国际机场乘出租车大约需要£30，从乔治·贝斯特城市机场乘出租车大约需要£10。

当地交通

在爱尔兰，抵离各大市中心的交通效率高且价格合理，在沿途较小的城镇和乡村也能享受到便捷的服务。不在主要公交路线上的目的地车次较少，往往不方便。

火车 有限的铁路网将都柏林与所有主要市中心连通，其中包括北爱尔兰的贝尔法斯特。对于预算有限的人而言，票价很贵。

自驾 要探索爱尔兰岛的每个角落，这是最方便的方式。可以在主要城镇租车，靠左行驶。

长途汽车 公共汽车和私营大巴的路线四通八达，是性价比最高的出行选择，大部分居住区都有车往来。

自行车 都柏林实行了一项共享自行车计划，有100多个自行车站点分布在市区各地。

更多当地交通信息，见421页**交通指南**。

初次到访

更多信息见“生存指南”（见411页）

检查清单

- 确保你的护照在到达爱尔兰后还有至少6个月的有效期
- 完成所有必要的预订（住宿、活动和行程）
- 查阅航空公司行李限制条款
- 通知借记卡/信用卡发卡行
- 购买合适的旅行保险
- 了解自己的手机是否可用

带什么

- 适合走路的优质鞋子，因为爱尔兰最适合步行欣赏
- 雨衣——绝对用得到
- 英国/爱尔兰转换插头
- 磨炼过的幽默感
- 酒量——要喝那么多啤酒
- 爱尔兰主题的歌单或者各种音乐App的播放列表

最佳旅行建议

- 把“重质量，轻数量”当成你的目标：不要为了什么都看而马不停蹄地奔波，选几个目的地，为自己留出细细游览的时间。爱尔兰最难忘的经历往往出现在那些无所事事的时候。
- 如果要自驾旅行，找机会离开主路：有些爱尔兰最令人惊叹的美景最适合在次级公路或三级公路上欣赏。在这些蜿蜒狭窄的道路上常能拍出极好的照片。
- 努力与当地人打交道：最棒的旅行体验可能正是爱尔兰人带给你的。他们的热心、友好和风趣名不虚传。

穿什么

在爱尔兰着装可以很随意：前往高级餐厅、剧院或音乐厅时穿商务休闲装就足够了。爱尔兰的夏天很温暖，炎热的天气却极少见，所以要准备一些天凉时添加的衣物，特别是在晚上。穿什么要取决于变化莫测的天气，不过应该随身携带一件轻便防水的外套，应对几乎躲不过的雨天。

住宿

从简朴的青年旅舍到五星级酒店，各种档次的住宿地点应有尽有。一般建议提前预订，繁忙的节假日期间必须预订。

- **酒店** 从舒适的连锁酒店到客房配备雨淋花洒和Wi-Fi的诺曼式城堡，各种价位一应俱全。
- **民宿** 从私人住宅里的一间卧室到一座豪华的乔治王朝风格的连栋房屋，无处不在的民宿是爱尔兰住宿的根基。
- **青年旅舍** 每个主要城镇都有多家青年旅舍可供选择，配有干净的多人间和Wi-Fi，有些还带洗衣房和厨房等设施。

礼仪

爱尔兰人尽管在日常交往中大多不拘礼节，但都（心照不宣

地）遵守一些礼仪规矩。

➡ **致意** 与男士、女士和儿童在初次见面和告别时应该握手。与爱尔兰人握手时要坚定有力，直视对方。女性朋友之间用一个对着脸颊但不贴到的隔空吻相互致意。

➡ **交谈** 爱尔兰人普遍友好，但往往个性含蓄，会避开令人尴尬的交谈。他们极度不信任口无遮拦的人。

➡ **轮流请客** 爱尔兰人通常会轮流为整伙人买一轮酒，每个人都要参与。下一轮一定要在上一轮喝完前买。

就餐

在城市和较大的城镇里就餐建议提前预订——当天预订通常没问题，不过高端餐厅要提前2周预订。

➡ **餐厅** 从便宜的小餐馆到米其林星级盛宴，想象得到的种种美食在这里应有尽有。

➡ **咖啡馆** 咖啡馆在白天营业（晚上很少开门），适合享用全天供应的早餐、三明治和多种简餐。

➡ **小酒馆** 小酒馆里既有吐司三明治，也有可以媲美餐厅的精心制作的菜肴。

➡ **酒店** 所有酒店的餐厅都接待非住客，在乡村地区是很受欢迎的就餐选择。

现金

到处都有自动柜员机。所有自动柜员机都接入了主要的国际货币系统，但银联卡取现功能尚未开通。

信用卡和借记卡几乎随处可用，只有一些乡村民宿只收现金。在酒吧或餐厅点单前先问清楚是否可以刷卡。最普及的是Visa和MasterCard，只有大型连锁店接受美国运通卡（American Express），支持银联卡消费的地方很少。持卡交易大多采用刷卡输密码的方式，只有少数场所接受签名。

如果你不希望依赖银行卡，银行、邮局和一些较大的酒店可以兑换现金和旅游支票。

更多信息见412页。

RICHARD I'ANSON/GETTY IMAGES ©

健力士仓库Gravity Bar里的健力士啤酒

讨价还价

爱尔兰人不讨价还价——除非你买的是一匹马。

小费

➡ **酒店** 每件行李的标准小费是€1/£1，给清洁人员的小费可以自己把握。

➡ **小酒馆** 没有餐桌服务则不必付小费，若有的话每喝一轮付€1/£1。

➡ **餐厅** 优质的服务可付10%，更贵的地方可以付到15%。

➡ **出租车** 付10%的小费，或者将欧元/英镑的零头凑整。

➡ **洗手间保洁员** 零钱即可，不超过50c/50p。

新线报

野性大西洋之路

这条2500公里长的滨海旅游路线是近几十年来爱尔兰旅游业规模最大的单一开发项目，也是全世界最长的旅游路线。（见48页）

Teeling酿酒厂，都柏林

都柏林125年来的首家新酿酒厂在2015年开业，但还要几年的时间才能酿成真正的威士忌：在此期间，游客中心会介绍酿酒过程。

路西塔尼亚号博物馆，金塞尔

在老金塞尔角上，一座200年的信号塔已被改造成了一座博物馆，纪念1915年被一艘德国U形潜艇击沉的英国邮轮路西塔尼亚号（Lusitania）。

卡文巴伦公园，卡文郡

在奎尔卡山公园之内的这座超凡的巨石遗迹公园在2014年底正式建成。亮点包括一座公元前500年的岬角堡垒和一处公元前2500年的楔形墓。（见280页）

泰托公园，米斯郡

2015年，这个由爱尔兰最受喜爱的薯片生产商赞助的游乐场推出了欧洲最大的翻转过山车，还新建了一个5D电影院和其他高科技游乐设施。（见273页）

塔拉莫尔酿酒厂游客中心

2014年底，这家酿酒厂回到了同名的城镇，新厂位于运河边一座19世纪的仓库之中，可以去参观，尝尝他们酿的酒。（见266页）

马林角观景区，多尼戈尔

在马林角顶端的班巴之冠有一个新的观景区（有免费的望远镜），可以将多尼戈尔海岸线和更远处的绝美风景尽收眼底。在寒冷的冬夜还可能看到北极光。（见254页）

更多建议和评论见网站
lonelyplanet.com/ireland。

如果你喜欢

人类学

全世界大约有8000万人是爱尔兰流散人口或他们的后裔，单是美国就有大约4100万人。爱尔兰岛上大部分主要城镇都有提供寻根服务的文化中心。

家谱咨询服务处(Genealogy Advisory Service)位于都柏林的国家图书馆，是你开始寻找爱尔兰祖先的地方。(见76页)

北爱尔兰公共档案馆(Public Record Office of Northern Ireland)贝尔法斯特这个专门设立的档案馆是调查北爱尔兰家族历史的去处。(见318页)

皇后镇的故事(The Queenstown Story)考福一流的文化博物馆里有一个家谱中心。

Dún na Sí Heritage Park 这家民俗公园位于阿斯隆以东16公里，有一个附属的家谱中心。

阿尔斯特美国民俗公园(Rothe House & Garden)这是北爱尔兰最好的博物馆之一，在这里能找到北爱尔兰与美国之间千丝万缕的家族联系。(见372页)

美景

这片土地的景色之壮美在欧洲是数一数二的，各地都有动人心魄的风光和美不胜收的景观。以下是一些闻名遐迩的景区，但除此之外还有更多美景等你去探索。

Binevenagh Lake 在Bishop's Road最高处的悬崖顶端可以将福伊尔湖(Lough Foyle)、多尼戈尔和斯普林山脉的壮观风景尽收眼底。

基尔基悬崖(Kilkee Cliffs)令人叹为观止的高耸悬崖并不只有莫赫悬崖。

珀伊森峡谷(Poisoned Glen)多尼戈尔的这条峡谷里的风景美妙绝伦，位于峡谷底部的教堂遗迹是点睛之笔。(见254页)

Priest's Leap 这个风景优美的悬崖顶部位于贝拉半岛北侧，能看到班特里湾和班特里镇的绝妙风光。(见160页)

天空之路(Sky Road)这条激动人心的滨海公路就在康尼马拉的克利夫登之外，海景令人惊叹。(见227页)

霍恩角(Horn Head)野性大西洋之路上最壮丽的风景，雄伟的悬崖顶端有沼泽和石南。(见252页)

传统音乐

在各地小酒馆和音乐屋里，乐手们在即兴或有组织的演奏会上施展才华(酒也不断端上)，西欧最具活力的民间音乐因为他们而生机勃勃。就连"游客专享"的演奏会上也有出色的演出。

An Droichead 在贝尔法斯特一个以爱尔兰文化为主题的艺术中心里有出色的音乐演奏会。(见334页)

Matt Molloy's 酋长乐队(The Chieftain)的横笛手在韦斯特波特开了这家小酒馆，每晚21:00有现场céilidh(传统音乐和舞蹈演出)。(见236页)

米尔敦马尔贝(Miltown Malbay)在克莱尔郡的这个城镇里，每家小酒馆都有出色的爱尔兰传统演奏会。(见208页)

Tig Cóilí 戈尔韦最棒的传统演奏会在一家店名意为"音乐屋"的小酒馆举办。(见219页)

Cobblestone 这家小酒馆位于Smithfield，每晚的演奏会是都柏林最好的。(见102页)

文学角

4位诺贝尔文学奖得主只是这里深厚文学底蕴中的亮点。爱尔兰是英语世界在文学方面最具声望和影响力的国家之一，这一传统在当代作家和各种文学节中继续发扬光大。

库尔特国际文学节（Cúirt International Festival of Literature）戈尔韦在4月举办的文学展吸引世界各地的写作者。（见295页）

都柏林文学之旅（Dublin Literary Tours）没有哪个规模相当的城市像都柏林一样既被大量书写，又培养出了众多优秀的作家。可以参加数量繁多的文学之旅加深了解。

利斯托尔作家周（Listowel Writers' Week）每年6月，这个爱尔兰文学节在约翰·B.基恩（John B Keane）的家乡举办。（见27页）

传统小酒馆

人人都有自己的心头好，因此评选最佳小酒馆是无谓之举。不过，我们可以做的是选出几家不会令你失望而归的，特别是在你想找一家风格古朴的传统小酒馆的时候。

Blakes of the Hollow 在维多利亚式的典雅环境里供应北爱尔兰最棒的健力士啤酒。（见370页）

John Benny's 这家小酒馆位于丁格尔，地面铺着石板，墙上装饰着纪念品，大多数晚上都有热闹的传统演奏会。（见182页）

McCarthy's Bar 位于费萨德（Fethard），既是小酒馆和餐厅，又承办丧事。（见161页）

Séhán Ua Neáchtain 位于戈尔韦，是爱尔兰最知名的传统小酒馆之一。（见219页）

John Mulligan's 都柏林最著名的传统小酒馆，也是电影电视中的明星——演的通常是自己。（见99页）

上图：科隆玛诺伊，圣经十字架（弗朗国王十字架）
下图：基尔基悬崖

高尔夫

如果说苏格兰是高尔夫的故乡，那么爱尔兰就是高尔夫的度假地。有400多个高尔夫球场分散在岛屿各处，不过要体验地道的爱尔兰式高尔夫，应该去海边的林克斯球场打一场。

County Sligo Golf Course 无比优美的林克斯球场，位于一个半岛上，靠近本布尔宾。（见243页）

皇家邓恩郡高尔夫球场 备受尊崇的林克斯球场，由Old Tom Morris设计，常被评选为爱尔兰的最佳球场。（见344页）

皇家波特拉什高尔夫球场 这个绝妙的球场举办过1951年的高尔夫球公开赛，并将于2019年再次举办。（见359页）

沃特维尔高尔夫球场 世界级的林克斯球场，景色也是一流的。（见176页）

家庭游

各地都有许多适合全家出游的活动，从文化博物馆到森林上空的高空滑索，一应俱全。

克伊湖森林公园（Lough Key Forest Park）这是一个142公顷的探险乐园，适合全家人游玩，公园里有一条300米长的树顶步道和一片户外探险场地。

Great Western Greenway 这条平坦又热门的自行车道从韦斯特波特通往阿基尔，沿途有许多城堡和遗迹可以参观。

福塔野生动物园（Fota Wildlife Park）这个超大型户外动物园就在科克市区外，绝对看不见任何笼子或围栏。猎豹区特别受欢迎。（见152页）

特拉里湾湿地中心（Tralee Bay Wetlands Centre）这是个300公顷的保护区，你可以先了解这里的动植物生长环境，然后跳上一艘船，体验15分钟的游猎之旅。

古迹

因为前凯尔特人、凯尔特人和早期基督教徒的存在，古迹和修道院遗迹是这里的一大特色景观。因为维京人和亨利八世的出现，众多遗迹已成废墟，但依旧动人。

阿萨瑟尔小修道院（Athassel Priory）宏伟又令人难忘的基督教会遗迹。（见198页）

阿森赖（Athenrty）这里有一座壮丽的城堡、一座多米尼加小修道院、一个保有原貌的市场十字架和长长的城墙。（见230页）

博因宫（Brú na Bóinne）欧洲最令人赞叹的新石器时代墓葬地。（见270页）

卡罗基尔（Carrowkeel）巨石墓地和壮观景色。（见244页）

科隆玛诺伊（Clonmacnoise）爱尔兰最精美的修道院遗迹。（见264页）

德夫尼什岛（Devenish Island）在厄恩湖最大的岛屿上有一座奥古斯丁修道院的遗迹和一座近乎完美的圆形塔楼。（见371页）

安格斯城堡（Dún Aengus）无比优美的石器时代堡垒坐落在伊尼什莫尔险峻的悬崖上。（见222页）

格伦达洛（Glendalough）强盛一时的修道院城市的遗迹，风景美不胜收。（见114页）

每月热门

最佳节日活动

圣帕特里克节，3月

戈尔韦艺术节，7月

威利·克兰西夏令营，7月

人民艺术节，8月

全爱尔兰决赛，9月

2月

糟糕的天气让2月成为室内活动的完美月份。部分博物馆推出新展览，正是去大城镇游览的好时候。

橄榄球六国赛（Six Nations Rugby）

爱尔兰是2015年锦标赛的冠军，球队在位于都柏林市郊Ballsbridge的Aviva Stadium进行3场主场比赛。赛季从2月持续到4月（www.rbs6nations.com）。

詹姆逊都柏林国际电影节（Jameson Dublin International Film Festival）

都柏林的大多数电影院都参加爱尔兰最盛大的电影节（www.jdiff.com），用2周时间展映爱尔兰导演和外国导演的新电影，包括本地电影、国际艺术电影和提前上映的主流电影。

3月

春意盎然，全国上下都在为世界闻名的游行活动做准备。都柏林的规模最大，不过爱尔兰的每个城镇都会举办。

圣帕特里克节（St Patrick's Day）

3月17日，一场盛况空前的庆祝活动会在整个爱尔兰上演（www.stpatricksday.ie），不过都柏林在游行前后总共会狂欢4天（有60万人参加），各种演奏会和欢庆活动将让整个城市大醉一场。

4月

天气好转，花儿开始绽放，欢庆的季节重新开始。季节性的景点在4月中旬或复活节期间相继开放。

爱尔兰国际拉力巡回赛(Circuit of Ireland International Rally)

这是英国北爱尔兰最有声望的拉力赛——被当地人称为"巡回赛"（www.circuitofireland.net）。在复活节期间的2天时间里，130多名参赛选手在英国北爱尔兰和爱尔兰部分地区大约550公里的赛道上冲刺转弯。

爱尔兰全国大赛马（Irish Grand National）

爱尔兰人热爱赛马，而最受喜爱的爱尔兰全国大赛马（www.fairyhouse.ie）是全国狩猎季的展示场，每年的复活节星期一在米斯郡的Fairyhouse举办。

世界爱尔兰舞蹈锦标赛（World Irish Dancing Championships）

爱尔兰舞蹈远比《大河之舞》表现得丰富多彩。每年4月，来自世界各地的4500余名参赛者齐聚一堂，与顶尖选手比拼舞步和技巧。比赛地点年年不同，参见www.irishdancingorg.com。

5月

5月的银行休假日（5月第一个周一）是第一个热闹的夏日周末，人们纷纷走出家门，享受好天气的来临。

科克国际合唱节（Cork International Choral Festival）

这是欧洲最著名的合唱节之一（www.corkchoral.ie），获胜队伍可继续参加弗莱施曼国际大奖赛（Fleischmann International Trophy Competition）的角逐。合唱节在5月初举办，持续4天。

大教堂区艺术节（Cathedral Quarter Arts Festival）

贝尔法斯特大教堂区举办的艺术节（www.cqaf.com）涉及多个领域，包括戏剧、音乐、诗歌和街头戏剧。艺术节在5月初举办，持续10多天。

西北200摩托车比赛（North West 200）

爱尔兰最著名的公路赛（www.northwest200.org）也是全国最盛大的户外体育赛事。超过15万名观众在三角形的赛道边为摩托车比赛的大明星们欢呼喝彩。比赛在5月中旬举行。

Fleadh Nua

5月的第三周，传统音乐界的精英云集克莱尔郡的恩尼斯，参加全国最重要的节日之一（www.fleadhnua.com）。

利斯托尔作家周（Listowel Writers' Week）

在爱尔兰，这是爱书人最重要的节日（www.writersweek.ie），有著名作家来参加读书会、研讨会和讲故事活动。作家周持续5天，在5月底于凯里郡的利斯托尔举办。作家周上还会有诗歌、音乐和戏剧活动。

6月

6月的银行休假日到来时，可以做的事多得令人眼花缭乱。随着天气越来越好，周末出来游玩的人也越来越多。

猫笑喜剧节（The Cat Laughs Comedy Festival）

6月上旬，随着爱尔兰一流的喜剧节（www.thecatlaughs.com）拉开帷幕，基尔肯尼变得万分欢乐，世界各地的知名与不知名的喜剧人都将被吸引至此。

爱尔兰赛马（Irish Derby）

人们备好钱包，头戴精美的帽子，去参加爱尔兰最好的平地赛马节（www.curragh.ie）。赛马节在6月的第一周举办。

布鲁姆日（Bloomsday）

都柏林在每年的6月16日纪念这个詹姆斯·乔伊斯的作品《尤利西斯》里的日子。爱德华时代的服装和“动物内脏”早餐只是庆祝活动的两个元素，真正的亮点是重走利奥波德·布鲁姆走过的路。

莫恩国际徒步节（Mourne International Walking Festival）

6月的最后一个周末，在邓恩郡的莫恩山脉会举办一次徒步节（www.mournewalking.co.uk），这里是杰出的自然风景区（Area of Outstanding Natural Beauty）。

7月

7月的每个周末都有盛大的节日，前往戈尔韦的游客们会发现，这座城市将热闹一整月。

威利·克兰西夏令营（Willie Clancy Summer School）

这个非凡的传统音乐节（www.scoilsamhraidhwillieclancy.com）为纪念一位著名的当地笛手而举办，在9天时间里，世界一流的乐手聚集在克莱尔郡的米尔敦马尔贝，参加各种演唱会、小酒馆演奏会和工作坊。

戈尔韦电影节（Galway Film Fleadh）

这是全国一流的电影节之一（www.galwayfilmfleadh.com），在7月上旬举办，播放爱尔兰本国和国外的新电影。

戈尔韦艺术节（Galway Arts Festival）

这是爱尔兰最重要的艺术节（www.galwayartsfestival.com），有音乐、戏剧和许多艺术类的活动，戈尔韦在7月的后两周陷入狂欢。

经度音乐节（Longitude）

在都柏林的Marlay Park举办的经度音乐节（www.longitude.ie）是一个迷你的格拉斯顿伯里音乐节，在7月中旬吸引大量观众来享受为期3天的电子舞曲、新民谣、摇滚和流行音乐盛宴。2015

年到场的大明星包括Hozier和化学兄弟乐团（Chemical Brothers）。

基拉尼民俗节（Folkfest Killarney）

这个节日（http://folkfestkillarney.com）在2015年7月下旬首次举办，囊括所有民俗内容，以爱尔兰各地和国外的音乐、大胡子和法兰绒为特色，表演者来自英国、美国和马里。

8月

学校放假，阳光明媚（也可能不明媚），人们沉浸在度假的气氛里。海滨城镇和旅游中心正是最繁忙的时候，全国上下都希望最大限度地享受假期。

戈尔韦赛马周（Galway Race Week）

这是香农河以西规模最大的赛马节（www.galwayraces.com），也是一场爱尔兰文化、体育赌博和精美帽子的盛会。

邓洛选美节（Mary From Dungloe）

爱尔兰第二重要的选美大赛（www.maryfromdungloe.com）在本月初于多尼戈尔郡的邓洛举办。虽然选美只是举办盛大派对的借口，但是年轻姑娘们真心希望能摘得年度桂冠。

人民艺术节（Féile An Phobail）

这个节日的名字可以直译为“人民的节日”，它的实质也正是如此：这是欧洲规模最大的社区艺术节（www.

上图：都柏林格拉夫顿街（见69页）的街头艺人
下图：在戈尔韦赛马周（见295页）期间赌马的人

feilebelfast.com)，在西贝尔法斯特的Falls Rd举办，为期2周。

Fleadh Cheoil na hÉireann

这是所有爱尔兰音乐节的鼻祖(www.comhaltas.ie)，一般在本月末举办，主办城市可吸引超过25万名乐迷和狂欢者，开怀畅饮的同时还能欣赏到高水准的音乐。

帕克节(Puck Fair)

爱尔兰最古老的节日(www.puckfair.ie)也是最古怪的节日：将一头山羊加冕为王，然后庆祝3天。这个主意很离奇，但节日很精彩，8月中旬在凯里郡的基洛格林(Killorglin)举办。

特拉里玫瑰节(Rose of Tralee)

在这个爱尔兰的选美大赛上，希望成为"玫瑰"的佳丽们从世界各地的爱尔兰社区来此争夺终极大奖。对于其他人而言，这是一场盛大派对(www.roseoftralee.ie)。

9月

夏天或许已经结束，但是9月的天气有时好得出奇，往往很适合在游人变少的时候享受最后的几缕阳光。

戈尔韦国际牡蛎与海鲜节(Galway International Oyster & Seafood Festival)

在9月的最后一个周末，戈尔韦的牡蛎季在庆祝当地渔获的节日(www.galwayoysterfest.com)中开始。从1953年首次举办以来，音乐和啤酒一直是佳节良伴。

都柏林艺穗节(Dublin Fringe Festival)

在艺穗节(www.fringefest.com)期间，超过100场不同的演出在舞台、街道、酒吧和汽车上举行。与随后拉开帷幕的主流戏剧节相比，艺穗节无疑更加富有创新精神。

全爱尔兰决赛(All-Ireland Finals)

爱尔兰式曲棍球锦标赛和盖尔式足球锦标赛的决赛分别在本月的第二个周日和第四个周日开场，超过8万名观众拥入都柏林的克罗克体育场(Croke Park)，欣赏全年最盛大的体育赛事。

10月

天气开始变冷，是时候返回室内找乐子了。日程表上依旧排满各种活动和消遣，特别是在本月的最后一个周末。

都柏林戏剧节(Dublin Theatre Festival)

这是全国最有声望的戏剧节(www.dublintheatre-festival.com)，新作和旧作新编在首都各地的剧院和场馆上演。

女王大学贝尔法斯特艺术节(Belfast Festival at Queen's)

北爱尔兰的顶尖艺术节(www.belfastfestival.com)在10月的下半月举办，吸引来自世界各地的表演者，从视觉艺术到舞蹈，内容丰富多彩。

韦克斯福德歌剧节(Wexford Opera Fstival)

韦克斯福德歌剧院是爱尔兰唯一一个专为歌剧打造的剧场，歌剧迷们齐聚于此，参加爱尔兰首屈一指的歌剧节(www.wexfordopera.com)，这个歌剧节常常上演不知名作品。

健力士科克爵士音乐节(Guinness cork Jazz Festival)

这是爱尔兰最著名的爵士音乐节(www.guinnessjazzfestival.com)，在10月的最后一个周末，1000多名乐手和大量乐迷会占领科克。

12月

圣诞节是这个月的主角，整个国家都在准备迎接佳节，人们疯狂购物，下班后与海外归来的亲戚朋友开怀畅饮。圣诞节当天处处停业休息。

圣诞节

在乡村，这是个宁静的节日，不过在12月26日(圣史蒂芬日)，人们重拾古老的习俗"鹪鹩男孩"，凯里郡的丁格尔尤其出名，成群结队的孩子们会身穿盛装，唱起赞美诗。

圣诞泳(Christmas Dip)

一场传统的圣诞节游泳活动在位于都柏林市郊Sandycove考夫的Forty Foot Pool举行，一群真正的勇士会游到岩石的位置再返回，全程20米。

旅行线路

1周 爱尔兰亮点

这条300公里的旅游路线会经过一些爱尔兰最著名的景点，穿过壮丽的乡间。从**都柏林**的短暂游览开始，你可以在都柏林参观圣三一学院和《凯尔经》，再在健力士啤酒的故乡品尝一番。第二天，向西前往**戈尔韦**，你可以在那里自驾穿越美不胜收、沉郁动人的**康尼马拉国家公园**（有一条出色的自驾环线），然后向南游览**巴伦风景区**月球般的景观。绕道前往**莫赫悬崖**，然后直奔**恩尼斯**，那里是欣赏传统爱尔兰音乐的好去处。继续向南穿过**康纳山口**进入凯里郡，在**丁格尔**停留半日，再前往丁格尔半岛游览，欣赏**斯莱角**的风景和史前遗迹。乘坐渡船继续前往**基拉尼**，那里最适合作为大本营，去探索著名的**凯里环线**，这条绕伊弗拉半岛一圈的环线长179公里，车来车往。

2周 西部精华

爱尔兰西部在大多数人的必游清单上位列顶端是理所当然的。从斯莱戈郡启程，**卡罗莫尔巨石墓地**既有史前风貌，又被美景环绕，体验会十分美妙。沿着蜿蜒的海岸线向南，途中在**斯特兰德希尔**和**恩尼斯克龙**等爱尔兰数一数二的冲浪海滩停留，然后前往迷人的村庄**波拉托米什**。继续向南，前往遍地小酒馆的历史城镇**韦斯特波特**。城镇的西南部是**克罗帕特里克山**，单是为了欣赏克卢湾（Clew Bay）岛屿密布的美景就值得一爬。向西前往**路易斯堡**，从那里可以出海去地形陡峭的**克莱尔岛**[海盗女王格蕾丝·奥马利（Grace O' Malley）的故乡]，再转向南，沿着美丽的杜勒谷（Doolough Valley）到达**利瑙恩**，它的所在地是爱尔兰仅有的一处峡湾。这里是通往**康尼马拉国家公园**的北部门户，你可以沿着风景优美的海滨道路探索公园，经过**凯利莫尔修道院**，冒险驶上克利夫登风光秀丽的天空之路（Sky Road），然后依着弯弯曲曲的海岸线穿过迷人的**朗德斯通**。另一种选择是取道内陆，体验旷野之美，穿过**玛姆克罗斯**前往**戈尔韦**，你应该至少在那里停留一天，逛一逛五颜六色的街道和美妙的小酒馆。

在戈尔韦以南，渔村**金瓦拉**和**巴利瓦恩**就在巴伦风景区奇特的喀斯特地貌边缘，风景区里有各种各样的动植物，还有古老的**艾尔威洞穴**和**莫赫悬崖**等著名景点。继续向南，一定要到**米尔敦马尔贝**找家小酒馆参加演奏会，欣赏爱尔兰美妙的传统音乐。海滩迷还应该去**基尔基**看看，这里深受冲浪者的喜爱。

要越过大海进入凯里郡，最简单的办法是在**Killimer**乘坐渡船。用一天时间探索**丁格尔半岛**，那里有丰富多彩的古迹和美不胜收的风景，然后在**丁格尔**过夜，它是整个西海岸最迷人的城镇之一。再用一天去游览世界闻名的**凯里环线**，**基拉尼国家公园**是环线的终点，就在**基拉尼**的边缘。沿着观景路线从**贝拉半岛**中间穿过，前往异国花卉盛开的意大利风格的**加里尼什岛**。然后沿着海岸穿过**卡斯尔敦申德**和渔村**尤宁霍尔**，前往**科克**市。

DAVID EPPERSON/GETTY IMAGES ©

上图：安特里姆郡的巨人之路（见360页）

下图：贝拉半岛（见159页）上的石圈

3周 海岸之旅

从**都柏林**出发，向北前往**博因宫**的新石器时代墓地，继续前行至**梅利方特修道院**，然后过境进入英国北爱尔兰，前往**贝尔法斯特**。沿着安特里姆的海岸朝西北方向前往**巨人之路**。继续紧依北多尼戈尔的海岸线前行，在**格伦威国家公园**停留。向南进入**斯莱戈**，在**卡罗基尔**登上石器时代的通道式坟墓，欣赏箭湖（Lough Arrow）的风景。经**康尼马拉国家公园**前往西南部，漫游**巴伦风景区**，在**杜林**欣赏传统音乐，然后跨海进入凯里郡，探索**丁格尔半岛**。在游览**凯里环线**时经过**基拉尼**，在**肯梅尔**露营，再先后游览**贝拉半岛**和爱尔兰的第二大城市**科克**。从海滨的**阿德莫尔**进入沃特福德郡，游览**邓加文**和当地的城堡，以及**沃特福德**的博物馆。向北经过托马斯敦附近前往**基尔肯尼**的圣卡尼斯大教堂，再游览这座城市的中世纪核心区。参观基尔代尔郡的**卡斯尔顿别墅**，然后向东前往**威克洛山脉国家公园**里的**格伦达洛**。最后返回**都柏林**。

2周 从北到南

从英国北爱尔兰的第二大城市**伦敦德里**开始，沿城墙漫步，探索博格赛德区。然后跨海进入多尼戈尔郡，游览**伊尼什欧文半岛**，随后在**邓法纳希**过夜。沿着多尼戈尔的海岸线南行时，欣赏**格伦科伦基尔**的修道院遗迹和**里格山**的海崖。跨海进入斯莱戈郡，参观**卡罗莫尔巨石墓地**，然后在**斯莱戈**的酒店入住。第二天，去**罗西斯角**的County Sligo Golf Course打一场高尔夫球，享受一番，或者去**恩尼斯克龙**洗一次海藻浴。沿着**康尼马拉国家公园**的东部边缘向南前往**戈尔韦**，从那里应该去**科隆玛诺伊**，然后穿过米德兰兹的中心前往另一处修道院胜地——**卡舍尔岩**。中世纪的**基尔肯尼**与这里仅有1小时车程，可以前去参观令人惊叹的城堡，然后游览附近的**托马斯敦**和哲伯因特修道院。把**韦克斯福德**作为大本营，探索**卡拉克鲁海滩**，游览**恩尼斯科西**，参观出色的1798年爱尔兰起义中心（National 1798 Rebellion Centre）。也可以在**基尔莫尔码头**悠闲放松，看渔民钓鱼。

1周 北方之乐

从**贝尔法斯特**启程，应该去参观泰坦尼克号博物馆，然后体验一次黑色出租车之旅，继续向北前往安特里姆海岸和**卡里克索桥**。向西前往列入联合国教科文组织世界遗产地的**巨人之路**，它在任何北爱尔兰之旅中都是一个亮点。在途中，《权力的游戏》的粉丝可以参观**巴林托伊港**，它在剧中充当铁群岛的君王港。堤道海岸的终点是迷人的村庄**布什米尔斯**，它也是著名酿酒厂的所在地。**伦敦德里**值得花一天游览——在城墙漫步，在博格赛德区探索不那么久远的历史，然后跨过看不见的国境线，进入爱尔兰，游览多尼戈尔郡的**伊尼什欧文半岛**。再回到北爱尔兰，在**厄恩湖**结束本次旅行，游览怀特岛，参观德夫尼什岛的石刻。

1周 爱尔兰古迹之旅

从米斯郡令人赞叹的新石器时代墓地纽格莱奇墓和诺斯开始，它们都位于**博因宫**的中心。附近，在著名的**塔拉山**顶，有一处具有重大民俗意义的遗址，在11世纪以前是爱尔兰高地之王的统治中心。平原另一头是**斯莱恩山**，433年，圣帕特里克生起了火，将基督教传遍爱尔兰大地。西侧是**洛克鲁**的新石器时代遗迹，比博因宫更安静。继续向西前往罗斯康芒郡。**Cruachan Aí**就在Tulsk村外，是欧洲最重要的凯尔特遗迹。向南前往**科隆玛诺伊**，它位于奥法利郡，是6世纪的修道院遗迹，然后继续穿越爱尔兰的中心，前往蒂珀雷里郡壮观的**卡舍尔岩**。转向东行，穿过基尔肯尼郡，在西多会的**哲伯因特修道院**停留，它位于迷人的村庄托马斯敦。从这里转向东北，前往威克洛和宏伟的**格伦达洛**，那里有一处修道院村落的大量遗迹留存于两片美丽的湖泊边。

计划你的行程

户外活动

要感受这个充满野性之美的地方，最好的方式是去探索富于变化的地貌景观——你的收获将精彩非凡。从雄伟峻峭的高山到茂盛的湖畔林地，从开阔的沙滩到一望无际的荒凉沼泽，爱尔兰岛的户外活动永远不会令人失望。

徒步

平缓的山丘、嶙峋的山脊、荒凉的旷野、壮丽的海崖、偏远的岛屿、热情的款待和变幻莫测的天气——这一切构成了徒步探索爱尔兰岛的美妙体验。徒步是一项人人皆宜的活动，可以是简单的餐后漫步，也有千米高的山峰可供挑战。

带什么

如果在有路标的小径上短途徒步，只须准备舒适的鞋子、一件防雨夹克、一些食物及饮用水。

打算深入爱尔兰岛的山地和沼泽地区探险的徒步者需要装备齐全，小心谨慎，因为恶劣的天气随时可能出现。

- 下过雨后，泥炭土容易变得泥泞不堪，因此一定要穿结实的鞋或靴子，携带优质的防水衣物和额外的食物和饮用水。
- 务必随身携带地图和指南针（而且知道如何使用）。不要依赖手机（虽然带上手机是个好主意）。
- 把你的徒步路线和预计返回的时间写下来，留给一个可信的人（可以是住宿地点的人，也可以通过电子邮件或短信发给某位朋友或家人），回来时向他们报个平安。

重要户外贴士

最佳出行时间

5月、6月和9月是徒步和骑行的最佳月份——天气干爽的概率最大，遭遇蠓虫的可能性较小。

最佳户外体验

徒步威克洛之路（Wicklow Way；威克洛），攀登卡朗图厄尔山（Mt Carrauntoohil；凯里），骑行西部绿色大道（Great Western Greenway；梅奥），在达瓦森林（Davagh Forest；蒂龙）骑山地车，在Royal Portrush（安特里姆）打高尔夫球，在海因湖（Lough Hyne；科克）划海上皮划艇，在厄恩湖独木舟道（Lough Erne Canoe Trail；弗马纳）划独木舟。

必备山地徒步装备

优质防水衣物、备用保暖衣物、地图和指南针、手机（但不能全靠它）、急救包、头灯、哨子（应急）、备用食物和饮用水。

安全备忘录

提前查看天气预报，将旅行计划告知他人，要根据最慢的成员的能力设定徒步的速度和目的地，如果难度太大，不要害怕中途折返。

徒步指南和地图

有几本介绍爱尔兰岛的徒步指南很不错，特别是柯林斯出版社（Collins Press; www.collinspress.ie）出版的徒步指南系列。

爱尔兰地形测量局（Ordnance Survey of Ireland; www.ose.ie）和**北爱尔兰地形测量局**（www.nidirect.gov.uk/ordnance-survey-of-northern-ireland）的《探索/探索者》（*Discovery/Discoverer*）系列地图（每张€8.99/£6.50）涵盖整个岛屿，比例尺为1:50,000。还有更加详细的1:25,000的《探险/活动》（*Adventure/Activity*）地图（€12.99/£7.80），涵盖热门地区，例如麦吉利卡迪山脉与基拉尼国家公园（MacGillicuddy's Reeks & Killarney National Park）、威克洛山脉、莫恩山脉和堤道海岸。

五大山地徒步路线

爱尔兰岛上的山脉不像阿尔卑斯山脉那样雄伟，却提供了一些山地徒步的绝佳机会。

卡朗图厄尔山（海拔1040米；麦吉利卡迪山脉，凯里；见173页）登上爱尔兰的最高峰需要艰难攀爬，还十分考验导航找路的能力，如果缺乏山地徒步的经验，应该请一位向导。

多纳德山（Slieve Donard，海拔853米；莫恩山脉，邓恩）徒步北爱尔兰的最高峰就是单调地一直向上爬，附近的Slieve Binnian更有意思。

埃里格尔山（Errigal Mountain，海拔752米；多尼戈尔）这座金字塔形的石英岩山峰是爱尔兰形状最匀称优美的山峰之一。

十二峰（Twelve Bens，海拔729米；康尼马拉，戈尔韦）康尼马拉这一串峻峭的山丘虽然个头不高，却构成了爱尔兰最崎岖不平的地形。Glencoaghan Horseshoe常被称为全国最好的山地步道。

布兰顿山（Mt Brandon，海拔951米；凯里）丁格尔半岛的最高峰有崎岖的小径，壮丽的风景令人叹为观止。

专为徒步者出版的地图有：

Harveys Superwalker（www.harveymaps.co.uk）1:30,000的山地徒步防水地图，涵盖康尼马拉、莫恩山脉、威克洛山脉和麦吉利卡迪山脉。

EastWest Mapping（www.eastwestmapping.ie）涵盖威克洛山脉、威克洛之路以及Blackstairs Mountains和巴罗山谷（Barrow Valley）的徒步地图。

乡村通行权

在英国（以及欧洲大部分地区），公众享有通行权或进入大部分未开垦土地的权利，但是爱尔兰不一样，在这里徒步和骑车的人无权进入私有土地，就连在旷野和大山上也是如此（除非当地是某个国家公园的一部分）。

近年来，随着徒步、登山和越野骑行的人气越来越高，相关法律体制的欠缺已经造成了相当不愉快的局面，大量纠纷在全国各地爆发，一些传统的徒步路线被迫关闭或改道。

本指南中列出的所有国家观光步道和有路标的徒步路线都已就通行权与土地所有者完成协商（正是通行权纠纷导致许多路线有很长的路段与公共道路并行）。不过，你还是会偶尔遇到紧锁的大门、带刺的铁丝网围栏或"徒步者禁入"的牌子。

更多关于通行权和负责任的徒步的信息，参见：

Keep Ireland Open（www.keepirelandopen.org）争取乡村通行权的志愿者团体。

Leave No Trace（www.leavenotraceireland.org）宣传负责任的户外旅行的教育慈善机构。

Mountaineering Ireland（www.mountaineering.ie）通行权政策（Access Policy）页面上的资讯和建议很实用。

徒步地点

爱尔兰岛上的徒步选择已经很多了：既有海滨漫步，也有穿山越岭的长距离徒步。旅游局备有地图和介绍当地徒步详情的小册子。网络资源：

Discover Ireland（www.discoverireland.ie/walking）可下载爱尔兰境内600多条徒步路线的PDF地图和指南。

Irish Trails（www.irishtrails.ie）详细介绍爱尔兰境内40多条（大部分为长距离）有路标的徒步路线。

Walk Northern Ireland（www.walkni.com）北爱尔兰的400多条徒步路线的介绍和PDF下载，既有400米的散步路线，又有1000公里的阿尔斯特之路（Ulster Way）。

Pilgrim Paths（www.pilgrimpath.ie）有路标的徒步路线，沿着古老的基督徒朝圣之路。

Coillte Outdoors（www.coillteoutdoors.Ie）爱尔兰国家林业部门的土地上有数百条徒步路线。

一日徒步游

几乎任何地方都适合进行悠闲的一日徒步游。以下是一些建议：

- **巴罗纤道**（Barrow Towpath）在卡洛郡和基尔肯尼郡的巴罗河畔，从博里斯（Borris）通往格雷格纳马纳斯（Graiguenamanagh）和圣穆林斯（St Mullins）的纤道是宜人的徒步路线。
- **格伦达洛**（Glendalough）在威克洛郡的这处古老的修道院遗迹周围，林中小径将许多旅行者从附近的都柏林吸引过来，享受几小时的漫步。（见114页）
- **克伊湖森林公园**（Lough Key Forest Park）在罗斯康芒郡的这片湖泊周围的森林里，厚密的枝叶遮盖着一条美妙的小径。
- **天空之路**（Sky Road）在戈尔韦郡，克利夫登的天空之路展现着康尼马拉海岸的风景。这条路适合徒步或骑车。（见227页）
- **南伦斯特之路**（South Leinster Way）这条路没有路标，最迷人的路段是一条13公里的徒步路线，位于基尔肯尼郡富有魅力的村庄格雷格纳马纳斯和伊尼斯蒂格（Inistioge）之间。（见140页）
- **Brandon Way** 不要与凯里郡的布兰顿山（Mt Brandon）弄混了，这座比较小的布兰顿山（Brandon Hill，海拔516米）位于基尔肯尼郡，有一条小路从巴罗河畔的林地和旷野通往山顶。

蠓虫

蠓虫是体长仅2毫米的吸血飞虫，夏季大群出现，如果你没做好应对的准备，它们能彻底毁掉整个假期。

5月下旬到9月中旬是蠓虫的繁殖期，其中6月中旬到8月中旬是繁殖高峰——不幸与主要旅游季节重合——蠓虫在爱尔兰的西部和北部地区最为常见，特别是在康尼马拉和多尼戈尔等沼泽很多的地区。

黄昏时分和无风又阴天的日子里蠓虫最猖獗——它们比较怕强风和明媚的阳光。对抗蠓虫的唯一方法就是把身体遮住，尤其是在晚上。穿浅色的长袖衣服（深色会吸引蠓虫），最重要的是，使用可靠的驱虫剂。

- **基拉尼国家公园**（Killarney National Park）在凯里郡的利恩湖（Lough Leane）畔有绝佳的短途徒步路线，另外还有距离稍长的莫克洛斯湖环线（Muckross Lake Loop）。（见168页）
- **基拉里港**（Killary Harbour）这片峡湾状的狭长海湾位于戈尔韦郡，沿岸有观景步道。
- **阿赫洛峡谷**（Glen of Aherlow）在蒂珀雷里郡的繁茂林地和低矮山丘间有出色的徒步路线，可以欣赏雄伟的加尔蒂山脉（Galtee Mountains）的壮丽风景。（见197页）
- **费尔角**（Fair Head）简单易行的徒步路线通往安特里姆郡巨大的玄武岩海崖顶端，那里视野开阔，拉斯林岛和苏格兰海岸的风景一览无余。

海滨小径

爱尔兰岛的海岸线是天然的徒步路线，适合在沉思中进行长距离徒步，穿不穿鞋都可以。以下5条路线可供参考：

- **阿兰莫步道**（Arranmore Way，多尼戈尔郡）在多尼戈尔海岸附近岩石嶙嶙的阿兰莫岛上，这条14公里的小径在荒芜的海崖风景中绕了一圈。
- **堤道海岸之路**（Causeway Coast Way，安特里姆郡）这条带路标的小径紧依着安特里姆的北部海岸，最后的16.5公里从卡里克索桥通往巨人之路，景色尤为壮美。

➡ **韦克斯福德海滨步道**（Wexford Coastal Walk，韦克斯福德郡）221公里的小径俯瞰着开阔的沙滩、鸟儿出没的僻静水域和古老沉船的残骸。

➡ **羊头灯塔**（Sheep' s Head Lighthouse，科克郡）从公路尽头走向爱尔兰位置最壮观的灯塔之一，路程很短，体验极佳。

➡ **托里之路**（Tory Way，多尼戈尔郡）一条12公里的环线在托里岛岩石嶙峋的海岸上绕了一圈。

有路标的小径

1000公里的阿尔斯特之路和威克洛之路在20世纪70年代和1982年相继开放，推动了一个徒步路网的建成，40多条长距离徒步路线的总长度超过5000公里。虽然许多路线都需要数天甚至数周才能走完，但是你完全可以在每条路上随意选一小段进行徒步。

我们选出的十佳长距离徒步路线有：

➡ **巴罗之路**（Barrow Way）全长114公里，在基尔代尔郡的Lowtown和卡洛郡的圣穆林斯之间，漫步穿过爱尔兰迷人至极的河畔风景。（见135页）

➡ **贝拉之路**（Beara Way）这是一条比较简单的环线，全长196公里，在科克西部一个美不胜收的半岛上沿着历史遗迹蜿蜒。（见159页）

➡ **巴伦之路**（Burren Way）这条123公里的步道途经克莱尔郡独特的岩石景观、莫赫悬崖和音乐小镇杜林。（见210页）

➡ **卡文之路**（Cavan Way）这条路线不长（26公里），地形的丰富多样令人惊讶，途经沼泽、石器时代的遗迹和香农河的源头。

➡ **丁格尔之路**（Dingle Way）这条热门路线位于凯里郡，全长168公里，环绕爱尔兰最美的半岛之一。（见179页）

➡ **东芒斯特之路**（East Munster Way）起点在蒂珀雷里郡，终点在沃特福德郡，全长70公里，一路穿越森林和开阔的旷野，沿着舒尔河的纤道前行。

➡ **凯里之路**（Kerry Way）这条214公里的路线经过基拉尼国家公园、壮丽的麦吉利卡迪山脉和凯里环线海岸。（见166页）

➡ **Sheep' s Head Way** 这是一条另辟蹊径的半岛环线，全长88公里，开阔的海景和远离尘嚣的感觉让它显得与众不同。（见158页）

➡ **阿尔斯特之路**（Ulster Way）全长1000公里的徒步路线在英国北爱尔兰的6个郡和爱尔兰多尼戈尔郡周围绕了一圈，可以轻松分成较短的路段。

➡ **威克洛之路**（Wicklow Way）这是爱尔兰最受欢迎的徒步路线，全长132公里，起点在都柏林南部，终点在卡洛郡的克朗格尔（Clonegal）。（见112页）

高尔夫

高尔夫是最热门的消遣活动之一，有400多个高尔夫球场分布在岛屿各处。公园球场数量很多，但是海边的林克斯球场会带给你更加难忘的体验。全世界有30%的林克斯球场位于爱尔兰岛的海岸线上。

大部分高尔夫球场都是私有的，但是全都欢迎非会员预约，未经预约也可直接前往：为避免失望而归，建议提前预约比较有名的球场。在一流球场打一场高尔夫需要€80~100或更多。没那么有名的球场收费可能低至€25，取决于打球的时间。有些球场要求你在本国登记过"差点"。大多数球场还出租高尔夫球杆，但是质量往往不太好。

有一种好办法是，通过www.clubstohire.com在都柏林或科克的机场按自己的需求租一套球杆，离开时可以在机场返还。

我们最喜爱的球场有：

Ballybunion Golf Club，凯里郡

皇家波特拉什高尔夫球场，伦敦德里郡（见359页）

County Sligo Golf Course，斯莱戈郡（见243页）

沃特维尔高尔夫球场，凯里郡（见176页）

Mount Juliet，基尔肯尼郡

更多信息参见**Golf Ireland**（www.golf.discoverireland.ie）或**Golfing Union of Ireland**（www.golfnet.ie），两个网站都提供预订服务。

一年到头都有特别优惠和打折的果岭费，www.teetimes.ie是一个不错的网络资源，全国各地数十个球场的果岭费折扣力度都很大。

上图：在康尼马拉（见226页）的海上划皮划艇

下图：在科克郡（见142页）打高尔夫

DAVE G KELLY/GETTY IMAGES ©

骑车

爱尔兰为骑行的游客提供广阔天地，纵横交错的小路组成巨大的网络，就连岛上最荒凉的部分也涵盖其中。带上一张好地图和你的冒险精神（当然还有合适的防水衣物），就可以开始快乐探索旅程。

有几家公司在爱尔兰组织导览骑行游和自助骑行游，包括：

Iron Donkey（www.irondonkey.com）

Ireland by Bike（www.irelandbybike.com）

骑车路线

➡ **西部绿色大道**（Great Western Greenway）这条以越野为主的自行车道长42公里，从梅奥郡的韦斯特波特延伸到阿基尔岛。（见237页）

➡ **基拉尼国家公园**（Killarney National Park）公园里有一条惊险刺激的划船-骑车探险路线，途经基拉尼的湖泊和壮观的邓洛山口。（见168页）

➡ **Kingfisher Trail** 这是一条有路标的长距离骑行路线，沿着弗马纳郡、利特里姆郡、卡文郡和莫纳亨郡的偏僻小路延伸近370公里。

➡ **Clifden Cycle Hub** 戈尔韦郡的克利夫登号称康尼马拉的“首都”，是4条骑行环线的中心，环线长16公里到40公里不等，其中包括风景如画的天空之路。

山地自行车

由于人们没有进入私有土地的法定权利，爱尔兰岛越野骑行的发展落后于英国其他地区。不过国境线两侧都有一些出色的专门开发的骑行路线，大部分集中在国家森林公园里。

在许多地区，当地骑手在悄悄地奋力打造自建骑行路线的网络，当地自行车店是了解此类信息的出色渠道。

更多详细信息，参见：

Mountain Bike NI（www.mountainbikeni.com）提供介绍北爱尔兰山地自行车中心的大量详细信息。

TrailBadger（www.trailbadger.com）介绍爱尔兰山地自行车路线的实用资料库。

最佳山地自行车骑行中心

达瓦森林 位于蒂龙郡的中心，森林小径适合初学者，石板和陡坡适合高手。

罗斯特雷弗（Rostrevor）位于邓恩郡的罗斯特雷弗有一条考验大腿肌肉的27公里红色骑行路线和一条令人恐惧的19公里黑色路线，在一些人心目中是爱尔兰岛最好的山地车骑行地点。

Ballyhoura（www.trailriders.ie）这个山地车骑行中心位于利默里克郡，拥有全国最大的骑行路线网，等级从绿色到黑色，一应俱全，最长的一条路线超过50公里。

Ballinastoe（www.coillteoutdoors.ie）这个骑行中心位于都柏林以南，威克洛山脉的边缘，有一条非常流畅的14公里的蓝色路线。附近的山丘中还有许多路线可以探索。

Bike Park Ireland（http://bikeparkireland.ie）这个专门打造的骑行中心位于蒂珀雷里郡，提供将骑行者送往山顶的服务，各种水平的骑手都有适合的下坡路线。

水上运动

爱尔兰岛拥有3000多公里的海岸线和数不尽的河流与湖泊，因此不论你身在何地，不远处一定有个可以冲浪、玩帆板、潜水或划独木舟的地方。

冲浪和帆板

冲浪在海边大受欢迎，西部尤其如此。最热门的冲浪地点包括：

➡ **多尼戈尔郡** 班多伦（Bundoran）是爱尔兰非官方的冲浪之都，在4月举办爱尔兰全国锦标赛。沿海至少有六七个适合初学者和高水平冲浪者的一流冲浪地点。在纳布拉夫港（Port-na-Blagh）附近，帆板和风筝冲浪同样大受欢迎。

➡ **斯莱戈郡** 伊斯基（Easkey）和斯特兰德希尔（见244页）因全年皆可冲浪闻名，而且有设施满足需要房间和冲浪板的旅行者（房间可选）。

➡ **克莱尔郡** 基尔基（见207页）、拉欣奇和法诺尔有不错的海浪。

➡ **沃特福德郡** 特拉莫尔海滩有爱尔兰最大的

冲浪学校。

➡ **凯里郡** 冲浪者涌向开阔的因奇海滨（见179页），追逐大小合适、节奏分明的海浪。布兰顿湾和巴利巴宁也是一流冲浪地点。

➡ **安特里姆郡** 波特拉什（见359页）附近的海滩适合冲浪和人体冲浪。9月和10月浪涌最高，海水最温暖。

独木舟和海上皮划艇

爱尔兰岛犬牙交错的漫长海岸线带来世界一流的海上皮划艇体验。有天然屏障的小海湾非常适合初学者，还有激动人心的海岸和岛屿长途游，而难度很高的潮汐通道对最高水平的桨手也是个挑战。这一切都在壮丽的景色中进行，而且野生动物也比较常见，包括海豹、海豚甚至鲸鱼。**爱尔兰海上皮划艇协会**（Irish Sea Kayaking Association; www.iska.ie）列出了皮划艇之旅和皮划艇课程的组织者。

爱尔兰的内陆湖泊和水道为划独木舟创造了出色的条件。北爱尔兰正式建立了一个**独木舟航道网**（www.canoeni.com），基础设施包括航道入口、信息栏、卫生间和露营地。在边境以南，香农河、巴罗河和大运河（见www.waterwaysireland.org）等水道都有划独木舟进行长距离游览的机会。

水肺潜水

爱尔兰的西海岸有一些欧洲最好的水肺潜水地点。潜水的最佳时间在3月到10月，此时的平均能见度超过12米，情况好的时候能达到30米。

一流潜水地点包括基尔基（梅奥）、巴尔的摩（科克）、卡斯尔格雷戈里（凯里）、阿兰莫岛和罗斯基尔（多尼戈尔）。

要了解潜水方面的更多详细信息，可以联系Comhairle Fó-Thuinn（CFT），又名**爱尔兰水下委员会**（Irish Underwater Council, www.diving.ie），潜水杂志《海底》（*SubSea*）由他们出版（可在线购买）。

海岸越野

有时候，仅仅在峭壁之巅徒步不能令你满足，那么海岸越野或许会吸引你。它与登山类似，但不是朝山上走，而是在一条海岸上走，而且是岩石很多的陡峭海岸，海浪会一直冲到你的脚边。如果岩石太陡了，没问题——你就跳海开始游泳吧。海岸越野中心提供防寒泳衣、头盔和救生衣，你准备一双旧运动鞋和探险精神就够了。

海岸越野机构包括：

Coasteering Ireland（www.coasteering-ireland.com）主要在贝拉半岛（科克）和凯里环线经营。

Coasteering NI（www.coasteeringni.co.uk）在安特里姆郡的巨人之路附近和多尼戈尔的格伦科伦基尔经营。

钓鱼

钓鱼——不论在海里、湖里还是河里，是爱尔兰岛最热门的消遣活动之一。这里以钓鲑鱼、海鳟和褐鳟著称，也是海钓胜地。

顶级钓鱼体验包括：

➡ 在戈尔韦郡的大型石灰岩湖泊克里布湖（Lough Corrib）和马斯克湖（Lough Mask）上用飞蝇钓法钓褐鳟，这里每年蜉蝣孵化时，会吸引成千上万名垂钓者从世界各地来到这里。

➡ 在凯里郡的卡瑞恩湖钓海鳟，在英国和爱尔兰地区，这里是最好的海鳟钓场之一。

➡ 在布莱克沃特河（Blackwater; 科克）、劳恩河（Laune; 凯里）或罗河（Roe; 伦敦德里）上钓鲑鱼，这三条河是钓鲑鱼的最佳地点。

➡ 在西南部的海滨钓鲈鱼，或者在金塞尔乘船出海钓大青鲨——爱尔兰的一些海钓地点是欧洲数一数二的。

彼得·奥莱利（Peter O' Reilly）的Rivers of Ireland和Loughs of Ireland全面介绍了在英国北爱尔兰和爱尔兰钓鳟鱼和鲑鱼的相关信息。

许可证和钓鱼执照

海钓无须许可证和执照。

许可证 爱尔兰岛上最有名的湖泊之中有不少可以免费钓褐鳟，包括克里布湖、马斯克湖和基拉尼湖。不过，在大部分湖泊和河流钓鱼都需要许可证（可在当地酒店或渔具店咨询）。每天的价格在€3~20。

钓鱼执照 在北爱尔兰，所有淡水钓不但需要许可证，还要求办理钓鱼执照（3天/14天£3.50/9）。在爱尔兰共和国，只有钓鲑鱼和钓海鳟才需要钓鱼执照（1天/3周€20/40）。可以在当地渔具店或一些旅游局购买执照。

更多信息，见www.fishinginireland.info。

攀岩

爱尔兰岛上的山脉并不高——凯里的麦吉利卡迪山脉中的卡朗图厄尔山（Mt Carrauntoohil）是爱尔兰的最高峰（高度只有1040米），却有一些出色的攀岩地点，特别是在莫恩山脉、麦吉利卡迪山脉和威克洛山脉的格伦达洛附近。

不过，顶级攀岩地点是无与伦比的海边悬崖，既包括多尼戈尔的马林贝格（Malin Beg）和阿基尔岛的悬崖，又包括费尔角高耸的玄武岩柱和巴伦风景区完美的石灰岩峭壁。大卫·弗拉纳根（David Flanagan）的作品*Rock Climbing in Ireland*介绍了400条最好的攀岩路线。

计划你的行程

像当地人一样吃喝

近十年来，爱尔兰"重新发现"了本土风味的魅力。一群大厨和食物生产者引领了一场餐饮革命，其核心是，将长久以来在经营良好的爱尔兰农场被视为理所当然的那类餐食呈上餐桌。而且，随着爱尔兰人在吃的方面越来越见多识广，现在，他们对世界各地餐饮的不同风味已经十分熟悉，各种预算的游客想吃得不错都相对容易。旅游业也从中获益，因为不必再向游客解释为何这么多爱尔兰食物都如此令人"难忘"——而且难忘的原因都不是好事。

美食年历

1月至3月

一年中最冷的时间，特别适合享用爱尔兰传统早餐（fry）。

4月至6月

春天来临，新鲜采摘的水果和蔬菜登场，比如芦笋和大黄。美食节包括：

- **西沃特福德美食节**（West Waterford Festival of Food）在邓加文举办，持续3天，有当地农产品和美食，海滨烧烤和一个精酿啤酒园也是节日的一部分。
- **斯莱戈美食节**（Só Sligo Festival; www.sosligo.ie; ⌚6月中旬）来自世界各地的专业大厨在爱尔兰炖肉世锦赛（World Irish Stew Championship）上一决高下，比赛还设有业余组，人人皆可参加。
- **都柏林美食节**（Taste of Dublin）首都的最佳餐厅联手推出各家拿手菜的试味拼盘，现场还有音乐和其他娱乐活动。

7月至9月

7月，第一批应季土豆新鲜上市，还有各

寻找爱尔兰最佳餐饮

www.bestofbridgestone.com 大量介绍精益求精的食品生产商和供应其产品的最佳餐厅。

www.bordbia.ie 爱尔兰食品局的网站，列出了几家本土食品生产商，对农夫市集的介绍非常全面。

www.irishcheese.ie 爱尔兰农舍奶酪制造商协会的网站涵盖每一家小型制酪厂。

www.slowfoodireland.com 支持小型食品生产商的机构，在爱尔兰各地举办社会活动。

上图：贝尔法斯特的王冠酒吧（见319页）小酒馆的一餐

下图：牡蛎和世涛啤酒

种由醋栗、黑莓和罗甘莓制作的果酱和浆果派。美食庆典在全国各地上演，包括：

➡ **卡灵福德牡蛎节**（Carlingford Oyster Festival）在劳斯郡的这个城镇，牡蛎早早上市，有一个小节日庆贺牡蛎季的到来。

➡ **克拉伦布里奇牡蛎节**（Clarenbridge Oyster Festival；见295页）牡蛎节在这个南戈尔韦的城镇由来已久。

➡ **希尔斯伯勒牡蛎节**（Hillsborough Oyster Festival）9月的第一个周末，大约有12,000人从世界各地齐聚于此，品尝当地最好的牡蛎，参加吃牡蛎世锦赛（World Oyster Eating Championships）。

➡ **科克西部美食节**（Taste of West Cork Food Festival）斯基伯林将最好的食品生产商集合起来，举办这场为期一周的美食节。

➡ **沃特福德收获美食节**（Waterford Harvest Food Festival；www.waterfordharvestfestival.ie；⏲9月中旬）持续10天的美食节有食品市场、试吃活动、名厨讲堂和露天野餐。

➡ **戈尔韦国际牡蛎与海鲜节**（Galway International Oyster & Seafood Festival；见295页）9月的最后一个周末迎来牡蛎盛宴，同时可以畅饮健力士啤酒。

10月至12月

10月是采摘苹果的时节，也是土豆收获的时节。美食节就此结束，但是有一个精彩的收尾：

➡ **金塞尔美食节**（Kinsale Gourmet Festival；www.kinsalerestaurants.com；⏲10月上旬）爱尔兰的民间美食之都金塞尔用3天的时间骄傲地展示自己在餐饮方面的风采。

最佳爱尔兰奶酪

➡ **Ardrahan** 醇香的农舍奶酪，有一种浓郁的坚果风味。

➡ **Corleggy** 口味清淡、经过巴氏消毒的山羊奶酪。

➡ **Durrus** 柔滑又有果香，受到美食爱好者的喜爱。

➡ **Cashel Blue** 蒂珀雷里生产的柔滑的蓝纹奶酪。

➡ **Cooleeney** 卡芒贝尔奶酪风格的获奖奶酪。

美食体验

毕生难忘的一餐

➡ **Restaurant Patrick Guilbaud**（见96页），都柏林

➡ **Finn's Table**（见155页），金塞尔，科克郡

➡ **Jacks Coastguard Restaurant**，克罗曼恩半岛，凯里郡

挑战性菜品

令人啼笑皆非的是，爱尔兰人越来越愿意尝试新奇菜式了，而颇具挑战性的偏偏是传统的爱尔兰菜肴。以下菜品你敢尝尝吗？

➡ **黑布丁**（血肠）由凝固的猪血、板油和其他馅料制成，在爱尔兰的传统早餐中很常见。

➡ **土豆煎饼** 北爱尔兰一种含大量淀粉的土豆饼（Boxty），将土豆泥和擦碎过筛的生土豆对半混合后制成。

➡ **角叉菜**（Carrageen）这种爱尔兰特有的海藻会出现在各种各样的餐点中，无论是沙拉还是冰激凌。

➡ **腌牛舌** 通常搭配卷心菜，这道菜现在仍然会出现在传统的爱尔兰菜单里。

➡ **内伊湖鳗鱼** 北爱尔兰的一道特色菜，通常在万圣节前后食用，一般用大块的鱼肉搭配一种白色的洋葱酱汁。

➡ **Poitín** 非法酿制的威士忌（以麦芽或土豆为原料）在这里被称为"cratur"，想喝到一口是很难的。不过，在爱尔兰的小部分地区依然有秘密酿酒室，包括多尼戈尔、康尼马拉和西科克。

当地特色

食品

➡ **土豆** 土豆依旧是大部分传统餐食中的一个重要部分，做法多样。colcannon和champ是爱尔兰两大最美味的土豆泥菜肴（分别搭配卷心菜和葱）。

➡ **肉和海鲜** 牛肉、羊肉和猪肉都很常见。许多餐厅都供应海鲜，而且品质往往很出色，特别是在西部地区。牡蛎、鳟鱼和鲑鱼都很好吃，如果不是养殖的，而是从海里或河里直接捕捞的，味道会特别好。

➡ **苏打面包** 最出名的爱尔兰面包是用小苏打制作的，解决了爱尔兰的面粉筋度低、酵母不起作用的问题。再加入酪乳，就能做出一款十分美味的面包，在民宿提供的早餐中很常见。

➡ **传统早餐** 谁能抗拒一盘煎培根、香肠、血肠、白香肠、鸡蛋和西红柿呢？再加上土豆煎饼（fadge），就是一份在北爱尔兰十分常见的著名的阿尔斯特传统早餐。

饮品

➡ **世涛啤酒** 健力士已经成了世涛啤酒在世界各地的代名词，而不在爱尔兰的人几乎不知道还有另外两家大型啤酒生产商在为赢得爱尔兰人的青睐而竞争，它们是墨菲（Murphy's）和Beamish & Crawford，都位于科克市。

➡ **茶** 爱尔兰的人均饮茶量超越世界上的其他任何一个国家，走进任何一个爱尔兰人的家门，立刻就会有人为你端上一杯茶。广受青睐的是非常浓的拼配茶，搭配牛奶饮用（如果喜欢还可以放糖）而不是柠檬，完全不同于其他地方冒充爱尔兰早餐茶的那些没滋味的饮料。

➡ **威士忌** 根据最新统计，爱尔兰有近100种不同的威士忌，仅由3个酿酒厂生产，分别是Jameson's、Bushmills和Cooley's。前往爱尔兰会开启一个卓越精深的世界，爱尔兰人的"生命之水"（uisce beatha）会让你的味蕾惊喜连连，还将为你赢得许多新朋友。

素食主义者

爱尔兰一度将素食者视为奇怪的生物，如今这个国家已与从前大不相同。现在，就算有最激进的纯素食主义者上门，绝大多数餐厅依旧能保持淡定，只有最简朴的小餐馆除外。这不代表吃素的旅行者能在较大的城镇之外——或在近几年扎堆开业的新式餐厅里——找到多么有创意的菜式，不过大可放心，本地种植的蔬菜整体水准一流，而且大部分就餐场所都至少有一种素食菜肴可以放心享用。要了解在都柏林就餐的信息，见94页。

手工酿酒厂

近几年来开了几家独立酿酒厂，酿造威士忌（有时还有其他烈酒），为爱尔兰的烈酒增添了一点可贵的多样性。

➡ **Blackwater Distillery**（www.blackwaterdistillery.ie; Unit 3,Cappoquin Enterprise Park）这家酿酒厂位于沃特福德郡的卡波昆，每年酿造约50桶威士忌（按照芒斯特的传统，whiskey会写作whisky）。

➡ **丁格尔威士忌酿酒厂**（Dingle Whiskey Distillery; www.dingledistillery.ie; Milltown Rd）位于丁格尔镇边缘，生产威士忌、一种经过5次蒸馏的伏特加和一种伦敦干金酒。

➡ **西科克酿酒厂**（West Cork Distillers; www.westcorkdistillers.com; Market Street）生产调和威士忌、罐式蒸馏威士忌和单一麦芽威士忌，以及利口酒和伏特加。

餐饮指南

何时吃

爱尔兰人的饮食习惯已在近几十年间发生了变化，城市和乡村地区的做法也不尽相同。

➡ **早餐** 早餐时间通常在9:00之前（不过各酒店和民宿在周一到周五的11:00前都有供应，城市地区在周末供应至正午），因为大部分人都赶着去工作。在较大的城镇，周末的早午餐很流行。

➡ **午餐** 城镇职工在12:30到14:00匆忙吃一餐（大多数餐厅最早在正午开始供应午餐）。到了周末，特别是周日，人们略过正午时分的午餐，改在下午吃一顿丰盛的大餐[称作晚点（dinner）]，时间通常在14:00到16:00。

➡ **晚餐** 被称为"tea"，指的不是茶，也叫dinner（令人犯糊涂），是城市居民每天的正餐，通常在18:30前后吃。乡村地区吃饭时间相同，但晚餐内容更加传统，有面包、冷切肉，确实也有茶。餐厅遵守国际习惯，大部分顾客最早在19:30开始

爱尔兰的精酿啤酒

虽然大多数小酒馆卖得最好的依然是喜力、嘉士伯和库尔斯（Coors Lite）等主流淡啤酒，但是在精酿啤酒革命的推动下，已有数十家微型酿酒厂在全岛各地涌现，爱尔兰岛上有600多家小酒馆和酒吧供应精酿啤酒。以下是其中的一小部分，会诱惑你的味蕾：

➡ **Devil's Backbone**（酒精含量4.9%）多尼戈尔的啤酒厂Kinnegar酿造的浓郁的琥珀啤酒。

➡ **The Full Irish**（酒精含量6%）由位于科克郡米切尔斯敦（Mitchelstown）城外的Eight Degrees Brewery酿造的淡色艾尔啤酒，在2015年获选爱尔兰年度啤酒。

➡ **O'Hara's Leann Folláin**（酒精含量6%）由Carlow Brewing Company酿造的干世涛啤酒，有淡淡的巧克力气息。

➡ **Metalman Pale Ale**（酒精含量4.3%）备受推崇的Metalman Brewing Company位于沃特福德，他们酿造的美式淡色艾尔啤酒现在推出了罐装。

➡ **Puck Pilsner**（酒精含量4.5%）由位于德罗赫达的Jack Cody's Brewery酿造的一种淡啤酒。

➡ **Twisted Hop**（酒精含量4.7%）金色艾尔啤酒，由位于利斯本（Lisburn）城外不远处的Hilden出品，Hilden是爱尔兰最老的独立啤酒厂。

就餐。

➡ **夜宵** 许多爱尔兰人依然喜欢在上床睡觉前来点夜宵，比如茶配吐司或三明治，不过越来越多的城市居民出于健康原因取消了这一餐。餐厅不供应夜宵。

去哪吃

➡ **餐厅** 从便宜又欢乐的小餐馆到米其林星级餐厅，每种口味和预算都能在爱尔兰找到合适的去处。

➡ **咖啡馆** 遍地是各种各样的咖啡馆，许多都是吃顿美味快餐的完美去处。

➡ **酒店** 就算不是住客也没关系，大部分酒店的餐厅都接待外来就餐者。一流酒店通常配有优秀的餐厅，价格当然也不低。

➡ **小酒馆** 小酒馆食物无处不在，一般是各种各样的吐司三明治。不过，许多小酒馆还提供全套菜单服务，其中一部分的水准可以媲美一流餐厅。

用餐礼仪

爱尔兰人对繁文缛节并不热衷，他们偏爱友好不拘礼的气氛，不喜欢一本正经小题大做。不过，以下是与爱尔兰人一起用餐的几个小贴士：

➡ **儿童** 19:00之前所有餐厅都欢迎小朋友，但是小酒馆和一些高档餐厅在晚上不接待儿童。家庭餐厅有儿童菜单，其他餐厅在普通菜单的基础上提供小份。

➡ **退菜** 如果食物不合心意，最好尽快礼貌地说明问题出在哪里。任何体面的餐厅都会尽力为你立刻换掉。

➡ **埋单** 如果你坚持为所有人埋单，大家会一而再、再而三地拒绝接受你过于慷慨的美意。但是不要上当，就算某件事让爱尔兰人很开心，他们也会推辞好几次。只需语气温和地执意要求，你会如愿的！

计划你的行程

野性大西洋之路

爱尔兰的西部边缘是全世界最美不胜收的海岸线之一，如同一条2500公里长的项链，串起嶙峋的峭壁、月牙形的海滩和方格状的田野，从科克西部一直伸展到多尼戈尔的东北部。这条海岸线从远古就已存在，但是直到2013年，爱尔兰旅游局才正式推出了野性大西洋之路，它是全世界最长的海滨驾驶路线，沿途有大量视野开阔的休息站，去体验一番或许正是你来到爱尔兰的理由。

行前参考

路线

这条路线可分成5个相连的路段，覆盖9个郡：科克、凯里、克莱尔、利默里克、戈尔韦、梅奥、斯莱戈、利特里姆和多尼戈尔。

道路沿线近4000个路标如同碧蓝的波浪，清晰地指示方向，沿途设有157个"发现点"（Discovery Points），你可以停车了解每个地区的必看景点和没那么出名的休闲娱乐活动。

旅行方向

自驾 两个方向可任选其一，不过如果想离海最近（视野也最好）就从南向北开吧。

骑自行车 盛行风朝南吹，因此从北向南骑更轻松（虽然不能指望风一定会配合）。

实用信息

要了解与野性大西洋之路有关的一切最新信息，可查看爱尔兰旅游局的指定网站www.wildatlanticway.com，或下载实用的手机应用，同时支持安卓手机和iPhone。

科克郡和凯里郡

在爱尔兰的西南角，463公里的海岸线围绕全国最著名（游客也最多）的半岛，到处都是风景秀丽的亮点。

亮点

➡ **米曾角**（Mizen Head；科克；见157页）从岩石突兀的悬崖顶端能看到壮丽的风景（通过迈曾人行桥可以走到最边上），包括法司特耐特灯塔，灯塔脚下的岩石被称为"爱尔兰的泪珠"，因为它是饥荒期间前往美国的爱尔兰人眼中的最后一片故土。

➡ **斯莱角公路**（Slea Head Drive；凯里；见183页）这条绕过半岛尽头的环线只有50公里，是爱尔兰的最佳观景公路之一。除了令人惊叹的风景，还有大量史前遗迹点缀在山丘各处。

值得一游

德西岛（Dursey Island；科克；见159页）这座宁静的岛屿位于偏远的贝拉半岛的尽头，岛上没有商店、小酒馆和餐厅，但是灯塔、城堡遗迹和史前巨石柱都值得一看。前往德西岛须乘坐10分钟的缆车，不过注意，岛上为数不多的居民可以比游客优先乘坐缆车。

Wild Atlantic Way 野性大西洋之路

招牌旅行体验

野性大西洋之路沿途有一系列“招牌旅行体验”，专为提升旅行质量而设计。包括：

科克郡和凯里郡 游览斯凯利格·迈克尔岛（见177页），这里有一座岩石峭壁，有多个8世纪修士的圆顶小屋。乔治·萧伯纳曾将这里描述为“我们梦中世界的一部分”。

克莱尔郡 在巴伦风景区参加导览游（见211页），当地向导会带你深入了解这个“欧洲最大的岩石园”。这里的植物丰富多彩，新石器时代的遗迹比埃及金字塔更早建成。

克莱尔郡/戈尔韦郡 乘坐小马拉的双轮轻便马车游览阿伦群岛里最小的岛屿伊尼希尔。方便的话，可以乘坐渡船前往克莱尔郡的杜林。如果时间安排得合适，可以恰好在日落时分经过莫赫悬崖。

斯莱戈郡 在手工采摘的大西洋海藻和咸水中泡个滑溜溜的澡，这是一种传统的有机疗法，由于海藻中含有丰富的碘，泡澡可以舒缓压力，治疗其他小毛病。斯特兰德希尔的Voya Seaweed Baths很有名。

多尼戈尔郡 乘坐渡船出海，前往偏远的托里岛。岛上几乎人人都是画家，沿用20世纪50年代形成的本土艺术风格。岛上的“国王”Patsy Dan很可能会在码头迎接你，他刚好也是个画家。

克莱尔郡

克莱尔的海岸线享誉欧洲，名不虚传。这里的悬崖动人心魄，由大西洋汹涌无情的海浪在漫长的岁月里塑造而成。

亮点

➡ **卢普角**（Loop Head；见207页）这片狭窄突出的海岬两面临海，一条长长的徒步小径在海岬尽头和基尔基之间延伸。南侧的丁格尔半岛和北侧的戈尔韦与阿伦群岛构成令人心醉的风景。

➡ **莫赫悬崖**（Cliffs of Moher；见209页）爱尔兰最著名的悬崖陡然耸立于大海之中，高203米，它的雄伟壮观完全解释了为什么有一批批游客乘坐旅游大巴来到这里，目瞪口呆，又在惊奇中离开。要获得最佳视野，可以沿着南面的小径向南走约5公里前往哈格斯角（Hag's Head）。

值得一游

拉欣奇（Lahinch）拉欣奇的蓝旗海滩潮水澎湃，是冲浪者的天堂。附近就是爱尔兰数一数二的高尔夫球场，再远一点的恩尼斯泰蒙是欣赏传统音乐的好去处。

戈尔韦郡

戈尔韦充满野性的力量，狂野的程度甚至超过了戈尔韦市的疯狂夜生活。康尼马拉是一片由沼泽、高山和冰湖组成的绝美荒原，而阿伦群岛令人陶醉的美景深处是震慑人心的荒芜。

亮点

➡ **天空之路**（Sky Road；见227页）这是一条12公里的环线，从康尼马拉的“首都”克利夫登出发，风景美得令人难以置信，向北靠近偏远的伊尼什博芬和梅奥郡的克卢湾群岛，景色尤为动人。这条路也是一条热门骑行路线，可以在克利夫登租自行车。

➡ **阿伦群岛**（Aran Islands；见220页）乘坐40分钟的渡船（或10分钟的飞机），你就进入了另一个时空：有3座岛屿供你挑选，每个都独具特色（伊尼什莫尔游客最多，伊尼希尔最小，伊尼什曼最偏僻），但都会带给你生活在世界尽头的感觉。

值得一游

道格斯湾/格廷湾（Dog's Bay/Gurteen Bay）道格斯湾和格廷湾这一对海湾与朗德斯通相距约3

公里，堪称爱尔兰最漂亮的海滩：两片美妙的月牙形白沙滩背靠着背，沙滩完全由细小的贝壳碎片组成，并不是其他海滩常见的碎石灰岩。

梅奥郡至斯莱戈郡

梅奥和斯莱戈不像南部几个郡那样游人如织，用荒芜动人的景色、美丽的岛屿和几片冲浪者最爱的一流海滩装点着野性大西洋之路。

亮点

➡ **阿基尔岛**（Achill Island；梅奥；见237页）这是爱尔兰最大的近海岛屿，从爱尔兰本土通过堤道即可到达。岛上有高耸的峭壁和沙滩可供探索，还有覆被泥炭沼泽和一条山脉。

➡ **本布尔宾**（Benbulben；斯莱戈）这是斯莱戈最著名的大山，在晴朗的日子里，独特的山顶清晰可见。整座山像一个餐桌，上面铺着打褶的桌布。W.B.叶芝从迷人的山景中获得了灵感。

值得一游

马利特半岛（Mullet Peninsula；梅奥）爱尔兰几乎没有任何地方像这片美丽的半岛一样保持着原生态，而且人烟稀少。半岛突出于大西洋，长约30公里。原始的海滩在东部海岸上连成一线，半岛上居民极少，说爱尔兰语。

多尼戈尔郡

多尼戈尔略显荒芜偏僻，但处处美丽，作为野性大西洋之路的终点（或起点）非常恰当。锯齿状的海岸线上有陡峭的悬崖、隐秘的小海湾和绵长的金沙滩，是神话和明信片的素材。论自然之美，这里可以与其他任何郡匹敌。

亮点

➡ **里格山**（Slieve League；见251页）这些壮观的单色悬崖位于多尼戈尔的西南部，远不如南部的悬崖那么受关注，但是里格山更高（600米），激动人心的程度毫不逊色。

➡ **马林角**（Malin Head；见254页）爱尔兰的最北点是一个饱经风浪的岩石岬角，上面矗立着一座19世纪初的圆形石堡，被称为班巴之冠（Banba's Crown）。

值得一游

特拉莫尔海滩（Tramore Beach）从迷人的村庄邓法纳希出发，一条令人激动的2公里徒步路线带你穿越令人难忘的沙丘，抵达一片常常空寂无人的美丽海滩。在海滩的另一头，有一条小径通向Pollaguill Bay。

地区速览

安特里姆郡、阿马郡、邓恩郡、弗马纳郡、伦敦德里郡和蒂龙郡等地构成了北爱尔兰，是英国的一部分，虽然没有边境管制，但与爱尔兰是分开的。

都柏林

博物馆
娱乐
历史

文化展

首都是爱尔兰储藏考古文物、艺术珍品和其他文化珍宝的主要宝库。国家博物馆在都柏林的三个分馆可以作为起点，而为数众多的画廊展示着从文艺复兴时期到今天的各种艺术品。

小酒馆和夜生活

这座城市大约有1000家小酒馆，需要决定去哪享用一杯都柏林最著名的特产时，可谓选择多多。但是除了健力士啤酒和酒吧闲聊，这里还有新老戏剧、各种演唱会和大量体育消遣。

历史遗产

从圣三一学院的鹅卵石地面到基尔曼汉姆监狱染血的墙壁，几乎每条都柏林街道都有其传奇历史的遗迹。最精美的建筑和最优雅的街道是乔治王朝的黄金时期的遗产，当时的都柏林是帝国第二大城市。就连最不起眼的小巷和房屋都有故事可讲。

见64页

威克洛郡和基尔代尔郡

风景
修道院遗迹
活动

山景

威克洛山脉几乎处处都有壮丽景色，特别是在贯穿山脉的山口上，天气晴朗时可以看见5个郡。在基尔代尔，肥沃的艾伦沼泽展现着另一种经典的爱尔兰风景。

古修道院

格伦达洛的遗迹十分引人入胜，而且这些遗迹位于一个冰川谷的谷底，靠近两个湖泊，环境令人陶醉，单是这一点就值得一看。

徒步路线

威克洛之路是爱尔兰最热门的徒步路线，自北向南纵贯威克洛郡。基尔代尔是养马的地区，徒步小路更平缓一些，但依旧令人愉快。

见109页

韦克斯福德郡、沃特福德郡、卡洛郡和基尔肯尼郡

风景
历史
食物

海滨风光

标志性的翠绿田野下方，嶙峋乌黑的峭壁止于一片蔚蓝大海：这样的景色永远也看不厌。如果你需要稍作休息，海岸上点缀着一片片完美的沙滩，而韦克斯福德的海滩一直延伸到视野尽头。在内陆，奔腾的河流和田园风情的农场构成了爱尔兰的乡村风光。

维京人的踪迹

在沃特福德和韦克斯福德的街头漫步，周围到处是中世纪的遗迹，你会隐隐期待遇见一位维京人。基尔肯尼的中世纪历史无处不在，既有高耸的大教堂，又有漂亮的城堡。

当地农产品

去邓加文品尝巅峰水准的爱尔兰菜，享用当地大小城镇出产的美妙农产品。

见123页

科克郡

食物
风景
历史

美味佳肴

科克郡是爱尔兰民间的美食中心，科克市有不少美妙的餐馆，而西科克有大量本地食品生产商和美食手艺人，你可以直接在源头购买，吃得像个贵族。

半岛全景

科克郡西部的3个半岛米曾角半岛、羊头半岛和贝拉半岛无所不包：有山口、孤独迎风的山丘、美丽的海滩和在你踏上归途后依旧长留心间的风景。

起义故事

“起义郡”骄傲地展示着自己的历史，即使其中不乏伤痛。从饥荒的纪念物和17世纪的战役现场到对近代阵亡英雄的盛大献礼，一切皆可探索。

见142页

凯里郡

风景
海鲜
传统音乐

爱尔兰明信片

凯里郡正是风景优美的爱尔兰的名片——康纳山口、丁格尔半岛和尤为经典的凯里环线是爱尔兰最美的景观。

新鲜出海

凯里郡与大海关系密切的体现是：在丁格尔半岛各地，你可以吃到从你亲眼看着进港的渔船上卸下来的新鲜的鱼。

传统之声

凯里的每个城镇和村庄都至少有一家主打传统音乐的小酒馆，演奏的乐手都各自传承着家乡的音乐风格。传统音乐是在凯里郡旅行的最佳伴奏。

见162页

利默里克郡和蒂珀雷里郡

步行
历史
风景

历史小径

去蒂珀雷里路途遥远，但是抵达后要继续前行，徒步穿越色彩交错的阿赫洛峡谷，走上更具挑战性的蒂珀雷里历史小径，这是一条56公里的徒步路线，穿过美丽的河谷，古老的遗迹点缀其间。

城堡和修道院

从蒂珀雷里郡宏伟的修道院城市卡舍尔到利默里克防御森严的约翰王城堡，历史留下的种种财富在这两个郡各地都清晰可见。

动人的遗迹

浩荡的香农河在最宽阔的河段呈现出优美的风景，蒂珀雷里郡连绵起伏的山丘和农田间点缀着古老的遗迹，爱尔兰正是以这样的景色闻名于世的。

见188页

克莱尔郡

风景
音乐
小酒馆

壮丽的悬崖

莫赫悬崖矗立于波涛汹涌的大西洋上，峻峭壮观，令人震撼，是一处不容错过、引人注目的景点。克莱尔海岸上的其他位置也同样美丽又激动人心，特别是可以眺望汹涌澎湃的大西洋美景的卢普角和抵离这个海角的滨海公路。

传统演奏会

克莱尔的音乐保留着爱尔兰最为传统的风格，几乎没有受到现代的影响。每逢佳节，在各个小酒馆甚至街头巷尾，可以听见克莱尔郡不计其数的乐手举办的杰出的传统演奏会。

老派喝法

克莱尔的每个城镇都至少有一间美妙的老酒馆，健力士啤酒是现成的，泥炭炉火点燃着，而欢声笑语永不停止。

见201页

戈尔韦郡

风景
食物
文化

群岛和高山

如果没有数百年间不断的辛勤劳作，阿伦群岛只是荒芜的岩石岛，不会有如今的绿意。劳动成就了令人赞叹的风景，在这些强风吹拂的迷人岛屿上漫步是爱尔兰的亮点之一。春天时，荆豆开出亮黄色的花朵，康尼马拉半岛美得惊人。

新鲜的牡蛎

你读到这里时，在戈尔韦湾的有潮水域，数百万只味美多汁的牡蛎正在慢慢生长成完美的大小。当地大厨擅长将这种水产品做成美味佳肴。

无处不在的演奏会

在任何一个晚上，戈尔韦市的小酒馆和夜店都因为传统演奏会、精彩的摇滚演出和有明星潜质的乐队而热闹非凡，令人大饱耳福。

见213页

梅奥郡和斯莱戈郡

岛屿
巨石遗迹
叶芝之乡

风景

克卢湾据称有365个岛屿，其中一个岛屿曾归约翰·列侬所有。克拉吉岛（Craggy Island）也在这里，它不是那座因为《神父特德》（*Father Ted*）闻名的岛屿，而是臭名昭著的海盗女王格蕾丝·奥马利（又叫Granuaile）的故乡。

古迹

从赛尔德田野的全世界规模最大的石器时代遗迹到卡罗莫尔和卡罗基尔的巨石墓地，巴利卡斯尔周围地区将带你回到史前时期。

诗的灵感

斯莱戈郡是叶芝之乡：他就长眠于德拉姆克利夫的教堂里、本布尔宾的山影中。在斯莱戈郡各地的博物馆和文化中心里都能看到对叶芝的致敬，而他的诗歌中也蕴含着当地的风景。

见231页

多尼戈尔郡

荒凉的风景
原生态的海滩
冲浪

高山峭壁

多尼戈尔未经开发，荒芜至极，是终极边远之地，从海岸上饱经风浪的峭壁和海滩到内陆的崇山峻岭，景色既忧郁，又美丽。

原生态的海岸线

多尼戈尔郡的海岸线是爱尔兰第二长的，拥有全国数一数二的海滩，其中包括适合冲浪的罗斯诺拉、未受破坏的特拉莫尔和沙子略带红色的马林贝格。众多小海湾里隐藏着数量惊人的僻静沙滩。

海上活动

在多尼戈尔可以学习冲浪，挑战一些全世界最难驾驭的海浪。多尼戈尔同时拥有大量海滩和众多冲浪中心，很可能是全国最佳冲浪地点。

见245页

米德兰兹

传统小酒馆
乘船游览香农河
教会遗迹

地道的气氛

在米德兰兹各地分布着一些看上去平淡无奇，但气氛在全国数一数二的小酒馆，其中包括阿比莱克斯的Morrissey's，它可能是爱尔兰最完美的小酒馆。

浩荡大河

要全方位探索这个国家的腹地，还有什么方式能超越乘坐游船沿着爱尔兰最长的河流游览呢？沿途可以欣赏景点，在专为接待游船而开设的河畔餐厅停靠用餐。

圣人和学者

科隆玛诺伊是爱尔兰最好的修道院遗址，矗立在奥法利郡的香农河畔。围墙内的场地上有早期教堂、高大的十字架、圆形塔楼和墓地，保存状态好得惊人。

见257页

米斯郡、劳斯郡、卡文郡和莫纳亨郡

历史
钓鱼
风景

酋长和冲突

塔拉山、博因宫和洛克鲁的新石器时代遗迹、梅利方特和莫那斯特博伊斯的宏伟修道院和德罗赫达等城镇分布在这几个郡里，经历和书写了爱尔兰的历史。

钓鱼和钓杂鱼

卡文郡湖泊众多，以钓杂鱼著称。莫纳亨郡也不逊色，如果你想尝试海钓，可以去劳斯郡的克洛赫黑德和卡灵福德。

湖区和山丘

从卡文和莫纳亨的湖区到米斯郡丰饶的山丘，这几个郡的风景多姿多彩。还有优美的海滨风光，在劳斯郡海岸沿线一直延伸到风景如画的卡灵福德。

见267页

贝尔法斯特

历史
小酒馆
音乐

贝尔法斯特泰坦尼克号博物馆

贝尔法斯特的造船厂遗址经过抢救和改造，变成了北爱尔兰参观人数最多的博物馆。这是一次精彩的多媒体体验，聚焦世界最著名沉船的建造过程，你可以通过虚拟的细节一探究竟。

维多利亚时代的瑰宝

贝尔法斯特市中心的维多利亚时代经典建筑是这座城市最受喜爱的珍宝，Crown或许是最著名的小酒馆，不过John Hewitt和Garrick也同样美妙，而White's和Kelly's这类更古老的酒馆拥有更加独特的气氛。

出色的音乐

从Eglantine的DJ混音舞曲到Odyssey场场爆满的演唱会，贝尔法斯特的音乐圈子水准一流。其中最好的可能是Belfast Empire，每晚都有新乐队和有名的表演者登场。

见316页

邓恩郡和阿马郡

活动
野生动物
食物

徒步节

丰富多彩的活动日程令人难忘，有观鸟会和徒步节，也有攀岩和划独木舟等更耗费体能的活动，足够让你一年到头忙个不停。

鸟和海豹

在邓恩郡的埃斯皮城堡，满是鸟儿的泥滩是一个野禽及湿地中心，就连对鸟类最不感兴趣的游客也会人迷。而大群的灰海豹只是阿马郡的斯特兰福德湾迎来的客人中最显眼的一群。

美味佳肴

在邓恩郡的希尔斯伯勒、班戈和沃伦波因特，餐厅和美食小酒馆会带给你一流的就餐体验。还有美妙的去处藏在最出人意料的地方，比如在阿兹半岛的多纳哈迪，爱尔兰岛上最古老的小酒馆后面有一间极好的小餐馆。

见340页

伦敦德里郡和安特里姆郡

历史
风景
流行文化

城墙围绕的城市

伦敦德里是爱尔兰岛上唯一一个有城墙的城市，拥有厚重的历史。1688~1689年，城墙抵御了一次围攻。如今，城墙和城市中著名的博物馆一起深刻地讲述着历史，而最为生动的是博格赛德区的政治壁画，历史正在这些街道中上演。

巨人的足迹

安特里姆郡的海岸几乎全是美丽的金色，但是真正的明星是康洛湾附近的南部海岸和北爱尔兰最杰出的旅游景点——地质奇观巨人之路。

《权力的游戏》

《权力的游戏》的爱好者能认得出，安特里姆的黑暗树篱就是剧中的国王大道；堤道海岸的穆森登教堂就是龙石岛；库申登洞穴是第二季中梅丽珊卓生下阴影的地方；而巴林托伊港是铁群岛的君王港。

见349页

弗马纳郡和蒂龙郡

活动
风景
历史

徒步和钓鱼

想找点事情做？去弗马纳郡钓鱼怎么样？或者去阿尔斯特美国民俗公园参加一年一度的阿巴拉契亚及蓝草音乐节？如果更加注重精神层面的体验，不妨和其他朝圣者一起登上马拉卡恩山的顶峰。

登高望远

无论是在厄恩湖上泛舟凝望德夫尼什岛上的圆塔顶端，还是徒步穿越辽阔的斯普林山脉，眼前的风景都令人陶醉，如果碰上好天气，更是锦上添花。

冲突与联系

在奥马和恩尼斯基林这两个城镇，暴行得到了充分的展现，但是北爱尔兰的历史中并非只有冲突，阿尔斯特美国民俗公园巧妙地展示了当地与美国之间的紧密联系。

见365页

在路上

County Donegal
多尼戈尔郡 245页
Counties Londonderry & Antrim
伦敦德里郡和安特里姆郡 349页
Belfast
贝尔法斯特 316页
Counties Fermanagh & Tyrone
弗马纳郡和蒂龙郡 365页
Counties Down & Armagh
邓恩郡和阿马郡 340页
Counties Mayo & Sligo
梅奥郡和斯莱戈郡 231页
Counties Meath, Louth, Cavan & Monaghan
米斯郡、劳斯郡、卡文郡和莫纳亨郡 267页
The Midlands
米德兰兹 257页
County Galway
戈尔韦郡 213页
Dublin
都柏林 64页
Counties Wicklow & Kildare
威克洛郡和基尔代尔郡 109页
County Clare
克莱尔郡 201页
Counties Limerick & Tipperary
利默里克郡和蒂珀雷里郡 188页
Counties Wexford, Waterford, Carlow & Kilkenny
韦克斯福德郡、沃特福德郡、卡洛郡和基尔肯尼郡 123页
County Kerry
凯里郡 162页
County Cork
科克郡 142页

爱尔兰

视觉中国提供

基尔肯尼城堡前的划船者

圣三一学院，都柏林

漫步历史

圣三一学院是爱尔兰最负盛名的大学，1592年由伊丽莎白一世下令兴建。它是坐落于城市中心的建筑瑰宝，在现代生活的喧嚣中大隐于市。从主入口进入校园，每走一步时间仿佛都在倒流，鹅卵石铺面的道路会带你穿越时光，回到那个精英人才讨论哲学、为帝国的福祉展开争论的时代。

站在方形广场（Front Square）上，30米高的❶钟楼（Campanile）就在你的面前，左手边则是❷餐厅（Dining Hall）。广场另一头是老图书馆大楼，其中心区域是令人叹为观止的❸长厅（Long Room），电影《星球大战前传Ⅱ：克隆人的进攻》中，杰迪武士档案馆便是以此为原型设计的。在这里，你可以看到整座大学的镇校之宝❹《凯尔经》（*Book of Kells*）。你可能需要花很长时间排队，才能匆匆看一眼这件杰作，不过这样做非常值得。

老图书馆后面就是❺伯克利图书馆（Berkeley Library），虽然充满现代气息，但却完美符合校园的整体美学。这座图书馆门前辨识度极高的❻球中球（Sphere Within a Sphere）堪称全校最优美的雕塑。

不要错过

» 道格拉斯·海德美术馆（Douglas Hyde Gallery）是学校指定的现代艺术博物馆。

» 去球场观赏一场板球比赛是非常优雅的消遣。

» 在凉亭酒吧来一品脱啤酒，最好边看板球边享用。

» 参观科学画廊，近距离感受科学艺术的魅力。

FIONN DAVENPORT ©

钟楼

圣三一学院最具标志性的砖石建筑，19世纪中期由查尔斯·兰尼恩爵士（Sir Charles Lanyon）设计；钟楼附属的雕塑则出自托马斯·柯克（Thomas Kirk）之手。

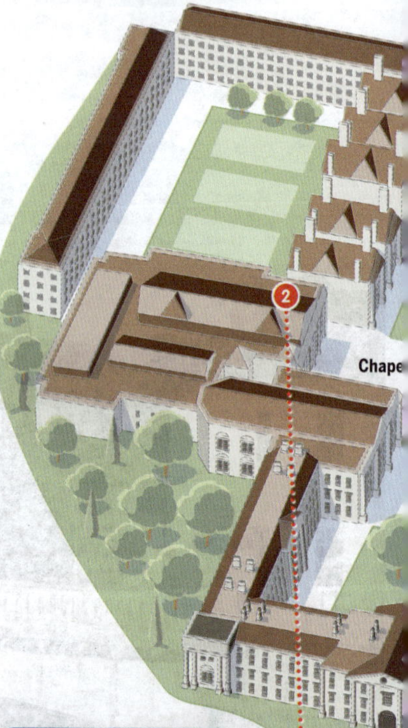

FIONN DAVENPORT ©

餐厅

理查德·卡斯尔斯（Rich... Cassels）最初的设计构想让这栋建筑与正对面方广场上的考试大厅（Examination Hall）构成对称的... 像；但大厅倒塌了两次，于1761年从废墟中重建。

球中球
阿纳尔多·波莫多罗(Arnaldo Pomodoro)标志性的雕塑作品，内部的球体代表地球，外圈的球体则代表基督教。罗马、纽约和德黑兰均有相同作品。

FIONN DAVENPORT © SFERA CON SFERA, 1982-83, © ARNALDO POMODORO

伯克利图书馆
保罗·科拉利克(Paul Koralek)这座简单粗犷的图书馆似乎并不符合大学的整体气质，但是你越看就越会觉得这座建筑是现代主义的经典作品。

长厅
长达65米，顶部是桶式穹顶天花板，这是托马斯·伯格(Thomas Burgh)设计的杰作。长厅里整齐地排列着一排排书架，在20万册图书馆最古老的书籍和手稿的重压下发出沉闷的响声。

CORINNE HUMPHREY / GETTY IMAGES ©

《凯尔经》
翻看一页(或两页)也好，这可是全世界最著名的插图手抄本。爱欧那(Iona)岛上的僧侣在800年左右创作了这本书，随后它辗转流落到了米斯郡的凯尔城。

都柏林

人口 127万/面积 921平方公里

包括 ➡

最佳餐饮

- Chapter One（见98页）
- Da Mimmo's（见97页）
- Restaurant Patrick Guilbaud（见96页）
- Musashi Noodles & Sushi Bar（见98页）
- Fumbally Cafe（见97页）

最佳住宿

- Aberdeen Lodge（见93页）
- Isaacs Hostel（见93页）
- Radisson Blu Royal Hotel（见92页）

为何去

都柏林与其说是性感，不如说是极富个性，它所散发出的魅力是那些能化"忧愁"为"逍遥"的人们所独有的。近年来，这座城市在许多方面获得了成功，也经历了不少苦难，但它都能以平常心面对。惨痛的经济衰退结束后，这样的努力终于变得轻松了一些。都柏林人用音乐、艺术和文学来创造美好时光，而他们将这些美好视为理所当然，一旦想起，便会无比自豪。

这里有引人入胜的博物馆、令人垂涎欲滴的餐厅和爱尔兰最出色的娱乐活动。无处不在的小酒馆是都柏林的社交生活中心，是每个游客绝对不可错过的地方。如果你想远离城市的一切，都柏林周边还有几个海滨城镇，是很棒的一日游去处。

何时去

- 3月迎来无与伦比的圣帕特里克节大狂欢，观看游行的人数达60万。
- 6月的都柏林美食节（Taste of Dublin）和禁果音乐节（Forbidden Fruit Festival）有最棒的美食和音乐。
- 9月的后两周是都柏林艺穗节（Dublin Fringe Festival），紧随其后的是10月的主流戏剧节。
- 虽然天气变幻莫测，但是最好的天气往往出现在9月，像是在为经常令人失望的8月做补偿。

历史

关于都柏林的历史大约始于公元前500年，当时有一群勇敢的凯尔特人在利菲河（River Liffey）的一片浅滩上安营扎寨，于是就有了都柏林很难发音的爱尔兰语名字Baile Átha Cliath（Bawl-ya Aw-ha Klee-ya，意为有围栏的浅滩小镇）。凯尔特人继续这样愉快地生活了大约1000年，直到维京人出现，都柏林才开始了大规模的城市化。到了9世纪，来自北方的劫掠已经变成爱尔兰人无力改变的现实，一些凶狠的丹麦人没有在破坏抢劫之后扬长而去，而是选择留了下来。他们与爱尔兰人通婚，在波渡河（River Poddle）与利菲河交汇处的一个“黑色池塘”（dubh linn）建立了一个兴旺的贸易港。如今波渡河几乎无迹可寻，它已改道地下，从圣帕特里克大教堂下面流过，在Capel St（Grattan）Bridge旁缓缓注入利菲河。

12世纪，诺曼人到来，盎格鲁-诺曼人（Anglo-Norman，后来的英国人）征服爱尔兰的缓慢进程就此开始。在此期间，都柏林通常为盎格鲁-诺曼人扮演“乐队领队”的角色。到了18世纪初，这个肮脏的城市里挤满了穷苦的天主教徒，难以满足亲英派市民的帝国野心。那些有头有脸的人物——也就是新教贵族地主——希望看到长足的进步，于是他们着手将本质上依然是中世纪城镇的都柏林改造成一个现代的英裔爱尔兰人的大都会，拓宽道路，设计景观广场，新建排房，全部采用原始的帕拉第奥风格，在几位乔治国王陆续登上英国国王宝座之后，这种风格很快被称为乔治王时代风格。一段时间里，都柏林是大英帝国的第二大城市，一切都非常好——除非你属于天主教徒居多的穷苦民众，生活在不断扩大的贫民窟中。

乔治王时代的繁荣在《1800年联合法案》（*Act of Union*，1801年）颁布后突然终止，爱尔兰正式并入英国，原来的独立议会解散。都柏林从大英帝国舞会上的头号美人沦落为不知趣的烦人亲戚，迅速陷入经济混乱

复活节起义一百周年

都柏林纪念“一战”一百周年的活动进行的如火如荼，其中对1916年复活节起义一百周年的纪念无疑最为重要，也牵涉最多社会与政治的紧张状况。

在1916年的复活节周期间，起义者占领了市中心的地标性建筑，宣布成立一个独立的爱尔兰共和国，结果被英国军队击败，起义领袖遭到处决。这次事件并不只是爱尔兰追求自由斗争中的决定性时刻，时至今日，人们依旧在为事件的意义和如何对它进行阐释而争论不休。

都柏林准备为百年纪念安排一整年的活动计划，大量讨论随之展开：怎样致敬最好？这一切意义何在？以及——最有争议性的——应该纪念谁？有人呼吁邀请英国王室成员（这也引发了争议），这样既承认英国在事件中发挥的作用，更重要的是，肯定爱尔兰与这个最近的邻国如今的积极关系。尽管2015年查尔斯王子的来访极受欢迎，大获成功，但爱尔兰政府最终决定不为纪念活动发出正式的邀请。

未引发太多争议的呼吁是，举办一次全员性的纪念活动，纪念的不只是1916年的起义者，而是在起义期间失去生命的所有爱尔兰人，无论是为反抗英国的统治而牺牲的人，还是在法国和佛兰德斯地区为英国人战死沙场的将士。“一战”中有超过35万爱尔兰人参军为英国出战，死亡人数超过3万人。爱尔兰的战争死难者在国家独立后一直被严重忽视，大量爱尔兰人为英国献出了生命，与此同时，又有众多爱尔兰人为摆脱英国的统治而牺牲，这段矛盾的历史一直颇为棘手。大部分爱尔兰的小学生学过帕特里克·皮尔斯、詹姆斯·康诺利和其他起义领袖的英雄事迹，却从未听说在同一时期的“一战”战场上，爱尔兰战士的死亡人数是起义期间的3倍。

爱尔兰政府和新芬党（Sinn Féin）都为2016年策划了一整年的系列活动，在www.ireland.ie和www.sinnfein.ie可了解更多信息。

都柏林亮点

❶ 在**圣三一学院**（见70页）伊丽莎白一世时代的庭院中漫步。

❷ 在**切斯特·比替图书馆**（见74页）欣赏古籍和珍宝。

❸ 在**Abbey Theatre**（见104页）或**Gate Theatre**（见103页）等剧院看一场戏剧，探索戏剧天赋。

❹ 参观**爱尔兰国家博物馆-考古馆**（见78页），认真了解爱尔兰的文物珍品和古代历史。

❺ 参观被称为"死亡动物园"的**自然历史博物馆**（见79页），

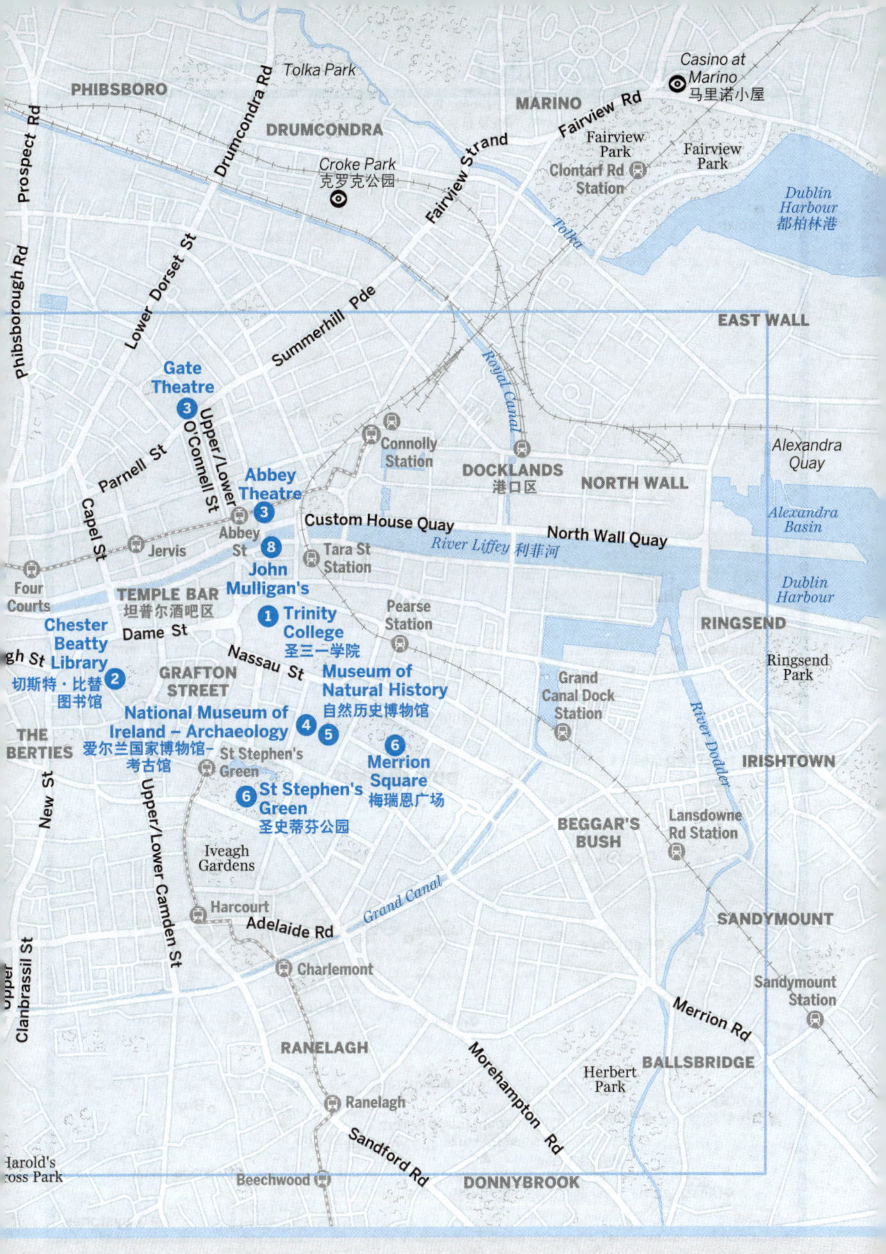

挖掘你内心的维多利亚植物学家（看看发出惊叹声的小朋友）。

6 在经过造景的**梅瑞恩广场**（见78页）和**圣史蒂芬公园**（见76页）周围欣赏乔治王时代风格的建筑瑰宝。

7 在**基尔曼汉姆监狱**（见82页）近距离直面历史。

8 在都柏林众多小酒馆中选一家喝一杯（或五杯）啤酒——我们最喜欢**John Mulligan's**（见99页）。

Region Dublin 都柏林地区

和社会动荡。马铃薯饥荒(1845~1851年)期间,城市人口猛增,数万名饥饿的难民从西部涌入城市,加入了本就受到压迫的工人阶级行列。进入20世纪,都柏林是个萎靡不振的地方,饱受贫穷、疾病和多到无人愿意提起的种种社会问题的困扰。大部分都柏林市民愤怒不满,渴望改变。

改革的第一枪在1916年的复活节起义(Easter Rising)期间打响,起义对市中心造成了严重破坏。起初,都柏林人对起义者没太

在都柏林的……

两天

如果你只有两天时间（这么匆忙可不要后悔！），首先参观**圣三一学院**（见70页）并观赏**《凯尔经》**，然后进入乔治王时代风格的中心区，漫步穿过**圣史蒂芬公园**（见76页）和**梅瑞恩广场**（见78页），一定要去参观**爱尔兰国家博物馆-考古馆**（见78页）和**国家美术馆**（见79页）。晚上找一家地道的都柏林小酒馆，紧邻格拉夫顿街的**Kehoe's**（见101页）就很不错。第二天向西走，先参观**切斯特·比替图书馆**（见74页），然后去**健力士仓库**（见80页），如果还有体力，**爱尔兰现代艺术博物馆**（见83页）和**基尔曼汉姆监狱**（见82页）会为一天的游览完美收尾。然后去**Cobblestone**（见102页）欣赏一场传统的爱尔兰音乐演奏会吧。

四天

按照两日游的行程安排，但是把时间拉长，途中多去几家都柏林比较好的小酒馆补充体力。参观**格拉斯内文公墓**（见90页）和**都柏林休·雷恩市立现代艺术美术馆**（见83页）。在**老尊美醇酿酒厂**（见87页）变成威士忌行家，然后参加**都柏林文学小酒馆巡游**（见91页），变身文学（或啤酒）专家。去城北体验繁荣的美食文化——在**Musashi Noodles & Sushi Bar**（见98页）能吃到出色的日本菜，**Da Mimmo's**（见97页）有一流的意大利菜。对了，别忘了去**坦普尔酒吧区**，各种娱乐需求都能在那里找到满足。

一周

按照四日游的行程安排，另外用一天的时间游览海滨村庄**霍斯**（一定要在码头边找家鱼鲜餐馆吃一顿），去**菲尼克斯公园**（见89页）逛逛，去**港口区**（见87页）探索一番。在**伯德盖斯能源剧院**（见103页）或许有你想见到的明星登台表演。也可以在**Abbey Theatre**（见104页）或**Gate Theatre**（见103页）剧院看一场戏剧。

多好感，因为起义造成的混乱与破坏超出了大多数当地人的容忍程度。然而，当起义领袖遭到处决后，他们的看法改变了——捍卫弱势群体是都柏林人的本能。

当整个爱尔兰群情激昂，倾向于与大不列颠全面开战时，都柏林出人意料地并未发生太多重大事件。实际上，虽然驻军有所增加，偶尔会发生枪击和重要建筑物爆炸——例如1921年的海关大楼，但在独立战争的大部分时间里，首都一切如常。

一年之后，爱尔兰独立（北部地区除外），随后却陷入内战，更多重要建筑遭到焚毁，其中包括1922年的四法院（Four Courts）。讽刺的是，这场爱尔兰人之间的战争比独立战争更加残酷——奥康奈尔街（O' Connell St）沦为"狙击手之路"，暴行留下了深深的创伤，恢复过程用掉了20世纪的大部分时间。

等到爱尔兰终于开始进入正轨，都柏林已是一个筋疲力尽的首都。虽然一切都在缓慢稳步地改善，但是这座城市——和爱尔兰的其他地方一样——依然饱受失业率上升、人口外迁率居高的困扰，一种整体的萧条如同厚重的阴云久久不散。都柏林人精打细算地过日子，但生活得很艰难。

数十年来，这座城市经历过多次经济衰退，在"凯尔特之虎"高度繁荣期后发生的经济急剧下降尤为严重。都柏林的恢复情况好于爱尔兰的其他地区，但是脚步一直很缓慢。

景点

格拉夫顿街及周边

市中心熙熙攘攘的核心地带以步行街格拉夫顿街（Grafton Street）及其附近的拥挤街道为中心。这个可轻松步行的街区热闹活跃，各种小酒馆和餐厅最为集中，大部分都柏林人会来这里购物放松。许多都柏林最重要的景点和博物馆都集中在这里，包括都柏林

Trinity College 圣三一学院

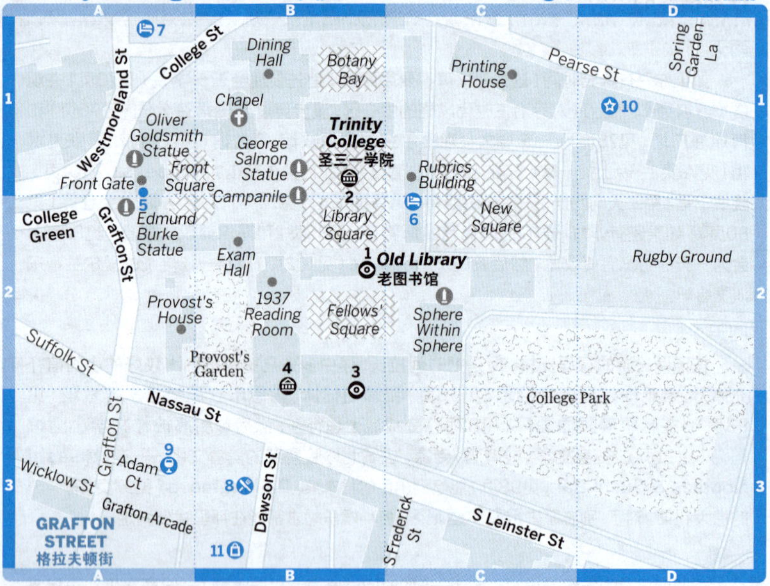

Trinity College 圣三一学院

重要景点
1 老图书馆 B2
2 圣三一学院 B1

景点
3 艺术与社会科学楼 B3
4 道格拉斯·海德现代艺术馆 B2
长厅 .... （见1）

活动、课程和团队游
5 历史步行游 A1

住宿
6 圣三一学院 C2
7 Westin Dublin A1

就餐
8 Lemon B3

饮品和夜生活
9 Lillie's Bordello A3

娱乐
10 Players' Theatre D1

购物
11 Hodges Figgis B3

最受人喜爱的城市公园圣史蒂芬公园。

★圣三一学院 历史建筑

（Trinity College；见70页地图；☎01-896 1000；www.tcd.ie；College Green；⏲8:00～22:00；🚌市中心各地）免费 这个宁静又亲切的地方远离现代都柏林的喧嚣，它不只是爱尔兰最有声望的大学，还是一次对久远往昔的回归，当时的大学教育是极少数精英的专利，他们曾热情地谈论哲学的重要性和帝国的必要性。后来学生群体变得多元化了，不过圣三一学院的田园魅力保留至今。夏天的夜晚，这里是都柏林最怡人的去处之一。

圣三一学院由伊丽莎白一世在1592年创建，建在从一座奥古斯丁会小修道院没收的土地上。建校是为了阻止人才外流，当时年轻的都柏林新教徒都跑到对岸的欧洲大陆去接受教育，结果就“沾上了罗马天主教”。后来圣三一学院变成了欧洲最杰出的学府之一，培养了众多知名毕业生——想想乔纳森·斯威夫特(Jonathan Swift)、奥斯卡·王尔德(Oscar Wilde)和塞缪尔·贝克特(Samuel Beckett)共同出席校友晚宴是怎样的情景吧。

圣三一学院一直是一所纯正的新教学校,直到1793年。不过,就算后来学院态度软化,开始接收天主教学生,但天主教会的立场依然坚定,1970年之前,凡是在这里上学的天主教学生都会被开除教籍。

校园是建筑与景观美化的杰作,乔治王时代风格保存良好,风采依旧。大部分建筑和雕像的历史可以追溯到18世纪和19世纪,每座建筑和雕像都优雅地矗立在一片铺着鹅卵石或长满青草的广场上。比较新的建筑包括1978年的**艺术与社会科学楼**(Arts & Social Science Building; 见70页地图; 🚇市中心各地),它背靠着Nassau St,是校园的另一个入口。这座建筑和学院的伯克利图书馆(Berkeley Library)一样,都是保罗·科拉里克(Paul Koralek)设计的,楼内有**道格拉斯·海德现代艺术馆**(Douglas Hyde Gallery of Modern Art; 见70页地图; www.douglashydegallery.com; ⏲周一至周三和周五 11:00~18:00,周四 至19:00,周六 至16:45; 🚇市中心各地)**免费**。

参观校园的最好方式是参加**历史步行游**(Authenticity Tours; 见70页地图; www.tcd.ie/Library/bookofkells/trinity-tours; 每人 €5,含参观《凯尔经》€12; ⏲5月至9月 周一至周六 10:15~15:40,周日 至15:15,10月至次年4月 周中步行游减少),从College Green的**Regent House入口**出发。

➡ ★ 老图书馆

(Old Library; 见70页地图; Library Sq; ⏲全年 周一至周六 9:30~17:00,10月至次年4月周日 正午至16:30,5月至9月 周日 9:30~16:30)老图书馆位于Library Sq南侧,风格十分简朴,由托马斯·伯格(Thomas Burgh)在1712年到1732年修建。它是爱尔兰和英国的五大版权图书馆之一,有权获得在爱尔兰和英国出版的每一种图书的一册——总计藏书约500万册,这里收藏的只是其中的一小部分。你可以把老图书馆安排在去长厅参观著名的《凯尔经》行程中。

图书馆的藏书不断增加,每年都需要增加大约1公里的书架。放不下的书籍存放在市区各地的多个设施内,需要某本书的学生

《凯尔经》书页

每年有超过50万人进入**长厅**,参观圣三一学院的头号珍宝——世界闻名的**《凯尔经》**。这是一部装饰华美的手稿,其历史可追溯到800年前后,是世界上最古老的书籍之一,很可能是圣科尔姆希尔修道院(St Colmcille's Monastery)的修士们制作的,该修道院位于偏远的爱奥那岛,靠近苏格兰的西海岸。公元806年,修士们不堪忍受维京人的反复劫掠,被迫携带着他们的杰作逃往位于米斯郡的凯尔斯(Kells)暂时安顿下来。大约850年后,这本书被带到圣三一学院保管,并保留至今。

《凯尔经》包含《新约圣经》的四福音书,在牛皮纸(经过处理的小牛皮)上用拉丁语写就。如果只有文字,那么《凯尔经》只不过是一本非常古老的书,令它如此美妙的是大量复杂精美的插图。装饰华丽的开篇首字母只是其中的一部分,因为字里行间也有小插图。

问题就在这里出现了。680页的《凯尔经》只展出了两页——一页展示插图,另一页展示文字——因此被戏称为"《凯尔经》书页"。不过这是避免不了的,你不能指望可以随意翻动一本无价之宝。真正的问题在于《凯尔经》太受欢迎了,根本不能尽兴欣赏。在专门建造的展厅里,人群被催促着以闪电般的速度向前移动,所谓参观只是匆匆一瞥。

要尽情地欣赏这本书,你可以买一本复制版,不过要花€22,000。不买这个的话,图书馆的书店还准备了大量纪念品和其他收藏品,包括Otto Simm的杰作*Exploring the Book of Kells*(€12.95),书中的介绍非常全面,配有迷人的彩色插图。《凯尔经》现已收入圣三一学院数字馆藏(Trinity's Digital Collection; digitalcollections.tcd.ie),有关方面还为平板设备推出了一款优美的应用程序。

Dublin 都柏林

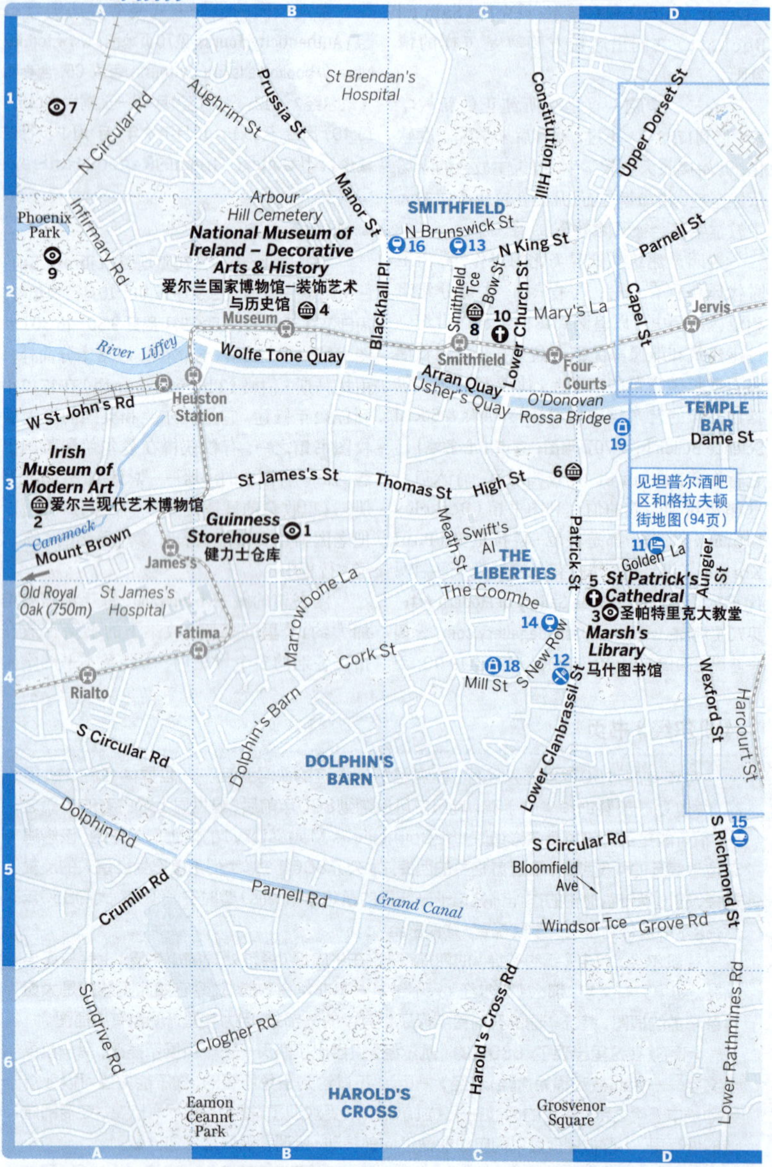

可以填个单子，一天之内，这本书就会送到学院。

➡ **长厅**

（Long Room；见70页地图；www.tcd.ie/visitors/book-of-kells；East Pavilion，Library Colonnades；成人/学生/儿童 €10/9/免费；⏲全年 周一至周六 9:30~17:00，10月至次年4月 周日正午至16:30，5月至9月 周日 9:30~16:30）圣三一学院最贵重的珍宝都收藏在老图书馆的长厅，令人赞叹的长厅长65米，存放着约20万

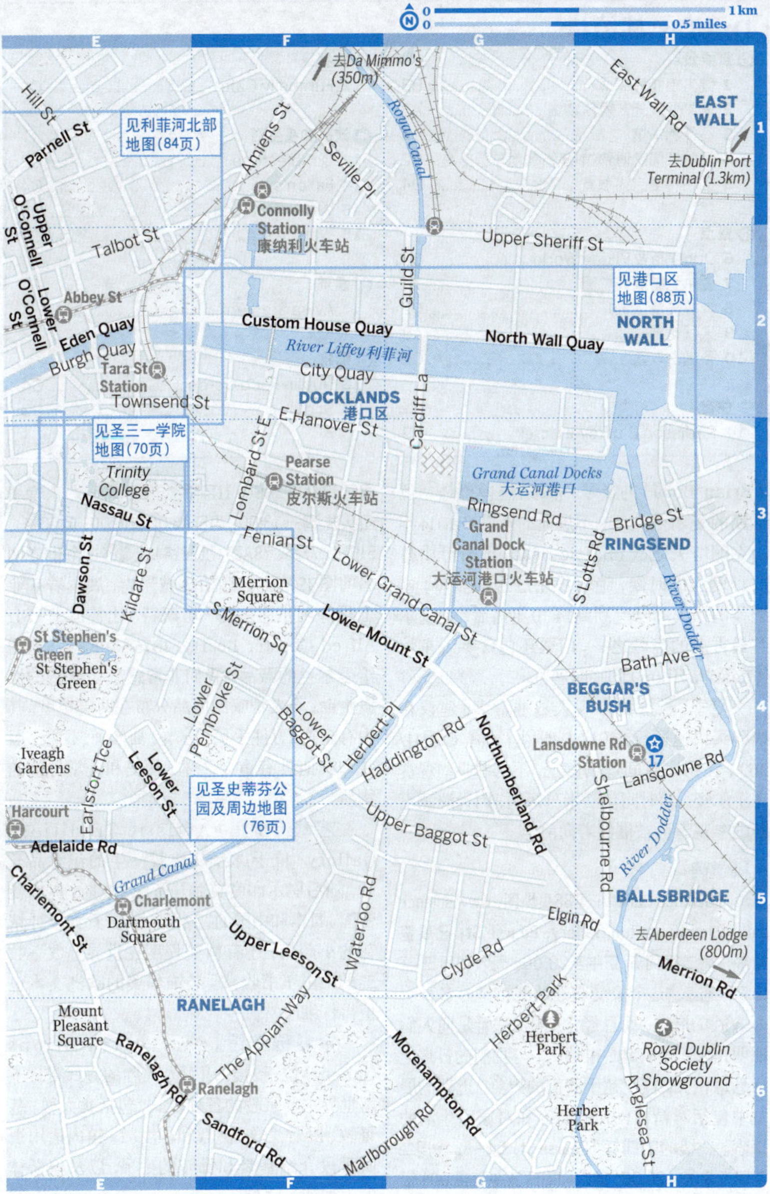

册图书馆最古老的藏书，其中包括**《凯尔经》**（*Book of Kells*）。这是一部装饰华丽、动人心魄的手稿，内容为四部《新约圣经》福音书，是800年前后由苏格兰爱奥那岛（Iona）上的修士绘制的。其他展品还包括**《爱尔兰共和国宣言》**（*Proclamation of the Irish Republic*）的一份罕见副本，帕特里克·皮尔斯（Pádraig Pearse）在1916年的复活节起义开始时宣读了这份宣言。

这里还有一件据说是**布赖恩·博鲁**

Dublin 都柏林

重要景点

1 健力士仓库 B3
2 爱尔兰现代艺术博物馆 A3
3 马什图书馆 D4
4 爱尔兰国家博物馆-装饰艺术与历史馆 B2
5 圣帕特里克大教堂 D4

景点

6 Dublinia & Viking World C3
7 爱尔兰警察局总署 A1
8 老尊美醇酿酒厂 C2
9 人民花园 A2
10 圣米占教堂 C2

住宿

11 Radisson Blu Royal Hotel D3

就餐

12 Fumbally Cafe C4

饮品和夜生活

13 Cobblestone C2
14 Fallon's C4
15 Wall and Keogh D5
16 Walshe's C2

娱乐

17 Aviva Stadium H4

购物

18 Dublin Food Co-op C4
19 Scout D3

(Brian Ború)的竖琴。布赖恩·博鲁是一位早期的爱尔兰英雄，不过他的军队在1014年的克朗塔夫之战(Battle of Clontarf)中打败丹麦人的时候，绝对没用过这架竖琴。这架琴的历史可以追溯到1400年前后，是爱尔兰最古老的竖琴之一。门票还包含参观东馆(East Pavilion)的临时展览。

夏季，长厅的参观人数非常多，建议在线购买快速通行票(成人/学生/家庭 €13/11/26)，在指定时间进场参观，不必排队。观赏《凯尔经》的时间仍然十分短暂，因为源源不断的参观者会被催促着向前走。

科学馆

(Science Gallery; 见88页地图; www.sciencegallery.ie; Naughton Gallery, Pearse St; 展览通常在周二至周五 正午至20:00，周六和周日 至18:00) 免费 这个极受欢迎的展馆举办各种引人入胜的展览，而且经常变化，宗旨是向人们证明，科学很有趣、很迷人，与我们的日常生活息息相关，程度超乎我们的想象。近期的展览中包括对精神创伤的研究和对家庭生活的探索。一楼的**咖啡馆**(Pearse St; €4~8; 周二至周五 8:00~20:00，周六和周日 正午至18:00)很可爱。

★ 切斯特·比替图书馆 博物馆

(Chester Beatty Library; 见94页地图; 01-407 0750; www.cbl.ie; Dublin Castle; 全年 周一至周五 10:00~17:00，周六 11:00~17:00，周日 13:00~17:00，11月至次年2月 周一关闭，免费团队游 周三 13:00，周日 15:00和16:00; 50路、51B路、77路、78A路或123路) 免费 这个世界闻名的图书馆位于都柏林城堡内，展示着矿业工程师阿尔弗雷德·切斯特·比替爵士(Sir Alfred Chester Beatty, 1875~1968年)遗赠给爱尔兰的藏品。我们非常感激切斯特的慷慨赞助：令人赞叹的展品分布在两层楼里，其中有超过2万件手稿、善本、袖珍画、泥板、服装和其他具有重要艺术、历史和美学价值的物品。

艺术传统馆(Artistic Traditions Gallery)位于1楼，从比替一生的纪念品开始，随后展示印度莫卧儿帝国、波斯、奥斯曼帝国、日本和中国的艺术品。你会看到设计精巧的小药箱，还有精美程度在世界上数一数二的中国玉书收藏。装饰华美的欧洲文本也值得仔细欣赏。

宗教传统馆(Sacred Traditions Gallery)位于2楼，用引人入胜的方式带你了解世界主要宗教的各种仪式，包括犹太教、基督教、伊斯兰教、佛教和印度教。馆内运用视听手段介绍基督和佛陀的生平，以及穆斯林的麦加朝圣之旅。

藏品中有9世纪到19世纪的《古兰经》，据信可归入装饰最华美的伊斯兰教典籍之列。还能看到古老的埃及莎草纸文稿(其中包括公元前约1100年的埃及爱情诗)、卷轴和来自缅甸、印度尼西亚和中国西藏的精美艺术品，以及（继《死海古卷》之后）迄今为止发现的第二古老的《圣经》残篇。

藏书丰富的阅览室（Reference Library）有一片涂漆精美的天花板，曾被比替本人装在伦敦的家中，这里对于艺术工作者或学生而言很有参考价值。

图书馆定期举办专家研讨会、展览和讲座，主题从折纸艺术到书法，无所不包。静谧的日式屋顶庭院或底层的Silk Road Café（见94页地图；Chester Beatty Library, Dublin Castle；主菜€11；⌚周一至周五 11:00~16:00，11月至次年2月 周一不营业；🚌50路、51B路、77路、78A路或123路）是在一板一眼的西方生活中透口气的好去处，后者供应美味的中东食物。

都柏林城堡

历史建筑

（Dublin Castle；见94页地图；☎01-677 7129；www.dublincastle.ie；Dame St；成人/儿童€8.50/6.50；⌚周一至周六 9:45~16:45，周日 正午至16:45；🚌市中心各地）如果你期待的是那种典型的带塔楼的城堡，恐怕要失望了。都柏林城堡作为700年间英国统治爱尔兰的大本营，大体上是在18世纪建造的，不像中世纪的城堡，更像是拼凑出来的宫殿。这里原本是盎格鲁-诺曼人的堡垒，由约翰国王（King John）在1204年下令修建，只有在1258年建成的记录塔（Record Tower）留存至今。

城堡现在是爱尔兰政府的会议和宴会场所，只有参加导览游参观国宾馆（State Apartments）和从前的火药塔（Powder Tower）的发掘现场才能进入城堡。

1922年，城堡被正式移交给代表爱尔兰自由邦（Irish Free State）的迈克尔·柯林斯（Michael Collins）。据说，当时的英国总督指责柯林斯迟到了7分钟，柯林斯回答道："我们等了700年，你才等这7分钟。"

从Dame St的正门进入城堡的场地，可以清楚地看出爱尔兰建筑的演变。左侧是维多利亚时代的皇家教堂（Chapel Royal；有时在都柏林城堡团队游的行程中），教堂装饰着90多个不同的爱尔兰人物和圣人的头像，用塔拉莫尔的石灰岩雕刻而成。旁边是墙壁厚达5米的诺曼式记录塔（Record Tower），在等待已久的翻修工作完成前，暂不对公众开放。右侧是乔治王时代的财政部大楼（Treasury Building），它是都柏林最古老的办公楼。在你的身后是奇丑无比的税务局大楼，建于1960年。

离开那栋碍眼的建筑，登上Upper Yard。右手边是一尊正义女神像，背对着都柏林，市民们认为她恰如其分地象征着英国人的正义。雕像旁边是18世纪的贝德福德塔（Bedford Tower），1907年，收藏在这里的爱尔兰王冠珠宝失窃，至今未能寻回。对面是参加导览游的入口。

45分钟的导览游（每隔20~30分钟1次，取决于参加的人数）相当枯燥无趣，但是可以参观国宾馆（State Apartments），许多房间的装修品位都不太靠谱。还能参观为爱尔兰总统举办就职典礼、为外国贵宾举办宴会的圣帕特里克大厅（St Patrick's Hall）。另外还有一个房间，在1916年的复活节起义后，养伤的詹姆斯·康诺利（James Connolly）被绑在这间房里的一把椅子上，后来被执行枪决。

导览游的亮点是参观在1986年偶然发现的老城堡中世纪地下室。可以看到维京人建造的地基（他们用牛血、蛋壳和马毛制作砂浆，耐久性很强）、为了防止袭击者攀爬而手工打磨过的城堡外墙、通向护城河的台阶和史上有名的波渡河的细流。从前，波渡河的水在汇入利菲河之前会先注满护城河。

有一个自助团队游可供选择，但只能参观国宾馆。

国家图书馆

历史建筑

（National Library；见76页地图；www.nli.ie；Kildare St；⌚周一至周三 9:30~19:45，周四和周五 至16:45，周六 10:00~12:45；🚌市中心各地）免费 国家图书馆宁静优雅得恰到好处，由托马斯·纽厄纳姆·迪恩爵士（Sir Thomas Newenham Deane）于1884年到1890年修建，与爱尔兰国家博物馆-考古馆同期建设，设计风格相近。馆内藏书浩如烟海，有大量珍贵的早期手稿、首版书和地图。

图书馆的一部分对公众开放，其中包括有圆顶的阅览室，在詹姆斯·乔伊斯的作品《尤利西斯》中，斯蒂芬·迪德勒斯（Stephen Dedalus）就是在这间阅览室里阐述了他对莎士比亚的观点。

St Stephen's Green & Around 圣史蒂芬公园及周边

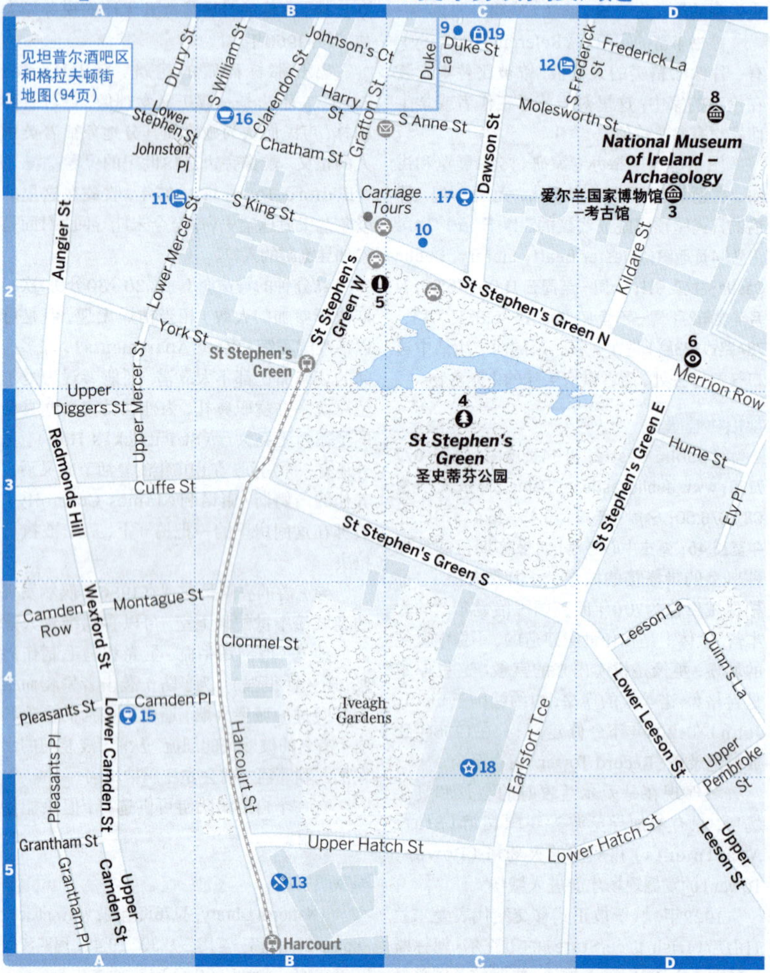

2楼有一个家谱咨询服务处(Genealogy Advisory Service),免费为要在爱尔兰寻根的人提供相关信息。

如果要欣赏“一图胜千言”的摄影作品,可前往坦普尔酒吧区(Temple Bar),参观图书馆增建的国家摄影档案馆(National Photographic Archive)。

★圣史蒂芬公园 公园

(St Stephen's Green;见76页地图;⏲清晨至傍晚;🚌市中心各地,🚊St Stephen's Green) 免费 圣史蒂芬公园是都柏林最受人喜爱的城市绿肺,占地9公顷,景色优美。当你看着形形色色的人与朋友、恋人一起躺在公园里舒展身体时,不妨想想,同一片土地从前是一个用来公开执行鞭刑、火刑和绞刑的公共用地。如今,你在这里能受到的最残酷的对待是因为踢足球或玩飞盘被管理员从草地上撵出去。

广场周围的建筑大多建于18世纪中期,当时的公园刚完成造景,成为乔治王时代都柏林的中心景点。北侧被称为Beaux Walk,如今仍是全市最有声望的地段之一,都柏林最早的上流社会酒店Shelbourne就在这

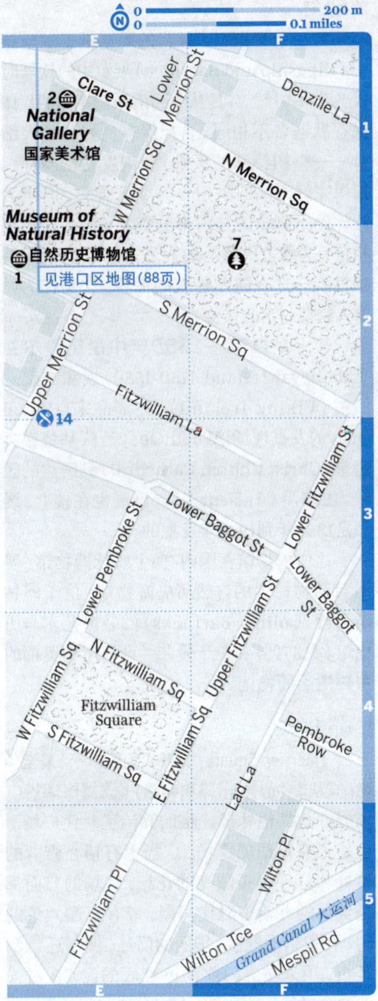

St Stephen's Green & Around 圣史蒂芬公园及周边

重要景点

1 自然历史博物馆 E2
2 国家美术馆 E1
3 爱尔兰国家博物馆-考古馆 D1
4 圣史蒂芬公园 C3

景点

5 火枪手拱门 B2
6 胡格诺派教徒公墓 D2
7 梅瑞恩广场 F2
8 国家图书馆 D1

活动、课程和团队游

9 都柏林文学小酒馆巡游 C1
10 维京人水上之旅 C2

住宿

11 Mercer Court Campus Accommodation A2
12 Trinity Lodge C1

就餐

13 Harcourt Street Food Market B5
14 Restaurant Patrick Guilbaud E2

饮品和夜生活

15 Anseo A4
16 Clement & Pekoe B1
17 Sam's Bar C1

娱乐

18 National Concert Hall C4

购物

19 Ulysses Rare Books C1

里。附近是规模很小的**胡格诺派教徒公墓**（Huguenot Cemetery），由来此避难的法国新教徒在1693年修建。

1814年，公园建起了围栏和上锁的大门，使用公园要交1基尼的年费。这种公园只归一部分人享用的状况一直持续到1877年，阿瑟·爱德华·吉尼斯爵士（Sir Arthur Edward Guinness）推动议会通过了一项法案，公园再次对公众开放。他还出资修建了中央公园的花园和池塘，修建时间可追溯到1880年。

现在，公园的正门位于格拉夫顿街尽头的**火枪手拱门**（Fusiliers' Arch）下方。拱门的造型被设计成古罗马的提图斯凯旋门的缩小版，纪念的是在布尔战争（Boer War，1899~1902年）中为大不列颠牺牲的212名皇家都柏林燧发枪团（Royal Dublin Fusiliers）的士兵。

在公园的草坪和步道上零散分布着一些值得注意的艺术品，其中令人印象最深刻的是未获成功的1798年起义领袖**沃尔夫·托**

恩纪念碑（monument to Wolfe Tone）。在公园的东北角，为雕像充当背景的竖直石板被戏称为“托恩巨石阵”（Tonehenge）。在这里的入口处有一座献给所有马铃薯饥荒（1845~1851年）遇难者的纪念碑。

公园的东侧是一片儿童游乐场，南侧有一个古老美丽的音乐演奏台，是为了庆祝维多利亚女王登基50周年在1887年修建的。夏天时，这里常有音乐演出。演奏台附近是一尊詹姆斯·乔伊斯半身像。

梅瑞恩广场及周边

在漂亮的梅瑞恩广场周围分布着精致的乔治王时代建筑，显得高雅优美，不落俗套。其中既有壮观的公共建筑和博物馆，又有私人办公楼和民居，搭配得近乎完美。许多富有的都柏林人在附近工作玩乐，置身于都柏林18世纪鼎盛时期兴建的新古典主义风格的美丽建筑之间。其中包括爱尔兰议会所在地伦斯特大楼（Leinster House）和毗邻的国家美术馆、爱尔兰国家博物馆的主要分馆和自然历史博物馆。

★爱尔兰国家博物馆-考古馆 博物馆

（National Museum of Ireland – Archaeology；见76页地图；www.museum.ie；Kildare St；⏲周二至周六 10:00~17:00，周日 14:00~17:00；🚌市中心各地）免费 这是爱尔兰最重要的文化机构，创建于1887年，是存放国家考古珍宝的主要地点。珍宝之中包括爱尔兰最著名的精美文物阿德圣餐杯（Ardagh Chalice）和塔拉胸针（Tara Brooch），其历史可分别追溯到12世纪和8世纪。这两件文物是珍宝展（Treasury）的一部分，而珍宝展构成了欧洲最精美的青铜时代和铁器时代金制品文物收藏的一部分，也收集了世界上最完整的中世纪凯尔特人金属制品。

名为Ór-爱尔兰的黄金（Ór-Ireland's Gold）的展览同为珍宝展的一部分，展示着在青铜时代和铁器时代由凯尔特工匠打造的绝美首饰和装饰品。其中的布罗伊特尔宝藏（Broighter Hoard）包含一件在欧洲出类拔萃的公元前1世纪的大号黄金项圈，还有一只精美至极的黄金船。另外还有绝妙的青铜战争Loughnashade小号，其历史可追溯到公元前1世纪。

另一个特别引人注目的展览是王权与祭祀（Kingship and Sacrifice）展览中的铁器时代“沼泽古尸”，4具从中部沼泽挖掘出的尸体保存状态各不相同。古尸保存良好的瘆人细节——一团特殊的头发、肌肉发达的腿部、指甲完好无损的手指——令人难忘，但是会让你停下脚步的是附带的资料：学者们现在相信，这些古尸都是最为恐怖的献祭仪式的牺牲者——在凯尔特人的世界，这是作为显要人物要付出的代价。

楼上是1150~1550年中世纪爱尔兰（Medieval Ireland 1150-1550）展和维京爱尔兰（Viking Ireland）展，展品来自Wood Quay的发掘现场，Wood Quay是从基督教会座堂（Christ Church Cathedral）到河边的区域。古埃及（Ancient Egypt）展也在楼上，展品是1890年到1930年发掘的。

这座博物馆在国内有3个姊妹博物馆：展示着动物标本的自然历史博物馆、位于柯林斯军营（Collins Barracks）的装饰艺术与历史馆（见87页）和位于爱尔兰西海岸梅奥郡的乡村生活博物馆。

梅瑞恩广场 公园

（Merrion Square；见76页地图；⏲清晨至傍晚；🚌从市中心乘坐7路和44路）免费 梅瑞恩广场或许是都柏林最优雅的乔治王时代广场，也是最有声望的广场。广场上有精心修剪的草坪和打理得很漂亮的花坛，广场的三面都是美丽的乔治王时代房屋，带有五颜六色的门、孔雀扇形气窗、华丽的门环，偶尔还带刮鞋板，用来在进门前刮掉鞋底的泥。在过去的两个世纪，有一些名人住在这些房子里。

广场建于1762年，剩下的一侧毗邻国家美术馆和伦斯特大楼——这一切似乎还是没能让一些人满意。从前有一位叫威廉·巴特勒·叶芝（1865~1939年）的居民就不屑一顾，他用“灰暗的18世纪”来形容这里的建筑。有些人就是无法取悦。

在广场的西北角内侧是一尊抢眼的奥斯卡·王尔德雕像，王尔德就在街对面的1号房长大（房子现在专供都柏林美国学院使用）。王尔德雕像穿着招牌吸烟服，斜倚在岩石上。雕像的底座上涂写着风趣的俏皮话和王尔德的名言，其中一块底座上有一尊绿色的小雕像，那是王尔德怀孕的母亲。

★国家美术馆 博物馆

（National Gallery；见76页地图；www.nationalgallery.ie；West Merrion Sq；⏲周一至周三，周五和周六 9:30~17:30，周四至 20:30，周日正午至17:30；🚌从市中心乘坐7路和44路）免费 在这里，你可以欣赏到卡拉瓦乔的一幅杰作和杰克·B.叶芝（威廉·巴特勒·叶芝的弟弟）一系列令人赞叹的作品。这是参观国家美术馆的主要理由，却不是唯一的理由。出色的馆藏以爱尔兰艺术为主，还有欧洲每个主要画派的高质量作品。美术馆对外开放，但正在进行大规模翻修，入口在Clare St。

在美术馆的4个侧厅中能看到伦勃朗与其艺术圈子的作品，包含艾尔·格列柯（El Greco）、戈雅（Goya）和毕加索（Picasso）画作的西班牙画展，以及很有代表性的文艺复兴早期到18世纪的意大利作品展。弗拉·安吉利科（Fra Angelico）、提香（Titian）和丁托列托（Tintoretto）的画作也有展出，但是亮点无疑是卡拉瓦乔的《基督被捕》（*Taking of Christ*，1602年），这幅画在Leeson St一间耶稣会的房子里躺了60多年，才被馆长Sergio Benedetti偶然发现。

美术馆的底层展示着精美的爱尔兰画作和少量英国画作，包括雷诺兹（Reynolds）、贺加斯（Hogarth）、庚斯博罗（Gainsborough）、兰西尔（Landseer）和透纳（Turner）的作品。绝对不能错过位于美术馆后部的叶芝作品展（Yeats Collection），爱尔兰印象派画家杰克·B.叶芝（1871~1957年）是20世纪爱尔兰最重要的画家，在此展出的作品超过30件。

采光充足、风格现代的千禧展馆（Millennium Wing）也可从Clare St进入。馆内展示着一小部分20世纪的爱尔兰美术作品，举办知名度很高的临时展览（收门票），还有一间艺术阅览室、一个演讲厅、一家不错的书店和Fitzer's Café。

免费的团队游安排在周六的12:30和周日的11:30、12:30和13:30。美术馆还推出了免费的手机应用Masterpieces（安卓手机和iPhone都可使用），展示80%的馆藏作品。

★自然历史博物馆 博物馆

（Museum of Natural History，National Museum of Ireland – Natural History；见76页地图；www.museum.ie；Upper Merrion St；⏲周二至周六 10:00~17:00，周日 14:00~17:00；🚌从市中心乘坐7路和44路）免费 这家博物馆是了解维多利亚时代的窗口，布满灰尘，稀奇古怪，但极其迷人。苏格兰探险家戴维·利文斯通（David Livingstone）在1857年创建了该博物馆，随后消失在非洲丛林中，与亨利·斯坦利（Henry Stanley）碰面。博物馆保存良好，是集维多利亚时代的魅力与科学奇观于一身的典范，数量巨大的馆藏证明了自然界的丰富多彩和动物标本剥制技术。

爱尔兰展厅（Irish Room）位于底层，摆满了哺乳动物、海洋生物、鸟类和一些蝴蝶，都是某一时间在爱尔兰收集的，其中包括在门口迎接你的3头1万年前的爱尔兰大角鹿的骨架。世界动物展（World Animals Collection）分布在三个楼层中，最重要的展

都柏林 景点

文人地址

长期以来，梅瑞恩广场一直是都柏林富裕的知识分子偏爱的地方。剧作家奥斯卡·王尔德（1854~1900年）大部分青年时光是在北梅瑞恩广场1号度过的。诗人W.B.叶芝（1865~1939年）曾住在东梅瑞恩广场52号，后又在1922年到1928年间住在南梅瑞恩广场82号。笔名为AE的乔治·拉塞尔[George（'AE'）Russell，1867~1935年]自称“诗人、神秘主义者、画家和合作者”，曾在84号工作。政治领袖丹尼尔·奥康奈尔（1775~1847年）晚年曾居住在58号。与他人同获1933年诺贝尔物理学奖的奥地利人埃尔温·薛定谔（Erwin Schrödinger，1887~1961年）在1940年到1956年生活在65号。都柏林似乎对恐怖小说作家很有吸引力：创作了吸血鬼经典作品《卡蜜拉》（*Carmilla*）的乔瑟夫·雪利登·拉芬努（Joseph Sheridan Le Fanu，1814~1873年）曾住在70号。

品是一只在斯莱戈郡搁浅的20米长的长须鲸骨架。相信进化论的人们会喜欢1楼的一组猩猩、黑猩猩、大猩猩和人类骨架。博物馆新增加了探索地带（Discovery Zone），参观者可以亲身体验，触摸动物标本，打开抽屉。其他重要看点还包括塔斯马尼亚虎（Tasmanian tiger，也叫袋狼，一种已灭绝的澳大利亚有袋类动物）、一只中国的大熊猫和几头非洲和亚洲的犀牛。美妙的布拉施卡展（Blaschka Collection）由精细的海洋生物玻璃模型组成，动物形象的精确程度无与伦比。

坦普尔酒吧区

几乎所有去都柏林的游客都会走到坦普尔酒吧区的鹅卵石街道，这里是都柏林所谓的"文化区"，由迷宫般的街道和小巷组成，被Dame St和利菲河夹在中间，从圣三一学院向西延伸至基督教会座堂。

不到半天的时间就可以逛完坦普尔酒吧区的所有景点，但这不是真正的重点：这个街区真正的特色是氛围，并不是景点。如果在白天游览，可以感受到街区的波希米亚风情。你可以看看老式的衣服、穿乳环、品尝蒙古烤肉、购买有机食品、挑选最新发行的音乐作品、买到各种题材的书籍，还可以欣赏最新的装置艺术作品，观看一场露天电影，或者和充满活力的鼓手围成一圈打起鼓来。到了晚上或者每逢周末，街区的气氛全变了，所有酒吧都水泄不通，人们纵酒狂欢，吵吵嚷嚷，往往非常欢乐。坦普尔酒吧区还是都柏林官方的"文化区"，一些高雅的场所也不应忽略，例如前卫的Project Arts Centre和爱尔兰电影协会（Irish Film Institute；见103页）。

在坦普尔酒吧区的西边，位于基督教会座堂附近的Fishamble Street是都柏林最古老的街道，它的历史可以追溯到维京人时期——虽然从现在的模样上看不出来。

在东侧，迷人的Eustace St上的建筑包括1715年的长老会礼拜堂（Presbyterian Meeting House），现在是出色的儿童文化中心Ark的所在地。为天主教徒争取议会改革与平等的爱尔兰人联合会（Society of United Irishmen）在都柏林的分支机构于1791年召开首次会议，集会地点Eagle Tavern如今是贵格会礼拜堂（Friends' Meeting House；见94页地图；Eustace St；市中心各地）；注意不要与位于Cork St的另一个Eagle Tavern混淆。

礼拜堂广场（Meeting House Square）是坦普尔酒吧区的成功案例之一。有两座博物馆面向广场，每到周六，广场上都有一个热闹的食品市场。

Merchant's Arch通往半便士桥（Ha'penny Bridge），它是都柏林最受珍爱的桥梁，因为从前过桥需要付半便士（ha'penny）而得名。

摄影展览馆

画廊

（Gallery of Photography；见94页地图；www.galleryofphotography.ie；Meeting House Sq；周一至周六 11:00~18:00；市中心各地）免费 这个小小的摄影展览馆位于一个通风的三层空间内，俯瞰着礼拜堂广场。展出的国内外作品不断更换。展览馆的规模太小了，称不上多么出色，不过楼下商店的摄影书籍和摄影指南非常齐全。

The Liberties和基尔曼汉姆

在都柏林正式存在的最初500年里，这座城市的范围并未大幅度超出都柏林城堡西侧的一座小山。在这里，稳稳地矗立在古城墙内的是这座城市最壮观的中世纪历史建筑——基督教会座堂。在围墙外的南侧修建了另一座出色的宗教场所：圣帕特里克大教堂，不过如今能引起注意的只有少量建筑物和一片优雅的花园。两座教堂的西侧是都柏林现存的最古老街区Liberties，街区的最西边就是宏伟的健力士啤酒厂，都柏林最大的旅游景点非它莫属。啤酒厂另一头是基尔曼汉姆（Kilmainham），这里的老监狱曾是爱尔兰独立斗争的中心（现在是一处城市亮点），基尔曼汉姆还有一座古老的军队医院，现在是全国最重要的现代艺术博物馆。

★健力士仓库

酿酒厂、博物馆

（Guinness Storehouse；见72页地图；www.guinness-storehouse.com；St James's Gate，South Market St；成人/学生/儿童 €16.20/14.50/6.50，鉴赏家体验 €46.20；9月至次年6月 9:30~17:00，7月和8月 至19:00；；从Fleet St乘坐21A路、51B路、78路、78A路或123路，St James's）这是都柏林最热门的景点，用多媒

体的方式向爱尔兰最经久不衰的标志之一健力士啤酒致敬。健力士啤酒厂占地26公顷，对公众开放的只有一个经过改造的谷物仓库，但作为“黑金”的朝圣场所是很合适的。在7层楼内你将了解与健力士黑啤有关的一切，之后可以在顶层视野开阔的Gravity Bar酒吧品尝。提前在线订票可以省钱。

阿瑟·吉尼斯（Arthur Guinness，1725~1803年）在1759年创建了这座酿酒厂，后来酒厂一直扩建到利菲河畔，占据了街道两侧，还一度拥有自己的铁路，从前有一扇大门横跨St James' s St，因此啤酒厂才有了专门的名字：St James' s Gate Brewery。在20世纪30年代的鼎盛时期，这里雇用了5000多名工人，是都柏林最大的企业雇主。自动化程度提高后，工人数量减少至600人左右，但啤酒厂每天仍生产250万品脱的世涛啤酒。

参观结束时你能喝到啤酒，但在那之前，你要先走着看完一场盛大华丽的健力士歌舞秀，场地面积达1.6公顷，有大量视听及互动展示，几乎涵盖了酿酒厂历史和酿酒过程的方方面面。展览巧妙又独特，但也不能忽视其背后的用意：展览中多处体现了这个公司在广告宣传方面获得的巨大成功，但这也提示人们，神秘主义和魔幻说得再多，其本质都是营销和宣传。

等你终于拿到一杯啤酒，坐在高得令人晕眩的Gravity Bar，让啤酒泡沫从唇间流过，美味让刚才的观点动摇了。行家称赞这是全世界最好的健力士啤酒，铁杆粉丝可以选择鉴赏家体验，有一位指定的调酒师介绍4种不同的健力士啤酒的历史——生啤（Draught）、原产（Original）、海外特酿世涛（Foreign Extra Stout）和黑拉格（Black Lager），每种啤酒都提供美味的试饮。

在1 Thomas Street的街角有一块牌匾指示着阿瑟·吉尼斯（Arthur Guinness）居住过的房子。马路对面的一个院子里矗立着圣帕特里克塔（St Patrick' s Tower），它是欧洲最高的摇头风车（顶部可旋转），大约建于1757年。

★圣帕特里克大教堂 教堂

（St Patrick' s Cathedral；见72页地图；www.stpatrickscathedral.ie；St Patrick' s Close；成人/学生/儿童 €6/5/免费；⏲周一至周五 9:30~17:00，周六 9:00~18:00，周日 9:00~10:30和12:30~14:30；🚌从Aston Quay乘坐50路、50A路或56A路，从Burgh Quay乘坐54路或54A路）圣帕特里克大教堂是爱尔兰最大的教堂，修建于1191~1270年，建在一座从5世纪就矗立在这里的早期教堂旧址上。据说圣帕特里克本人就是在这里给当地的凯尔特酋长施了洗礼，这片场地因此显得颇为神圣。施洗礼时的井位于旁边的圣帕特里克公园（St Patrick' s Park）内，公园从前是一个贫民窟，但如今是个可以坐下放松一下的迷人去处。

和基督教会座堂一样，这座大教堂拥有一段惊心动魄的历史，遭受过暴风雨和烈火的破坏，经过数次改建（1864年的改建最饱受质疑，因为当时新哥特风格风靡全国，教堂添加了飞拱）。奥利弗·克伦威尔（Oliver Cromwell）在1649年来到爱尔兰时，将圣帕特里克大教堂改建成了马厩，供军队的马匹使用，爱尔兰的许多其他教堂也遭到了同样的侮辱。《格列佛游记》（*Gulliver's Travels*）的作者乔纳森·斯威夫特（Jonathan Swift）在1713年到1745年曾任大教堂的主任牧师，但是他的任期结束后，大教堂遭到严重忽视，直到在19世纪60年代进行了整修。圣帕特里克大教堂和基督教会座堂一样，是爱尔兰圣公会的主教座堂，这意味着在绝大多数人信仰天主教的都柏林，有两座圣公会的主教座堂。

从西南侧的门廊进入大教堂，右侧不远

都柏林通行卡

如果要逛很多景点，都柏林通行卡（Dublin Pass；www.dublinpass.com；成人/儿童 1日通行卡 €39/21，3日通行卡 €71/42）能为你省下不少钱。持卡可免费参观33个景点（包括健力士仓库），在另外20个景点享受折扣，而且可以从快速通道进入一些游客最多的景点。如果想利用通行卡享受免费乘坐Aircoach班车抵离机场的待遇，可以提前在线购买，在乘飞机抵达都柏林时就能拿到卡。除此之外，在任意都柏林旅游中心也能买到。

处就是斯威夫特和他的长期伴侣埃斯特·约翰逊[Esther Johnson, 也称史黛拉(Stella)]的墓地。附近的墙上是斯威夫特为两人亲自撰写(自夸)的拉丁文祭文和一尊斯威夫特半身像。

左侧布满灰尘、巨大的波义耳纪念碑(Boyle Monument)由科克伯爵理查德·波义耳(Richard Boyle)在1632年建造,装饰着许多他的家庭成员的画像。位于最下层中间的画像是伯爵5岁大的儿子罗伯特·波义耳(Robert Boyle, 1627~1691年),后来他成了一名著名的科学家。他对物理学的贡献之一是波义耳定律(Boyle's Law),将气体的气压和体积联系在了一起。

★马什图书馆 图书馆

(Marsh's Library; 见72页地图; www.marshlibrary.ie; St Patrick's Close; 成人/儿童 €3/免费; ⏲周一和周三至周五 9:30~17:00, 周六 10:00~17:00; 🚍从Aston Quay乘坐50路、50A路或56A路, 从Burgh Quay乘坐54路或54A路)这家学者图书馆保存得极好,3个世纪里几乎没有变化,是都柏林最美丽的"公开的秘密"之一,绝对是任意行程中的一大亮点。在古老的楼梯上方是美丽的深色橡木书架,每个书架顶部都有精雕细琢的镀金三角形装饰物,书架上塞满了书籍、手稿和地图。

图书馆由大主教纳西塞斯·马什(Archbishop Narcissus Marsh, 1638~1713年)在1701年创建,1707年对外开放,由威廉·罗宾逊爵士(Sir William Robinson)设计,基尔曼汉姆皇家医院(Royal Hospital Kilmainham; 现在是爱尔兰现代艺术博物馆,见83页)也是他设计的。这里是爱尔兰最古老的公共图书馆,藏书25,000册,书籍的历史可追溯到16世纪到18世纪早期,另外还有地图、手稿(包括一部1400年的拉丁语手稿)和一系列古籍(在1500年之前印刷的书籍)。

Dublinia & Viking World 博物馆

(见72页地图; ☎01-679 4611; www.dublinia.ie; Christ Church Pl; 成人/学生/儿童 €8.50/7.50/5.50; ⏲3月至9月 10:00~17:30, 10月至次年2月 至16:30; 🚍从Aston Quay乘坐50路、50A路或56A路, 从Burgh Quay乘坐54路或54A路)古老的锡诺厅(Synod Hall)是孩子们不可错过的一站,这里是19世纪末对基督教会座堂进行修复时增建的,如今是似乎存在已久的Dublinia的所在地。热闹又媚俗的Dublinia试图再现中世纪的都柏林,模型、街景和略显过时的互动式展览效果都还不错,至少孩子们会喜欢。持门票可通过连接桥免费进入基督教会座堂。

中世纪码头区和鞋匠店的模型都很出色,中世纪城区的比例模型也很棒。楼上一层是维京人世界(Viking World),展示的大量物品都是从全世界规模最大的维京人考古遗址Wood Quay发掘的。互动式展览讲述着在9世纪和10世纪入侵都柏林的斯堪的纳维亚人的故事,但真正精彩的是在重建的维京人大船上体验生活。

最后,你可以登上附近的圣米迦勒塔楼(St Michael's Tower; 见94页地图; Christ Church Pl; 🚍从Aston Quay乘坐50路、50A路或56A路, 从Burgh Quay乘坐54路或54A路),透过脏兮兮的窗户欣赏都柏林和远处山丘的风景。这里还有一家宜人的咖啡馆和照例必备的纪念品商店。

★基尔曼汉姆监狱 博物馆

(Kilmainham Gaol; www.heritageireland.com; Inchicore Rd; 成人/儿童 €7/3; ⏲4月至9月 9:30~18:00, 10月至次年3月 周一至周六 9:30~17:30, 周日 10:00~18:00; 🚍从市中心乘坐23路、25路、25A路、26路、68路或69路)只要你对了解爱尔兰历史哪怕有一丁点兴趣——特别是反抗英国统治的精彩部分——就绝对不能错过参观这座昔日监狱的机会。这座阴沉的灰色建筑建于1792年到1795年,在爱尔兰追求独立的艰难过程中,几乎每次行动都有它在发挥作用。监狱虽然已在1924年关闭,但至今仍有让人不寒而栗的余威。

1798年、1803年、1848年、1867年和1916年的多次起义都以领袖被监禁于此而告终。罗伯特·埃米特(Robert Emmet)、托马斯·弗朗西斯·米格尔(Thomas Francis Meaghe)、查尔斯·斯图尔特·巴涅尔(Charles Stewart Parnell)和1916年复活节起义的领袖都来这里"报到"过,但是1916年执行的死刑在爱尔兰人的民族意识中深深刻下了这座监狱的名字。起义之后,在5月3日到

5月12日之间共执行了15次死刑，其中有14次发生在这里。内战的囚犯从1922年起被关押于此，直到监狱关闭。

出色的影音介绍之后是发人深省的参观活动，这座恐怖的监狱是欧洲最大的空置监狱。在监狱外的院子里有一艘很不搭调的船——阿斯加德号（Asgard），1914年，这艘船成功突破了英国人的封锁，将武器送到了民族主义者武装力量的手中。参观活动在1916年执行死刑的阴暗院子里结束。

★爱尔兰现代艺术博物馆 博物馆

（Irish Museum of Modern Art，简称IMMA；见72页地图；www.imma.ie；Military Rd；⏲周二至周五 11:30~17:30，周六 10:00~17:30，周日 正午至17:30，团队游 周三 13:15，周六和周日 14:30；🚊Heuston）免费 爱尔兰最重要的国内外现当代艺术品就收藏在基尔曼汉姆皇家医院高雅又通风的开阔空间里，基尔曼汉姆皇家医院由威廉·罗宾逊爵士设计，修建于1684年到1687年，当时作为士兵养老院使用，这个使命一直履行到1928年，在那之后的近50年间，这座建筑日渐凋敝，直到20世纪80年代翻修后才重焕生机，变成了美妙的艺术博物馆。

这座建筑受到巴黎荣军院的启发，是乔治王时代之前英荷风格的精美典范。修建时曾有人私下抱怨，作为给士兵养老的地方，它实在是精美过头了。

爱尔兰独立后，这里一度是爱尔兰新议会选址的考虑场所，不过最后被爱尔兰国家博物馆作为仓库设施。整修工程在1984年建楼300周年之际启动，1991年，这座建筑对外开放。2012年到2013年，一次大规模的翻修又为它增添了光彩。

新与旧在这里结合得很美妙，在博物馆里能看到路易斯·勒·布洛克奇（Louis Le Brocquy）、肖恩·斯库利（Sean Scully）、巴里·弗拉纳根（Barry Flanagan）、凯西·普伦德加斯特（Kathy Prendergast）和多萝西·克罗斯（Dorothy Cross）等当代爱尔兰艺术家的作品，以及尼尔·乔丹（Neil Jordan）的影像装置。长期展览中还有巴勃罗·毕加索（Pablo Picasso）和胡安·米罗（Joan Miró）等名家的作品，而且有定期举办的临时展览作为搭配。院子里有很棒的咖啡馆和书店。

全年都有参观博物馆展览的免费**导览游**，我们强烈推荐季度性开展的参观建筑本身的免费文化游（50分钟），从7月到9月可以参加。

利菲河北部

与利菲河南侧较为安宁古朴的街区相比，利菲河北部的街区显得比较粗犷，将18世纪的华美、传统的城市生活和当代都柏林多元文化融合得分外迷人。街区最宽阔的大道周围分布着艺术馆和威士忌博物馆，还有一些全市最酷的咖啡馆和餐厅。

都柏林休·雷恩市立现代艺术美术馆 画廊

（Dublin City Gallery – The Hugh Lane；见84页地图；☎01-222 5550；www.hughlane.ie；22 North Parnell Sq；⏲周二至周四 10:00~18:00，周五和周六 至17:00，周日 11:00~17:00；🚌3路、7路、10路、11路、13路、16路、19路、46A和123路）免费 作为一个世界一流的艺术品宝库，都柏林的声望与这座绝妙的美术馆里令人叹为观止的藏品息息相关。美术馆位于同样动人的Charlemont House中，这座建筑是威廉·钱伯斯（William Chambers）在1763年设计的。馆内有最出色的当代爱尔兰艺术品、少量印象派经典名作和原样再现的弗朗西斯·培根（Francis Bacon）工作室。

美术馆是由休·雷恩爵士（Sir Hugh Lane，1875~1915年）创建的。雷恩生于科克郡，曾在伦敦的艺术馆工作，后于1908年在都柏林创建了自己的美术馆。他拥有鉴赏家的眼光和对市场风向的敏锐嗅觉，因此积累了精彩绝伦的收藏品，印象派画家的作品尤为突出。

很可惜，他的才华和收藏品没能在爱尔兰受到重视。在爱尔兰受挫后，他重写遗嘱，把一些最珍贵的艺术藏品遗赠给了伦敦的国家美术馆。后来他又心软了，于是在遗嘱里增加了一份附件，将藏品赠予都柏林，但未能找到见证人，结果两家美术馆为争夺合法所有权打了一场漫长的官司。

根据1959年的一份协议，藏品中的8幅画[被称为**休·雷恩遗赠1917**（Hugh Lane Bequest 1917）]被分成两部分，每6年轮换一次。从2015年开始，这家美术馆展出奥

North of the Liffey 利菲河北部

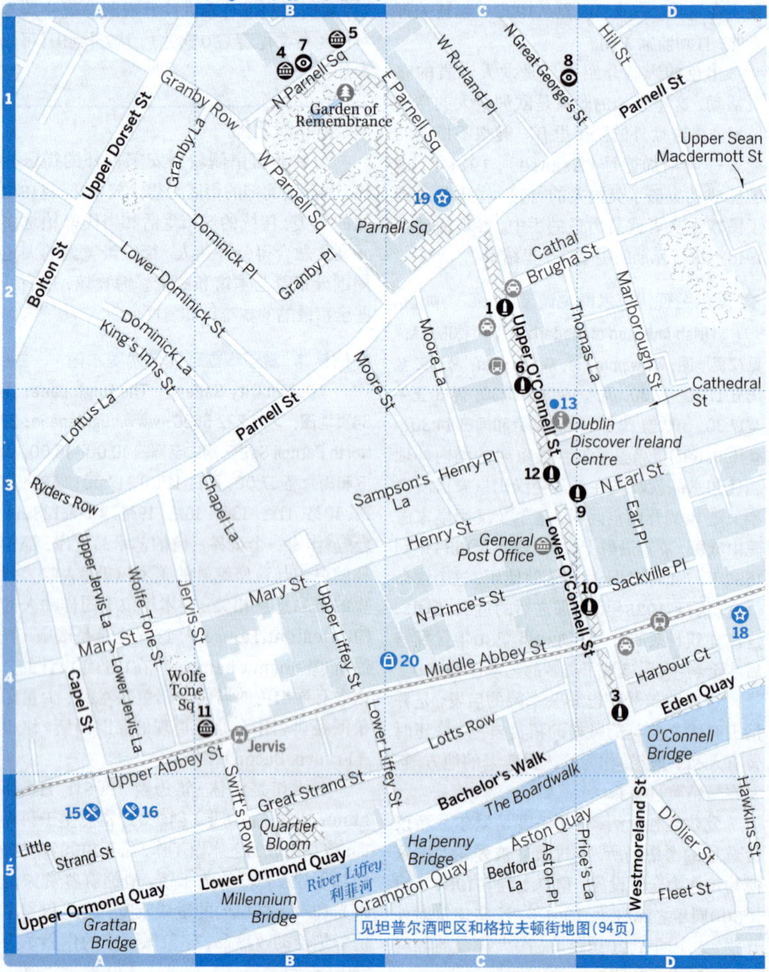

古斯特·雷诺阿(Auguste Renoir)的《伞》(*Les Parapluies*)、爱德华·马奈(Edouard Manet)的《伊娃·冈萨雷斯像》(*Portrait of Eva Gonzales*)、贝尔特·莫里索(Berthe Morisot)的《夏日》(*Jour d'Ete*)和卡米耶·毕沙罗(Camille Pissarro)的《路维希安风景》(*View of Louveciennes*)。

美术馆虽然拥有印象派画家的杰作，但最受欢迎的展览是**弗朗西斯·培根工作室**(Francis Bacon Studio)，美术馆煞费苦心地将凌乱至极的工作室从伦敦南肯辛顿的Reece Mews街7号搬了过来，这位生于都柏林的艺术家(1909~1992年)在那里生活了31年。工作室里胡乱散落着近8万件物品，其中包括撕裂的画布和培根着手创作的最后一幅作品。

美术馆里还有一个长期展览，展示着肖恩·斯库利的7幅抽象画，这位画家在爱尔兰出生，居住在纽约，很可能是爱尔兰健在的最著名画家。

从9月到次年6月的周日正午，美术馆会举办多达30场的当代古典音乐会。

North of the Liffey 利菲河北部

景点

1 查尔斯·斯图尔特·巴涅尔雕像............C2
2 海关大楼..F4
海关大楼游客中心.......................（见2）
3 丹尼尔·奥康奈尔雕像.........................D4
4 都柏林休·雷恩市立现代艺术美术馆....B1
5 都柏林作家博物馆..............................B1
6 西奥博尔德·马修神父雕像..................C2
7 爱尔兰作家中心..................................B1
8 詹姆斯·乔伊斯文化中心......................C1
9 詹姆斯·乔伊斯雕像.............................D3
10 吉姆·拉尔金雕像...............................D4
11 小妖精国家博物馆.............................B4
12 都柏林尖塔..C3

活动、课程和团队游

13 城市观光...C3
詹姆斯·乔伊斯步行游.....................（见8）

住宿

14 Isaacs Hostel......................................F3

就餐

15 Brother Hubbard.................................A5
Chapter One.....................................（见5）
16 Musashi Noodles & Sushi Bar..........A5

饮品和夜生活

17 John Mulligan's..................................E5

娱乐

18 Abbey Theatre.....................................D4
19 Gate Theatre.......................................C2

购物

20 Arnott's...C4

都柏林作家博物馆

博物馆

（Dublin Writers Museum；见84页地图；www.writersmuseum.com；18 North Parnell Sq；成人/儿童 €8/5；⏲周一至周六 10:00~17:00，周日 11:00~17:00；🚌3路、7路、10路、11路、13路、16路、19路、46A路或123路）这座优雅的博物馆致力于保护1970年以前都柏林丰富的文学传统，墙壁上和陈列柜里展示着大量纪念物和许多文学类的印刷收藏品。博物馆的建筑由两座18世纪的房屋组成，本身就值得参观一番。都柏林石膏装饰匠人Michael Stapleton为楼上的展厅做了装饰。

不过，这家博物馆对于健在作家的忽略限制了它的吸引力，对当今在读者群体中往往更受欢迎的当代作家也毫无介绍。

虽然楼上展厅中的伟人半身像和画像值得细看，但是真正引人注目的是一楼的展览，有塞缪尔·贝克特（Samuel Beckett）的电话（当然有一个按钮用来拒接打进来的电话）、“廉价公寓贵族”布兰登·贝汉（Brendan Behan）写给他兄弟的一封信和一本布莱姆·斯托克（Bram Stoker）的《吸血鬼伯爵德古拉》（*Dracula*）的第一版。

隔壁的Gorham Library值得一逛，还有一个令人平静的禅宗花园。博物馆的咖啡馆是宜人的休闲地点，而位于地下室的餐厅Chapter One（见98页）是全市最好的餐厅之一。

这座博物馆关注已故作家，而隔壁的爱尔兰作家中心（Irish Writers Centre；见84页地图；☎01-872 1302；irishwriterscentre.ie；19 North Parnell Sq；⏲10:00~22:00；🚌3路、7路、10路、11路、13路、16路、19路、46A路或123路）则为在世的作者提供聚会和工作场所。

詹姆斯·乔伊斯文化中心　文化中心

（James Joyce Cultural Centre；见84页地图；www.jamesjoyce.ie；35 North Great George's St；成人/学生/儿童 €5/4/免费；⏲周二至周六10:00~17:00；🚌从市中心乘坐3路、10路、11路、11A路、13路、16路、16A路、19路、19A路或22路）在詹姆斯·乔伊斯的《尤利西斯》中，舞蹈教师丹尼斯·马金尼（Denis Maginni）热情洋溢，性格浮夸，是一位"信守独身主义的单身汉"，他曾在这座修复得很漂亮的乔治王时代风格的房屋里教授舞蹈，现在这里成了一个文化中心，致力于推广和保护乔伊斯的文化遗产。

中心内有几个会令乔伊斯迷感兴趣的展览，包括来自乔伊斯巴黎公寓的一部分家具、一个与实物大小相同的典型的爱德华七世时期卧室复制品（不是乔伊斯的卧室，但与詹姆斯和诺拉住过的卧室会很相似），还有埃克尔斯街七号（7 Eccles St）的房门原件。在《尤利西斯》里，这里是利奥波德·布鲁姆和摩莉·布鲁姆的家，现实中的房子已经被拆除，为一所私营医院让路。

文化中心里具有时代特征的物品确实不多，但是少而精的互动式展览大大弥补了这种不足，展览中包含3段纪录短片，介绍乔伊斯生活和工作的方方面面。整个文化中心的亮点是可以通过电脑一段接一段地探索《尤利西斯》的内容，一年接一年地追溯乔伊斯的一生。这个方式足以推翻"乔伊斯的作品晦涩难懂"这种无稽之谈，为乔伊斯向当代读者正名：他是一位极富才华的作家，试图用惊人的才思和语言艺术挑战和娱乐他的读者。

参观文化中心时，还可以欣赏精美的石膏天花板，一部分天花板是经过修复的原

奥康奈尔街的雕像

奥康奈尔街沿线有许多爱尔兰历史上的名人和伟人雕像。其中最重要的是"解放者"本人丹尼尔·奥康奈尔（见84页地图；Lower O'Connell St；🚌市中心各地，🚊Abbey），他的巨大青铜像在桥的尽头巍然矗立于街道上方，他脚下的4个带翅膀的人像分别代表奥康奈尔在人们心目中的四大美德：爱国、勇敢、忠诚和雄辩之才。

工会领袖吉姆·拉尔金（1876~1947年；见84页地图；Lower O'Connell St；🚌市中心各地，🚊Abbey）张开双臂的雕像与奥康奈尔的雕像同样富有戏剧感，这尊雕像就在邮政总局的南侧，几乎可以听到他滔滔雄辩的声音。

在步行街North Earl St的角落，一尊詹姆斯·乔伊斯（见84页地图；North Earl St；🚌市中心各地，🚊Abbey）的小雕像一脸茫然地观望着什么，小混混们喜欢叫他"拄拐杖的傻蛋"（the Prick with the Stick），乔伊斯应该会喜欢这种押韵的粗话。

再往北是西奥博尔德·马修神父（Father Theobald Mathew，1790~1856年；见84页地图；Upper O'Connell St；🚌市中心各地，🚊Abbey）的雕像，他是禁酒运动的倡导者，在爱尔兰，这是个前途无望的角色。不过，这个不切实际的目标让利菲河上的一座桥冠上了他的名字。街道的最北端是壮观的查尔斯·斯图尔特·巴涅尔（1846~1891年；见84页地图；Upper O'Connell St；🚌市中心各地，🚊Abbey）雕像，他是地方自治的倡导者，也是爱尔兰人道德观的受害者。

最后是这条街上最引人注目的都柏林尖塔（Spire；见84页地图；O'Connell St；🚌市中心各地，🚊Abbey）。它是定居伦敦的建筑师Ian Ritchie的作品。这根120米高的钢"针"似乎是全世界最高的雕塑，不管怎样，自2001年建成以来，尖塔已成为都柏林最具辨识度的象征。

件，其余是按照都柏林石膏装饰匠人Michael Stapleton设计的图案精心制作的复制品。街道也进行了翻新，一些乔治王时代风格的门道和气窗的精美程度是全市数一数二的。

小妖精国家博物馆 博物馆

（National Leprechaun Museum；见84页地图；www.leprechaunmuseum.ie；Twilfit House，Jervis St；成人/儿童 €12/8；⏲周一至周六 9:30~18:30，周日 10:30~18:30；🚌市中心各地，🚊Jervis）这里表面上是一个适合儿童参观的爱尔兰民俗博物馆，实际上就是个带少许童话色彩的儿童游戏室。这不是坏事，虽然小妖精的画风走的是迪士尼的可爱路线，并不像前凯尔特人神话中的邪恶怪物。

这里有视觉错视隧道（隧道另一头的人会看到你变小了）、摆满超大号家具的房间、许愿池，当然也少不了小妖精的那罐金子，这些都仅供儿童使用。不过，如果沃特·迪士尼本人在1948年拍摄《梦游小人国》（*Darby O'Gill and the Little People*）期间去爱尔兰寻找小妖精，谁知道会发生什么？

老尊美醇酿酒厂 博物馆

（Old Jameson Distillery；见72页地图；www.jamesonwhiskey.com；Bow St；成人/学生/儿童 €15/12/8；⏲周一至周 六9:00~18:00，周日10:00~18:00；🚌从市中心乘坐25路、66路、67路或90路，🚊Smithfield）这是Smithfield吸引力最大的景点，专门献给uisce beatha（发音为ish-kuh ba-ha，意为“生命之水”）——爱尔兰语的威士忌。对于狂热的爱好者而言，威士忌恰恰就是生命之水，不过他们可能会反感这座博物馆的狡猾（博物馆占据着1971年停产的老酿酒厂的一部分），博物馆通过强制参加的团队游带领参观者游览改造后的工厂（最后的品尝环节非常有趣），进入无处不在的礼品店。

如果打算购买威士忌，可以选择在家买不到的品种，例如出色的Red Breast或超高档的Midleton，后者是非常稀有的佳酿，价格自然也很贵。

★爱尔兰国家博物馆-装饰艺术与历史馆 博物馆

（National Museum of Ireland – Decorative Arts & History；见72页地图；www.museum.ie；Benburb St；⏲周二至周六 10:00~17:00，周日14:00~17:00；🚌从市中心乘坐25路、66路、67路或90路，🚊Smithfield）**免费**这座早期新古典风格的玄武岩建筑宏伟壮丽，曾经是全世界最大的军营，位于利菲河北岸，1704年落成，设计者托马斯·伯格的作品还包括圣三一学院的老图书馆和圣米占教堂（St Michan's Church）。建筑现在是爱尔兰国家博物馆-装饰艺术与历史馆的所在地。

建筑的中央广场当时容得下整整6个军团，是一个真正令人赞叹的空间，四周的拱形柱廊和建筑之间有步行桥相连。1922年，军营由新爱尔兰政府接管，随后为纪念迈克尔·柯林斯改名。柯林斯是一位独立战争的英雄，同年在内战中遇害，时至今日，大多数都柏林人仍然将博物馆称为**柯林斯军营**（Collins Barracks）。事实上，柯林斯在遇害当日穿的军大衣（袖子上还有污泥）就是**士兵与长官**（Soldiers and Chiefs）展的一部分，这个展览介绍了从1550年到21世纪爱尔兰军队在国内外的历史。

博物馆的展品还包括大量珍贵文物，既有银器、陶瓷制品和玻璃制品，又有武器、家具和民俗展，另有一个专为著名爱尔兰设计师**艾琳·格瑞**（Eileen Gray，1878~1976年）举办的精美展览。引人入胜的**昔日衣着**（Way We Wore）展展示着过去250年中爱尔兰人的服装和饰品。这是一个非常有趣的社会与文化研究，凸显了饰品和服装在传达哀悼、爱与身份等信息时的象征意义。2楼的一个展览按事件顺序介绍了爱尔兰的**1916年复活节起义**，震撼人心的纪念品真实再现了爱尔兰这段沉痛的历史，包括与黑棕部队（Black and Tans）的暴行和起义后绝食抗议有关的第一手资料、手写的共和军囚犯的死亡证明和他们从Holloway监狱寄出的明信片。一部分最优秀的藏品在**馆长之选**（Curator's Choice）集中展出，这个展览包含25件由不同馆长精选的展品，配有对展品入选原因的说明。

港口区

所有城市的开发计划都遵循一个基本原则：如果城市位于入海口，不翻修港口区就无法实现现代化。都柏林就是如此：利菲河南

Docklands 港口区

北的东部（又名“Canary Dwarf”）已完成大规模翻新，现在有许多令人印象深刻的现代办公楼、豪华公寓和漂亮的公共建筑，其中包括凯文·洛奇（Kevin Roche）设计的呈倾斜管状的**国家会议中心**（National Convention Centre；见88页地图；Spencer Dock, North Wall Quay；🚊Spencer Dock）和丹尼尔·里伯斯金（Daniel Libeskind）设计的绝妙的伯德盖斯能源剧院（Bord Gáis Energy Theatre；见103页）。

海关大楼 博物馆

（Custom House；见84页地图；Custom House Quay；⏲周一至周五 10:00~17:00，周六和周日 14:00~17:00；🚌市中心各地）乔治王时代的天才人物詹姆斯·冈东（James Gandon，1743~1823年）用这座富丽堂皇的建筑（建于1781~1791年）向都柏林宣告他的到来。海关大楼就建在Eden Quay另一边，地处利菲河开阔的一段。这座宏伟的新古典主义风格建筑长114米，有一个铜制圆屋顶，屋顶下方是**游客中心**（见84页地图；Custom House Quay；门票 €1.50；⏲3月中旬至10月 周一至周五 10:00~12:30，周六和周日 14:00~17:00，11月至次年3月中旬 周一、周二和周六关门；🚌市中心各地），有一个介绍冈东和海关大楼历史的小型博物馆。

海关大楼最适合从利菲河南侧欣赏，但是精美的建筑细节值得近距离参观。雕带下方的头像代表爱尔兰13条主要河流的河神，唯一一个女性头像位于正门上方，代表利菲河。牛头向都柏林的牛肉贸易致敬，大楼后方的雕像分别代表非洲、美洲、亚洲和欧洲。圆屋顶上嵌着4块时钟，顶部是一尊5米高的希望女神像。

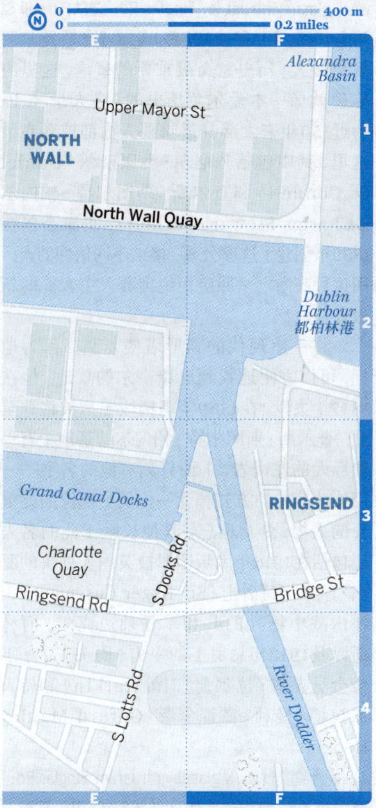

Docklands 港口区

景点

1 国家会议中心......D1

2 科学馆......A3

住宿

3 Marker......C2

就餐

4 Ely Bar & Brasserie......B1

娱乐

5 伯德盖斯能源剧院......C3

菲尼克斯公园 (Phoenix Park)

菲尼克斯公园 公园

(Phoenix Park; 见66页地图; www.phoenixpark.ie; ⏲24小时; 🚌从奥康奈尔街乘坐10路, 从Middle Abbey St乘坐25路和26路) **免费** 菲尼克斯公园的占地面积多达709公顷, 是全世界最大的城市公园之一。这里有听着MP3慢跑的人、推着婴儿车的老婆婆、遛着贵宾犬的女士、花园、湖泊、一个椭圆形体育场和300头鹿。还有板球场和马球场、一条赛车道和一些精美的18世纪宅邸, 其中包括爱尔兰总统和美国大使的官邸。

公园中的鹿最初由奥蒙德勋爵(Lord Ormond)在1662年引进, 当时这片曾属于耶路撒冷骑士团(Knights of Jerusalem)的土地刚被改造成一处皇家狩猎场。1745年, 总督切斯特菲尔德勋爵(Lord Chesterfield)将狩猎场对公众开放, 这种状态一直持续至今。公园的名称"菲尼克斯"与神话中的凤凰毫无关系, 它是爱尔兰语fionn uisce的变体, 意为"清澈的水"。

1882年, 公园在爱尔兰的历史上扮演了一个关键角色, 当时英国的爱尔兰事务首席大臣卡文迪什勋爵(Lord Cavendish)和他的助理在如今的爱尔兰总统府外被一个叫"无敌"(Invincibles)的无名民族主义团体刺杀。卡文迪什勋爵的故居现在被称为Deerfield, 是美国大使的官邸。

➡ 威灵顿纪念碑 (Wellington Monument)

63米高的威灵顿纪念碑位于Parkgate St上的公园大门附近。纪念碑从1817年一直修建到1861年, 主要是因为在修建过程中, 威灵顿公爵失去了公众的支持。附近是可以追溯到1864年的**人民花园**(People' s Garden; 见72页地图)和位于Hollow的**音乐演奏台**。

➡ 爱尔兰警察总署

(Garda Síochána Headquarters; 见72页地图)在公园的边缘, 一座大型的维多利亚时代建筑坐落在都柏林动物园的后方, 它是19世纪的爱尔兰警察总署, 由本杰明·伍德沃德(Benjamin Woodward)设计(他也是圣三一学院老图书馆的设计者)。

➡ 教皇十字架 (Papal Cross)

在菲尼克斯公园的中心, 教皇十字架标志着教皇约翰·保罗二世(Pope John Paul Ⅱ)在1979年向125万人布道的地点。

➡ **菲尼克斯纪念碑（Phoenix Monument）**

菲尼克斯纪念碑是一个科林斯式柱子，顶部有一只非常不像凤凰的鸟，纪念碑是切斯特菲尔德勋爵在1747年修建的，现在常常被称为“鹰纪念碑”（Eagle Monument）。20世纪早期，为了便于在公园里赛车，纪念碑被移走，但又在20世纪90年代回到了原来的位置。

➡ **军火库堡垒（Magazine Fort）**

托马斯山上的军火库堡垒对着菲尼克斯公园的Parkgate大门。堡垒建于1734年到1801年，速度相当缓慢，英国军队和爱尔兰军队曾先后将它作为临时军火库。军火库堡垒在1916年的复活节起义期间和1940年两度成为目标，1940年，爱尔兰共和军带着爱尔兰军队的全部储备弹药匆匆离开（几周后弹药被追回）。

都柏林动物园 动物园

（Dublin Zoo；www.dublinzoo.ie；Phoenix Park；成人/儿童/家庭 €16.80/12/47；⌚3月至9月 9:30~18:00，10月至次年2月至傍晚；🚌从奥康奈尔街乘坐10路，从Middle Abbey St乘坐25路和26路）占地28公顷的都柏林动物园创建于1831年，就位于Hollow北侧，是世界上最古老的动物园之一。动物园以狮子繁育计划闻名，该计划的历史可以追溯到1857年，米高梅（MGM）的电影片头那只吼叫的狮子就是在这里繁育的。你可以在“非洲稀树草原区”远距离观赏这些强悍的猫科动物，这个草原区只是近几年打造的几个动物栖息环境之一。

动物园里大约有100种不同的动物，共计400只，你可以在8个不同的栖息环境中观赏，既有亚洲丛林区，又有家庭农场，小朋友们可以与农场里的动物亲密接触，还可以给奶牛（模型）挤奶。动物园里有餐厅、咖啡馆，甚至还有一列载客火车。

⊙ 皇家运河另一边

皇家运河（Royal Canal）的另一边是市郊和富于生活气息的地道北方城市，还有一些美丽的花园、全国最大的体育场、一个历史上闻名的公墓和整个都柏林最有趣的建筑之一。

格拉斯内文公墓 公墓

（Glasnevin Cemetery；Prospect Cemetery；www.glasnevintrust.ie；Finglas Rd；🚌从Parnell St乘坐40路、40A路或40B路）**免费**这是爱尔兰规模最大、历史意义最重要的墓地，这里的墓碑就像一本爱尔兰历史的“名人录”，因为近150年来大部分最重要人物都被葬在了这里，其中包括丹尼尔·奥康奈尔（Daniel O' Connell）和查尔斯·斯图尔特·帕内尔（Charles Stewart Parnell）。奥康奈尔在1832年创建了这座公墓，接纳不同信仰的人，用这种高尚之举回应拒绝埋葬天主教徒的新教公墓。

将一座现代的圆形塔楼复制品作为地标，可以方便地找到奥康奈尔的墓地。他在1847年去世，在1869年塔楼竣工后被移葬至此。查尔斯·斯图尔特·帕内尔的墓地上有一块巨大的花岗岩，上面只刻有他的名字——用如此简朴的方式悼念一位历史地位如此重要的人物，令人难忘。其他长眠于此的名人还包括在1916年因叛国罪被英国人处决的罗杰·凯斯门特爵士（Sir Roger Casement）、在内战中牺牲的共和军领袖迈克尔·柯林斯以及1913年总罢工的主力、码头工人、工会会员吉姆·拉尔金（Jim Larkin）和诗人杰拉德·曼利·霍普金斯（Gerard Manley Hopkins）。

博物馆（www.glasnevintrust.ie；Finglas Rd；博物馆 €6，博物馆和团队游 €8；⌚周一至周五 10:00~17:00，周六和周日 11:00~18:00；🚌从Parnell St乘坐40路、40A路或40B路）对公墓历史的介绍美妙细致，屡获殊荣。展览通过葬于公墓的名人和普通人的一生讲述爱尔兰的社会和政治故事。逝者之城（City of the Dead）介绍了长眠于此的近150万人的殡葬习俗和宗教信仰，里程碑馆（Milestone Gallery）有一段10米长的数码互动式时间线展台，概括介绍公墓最知名人物的生平。

参观公墓的最佳方式是参加每天都有的**团队游**（全年11:30和14:30，6月到8月13:00也有），在被都柏林人戏称为“死亡公园”的公墓里，听听逝者们精彩又重要的故事。

☞ 团队游

各种各样的团队游涵盖多种主题，从建筑和历史到音乐和文学，不一而足。可以步行，可以骑车，如果你选择以喝酒为重点的活动，还可以畅饮一路。有些公司将城市游和去更远地区的游览结合在一起。在线预订可以节省一点钱。

★历史步行游
步行游

（Historical Walking Tour；见70页地图；☎01-878 0227；www.historicalinsights.ie；Trinity College Gate；成人/儿童 €12/免费；⊙5月至9月 11:00和15:00，4月和10月 11:00，11月至次年3月 周五至周日 11:00；🚌市中心各地）这个"街头研讨班"由圣三一学院的历史系毕业生带队，探索马铃薯饥荒、复活节起义、内战和爱尔兰的分裂。景点包括圣三一学院、市政厅、都柏林城堡和四法院。夏天时还组织多种主题游，主题包括建筑、爱尔兰历史上的女性和爱尔兰的诞生。团队游从College Green的入口出发。

城市观光
巴士游

（City Sightseeing；见84页地图；www.citysightseeingdublin.ie；14 Upper O' Connell St；成人/学生 €19/17；🚌市中心各地，🚊Abbey）这是一个典型的巴士观光游，全程大约1.5小时，带你在奥康奈尔街（O' Connell St）来来往往，经过圣三一学院和圣史蒂芬公园，再前往健力士仓库，然后经过菲尼克斯公园的正门沿着北部的码头返回。从9:00到18:00，每8~15分钟有一个团出发。

1916年起义步行游
步行游

（1916 Rebellion Walking Tour；见94页地图；☎086 858 3847；www.1916rising.com；23 Wicklow St；每人 €12；⊙3月至10月 周一至周六 11:30，周日 13:00；🚌从市中心乘坐7路和44路）出色的2小时步行游活动，从Wicklow St的酒吧International Bar出发。讲解内容丰富幽默，言辞颇为辛辣。导游都是圣三一学院的毕业生，全都非常出色，游览结束时，他们不会拒绝回International Bar喝杯啤酒的邀约。

都柏林文学小酒馆巡游
步行游

（Dublin Literary Pub Crawl；见76页地图；☎01-670 5602；www.dublinpubcrawl.com；9 Duke St；成人/学生 €12/10；⊙4月至10月 每天 19:30，11月至次年3月 周四至周日 19:30；🚌市中心各地）把与著名的都柏林作家有关的小酒馆转一遍是个稳获成功的主意，这个2.5小时的游览/演出活动由2位演员带队——其间穿插他们表演的搞笑片段——令人开怀大笑。巡游过程中能够一路畅饮，让游览活动更加受到欢迎。巡游从Duke St的Duke小酒馆出发，在19:00赶到，以预约到参加夜游活动的名额。

詹姆斯·乔伊斯步行游
步行游

（James Joyce Walking Tour；见84页地图；☎01-878 8547；www.jamesjoyce.ie；35 North Great George' s St；成人/学生 €10/8；⊙周二、周四和周六 14:00；🚌从市中心乘坐3路、10路、11路、11A路、13路、16路、16A路、19路、19A路或22路）乔伊斯在都柏林的城北生活、上学、失身，在欧洲大陆自我放逐期间，他用精准细腻的笔触写下了这一切。参加詹姆斯·乔伊斯文化中心（见86页）组织的1小时15分钟的游览活动，可以探索与这位戴眼镜的作家有关的所有城北景点。

维京人水上之旅
巴士游、乘船游

（Viking Splash Tours；见76页地图；☎01-707 6000；www.vikingsplash.ie；St Stephen' s Green N；成人/儿童 €22/12；⊙10:00~15:00 每30~90分钟1次；🚌市中心各地，🚊St Stephen' s Green）"来吧，有什么大不了的？"在导游的催促下，你戴上一顶塑料的维京人头盔，大喊："耶！"其实你参加的是1小时15分钟的水陆两栖之旅，在Grand Canal Dock运河码头结束。注明"游客专享"实在显得太多余。

节日和活动

坦普尔酒吧区传统音乐节
音乐节

（Temple Bar Trad Festival；www.templebartrad.com）在1月最后一个周末，这个文化区里的酒吧会举办传统音乐节。

圣帕特里克节
节日游行

（St Patrick' s Festival；www.stpatricksfestival.ie）这个节日可谓是爱尔兰的"节日之母"，在3月17日前后的4天时间里，约60万人聚集在都柏林的街头和各种场所，向圣帕特里克致敬。

詹姆逊都柏林国际电影节
电影节

（Jameson Dublin International Film Festival；www.jdiff.com）本土电影、国际艺术电影和提

前展映的主流电影构成都柏林电影节的主要内容，电影节为期两周，在3月中旬举办。

都柏林国际文学节 文学节

（International Literature Festival Dublin; ilfdublin.com）为期4天的文学节在5月的第三周举办，吸引爱尔兰本国和国外作者来参加读书会、演出和讲座。

住宿

都柏林的住宿是全国最贵的。由于首都几乎一年到头都是旅游热门地点，不管何时到访，都强烈建议尽早预订住宿，如果希望住在市中心，更是如此。

地点决定住宿的价格和品质。花€70左右可以在北部市郊找到一间宽敞的民宿客房，但是在步行就能到圣史蒂芬公园的地方，一个普通小客栈的老板会毫不迟疑地为袖珍房间开价€120。优质客栈或中档酒店的住宿价格在€80~150，而都柏林一流住宿地点的价格往往从€150起跳——这还是算上了可能有的优惠，因为在这种价格环境下，你必然会到处找折扣，或者直接打电话给酒店，礼貌地询问："请问这就是最低价了吗？"

青年旅舍依然是价格最低的廉价住宿，都柏林的青年旅舍水准大多不错——床位的价格在€18~34之间（注意青年旅舍的住宿价格通常不含早餐）。

格拉夫顿街及周边

★ Trinity Lodge 客栈 €€

（见76页地图；☎01-617 0900；www.trinitylodge.com；12 South Frederick St；房€150起；📶；🚌市中心各地，🚋St Stephen's Green）走进这家获奖的客栈，马丁·辛（Martin Sheen）的笑脸在迎接你的到来。他说过，这里是自己在爱尔兰最喜欢的住宿地点。马丁不是唯一这么觉得的人，这家客栈极受欢迎，已经在马路对面的一座联排房屋内开了第二家店，而且保持着原来的超高水准。老店的2号房间（Room 2）有一个迷人的飘窗。

Radisson Blu Royal Hotel 酒店 €€

（见72页地图；☎01-898 2900；www.radissonblu.ie/royalhotel-dublin；Golden Lane；房€160起；❄@📶；🚌市中心各地，🚋St Stephen's Green）这家商务酒店完美展示了流畅的线条和柔和的色彩如何与奢华感结合得恰到好

布鲁姆日

一年一度的布鲁姆日（Bloomsday）是献给詹姆斯·乔伊斯的《尤利西斯》的赞歌，在每年的6月16日举办，虔诚的参与者们穿着爱德华七世时代的服装在市区走动，追随虚构人物利奥波德·布鲁姆在1904年6月16日的巡游路线。这个日期对乔伊斯意义重大，因为他就是在这一天初次和诺拉·巴纳克尔外出约会的，他在6天前与她相遇，愿意与她共度一生[詹姆斯的父亲听说他的这位新欢时评论，姓巴纳克尔（Barnacle，意为"藤壶"）的女人当然会黏上他了]。

乔伊斯在世时，爱尔兰人把他当作色情文学作家对待，但是如今的都柏林对他钟爱有加，虽然布鲁姆日纯粹是为乔伊斯迷和游客准备的。

一般说来，活动沿着布鲁姆在市区的行进路线设计，近几年来，庆祝活动时间延长，在6月16日前后持续4天。要了解某一年的具体活动安排，**詹姆斯·乔伊斯文化中心**（见86页）是获得信息的最佳渠道，可在节日将至时咨询。

布鲁姆日当天你可以先去詹姆斯·乔伊斯文化中心吃一顿早餐，边享受"动物内脏"，边聆听庆祝朗读会。

参加导览游参观与乔伊斯有关的地点时，通常会在**Davy Byrne's**（见94页地图；☎01-677 5217；www.davybyrnes.com；21 Duke St；🚌市中心各地）吃午餐，这是乔伊斯笔下"规规矩矩的酒馆"，布鲁姆曾在这里喝了一杯勃艮第红葡萄酒，吃了一片戈尔贡佐拉奶酪。整个下午都有街头艺人为你带来欢乐，而你可以参加各种导览步行游，观看人们兴致勃勃地朗读《尤利西斯》和乔伊斯其他作品的选段。

大学住宿

从6月中旬到9月下旬，都柏林有多所大学向游客提供住宿地点。务必尽早预订。

圣三一学院（见70页地图；☎01-896 1177；www.tcd.ie；Accommodations Office，Trinity College；标单/双 €62/82起；@📶；🚌市区各地）在学生放假时住在他们的房间里是最贴近这所美丽绝伦校园的学生生活的方式。在比较新的公寓楼里，宿舍和双床公寓自带浴室，比较旧的公寓配公用设施，但房间自带面盆。房费含早餐。

Mercer Court Campus Accommodation（见76页地图；☎01-478 2179；www.rcsi.ie；Lower Mercer St；标单/双 €85/130；@📶；🚌市中心各地）这里归皇家外科医学院（Royal College of Surgeons）所有，并由该学院经营，是都柏林最豪华的学生住宿选择。住宿地点靠近格拉夫顿街和圣史蒂芬公园。房间风格现代，可达到酒店标准。

处，确保你会度过难忘的一夜。从令人印象深刻的公共区到精致的客房（每个房间都配备有壁挂式平板数码电视和其他小物件），这家酒店不会令人失望。

Grafton House 民宿 €€

（见94页地图；☎01-648 0010；www.graftonguesthouse.com；26-27 South Great George's St；标单/双 €90/140起；@📶；🚌市中心各地，🚊St Stephen's Green）这家略显另类的客栈位于一座哥特式建筑里，地点、价格和风格三大要素全都令人满意。Grafton就在George's St Arcade旁边，将传统民宿亲切便利的特色（房价含美味的早餐）与独特时髦的设计风格相结合——看看那色彩艳丽的壁纸吧。这里是同等价位里出类拔萃的选择。

Westin Dublin 酒店 €€€

（见70页地图；☎01-645 1000；www.thewestindublin.com；Westmoreland St；房间 €185起；@📶；🚌市中心各地）这里从前是华丽的银行，现在是更加华丽的酒店：以典雅的红木和柔和的色彩装饰的客房令人联想起美国最高级的酒店。你可以住在Westin独家推出的"天梦之床"（Heavenly Bed）上，床由10层组成，确实相当舒适。从前的银行保险库现在是地下酒吧。

利菲河北部

★ Isaacs Hostel 青年旅舍 €

（见84页地图；☎01-855 6215；www.isaacs.ie；2-5 Frenchman's Lane；铺/标双€ 10/54起；@📶；🚌市中心各地，🚊Connolly）这是城北最好的青年旅舍——单论氛围，它是全市首屈一指的。旅舍位于一个拥有200年历史的葡萄酒酒窖内，主要公共汽车站就在附近。夏天有烧烤活动，休息室里有现场音乐演出，提供上网服务，多人间缤纷多彩，这个杰出的住宿选择一直受到背包客和其他旅行者的好评。

港口区

Marker 酒店 €€€

（见88页地图；☎01-687 5100；www.themarkerhoteldublin.com；Grand Canal Sq；房间€280起；@📶；🚌56a路和77A路，🚊Grand Canal Dock）酒店引人注目的棋盘格外观由Manuel Aires Mateus设计，187间华美的客房和套房用冷色调（淡雅的柑橘色系和钴蓝色系）装饰，陈设着简洁典雅的家具，营造出一种沉静独特的气氛。公共区多了一点活泼感，屋顶酒吧是时髦人群在夏天的最爱。

大运河另一边

Aberdeen Lodge 客栈 €€

（☎01-283 8155；www.aberdeen-lodge.com；53-55 Park Ave；标单/双/标三 €99/149/179；@📶；🚌2路、3路，🚊DART Sydney Parade）这里不仅是都柏林最好的客栈之一，还是一个被小心守护的秘密，只有那些敢在去市中心需要乘一小段火车的地方住宿的人才知道。住在这里，你能享受到一座奢华的房子，配套的个性化服务可以与都柏林一流的酒店相媲美。

客房漂亮极了，大部分配有四柱床、半天棚床或黄铜床，与正宗的爱德华七世时代的

Temple Bar & Grafton Street 坦普尔酒吧区和格拉夫顿街

家具和墙上优美的艺术品搭配得恰到好处。套房甚至配有功能完好的Adams壁炉。每两个房间配备一位工作人员，因此服务非常出色，工作人员勤快又彬彬有礼。

就餐

与美味佳肴无缘已久的都柏林人在过去20年里带着热切的渴望欣然接纳了美食文化。如今，众多风味和各种价位的就餐选择在这座城市一应俱全，既有野猪肉炖锅菜

配有机啤酒，又有米其林星级餐厅的精致菜肴。

格拉夫顿街的周边地区到处是色彩缤纷、风味各异的就餐地点，有时髦独特的咖啡馆，也有奢华至极的餐厅，后者主要集中在梅瑞恩广场和Fitzwilliam Sq。坦普尔酒吧区充斥着价格过高又平庸无奇的餐厅，其间也分散着一些出色的去处，能满足各种口味和价位的需求。

北部是美食革命的最大赢家，众多时髦

Temple Bar & Grafton Street 坦普尔酒吧区和格拉夫顿街

的餐馆和咖啡馆与大量异国风味餐厅聚集于此，与奥康奈尔街平行的Capel St沿线尤为集中。

许多餐厅在周五或周六晚上都有必要提前预约，特别是那些位于市中心的餐厅，以确保能有座位。

格拉夫顿街及周边

Lemon

法式薄饼 €

（见94页地图；66 South William St；煎饼€5起；周一至周六 9:00~19:00，周日 10:00~18:00；市中心各地）都柏林最棒的煎饼店在格拉夫顿街两侧都开了分店，一家在South William，另一家在**Dawson Street**（见70页地图；61 Dawson St；煎饼 €5起；周一至周六 9:00~19:00，周日 10:00~18:00）。每家店都供应种类繁多的甜味和咸味法式薄饼，薄薄的煎饼里加入各种各样的美食，再盖上厚厚的一层配料，搭配超棒的咖啡，气氛很热闹。

777

墨西哥菜 €€

（见94页地图；www.777.ie；7 Castle House, South Great George's St；主菜 €19~36；周一至周三 17:30~22:00，周四 17:30~23:00，周五和周六 17:00至午夜，周日 14:00~22:00；市中心各地）找不到比这里更好吃、更正宗的墨西哥菜餐厅了。tostados（脆玉米饼加多种配料）和taquitos（有馅的软玉米饼）都是美味的小吃，完美搭配龙舌兰盛宴（店里供应22种不同的龙舌兰酒）。周日所有菜品的价格都是€7.77。

Yamamori

日本菜 €€

（见94页地图；01-475 5001；www.yamamorinoodles.ie；71 South Great George's St；主菜 €16~25，午餐便当 €9.95；12:30~23:00；；市中心各地）Yamamori时髦又实惠，服务态度快活热情，食物也很诱人，既有寿司和生鱼片，又有分量极大的面条和其他许多菜肴，几乎无人会失望而归。午餐便当是全城最实惠的选择之一。在利菲河以北还有一家分店。

★Restaurant Patrick Guilbaud

法国菜 €€€

（见76页地图；01-676 4192；www.

restaurantpatrickguilbaud.ie; 21 Upper Merrion St; 2道菜/3道菜午餐套餐 €45/55, 晚餐套餐 €90~185; ⏲周二至周六 12:30~14:30和19:30~22:30; 🚌从市中心乘坐7路和44路)作为爱尔兰唯一一家米其林二星餐厅，这里理所当然地成了忠实顾客心目中的全国最佳餐厅。他们声称Guillaume Lebrun的法国高级料理是对烹饪艺术的绝佳呈现。如果你喜欢正式餐宴，这家餐厅可谓尽善尽美：午餐套餐非常超值（至少对于这类顶级餐厅而言）。食物有新意却不烦琐，烹饪得当，摆盘精美。

餐厅本身风格现代典雅，服务庄重有礼又十分亲切——工作人员训练有素，既能解答疑问、满足每位顾客的要求，又能确保连一颗面包屑都不会在整洁的桌布上停留太久。晚上店主Patrick Guilbaud通常会亲自巡视餐厅，向常客致意，向新顾客施展魅力，争取把他们变成回头客。必须提前预约。

The Liberties和基尔曼汉姆

★ Fumbally Cafe

咖啡馆 €

（见72页地图; Fumbally Lane; 主菜 €5~8; ⏲周一至周六 8:00~17:00; 🚌从市中心乘坐49路、54a路和77x路）这家仓库咖啡馆是都柏林的潮人们私底下的根据地，落地窗让室内洒满阳光，穿着紧身牛仔裤和破旧高帮鞋的情侣认真地对着笔记本电脑打磨推销创业点子的演讲稿，出色的咖啡和美味的三明治为他们补充能量。

利菲河北部

Brother Hubbard

咖啡馆 €

（见84页地图; 153 Capel St; 菜肴 €7~10; ⏲周一至周五 8:00~17:30, 周六 10:00~17:00; 🚌市中心各地, 🚊Jervis）这家咖啡馆后面有一个小花园，店里有出色的咖啡师坐镇（咖啡豆由咖啡专家3FE提供），还供应一系列好吃的三明治、薄饼（在2015年非常时髦）和沙拉，是个很棒的去处。

Da Mimmo's

意大利菜 €

（www.damimmo.ie; 148 North Strand Rd; 2道菜午餐 €8.50, 晚餐主菜 €9~13; ⏲10:30~23:00; 🚌从Talbot St乘坐53路）Da Mimmo's从前是个传统的炸鱼薯条店，后来被原来老板的儿子改造成了堂食餐厅，现在供应全市数一数二的意大利菜。这里的所有食物——从作为前菜的意大利牛肉干配帕尔玛奶酪到千层

农夫集市和有机市场

Dublin Food Co-op（见72页地图; www.dublinfoodcoop.com; 12 Newmarket; ⏲周四至周五 正午至20:00, 周六 9:30~16:30和周日 11:00~17:00; 🚌从市中心乘坐49路、54a路或77x路）从狗粮到清洁剂，这个市场里售卖的一切都是有机或环保的。周四有少量本地和进口的公平贸易产品，但是周六的市场最热闹——都柏林人从四面八方赶来，进行每周的采购。市场里有一家面包店，甚至准备了给婴儿换尿布的设施。

Coppinger Row Market（见94页地图; Coppinger Row; ⏲周四 9:00~19:00; 🚌市中心各地）这个市场很小，只有少量摊位，但是有机产品很有吸引力，新鲜出炉的面包、美味的鹰嘴豆泥和其他美食香气四溢，引诱顾客上门。

Harcourt Street Food Market（见76页地图; www.irishfarmersmarkets.ie; Park Pl, Station Bldgs, Upper Hatch St; ⏲周四 10:00~16:00; 🚌市中心各地）用有机蔬菜、奶酪、橄榄和肉类制作成的各国风味菜肴。

Temple Bar Farmers Market（见94页地图; Meeting House Sq; ⏲周六 9:00~16:30; 🚌市中心各地）这个小市场是品尝有机精品美食、悠然度过周六上午的绝佳去处。市场只受一个条件约束：仅限本地食品生产者参加。从腌肉到野花，可供选择的商品可以摆满整个食品柜。

要了解当地市场的详细信息，参见www.irishfarmersmarkets.ie, www.irishvillagemarkets.com或当地郡议会的网站，例如www.dlrcoco.ie/markets。

面——都和你在老板Tino的家乡卡萨拉蒂科（Casalattico，位于那不勒斯和罗马之间）能吃到的一样正宗。

★ Musashi Noodles & Sushi Bar

日本菜 €€

（见84页地图；☎01-532 8057；www.musashidublin.com；15 Capel St；主菜 €13~17；⏲正午至22:00；🚌市中心各地，🚊Jervis）这家灯光昏暗的迷人餐厅是都柏林最地道的日本餐厅，将新鲜制作的寿司供应给这个一度吃不到寿司的城市。午餐的便当非常实惠，如果你不喜欢吃生鱼，这里还有许多其他日本特色菜可供选择。餐厅可以自带酒水（收开瓶费）。晚餐建议预约。

★ Chapter One

新派爱尔兰菜 €€€

（见84页地图；☎01-873 2266；www.chapteronerestaurant.com；18 North Parnell Sq；2道菜的午餐 €50，4道菜的晚餐 €85；⏲周二至周五12:30~14:00，周二至周六 19:30~22:30；🚌从市中心乘坐3路、10路、11路、13路、16路、19路或22路）这家米其林星级餐厅位于都柏林作家博物馆的地下，因为完美的高级料理和轻松迷人的氛围入选我们的城市最佳就餐体验。食物是受法国风味影响的新派爱尔兰菜肴，菜单定期改变，服务水准一流。如果你要去附近的Gate Theatre（见103页），含3道菜的“戏前套餐”（pretheatre menu，€37.50）非常好。

咖啡馆文化和最佳咖啡

都柏林的咖啡控无处不在，大家都在心痒难耐中寻找那杯完美的咖啡（直到下一波咖啡瘾来袭）。在任意连锁店都能喝到咖啡（包括从西雅图起家的星巴克），但我们认为，你对咖啡因的渴求会在都柏林本地的独立咖啡馆得到最好的满足。

Clement & Pekoe（见76页地图；www.clementandpekoe.com；50 South William St；⏲周一至周五 8:00~19:00，周六 10:00~18:00，周日 正午至18:00；🚌市中心各地）

Brother Hubbard（见97页）

Wall and Keogh（见72页地图；www.wallandkeogh.ie；45 South Richmond St；⏲周一至周五 8:30~20:30，周六和周日 11:00~19:00；🚌市中心各地）

Kaph（见94页地图；31 Drury St；⏲周一至周六 9:00~18:00，周日 正午至18:00；🚌市中心各地）

港口区

Ely Bar & Brasserie

创意菜 €€

（见88页地图；www.elywinebar.ie；Custom House Quay；主菜 €14~29；⏲周一至周五 正午至15:00和 18:00~22:00，周六 13:00~16:00和18:00~22:00；🚊Grand Canal Dock）🌿这家由烟草仓库改造成的餐厅位于国际金融服务中心（IFSC）内，供应美味的自制汉堡、香肠和土豆泥、熏野生鲑鱼沙拉等菜肴。使用的食材都是有机的和放养的，产自店主位于克莱尔郡（County Clare）的家庭农场，所以对菜肴的品质可以放心。

大运河另一边

Paulie's Pizza

意大利菜 €€

（见72页地图；www.juniors.ie；58 Upper Grand Canal St；比萨 €12~17；⏲18:00~22:00；👪；🚌从市中心乘坐3路，🚊Grand Canal Dock）这是一家有时很喧闹的可爱餐厅，餐厅的中央是一个那不勒斯比萨烤炉，曾经烤出过一些全城最美味的比萨。玛格丽特比萨（Margheritas）、白比萨（biancas，不带番茄酱）、卡尔佐尼馅饼（calzoni）和其他那不勒斯特色菜都非常美味，但也能吃到经典的纽约风味和一些本地特色。

🍷 饮品和夜生活

小酒馆是都柏林大部分社交生活的中心，从前的传统酒馆里都是带着平顶帽的当地人在静静地啜饮着一杯健力士，如今小酒馆的形式已经有了变化（不过传统酒馆依然存在）。不管你的口味如何，都能在这得到满足，而且我们猜想，在你来到都柏林的诸多理由之中，排名相当靠前的应该就是探索这里的各种传奇小酒馆和酒吧。

周一到周四的最后点单时间是23:30，周五和周六是次日0:30，而周日是23:00，每晚都

倒一品脱完美的啤酒

与日本茶道一样，倒一品脱健力士啤酒兼具仪式感、戏剧效果和逻辑性。每一位优秀的都柏林调酒师都会用5个步骤呈上一品脱完美的啤酒。

酒杯

使用的酒杯是既干燥又干净的20盎司（568毫升）郁金香品脱玻璃杯，这种杯子形状可以让氮气产生的泡沫沿着杯壁向下流淌，杯子中间隆起的轮廓又将升起的泡沫顶向中心。

角度

将酒杯放在啤酒龙头下方45°角的位置——而且龙头不应接触杯壁。

倒酒

一次流畅的倒酒应该注满酒杯的四分之三，然后把酒放在吧台上“沉淀”。

啤酒泡沫

啤酒注入酒杯时高速通过一个限流片，产生氮气泡沫。在酒杯里，翻腾的泡沫沿着杯壁向下流——在杯子隆起的轮廓作用下——又从中心一路上升，最后在顶部形成一层绵滑的啤酒泡沫。这个过程需要几分钟。

加满

啤酒“沉淀”完成后，调酒师会把酒加满，让啤酒泡沫略高于杯口，呈圆顶状。这就是一品脱完美的啤酒。

去哪儿喝？

现在你知道要找什么样的啤酒了，是时候尝尝了。Gravity Bar（见81页）的啤酒不错，但缺少一个重要元素——氛围，这是传统小酒馆独有的。

Kehoe’s（见101页）极受当地人和游客的喜爱。

John Mulligan’s（见本页）在完美的环境里享受一杯完美的啤酒。

Grogan’s Castle Lounge（见101页）当地人强烈推荐的酒吧，准没错！

Fallon’s（见102页）几百年的传统。

有30分钟喝光杯中酒的时间。不过，许多市中心的小酒馆都获许经营到凌晨1:30或2:30。

因为都柏林现在有众多酒吧营业至深夜又不另行收费，那种收入场费的夜店已不复往日风光。但是，仍有几家夜店生意兴隆，虽然绝大多数DJ的音乐都缺少新意。

周四到周六是夜店最热闹的时间，23:00前大部分夜店都免费入场，23:00之后需要付€6~10。

格拉夫顿街及周边

★John Mulligan’s 小酒馆

（见84页地图；8 Poolbeg St；⏲周一至周四10:30~23:30，周五和周六 至次日0:30，周日 正午至23:00；🚇市中心各地）这家绝妙的老酒馆自1782年开业至今几乎毫无变化。这里供应的健力士啤酒在都柏林是数一数二的，还有一伙有趣的老主顾。小酒馆紧邻Fleet St，就在坦普尔酒吧区的东边。

★Stag’s Head 小酒馆

（见94页地图；www.louisfitzgerald.com/stagshead；1 Dame Ct；⏲周一至周六 10:30至次日1:00，周日 至午夜；🚇市中心各地）Stag’s Head建于1770年，在1895年进行了改造，幸好之后再无变化。这是家无与伦比的小酒馆：因为十分古朴典雅，它经常在电影里出现，还登上了以爱尔兰酒吧为主题的系列邮票。绝对是个相当棒的小酒馆，毫无疑问。

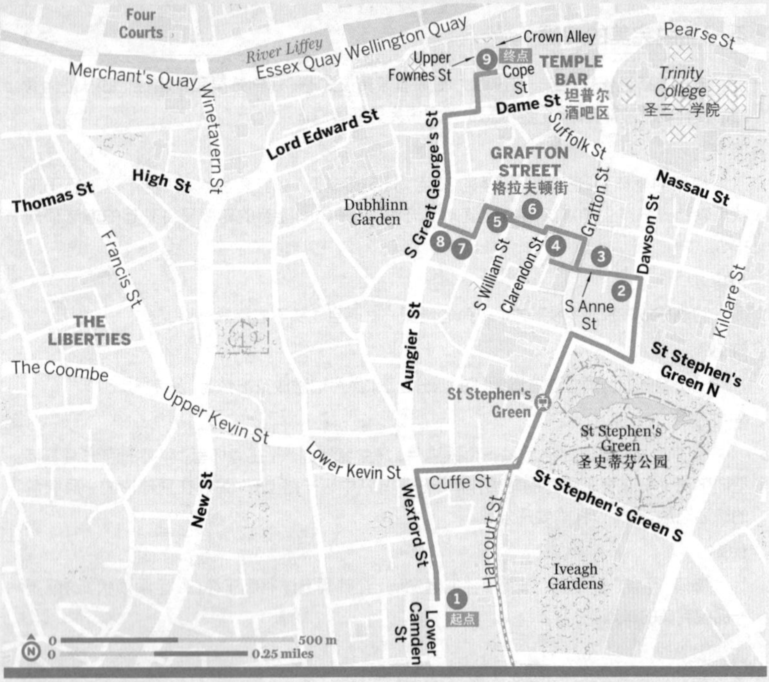

步行游览
都柏林畅饮之旅

起点: LOWER CAMDEN ST

终点: CROWN ALLEY

全长: 2公里，1小时至2天

从前的都柏林人会向充满怨气的另一半保证，他们要“去办点儿事”，然后一头钻进离家最近的酒吧。来都柏林旅行的酒吧常客无须找借口就可以逐一探访这座城市最出色、最迷人又最硬核的酒吧，享受它们带来的，呃，社会教育和文化熏陶。

从一贯出色的❶**Anseo**（见101页）开始，时尚潮人和寻常百姓在这里打成一片，大家都伴着欢快动听的DJ音乐用脚打拍子。继续深入市中心，在❷**Sam's Bar**（见102页）与富有魅力的精英人士打交道。走老派路线，去South Anne St的❸**Kehoe's**（见101页），在包间里喝一杯啤酒，它是市中心最有气氛的酒吧之一。在❹**Bruxelles**（见101页）门前找个位子，店外的青铜像是Thin Lizzy乐队的菲尔·莱诺特，它为酒吧“绝佳摇滚乐场所”的美名做证，虽然音乐只是用音响播放的。在❺**Grogan's Castle Lounge**（见101页）与一帮不得志的作家和艺术家聊聊那部未完成的杰作的优点，这个传统的去处拒绝顺应时代潮流，令人钦佩。❻**Pygmalion**（见101页）就位于街对面的Powerscourt Townhouse Shopping Centre的地下，完全走在潮流的前沿。几条街之外的Fade St有几家酒吧竞相吸引欧洲潮人：楼上的❼**No Name Bar**（见101页）典雅低调，❽**Hogan's**（见101页）位于Fade St与South Great George's St的交叉路口，早在现在的顾客还没出生的时候，它就是全城最热门的酒吧之一。

最后，进入坦普尔酒吧区，按响门铃，走进❾**Vintage Cocktail Club**（见101页），它位于Crown Alley一扇不起眼的铁门楼上，氛围像地下酒吧，时髦一族在店里啜饮着鸡尾酒，享用美味的小吃。如果你用正确的方式走完了这条路线，现在很可能已经看不懂这本指南了。来，看看我有几根手指？

★ Mother
夜店

（见94页地图；twitter.com/motherdublin；Copper Alley, Exchange St；入场费 €10；⏲周六 23:00至次日3:30；🚌市中心各地）都柏林最好的夜店表面上是一家同性恋夜店，但是对来客一视同仁，各种性取向的人都奔着高水平的DJ而来，DJ们会将迪斯科音乐、现代合成器流行乐和其他适合跳舞的音乐类型混拼在一起。

Kehoe's
小酒馆

（见94页地图；9 South Anne St；⏲周一至周四 10:30~23:30，周五和周六 至次日0:30，周日 正午至23:00；🚌市中心各地）这是市中心气氛最独特的小酒馆之一，也是形形色色的都柏林人的最爱。酒馆里有一个漂亮的维多利亚时代吧台、一个美妙的包间和许多小角落。楼上可以喝东西的地方从前是酒馆老板的客厅，现在也很像个客厅！

Anseo
酒吧

（见76页地图；18 Lower Camden St；⏲周一至周四 10:30~23:30，周五和周六 至次日0:30，周日 11:00~23:00；🚌市中心各地）这家舒适惬意的另类酒吧朴实自然，人气超高，店名读作"an-shuh"，是爱尔兰语的"这里"，喜爱它的人们都按照"无所事事比努力过头好多了"的心态生活。小酒馆的音乐不拘一格，听到佩吉·李（Peggy Lee）和李·佩里（Lee Perry）的机会均等。

No Name Bar
酒吧

（见94页地图；3 Fade St；⏲周二至周六 至次日1:30；🚌市中心各地）在时髦的法国餐厅L' Gueuleton旁边有一个低调的入口通往楼上，那里是全城最棒的酒吧之一，由3个巨大的房间组成，位于一幢经过修复的维多利亚时代联排房屋内，还有一片面积颇大、带加热器的露台吸烟区。酒吧没有招牌和名字，大家都叫它No Name Bar（即无名酒吧），内行人士则称它为Number 3。

Grogan's Castle Lounge
小酒馆

（见94页地图；www.grogansbpub.ie；15 South William St；⏲周一至周四 10:30~23:30，周五和周六 至次日0:30，周日 12:30~23:00）这里被简称为Grogan's（得名于原来的店主），是市中心的一家名店。长久以来，这里一直是都柏林的作家和画家最爱光顾的地方，也是那些标新立异、自由不羁的文化人的聚集地，他们中的大多数人似乎都在等待着那"必将到来"的一刻——成为公认的天才。

Pygmalion
酒吧

（见94页地图；☎01-674 6712；www.bodytonicmusic.com；Powerscourt Townhouse Shopping Centre, 59 South William St；⏲周二至周六 至次日1:30；🚌市中心各地）"Pyg"现在是都柏林最火爆的酒吧之一，€10的扎啤、轰鸣的音乐和错综复杂的结构（特别适合藏起来干点不规矩的事），主要迎合以学生为主的顾客的需求。老板觉得最好在墙上都挂上毯子——或许他们也担心舞池的景象太劲爆了一点。

Hogan's
酒吧

（见94页地图；35 South Great George's St；⏲周一至周三 13:00~11:30，周四 至次日1:00，周五和周六 至次日2:30，周日 16:00~23:00；🚌市中心各地，🚊St Stephen's Green）在每周的周中，年轻的职员和轮休的餐厅与酒吧员工会来这个风格现代的大型酒吧放松一番，但是到了周末，楼下的舞池常有出色的DJ坐镇，用音乐吸引人们去挥洒汗水。

Vintage Cocktail Club
酒吧

（见94页地图；Crown Alley；⏲周一至周五 17:00至次日1:30，周六和周日 12:30开始；🚌市中心各地）不起眼又没有灯光的门口标着店名的首字母"VCC"，门后是都柏林最酷的酒吧之一，有20世纪60年代伦敦私人会所或拉斯维加斯"鼠帮"（Rat Pack）据点的风范。酒吧的重头戏是精心调制的鸡尾酒，环境非常雅致，3楼的吸烟室无疑是都柏林最高雅的吸烟地点。格调无处不在。

Bruxelles
小酒馆

（见94页地图；7-8 Harry St；⏲9:30至次日1:30；🚌市中心各地）Bruxelles是一个喧闹的音乐酒吧，分为多个区域。底层相对时髦，楼下是一个吵闹、昏暗又美妙的摇滚酒吧，每周末都有现场音乐演出。就在小酒馆外有一尊菲尔·莱诺特雕像，提醒我们Bruxelles在摇滚方面无可挑剔的资历。

Sam's Bar 酒吧

（见76页地图；36 Dawson St；⊙周一至周四16:00至次日2:00，周五至周日 13:00至次日2:30；🚌市中心各地，🚊St Stephen's Green）Sam's是Dawson St上的一家豪华酒吧，装修是中东风格（前身亚洲主题酒吧遗留下来的）混搭艺术学院的涂鸦。顾客以年轻的职业人士居多，他们来这里喝着上好的鸡尾酒，分享成功故事，对装修似乎毫不介意。

Lillie's Bordello 夜店

（见70页地图；☎01-679 9204；www.lilliesbordello.ie；Adam Ct；入场费 €10~20；⊙23:00至次日3:00）这是都柏林最高端的夜店（Twitter账号：@lilliesdublin），吸引着来到当地的每一位豪饮水晶香槟的超级巨星。不过你没机会和他们打交道，因为他们都安坐在超级贵宾专享的Jersey Lil会员专属吧台边上。普通百姓只能勉强听听平淡的音乐，从2015年开始，还可以在Lillie's Lab用蒸馏法自己酿造杜松子酒。

The Liberties和基尔曼汉姆

Fallon's 小酒馆

（见72页地图；☎01-454 2801；129 The Coombe；⊙周一至周四 10:30~23:30，周五和周六 至次日0:30，周日 正午至23:00；🚌从市中心乘坐123路、206路或51B路）这家怀旧气氛浓郁的酒吧就在市中心西侧，地处中世纪都柏林的中心，从17世纪末开始就供应美味的健力士啤酒。史上唯一一位获封爵士的职业拳击手丹·唐纳利（Dan Donnelly）在1818年曾在此担任调酒师领班。这是一家地道的爱尔兰酒吧，挤满都柏林人。

利菲河北部

Cobblestone 小酒馆

（见72页地图；North King St；⊙周一至周四 10:30~23:30，周五和周六 至次日0:30，周日 正午至23:00；🚊Smithfield）这个小酒馆位于Smithfield的中心，楼上惬意的酒吧氛围非常好，每晚都有出色的音乐演奏会（特别是在周四），由传统乐手和崭露头角的民间音乐表演者献艺。

Walshe's 小酒馆

（见72页地图；6 Stoneybatter；⊙周一至周四 10:30~23:30，周五和周六 至0:30，周日 正午至23:00；🚌从市中心乘坐25路、25A路、66路或67路，🚊Museum）如果能坐在包间里，在Walshe's喝一杯就算一次纯正的传统体验，和在都柏林市区内任何一家小酒馆里的体验别无二致。如果包间坐满了，你就要在老式的吧台旁凑合一下，友好的工作人员和迷人的顾客（当地人和赶时髦的外国人混在一起）本身就是一景。这里是地地道道的都柏林小酒馆。

☆ 娱乐

在都柏林，酒馆以外还有生活，但是更确切地说，是生活围绕着酒馆展开的。这里有喜剧俱乐部和古典音乐会、朗诵会和读书会、提线木偶演出和音乐演出——音乐不绝于耳，有现场演奏，也有录音。剧院在娱乐界拥有重要的地位，节目单上往往既有热门戏剧，又有严肃作品。

欣赏戏剧、喜剧和古典音乐会通常可以在演出场地直接订票。巡演的国际乐队和本地明星的演出门票在演出场地或**Ticketmaster**（www.ticketmaster.ie）等订票公司发售，Ticketmaster出售各种大中型演出的门票，但要注意，他们对每张门票收取9%到12.5%的服务费。

周五的《爱尔兰时报》（*Irish Times*）有一份娱乐版的活页，叫作*Ticket*，上面有夜店和演出的详尽列表。《爱尔兰独立报》（*Irish Independent*）的娱乐版活页也在周五发行，叫作*Day & Night*。网络资源包括：

Entertainment.ie（www.entertainment.ie）各种活动一应俱全。

MCD（www.mcd.ie）爱尔兰规模最大的活动筹办方。

Nialler9（www.nialler9.com）带活动列表的出色独立博客。

Sweebe（www.sweebe.com）列出超过200个活动场所。

Totally Dublin（totallydublin.ie）详尽的指南和评论。

What's On In（www.whatsonin.ie）从市集到演唱会和夜店。

现今的都柏林戏剧

以下是当代爱尔兰戏剧节值得留意的6个名字：

玛丽娜·卡尔（Marina Carr）受到国际认可的剧作家——她的最新戏剧作品*Hecuba*在2015年由皇家莎士比亚剧团（Royal Shakespeare Company）上演。

玛丽·琼斯（Marie Jones）生于贝尔法斯特的剧作家，最新戏剧作品是*Fly Me to the Moon*（2012年）。

康纳·麦克弗森（Conor McPherson）备受敬重的天才剧作家，最著名的戏剧作品是*The Seafarer*（2006年），最新的戏剧作品是*The Night Alive*（2013年）。

汤姆·墨菲（Tom Murphy）爱尔兰的一流剧作家之一，最新戏剧作品是*Brigit*（2014年）。

马克·奥罗（Mark O' Rowe）他是*Howie the Rookie*（1999年）和*Made in China*（2001年）的作者，目前主要从事电影业，但仍然不时重拾戏剧工作——2014年，他带着作品*Our Few and Evil Days*返回舞台。

恩达·沃什（Enda Walsh）*Disco Pigs*（1996年，已改编成电影）的作者，2014年的作品*Ballyturk*大受欢迎，主演是他最喜欢的演员希里安·墨菲（Cillian Murphy）。

Workman' s Club 现场音乐

（见94页地图；☎01-670 6692；www.theworkmansclub.com；10 Wellington Quay；🚌市中心各地）这是一家新开的演出场所兼酒吧，可容纳300人，位于都柏林从前的工人俱乐部内，力求远离主流，因此演出类型多样，既有唱作人登台，也有电子卡巴莱表演。等到Workman' s Club（Twitter账号：@WorkmansClubs）的现场音乐结束，DJ们登上舞台，从乡村摇滚乐到嘻哈和独立音乐再到浩室音乐，音乐风格无所不包。

伯德盖斯能源剧院 剧院

（Bord Gáis Energy Theatre；见88页地图；☎01-677 7999；www.grandcanaltheatre.ie；Grand Canal Sq；🚉Grand Canal Dock）不要介意这个没有吸引力的赞助商的名字：这座能容纳2000人的3层剧场是丹尼尔·里伯斯金的设计杰作，在这里能欣赏到莫斯科大剧院芭蕾舞团（Bolshoi）或某个巡演的国家歌剧团的表演，也能看到冰上迪士尼（Disney on Ice）或芭芭拉·史翠珊（Barbara Streisand）的演唱会。它是个宏伟的演出场所——为古典而生，为经典提供舞台。

National Concert Hall 现场音乐

（见76页地图；☎01-417 0000；www.nch.ie；Earlsfort Tce；🚌市中心各地）爱尔兰首屈一指的管弦乐音乐厅，全年举办各种各样的音乐会，6月到8月每周二的13:05到14:00还有午间音乐会。

爱尔兰电影协会 电影院

（Irish Film Institute，简称IFI；见94页地图；☎01-679 5744；www.ifi.ie；6 Eustace St；🚌市中心各地）爱尔兰电影协会有几个电影放映厅，放映经典佳片和新艺术电影，不过我们对一些选片有异议：怪诞又有争议的电影也会显得有点单调乏味。这里还有一家酒吧、一家咖啡馆和一家书店。

Aviva Stadium 体育馆

（见72页地图；☎01-238 2300；www.avivastadium.ie；11-12 Lansdowne Rd；🚉Lansdowne Rd）这个闪闪发光的体育馆可容纳5万人，有一个引人注目的曲线形看台，坐落在时髦豪华的街区Donnybrook，是爱尔兰国际橄榄球赛和足球赛的赛场。

Gate Theatre 剧院

（见84页地图；☎01-874 4045；www.gatetheatre.ie；1 Cavendish Row；🚌市中心各地）这是都柏林最高雅的剧院，位于一幢18世纪末的建筑内，从容地上演美国和欧洲的经典戏剧。奥森·威尔斯（Orson Welles）和詹姆斯·梅森（James Mason）在职业生涯的早期都曾在这里表演。即便在今天，这里也是都柏林唯一一家有国际著名影星为提升公信力而登台表演戏剧的剧院。

Abbey Theatre 剧院

（见84页地图；☎01-878 7222；www.abbeytheatre.ie；Lower Abbey St；🚌市中心各地，🚋Abbey）爱尔兰的国家剧院由W.B.叶芝在1904年创建，在人们自发地认同本土文化身份的过程中起到了核心作用。近几十年里，剧院的影响力急剧下降，但依然有爱尔兰大师（辛格、奥凯西等）、国际名家（夏普德、马梅特）和当代英才（奥罗、卡尔等人）的作品上演。

Players' Theatre 剧院

（见70页地图；☎01-677 2941，分机号码1239；Regent House, Pearse St；🚌市中心各地）圣三一学院的Players' Theatre在学年内举办学生作品的演出，10月的都柏林戏剧节（Dublin Theatre Festival）上最有声望的戏剧作品也在这里上演。

购物

只要是爱尔兰制造，就能在都柏林买到，在世界各地生产的商品也同样琳琅满目。格拉夫顿街有许多英国的高街连锁品牌店，在周边的街道上有最好的本地精品店，出售的商品从奶酪到爱尔兰设计师制作的服装和休闲服饰一应俱全。北部的步行街Henry St有国际连锁店和都柏林最好的百货公司Arnott's。

水晶和针织品等传统的爱尔兰特产依然是人气很高的购物选择，而且经典产品中加入了越来越多创新又现代的元素。不过不要买那些批量生产的破烂，它们根本不值得费力气带上飞机运回家。相信我们，在都柏林任何地方都买不到真正的橡木棍（shillelagh，爱尔兰人战斗时用的棍棒）。

非欧盟国家的公民在贴有现金返还标签的店铺购物并支付增值税后可享受退税，详询店铺。

大多数商店的营业时间是周一到周六的9:30到18:00，周四通常延长营业到20:00。许多店铺周日也营业，一般从正午开到18:00。

爱尔兰最佳品质保证

Avoca Handweavers 我们最喜欢的都柏林百货商店，有琳琅满目的自制礼品。

Ulysses Rare Books 选购珍贵的首版书或者有漂亮的皮质封面的乔伊斯作品《都柏林人》（*Dubliners*）。

Louis Copeland（见94页地图；☎01-872 1600；www.louiscopeland.com；18-19 Wicklow St；⏲周一至周三、周五和周六 9:00~17:30，周四 至19:30；🚌市中心各地）都柏林独有的顶级裁缝店，可量身定制西服。

Barry Doyle Design Jewellers（见94页地图；☎01-671 2838；30 George's St Arcade；⏲周一至周三、周五和周六 10:00~18:00，周四 至19:00；🚌市中心各地）设计风格独特现代的精美手工首饰。

格拉夫顿街及周边

Avoca Handweavers 手工艺品

（见94页地图；☎01-677 4215；www.avoca.ie；11-13 Suffolk St；⏲周一至周三和周六 9:30~18:00，周四和周五至 19:00，周日 11:00~18:00；🚌市中心各地）Avoca集合了服装、家居用品、位于地下的食品部和一个出色的顶楼**咖啡馆**（主菜 €11~14；⏲周一至周三和周六 9:30~18:00，周四和周五 至19:00，周日 11:00~18:00），这家店推广一个兼具格调与温馨感的现代爱尔兰生活品牌，是在爱尔兰购买创意礼品的最佳去处之一。许多衣服都由该品牌位于威克洛的工厂进行编织和天然染色。儿童商品非常好。

Siopaella Design Exchange 二手店

（见94页地图；www.siopaella.com；25 Temple Lane South；🚌市中心各地）这是都柏林独一无二的二手店，找到一只售价€3000的香奈儿古董包和找到一件卖€5的漂亮二手衬衫的机会均等。你可以用衣服换钱，也可以用衣服换衣服。都柏林最棒的购物体验之一。

Ulysses Rare Books 书籍

（见76页地图；☎01-671 8676；www.rarebooks.ie；10 Duke St；⏲周一至周六 9:30~17:45；

☐市中心各地）这是我们在都柏林最喜欢的书店，与爱尔兰有关的书籍丰富多彩，引人注目，侧重20世纪的文学和大量首版书，其中包括大作家乔伊斯、叶芝、贝克特和王尔德的珍本。

Gutter Bookshop 书籍

（见94页地图；☎01-679 9206；www.gutterbookshop.com；Cow's Lane；⊙周一至周三、周五和周六 10:00~18:30，周四 10:00~19:00，周日 11:00~18:00；☐市中心各地）店名来自奥斯卡·王尔德在《温夫人的扇子》（*Lady Windermere's Fan*）中的著名台词"我们都生活在阴沟里，但仍有人仰望着星空"，这家绝妙的书店为受压迫的独立书店摇旗呐喊，出售新小说、儿童书籍、旅行文学和其他各种书籍。

Scout 服装

（见72页地图；www.scoutdublin.com；5 Smock Alley Ct，Essex St W；⊙周一至周三、周五和周六 10:30~18:00，周四至 19:00，周日 正午至17:00；☐市中心各地）每件二手衣都是店主Wendy精挑细选的，有Armor Lux和Manley等爱尔兰品牌和国际品牌，还有Baggu的配饰和Grenson的鞋。

Hodges Figgis 书籍

（见70页地图；☎01-677 4754；56-58 Dawson St；⊙周一至周三和周五 9:00~19:00，周四 至20:00，周六 至18:00，周日 正午至18:00；☐市中心各地）这里是所有都柏林书店之源，在巨大的三层空间里摆放着想得到的所有题材的书籍，能满足各类读者的需求，底层以爱尔兰为主题的书籍数量可观。

利菲河北部

Arnott's 百货店

（见84页地图；☎01-805 0400；12 Henry St；⊙周一至周三、周五和周六 10:00~18:00，周四 至19:00，周日 正午至18:00；☐市中心各地）这是我们最喜欢的都柏林百货商场，它占据着一片巨大的街区，在Henry St、Liffey St和Abbey St都有入口。商场里应有尽有，从花园家具到高级时装，一应俱全，而且价格都比较合理。

实用信息

危险和麻烦

无论从哪个方面来看，都柏林都可以算作一个安全的城市。总的来说，和在家时一样就好。不过，市内某些地区有瘾君子和其他行为可疑的人出没，不太安全，例如城北的Gardiner St北部和东北部以及Dorset St沿线的部分地区，以及城南的Thomas St沿线以西。

紧急情况

药物咨询与治疗中心（Drugs Advisory & Treatment Centre；☎01-677 1122；www.addictionireland.ie；Trinity Ct，30-31 Pearse St；⊙24小时；☐市中心各地）

报警、火警和救护车（☎999）

强暴危机处理中心（Rape Crisis Centre；☎1800 778 888，01-661 4911；www.drcc.ie；70 Lower Leeson St；⊙24小时；☐市中心各地）

上网

Wi-Fi和3G/4G网络的普及让网吧变得越来越多余（只有玩游戏的人会去），仅剩的几家每小时大约收€5。大部分住宿地点都提供Wi-Fi，或免费，或按天数收费（每天最多€10）。最靠近市中心的上网地点是位于二楼的**Central Internet Café**（☎01-677 8298；6 Grafton St；20分钟 €1.50；⊙周一至周六 9:00~22:00，周日 10:00~20:00；☐市中心各地）。

医疗服务

一旦突发疾病，应就近联系公立医院的急诊部（A&E），急症可叫救护车（☎999）。都柏林没有24小时营业的药房，最晚营业至22:00。

Baggot Street Hospital（☎01-668 1577；18 Upper Baggot St；⊙周一至周五 7:30~16:30；☐从市中心乘坐5路、7路、7A路、8路、18路、27X路或44路）位于城南的市中心。

Caredoc（☎1850 334 999；www.caredoc.ie；⊙24小时）有医生待命，只在常规手术时间之外接诊。

City Pharmacy（☎01-670 4523；14 Dame St；⊙9:00~22:00；☐市中心各地）

Dental Hospital（☎01-612 7200；20 Lincoln Pl；⊙周一至周五 9:00~17:00；☐从市中心乘坐7路和44路）如果没有预约，可在下午前往。

Grafton Medical Centre（☎01-671 2122；www.graftonmedical.ie；34 Grafton St；⊙周一至周五

8:30~18:00，周六 11:00~14:00；🚌市中心各地）一站式服务，有男女医生和理疗医师。

Health Service Executive（☎01-679 0700，1800 520 520；www.hse.ie；Dr Steevens' Hospital, Steeven's Lane；⏰周一至周五 9:30~17:30）位于市中心的卫生部门，择医体系可在周一到周五的9:00到17:00向你推荐适合的全科医生。还为残障人士和精神障碍患者提供信息服务。

Mater Misericordiae Hospital（☎01-830 1122；Eccles St）位于市中心北侧，紧邻Lower Dorset St。

O'Connell's Pharmacy格拉夫顿街分店（☎01-679 0467；21 Grafton St；⏰9:00~22:00）和Upper O'Connell St分店（☎01-873 0427；55-56 Upper O'Connell St；⏰9:00~22:00）。

St James's Hospital（☎01-410 3000；www.stjames.ie；James's St；🚋St James）都柏林主要的24小时急诊部。

现金

银行的汇率最划算，不过货币兑换处和其他兑换点的营业时间往往更长。都柏林机场在行李提取区、到达层和出发层设有货币兑换柜台，从5:30营业到23:00。在圣三一学院对面的College Green附近聚集着一些银行，都提供货币兑换服务。

邮局

市中心最便利的邮局是城北的邮政总局（General Post Office）和城南的**An Post**（见94页地图；☎01-705 8206；www.anpost.ie；St Andrew's St；⏰周一至周五 8:30~17:00；🚌市中心各地）。

旅游信息

都柏林旅游中心（Dublin Discover Ireland Centre；见94页地图；www.visitdublin.com；25 Suffolk St；⏰周一至周六 9:00~17:30，周日 10:30~15:00；🚌市中心各地）这里能满足你开始游览前的一切所需。除了都柏林和爱尔兰的普通旅游信息，这里还提供免费预订住宿的服务和音乐会订票服务，同时提供本地和国内长途汽车信息、铁路信息、团队游信息和预订服务。在都柏林机场和**奥康奈尔街**（O'Connell St；14 Upper O'Connell St；⏰周一至周六 9:00~17:00；🚌市中心各地）设有分部。

参考网站

都柏林市议会（Dublin City Council；www.dublincity.ie）

都柏林旅游局（Dublin Tourism；www.visitdublin.com）

Entertainment.ie（www.entertainment.ie）

Lovin Dublin（www.lovindublin.com）

Totally Dublin（www.totallydublin.ie）

ℹ 到达和离开

飞机

都柏林机场（Dublin Airport；☎01-814 1111；www.dublinairport.com）位于市中心以北13公里处，是爱尔兰主要的国际门户机场。机场有两个航站楼，大部分国际航班（包含所有美国航班）都使用比较新的2号航站楼（Terminal 2）。瑞安航空和其他个别航空公司使用1号航站楼（Terminal 1）。两个航站楼都有常见的小酒馆、餐厅、商店、自动柜员机和租车柜台。

船

都柏林有两个渡船港口，**邓莱里渡船总站**（Dun Laoghaire ferry terminal；☎01-280 1905；Dun Laoghaire；🚌从Burgh Quay乘坐7路、7A路或8路，从圣三一学院乘坐46A路，🚆Dun Laoghaire）位于城东13公里处，有船开往威尔士的霍利黑德（Holyhead），**都柏林港总站**（Dublin Port terminal；☎01-855 2222；Alexandra Rd）位于市中心东北部3公里处，有船开往霍利黑德和利物浦。有公共汽车从Busáras开往都柏林港总站，到站时间与渡船的到港和离港时间同步，乘坐8:30从Busáras开出的公共汽车可以赶上9:45从都柏林港总站出发的渡船；乘坐20:30从Busáras开出的公共汽车可以赶上21:45出发的渡船；要乘坐1:00开往利物浦的船，需要乘坐23:45从Busáras出发的公共汽车。所有公共汽车的票价都是成人/儿童€3/1.50。

长途汽车

Busáras（见84页地图；☎01-836 6111；www.buseireann.ie；Store St；🚋Connolly）是主要的长途汽车站，就在利菲河以北、海关大楼的后方。它是覆盖全国的**Bus Éireann**（www.buseireann.ie）在都柏林的主要车站。

小汽车和摩托车

大型租车公司在机场也设有办事处。

Avis Rent-a-Car（☎01-605 7500；www.avis.ie；35 Old Kilmainham Rd；🚌从市中心乘坐23路、25路、25A路、26路、68路或69路）

Budget Rent-a-Car（☎01-837 9611；www.budget.ie；151 Lower Drumcondra Rd；🚌从奥康奈尔街乘坐41路）

Europcar（☎01-648 5900；www.europcar.com；1 Mark St；🚌市中心各地）

Hertz Rent-a-Car（☎01-709 3060；www.hertz.com；151 South Circular Rd；🚌从市中心乘坐9路、16路、77路或79路）

Thrifty（☎01-844 1944；www.thrifty.ie；26 Lombard St E；🚌市中心各地）

火车

都柏林有两个主要火车站：**赫斯顿火车站**（Heuston Station；☎01-836 5421；🚌Heuston Station）位于都柏林西侧，靠近利菲河，服务爱尔兰的南半部；**康诺利火车站**（Connolly Station；☎01-836 3333；🚌Connolly Station，🚌Connolly Station）位于海关大楼后方，从Busáras朝东北方向步行一小段路即到，服务爱尔兰的西部和北部。

当地交通

抵离机场

没有抵离机场的火车，但有公共汽车和出租车可供选择。

公共汽车

Aircoach（www.aircoach.ie）这个私营客车服务有两条路线从机场出发，前往市区各地的18个站点，其中包括市中心的主要街道。从6:00到午夜每10~15分钟1班，从午夜到次日6:00每小时1班。

Airlink Express Coach（☎01-873 4222；www.dublinbus.ie；单程/往返 €6/3）从5:45到23:30，每10分钟到20分钟有一班Bus 747路在机场、中央汽车站（Busáras）和位于Upper O' Connell St的Dublin Bus办事处之间往来。从6:50到22:05，每15分钟到30分钟有一班Bus 748路在机场、赫斯顿火车站和康诺利火车站之间往来。

Dublin Bus在都柏林有许多公共汽车从不同地点开往机场，包括16A路（Rathfarnham）、746路（Dun Laoghaire）和230路（Portmarnock），所有车在开往机场的途中都经过市中心。

骑车游览都柏林

Dublinbikes（www.dublinbikes.ie）的蓝色自行车是市区最受欢迎的出行工具之一，这种付费后使用的自行车服务和巴黎的Vélib系统类似。想骑车的人要先购买一张€10的智能卡（并用信用卡支付€150的押金）——可在线购买或在40个分布于市中心各地的自行车点购买，然后才能"解锁"一辆自行车。使用自行车的前30分钟免费，之后每半小时收费€0.50。

出租车

到达大厅外就有一个出租车站。乘出租车从机场前往市中心大约需要€25，其中包含€2.50的附加费（前往机场时不需要）。确保计价器是开启的。

自行车

虽然锈红色的自行车道在市中心各地不时出现，但是骑车出行还是困难重重，因为要和公共汽车和毫不谦让的摩托车共享车道。盗窃自行车的问题很严重，因此务必把车停在比较繁忙的街道上，最好停在数量极多的U形停车架上，把车牢牢锁好。自行车绝对不能留在街上过夜，否则第二天一早很有可能会失踪。**Dublin City Cycling**（www.cycledublin.ie）是一个在线获取资讯的出色渠道。

只有郊区列车允许带自行车上车（DART不行），自行车要放置在列车员车厢里或火车尾部一个专门的隔间里。运输自行车的距离不超过56公里固定收费€5。不强制要求戴自行车头盔。

小汽车和摩托车

都柏林的交通状况是个噩梦，停车又贵又麻烦。办公时间（周一到周六的7:00~19:00）市中心完全没有免费的停车地点，但是有许多停车收费器、付费购证停车地点（每小时€3~6）和十几个有人看管的封闭式停车场（每小时约€5）。

都柏林对违章停放的车辆严格执行锁车处罚，开锁需支付€80。在大部分有停车计费器的地方和单黄线上，周一至周六的19:00之后和周日全天可免费停车。

偷车和进车偷窃问题很棘手，警方建议游客将车停在有人看管的停车场。挂外国车牌的车辆是小偷的主要目标，绝对不要将贵重物品遗留车内。预订住宿时，留意是否有停车设施。

爱尔兰汽车协会（Automobile Association of Ireland，简称AA；☎01-617 9999，故障1800 667 788；www.aaireland.ie；56 Drury St；🚍市中心各地）位于市中心。

公共交通

公共汽车

Dublin Bus办事处（见84页地图；☎01-873 4222；www.dublinbus.ie；59 Upper O' Connell St；⏲周一至周五 9:00~17:30，周六 至14:00；🚍市中心各地）免费提供旗下所有公共汽车的单线时刻表。

公共汽车从6:00左右（有些从5:30开始发车）运行到23:30，分段计价：

- 1~3段：€1.95
- 4~7段：€2.55
- 8~13段：€2.80
- 13段以上：€3.30

如果在指定的公交走廊地带内乘车（大致北至Parnell Sq，南至圣史蒂芬公园），你可以支付€0.75的市中心特别票价。上车时必须付正好的零钱，如果多付会得到一张收据，只能到Dublin Bus的总办事处退款。为避免这种麻烦，可以买一张**Leap Card**（www.leapcard.ie），这是一张塑料的智能卡，在大多数书报亭都能买到。在线注册后，可以根据自己的需求充值。乘坐公共汽车、Luas或郊区列车时，只需在上车时刷一下卡，乘车费会自动扣除，通常比用现金买票便宜20%。

Luas

Luas轻轨系统（www.luas.ie）有两条路线：绿线（每5~15分钟1班）连通圣史蒂芬公园和南都柏林的Sandyford，途经Ranelagh和Dundrum；红线（每20分钟1班）从Lower Abbey St通往Tallaght，途经北部各码头和赫斯顿火车站。每个车站都有售票机，也可以在市中心的书报亭购买车票。普通的短程车票（大约4站）价格为€2.30。轻轨的运营时间为周一到周五的5:30到次日0:30，周六的6:30到次日0:30，周日的7:00到23:30。也可以使用Leap Card。

Nitelink

Nitelink深夜公交从College St、Westmoreland St和D' Olier St围出的三角形区域出发。周五和周六从凌晨0:30开始发车，每20分钟1班，比较热门的路线的末班车时间为凌晨4:30，乘车人数较少的路线的末班车时间为凌晨3:30，周日到周四不发车。票价为€6.50。可在www.dublinbus.ie了解路线详情。

火车

都柏林地区城际列车（Dublin Area Rapid Transport，简称DART；☎01-836 6222；www.irishrail.ie）提供前往海岸的快速铁路客运服务，往北最远到霍斯（Howth；约30分钟），向南最远到威克洛郡的Greystones。皮尔斯火车站（Pearse Station）方便在利菲河以南的都柏林市中心乘车，康诺利火车站适合在在利菲河以北乘车。周一到周六的6:30到午夜，每10~20分钟1班，有时车次更加频繁，周日车次减少。从都柏林到邓莱里（Dun Laoghaire）需要15~20分钟。从都柏林到邓莱里或霍斯的单程DART车票价格为€3.15，到Bray的票价是€3.70。

另有郊区铁路客运服务，向北最远到邓多克（Dundalk），向内陆到马林加（Mullingar），向南经Bray至Arklow。

出租车

所有出租车的起步价都是€3.60（20:00到次日8:00的起步价€4），然后在8:00到22:00之间每公里€1.10（20:00到次日8:00每公里€1.40）。在此基础上还有多种加价，每增加一位乘客加收€1，通过电话叫车加收€2。行李不收费。

可以在街上招手叫出租车，也可以在市区各地的出租车站找到出租车，包括**Abbey St和奥康奈尔街**（O' Connell St）的交叉路口、**College Green**、圣三一学院前方以及格拉夫顿街尽头的圣史蒂芬公园。有大量出租车公司可通过无线电调度出租车，部分选择如下：

City Cabs（☎01-872 2688）

National Radio Cabs（☎01-677 2222；www.radiocabs.ie）

如果有与出租车相关的投诉或物品丢失的咨询，可致电**Garda Carriage Office**（☎01-475 5888）。

Uber & Hailo

虽然在都柏林可以用Uber，但是**Hailo**（www.hailoapp.com）要好用得多，它和Uber的用法基本一样，但是受到出租车行业的强力支持（许多出租车从业者都参与其中）。

威克洛郡和基尔代尔郡

包括 ➡

最佳餐饮

- Ballyknocken House （见119页）
- 蒂娜基利乡间别墅和餐厅 （见118页）
- Grangecon Café （见121页）

最佳住宿

- Powerscourt Hotel & Spa （见114页）
- Martinstown House （见121页）

为何去

威克洛郡和基尔代尔郡相邻，而且都与都柏林接壤，不过两个郡的相似之处就到此为止了。

都柏林南侧就是风景优美、原生态的威克洛郡。一道长满荆豆和欧洲蕨的山脊是当地最壮丽的自然特色，也是东海岸上最令人赞叹的景观，有深邃的冰川峡谷、偏远的山口，其间散布着一些珍贵的历史遗址，包括爱尔兰最重要的早期基督教遗址之一和几座18世纪帕拉第奥风格的庄园。

都柏林西侧是平坦丰饶的基尔代尔郡，这里也有几座高雅的帕拉第奥风格的宏伟建筑，但是最出名的一点在于盛产纯种马。一些全世界最赚钱的种马场就在这里，其中许多都与美国肯塔基州的养马中心有联系。基尔代尔郡还有一些爱尔兰数一数二的高尔夫球场，近年来，全国最大的奥特莱斯购物中心也在此落户。

何时去

- 夏季——6月至9月——是游览威克洛郡的最佳时间，特别适合徒步威克洛之路或者学习一些园艺技能。
- 威克洛花园节（Wicklow Gardens Festival）从复活节持续到8月下旬。
- 爱尔兰赛马是全国赛马日程中最具声望的平地赛马比赛，每年6月在基尔代尔郡的卡勒平原（The Curragh）举办，比赛一直持续到10月。

威克洛郡和基尔代尔郡亮点

1 在美不胜收的**格伦达洛**（见114页）令人回味的遗址和奇妙的山坡与森林中感受时光倒流。

2 在**艾伦沼泽**（见122页）探索基尔代尔郡的大片沃土。

3 在爱尔兰最热门的徒步路线**威克洛之路**（见117页）上至少走一段。

4 在宏伟的**罗斯伯拉别墅**（见119页）欣赏艺术品，感受氛围。

5 在恩尼斯凯里附近的**鲍尔斯考特庄园**（见113页）参观优美的意大利风格花园和壮观的瀑布。

6 参观爱尔兰最壮观的帕拉第奥式宅邸**卡斯尔顿别墅**（见120页），它位于塞尔布里奇附近，曾是全国首富的财产。

7 在**格伦达洛**（见114页）修道院的修士隐居处过夜，修身养性一番。

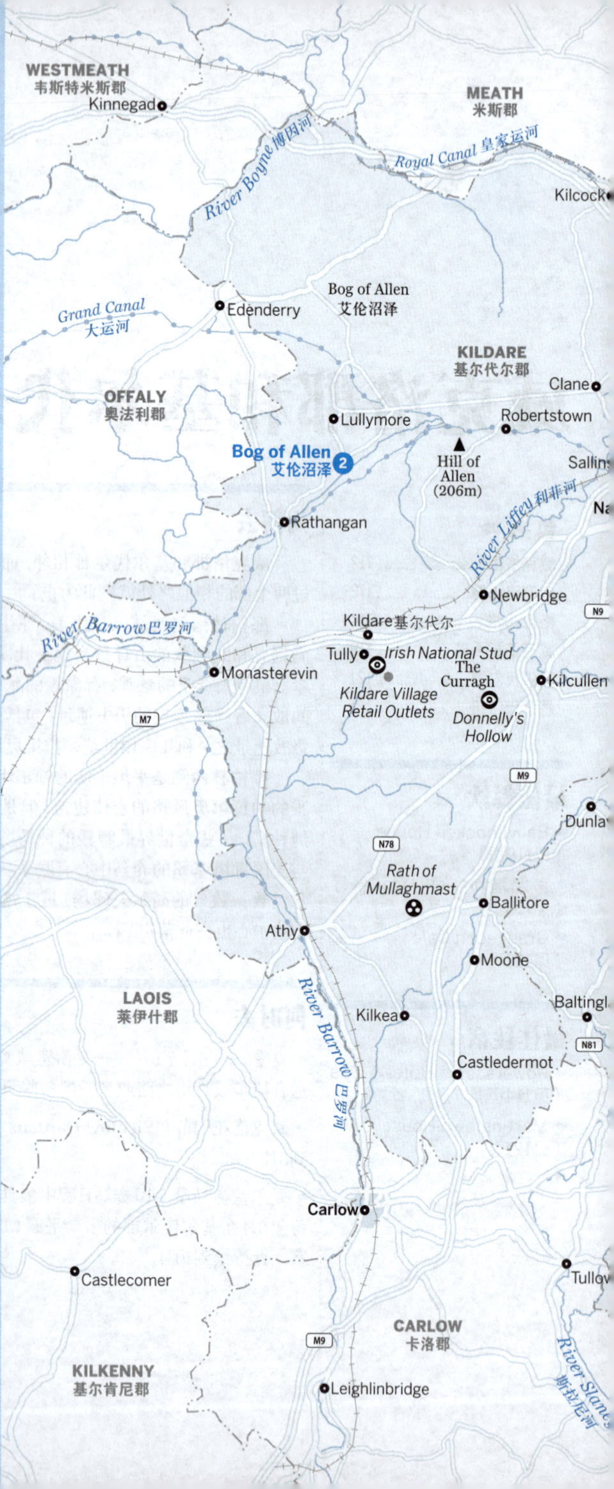

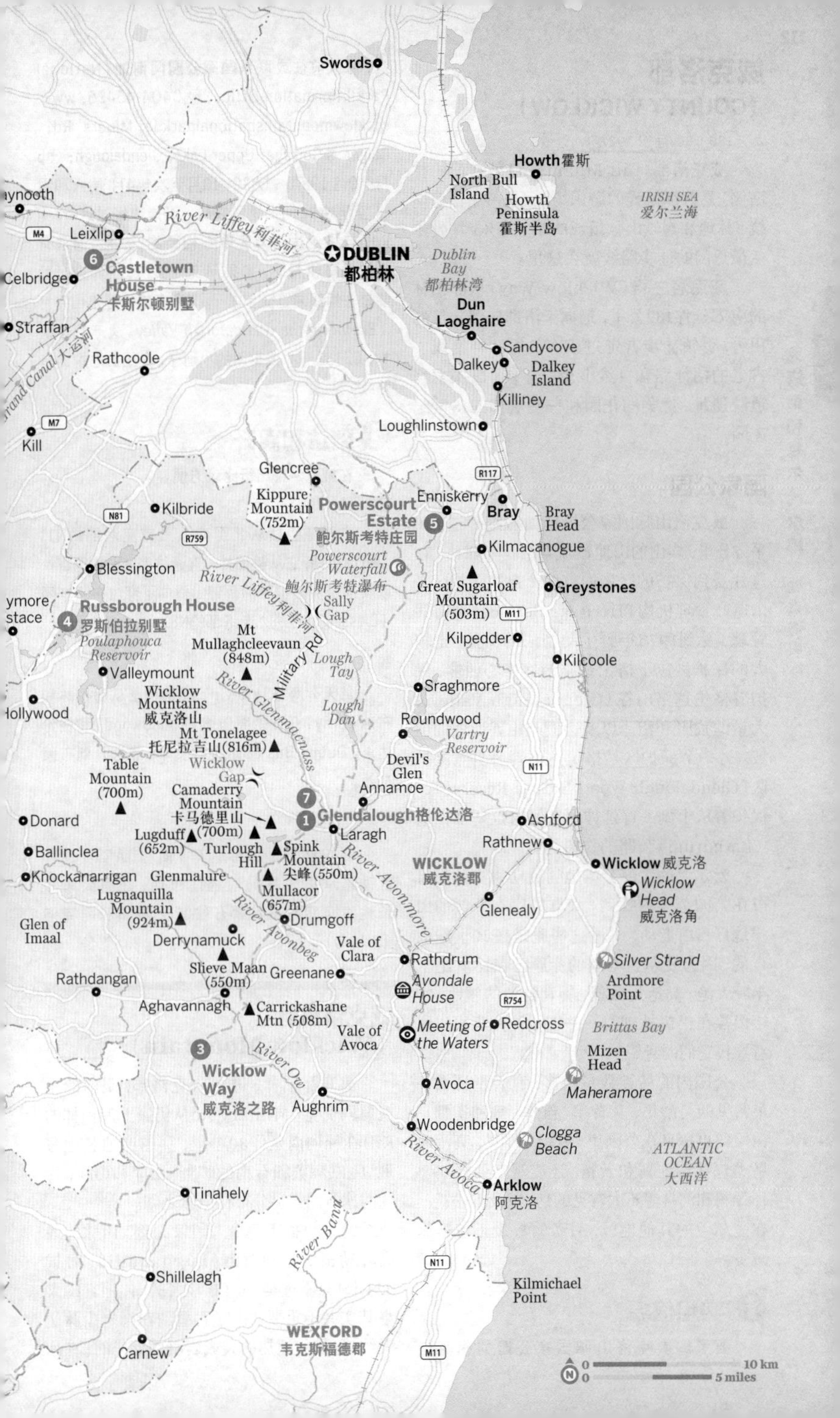
Swords
Howth霍斯
North Bull Island
Howth Peninsula 霍斯半岛
IRISH SEA 爱尔兰海
aynooth
M4
Leixlip
River Liffey利菲河
DUBLIN 都柏林
Dublin Bay 都柏林湾
6
Castletown House 卡斯尔顿别墅
Celbridge
Dun Laoghaire
Straffan
Grand Canal大运河
Sandycove
Rathcoole
Dalkey
Dalkey Island
Killiney
M7
Kill
Loughlinstown
R117
Glencree
Kippure Mountain (752m)
Powerscourt Estate 鲍尔斯考特庄园
5
Enniskerry
Bray
Bray Head
Kilbride
N81
R759
Kilmacanogue
Powerscourt Waterfall 鲍尔斯考特瀑布
Blessington
River Liffey利菲河
Great Sugarloaf Mountain (503m)
Greystones
Sally Gap
M11
ymore stace
4
Russborough House 罗斯伯拉别墅
Poulaphouca Reservoir
Mt Mullaghcleevaun (848m)
Military Rd
Kilpedder
Lough Tay
Kilcoole
Valleymount
River Glenmacnass
Wicklow Mountains 威克洛山
Sraghmore
Lough Dan
Hollywood
Roundwood
Vartry Reservoir
Mt Tonelagee 托尼拉吉山(816m)
Wicklow Gap
Table Mountain (700m)
Devil's Glen
N11
Camaderry Mountain 卡马德里山(700m)
Annamoe
7
1
Glendalough格伦达洛
Donard
Ashford
Lugduff (652m)
Laragh
Rathnew
Ballinclea
Turlough Hill
Spink Mountain 尖峰(550m)
River Avonmore
WICKLOW 威克洛郡
Wicklow威克洛
Knockanarrigan
Glenmalure
Wicklow Head 威克洛角
Mullacor (657m)
Lugnaquilla Mountain (924m)
Glenealy
Glen of Imaal
Drumgoff
Derrynamuck
River Avonbeg
Vale of Clara
Rathdrum
Silver Strand
Slieve Maan (550m)
Greenane
Avondale House
Ardmore Point
Rathdangan
R754
Aghavannagh
Carrickashane Mtn (508m)
Meeting of the Waters
Redcross
Brittas Bay
Vale of Avoca
3
Wicklow Way 威克洛之路
River Ow
Mizen Head
Avoca
Maheramore
Aughrim
Woodenbridge
Clogga Beach
River Avoca
ATLANTIC OCEAN 大西洋
Arklow 阿克洛
Tinahely
River Bann
N11
Shillelagh
Kilmichael Point
WEXFORD 韦克斯福德郡
Carnew
M11
0 10 km
0 5 miles

威克洛郡（COUNTY WICKLOW）

人口 136,000/面积 2027平方公里

威克洛郡（Cill Mhantáin）就在都柏林南侧，是首都偏爱的游乐场，也是一个由海岸线、林地和巍峨山脉组成的原生态乐园，爱尔兰最热门的徒步路线就在这里。

威克洛之路（Wicklow Way）从都柏林的南郊延伸132公里，通向卡洛郡连绵起伏的田野，引领徒步者走过废弃的军队补给线、古老的沼泽路和自然小径。途中可以探索修道院遗址、优美的花园和一些宏伟的18世纪庄园。

国家公园

威克洛山脉国家公园的面积刚超过200平方公里，多山的山地覆盖着沼泽和森林。在这片受到保护的区域内有两个自然保护区，由遗产管理机构（Heritage Service）拥有并管理，受到1976年野生动物法的保护。比较大的保护区位于格伦达洛游客中心西侧，保护着格伦达洛山谷（Glendalough Valley）大量的荒野和沼泽以及上湖与山谷两侧的山坡。另一个保护区是格伦达洛森林自然保护区（Glendalough Wood Nature Reserve），保护着从上湖一直延伸到东侧的拉斯德拉姆（Rathdrum）公路的橡树林。

爱尔兰的大部分本地哺乳动物物种都可以在公园范围内找到。大群的鹿在开阔的山丘地区自由走动，不过这些鹿是在20世纪引入的，因为爱尔兰本地的赤鹿已在18世纪上半叶灭绝。高地是狐狸、獾和野兔的领地，红松鼠常在松树林现身——在上湖附近可以留意寻找它们的身影。

公园内的鸟类数量极多，有大量猛禽，最常见的是游隼、灰背隼、红隼、鹰和雀鹰。白尾鹞也栖息在公园里，但相对罕见。高沼地鸟类包括草地鹨和云雀，还能观赏到野鷸、环颈鸫和河乌等不太常见的鸟，以及赤松鸡，在爱尔兰的其他地区，后者的数量正在迅速减少。

ℹ 实用信息

要了解威克洛山脉国家公园的相关信息，可以前往或联系**国家公园问询处**（National Park Information Office，☎0404-45425；www.wicklowmountainsnationalpark.ie；Miners' Rd，Bolger's Cottage，Upper Lake，Glendalough；⏲5月至9月 10:00~17:30，10月至次年4月 周六和周日 至傍晚），问询处紧邻从上湖岸边经过的Green Rd，与格伦达洛游客中心相距约2公里。通常有人在场提供帮助，如果问询处关门，工作人员可能是去组织导览徒步游了。《探索格伦达洛山谷》（*Exploring the Glendalough Valley*，遗产管理机构；€2）是一本很实用的小册子，介绍当地的徒步路线。

ℹ 到达和离开

在威克洛郡出行比较方便。

小汽车

主干道包括从北至南纵贯威克洛郡的N11（M11）公路，它从都柏林一直通往韦克斯福德郡，以及从威克洛山脉的西部山脊向下穿过布莱辛顿（Blessington）进入卡洛郡的N81。

长途汽车

每天有两班St Kevin's Bus巴士从都柏林和布瑞（Bray）开往朗德伍德（Roundwood）和格伦达洛。Dublin Bus 65路定时发车，最远开到布莱辛顿。

火车

都柏林地区城际列车（简称DART）的郊区铁路从都柏林向南通往布瑞，还有火车和长途汽车定时从首都开往威克洛镇和阿克洛（Arklow）。

威克洛山脉（Wicklow Mountain）

离开都柏林，进入威克洛郡，眼前的景观急剧变化。Military Rd从仍属于都柏林的Killakee向南延伸30公里，穿越遍地丛生着荆豆、欧洲蕨和石南的旷野、沼泽和山脉，玲珑的冰斗湖零星分布在山脉之间。

统计数据不算令人印象深刻。山脉的最高峰勒格纳基利亚山（Lugnaquilla，海拔924米）只不过是一座非常大的山，但它的大小其实并不重要。这座大型的花岗岩山脉是大约4亿年前炽热的火成岩凝固而成的，在冰

河时期形成了如今山顶覆盖着片岩的山脉。峰峦雄伟荒芜，保持着大自然最原始的状态。崇山峻岭间有许多深邃的冰川谷，最著名的是格伦马克纳斯（Glenmacnass）、格伦马鲁尔（Glenmalure）和格伦达洛，而Lough Bray Upper和Lough Bray Lower等冰斗湖是受冰川前部的冰不断侵蚀形成的，令荒芜的地貌更显完美。

狭窄的Military Rd蜿蜒穿过最偏远的山地，沿途可看到周边乡村的非凡风景。从恩尼斯凯里（Enniskerry）进入这条路的最佳地点是在格伦克里（Glencree），此后公路向南穿过Sally Gap、格伦马克纳斯山谷和拉腊（Laragh），然后继续通向格伦马鲁尔山谷（Glenmalure Valley）和Aghavannagh。

向南行驶的途中，你可以在Sally Gap改道向东，去观赏Lough Tay湖和Lough Dan湖。继续向南，会经过格伦马克纳斯的美丽瀑布，然后下坡进入拉腊，附近就是格伦达洛宏伟的修道院遗址。再往南会穿过格伦马鲁尔的山谷，如果体能不错，可以去攀登勒格纳基利亚山。

恩尼斯凯里和鲍尔斯考特庄园 (Enniskerry & Powerscourt Estate)

人口 2672

蜿蜒的R117公路始于都柏林，被称为“21道弯”，公路的最高处是漂亮的村庄恩尼斯凯里，村庄里有不少艺术馆和只供应有机食物的精品咖啡馆，如果你承认自己吃笼养的鸡蛋，这里的咖啡馆就会把你当成罪犯。这得意扬扬、自命不凡的姿态和村庄的起源相去甚远。村庄的前身是附近的鲍尔斯考特的伯爵理查德·温菲尔德（Richard Wingfield）在1760年下令为手下的劳工修建的一排沿斜坡建造的村舍。如今，想要拥有其中一个小屋，你要非常努力工作赚钱才行。

景点

鲍尔斯考特庄园 住宅、花园

（Powerscourt Estate；www.powerscourt.ie；Enniskerry附近；进入宅邸免费，花园 成人/儿童 €8.50/5；⏲3月至10月 9:30~17:30，11月至次年2月 至傍晚）这个占地64平方公里的宏伟庄园是威克洛郡游客最多的景点，庄园的正门位于恩尼斯凯里镇以南500米处。庄园的中心是一座拥有68个房间的帕拉第奥风格的宅邸，但是真正的吸引力来自庄园整齐的园林和园林四周美不胜收的景色。宅邸的上层不对外开放，但是一楼有不错的咖啡馆和工艺品店，庄园里有两个高尔夫球场和威克洛郡最好的酒店。

庄园大约建于1300年，当时的LePoer（后来改为英语化的鲍尔“Power”）家族在这里修建了自己的城堡。后来这处地产在移居英国的诺曼人之间几次转手，最后在1603年成了新任爱尔兰元帅理查德·温菲尔德（Richard Wingfield）的财产，他的后代在这里继续生活了350年。1730年，乔治王时代的天才青年理查德·卡斯尔斯（Richard Cassels或Richard Castle）得到了一份工作，在老城堡的中心修建一座含68个房间的帕拉第奥风格的宅邸。他的工作在1741年完成，但是1787年宅邸又增建了一层，在19世纪还进行了其他改动。

温菲尔德家族在20世纪50年代离开后，房屋经历了一次大规模翻修。然后，就在1974年宅邸即将对公众开放的前夜，一场大火烧毁了整座建筑。庄园最终被经营体育用品的史莱辛格（Slazenger）家族买下，在他们的监督下，庄园进行了第二次翻修，并增建了现有的全部便利设施，包括两座高尔夫球场和美轮美奂的酒店，该酒店现在是万豪国际酒店集团（Marriott）的傲途格精选酒店之一。

20公顷的**花园**是庄园的重头戏，最初建于18世纪40年代，但在19世纪由园艺家丹尼尔·罗宾逊（Daniel Robinson）重新设计。罗宾逊是那个时代最杰出的园艺家之一，只有对喝酒的喜爱能敌得过他对栽种的热情：据说在白天的某一刻他会醉到站不住，然后会坚持让人用手推车推着自己在庄园里移动。

或许他以随性为主的风格就来源于此，于是才有了如此壮丽的风景花园。经过造景的花园，开阔的露台、雕像、装饰性的湖泊、神秘的洞穴、蜿蜒曲折的步道和围墙圈出的场地相映成趣，遍地种植着树木和灌木，种类超过200种，而东南方向的大舒格洛夫山（Great Sugarloaf Mountain）如迷人的背景幕布般映衬着这一切。门票配有一份地图，介绍时长40分钟到1个小时的多条花园游览路线。不要错过精致的日式庭院和胡椒罐塔（Pepperpot Tower），后者是模仿温菲尔德夫人的一个真实的3英寸胡椒罐建造的。不过，我们自己最喜欢的是动物墓地，那是温菲尔德家族的宠物们的长眠之地，甚至还埋葬着几头最受家族喜爱的奶牛。一些墓志铭充满人情味。

宅邸本身也同样壮观，但是正在进行翻修，因此不太方便参观，只有一楼热闹的Avoca咖啡馆和工艺品店可以逛逛。唯一例外的是**童年博物馆**（Museum of Childhood, Tara' s Palace; www.taraspalace.ie; 成人/儿童/家庭 €5/3/12; ⏲周一至周六 10:00~17:00，周日 正午至17:00），里面摆满了有时代特色的小玩偶和娃娃屋，其中的Tara' s Palace是一座有22个房间的娃娃屋，按照1:12的比例设计而成，灵感来自帕拉第奥风格的卡斯尔顿别墅（Castletown House）、伦斯特别墅（Leinster House）和卡尔顿别墅（Carton House）。每个房间都装饰着精美的手工制作的微缩模型。

一条7公里长的步道通向庄园的一个独立区域，沿着这条步道可以走到130米高的**鲍尔斯考特瀑布**（Powerscourt Waterfall, 成人/儿童 €5.50/3.50; ⏲5月至8月 9:30~19:00，3月至4月和9月至10月 10:30~17:30，11月至次年1月 至16:30）。它是不列颠群岛最高的瀑布，大雨之后最为壮观。你也可以走公路前往瀑布，从庄园沿路标行驶即可。在瀑布底部的周围建有一条观景小路，沿途有高大的红杉林、古老的橡树、山毛榉、桦树和花楸树。附近有大量鸟类栖息，包括苍头燕雀、杜鹃、棕柳莺、渡鸦和柳莺。

食宿

★ Powerscourt Hotel & Spa 酒店 €€€

（☎01-274 8888; www.powerscourthotel.com; Powerscourt Estate, Enniskerry; 房间 €170起）这座拥有200间客房的酒店美轮美奂，位于鲍尔斯考特庄园内，是威克洛最豪华的酒店，由万豪国际酒店集团管理，酒店内的一切都奢华至极，这里的装修将庄园的乔治王时代风格彻底演绎成了现代版。客房非常大，楼下有一家不错的餐厅和一间上好的水疗馆。

ℹ 到达和离开

恩尼斯凯里位于都柏林以南18公里处，M11公路以西仅3公里处，R117公路沿线。从这里步行前往鲍尔斯考特庄园不成问题（庄园距城镇500米），但是去瀑布的徒步距离较长。

Dublin Bus（☎01-872 0000, 01-873 4222; www.dublinbus.ie）的44路（€3.30，每小时1班）从都柏林的Hawkins St开往恩尼斯凯里，大约需要1小时15分钟。

格伦达洛 (Glendalough)

人口 280

游览格伦达洛（Gleann dá Loch，"双湖谷"）很可能是你来到威克洛郡的主要原因之一，这么做没有错，因为这里是全国最美丽的角落之一，有着爱尔兰典型的粗犷与浪漫风情，这样的特质很可能正是最初将你吸引到岛上的原因。

这个重要的修道院村落保留的大量遗址固然令人赞叹，但是真正的吸引力来自周围壮美的风光：两座幽暗神秘的湖泊隐藏在森林覆盖的深邃山谷中。这里虽然拥有极高的人气，却依旧是静谧至极的灵性之地，很久之前，那些寻求隐居的修士会来到这里，原因不难理解。

历史

公元498年，一位名叫凯文的年轻修士来到山谷中，寻找可以放松、冥想、与大自然融为一体的地方。他在上湖南侧一处曾作为青铜时代坟墓的地方安顿下来，在之后的7年里睡石头、穿兽皮，吃几乎不足果腹的食物，相传还和飞禽走兽成了密友。凯文的环保生活方式很快吸引了一群追随者，大家似乎都没有意识到一个令人啼笑皆非的状况：他们簇拥的那位隐修士本来希望离其他人越远越好。在之后的几个世纪里，凯文的独角戏迅速发展成了一个像样的村落，到了9世纪，格伦达洛就能与科隆玛诺伊（Clonmacnoise）争夺全岛修道院第一城镇的地位了。有成千上万名学生在一个面积很大的繁荣社区中学习生活。

格伦达洛的繁荣难免使其沦为维京人的

Glendalough 格伦达洛

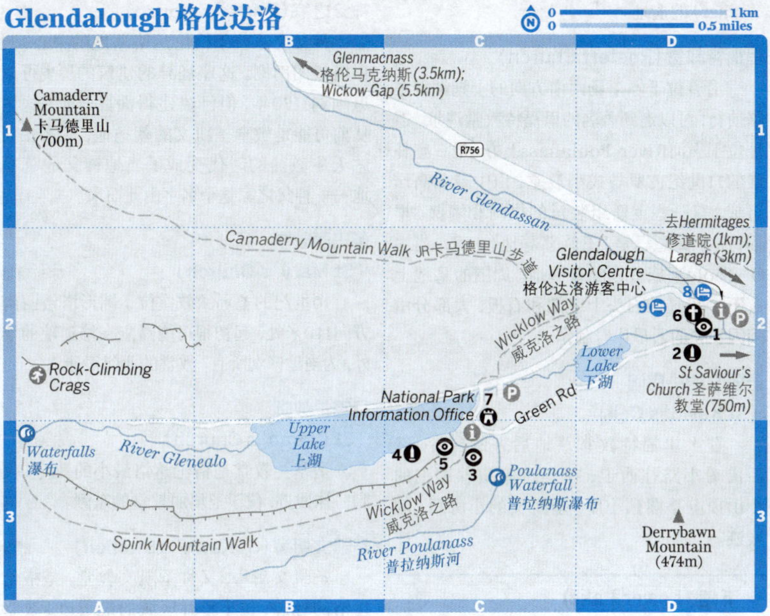

主要劫掠目标，他们在公元775年到1071年至少4次洗劫修道院。最终一击发生在1398年，来自都柏林的英国军队几乎将它彻底摧毁。人们为重建做出了努力，仍有一部分人继续在此生活，直到17世纪，在新一轮的镇压下，修道院彻底衰落。

景点

上湖

斯凯利圣人教堂（Teampall na Skellig）

宗教遗址

斯凯利圣人教堂是圣凯文村落的原址，位于矗立在上湖南侧的悬崖脚下，只能乘船前往。可惜的是，没有前往遗址的客船服务，所以只能隔湖遥望。台阶状的突出岩石上有经过重建的一座教堂和一处早期坟墓的遗址，附近凸起的地面上曾经坐落着一些粗糙的篱笆小屋。一些早期的墓地石板和简单的石头十字架散落在周围。

圣凯文的床（St Kevin's Bed）

纪念碑

在斯凯利圣人教堂东侧的不远处，湖面上方10米高的地方，有一个2米深的人造洞穴叫作“圣凯文的床”，据说是凯文居住的地方。洞穴中最早有人居住的时间远远早于圣凯文的时期——有证据表明，在修士们到来之前就有人类在山谷中生活了数千年。

石堡（Stone Fort）

堡垒

在上湖停车场南侧的绿地上有一大片环形墙壁，这里被认为是一座早期基督教石堡

Glendalough 格伦达洛

景点

1 圣彼得和圣保罗大教堂......D2
2 鹿石......D2
神父之家......（见1）
3 里福特教堂......C3
圆形塔楼......（见1）
4 圣凯文的床......C3
5 圣凯文的小房间......C3
6 圣凯文厨房......D2
圣基兰教堂......（见1）
圣玛丽教堂......（见1）
7 石堡......C2
斯凯利圣人教堂......（见4）

住宿

8 Glendalough Hotel......D2
9 Glendalough International Hostel......D2

(caher)的遗址。

里福特教堂(Reefert Church) 宗教遗址

沿着位于停车场西南方向的上湖湖畔小路前行,可以走到著名的里福特教堂遗址,遗址位于小河River Poulanass上方,是一座朴素的11世纪古罗马式小教堂,由中殿和高坛组成,有一些重新组装过的拱门和墙壁。里福特(字面意思是"王族墓葬地")曾是当地O' Toole家族首领的墓葬地。周围的墓地上有不少粗糙的石头十字架和石板,大部分由闪闪发亮的云母片岩制作。

圣凯文的小房间(St Kevin' s Cell) 宗教遗址

登上里福特教堂墓地后方的台阶,然后沿着小路往西走,在一座俯瞰着湖泊的小山顶上是圆顶小屋"圣凯文的小房间"的残迹。

下湖(Lower Lake)

上湖的风景最美,但是最迷人的建筑都在下湖(Lower Lake)以东的山谷低处,杂乱聚集于古老的修道院遗址的中心。

向东的道路通往圣萨维尔教堂(St Saviour' s Church),教堂有繁复的古罗马风格雕刻。西侧有一条迷人的林地小路沿山谷一路向上,经过下湖,通往上湖。

修道院门房(Monastery Gatehouse) 门

Glendalough Hotel的弯道处是修道院门房的石头拱门,它是爱尔兰现存的唯一一座典型的修道院大门。大门内侧有一大块石板,上面刻着一个十字架。

圆形塔楼(Round Tower) 塔

修道院门房后面是仍在使用中的墓地。这里的圆形塔楼建于10世纪,高33米,底部周长16米。塔楼的上面几层和圆锥形的屋顶是在1876年重建的。

圣彼得和圣保罗大教堂(Cathedral of St Peter & St Paul) 宗教遗址

圣彼得和圣保罗大教堂就在圆形塔楼的东南方向,拥有一个10世纪的中殿,高坛和圣器室的历史可以追溯到12世纪。

神父之家(Priest' s House) 建筑

神父之家位于格伦达洛墓地的中心,圆形塔楼的南侧。这座怪异的建筑的历史可以追溯到1170年,但已改建得面目全非。这里从前可能是敬奉圣凯文的朝圣地,后来在刑惩天主教徒的时代变成了当地神父的墓葬地——神父之家这个名字由此而来。

圣玛丽教堂(St Mary' s Church) 宗教遗址

10世纪的圣玛丽教堂位于圆形塔楼西南方向140米处,起初很可能矗立在修道院的墙外,为当地修女所有。教堂的西门很迷人。

圣基兰教堂(St Kieran' s Church) 宗教遗址

圣基兰教堂是格伦达洛最小的教堂,仅剩一抹残迹,位于圣玛丽教堂的东侧。

圣凯文厨房(St Kevin' s Kitchen) 教堂

圣凯文厨房,又称圣凯文教堂,是格伦达洛的标志,位于整片区域的最南边。教堂拥有一个小巧的圆形塔楼状的钟楼、突出的圣器室和尖尖的石屋顶,是一个建筑杰作。教堂为何被称为厨房是一个未解之谜,但可能是因为它的圆形塔楼看起来像一根厨房的烟囱。建筑最古老的部分可以追溯到11世纪——后来虽然经过改造,但依旧是一座经典的早期爱尔兰教堂。

鹿石(Deer Stone) 纪念碑

在这两座教堂的南侧不远处过河,鹿石就在Green Rd交叉路口的一堆石头中间。根据传说,圣凯文在为两个孤婴找奶时,一头雌鹿就站在这里等他来挤奶。这块石头其实是一个bullaun(用来研磨药物或食物时作为研钵的石头)。

许多这样的石头被视为史前文物,从前人们普遍相信这些石头拥有超自然的力量:用坑洼处的水洗过脸的女人可以容颜永驻。早期的教士将这些石头带进修道院,或许是希望获得一些力量。

活动

格伦达洛山谷就是徒步和攀登的天地。山谷中有9条带路标的路线,最长的约10公里,大约需要步行4个小时。出发之前,先去

徒步威克洛之路——从格伦达洛到奥赫里姆

威克洛之路(www.wicklowway.com)是爱尔兰最热门的长距离徒步路线之一,其风景优美动人,可以比较灵活地安排起点和终点,而且出入方便——有许多半天和全天的路线可供选择。

从格伦达洛到奥赫里姆这段路长40公里,带你穿越威克洛山脉一些较为偏远的区域,然后下山进入东南部的山麓丘陵。公路徒步的路段极少,一天中的大部分时间都在穿越针叶林。全程需要7.5~8小时,上升高度1035米。

从上湖(Upper Lake)南侧的**国家公园问询处**(见112页)出发,在Lugduff Brook小溪和**普拉纳斯瀑布**(Poulanass Waterfall)旁左转向山上走,遇到一条林中小路时左转,走到交叉路口再次左转,过两座桥。威克洛之路从这里向东北方向延伸大约600米,然后向右急转弯,几乎直奔正南方而去(途经一连串路标清晰的交叉路口),然后穿过针叶林,再次跨过Lugduff Brook小溪,与一条支流并行,通往位于**Mullacor**(657米)和**Lugduff**(652米,从格伦达洛前往需1小时45分钟)之间开阔的洼地。天气晴朗时,从这里能看到连绵起伏的勒格纳基利亚山绵延在西南方,在相反的方向,卡马德里山长长的山脊横亘在格伦达洛上方,后方的托尼拉吉山(Tonelagee)作为背景。沿着凸起的木板人行道往山下走,沿着树林上方的边缘前行,然后通过一条向下延伸的陡峭、泥泞又坎坷的小路进入森林公路,左转。

如果你打算住在**Glenmalure Hostel**酒店,不想一直走到格伦马鲁尔(Glenmalure)的交叉路口,可以在左转弯处沿着威克洛之路继续向南走大约1公里。在一个斜坡的岔路口,威克洛之路转向东南,你要左转向西,经过一段陡峭的下坡路走到格伦马鲁尔的马路上,从这里向西北走大约2公里就是青年旅舍。

要在左转弯处继续沿着威克洛之路徒步,可以顺着森林公路先向南,再向东南前行1.6公里,走到一个宽阔的"之"字形路段(下方是开阔地),然后沿着陡峭的斜坡前行,转向东北,下坡走到一条挨着两座桥的次级道路上。继续往下是一个岔路口,然后就到了格伦马鲁尔,从洼地走到这里大约要1小时15分钟。

威克洛之路继续(向南)穿过交叉路口延伸500米,跨过River Avonbeg河,经过建于1803年但荒废已久的寂静的**德拉姆戈夫兵营**(Drumgoff Barracks),然后右转与一条森林小路并行。靠左前行,经过一座破败的农舍,然后是两段比较长的上坡路,两次左转后开始下坡,跨过一条小溪。继续前行大约800米,然后右转走上一条小径,开始漫长的爬坡,几乎到达**马恩山**(Slieve Maan,550米)的山顶,途中经过4个岔道口,始终保持西南-西南偏南的大方向。再次回到森林小路上,接近西部没有森林的空地时,威克洛之路转左(东南方向),再经过几个盘绕的转弯就可以走出森林,走上森林和公路(在地图上叫Military Rd)之间的一条小路。威克洛之路最终在River Aghavannagh河的一条小支流旁与Military Rd汇合(从格伦马鲁尔走到这里需要2小时)。

沿公路走大约250米,然后从左侧离开公路,走上一条森林小路,然后马上左转,沿着一条宽阔的道路不断爬坡,翻越**Carrickashane Mountain**(508米)。然后沿着陡峭的下山路走到一条宽阔的森林公路上,然后继续向下坡走大约1公里。右转走上一条次级道路,然后再次右转,朝远离次级道路的方向继续前行500米,然后沿着下坡走到另一条公路上——铁桥(Iron Bridge)就在右边(从Military Rd走到这里需要1小时)。

向上坡步行150米到一条公路上,然后左转,沿着这条公路前行7.5公里,穿过River Ow河的河谷,走到一个岔道口——向左再走500米就是奥赫里姆,在都柏林和韦克斯福德之间往来的长途汽车在此停靠。

国家公园问询处（见112页）购买相关的小册子和路线地图（价格都在 €1左右），如果你没有同伴，还可以在这里寻找徒步搭档。问询处还有许多优秀的指南出售——乔斯·莱纳姆（Joss Lynam）的*Easy Walks Near Dublin*（€9.99）或海伦·费尔贝恩（Helen Fairbairn）的*Dublin & Wicklow: A Walking Guide*（€14.99）都是不错的选择。提醒一句：不要因为周边的乡村地势相对平缓，威克洛山脉也算不上崇山峻岭就掉以轻心。这里的天气可能很无情，所以务必做好防范措施，带上合适的装备，将去处和返回时间告知他人。山区救援致电☎999。

最轻松也最热门的徒步路线是沿着地势平缓的上湖北岸前往19世纪初的铅锌矿**矿山巷道**。沿着湖岸走比沿着公路（距湖岸30米）更好，从格伦达洛游客中心出发的单程距离大约是2.5公里。如果愿意，还可以继续走到山谷的入口。

或者，你可以登上**Spink**（爱尔兰语，意为"尖峰"，380米），这条由峭壁组成的陡峭山脊在上湖的南侧延伸。你可以走一段再折返，也可以环上湖一周，先沿着山脊顶部行走，最后在矿场附近下山，再沿着湖的北岸返回。环线的路程大约是6公里，需要3个小时左右。

第三个选择是徒步登上**卡马德里山**（Camaderry Mountain，700米），这座山隐藏在山谷北侧的山丘后方。从上湖停车场的入口背对格伦达洛的方向走50米就是徒步的起点。一路登上北侧的陡坡，就来到了开阔的高山上，四周的景色一览无余。然后可以朝西北方向继续攀登卡马德里山，或者干脆沿着向西延伸的山脊一直走，从高处欣赏上湖。登顶卡马德里山再返回的路程大约是7.5公里，大约需要4小时。

值得一游

蒂娜基利乡间别墅

蒂娜基利乡间别墅和餐厅（Tinakilly Country House & Restaurant; ☎0404-69274; www.tinakilly.ie; Rathnew; 房间 €130~200）是一座宏伟的维多利亚时代意大利风格的别墅，就在Rathnew之外，是威克洛最典雅的乡间住宅之一。可以选择西侧古色古香的客房（古董原件、四柱半帷幔床）或东侧豪华的观景套房。餐厅将乡村菜的精致感提升到了一个全新的高度（晚餐主菜 €20~24）。

团队游

Bus Éireann 巴士游

（☎01-836 6111; www.buseireann.ie; Busáras; 成人/儿童/学生 €27.55/19/25.65; ⏲3月中旬至10月 10:00出发）这个全天游览活动包含格伦达洛游客中心的门票和参观鲍尔斯考特庄园，大约在17:45返回都柏林。导游都不错，但缺少人情味。

Wild Wicklow Tour 巴士游

（☎01-280 1899; www.wildwicklow.ie; 成人€28，学生和儿童 €25; ⏲9:00出发）获奖的格伦达洛、阿沃卡和Sally Gap之旅因为气氛和全方位的乐趣总是大受好评。第一个接客地点是Shelbourne，然后是游客中心，不过在都柏林各地还有多个上车点，预订时可以看看哪个位置离你最近。返回都柏林的时间大约是17:30。

食宿

大部分民宿都位于格伦达洛以东3公里处的村庄拉腊及周围地区，或从格伦达洛通往拉腊的路上。

Glendalough International Hostel 青年旅舍 €

（☎0404-45342; www.anoige.ie; The Lodge; 铺/双€16/50; @🛜）这个风格现代的青年旅舍位置便利，就在格伦达洛古老的圆形塔楼附近，坐落在格伦达洛山谷树木茂盛的冰川区中。所有多人间都配私人浴室，旅舍还自带一家不错的自助餐厅。

Glendalough Hermitages 小屋 €

（☎0404-45571; www.glendaloughhermitage.ie; St Kevin's Parish Church; 标单/双€50/80; ⏲Glendalough）圣凯文教区教堂（St Kevin's Parish Church）将5处隐士住所（其实只是朴素的单床和双床平房）出租给想修

身养性的客人。设施相当简朴，但很舒适：有一间浴室、一间小厨房，可以生火，还配备有蓄热电暖器。教堂位于格伦达洛以东1公里处，通往拉腊的R756公路边。

游客可以参加上午和晚上的祈祷，但这不是天主教的专属活动，欢迎各种信仰和教派的人参与。

Glendalough Hotel 酒店 €€

（☎0404-45135；www.glendaloughhotel.com；标单/双 €65/120起；@📶👪）本店是格伦达洛最好的酒店，位置便利，就在游客中心旁边。44间颇为奢华的客房也从不缺少住客。

实用信息

格伦达洛游客中心（Glendalough Visitor Centre，www.heritageireland.ie；成人/儿童 €3/1；⏲3月中旬至10月中旬 9:30~18:00，10月中旬至次年3月中旬 至17:00）位于山谷的入口处，Glendalough Hotel酒店的前面。游客中心推出了名为《爱尔兰修道院》（*Ireland of the Monasteries*）的高质量视听介绍，长17分钟，和宣传的一样好。

到达和离开

St Kevin' s Bus（☎01-281 8119；www.glendaloughbus.com）从都柏林Dawson St的Mansion House外发车，发车时间是周一到周六的11:30和18:00，以及周日的11:30和19:00（单程/往返 €13/20，1.5小时），还会在Bray的Town Hall停车。格伦达洛的发车时间是周一到周六的7:15和16:30。

7月和8月的周一到周五，比较晚的一班车在17:30发车，在9:45还增加一班车。

威克洛郡西部（Western Wicklow）

向西穿越威克洛郡的一路上，风景的粗犷感逐渐淡去，乡村气息越来越浓，接近基尔代尔郡和卡洛郡的边界时尤其如此。荒野让位给肥美的草场，布莱辛顿东侧的乡村零星散布着私人种马场，一些世界上最昂贵的骏马在绝对机密的环境里受训。

在威克洛郡的这一带，罗斯伯拉别墅（Russborough House）宏伟的帕拉第奥式建筑是主要的景点，位置就在布莱辛顿外。不过如果你想看荒凉的风景，在Kilbride和利菲河上游附近以及更靠南的Glen of Imaal可以如愿。

> **值得一游**
>
> **BALLYKNOCKEN HOUSE**
>
> **Ballyknocken House & Cookery School**（☎0404-44627；www.ballyknocken.com；Glenealy，Ashford；标单/双 €90/160起，4道菜试味套餐 €49）是一座美丽、爬满常春藤的维多利亚时代别墅，共有7间精心布置的客房，每间都保留原有的家具陈设，有些还配有原来的带花纹独立式浴缸。除别墅以外，凯瑟琳·富尔维奥（Catherine Fulvio）的烹饪班（€125）也很有吸引力，烹饪班全年开课，可在网站上了解详情。别墅位于阿什福德（Ashford）以南5公里处，通往Glenealy的R752公路边。

布莱辛顿（Blessington）

人口 4018

布莱辛顿小酒馆、商店林立，有很多17世纪和18世纪的联排房屋，把这里作为大本营去探索周边地区十分方便。主要景点是罗斯伯拉别墅。

景点

罗斯伯拉别墅 历史建筑

（Russborough House；☎045-865 239；www.russboroughhouse.ie；Blessington；成人/儿童导览游 €12/9；⏲3月17日至12月 10:00~18:00）宏伟的罗斯伯拉别墅是爱尔兰最精美的豪华古宅之一，这座帕拉第奥式宫殿是为约瑟夫·利森（Joseph Leeson，1705~1783年）修建的，后来他成了第一任米尔顿伯爵（Earl of Milltown），再后来又受封为罗斯伯拉勋爵（Lord Russborough）。1952年以来，别墅为拜特（Beit）家族所有，这个家族创建了DeBeers钻石开采公司，在别墅里存放着引人注目的艺术收藏品，其中包括委拉斯开兹（Velázquez）、维米尔（Vermeer）、戈雅（Goya）、鲁本斯（Rubens）及其他艺术家的杰作。

值得一游

卡斯尔顿别墅

宏伟的**卡斯尔顿别墅**（Castletown House；☎01-628 8252；www.castletown.ie；Celbridge；成人/儿童 €7/3；⏲3月中旬至10月 10:00~18:00）无与伦比，它是爱尔兰最大也最壮观的乔治王时代风格的庄园，也证明了18世纪的英裔爱尔兰贵族拥有的雄厚财力。1小时的导览游将带你了解18世纪的上流社会优越的生活方式、他们喜爱的家具和他们欣赏精美油画的方式。

120路和123路公共汽车从都柏林开往塞尔布里奇（Celbridge，€3.50，30分钟；周一至周五每30分钟1班，周六每小时1班，周日6班车）。

别墅建于1722年到1732年，主人威廉·康诺利（William Conolly，1662~1729年）是爱尔兰下议院的议长，也是当时的爱尔兰首富。康诺利出身于多尼戈尔郡巴利香农的一个普通家庭，在博因河战役（1690年）后的动荡局势中通过土地交易发了财。

打造一座贵族宫殿的工作被委托给了爱德华·洛维特·皮尔斯爵士（Sir Edward Lovett Pearce，1699~1733年），所以才有了柱廊和柱廊尽头的亭阁。洛维特的设计是对一座现成的16世纪意大利宫殿式建筑的扩建，原有的建筑是意大利建筑师亚历山德罗·加利莱（Alessandro Galilei，1691~1737年）在1718年打造的，但是康诺利希望它更加气派，于是洛维特在1724年接手。别墅内部富丽堂皇，长廊（Long Gallery）是一大亮点，满是家族肖像画和弗兰奇尼兄弟的精美石膏装饰。

康诺利没能等到自己的华美宫殿落成，在1729年去世。在那之后，他的遗孀凯瑟琳（Katherine）继续生活在未完工的别墅里，对工程加以改进。在建筑方面，由她促成的主要是奇特的42.6米高的方尖碑，当地人称之为Conolly Folly。另外，她还修建了结构过于复杂的**Wonderful Barn**（☎01-624 5448；Leixlip；⏲不对公众开放），一个室外螺旋式楼梯围绕着摇摇欲坠的6层楼，就在Leixlip外的一片私有土地上。

卡斯尔顿别墅在康诺利家族的手中保留到1965年，然后被德斯蒙德·吉尼斯（Desmond Guinness）买下，在他的修复下，别墅重现了当年的富丽堂皇。从1979年起，卡斯尔顿基金会接替他继续投资这里。1994年，卡斯尔顿别墅交由国家照管，如今由遗产管理机构负责。

门票中包含45分钟的别墅游，首先是一个3D展览，介绍买下别墅的阿尔弗雷德·拜特爵士（Sir Alfred Beit，1903~1994年）的生平。

别墅建于1741年至1751年，设计者理查德·卡索尔（Richard Castle）当时正值建筑师生涯的巅峰。可怜的理查德未能在有生之年看到别墅落成，不过弗朗西斯·宾顿（Francis Bindon）很好地完成了他的工作。别墅在1931年之前一直是利森家族的财产，但直到被拜特家族买入之后，戏剧性事件才开始发生。

1974年，别墅里的16幅画被爱尔兰共和军盗走，后来全部找回。1984年，亲英派的准军事组织成员也起了歹心，雇用都柏林的罪犯马丁·卡希尔（Martin Cahill）策划盗窃。虽然失窃的大部分藏品也找回来了，但是有一部分严重受损，无法修复。1988年，拜特将最珍贵的藏品捐赠给了国家美术馆，但仍未能阻止在2001年和2002年相继发生的另外两起入室偷窃。幸好两次失窃的画作也已全部寻回。虽然一连串的盗贼都未能得手，但是藏品的保养费相当高昂，2015年，主人宣布将拍卖10幅画，这个决定让民众大为震惊，因为拜特家族此前一直坚持他们是在为爱尔兰人民保管这些藏品。

别墅的装修是典型的乔治王时代风格，全部（剩余的）重要画作均开放参观，考虑到别墅此前的遭遇，这实在是对保持积极心态的一种非凡磨炼。

食宿

Grangecon Café 各国风味 €€

（☎045-857 892；Tullow Rd；主菜 €12~18；⏲周二至周六 10:00~17:00）这个小巧玲珑又非常出色的咖啡馆位于一座改造过的校舍内，主打沙拉、自家烹调的菜肴和种类齐全的爱尔兰奶酪。所有食物——从意大利面到美味的苹果汁——都在店里制作，许多食材都是有机的。菜式不多却颇有水准，展现爱尔兰菜的精华。

到达和离开

布莱辛顿位于都柏林西南方向35公里处，N81公路沿线。**Dublin Bus**（☎01-873 4222，01-872 0000）每天有车定时发往当地，可以从都柏林的Eden Quay码头乘坐65路（€3.30，1.5小时，每1.5小时1班）。**Bus Éireann**（www.buseireann.ie）往返沃特福德的快车005路每天在布莱辛顿经停2次或3次。从都柏林开出的只能上客，从沃特福德出发的只能下客。

基尔代尔郡（COUNTY KILDARE）

人口 210,000/面积 1691平方公里

基尔代尔郡（Cill Dara）拥有一些爱尔兰数一数二的牧场和耕地，是一流的农业地区，养马产业尤为突出：种马场分布在全郡各地，饲养和训练冠军赛马已成惯例。最近几十年里，都柏林不断扩大的通勤居民区是基尔代尔郡面对的难题，已经吞并了当地的众多城镇和村庄。

这个郡没有太多必看的景点，但是有足够的消遣，值得从首都来一日游，或者在前往西部的途中稍作停留。

大运河沿线（Along the Grand Canal）

景点和活动

艾伦沼泽自然中心 自然中心

（Bog of Allen Nature Centre；☎045-860 133；www.ipcc.ie；R414，Lullymore；成人/儿童 €5/免费；⏲周一至周五 9:00~17:00）艾伦沼泽自然中心的讲解出色，是一个很吸引人的机构，由非营利性质的爱尔兰泥炭地保护委员会（Irish Peatland Conservation Council）运营。该中心介绍沼泽和泥炭生产的历史，还有爱尔兰规模最大的食虫植物展，其中有茅膏菜、捕虫堇和其他生长在沼泽的食虫植物。附近有一条木板人行道伸入艾伦沼泽。

基尔代尔镇（Kildare Town）

人口 7538

一片小巧的三角形广场面对着壮观的大教堂，基尔代尔镇就围绕着广场而建，虽然镇上没有太多景点，但依然很热闹。小镇与爱尔兰第二重要的圣人布里吉德密切相关。

景点

圣布里吉德大教堂 主教座堂

（St Brigid' s Cathedral；☎045-521 229；Market Sq；大教堂捐款后即可入场，圆形塔楼门票 €7；⏲5月至9月 周一至周六 10:00~13:00和14:00~17:00，周日 14:00~17:00）13世纪的圣布里吉德大教堂岿然矗立于Market Sq广场。留意教堂内一扇精美的彩色玻璃窗，上面描绘着爱尔兰的三位主要圣人：帕特里克、布里吉德和科尔姆希尔。教堂里还有修复过的基尔代尔主教沃尔特·韦尔斯利（Walter Wellesley）的石棺，1539年主教去世后不久石棺就消失了，在1971年才找到。对于石棺上的一个雕像有不同的解读，有人说是杂技演员，也有人说是sheila-na-gig（一种女性雕像，有夸张的外阴部）。

大教堂10世纪的**圆塔**高32.9米，是爱尔兰第二高的圆塔，也是极少数可以攀登的塔之一，前提是看守人在场。原有的圆锥形塔顶已被替换成了不常见的诺曼式城垛。在圆塔附近有一块**许愿石**，把你的胳膊穿过洞，如能碰触自己肩膀，你的愿望就能成真。大教堂北侧是一个古老的火神殿的地基，经过重度修复。

食宿

★ **Martinstown House** 酒店 €€€

（☎045-441 269；www.martinstownhouse.

艾伦沼泽

艾伦沼泽像一片棕色的潮湿沙漠，贯穿9个郡，其中包括基尔代尔郡、莱伊什郡和奥法利郡。它是爱尔兰最著名的高地沼泽，曾覆盖中部的大部分地区。遗憾的是，泥炭正被迅速变成盆栽用土和燃料，这种模式在爱尔兰各地不断重复。以前爱尔兰有近17%的国土被沼泽覆盖，如今这个比例已不足2%。沼泽是种类繁多的动植物的栖息地，包括蔓越莓、吃昆虫的茅膏菜和各种各样的蛙类和蝴蝶。要了解如何探索这片沃土的更多信息，可以前往大运河河畔的**艾伦沼泽自然中心**（Bog of Allen Nature Centre）咨询。

com; The Curragh; 房 €175~210起; ⏲1月中旬至12月中旬）这座美丽的18世纪乡村庄园采用草莓山庄（Strawberry Hill）哥特式的建筑风格，有许多繁复的装饰。庄园坐落在170英亩的私有土地和农场上，绿树环绕。4个房间里摆满了古玩，不接待儿童——真遗憾。可以提前预约令人难忘的晚餐（€49.50），食材来自家庭菜园。

ℹ 实用信息

旅游局及遗产中心（Tourist Office & Heritage Centre; ☎045-521 240; www.kildare.ie; Market Sq, Market House; ⏲5月至9月 周一至周六 9:30~13:00和 14:00~17:30）有介绍基尔代尔郡历史的免费展览，还有当地艺术品出售。

ℹ 到达和离开

Bus Éireann（www.buseireann.ie）有车在Dublin Busáras和基尔代尔郡之间往来，车次频繁（单程/往返 €13/20, 1.75小时）。一些都柏林的长途汽车还开往国家养马场。

都柏林-基尔代尔的火车（☎01-836 6222）从赫斯顿火车站出发，在基尔代尔停靠（€16.60, 35分钟，每小时1~4班）。基尔代尔是一个主要交通枢纽，有火车继续开往许多地点，包括巴利纳、戈尔韦、利默里克和沃特福德。

韦克斯福德郡、沃特福德郡、卡洛郡和基尔肯尼郡

包括 ➡

最佳历史建筑

- 胡克灯塔（见130页）
- 基尔肯尼城堡（见136页）
- 阿德莫尔大教堂（见134页）
- 哲伯因特修道院（见141页）
- 丁登修道院（见129页）

最佳花园

- 利斯莫尔城堡花园（见134页）
- 阿尔塔蒙特花园（见135页）

为何去

韦克斯福德郡、沃特福德郡、卡洛郡和基尔肯尼郡（加上蒂珀雷里郡的南部地区）被统称为"阳光明媚的东南部"，在爱尔兰，"阳光明媚"这种说法当然是相对而言。但是这里的确是全国最温暖、最干燥的地区。一连串金色的沙滩装点着韦克斯福德郡和沃特福德郡，还有很多其他引人注目的美景，包括风景如画的茅草屋、优雅的海滨城镇和壮观的海风吹拂的半岛。

如果你在寻找真正耀眼的宝物，可以看看举世闻名的沃特福德水晶。深入内陆，巴罗河葱翠的河谷将基尔肯尼郡的河畔村庄和艺术与手工艺工作室与卡洛郡的乡间别墅和鲜花盛开的花园分隔开来。基尔肯尼市是都市之星，有壮观的城堡、大教堂、中世纪的小巷和出色的小酒馆与餐厅。多亏了"阳光明媚的东南部"气候，这4个郡有爱尔兰数一数二的户外活动可供体验。

何时去

- 6月到9月是享受一流海滩、海滨咖啡馆和餐厅的最佳时间。
- 4月到10月适合徒步和散步，不过务必携带防水装备和保暖衣物。
- 10月到11月上旬特别适合音乐爱好者，韦克斯福德有世界闻名的歌剧节，喜爱乡村音乐和传统音乐的人应该去参加也在同时举办的基尔肯尼凯尔特人音乐节（Kilkenny's Celtic Festival）。
- 如果希望节省旅费，春天和秋天是最佳游览时间，与仲夏时节相比，价格和游客数量均会下降。

韦克斯福德郡、沃特福德郡、卡洛郡和基尔肯尼郡亮点

❶ 在爱尔兰活力四射的**基尔肯尼市**（见136页）尽享都市之乐。

❷ 在顶级大厨的大本营**邓加文**（见133页）尝尝美食的滋味。

❸ 在**阿德莫尔**（见134页）附近沉浸在沃特福德郡的海滨美景中。

❹ 在基尔肯尼郡参观引人深思的**哲伯因特修道院**（见141页）遗址。

❺ 在韦克斯福德附近沿着**卡拉克鲁海滩**（见128页）连绵不绝

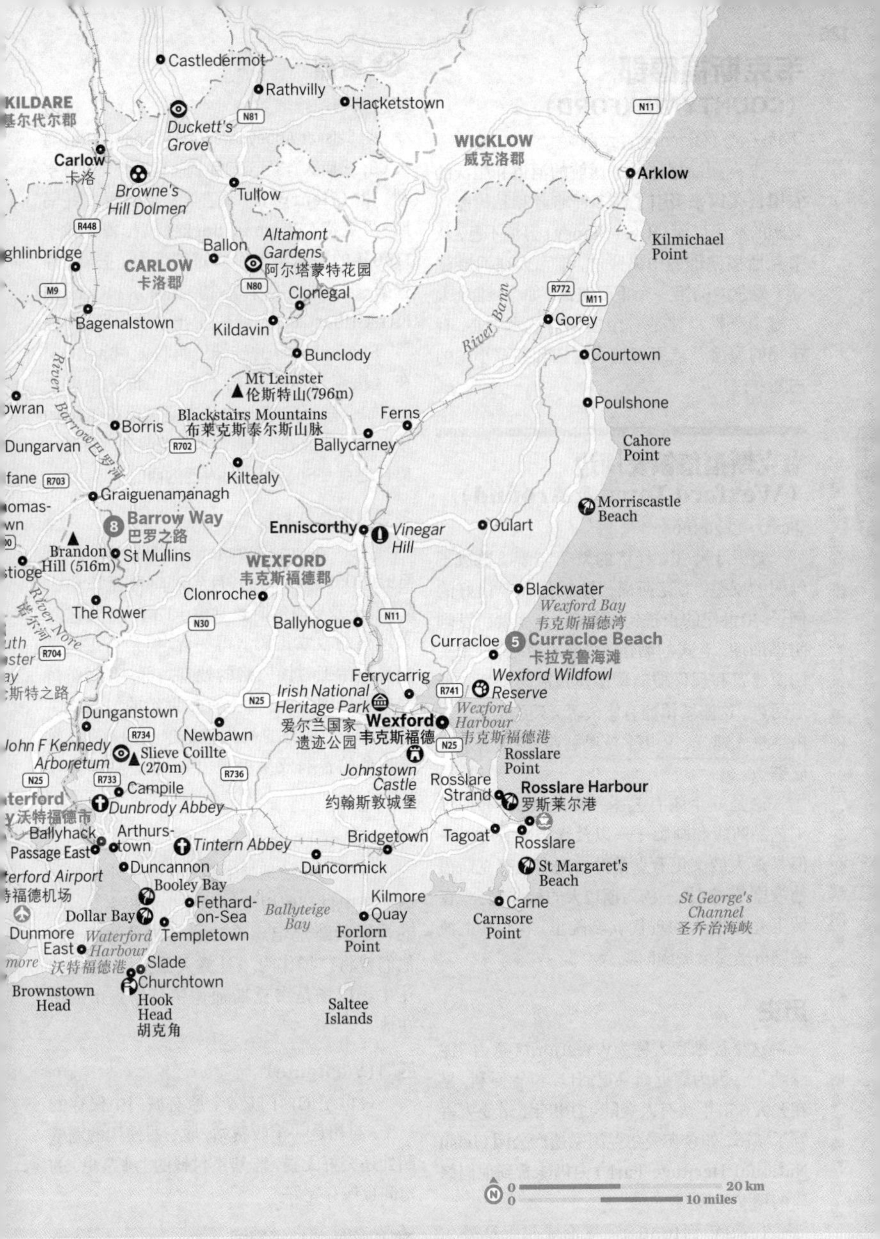

的白沙滩漫步到底。

6 在**沃特福德市**（见130页）出色的博物馆里重温维京人和诺曼人的时代。

7 在美丽的**利斯莫尔城堡花园**（见134页）里，从郁金香、杜鹃、玫瑰和天竺葵的花田中踮脚穿过。

8 沿着格雷格纳马纳斯和圣穆林斯之间青翠的**巴罗之路**（见135页）纤道骑自行车。

韦克斯福德郡（COUNTY WEXFORD）

☎051/人口 145,300/面积 2367平方公里

韦克斯福德郡适于通航的河道和肥沃的农田长久以来吸引了许多侵略者和私掠船。宽阔的斯莱尼河（River Slaney）奔流不息，从韦克斯福德郡的中央穿过，维京人在河畔建立了爱尔兰的第一个重要城镇。如今，维京人之城韦克斯福德是一个歌剧与艺术中心，有连绵的海滩及点缀着迷人村庄和茅草小屋的内陆乡村。

韦克斯福德镇及周边（Wexford Town & Around）

☎051/人口 20,100

近几十年里，经济的繁荣与萧条造成了鲜明的反差，韦克斯福德镇就是一个很好的例子，中世纪的街道错综复杂，几乎要引发幽闭恐怖症，老式的酒馆、时髦的精品店、木头门窗建筑和现代玻璃幕墙建筑混杂排列在街道两边。这座城镇拥有悠久而又残酷的历史，由维京人建立，又几乎被奥利弗·克伦威尔彻底摧毁。

这是一个颇有艺术氛围的城镇，有许多工艺品商店和画廊——以及优秀的餐厅——但是最大的文化看点是世界闻名的韦克斯福德歌剧节。这是一场为期12天的秋季盛会，在镇上光彩照人的现代歌剧院里，将很少上演的剧目呈现给爆满的观众。

历史

这里被维京人称为Waesfjord（意为“泥滩港”），因为靠近斯莱尼河口，位置便利，早在公元850年就有人登陆。1169年，诺曼人占领了城镇，如今在爱尔兰国家遗产公园（Irish National Heritage Park）内仍能看到他们修建的堡垒的废墟。

1649年到1650年，克伦威尔远征爱尔兰，造成极大破坏，韦克斯福德也未能幸免。当时镇上的2000名居民中约有1500人被杀害，其中包括所有方济会修士。1798年起义期间，起义军在战败前，曾在这里浴血奋战，顽强抵抗。

景点

塞尔斯卡尔修道院 遗址

（Selskar Abbey; Westgate, Spawell Rd; 每人 €3; ⏲团队游3月至10月 周一至周六 15:00）亨利二世（Henry Ⅱ）杀害了从前的盟友托马斯·贝克特（Thomas Becket）后，曾在建于1190年的塞尔斯卡尔修道院忏悔。据说，理查德·菲茨·吉尔伯特·德·克莱尔（Richard Fitz Gilbert de Clare，更出名的称号是“强弓” Strongbow）的妹妹巴西利娅（Basilia）在这座修道院里嫁给了亨利二世的中尉之一。如今修道院破败的状态是克伦威尔1649年来访时造成的。只能参加导览游进入参观，集合地点是Spawell Rd附近的西门。

圣爱贝瑞尔斯教堂 教堂

（St' Iberius Church; North Main St; ⏲5月至9月 10:00~17:00，10月至次年4月 至15:00）免费 圣爱贝瑞尔斯教堂建于1760年。文艺复兴风格的教堂正面值得一看，但是真正的亮点是乔治王时代风格的教堂内部，有制作精美的祭坛围栏，走廊上有18世纪的纪念物。奥斯卡·王尔德的祖先曾是这里的牧师。教堂出色的音响效果也很出名，偶尔会举办音乐会。

斗牛场广场（Bull Ring） 古迹

斗牛场广场是市中心一个露天小广场，因为在中世纪曾用来以狗斗牛而得名。孤独的长矛兵雕塑纪念着1798年起义的战士，他们曾将广场作为一处露天兵工厂。如今的斗牛场广场是韦克斯福德镇每周集市的所在地。

西门（Westgate） 地标

14世纪的西门是6个原有城门中仅存的一个，起初是一个收费站，收费员使用的墙壁凹处还完好无损，监禁不付钱的“逃票犯”的房间也保存完好。

★约翰斯敦城堡花园 花园

（Johnstown Castle Gardens; www.irishagrimuseum.ie; Johnstown Castle Estate; 成人/儿童 €3/1，含博物馆 €8/6; ⏲4月至5月和9月 9:00~17:30，6月至8月至19:00，10月至次年3月 至16:30）招摇的孔雀守卫着壮丽的19世纪的约翰斯

Wexford Town 韦克斯福德镇

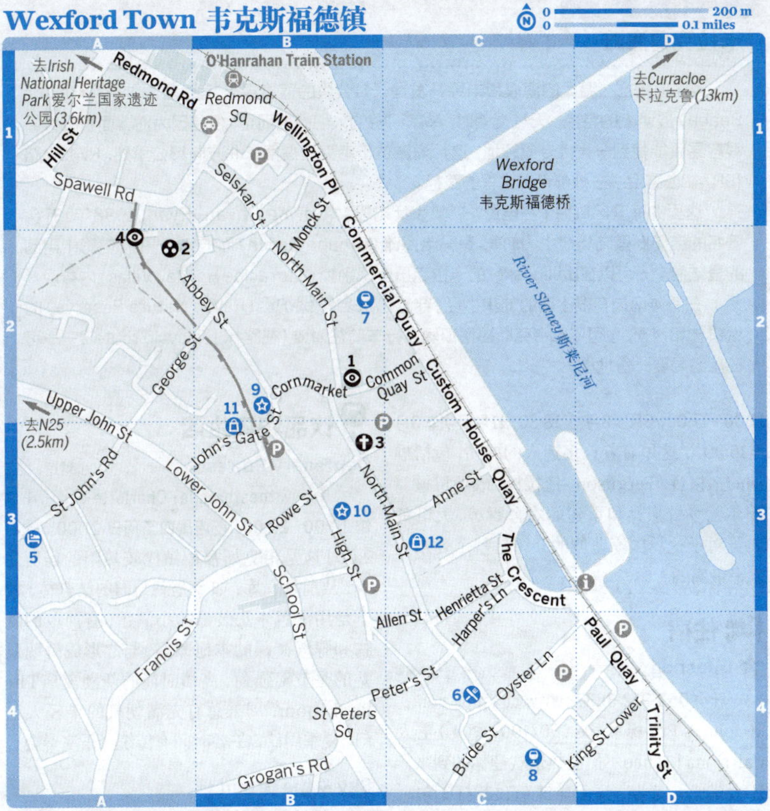

Wexford Town 韦克斯福德镇

景点

1 斗牛场广场......B2
2 塞尔斯卡尔修道院......A2
3 圣爱贝瑞尔斯教堂......B3
4 西门......A2

住宿

5 Cuasnog......A3

就餐

6 Cistín Eile......C4

饮品和夜生活

7 Centenary Stores......B2
8 Sky & the Ground......C4

娱乐

9 Wexford Arts Centre......B2
10 韦克斯福德歌剧院......B3

购物

11 Blue Egg Gallery......B3
Bull Ring Market......（见1）
12 Wexford Book Centre......C3

敦城堡，城堡曾是显赫一时的菲茨杰拉德（Fitzgerald）和埃斯蒙德（Esmonde）家族的居所（这处地产在1945年赠给了国家）。空荡荡的城堡（不对公众开放）周围是20公顷美丽的森林花园，还有观赏湖、意大利式的下沉花园、雕塑和瀑布。城堡位于韦克斯福德镇西南方向7公里处。

城堡的附属建筑里是**爱尔兰农业博物馆**（Irish Agricultural Museum；⏲4月至5月和9月至10月 周一至周五 9:00~17:00，周六和周日

值得一游

卡拉克鲁海滩

柔软的白沙、温柔的海浪和未经开发是长11公里的蓝旗级**卡拉克鲁海滩**（Curracloe Beach）最迷人的特色。天气晴朗时，举家同游的人们蜂拥而至，但是因为海滩面积极大，很容易就能找到一大片专属领地。这片海滩位于韦克斯福德东北方向13公里处，R741公路和R742公路沿线多处都设有这里的路标。

这里的海滨区域为了在电影《拯救大兵瑞恩》（*Saving Private Ryan*，1998年）开头著名的诺曼底登陆场景中"饰演"奥马哈海滩（Omaha Beach）而扩大了一倍，电影中用到的登陆艇之一可以在Ballinesker的卡拉克鲁度假别墅（Curracloe Holiday Villas）内参观。

在海滩南边有很不错的徒步小径，穿越**雷文自然保护区**（Raven Nature Reserve）的松树林和沙丘，也可以从韦克斯福德镇骑自行车前往海滩（在路标上叫cycle route 2——可在旅游局要一份地图）。

11:00~17:00，6月至8月 至18:30，11月至次年3月至16:00），这里有着许多迷人的展品，包括早期的福格森（Ferguson）拖拉机、农业机械、爱尔兰乡村家具和重建的农舍厨房。大饥荒展览对于这场国家悲剧的介绍是整个爱尔兰水平最高的。

住宿

★ Cuasnog 民宿 €€

（☎053-912 3637；www.cuasnog.com；St John's Rd；标单/双 €60/100；🛜👪）主人Caitriona和Theo不但会热情欢迎你的到来，还会端上一壶茶，搭配熏鲑鱼和苏打面包。小巧的客房用质朴的家具和壁炉营造出一种舒适感，早餐有自制司康饼和当地的有机农产品。这家民宿位于一条安静的居民区街道上，从镇中心步行几分钟即到。

就餐

★ Cistín Eile 新派爱尔兰菜€€

（☎053-912 1616；www.cistineilewexford.com；80 South Main St；午餐主菜 €7~15，3道菜晚餐 €29；⏰周一至周五 正午至15:00，周六12:30~15:00，周三至周六 18:00~21:00；🛜）🌿来这家永远忙忙碌碌的餐厅要带上一个好胃口——正如墙上的那句格言说的：Is maith an t-anlann an t-ocras（饥饿是出色的调味料）。每天的菜单里都有本地的农产品，包括慢煮的牛肉、熏肉配卷心菜、土豆泥、新鲜采摘蔬菜沙拉，风味浓郁，分量充足。

饮品和夜生活

Centenary Stores 小酒馆、夜店

（www.thestores.ie；Charlotte St；⏰小酒馆 10:00~23:00，夜店周四至周日 21:00至次日2:00）这是韦克斯福德镇比较热闹的场所之一，从前是仓库，如今是新与旧的结合体，楼下是用深色木头装饰的小酒馆，有简单的食物和脾气暴躁的本地顾客，与之形成鲜明反差的是节奏强劲、高档时尚的新潮夜店The Backroom，周末总有充满朝气的年轻人上门。夏季周日的午餐时间有传统音乐演奏会。

Sky & the Ground 小酒馆

（112-113 South Main St；⏰周一至周四14:00~23:30，周五和周六13:00~0:30，周日 至23:00）Sky & the Ground是一家受喜爱的老字号，装修得很古朴，炉火烧得很旺，墙壁上挂满了古老的搪瓷标牌。周一到周五的晚上常有传统音乐演奏会，夏天在楼上有一片露天平台开放。

娱乐

韦克斯福德歌剧院 歌剧

（Wexford Opera House；www.wexfordoperahouse.ie；High St；门票 €20~40；🛜）韦克斯福德光彩照人的歌剧院在2008年开业，内部的建筑魅力超越歌剧院的外观。除了歌剧，剧院还有戏剧和音乐会演出，在秋季举办歌剧节。

Wexford Arts Centre 舞蹈

（☎053-912 3764；www.wexfordartscentre.ie；Cornmarket；门票 €10~20；🛜👪）这个艺术

中心位于18世纪的市场大厅内，举办展览、戏剧演出（偶尔有爱尔兰语的剧目）、舞蹈和音乐表演，还有一家不错的咖啡馆。

购物

Bull Ring Market

工艺品

（Bull Ring；周五和周六 9:00~14:00）斗牛场广场每周都有一个热闹的集市，出售工艺品、老式衣服、古玩、首饰、家居用品、玩具和配饰。

Blue Egg Gallery

工艺品

（John's Gate St；周二至周六 11:00~17:30）Blue Egg是镇上的几家商业画廊和工艺品商店之一（可向旅游局索要完整清单），主要售卖多种材质的当代爱尔兰工艺品，包括陶瓷、金属和玻璃制品。

Wexford Book Centre

书籍

（5 South Main St；周一至周六 9:00~18:00，周日 13:00~17:00）有许多值得一读的爱尔兰书籍，还有当地的旅行指南和地图。

实用信息

韦克斯福德旅游局（www.visitwexford.ie；Quay Front；4月至10月 周一至周六 9:15~17:15，11月至次年3月时间缩短；）有介绍当地徒步和骑行路线的地图和小册子。

到达和当地交通

长途汽车

长途汽车从火车站出发。

都柏林 €19.50，2小时45分钟，每小时1班

沃特福德 €11.50，1小时，每天7班

Wexford Bus（www.wexfordbus.com）有车抵离都柏林机场（€20，2小时45分钟，每小时1班），途经恩尼斯科西（Enniscorthy）、弗恩斯（Ferns）和都柏林市中心。

出租车

Wexford Cabs（053-912 3123；24小时）有出租车开往罗斯莱尔港（Rosslare Harbour）和都柏林机场。

火车

火车从**O' Hanrahan Station**（053-912 2522；Redmond Sq）开往都柏林的康诺利火车站（€27，2.5小时）和罗斯莱尔港（€5.85，每天4班，25分钟）。

胡克半岛（Hook Peninsula）

胡克半岛像一根尖细的手指，绕岛一周的公路在路标上被称作**胡克沿海环线公路**（Ring of Hook coastal drive）。每隔一个拐弯就有一片宁静的海滩、一座破败的堡垒、一个庄严的修道院或一家海鲜餐厅，世界上仍

不要错过

丁登修道院

丁登修道院（Tintern Abbey；www.heritageireland.ie；Saltmills；成人/儿童 €4/2；4月至10月 10:00~17:00）得名于一个威尔士的修道院，因为第一批修士来自那里。如今的遗址很有韵味，坐落在40公顷的林地上，环境迷人。这里曾长期作为私人住宅，对于修道院而言很不寻常。16世纪初废除修道院后，丁登修道院被赠予斯塔福德郡的贵族安东尼·科尔克拉夫（Anthony Colclough），他的后裔一直在此生活到1959年。在费萨德（Fethard）以北5公里处，R734公路旁有修道院的路标。

彭布鲁克郡的伯爵威廉·马歇尔在13世纪初创建了这个西多会修道院，在那之前，他险些命丧大海，曾许下誓言，如果能安全上岸，就要建一座教堂。修道院回廊的墙壁、中殿、中殿和耳堂交叉处的塔楼、祭坛和南侧的耳堂依旧矗立，一代代科尔克拉夫家族的成员为把修道院遗址变成乡间住宅而进行的改建也保留至今。

徒步小径蜿蜒进入周围的森林，经过湖泊、小溪和更多斑驳破碎的遗址（包括一座单间小教堂），通往拥有200年历史的美丽的**科尔克拉夫围墙花园**（Colclough Walled Garden，www.colcloughwalledgarden.com；Saltmills；成人/儿童 €3/2；5月至9月 10:00~18:00，10月至次年4月 至16:00），花园经过再种植，已恢复了往日的辉煌。

在使用的最古老灯塔巍然矗立在半岛尽头。

1170年，"强弓"在攻占沃特福德的途中经过这里，据说他曾命令手下"在胡克或克鲁克"(by Hook or by Crooke)登陆(克鲁克指的是附近的村庄)，这就是谚语"by hook or by crook"(意为"不择手段")的来历。

到达和离开

公共交通选择有限，最远到费萨德(Fethard)，去更远的地方就需要自驾或骑自行车了。

胡克角及周边 (Hook Head & Around)

景点

★ **胡克灯塔** 灯塔

(Hook Lighthouse; www.hookheritage.ie; Hook Head; 成人/儿童 €6/3.50; 9:30~17:00;)胡克角的最南端是世界上仍在使用的最古老灯塔，现代的塔灯在13世纪的塔身顶部闪烁。进入灯塔需要参加半小时的导览游，可以登上115级台阶，欣赏壮美的风景。游客中心内有一家不错的咖啡馆，草地和周围的海岸是热门的野餐和徒步地点。

据说在5世纪时，修士们最早在海角上点亮了灯塔，第一批入侵的维京人发现有光亮指路，十分开心，所以都没来这里抢劫。13世纪早期，威廉·马歇尔(William Marshal)建起了一个更加耐久的建筑，如今依然矗立在灯塔黑白相间的简洁塔身下方。

新罗斯(New Ross)

051/人口 8150

新罗斯(Rhos Mhic Triúin)的一大吸引力是，游客有机会登上一艘19世纪的饥荒船。不过新罗斯的历史渊源可以追溯到更早之前——在12世纪，它发展成了诺曼人在巴罗河上的港口。1798年起义期间，一伙起义军试图攻占这个城镇，但被守备部队击退，3000人因此丧生，城镇大部分被毁。

如今，这里算不上漂亮，但是东海岸保留着一些陡峭狭窄、富有魅力的街道，还有一座中世纪修道院的遗址。可在旅游局索要一份介绍城镇历史小径(预留1.5小时)的地图。

到达和离开

长途汽车从码头(The Quay)出发，开往沃特福德(€9.40，30分钟，每天8~12班)、韦克斯福德(€9.50，45分钟，每天3~4班)和都柏林(€17.50，3小时，每天至少4班)。

沃特福德郡 (COUNTY WATERFORD)

051/人口 113,800/面积 1855平方公里

在风格多元的沃特福德郡，沿着海岸线的沙滩上是风情万种的海滨度假胜地，教堂、大教堂和城堡都具有历史意义，美丽的奈尔峡谷(Nire Valley)隐藏在库姆拉山(Comeragh Mountain)和莫纳武拉山(Monavullagh Mountain)之间，峡谷中的徒步小径纵横交错，生机勃勃的沃特福德市拥有迷宫般的中世纪小巷和保存完好的乔治王时代风格的建筑。

沃特福德市(Waterford City)

051/人口 51,500

沃特福德(Port Láirge)是爱尔兰最古老的城市——在2014年刚庆祝了建城1100周年——其历史可以追溯到维京人时代。城市的名字来自古代挪威语vedrarfjord("冬季港湾"或"多风港口"只是其中两种可能的译名)，如今依然是一个繁忙的港口城市，位于舒尔河(River Suir)一个受潮汐影响的河段，因为出产沃特福德水晶而闻名。

这座城市经历了大规模的重建，滨水地区尤甚，但是在所谓的"维京三角区"(Viking Triangle)，狭窄的街道和城墙依然保留着维京人和诺曼人留下的痕迹，三角区有3座出色的博物馆，对于中世纪的爱尔兰介绍比国内任何其他城市的博物馆都要好。

历史

这座城市大约在公元914年创建，当时是一个维京人的港口，1210年，国王约翰扩建了原有的城墙，将它变成爱尔兰最强盛的城市。15世纪，这座城市抵御了觊觎英国王位的兰伯特·西姆内尔(Lambert Simnel)和波金·沃贝克(Perkin Warbeck)的进攻，随后

Waterford 沃特福德

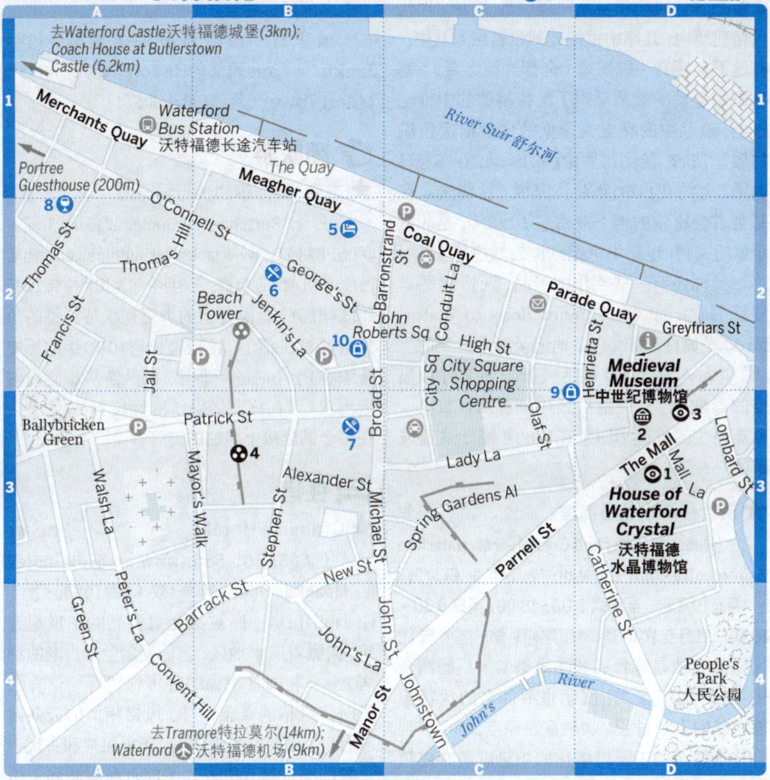

Waterford 沃特福德

重要景点

1 沃特福德水晶博物馆 D3
2 中世纪博物馆 D3

景点

3 市政厅 D3
4 Half Moon Tower B3

住宿

5 Granville Hotel B2

就餐

6 La Bohème B2
7 Momo B3

饮品和夜生活

8 Henry Downes Bar A2

娱乐

Theatre Royal .... （见2）

购物

9 Kite Design Studios C3
10 Waterford Book Centre B2

又在1649年抵抗住了克伦威尔的攻打。1650年，克伦威尔的部队卷土重来，沃特福德投降。这座城市虽然躲过了克伦威尔惯用的屠杀，但天主教徒要么被流放到西部，要么被船送往加勒比海地区充当奴隶，人口锐减。

景点

★中世纪博物馆

博物馆

（Medieval Museum；www.waterfordtreasures.com；Greyfriars St；成人/儿童 €7/免费，含主教宫 €10/免费；⏲周一至周五 9:15~17:00，

周六10:00~17:00，周日11:00~17:00，6月至8月时间延长；🛜）博物馆位于一座美轮美奂的现代风格建筑内，几座中世纪建筑也被纳入其中，在地下室还有一段城墙（全部开放参观）。博物馆用生动的细节呈现了沃特福德的中世纪历史，藏品中的亮点是罕见的15世纪**金色织物教堂法衣**，使用佛罗伦萨的丝绸，在布鲁日刺绣，大约在1460年制作完成。这些法衣在基督教会座堂的地下被遗忘了123年，是非常罕见的文物，也是中世纪欧洲的灿烂瑰宝。

另外还有一些杰出的展品，**沃特福德羊皮纸书**（Great Parchment Book of Waterford）是原件，细致入微地记录着中世纪的生活，引人入胜，内容包括轻微犯罪案件和瘟疫的影响。还有一把仪式用剑和两根权杖，是英格兰的爱德华四世在1462年赠予这座城市的。

★ 沃特福德水晶博物馆 水晶

（House of Waterford Crystal；www.waterfordvisitorcentre.com；The Mall；成人/学生 €13/5；⏲4月至10月周一至周六 9:00~18:00，周日 9:30~18:00，11月至次年3月时间缩短；🛜）这个现代风格的大楼是零售店和咖啡馆与工厂的结合体，工厂组织参观，展示世界闻名的沃特福德水晶的生产过程。吹制室是亮点，你可以观看技术熟练的工匠将熔化的炽热玻璃变成精美的水晶制品。参观结束的地点自然是商店，闪闪发亮的展示品令人惊叹，既有€30的酒瓶垫，又有售价€30,000的灰姑娘的水晶马车。

第一家沃特福德玻璃工厂创建于1783年，位于河畔码头的最西边，在20世纪80年代和90年代的繁荣之后，公司陷入困境，在2009年被一家美国投资公司收购。如今每年约有6万件水晶制品在爱尔兰生产，约占总产量的55%，剩余的部分在欧洲生产，严格依照沃特福德的标准。

历史建筑

The Mall是一条18世纪的宽阔街道，建在曾经是潮汐入口的填埋地上。街上最宏伟的建筑是约翰·罗伯茨（John Roberts）设计的**市政厅**（1788年）和翻修得很漂亮的Theatre Royal（见133页），后者可能是爱尔兰最完好无损的18世纪剧院。滨水地带的中央矗立着19世纪60年代的**钟楼**，它是当地一个著名的地标建筑。

城里有一段段斑驳的老城墙，包括Jenkin's Lane顶部的**Beach Tower**和**Half Moon Tower**（紧邻Patrick St）。

团队游

★ 杰克·伯彻尔的步行导览游 步行游览

（Jack Burtchaell's Guided Walking Tour；☎051-873 711；www.jackswalkingtours.com；团队游成人/儿童 €7/免费；⏲3月中旬至10月中旬 11:45和13:45；👪）能说会道的杰克把沃特福德的角角落落都讲活了，轻轻松松将1000年的历史压缩在1个小时的行程中。团队游从旅游局附近出发（可在旅游局确认准确位置），途中会在多个酒店接上参加的游客。

住宿

★ Granville Hotel 酒店 €€

（☎051-305 555；www.granville-hotel.ie；Meagher Quay；标单/双 €79/109起；🛜）Granville是一座被泛光灯照亮的18世纪建筑，俯瞰着滨水地区，它是爱尔兰最古老的酒店之一。装饰着织锦的客房保留着一丝乔治王时代风格的典雅韵味，风格相似的公共区域有引人注目的彩色玻璃、历史照片和古玩。早餐的亮点是有机麦片粥配百利甜酒和一份完美的班尼迪克蛋。

就餐

★ Momo 小餐馆 €€

（☎051-581 509；www.momorestaurant.ie；47 Patrick St；主菜 €9~17；⏲周二至周四 正午至21:00，周五和周六 至22:00，周日 13:00~20:00；🛜🥗👪）🌿这家闹哄哄的新餐馆人气极高，可能会找不到位置。这里的吸引力来自新鲜制作、味道丰富的食物，食材选用优质的本地农产品，菜单里有炖羊腿、亚洲风味烤肋排和酥鱼汉堡配萨尔萨酱，还有一系列诱人的素食。

★ La Bohème 法国菜 €€

（☎051-875 645；www.labohemerestaurant.ie；2 George's St；主菜 €20~25；⏲周二至周六 17:30至深夜）这里是需要正装出席的餐厅，将

法国风味和新鲜的爱尔兰农产品结合在一起。餐室位于一座乔治王时代风格的联排房屋的地下厨房，就餐空间幽静温馨，有筒形穹顶和拱门，葡萄酒酒窖的规模超过大部分餐厅。早客套餐（early-bird menu，周二到周四整晚供应，周五供应至19:00）含3道菜，价格是€29。

饮品和夜生活

★Henry Downes Bar 小酒馆

（Thomas St；17:00至深夜；）如果喝够了世涛啤酒，想换个口味，可以去Downes坐坐，这家小酒馆从两个多世纪以前就开始混酿自家的No 9爱尔兰威士忌。店里有一系列特色鲜明的房间，可以坐在房间里小酌，也可以买一瓶带走（€45）。这是一家真正独一无二的小酒馆，后院竟然有一个壁球场，还有一张全尺寸的台球桌。

娱乐

Theatre Royal 剧院

（www.theatreroyal.ie；The Mall）沃特福德的王牌剧院是一座翻修得很漂亮的乔治王时代风格的建筑，有戏剧、音乐剧和舞蹈演出。

购物

Barronstrand St是主要的购物街，从舒尔河笔直向南延伸。

Kite Design Studios 工艺品

（www.kitedesignstudios.ie；11 Henrietta St；周一至周六 9:30~17:00）这个工作室和商店的结合体为一些沃特福德顶尖的艺术家和手艺人提供了工作空间和展示空间。你可以观赏工匠工作，选购在当地制作的玻璃器皿、纺织品、珠宝和其他工艺品。

Waterford Book Centre 书籍

（www.thebookcentre.ie；25 John Roberts Sq；周一至周六 9:00~18:00，周日 13:00~17:00）三层楼里摆满了书，有一系列出色的爱尔兰经典作品，还有一家咖啡馆。

实用信息

旅游局（051-875 823；www.discoverwaterfordcity.ie；120 Parade Quay；周一至周六 9:15~17:30）是沃特福德郡和韦克斯福德郡的最佳资讯来源。

到达和离开

飞机

沃特福德机场（Waterford Airport；051-846 600；www.flywaterford.com；Killowen）位于市中心以南9公里处，有少量航班飞往伦敦卢顿机场（Luton）和伯明翰。没有公共交通工具开往机场，乘出租车大约需要€20。

长途汽车

Bus Éireann有班次频繁的长途汽车开往特拉莫尔（€3.70，45分钟，每小时2班）、都柏林（€14.75，2.5小时，每2小时1班）和韦克斯福德（€11.50，1小时，每天6班）。

Suirway（www.suirway.com）有长途汽车开往邓莫尔东部（€4，25分钟，全年周一至周六每天至少7班，6月下旬至8月周日增加5班），发车的车站位于**长途汽车总站**（Main Bus Station；051-879 000；www.buseireann.ie；Merchants Quay）外的商人码头（Merchants Quay）。

火车

沃特福德的普伦基特（Plunkett）火车站位于市中心的河对面，有火车直达：

卡洛 €17.35，1小时15分钟，每天7班。

都柏林赫斯顿火车站 €31，2小时15分钟，每天7班。

基尔肯尼 €13.85，35分钟，每天6班。

蒂珀雷里 €17.35，1.5小时，每天2班。

邓加文（Dungarvan）

051/人口 9430

粉刷着鲜艳色彩的建筑环绕着邓加文风景如画的港口，考利甘河（River Colligan）在这里汇入大海。这个著名的美食之城拥有一些杰出的餐厅、一家知名的烹饪学校，还举办一年一度的沃特福德美食节。

7世纪时，圣加文（St Garvan）在这里创建了一所修道院，但是市中心大部分地区的历史可以追溯到19世纪初，当时的德文郡公爵重建了Grattan Sq广场周围的街道。一座壮观的城堡遗址和一座奥古斯丁修道院俯瞰着海湾。

到达和离开

往返沃特福德(€13.90,50分钟,每小时1班)和科克(€20,1.5小时,每小时1班)的长途汽车中途在达维特码头(Davitt's Quay)上下客。

阿德莫尔(Ardmore)

☎051/人口 435

迷人的海滨村庄阿德莫尔现在看来或许很低调,但它曾是爱尔兰最重要的基督教村庄之一。人们认为圣迪克兰(St Declan)在5世纪将基督教引入了爱尔兰东南部,远远早于圣帕特里克到达的时间,他在港口上方的小山上修建了自己的修道院。12世纪在这里修建的大教堂是爱尔兰最杰出的古罗马式建筑典范之一。

如今来的游客主要是为了享受当地的海滩(除了村庄的海滨,在北部4公里处还有僻静的Ballyquin Beach)、水上运动、令人心旷神怡的海滨漫步和全国最好的小型豪华酒店之一。

景点和活动

★圣迪克兰修道院 遗址

(St Declan's Monastery; Tower Hill; ⌚24小时) 免费 爱尔兰最古老的基督教村落遗址占据着城镇上方的一座小山,环境秀丽,遍地是或新或古老的墓碑。最著名的地标是30米高的**圆塔**(round tower),它是爱尔兰最经典的圆塔之一。但是最引人注目的是没有屋顶、仅剩骨架的**阿德莫尔大教堂**(Ardmore Cathedral),特别是西山墙上的古罗马式连拱雕饰,上面装饰着饱经风霜却依旧动人的12世纪圣经场景石雕——在爱尔兰十分罕见。

大教堂里面有两块**欧甘文石碑**(Ogham stones),这是爱尔兰最早的书写形式(其中一块上有全国最长的欧甘文碑文),还有一些中世纪的坟墓石板。场地内最古老的建筑是8世纪的**圣迪克兰礼拜堂**(Oratory of St Declan),它在1716年得到修复,据说圣迪克兰就被葬在礼拜堂东南角的一个洞下面。

利斯莫尔(Lismore)

☎051/人口 1370

宁静典雅的城镇利斯莫尔位于布莱克沃特河(Blackwater River)畔,7世纪时,这里创建了一所出色的修道院学校,欧洲各地的政治家和泰斗经常来访。1182年,英格兰的约翰王子在这里建造了第一座城堡,17世纪,这片地产一度归入现代化学之父罗伯特·波义耳(Robert Boyle)的家族名下,后来通过联姻成了德文郡公爵的财产。

如今的**利斯莫尔城堡**(Lismore Castle)更像是一座巨大的带城垛的大宅,坐落在河流上方的一片陡坡上,城堡主体的历史可以追溯到19世纪,仍是十二世德文郡公爵的家族宅邸。舞蹈传奇弗雷德·阿斯泰尔的姐姐阿黛尔·阿斯泰尔(Adele Astaire)嫁给了九世公爵的儿子,在1932年到1944年间曾生活在利斯莫尔城堡。城堡不对公众开放,但花园是沃特福德郡最热门的景点之一。

景点和活动

★利斯莫尔城堡花园 花园

(Lismore Castle Gardens; www.lismorecastlegardens.com; 成人/儿童 €8/5; ⌚4月至9月 10:30~17:30)虽然利斯莫尔城堡本身不对公众开放,但是3公顷精心修剪的华美花园非常值得一游。人们认为这里是爱尔兰最古老的造景花园,地势较高的园区围着围墙,采用詹姆士一世时期的风格,地势较低的园区风格没那么正式,点缀着**现代雕塑**,包括两块柏林墙。亮点是一条壮丽的**紫杉步道**,据说埃德蒙·斯宾塞(Edmund Spenser)就是在这里写出了《仙后》(*The Faerie Queene*)。

地势较高的园区旁边有一座当代**艺术馆**,城堡的养马场和花园在每年6月举办的**利斯莫尔音乐节**(Lismore Music Festival; www.lismoremusicfestival.com)期间是歌剧演出场地。

到达和离开

Bus Éireann运营的366路从利斯莫尔开往卡波昆(Cappoquin, €3.20, 10分钟)和沃特福德(€18.50, 1小时45分钟),只在周日发车,每天1班。

卡洛郡(COUNTY CARLOW)

☎051/人口 54,600/面积 899平方公里

爱尔兰第二小的郡以巴罗河为焦点,它

是爱尔兰的第二长河，从卡洛镇向南奔流，穿过风景如画的村庄，流向圣穆林斯的修道院小村落，迷人的巴罗之路步行小径与河畔的纤道并行。布莱克斯泰尔斯山脉（Blackstairs Mountains）高耸于东南部，圆顶的山脊为众多景色充当背景，地表下的花岗岩作为建筑石材出现在各地，最出名的用处是用作欧洲最大的史前石板墓的墓顶石。

历史悠久的贵族庄园、荒废破败或经过翻新的宏伟乡间别墅和爱尔兰最出色的鲜花盛开的花园在卡洛郡交错分布——精通园艺的游客应该购买或下载一份卡洛花园小径（Carlow Garden Trail; www.carlowgardentrail.com）地图。

卡洛镇周边（Around Carlow Town）

景点

★阿尔塔蒙特花园 花园

（Altamont Gardens; www.heritageireland.ie; Kilbride, Ballon附近；⏲4月至9月 9:00~18:30，3月和10月 至17:00，2月和11月 至16:30，12月至次年1月 至16:00）免费 阿尔塔蒙特花园是爱尔兰最宏伟的造景花园之一，占地16公顷，位于斯莱尼河畔，精挑细选的植物被栽种在自然的环境里，花园里有很多孔雀、天鹅、松鼠和野兔，一片景观睡莲湖被围在中间。花园位于卡洛镇东南方向24公里处的Kilbride Cross，紧邻N80公路。

步道蜿蜒穿过花坛、灌木丛、成材的树林（有些树龄超过250年）和杜鹃花丛，最终沿着一段100级的花岗岩台阶通往低处一片美不胜收的河畔蓝铃花树林——特别适合野餐。

花园最早建于18世纪，现在的花园大部分是由植物收藏家菲尔丁·莱基·沃森（Fielding Lecky Watson）打造的，他在1924年买下了这片地产，他的女儿科罗娜·诺斯（Corona North）在1999年去世，将花园遗赠给了国家。荒废的阿尔塔蒙特别墅（Altamont House）在修复完成后拟对公众开放。

圣穆林斯（St Mullins）

☎051/人口 100

小村庄圣穆林斯宁静祥和，只有几座房屋和一家小酒馆散落在圆丘状的村庄草地周围，完全看不出昔日的辉煌。村庄是圣莫灵（St Moling，圣穆林）在7世纪创建的，靠近提供圣水的圣莫灵之井（St Moling' s Well，村庄的停车场上有路标），曾是一处重要的修道院场所。

12世纪和13世纪，这里成了移居英国的诺曼人的一处主要定居地（草地上的那些小丘是一座城寨城堡的遗址），但是出于某种原因，村庄从未发展为城镇。如今这里秀美安宁，是垂钓、划独木舟、沿河徒步和骑车的活动中心。

村庄主办St James Pattern Day，这是一项一年一度的朝圣和弥撒活动，在7月25日之前（或当天）的那个周日进行。

巴罗之路

巴罗河是爱尔兰的第二长河（仅次于香农河），从莱伊什的布鲁姆山奔流192公里，在圣穆林斯与潮水相遇，再在沃特福德港汇入大海。巴罗河在18世纪通航，通过Barrow Line运河与都柏林的大运河相连，巴罗之路（www.irishtrails.ie）与河畔的纤道并行。

这条设有路标的国家级步道全长114公里，从基尔代尔郡的Lowtown（Robertstown附近）通往圣穆林斯，超过一半的路程在卡洛郡境内。步道在田园风景中穿过，途经河畔村庄、维多利亚时代的船闸管理员小屋、古老的石桥和泊满船的码头，徒步时还有机会看到水獭、鹭、小白鹭和翠鸟等野生动物。

走完全程需要4天时间，不过比较短的路段特别适合半日徒步游或骑行，在圣穆林斯和Tinnahinch之间的7.5公里路段尤其迷人（在基尔肯尼郡的格雷格纳马纳斯村的河对面，单程徒步需要1.5小时，骑车需要30分钟）。

景点

圣穆林斯修道院 遗址

(St Mullins Monastery; ⌚24小时) 免费 这个重要的修道院场所由圣莫灵在7世纪创建，是伦斯特诸王(the Kings of Leinster)传说中的墓葬地。遗址包括4座10世纪到15世纪的教堂建筑、一座圆形塔楼的残余部分和一个9世纪的十字架。附近是1798年起义英雄托马斯·克罗尼将军的墓地，还有一座由"流亡纽约的圣穆林斯人"竖立的纪念碑，指示着伦斯特王阿尔特(Art, 1357~1416年)的墓地位置。

基尔肯尼郡 (COUNTY KILKENNY)

☎051/人口 95,400/面积 2073平方公里

基尔肯尼郡最引人注目的当然是与它同名的城市。基尔肯尼市是诺曼人的不朽馈赠，有壮观的城堡和具有历史意义的大教堂、手工艺品工作室、传统小酒馆和河畔步道，中世纪的小巷蜿蜒在城市中，吸引着旅行者。

基尔肯尼郡也很宜人，这里的山丘连绵起伏，浓淡深浅的绿色太过丰富，你脑海中的形容词会迅速告急。小路在山谷中穿过，经过湍急的河流、青苔覆盖的石墙和爱尔兰数百年宗教历史的遗址。爱尔兰风情的伊尼斯蒂格村(Inistioge village)是许多电影中的亮点，但它的美是真实的，同样富有魅力的还有格雷格纳马纳斯(Graiguenamanagh)、本尼茨布里奇(Bennettsbridge)和托马斯敦(Thomastown)等村镇。那么多艺术家和工匠把店开在这里一点也不奇怪。

基尔肯尼市(Kilkenny City)

☎051/人口 24,400

基尔肯尼(源于盖尔语"Cill Chainnigh"，意为圣卡尼斯的教堂)是许多游客想象中的爱尔兰。这座城市由混杂着贝壳化石的深灰色石灰岩建成，也被称为"大理石城"。风景如画的中世纪街区(Medieval Mile)由狭窄的小巷和历史建筑组成，在诺尔河(River Nore)畔的城堡和大教堂之间连成一片，是东南部最有吸引力的旅游景点之一。即使游人如织，也值得鼓起勇气挤进爱尔兰的这个大创意熔炉中感受一下这里的氛围——基尔肯尼是艺术与手工艺中心，还有许多上乘的餐厅、咖啡馆、小酒馆和商店。

历史

在中世纪，基尔肯尼断断续续地当过爱尔兰非正式的首都，诺曼系英国移民组建了自己的议会。1366年，议会通过了基尔肯尼法案，旨在防止诺曼系英国移民贵族吸收爱尔兰的文化和语言——他们不得与爱尔兰人结婚，不能参加爱尔兰的体育运动，说话和衣着不能像爱尔兰人，也不能演奏任何爱尔兰音乐。这些法规虽然存在了200多年，但从未被强制执行过，也未能阻止诺曼系英国移民对爱尔兰文化的吸收。

17世纪40年代，基尔肯尼在英国内战中支持天主教保皇派。1641年的基尔肯尼联盟(Confederation of Kilkenny)是爱尔兰人和诺曼系英国移民一次暂时的结盟，目标是让天主教徒重获土地和权力。查理一世被处决后，克伦威尔围攻了基尔肯尼5天，摧毁了城堡南侧的大部分城墙，随后统治基尔肯尼的奥蒙德(Ormonde)家族投降。这次战败标志着基尔肯尼对于爱尔兰事务的政治影响力彻底终结。

如今，旅游业是基尔肯尼经济的主要焦点，但是在农业等更为传统的产业方面，这里也是区域中心——你会看到开着拖拉机的农民耐心地躲开旅游大巴。

景点和活动

基尔肯尼的中世纪城墙大多建于14世纪和15世纪，一部分城墙如今在几个地点仍能看到，特别是在**Talbot's Tower**(Ormonde Rd和New St交叉路口)、**Maudlin Tower**(Maudlin St)和**Black Freren Gate**(Abbey St)，后者是仅存的城门。**莫德琳城堡**(Maudlin Castle, Maudlin St)是一座更加结实的中世纪塔楼，建于1500年前后，曾经守卫着东部的进城通道。

★**基尔肯尼城堡** 城堡

(Kilkenny Castle; www.kilkennycastle.ie; Castle Rd; 成人/儿童 €7/3; ⌚3月至9月 9:30~

Kilkenny 基尔肯尼

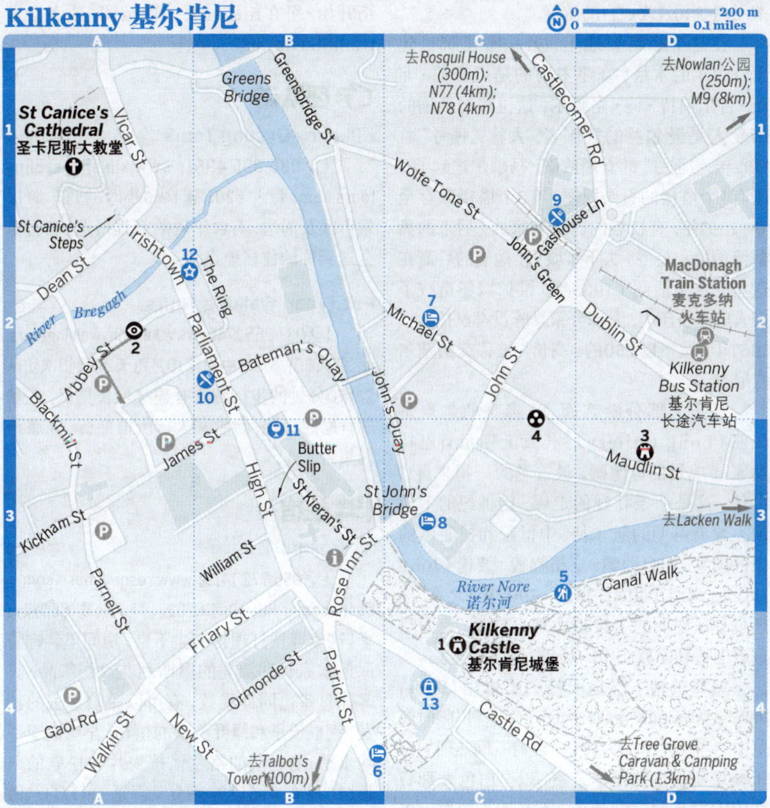

Kilkenny 基尔肯尼

重要景点
1 基尔肯尼城堡 C4

景点
2 Black Freren Gate A2
巴特勒美术馆 .... （见1）
3 Maudlin Castle D3
4 Maudlin Tower C2

活动、课程和团队游
5 诺尔立尼尔公园 C3

住宿
6 Butler House B4
7 Celtic House C2
8 Kilkenny River Court C3

就餐
9 Campagne C1
10 Foodworks B2

饮品和夜生活
11 Kyteler's Inn B3

娱乐
12 Watergate Theatre A2

购物
13 Kilkenny Design Centre C4

17:00，10月至次年2月 至16:30）基尔肯尼城堡矗立在诺尔河上方，是爱尔兰参观人数最多的遗产地之一。城堡曾属于有权势的巴特勒家族，其历史可以追溯到12世纪，不过现存的城堡主要是在维多利亚时代修建的。

冬季（11月至次年1月）有40分钟的导览

游，2月到10月改成自助游览。

在这个战略要地上，第一座建筑是建于1172年的木塔，修建木塔的是理查德·菲茨·吉尔伯特·德·克莱尔，这位移居英国的诺曼人是爱尔兰的征服者，人称“强弓”。1192年，“强弓”的女婿威廉·马歇尔建起了一座有4个塔楼的石头城堡，有3个塔楼保存至今。1391年，有权势的巴特勒家族（后来的奥蒙德伯爵和公爵）买下了城堡，他们的后裔在这里一直生活到了1935年。维护城堡造成了极大的经济压力，大部分家具陈设都已拍卖。1967年，城堡以£50的“高价”被移交给基尔肯尼市。

对于大部分游客而言，参观的焦点是长廊（Long Gallery），长廊上展示着巴特勒家族成员的肖像画，最古老的一幅来自17世纪。这是一条壮观的走廊，19世纪的木屋顶上绘有鲜明的凯尔特、中世纪和拉斐尔前派的图案，出自约翰·亨格福德·波伦（John Hungerford Pollen，1820~1902年）之手，他还创作了华丽的卡拉拉大理石壁炉，上面雕刻着巴特勒家族史中的场景，雕工精美。

城堡的地下层是巴特勒美术馆（Butler Gallery，www.butlergallery.com）免费 以临时展览中的当代艺术品为特色，还有一间热门的位于城堡厨房内的夏季茶室，以全白色大理石和闪闪发亮的黄铜装饰。不必购买门票就可以进入巴特勒美术馆和咖啡馆。

占地约20公顷的公共绿地（Castle Rd；⏲5月至8月 8:30~20:30，4月和9月 至19:00，10月至次年3月时间缩短）延伸至基尔肯尼城堡的东南侧，衬托着伦斯特山的美景，而凯尔特十字架形状的玫瑰园铺展在城堡的西北侧。绿地北侧有一扇大门，那里有一条陡峭的下坡路通往河边，从那里的St John's Bridge桥可以走回市区。

诺尔立尼尔公园（Nore Linear Park） 步行

这里有纵横交错的人行小道，游客们可以沿着诺尔河的河岸朝东南方向徒步，走到环路（2.5公里）再从对岸返回。西南岸的Canal Walk在城堡下方经过，然后继续经过磨坊引水槽、拦河坝和19世纪的毛纺厂遗址，有些毛纺厂一直经营到20世纪60年代。东北侧的Lacken Walk从Maudlin St街开始。可在旅游局要一份地图，或者参考trailkilkenny.ie。

团队游

Kilkenny Cycling Tours 骑车

（☎086 895 4961；www.kilkennycyclingtours.com；每人 €20；👪）2.5小时的骑车游探索市区及周边，有含午餐的行程可选。自行车会送到你的住宿地点。

Pat Tynan Walking Tours 步行

（☎087 265 1745；www.kilkennywalkingtours.ie；每人€6；⏲3月中旬至10月每天2次到3次团队游）70分钟的步行游既有趣又增长见识，在基尔肯尼的窄巷、台阶和人行街道穿行。在旅游局集合。

住宿

★ Rosquil House 客栈 €€

（☎056-772 1419；www.rosquilhouse.com；Castlecomer Rd；房间 €70起，双人公寓 €60起；📶）这家客栈打理得一尘不染，房间里装饰着深色木家具和漂亮的佩斯利花纹纺织品，宾客休息室也同样雅致，有可以深陷进去的沙发、铜框镜子和绿叶茂盛的植物。早餐高于平均水平，有自制的格兰诺拉麦片和松软的煎蛋饼。还有一间设施齐全又舒适、可以自己做饭的公寓（最少住3天）。

Butler House 精品酒店 €€

（☎056-772 2828；www.butler.ie；16 Patrick St；标单/双 €90/145起；@📶）基尔肯尼城堡不能住，不过这家历史宅邸是仅次于它的最佳选择。这里曾是奥蒙德伯爵的公馆，如今是一家精品酒店，装潢彰显贵族气质，有弧形楼梯、大理石壁炉、艺术收藏品和无可挑剔的花园。客房很宽敞，装修各不相同，地板嘎吱作响，像是为了提醒你，你住的地方处处是历史。

Celtic House 民宿 €€

（☎056-776 2249；www.celtic-house-bandb.com；18 Michael St；房间 €80；@📶）艺术家兼作家安吉拉·伯恩（Angela Byrne）在这家整洁干净的民宿向客人致以爱尔兰最热情的欢迎。客房很明亮，有些配备带天窗的浴室，另一些能看到城堡的风景，许多墙壁上都装饰着安吉拉的风景画。请提前预订。

Kilkenny River Court 酒店 €€€

（☎056-772 3388; www.rivercourthotel.com; John St; 标单/双 €100/110起; @🛜🏊）除了在宽敞现代的客房休息放松，你还可以在广受好评的餐厅就餐，去获奖的健身俱乐部，在阳光充足的室内游泳池游几圈，或者前往俯瞰着城堡脚下的河水的环绕式酒吧，在铺着鹅卵石的露台上喝一杯鸡尾酒。工作人员都很热心。周末的房价几乎要翻一番。

就餐

★ **Foodworks** 法式小馆、咖啡馆 €€

（☎056-777 7696; www.foodworks.ie; 7 Parliament St; 午餐主菜 €7~14, 3道菜的晚餐€28; ⏰周三至周五 正午至21:30，周六 至22:00，周日 12:30~16:30; 🛜👪）🌿这家法式小馆风格时髦，气氛随意，主人自己养猪，自己种做沙拉的蔬菜，不尝尝店里的手撕猪肉蛋糕或脆皮油封猪蹄未免失礼——味道一定会让你满意。美味的食物、出色的咖啡和友好的服务自然带来了很高的人气。建议预订餐位。

★ **Campagne** 新派爱尔兰菜 €€€

（☎056-777 2858; www.campagne.ie; 5 Gashouse Lane; 主菜 €29~32; ⏰周五至周日 12:30~14:30，周二至周六 18:00~22:00）大厨加勒特·伯恩（Garrett Byrne）在都柏林赢得了名声和米其林的"星星"，又在他的家乡基尔肯尼创办了这家大胆又时髦的餐厅。他热心支持当地的和手工的食品生产者，菜肴常换常新，令人难忘，每道菜肴都有一丝法国风味。供应午餐套餐和早客晚餐套餐，2道菜/3道菜的套餐价格是€27/32。

饮品和夜生活

★ **Kyteler's Inn** 小酒馆

（www.kytelersinn.com; 27 St Kieran's St; ⏰周日至周四 11:00至午夜，周五和周六 至次日2:00）爱丽斯·吉蒂勒夫人（Dame Alice Kyteler）的老宅建于1224年，颇有一段历史：她在1323年被控告行使巫术。如今这个布局零乱的酒吧包纳了原有的建筑，还带有拱形天花板和拱门。酒馆还有一个露天啤酒花园和一片庭院，楼上是一间宽敞的房间，供乐队现场演出（3月至10月的18:30），从传统音乐到蓝调，音乐风格多样。

Tynan's Bridge House 小酒馆

（St John's Bridge; ⏰周一至周四 10:30~23:30，周五和周六 至次日0:30，周日 11:30~23:00）这个1703年的乔治王时代风格的历史小酒馆是城里最好的传统酒吧。酒吧里没剩下什么完好无损的地方，花岗岩台面的马蹄形吧台已经下陷，木镶板是起初就有的，架子摇摇晃晃，忠实顾客都是脾气暴躁的当地人——连电视都没有！周三和周末的21:00有传统音乐会。

Left Bank 酒吧

（www.leftbank.ie; The Parade; ⏰周一至周四 正午至23:30，周五和周六 至次日0:30，周日 12:30~23:00）这座建筑从前是爱尔兰银行，现在已重现辉煌，无疑是全城最引人注目的酒吧。室内装潢的历史可以追溯到19世纪70年代，十分华丽，保留着原有的柱廊、木雕细节、外露的砖墙和枝形吊灯。还供应小吃。

Bridie's General Store 小酒馆

（John St; ⏰周日至周三 11:00~22:00，周四至周六 18:00~2:00）Langton企业集团聘用顶尖设计人才在这里重现了一座传统的杂货店兼小酒馆，成果令人满意。前部是一个令人着迷的零售店，满是各种各样的纪念品、逗趣的小玩意儿、玩具、泡菜和熟食。走过旋转门，就进入了一个集新颖与老派于一身的小酒馆，贴砖很漂亮，后院是一个相称的时髦露天啤酒花园。

John Cleere's 小酒馆

（www.cleeres.com; 22 Parliament St; ⏰周一至周四 11:30~23:30，周五和周六 至次日0:30，周日 13:00~23:00）这个长酒吧是基尔肯尼最好的现场音乐、戏剧和喜剧演出场所之一，有蓝调、爵士和摇滚乐演出，周一和周三还有传统音乐演奏会。全天供应食物，包括汤、三明治、比萨和爱尔兰炖肉。

O'Hara's Brewery Corner 小酒馆

（www.carlowbrewing.com; 29 Parliament

St；⏲周一至周四 13:00~23:30，周五和周六 至次日0:30，周日 至23:00）这里是基尔肯尼喝精酿啤酒的最佳去处，位于Carlow Brewing Company的场地内，是一个狭长的啤酒馆。服务时好时坏，特别是在客人很少的时候，但有种类丰富的啤酒可供选择，包括Carlow自己酿的印度淡色艾尔啤酒（IPA）。

☆ 娱乐

Watergate Theatre 剧院

（www.watergatetheatre.com；Parliament St）这是基尔肯尼最好的剧院，有戏剧、喜剧和音乐剧演出。如果你在纳闷为什么幕间休息长达18分钟，这是为了让顾客们有时间去John Cleere's小酒馆匆匆喝一杯啤酒。

购物

★ Kilkenny Design Centre 工艺品

（☎056-772 2118；www.kilkennydesign.com；Castle Yard；⏲10:00~19:00）出售基尔肯尼郡各地工匠制作的高端爱尔兰工艺品和艺术品。可以留意John Hanly的羊毛毯、Cushendale的毛纺制品、Foxford的围巾和Bunbury的砧板。

基尔肯尼徒步路线

南伦斯特之路（South Leinster Way；www.irishtrails.ie）穿过基尔肯尼郡多山的南部地区，从格雷格纳马纳斯通向伊尼斯蒂格，然后通往地势较低的马利纳瓦特（Mullinavat），再向西到皮尔敦（Piltown）。截至目前，最漂亮的路段大约长13公里，将格雷格纳马纳斯和伊尼斯蒂格这两个村庄连接在一起，在两地都能享用一顿美餐。

沿着这条路线走到格雷格纳马纳斯村以南4公里处，你可以从岔路进入**布兰顿山环路**（Brandon Hill Loop，紫色路标；www.trailkilkenny.ie）攀登布兰顿山（516米）。登上开阔的高沼地山顶很容易，从山顶上能看到东侧的布莱克斯泰尔斯山脉和伦斯特山的迷人风光。从格雷格纳马纳斯村徒步往返的路程是12公里，走起来比较轻松。

ℹ 实用信息

基尔肯尼旅游局（Kilkenny Tourist Office；www.visitkilkenny.ie；Rose Inn St；⏲周一至周六 9:15~17:00）有旅行指南和徒步地图，位于Shee Alms House之内，这座建筑始建于1582年，用当地的石料修建，是理查德·希爵士（Sir Richard Shee）为帮助穷人而赞助的。

ℹ 到达和离开

长途汽车

Bus Éireann的长途汽车在火车站和Ormonde Rd（更靠近城镇中心）停靠。JJ Kavanagh（www.jjkavanagh.ie）开往都柏林机场的长途汽车只在Ormonde Rd停靠。

卡洛 €10.10，35分钟，每天3班。
科克 €21.50，3小时，每天2班。
都柏林 €14，2小时15分钟，每天8班。
都柏林机场 €20，2到3小时，每天6班。
沃特福德 €12.50，1小时，每天2班。

火车

基尔肯尼的麦克多纳火车站位于城镇中心的东北部，步行10分钟即到，有火车开往都柏林的赫斯顿火车站（€26，1.5小时，每天6班）和沃特福德（€13.85，40分钟，每天7班）。

基尔肯尼郡中部（Central Kilkenny）

在基尔肯尼市的南部——特别是东南部——乡村公路和秀丽的村庄交错分布，俯瞰着巴罗河和诺尔河葱翠的河谷。这里是出色的徒步和钓鱼地区，也是基尔肯尼郡一些最著名的手工艺匠人的大本营——可以领一本《基尔肯尼制造手工艺之路》（*Made in Kilkenny Craft Trail*）小册子，或者参考www.madeinkilkenny.ie。

从基尔肯尼市来一日游可轻松游览大部分地区，但公共交通工具极少，需要自驾。

托马斯敦及周边（Thomastown & Around）

☎051/人口 2270

托马斯敦得名于14世纪的威尔士雇佣

兵托马斯·德坎特韦尔（Thomas de Cantwell），后来他变成了一位当地领主。这里保留着几段中世纪的城墙。在诺尔河上的桥（建于1792年）边是城堡Mullin' s Castle，从前在城镇的边缘至少矗立着14座塔楼，这是其中幸存下来的一个。这里很适合钓鳟鱼，可在Simon Treacy Hardware购买钓鱼许可证，从桥边沿着河走即到。

和基尔肯尼的其他地区一样，当地的手工艺产业充满生机——可以留意Clay Creations（☎087 257 0735; www.bridlyonsceramics.com; Low St, Thomastown; ⏰周三至周六10:00~17:30），店里展示着当地艺术家布里德·莱昂斯（Brid Lyons）充满想象力的陶瓷制品和雕塑。

景点和活动

★哲伯因特修道院 遗址

（Jerpoint Abbey; ☎056-772 4623; www.heritageireland.ie; Jerpoint, Thomastown; 成人/儿童 €4/2; ⏰3月至9月 9:00~17:30, 10月 至17:00, 11月 至16:00, 12月至次年2月关闭）哲伯因特修道院是爱尔兰最精美的西多会修道院遗址之一，创建于12世纪，塔楼和回廊的历史可以追溯到14世纪末或15世纪初。修道院以罕见的大量中世纪石雕著称，在回廊周围的柱子上刻有一系列独特又往往很逗趣的人像和动物，可以找找看。修道院地处迷人的乡村地区，位于托马斯敦西南方向约2.5公里处，N9公路沿线。

在教堂的北墙上，一幅15世纪或16世纪的画作残迹依稀可见。祭坛区还有一座坟墓，据信属于注重实际的费利克斯·奥杜拉尼（Felix O' Dulany），他是哲伯因特的首位修道院院长，也是Ossory的主教，在1202年去世。

到达和离开

从都柏林经基尔肯尼开往沃特福德的火车停在城镇以西1公里处的托马斯敦火车站。

科克郡

人口 519,000/面积 7508平方公里

包括 ➡

最佳餐饮

- Finn's Table（见155页）
- Manning's Emporium（见158页）
- Market Lane（见148页）

最佳住宿

- Garnish House（见148页）
- 巴利玛洛度假屋（见152页）
- Old Presbytery（见155页）

为何去

爱尔兰的一切美好之处在科克郡都可找到。科克郡环绕着的科克市是全国第二大城市，也是一个繁华的大都会，地理位置优越，这里的人们对生活情趣抱有近乎拉伯雷式的热情。城市的周围是郁郁葱葱的风景，在点缀其间的村庄里，可以度过安逸闲适、愉快恬静的日子。

这座城市不张扬的自信来自数量众多的美食市场和不断发展的创意餐厅，还有丰富多彩的小酒馆、娱乐活动和文化活动。

离开城市，你会经过饱受侵蚀的海岸线上的一片片小海湾，还有众多魅力非凡的古老捕鱼小镇和乡村。这里的风景和爱尔兰最美的地方一样令人心醉，特别是在狭长的米曾角半岛（Mizen Head Peninsula）、羊头半岛（Sheep's Head Peninsula）和贝拉半岛（Beara Peninsula），你可以向山口挺进，触摸爱尔兰远古时代的历史遗踪。

何时去

- 虽然夏季天气最好，但平季是节庆的时间。
- 巴尔的摩的小提琴音乐会预示着春天的来临，随后在5月还有一个海鲜与爵士音乐节。
- 秋天的西科克为美食而狂欢，斯基伯林在9月举办西科克美食节，美食之都金塞尔在10月会举办一个有着悠久历史的出色美食节，特别热闹。
- 科克市流行已久的爵士音乐节在10月下旬的强劲节奏中开场。

科克市(CORK CITY)

人口 119,230

科克市是爱尔兰第二大城市，但在每个重要的方面都是首屈一指的——至少当地人这么认为，他们愉快地称之为“真正的爱尔兰首都”。这是个自由开明、朝气蓬勃的国际性城市，曾遭受经济衰退的重创，但正在积极地改变形象，街道得到美化，一片片滨水地带重焕生机，而且，似乎在每个街角都有一家精品咖啡酒吧。时尚圈日益发展，但是这座城市的精华之处依旧愉快地遵循着昔日的传统——温暖舒适的小酒馆举办现场音乐会，餐厅将一流的本地农产品呈上餐桌，自豪的当地人热情好客。

紧凑的市中心位于利河(River Lee)的一座小岛上，周围是迷人的水道，岛上有乔治王时代风格的宏伟大道、17世纪的狭窄小巷和歌剧院等现代风格的建筑杰作。

St Patrick's St起始于利河北航道上的圣帕特里克桥(St Patrick's Bridge)，穿过城市主要的购物和商业区，一直通往连接利河南航道的Georgian Grand Parade。St Patrick's St的北侧和南侧是城里最有趣的街区：纵横交错的狭窄街道上挤满了小酒馆、商店、咖啡馆和餐厅，餐饮业的水准很可能是全国最高的。

历史

科克拥有一段漫长而又伤痛的历史，与爱尔兰的独立斗争紧密相扣。

故事从7世纪开始，圣芬巴尔(St Fin Barre，也写作Finbarr和Finbarre)在一个湿地(corcach)的中心创建了一所修道院。到了12世纪，这处定居点已经变成了南芒斯特王国(Kingdom of South Munster)的主要城市，在北欧人的劫掠和零星殖民中幸存了下来。爱尔兰人的统治期很短暂，1185年，科克被英国人占领。此后，在爱尔兰和王国政府之间的残酷斗争中，科克经常易主。它逃过了克伦威尔的攻击，却落入拥护新教信仰的无情的奥兰治亲王威廉手中。

18世纪，科克蓬勃发展，黄油、牛肉、啤酒和威士忌从港口运往世界各地。不过仅仅在一个世纪之后，饥荒就摧毁了科克郡和科克市，数以万计的科克居民(数百万爱尔兰人)丧生或流亡。

“起义之城”的爱尔兰民族性根深蒂固，因此在爱尔兰的独立斗争中起到了关键作用。市长托马斯·马克科尔坦(Thomas MacCurtain)在1920年被黑棕部队(英国后备部队，因为制服上有军装的卡其色和警服的黑色而得名)杀害。他的继任者特伦斯·麦克斯威尼(Terence MacSwiney)在一次绝食抗议后死于伦敦的布里克斯顿监狱。英国人对科克的镇压最为残酷——市中心的大部分地区，包括St Patrick's St、市政厅(City Hall)和公共图书馆(Public Library)均被烧毁。1922年至1923年，科克还是爱尔兰内战的重点区域。

如今它是个朝气蓬勃的城市，部分原因在于科克大学：40%的人口在25岁以下，65岁以上的人口仅占11%，这个比例是全欧洲最低的。

景点

科克市本身就是最好的景点——漫步街头时可以尽情欣赏。当地计划在**Beamish & Crawford酿酒厂原址**建设一座崭新的会议与活动中心，有可容纳6000人的音乐会场地、游客中心、餐厅、商店、画廊和公寓。对面是仿都铎风格的地标性建筑“账房”，后者位于英国市场以西一个街区之外。

山顿(Shandon)位于一片山坡上，俯瞰着北部的市中心，单论风景就很出色，而且在古老的小巷和广场上还有画廊、古玩店和咖啡馆。古老的排房都很小巧，从前一代又一代的工人在排房里供养一大家人，过着清贫的生活，如今这些房子是很受青睐的市区备用

禁酒倡导者

庄严的**马修神父像(Statue of Father Mathew)**矗立在St Patrick's St上，就在利河北航道的南侧，是“禁酒倡导者”西奥博尔德·马修神父的雕像。他在19世纪30年代和40年代发起禁酒运动，成果显著，25万人“发誓戒酒”，威士忌产量减半。

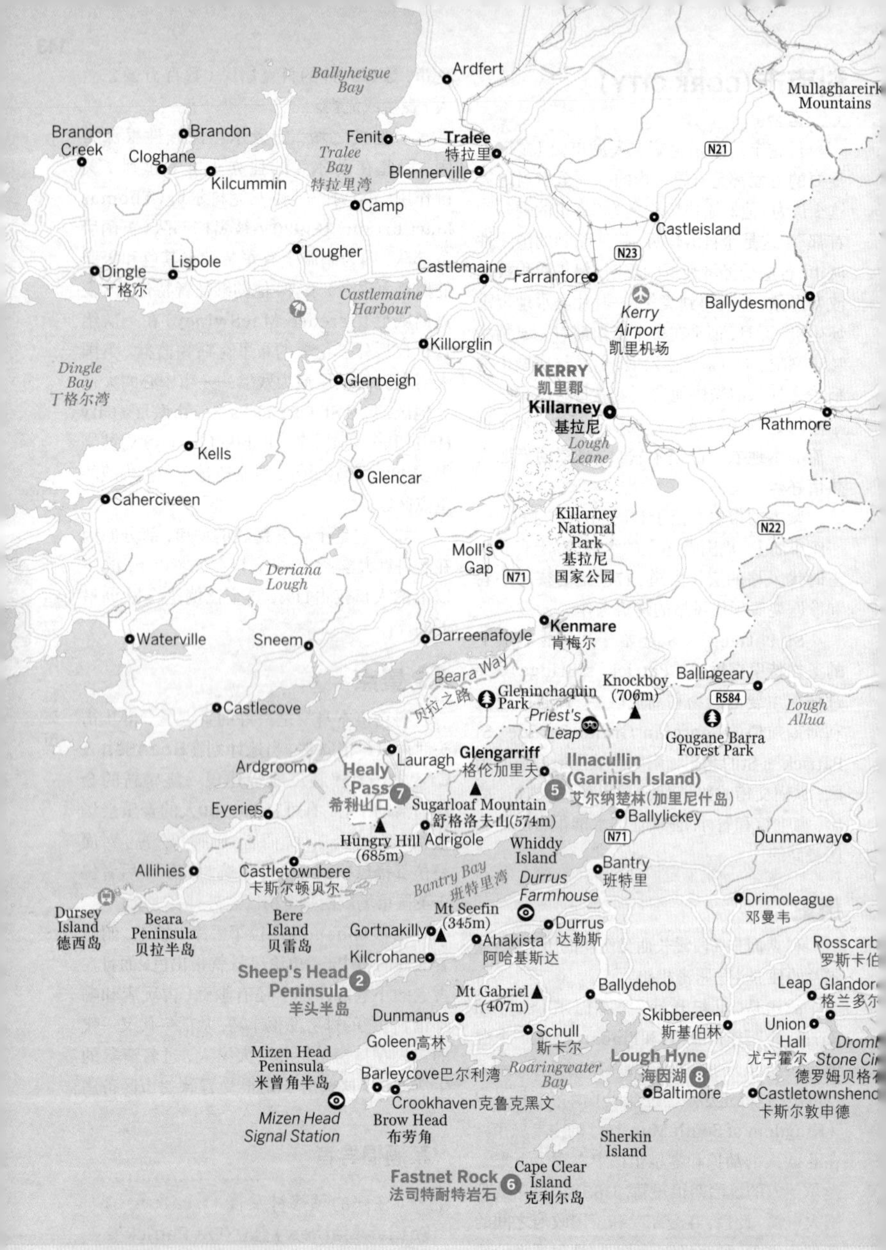

科克郡亮点

❶ 在热闹的**科克市**(见143页)享受出色的餐厅、小酒馆、音乐和剧院。

❷ 徒步前往海风吹拂、偏远迷人的**羊头半岛**(见157页)尽头。

❸ 在**巴利玛洛烹饪学校**(见152页)参观烹饪示范,或参加课程。

❹ 在**金塞尔**(见152页)的中世纪街道上漫步,沿着海岸线徒步前往庞大的查尔斯堡垒。

❺ 在乘船前往**艾尔纳楚林**(加里尼什岛;见160页)的途中观赏

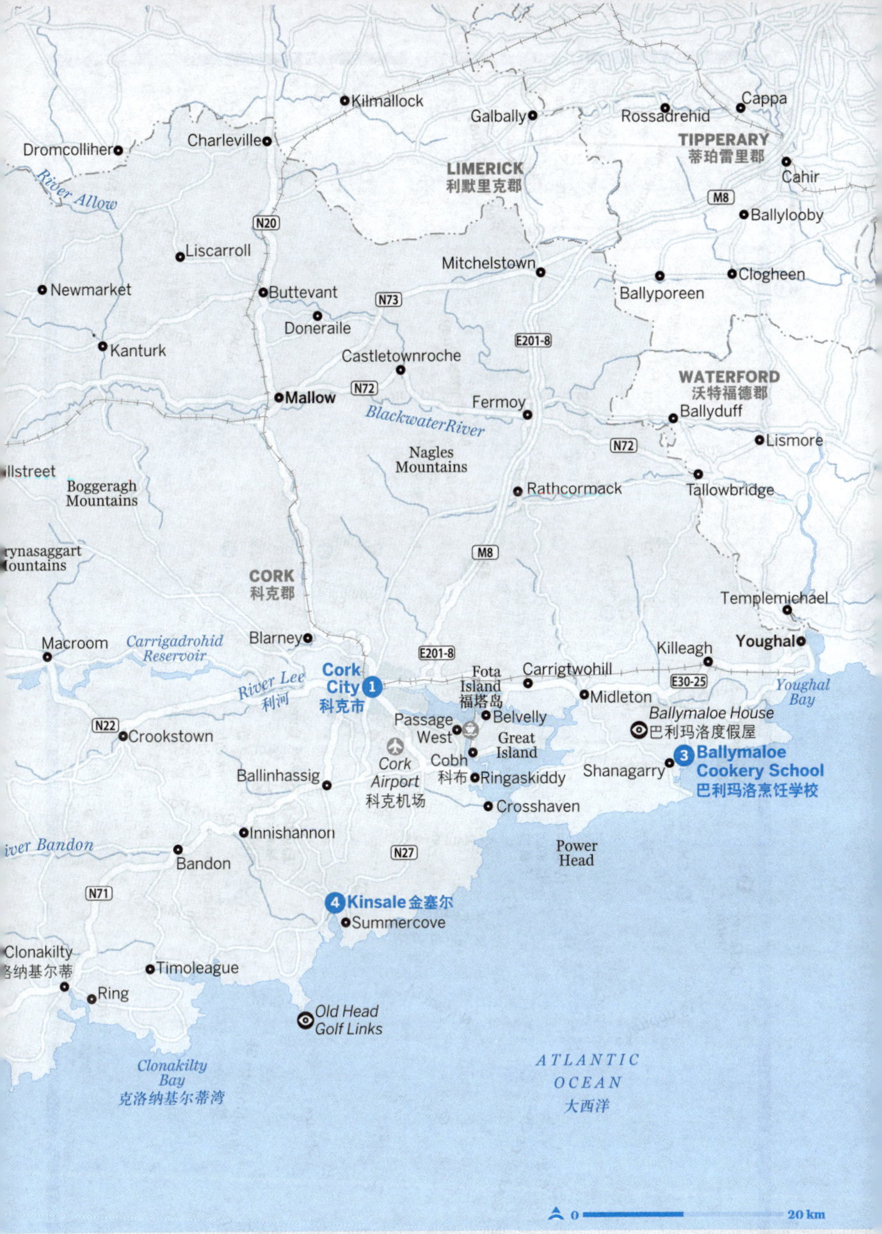

海豹和海雕，然后探索岛上的亚热带花园。

❻ 勇敢地挑战一场惊心动魄的乘船之旅，环绕游览著名的**法司特耐特岩石**（见157页）。

❼ 开车在起伏不平的窄路上行驶，翻越贝拉半岛壮美的**希利山口**（见159页）。

❽ 月光下参加皮划艇导览游，在**海因湖**（见156页）上泛舟。

Cork City 科克市

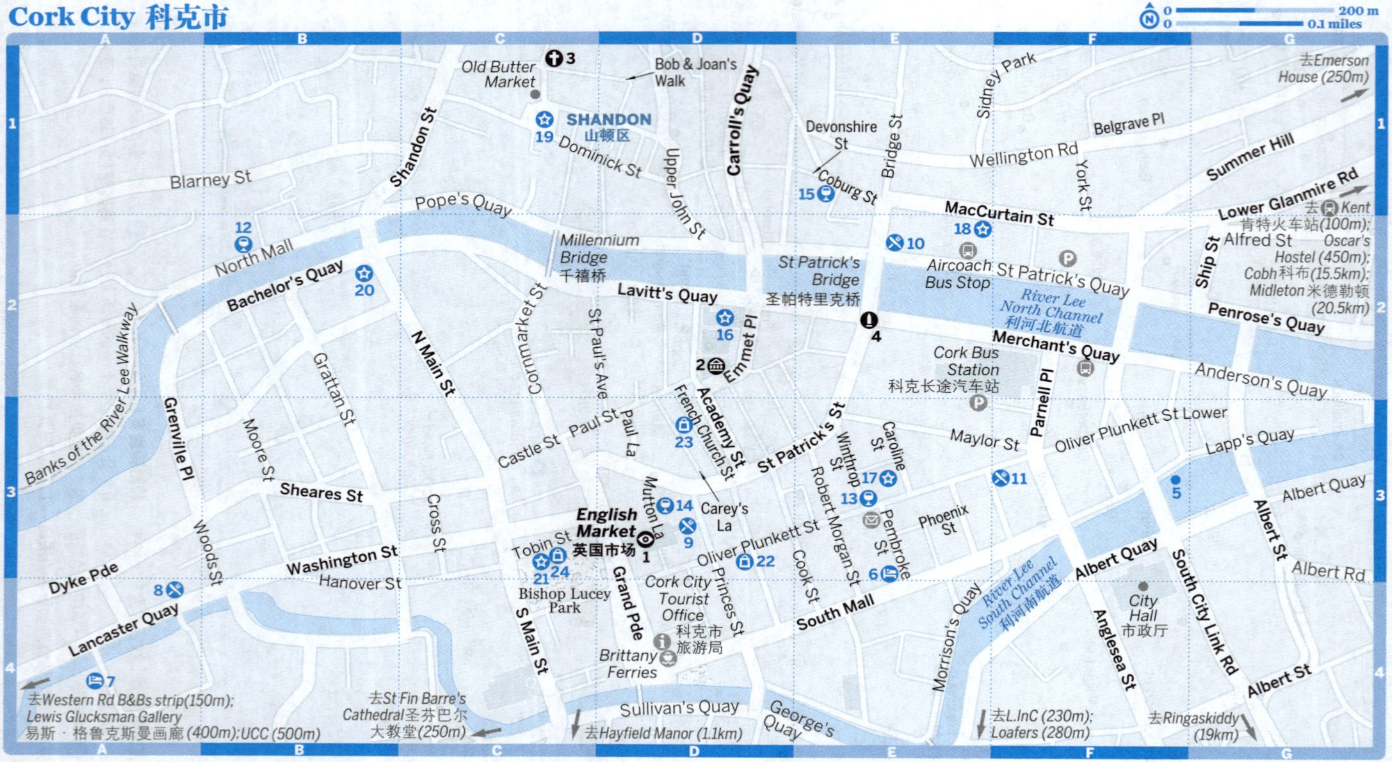

Cork City 科克市

重要景点

1 英国市场 D3

景点

2 克劳福德市立艺术馆 D2
3 St Anne's Church C1
4 马修神父像 E2

活动、课程和团队游

5 Atlantic Sea Kayaking F3

住宿

6 Imperial Hotel E3
7 River Lee Hotel A4

就餐

8 Cafe Paradiso A4
9 Farmgate Cafe D3
10 Gourmet Burger Bistro E2
11 Market Lane F3

饮品和夜生活

12 Franciscan Well Brewery B2
13 Long Valley E3
14 Mutton Lane Inn D3
15 Sin É E1

娱乐

16 Cork Opera House D2
17 Cyprus Avenue E3
18 Everyman Theatre E2
19 Firkin Crane C1
20 Gate Multiplex B2
21 Triskel Arts Centre C3

购物

22 Liam Ruiséal Teo. D3
23 O'Connaill D3
24 PLUGD Records C3

公寓。要自助游览这个地区，可在旅游局领一份*Cork Walks–Shandon*的小册子。

科克市监狱 博物馆

（Cork City Gaol; ☎021-430 5022; www.corkcitygaol.com; Convent Ave; 成人/儿童€8/5; ⏰4月至10月 9:30~17:00，11月至次年3月 10:00~16:00; 🚌乘坐8路公交车到University College Cork）这个令人难忘的监狱旧址非常值得参观，哪怕只是去感受一下一个世纪之前囚犯的恐怖经历也不虚此行。语音导游带你参观修复过的牢房，里面有受折磨的囚犯和看起来以施虐为乐的监狱看守的人像模型。乘公共汽车到UCC，从那里沿Mardyke Walk步道向北走，过河后跟着路标指示朝上坡走（10分钟）。

团队游非常动人，清楚展现出19世纪刑罚体系的严酷。最常见的不法行为都是因为贫穷犯下的，不少犯人因为偷了几个面包就被判做苦役。每周四的19:00有夜游活动，很有感染力（€10）。

监狱在1923年关闭，1927年作为广播电台重新开放，一直运营到20世纪50年代。监狱长之家（The Governor' s House）已被改造成了**广播博物馆**（Radio Museum; www.corkcitygaol.com/radio-museum/; 门票€2），除了参观馆藏的那些美丽精致的古老收音机，还能了解古列尔莫·马可尼（Guglielmo Marconi）征服无线电波的故事。

克劳福德市立艺术馆 画廊

（Crawford Municipal Art Gallery; ☎021-480 5042; www.crawfordartgallery.ie; Emmet Pl; ⏰周一至周三，周五和周六 10:00~17:00，周四至20:00）**免费**科克市的公共美术馆的永久收藏品数量不多，但非常出色，从17世纪到当代，横跨数个世纪。亮点包括约翰·拉弗里爵士（Sir John Lavery）、杰克·B.叶芝和纳撒尼尔·霍恩（Nathaniel Hone）的作品，还有一个展室专门献给1886年到1978年的爱尔兰女艺术家——不要错过迈妮·杰利特（Mainie Jellet）和埃维·霍恩（Evie Hone）的作品。

雕塑馆里有古罗马和古希腊雕像雪白的石膏模型，是教皇在1822年送给乔治四世的。乔治并不喜欢这份礼物，把雕像都堆在地下室里，直到有人提出，科克应该重视这份赠礼。

团队游

Cork City Tour 巴士游

（☎021-430 9090; www.corkcitytour.com; 成

人/学生/儿童€15/13/5; ⏲3月至11月)乘坐可随时上下车的敞篷巴士游览市区的主要景点。

Cork Walks 步行游览

免费 科克市议会推出了两个免费的自助游，分别游览South Parish区和山顿区。可以在旅游局领取一份小册子和地图，或者从www.cork.ie下载。

节日和活动

尽早预订，要参加秋天的爵士音乐节和电影节尤其如此。

科克世界图书节 文学节

(Cork World Book Fest; www.constantreader.ie)4月下旬举办的大型图书节，作家云集，由科克市图书馆主办。

国际合唱节 音乐节

(International Choral Festival; www.corkchoral.ie)为期5天的合唱节，4月/5月在市政厅和其他表演场所举办。

科克同性恋狂欢节 同性恋节日

(Cork Pride; www.corkpride.com)为期一周的同性恋狂欢节，在7月/8月举办。

住宿

市中心

★ Imperial Hotel 酒店 €€

(☎021-427 4040; www.flynnhotels.com; South Mall; 双€120起; @📶)Imperial刚刚举办了200周年庆典——萨克雷(Thackeray)、狄更斯和沃尔特·斯科特爵士(Sir Walter Scott)都曾在此下榻——这个酒店懂得如何优雅地老去。公共空间充满了古色古香的细节——有大理石地面、精美的花束等——而130间客房有写字台、素雅的装潢和现代化的元素，包括一间奢华的水疗馆和一个数字音乐库。

爱尔兰自由邦的总司令迈克尔·柯林斯在这里度过了生命中的最后一夜，你可以要求在他的房间里下榻。

Western Rd及周边

★ Garnish House 民宿 €€

(☎021-427 5111; www.garnish.ie; Western Rd; 标单/双€93/105起; 📶)这家获奖的民宿对客人的关照细致入微，大名鼎鼎的早餐菜单(30种选择)里既有新鲜的鱼又有法式吐司。这里的经典特色是新鲜制作的麦片粥，搭配搅成糊状的蜂蜜和自选的威士忌或百利甜酒，可在室外的花园露台上享用。14个房间十分舒适，前台全天24小时提供服务。

★ River Lee Hotel 酒店 €€€

(☎021-425 2700; www.doylecollection.com; Western Rd; 房间€155起; 📶🏊)这家现代风格的河畔酒店将一丝奢华感带到市中心。酒店的公共区域非常漂亮，有巨大的沙发、一个高档又时尚的壁炉和一个5层楼高、装饰着玻璃墙的华美中庭，服务水准一流。客房设施齐全(靠后的房间安静美好，如果希望空间更大，可以订一间位于角落的客房)，自助早餐很可能是爱尔兰最好的。

就餐

★ Market Lane 爱尔兰菜、各国风味 €€

(☎021-427 4710; www.marketlane.ie; 5 Oliver Plunkett St; 主菜€12~26; ⏲周一至周六 正午至22:30，周日 13:00~21:00; 📶👪)🌿这个明亮的街角小餐馆永远热热闹闹。菜品十分丰盛，随着英国市场新鲜上市的食材不断变换。不如尝尝啤酒慢炖牛脸肉，或者熏黑线鳕鱼配熏肉卷心菜。少于6人就餐不能预订，可以在吧台小酌一杯，等待餐位空出。葡萄酒种类丰富，可按杯单点。

★ Cafe Paradiso 素食 €€

(☎021-427 7939; www.cafeparadiso.ie; 16 Lancaster Quay; 2道菜/3道菜晚餐€33/40; ⏲周一至周六 17:30~22:00; 🌱)🌿Paradiso有资格与任意流派竞争全城最佳餐厅的美名，这里供应新派素食菜肴，包括严格的素食类食物，甜辣酱煎豆腐和亚洲青菜罗望子椰汁汤听起来怎么样？必须提前预订。晚餐、住宿加早餐每人€100起，可住在楼上时髦独特的客房里。

Gourmet Burger Bistro 汉堡包 €€

(☎021-450 5404; www.gourmetburgerbistro.ie; 8 Bridge St; 主菜€11~14; ⏲周一至周六 正午至22:00，周日14:00~21:00; 📶👪)这家极简风格的时髦餐厅供应各国风味的有机汉

不要错过

英国市场

英国市场[English Market; www.englishmarket.ie; Princes St（正门）; ⏰周一至周六 8:00~18:00] 这里有着华美的拱形天花板和圆柱，完全可以被称为维多利亚市场。但不管叫什么名字，它都是一个美妙绝伦的地方。许许多多摊贩出售当地最好的农产品、肉、奶酪和外卖食品。天气晴朗时，可以把午餐带到附近的Bishop Lucey Park公园里，这是一个热门的露天就餐地点。

Farmgate Cafe（www.farmgate.ie; 主菜 €6~15; ⏰周一至周五 8:30~16:30，周六 至17:00）从一片阳台上俯瞰着下方的食品摊，是英国市场中心一次不可错过的体验，从螃蟹和牡蛎到爱尔兰炖肉里的羊肉，盘中的所有本地新鲜食品都来自这个市场。上楼后堂食左转，柜台点餐右转。

堡，包括亚洲（羊肉丸配芒果）、西班牙（鸡肉、辣味香肠和曼彻格奶酪）、美国（带培根、蒙特雷杰克奶酪和烤肉酱）、法国（配布里奶酪），当然还有"纯爱尔兰风味"（培根、克洛纳基尔蒂血肠和煎蛋）。素食者也没有被忽视，有炸豆丸子和哈罗米奶酪可供选择。

饮品和夜生活

★Sin É 小酒馆

（www.corkheritagepubs.com; 8 Coburg St; ⏰周日至周四 12:30~23:30，周五和周六 至次日0:30）在这个历史悠久的出色小酒馆，你可以轻松消磨掉一整天，这就是一个充满欢声笑语的小酒馆应有的样子——气氛浓厚，毫不做作（Sin É的意思是"就这样了"）。大多数晚上都有音乐演出（定期举办音乐会，周二在21:30，周五和周日在18:30），以传统音乐为主，偶尔有惊喜。

Franciscan Well Brewery 小酒馆

（www.franciscanwellbrewery.com; 14 North Mall; ⏰周一至周四 15:00~23:30，周五和周六 至次日0:30，周日 至23:00; 📶）吧台后闪闪发亮的黄铜大桶泄露了秘密：Franciscan Well自己酿啤酒。后方开阔的露天啤酒花园是品尝啤酒的最佳地点。这家小酒馆和其他爱尔兰的小型独立啤酒厂一起定期举办啤酒节。

Mutton Lane Inn 小酒馆

（www.corkheritagepubs.com; Mutton Lane; ⏰周一至周四 10:30~23:30，周五和周六 至次日0:30，周日 14:00~23:00）这家迷人的小酒馆隐藏在St Patrick's St附近最小的巷子里，用蜡烛和小彩灯照明，是科克最幽静温馨的饮酒场所之一。店里特别小，所以想占到包间的位置要尽早到店，也可以坐在店外的啤酒桶上。

Long Valley 小酒馆

（www.thelongvalleybar.com; 10 Winthrop St; ⏰周日至周四 12:30~23:30，周五和周六 至次日0:30）这是一家科克名店，诞生于19世纪中期，如今依旧生意兴隆。有些家具陈设来自曾停靠在科夫的White Star Line远洋客轮。

☆ 娱乐

Cork Opera House 歌剧

（☎021-427 0022; www.corkoperahouse.ie; Emmet Pl; ⏰售票处周一至周六 10:00~17:30，开演前至19:00，周日开演前18:00~19:00）这家一流的歌剧演出场所在20世纪90年代进行了现代化的翻新，150多年以来，它一直在为这座城市带来欢乐，从歌剧和芭蕾到单口喜剧和木偶表演，各种演出类型应有尽有。后部的Half Moon Theatre是当代戏剧、舞蹈和艺术的舞台，偶尔还有俱乐部之夜。

Triskel Arts Centre 艺术中心

（☎021-472 2022; www.triskelart.com; Tobin St; ⏰周一至周六 10:00~17:00; 📶）这是一个极出色的文化中心，有一部分位于一座翻新过的教堂建筑里，环境幽静，内容丰富多彩，包括现场音乐、装置艺术、摄影和戏剧。还有一家电影院（18:30起）和一家非常棒的咖啡馆。

Everyman Theatre 剧院

（☎021-450 1673; www.everymancork.

值得一游

赛狗

如果你对小酒馆、现场音乐和剧院腻烦了，还有汪星人可以看。灵缇犬赛跑在爱尔兰很受欢迎，特别适合举家同乐，**Curraheen Greyhound Park**（021-454 3095；www.igb.ie/go-greyhound-racing；Curraheen Rd；成人/儿童€10/5；周四至周六 18:30开门；）是全国最豪华的赛场之一。每晚有10场比赛，还有一家餐厅、一家酒吧和现场音乐演出。Curraheen位于市中心西南5.5公里处，可以从科克的长途汽车站乘车前往。

com；15 MacCurtain St；售票处周一至周六正午至17:00，开演前至19:00，周日开演前16:00~19:00）主要上演广受赞誉的音乐剧和戏剧作品，但偶尔也有喜剧表演或现场乐队演出（特别适合举办需要观众礼貌静听的音乐会）。

Firkin Crane 舞蹈

（021-450 7487；www.firkincrane.ie；O' Connell Sq，Shandon）爱尔兰一流的现代舞中心之一。

Gate Multiplex 电影院

（021-427 9595；www.corkcinemas.com；North Main St）有多个影厅的电影院，上演首次放映的主流影片。

Cyprus Avenue 现场音乐

（021-427 6165；www.cyprusavenue.ie；Caroline St；19:30至深夜）这个中等规模的演出场所很可能是在科克市欣赏各种现场演唱会的最佳去处，既有诚挚的唱作人，又有走上成名之路（或下坡路）的优秀乐队。

购物

O' Connaill 食品

（021-437 3407；16b French Church St；周一至周六 10:00~17:30，周日正午至17:00；）O' Connaill制作精致的巧克力。离开科克之前，一定要尝尝店里美味的Chocolatier' s Hot Chocolate。

PLUGD Records 音乐

（021-472 2022；www.plugdrecords.com；Triskel Arts Centre，Tobin St；周一至周六正午至19:00；）音乐类型齐全，也是了解不断变化的夜店最新资讯的去处。

Liam Ruiséal Teo. 书籍

（021-427 0981；www.lrbooks.net；49-50 Oliver Plunkett St）科克市历史最悠久、规模最大的独立书店，有新书和二手书，科克题材的书有很多。

实用信息

市中心的主要街道和公共场所到处都有免费Wi-Fi。

独立网站**科克人民共和国**（People' s Republic of Cork；www.peoplesrepublicofcork.com）沿用这座自由主义倾向的城市的流行绰号，提供出色的资讯。

科克市旅游局（Cork City Tourist Office；021-425 5100；www.discoverireland.ie/corkcity；Grand Pde；全年周一至周六 9:00~18:00，另加7月和8月周日10:00~17:00）纪念品商店和服务台。出售官方地形测量局的地图。

邮政总局（021-485 1042；Oliver Plunkett St；周一至周六 9:00~17:30）

Mercy University Hospital（021-427 1971；www.muh.ie；Grenville Pl）急诊服务。

Webworkhouse.com（021-427 3090；www.webworkhouse.com；8a Winthrop St；每小时€1.50~3；24小时）网吧，还提供便宜的国际电话服务。

到达和离开

飞机

爱尔兰航空（Aer Lingus）和瑞安航空（Ryanair）有航班飞往**科克机场**（Cork Airport；021-431 3131；www.cork-airport.com）。

船

Brittany Ferries（021-427 7801；www.brittanyferries.ie；42 Grand Pde）在3月底到10月之间有渡船开往法国的罗斯科夫（步行客€59起，小汽车加双人票价€329起，14小时，每周1班）。渡船总站位于Ringaskiddy，从科克沿N28向东南方向行驶15分钟即到。乘出租车需要€28到€35。223E路公共汽车从科克市中心的South Mall出发，接驳离开的渡船（€10，50分钟），乘车时间需咨询。

火车

肯特火车站（Kent Train Station，☎021-450 4777）位于利河以北的Lower Glanmire Rd，从市中心步行前往需要10到15分钟。205路公共汽车从火车站驶往市中心（€2，5分钟，每15分钟1班）。

火车线路从Mallow通过，从那里可以换乘特拉里线，前往利默里克枢纽火车站（Limerick Junction），再换车前往恩尼斯（和戈尔韦），还可继续前行，去往都柏林。

都柏林 €64，2.25小时，每天8班。

戈尔韦 €57，4~6小时，每天7班，换乘2次或3次。

基拉尼 €28，1.5~2小时，每天9班。

沃特福德 €31，3~5小时，每天5班，换乘1次或2次。

当地交通

抵离机场

Bus Éireann运营的226A路在火车站、长途汽车站和科克机场之间往来，6:00到22:00每半小时1班（€7.40，30分钟）。

乘出租车抵离市区需要€20到€25。

公共汽车

从市中心步行可轻松到达大部分地点。单程车票每张€2，一天的通票需要€5，所有车票都在车上购买。

小汽车

在街边停车需要使用刮刮卡停车盘（每小时€2，周一到周六8:30到18:30有效），在市中心的许多商店都能买到。注意：交通管理员相当能干。市中心地区分布着几个带路标的停车场，每小时收费€2左右，整晚停车€12。

要解决市中心停车难的问题，可以使用South City Link Road上的**Black Ash Park & Ride**，它位于去机场的半路上。停车费每天€5，至少每15分钟就有1班公共汽车开往市中心（车程10分钟）。

出租车

Cork Taxi Co-op（☎021-427 2222；www.corktaxi.ie）

Shandon Cabs（☎021-450 2255）

科克市周边（AROUND CORK CITY）

福塔岛（Fota Island）

福塔岛位于科克港，通过短桥与本土和Great Island岛相连，地处科克以东10公里处，在通往科夫的路上。福塔岛从前是史密斯-巴里家族的私人地产，现在拥有花园、高尔夫球场和爱尔兰唯一一座野生动物园。

从科克市出发的长途汽车

Bus Éireann（☎021-450 8188；www.buseireann.ie）在**长途汽车站**（Merchant's Quay和Parnell Pl交叉路口）运营，而**AirCoach**（☎01-844 7118；www.aircoach.ie）和**Citylink**（☎091-564 164；www.citylink.ie；📶）的班车从河对岸的St Patrick's Quay码头出发。**GoBus.ie**（☎091-564 600；www.gobus.ie；📶）使用的车站位于Parnell Pl的拐角处。

站点	汽车公司	票价（€）	车程（小时）	发车班次
都柏林	AirCoach	16	3	每小时1班
都柏林	Bus Éireann	15	3.75	每天6班
都柏林	GoBus	17	3	每天6~9班
都柏林机场	AirCoach	20	3.5	每小时1班
戈尔韦	Citylink	21	3	每天5班
利默里克	Citylink	17	1.5	每天5班
基拉尼	Bus Éireann	27	2	每小时1班
基尔肯尼	Bus Éireann	21	3	每天2班
沃特福德	Bus Éireann	23.50	2.25	每小时1班

值得一游

巴利玛洛美食中心

车在紫藤覆盖的**巴利玛洛度假屋**(Ballymaloe House; ☎021-465 2531; www.ballymaloe.ie; Shanagarry; 标单/双€140/240起;) 门前刚一停下,你就知道这是个特别的地方。艾伦(Allen)家族在1948年买下了这处地产,并在这个古老家族的住宅里经营着这家一流的酒店兼餐厅,至今已数十年。每间客房的装修样式都是独一无二的,家具陈设古色古香,在美丽的庭院里还有网球场、游泳池、商店和咖啡馆等便利设施。别墅位于米德勒顿(Midleton)东南12公里处,紧邻R629公路。

默特尔·艾伦(Myrtle Allen)是一个传奇人物,她几乎一手开创了爱尔兰的高级餐饮,因此享誉国际。巴利玛洛度假屋的著名**餐厅**(午餐€32,晚餐套餐€75, ⌚13:00~15:00和19:00~21:30)的菜单每天都随着自家广阔的农场和其他本地供应商新鲜推出的食材而变化。酒店还在周末组织葡萄酒和园艺方面的活动。

电视圈的名人达里娜·艾伦(Darina Allen,默特尔·艾伦的儿媳)经营着著名的**巴利玛洛烹饪学校**(Ballymaloe Cookery School; ☎021-464 6785; www.cookingisfun.ie; Shanagarry)。达里娜自己的儿媳雷切尔·艾伦(Rachel Allen)也是一位经常在电视上出镜的大厨兼作家,还会定期在学校授课。示范课收费€75,烹饪课既有半天的课程(€95至€135),又有12周的证书课程(€10,995),往往在开课的许多天前就订满了。在40公顷的庭院里有许多迷人的小屋,可供过夜的学生住宿。烹饪学校位于巴利玛洛度假屋以东3公里处。

景点和活动

福塔野生动物园 动物园

(Fota Wildlife Park; ☎021-481 2678; www.fotawildlife.ie; Fota Island; 成人/儿童€15/9.50; ⌚周一至周六 10:00~18:00和周日 10:30~18:00) 在这个巨大的露天动物园,袋鼠蹦跳,猎豹奔跑,猴子和长臂猿在森林覆盖的岛屿上跳跃啼鸣,动物们自由走动,看不见笼子和围栏。旺季时,一列观光火车(带车轮,没有轨道)每15分钟在动物园绕一圈(单程/往返€1/2),而长达2公里的环形步道则会带来更近距离的参观体验。

到达和离开

火车从科克开往福塔(€3.60,13分钟,每小时1班),再继续前往科夫。

金塞尔和西科克 (KINSALE & WEST CORK)

从科克海岸开始,风景之美缓慢递增,直到在更靠西和更偏北的其他郡达到顶峰,不过,在科克的这个地区,景色已经很迷人了。这里是完美的漫游地点,纵横交错的道路如同疯子织出的蕾丝花边。

金塞尔(Kinsale)

人口 4890

风景如画的游艇港口金塞尔(Cionn tSáile)是科克郡海岸线上众多缤纷多彩的明珠之一。狭窄蜿蜒的街道两边是画廊和礼品店、热闹的酒吧和一流的餐厅,一个漂亮的天然港口泊满游艇,一座巨大的17世纪堡垒守护在旁,令人着迷的金塞尔是度过1到2天旅途时光的好去处。

金塞尔被称为爱尔兰西南部的美食中心,对于如此小巧的地方而言,具有国际水准的餐厅数量显然超过一般水平。大多数餐厅都在港口附近,从城镇中心走几步就到。

历史

金塞尔在1334年获得了英王爱德华二世(English King Edward Ⅱ)颁发的皇家特许状,变成了一个主要港口,在整个15世纪都是葡萄酒和盐的贸易港,也是英国海军的补给港。

Kinsale 金塞尔

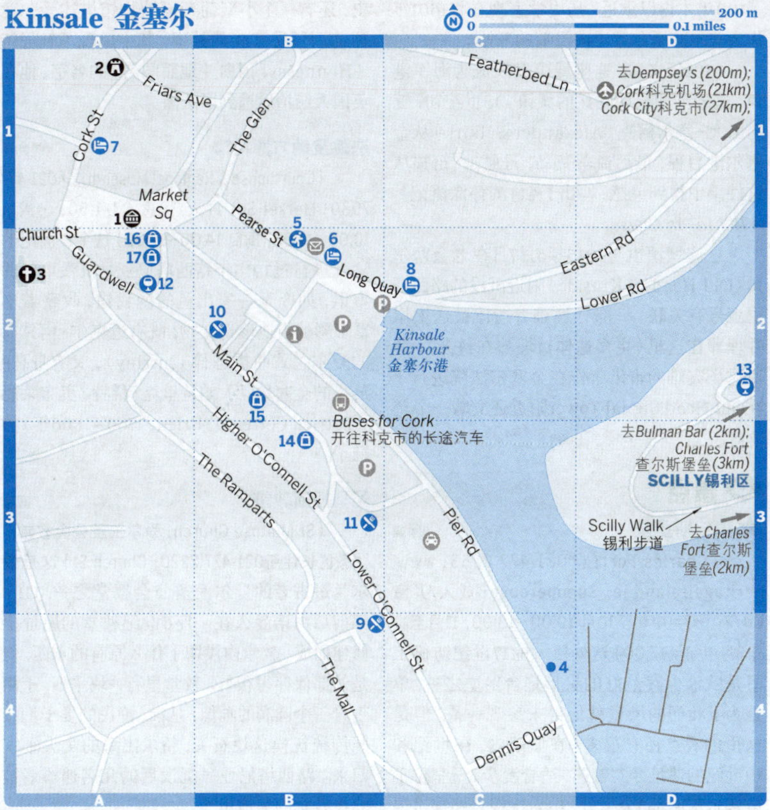

Kinsale 金塞尔

景点
- 1 法院及地方博物馆 ... A1
- 2 德斯蒙德城堡 ... A1
- 3 圣马托斯教堂 ... A2

活动、课程和团队游
- 4 Kinsale Harbour Cruises ... C4
- 5 Mylie Murphy's ... B2

住宿
- 6 Old Bank House ... B2
- 7 Old Presbytery ... A1
- 8 Perryville House ... C2

就餐
- 9 Black Pig Wine Bar ... B4
- 10 Finn's Table ... B2
- 11 Fishy Fishy Cafe ... B3

饮品和夜生活
- 12 Apéritif ... A2
- 13 Spaniard Bar ... D2

购物
- 14 Giles Norman Gallery ... B3
- 15 Granny's Bottom Drawer ... B2
- 16 Kinsale Chocolate Boutique ... A2
- 17 Kinsale Crystal ... A2

1601年9月，英国船只包围了一支停泊在金塞尔的西班牙舰队。已恳求西班牙国王帮忙对抗英国人的爱尔兰军队长途行军跨越整个国家，去解放被困船只，但在圣诞前夕的**金塞尔战役**中被击败。战败的直接后果是，信奉天主教的爱尔兰人禁止进入金塞尔，又过了100年才得以重返。历史学家现在将1601年作为盖尔族爱尔兰走向没落的开始。

1601年之后，这座城镇发展成为海军港口、造船港和长期驻兵的城镇。18世纪初，亚历山大·塞尔柯克（Alexander Selkirk）从金塞尔港启程，最后流落荒岛，丹尼尔·笛福从这件事中得到灵感，写出了《鲁滨孙漂流记》（*Robinson Crusoe*）。

这座城镇也与1915年5月7日在老金塞尔角（Old Head of Kinsale）附近沉没的路西塔尼亚号有关联。一部分遇难者遗体被送上岸并埋葬在这里（更多遗体被埋葬在科夫），针对这场灾难的审讯工作在金塞尔法院进行。在Old Head Signal Tower附近还立着一个纪念碑。

景点

★查尔斯堡垒

堡垒

（Charles Fort；☎021-477 2263；www.heritageireland.ie；Summercove；成人/儿童€4/2；⏰3月中旬至10月 10:00~18:00，11月至次年3月中旬至17:00）这处巨大的17世纪防御工事是欧洲保存最好的星形炮台堡垒之一，单是为了壮丽的风景就值得来参观一番。但是这里的看点还有很多：在城墙内，18世纪和19世纪的遗址令人着迷，适合漫步。堡垒位于金塞尔东南部3公里处，沿着次级公路穿过锡利（Scilly）即可到达，如果时间充裕，可以沿着海边迷人的**锡利步道**（Scilly Walk）徒步前往。

堡垒修建于17世纪70年代，为保卫金塞尔港而诞生，并一直沿用至1921年，英国人撤离时，堡垒大部分被毁。有展览介绍在这里驻守的官兵的生活，士兵们的生活通常很艰苦，军官们比较舒服。

德斯蒙德城堡

城堡、博物馆

（Desmond Castle；☎021-477 4855；www.heritageireland.ie；Cork St；成人/儿童 €4/2；⏰4月至9月中旬 10:00~18:00）这座有防御工事的建筑建于16世纪初，如今展示着金塞尔与葡萄酒贸易的历史渊源。城堡在1601年被西班牙人占领，后来当过海关大楼、关押法国和美国俘虏的监狱，在饥荒期间是一个救济院。如今有展览生动而又详细地介绍城堡的历史，还有一个小型葡萄酒博物馆讲述爱尔兰葡萄酒贸易家族的故事，其中出现了轩尼诗（Hennessy，因白兰地而闻名）的名字，他在英国人统治后逃到了法国。

法院及地方博物馆

博物馆

（Courthouse & Regional Museum；☎021-477 7930；Market Sq；成人/优惠 €3/1.50；⏰周六10:00~17:00，周日 14:00~17:00）这个17世纪的法院进行过1915年路西塔尼亚号沉没事件的审讯，如今是一家出色的博物馆，收藏着丰富多彩的当地珍奇文物，既有迈克尔·柯林斯的爱尔兰式曲棍球棒（hurley），又有身高8英尺的金塞尔巨人帕特里克·科特·奥布莱恩（Patrick Cotter O’ Brien，1760~1806年）的鞋子。

圣马托斯教堂

教堂

（St Multose Church；爱尔兰圣公会教堂；☎教区长住所021-477 2220；Church St）这是爱尔兰最古老的爱尔兰圣公会教堂之一，1190年前后由诺曼人在一座6世纪教堂的原址上修建而成。教堂内没留下什么原有的东西，但是外部保存得很好。教堂里有一块平石，上面刻着一个圆润的画像，从前，渔民的妻子们按照传统抚摸这块石头，祈求出海的丈夫平安归来。路西塔尼亚号沉没后的几名遇难者被葬在教堂的墓地里。

活动

锡利步道

步行

没走过锡利步道，就不算真正去过金塞尔。这是一条迷人的海滨小路，通往查尔斯堡垒。沿着Lower Rd走到Spaniard Pub，朝下坡方向走到水滨，然后沿着港口边的小路一直走，直到这条路开始向上坡延伸，汇入High Rd。走到低处的Bulman’ s Bar喝杯啤酒，然后爬坡前往堡垒。沿着High Rd返回，这是金塞尔的“黄金地带”，富豪的度假别墅林立，港口的景色一流（往返6公里）。

Mylie Murphy’ s

钓鱼、骑车

（☎021-477 2703；14 Pearse St；⏰全年周五和周六 10:00~17:00，6月至9月周日正午至16:00）可以在这里租到钓鱼竿，每天€10，租自行车每天€15。

Old Head Golf Links 高尔夫

（021-4778 444; www.oldhead.com; Old Head of Kinsale; 果岭费€160~230）这个豪华的高尔夫度假村坐落在一个峭壁海岬上，十分壮观，从金塞尔出发，沿R600公路和R604公路向南行驶15公里即到。De Courcy城堡的遗址映衬着入口，从第七发球区能看到一座废弃的灯塔。

团队游

Kinsale Harbour Cruises 乘船游

（021-477 8946, 086 250 5456; www.kinsaleharbourcruises.com; 成人/儿童 €12.50/6）经营前往查尔斯堡垒、James Cove和班登河（River Bandon）上游乘船游。一年中出发时间不固定，受天气影响——详情可在网站上或旅游局查询。船从码头旁边的船台出发。

住宿

★Old Presbytery 民宿 €€

（021-477 2027; www.oldpres.com; 43 Cork St; 标单/双 €70/125起; 1月至2月中旬不营业; ）Old Presbytery通过一次精心的整修优雅地步入了21世纪，在保留自身特色的同时，还增添了太阳能加热功能。只建议根本不打算在金塞尔观光的人住6号房，因为它的阳光屋和阳台让人完全不想出门。有机早餐由当过大厨的房东Phillip制作，是传奇美味。

Old Bank House 酒店 €€

（021-477 4075; www.oldbankhousekinsale.com; 11 Pearse St; 标单/双 €79/130起; @）这个一流的酒店拥有18间客房，乔治王时代风格的典雅与格调赋予它一种不被时间磨损的气质。美丽的艺术品和绘画点缀着墙壁，豪华的公共空间营造出一种乡间别墅的气氛。房间很奢华，但巧妙地避免了浮夸感。早餐十分出色，有自制面包（由楼下的面包房制作）和果酱，包含在房价中。

Perryville House 精品酒店 €€€

（021-477 2731; www.perryvillehouse.com; Long Quay; 房间 €160~300; 致电咨询随季节变化的关闭时间; ）Perryville是家庭经营的酒店，不管你是刚把车停在带铁艺阳台的壮观大楼前，还是正在客厅里享用下午茶，都能感受到它的富丽堂皇。所有房间都散发着舒适安逸的感觉，随着房价升高，大床会升级成超大号床，酒店中还有带阳台和海景的房间。

就餐

★Black Pig Wine Bar 爱尔兰菜 €€

（021-477 4101; 66 Lower O' Connell St; 主菜 €8~20; 周三至周一 17:30~23:30）这个典雅幽静的餐厅供应80多种瓶装葡萄酒和40多种杯装葡萄酒，其中有不少是有机品种。后院有一片迷人的铺着鹅卵石的庭院，菜肴令人垂涎，有小吃、熟食拼盘和奶酪拼盘，食材来自坚持手工精制的本地供应商。餐位供不应求，建议提前预订，以免错失良机。

★Finn' s Table 新派爱尔兰菜 €€€

（021-470 9636; www.finnstable.com; 6 Main St; 主菜 €20~30; 周四至周一 17:30起）在金塞尔开一家美食餐厅注定面临激烈竞争，但是John Finn和Julie Finn的经营项目足以经受挑战。这里的环境高雅却不古板，热情待客，用本地的时令农产品烹制的菜式几乎不会令人失望。海鲜（当季时还有龙虾）来自西科克，肉来自Finn家族的肉铺。

★Fishy Fishy Cafe 海鲜 €€€

（021-470 0415; www.fishyfishy.ie; Crowley' s Quay; 主菜€17~30; 3月至10月正午至21:00, 11月至次年2月 周日至周三 至16:00, 周四至周六 至21:00）Fishy Fishy是全国最著名的海鲜餐厅之一，环境优美，雪白的墙壁上装饰着颜色鲜艳的艺术品和钢质鱼形雕塑，前方还有一片绝妙的木头露台。从热月龙虾到搭配自制蛋黄酱的凉海鲜拼盘，所有海鲜都是在本地捕捞的。

饮品和夜生活

Spaniard Bar 小酒馆

（021-477 2436; www.thespaniard.ie; River Rd, Scilly; 周一至周四 10:30~23:30, 周五和周六至次日0:30, 周日12:30~23:30）这家古老的小酒馆仿佛属于西班牙无敌舰队的年代，这里的食物不错，但真正的魅力存在于安静的角落，你可以闻着泥炭炉火的气息，断断续续地听着人们的低声交谈，晴朗的日子里，在露天餐桌旁能看到港口的风景。

Apéritif 葡萄酒吧

（☎021-477 2209；www.aperitifkinsale.com；Main St；⊙周四至周六 17:30至深夜，周日 14:00至深夜）金属光泽的家具和墙壁让这家葡萄酒酒吧显得很耀眼，适合小酌一番，享用西班牙小吃。大观景窗让你可以既看热闹，又出风头。

购物

Kinsale Chocolate Boutique 巧克力

（www.kinsalechocolate.ie；6 Exchange Bldgs，Market Sq；⊙5月至8月 10:00~18:00，9月至次年4月 周三和周四 11:00~17:00，周五和周六 10:00~18:00，周日 14:00~18:00）这家手工巧克力商店的商品很诱人，手工巧克力和五颜六色的马卡龙只是其中一部分。

Giles Norman Gallery 艺术品

（☎021-477 4373；www.gilesnorman.com；45 Main St；⊙周一至周六 10:00~18:00，周日 正午至18:00）令人回味的爱尔兰黑白风景照，由一位精于此道的高手拍摄。未装框的照片€20起，装框后€30。

Granny's Bottom Drawer 工艺品

（☎021-477 4839；53 Main St；⊙10:00~18:00）品质一流的爱尔兰家用织品、毛纺品、皮革制品、花缎和复古风格的家居用品。

Kinsale Crystal 玻璃制品

（☎021-477 4493；www.kinsalecrystal.ie；Market St；⊙周一至周五 9:00~17:30，周六 10:00~18:00，周日 正午至18:00）精美的玻璃制品，由一位从前的沃特福德工匠制作，他忠于"大角度深切割"的传统风格。进门时，无数璀璨的闪光向你致意。

实用信息

Pearse St上有一家邮局，还有一些配自动柜员机的银行。

旅游局（☎021-477 2234；www.kinsale.ie；Pier Rd和Emmet Pl交叉路口；⊙全年周二至周六 9:15~17:00，4月至10月 周一 9:15~17:00，7月和8月 周日 10:00~17:00）有一款优秀的地图，详细介绍金塞尔及周边的徒步路线。

到达和离开

Bus Éireann（☎021-450 8188；www.buseireann.ie）的No 226路长途汽车从金塞尔开往科克长途汽车站（€9.40，1小时，每小时1班），途经科克机场，然后继续开往科克火车站。长途汽车站位于Pier Rd，靠近旅游局。

Kinsale Cabs（☎021-477 2642；www.kinsalecabs.com）有出租车从科克机场前往金塞尔，车费€35到€45。还可以安排西科克的高尔夫之旅。

克洛纳基尔蒂到斯基伯林（Clonakilty to Skibbereen）

从克洛纳基尔蒂到斯基伯林的海滨公路蜿蜒曲折，沿途经过风景如画的村庄、一处壮观的石圈和一些优美的海滩。不必沿着主干

另辟蹊径

海因湖

美丽的海因湖（Lough Hyne）是爱尔兰的自然奇观之一，在1981年成为了全国第一个海洋自然保护区。湖泊由冰川侵蚀而成，起初注满淡水，直到大约4000年前，海平面上升后，海水冲入了湖岸。现在有一条被称为Rapids的狭窄潮汐通道连通湖泊与大海，每天两次的潮汐在通道内形成浪涌，涌进涌出。

在湖泊周围和附近的诺考马林地自然保护区（Knockomagh Wood Nature Reserve）有迷人的徒步路线。一条带路标的自然小径穿越森林，攀上一座陡峭的小山，在山顶能欣赏到美不胜收的风景。

Atlantic Sea Kayaking在湖泊上组织多种皮划艇导览游，其中包括天黑后的"星光泛舟"（starlight paddles），全程2.5小时，极具情调。

湖泊位于巴尔的摩东北6公里处，斯基伯林西南8公里处，在两座城镇之间的R595公路边设有路标，从两地骑自行车前往都很简单。

道N71走到底，可以探索其南侧的次级公路R598、R597和R596。

因奇都尼（Incheydoney）位于克洛纳基尔蒂以南5公里处，在一片秀丽的小海湾里有一片美不胜收的金色沙滩，在罗斯卡伯里湾（Rosscarbery Bay）还有更多蓝旗海滩。

在罗斯卡伯里的堤道远处左转驶上R597公路，可以找到动人的德罗姆贝格石圈（Drombeg Stone Circle），然后继续向西，前往风光秀美的村庄格兰多尔（Glandore）和尤宁霍尔（Union Hall）。

继续向西，在古朴典雅的村庄卡斯尔敦申德（Castletownshend），建于17世纪和18世纪的石头小屋错落散布在沿着非常陡峭的主街向下延伸的坡地上。在山脚下是一片小码头区和"城堡"（更像一个乡间别墅），村庄正是因它得名。看过了这些，你就可以放松休息了：所有看点都去过了。

米曾角半岛（MIZEN HEAD PENINSULA）

N71公路从斯基伯林向西延伸，穿过Ballydehob，它是通往米曾（Mizen，与prison即"监狱"押韵）的门户。R592公路从这里向西南方向通往迷人的村庄斯卡尔（Schull），然后继续穿过一些更小的村落，直到小村高林（Goleen）。

就算到了这里，米曾还是没有结束。越来越狭窄的公路继续向西，通往壮丽的米曾角，以及隐秘而宜人的巴尔利湾海滩（Barleycove Beach）和克鲁克黑文（Crookhaven）。如果没有一份可靠的地图，你很可能会一再回到同一个交叉路口。

从高林返回，你可以转向北，驶上风景优美的滨海公路，这条公路几乎全程沿着Dunmanus Bay海湾的边缘延伸，通往达勒斯。R591公路向北穿过达勒斯，通往班特里（Bantry），而L4704向西通往阿哈基斯达（Ahakista）和羊头半岛。

斯卡尔到米曾角（Schull to Mizen Head）

从斯卡尔通往高林的海岸公路连绵起伏，天气晴朗时，可将克利尔岛（Cape Clear Island）和法司特耐特（Fastnet）灯塔的优美风景尽收眼底。在小村庄Toormore附近，景色更具有原生态的特色。多条公路从高林通往米曾角的壮观悬崖和港口村庄克鲁克黑文。

布劳角（Brow Head）

爱尔兰本土的最南端非常值得徒步前去游览。离开克鲁克黑文后，你会看到左侧有一个岔路口，路标上写着"布劳角"（Brow Head）。在这里停车（旁边是Galley Cove Beach），沿着这条狭窄的道路走到底，然后沿着一条步行小道继续走到海角，在那里有一座已存在200年的信号塔，周围是古列尔莫·马可尼的无线电报站的废墟，该电报站在1901年到1914年期间曾在这里运营，随后搬迁至瓦伦西亚岛（Valentia Island）。

这里的视野极好，从西侧的米曾角到东侧的法司特耐特岩石（Fastnet Rock，13.5公里之外）和克利尔岛，风景一览无余。

达勒斯和羊头半岛（Durrus & the Sheep's Head Peninsula）

米曾角半岛北侧的车道通向达勒斯的小岔路口，从那里继续直行可到达班特里，也可以转向西，去探索羊头半岛，它是西科克的3个半岛中游人最少的。

羊头半岛（Sheep's Head Peninsula）

羊头半岛有一种独特的粗犷魅力——而且的确有很多只羊。从达勒斯向西的道路经过阿哈基斯达（Ahakista，Atha an Chiste），那里有几家小酒馆，其中包括迷人的有铁皮屋顶的Ahakista Bar（Ahakista；⏲6月至9月13:00起；👪），又叫Tin Pub。在后面，鲜花盛开的花园向下伸展，直到水滨。

过了阿哈基斯达，风景越来越荒芜，岩石越来越多，道路也越发狭窄曲折。基尔克罗汉（Kilcrohane）村有几家咖啡馆和一片不错的海滩，随后道路开始爬坡，越过高沼地，最终抵达一片偏僻的停车场，那里有一家小小的茶室，叫作Bernie's Cupán Tae（Tooreen；主菜€3~6；⏲不固定，6月至8月 周六和周日 10:00~16:00），司康饼和鲑鱼三明治很出名。

从这里出发，一条带路标的步行小道延伸2公里，通往位于半岛尽头的羊头半岛灯塔（Sheep's Head lighthouse），周围的海崖风景如画，令人惊叹（往返需要1.5~2小时）。Sheep's Head Way的网站还介绍了许多其他徒步路线。

从环绕半岛的公路上可以欣赏开阔的海景。一条名为Goat's Path Rd连接南北海岸的路景色出众，在基尔克罗汉和Gortnakilly（分别在南海岸和北海岸）之间延伸，翻越席芬山（Mt Seefin，345米）的西侧，徒步登上山顶的路程为1公里，这个过程激动人心。

活动

Sheep's Head Way 步行

（www.thesheepsheadway.ie）Sheep's Head Way是一条88公里长的徒步路线，绕半岛一圈，由次级公路和步行小道组成。可使用地形测量局的85号和88号地图。羊头半岛上没有露营地，但是只要土地拥有者准许，可以在徒步路线沿线露营。

Sheep's Head Cycle Route 骑车

（www.thesheepsheadway.ie）120公里长的Sheep's Head Cycle Route环线从Ballylickey朝逆时针方向沿半岛的海岸线绕一圈，返回本土，再向南通往Ballydehob。途中有机会抄近路，或者走其他路线（比如走Goat's Path Rd，或者沿着海岸从阿哈基斯达前往达勒斯）。在当地的旅游局和书店有Sheep's Head Cycle Route环线的资料手册。

到达和离开

West Cork Rural Transport（见本页）有时有长途汽车经Goat's Path Rd走环线往返基尔克罗汉和达勒斯（单程/往返€4/6）。

班特里（Bantry）

人口 3350

羊头半岛的山丘和峻峭的卡哈山（Caha Mountains）映衬着壮美辽阔的班特里湾（Bantry Bay），这是全国最迷人的海景之一。班特里镇位于海湾的顶部，受到多个岛屿的庇护，城镇整洁又体面，狭窄的街道边是独特的老式店铺，还有一个风景如画的海滨。

班特里别墅（Bantry House）在当地是一处首屈一指的景点，这是理查德·怀特（Richard White）的故居，他之所以在历史上赢得了一席之地，是因为他在1798年警告当局，爱尔兰爱国者沃尔夫·托恩和他的支持爱尔兰人联合起义的法国舰队即将登陆。最后，暴风雨阻止了舰队登陆，爱尔兰的历史进程彻底地改变了——费力不讨好的沃尔夫·托恩得到的只有以他的名字命名的一个广场和一尊雕像。

班特里在饥荒、贫穷和人口大量外迁中熬过了19世纪，但如今它依靠海湾发展产业：在科克郡各地的餐厅菜单上，你都能看到来自班特里的牡蛎和贻贝。

就餐

★ Manning's Emporium 咖啡馆、熟食 €

（www.manningsemporium.ie；Ballylickey；主菜€8；周一至周六 9:00~18:00，周日 至17:00，6月至8月 周六 18:00~21:00）这家精品熟食店兼咖啡馆是西科克美味佳肴的宝库。试吃拼盘是品尝店里的当地手工农产品和农舍奶酪的最佳方式。店里还定期举办美食活动。这家店位于Ballylickey的N71公路边（如果从班特里方向来，它在你的右手边）。

到达和离开

Bus Éireann（www.buseireann.ie）每天有4到6班长途汽车在班特里和科克之间往来（€21，2小时），每天有5班车前往格伦加里夫（€5.20，25分钟），乘坐只在夏天运营的282路可以从格伦加里夫继续前往肯梅尔（Kenmare，周一至周六每天1班）。

West Cork Rural Transport（027-52727；www.ruraltransport.ie；5 Main St）提供面包车客运服务，有一系列实用的环线，从班特里前往邓曼韦、达勒斯、高林、斯卡尔、斯基伯林和偏远的村庄。票价固定，单程/往返€4/6。车次不多，可在网站了解详情。

当地交通

租自行车可前往**Nigel's Bicycle Shop**（027-52657；Glengarriff Rd；每天/每周€15/70；全年周二至周六 10:00~18:00，另加5

月至9月周一）。

贝拉半岛（贝拉环线）[BEARA PENINSULA （RING OF BEARA）]

在凯里（Kerry）和丁格尔（Dingle）之后，贝拉半岛是爱尔兰西南部的第三大“环线”（环形驾车路线）。海岸犬牙交错，山脉轮廓鲜明，岩层弯曲外露，这里是地质学者的天堂，道路的每个转弯处几乎都有壮美风景。

贝拉环线长137公里，自驾1天就可轻松走完，但会错过精彩的希利山口公路（Healy Pass Road，R574），它纵贯半岛，从科克的阿德里戈尔通往凯里郡的劳拉（Lauragh）。如果赶时间，可以只走山口，略过剩余路段。

在半岛南侧的班特里湾沿线有一连串仍在作业的渔村。与此相反，北侧只有几个小村落点缀在崎岖的道路沿线，这些蜿蜒曲折的道路在海岸的边角间穿进穿出。许多地方都游人罕至，可将北部凯里郡的雄伟山景尽收眼底。

半岛上不乏其他亮点：有一部摇晃得很刺激的缆车从半岛的尽头通往小巧的德西岛（Dursey Island），还有激动人心的山地徒步路线，需要技巧和投入，也需要合适的服装和用导航找路的经验。

206公里的贝拉之路（Beara Way）是一条带路标的徒步路线，连通格伦加里夫（Glengarriff）和肯梅尔（Kenmare，在凯里），途经卡斯尔顿贝尔（Castletownbere）、贝雷岛（Bere Island）、德西岛和半岛北侧。138公里的贝拉之路骑行路线（Beara Way Cycle Route）也很相似，通过支线和小巷将贝拉半岛的所有村庄连在一起。

半岛的一小部分位于凯里郡，但大部分在科克郡境内。

格伦加里夫（Glengarriff）

人口 1090

格伦加里夫（Gleann Garbh；www.glengarriff.ie）隐藏在班特里湾森林茂密的最北角，是一座19世纪的度假村庄，位于贝拉环线的起点，从科克通往基拉尼的N71公路沿线。

Beara Peninsula (Ring of Beara) 贝拉半岛(贝拉环线)

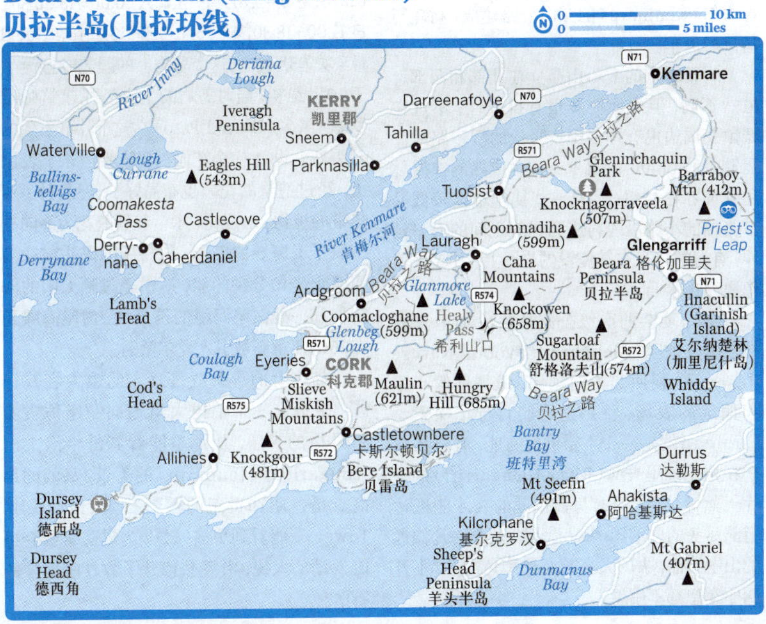

另辟蹊径

PRIEST'S LEAP

Priest's Leap位于班特里西北方向17公里处，通往该地的单车道公路令人眩晕，如果你是个胆小的司机，千万不要走。如果导航为你选择了这条路（作为班特里和肯梅尔之间的近道），请三思。不过，如果你感到无所畏惧，在这条狂野之路上会收获不朽的风景，将群山之巅和班特里湾尽收眼底。

对于骑行者而言，这条路是一个经典挑战，在4.5公里的路程中攀升近400米，部分路段特别陡峭。任何身体强健的骑行者都能到达最高点，但是如果你的大腿不是参加环法自行车赛的料，有三四个地方需要你下来推着车走。务必确保刹车状况良好，以应对下坡路段。

从班特里出发，沿N71公路向北前行8公里，过桥后在海湾顶部（路标上写着Coomhola的地方）右转。在第一座桥左转，在第二座桥再次左转（注意写着Priest's Leap的白色牌子），然后在第一个路口右转。一条长长的直路变得越来越陡，随后坡度变缓，但是左侧有大陡坡。

山路顶部有一个被风吹得摇摇晃晃的十字架。据说在1601年，詹姆斯·阿切尔神父（Father James Archer）正在为召集科克和凯里的各部族联合反抗英国人而奔走。敌军在通往凯里的一条古路上发现了他，并展开追捕，直到他骑着马从山路的顶部一跃而下，在班特里着陆。

19世纪下半叶，格伦加里夫变成了一处热门的度假胜地，受到维多利亚时代富裕英国人的喜爱。他们从英格兰乘船到科克，再乘火车到班特里（铁路线已于1961年关闭），然后乘坐明轮船跨海抵达村庄。到了1850年，通往肯梅尔（Kenmare）的穿山公路建成，村庄与基拉尼通车。

岩石嶙峋的卡哈山矗立在北部和西部，虽然不高，但山地徒步很有挑战性，不过在城镇及周边也有许多比较轻松的漫步路线。**蓝池公园**（Blue Pool Park）由成熟的橡树林和欧洲赤松林组成，有一些徒步难度较低又带路标的小路沿着村庄和码头之间的海岸延伸，有海豹栖息在被淹没的岩石上，看起来就像漂浮在水面。

错综复杂的次级公路从格伦加里夫森林自然保护区（Glengarriff Woods Nature Reserve）朝西北方向延伸，通往度假小屋和偏远的农场，特别适合骑自行车探索。**Pooleen**就是一个不错的目的地，有野餐桌摆在格伦加里夫河（River Glengarriff）的一片天然泳池旁。只有身强体健的人才能抵达道路尽头的湖泊**Barley Lake**，这是一片偏远的山中湖泊，去的大多数是钓鳟鱼的人（不开四驱车想都不用想）。

景点

★艾尔纳楚林（加里尼什岛） 花园

[Ilnacullin (Garinish Island)；☎027-63040；www.heritageireland.ie；成人/儿童 €4/2，渡船€12/6；⏲6月至8月周一至周六 10:00~18:30和周日 11:00~18:30，4月、5月、9月和10月时间缩短，11月至次年3月关闭]这个岛屿上的园艺奇迹诞生于20世纪初，当时岛屿的主人委托建筑师哈罗德·佩多（Harold Peto）在这个寸草不生的石头岛上设计一个花园。于是船运来了表层土，经过造景的花园也布局好了，还栽种了亚热带的植物。山茶花、木兰和杜鹃花为不同季节赋予了斑斓的色彩。从村庄的码头前往岛屿要乘坐10分钟的船，途中经过晒太阳的海豹群和一处白尾海雕的筑巢地，白尾海雕是在2007年重新被引入爱尔兰的。

岛屿上的重头戏是宜人的**意大利式花园**。附近有一条柏树大道通向一座仿古希腊风格的神庙，从那里能看到舒格洛夫山（Sugarloaf Mountain）的美景。岛屿的最高点是一座19世纪的**圆形石堡**（Martello Tower），能看到更多风景。为提防拿破仑可能发动的入侵，沿海共修建了数百座这样的石堡。

格伦加里夫森林自然保护区 自然保护区

（Glengarriff Woods Nature Reserve；☎027-63636；www.glengarriffnaturereserve.ie）免费格伦加里夫河的河谷位于格伦加里夫的西北方向，曾是班特里伯爵的私人地产。因此，河谷里古老的橡树林幸存至今，茂密的树木维持着潮湿的环境，让蕨类植物和苔藓茂盛生长。保护区的野生动物很丰富，可以在树林里留意红松鼠和金翅雀，在河边寻找水獭和翠鸟。带路标的步行小径从村庄以北1公里处的主停车场向四处延伸。

有5条步行小径，从500米到3公里距离不等，经过林地、山地、河流和草地。紫色路标的Glengarriff Wood Loop将5条小径的精华集合在一条路线中（8公里，预留3小时）。

到达和离开

Bus Éireann每天最多有5班车开往班特里（€5.20，25分钟），再继续前往科克（€22，2.5小时），还有车前往卡斯尔顿贝尔（€10.70，50分钟，每天1班或2班）。

282路只在夏天运营，从格伦加里夫开往肯梅尔（€12.10，45分钟，7月和8月周一至周六每天1班）。

卡斯尔顿贝尔及周边（Castletownbere & Around）

人口 910

繁忙的卡斯尔顿贝尔（Baile Chais Bhéara）首先是一个渔港，其次是一个旅游城镇，因此对于那些寻求“真实”爱尔兰的人极具吸引力。不过这不等于当地没有热门的景点，这里尤其值得一提的就是世界闻名的小酒馆McCarthy's Bar。

在Main St和Square广场能找到自动柜员机，还有咖啡馆、小酒馆和杂货店。

饮品和夜生活

McCarthy's Bar 小酒馆

（Main St；⏲周日至周四 正午至23:00，周五和周六 至次日0:30）你如果随身带着已故的皮特·麦卡锡（Pete McCarthy）的畅销书《麦卡锡的酒吧》（*McCarthy's Bar*）原本，会为看到封面照片变立体而激动不已。McCarthy's是一个杂货店兼小酒馆，想买个桃子罐头和玉米罐头来搭配你的Beamish啤酒吗？小酒馆经常有现场音乐演出，室内还有一个小小的包间。

到达和离开

Bus Éireann（www.buseireann.ie）每天有1到2班长途汽车开往格伦加里夫（€10.70，50分钟）、班特里（€13.90，70分钟）并继续前往科克（€24，3.25小时）。

在7月和8月，282路贝拉环线的班车从卡斯尔顿贝尔开往肯梅尔（€13.90，1.5小时），途经格伦加里夫，周一到周六每天2班。

凯里郡

人口 145,500/面积 4746平方公里

包括 ➡

最佳餐饮

- Smuggler's Inn（见176页）
- Idás（见182页）
- Spillane's（见184页）
- Tom Crean Fish & Wine（见177页）

最佳徒步路线

- 莫克洛斯湖环线（见169页）
- 本提环路（见175页）
- 圣人之路（见184页）
- 卡朗图厄尔山（见173页）

为何去

凯里郡有着许多最具有爱尔兰特色的标志性的风光：激浪拍打的海崖和柔软的金色沙滩，碧绿的农田和纵横交错的古旧石墙，迷雾笼罩的沼泽和云雾缭绕的山巅。

基拉尼是生机勃勃的旅游集散中心，附近是全国最好的国家公园之一，城里到处是缤纷多彩的商店、餐厅，曲调活泼的传统音乐在小酒馆里响亮地回荡。这座城镇是凯里两大著名自驾环线的出发点：规模较大的凯里环线环绕着伊弗拉半岛（Iveragh Peninsula），半岛上山地众多，边缘散布着岛屿。丁格尔半岛相对较小，像是南部的伊弗拉半岛的浓缩版，半岛上有古老的基督教遗迹和沙滩，有时也显得坚硬无情。

凯里的极致之美让它成为爱尔兰最热门的旅游目的地之一。不过，如果你想远离人群，总有一个山口、一片僻静的小海湾或一条人迹罕至的小径等你探索。

何时去

- 在较暖的月份，全郡各地有许多节庆活动，在6月到8月期间活动尤其丰富（在此期间需要早早预订住宿）。
- 凯里每年的日程表中不乏亮点，6月有利斯托尔作家周，8月在丁格尔镇有赛马和赛艇大会。基洛格林著名的帕克节也在8月举办，其历史可以追溯到17世纪。
- 即使在深冬，在凯里郡各地的小酒馆里也有说书人和乐手献上即兴演出。

凯里郡亮点

1. 乘船和骑车穿越基拉尼湖和**邓洛山口**（见171页）。
2. 徒步登顶1000米高的爱尔兰最高峰**卡朗图厄尔山**（见173页）。
3. 在基拉尼美丽的**利恩湖**上用飞蝇钓褐鳟（见171页）或鲑鱼。
4. 租一辆自行车，在风景如画的**斯莱角公路**（见183页）骑一圈。
5. 在凯里环线上景致壮观的**沃特维尔高尔夫球场**（见176页）打一场高尔夫球。
6. 在丁格尔半岛上探索**圣人之路**（见184页）沿线的遗址。
7. 参加乘船游前往**斯凯利格·迈克尔岛**（见177页）上偏远的修道院遗址。

基拉尼(KILLARNEY)

人口 14,220

今天的基拉尼是一部运转良好的旅游机器，坐拥美丽壮观的景色。小镇以制成品的纤巧而很出名，商店里出售的柔软的玩具橡木棍(shillelaghs)和三叶草，街角的广告牌指示着传统音乐演奏会的位置。

然而，除了邻近湖泊、瀑布和蔓延在天际线下1000多米高的山峰间的森林，基拉尼也有许多独具魅力的景点。作为一个旅游业发展了250多年的城镇，竞争让服务水准居高不下，各种预算的游客都能找到不错的餐厅、出色的小酒馆和舒适的住宿地点。

基拉尼地区至少在青铜时代初期就有人居住了，当时在罗斯岛(Ross Island)发现了铜矿。7世纪时，圣菲尼安(St Finian)在利恩湖(Lough Leane)的伊尼斯费尔伦(Inisfallen)创建了一处修道院，这个地区成为了一个基督教中心。湖边的土地曾被McCarthy Mór和修建了罗斯城堡的O' Donoghues of Ross等盖尔人部族占领，后来又变成了莫克洛斯的赫伯特家族和肯梅尔伯爵的领地。

直到18世纪中期，肯梅尔子爵才开始开发这一地区，想将它打造成爱尔兰版的英格兰湖区，1853年铁路建成，1825年和1861年，沃尔特·斯科特爵士和维多利亚女王的先后到访使得基拉尼名声在外，这一切都推动了当地的发展。到了1895年，基拉尼已经进入托马斯·库克(Thomas Cook)的旅行团行程。

在夏天，基拉尼游客泛滥，春末秋初或许是最好的旅行时间，游客数量尚能应付，天气依然不错，足以享受户外活动的乐趣。

景点和活动

圣玛丽大教堂 主教座堂

(St Mary's Cathedral; www.killarneyparish.com; Cathedral Pl)圣玛丽大教堂建于1842年到1855年间，是新哥特复兴式建筑的绝佳典范。教堂由奥古斯塔斯·普金(Augustus Pugin)设计，十字形的建筑受特拉里附近的阿德弗特大教堂(Ardfert Cathedral)的启发。弥撒时间参见网站。

方济各会修道院 修道院

(Franciscan Friary; Fair Hill)始建于19世纪60年代的方济各会男修道院中展示着一个华美的佛兰德风格的祭坛装饰，还有一些令人印象深刻的瓷砖，最引人注目的是哈利·克拉克(Harry Clarke)的彩色玻璃窗。这位都柏林艺术家自然形成的风格受到新艺术风格、装饰艺术风格和象征主义的影响。

Killarney Golf & Fishing Club 高尔夫

(☎064-663 1034; www.killarney-golf.com; 果岭费 €60~100)这家历史上著名的高尔夫球俱乐部曾屡次举办爱尔兰公开赛，有3个锦标赛高尔夫球场(其中一个正在改造，目前处于关闭状态)蔓延在湖光山色之间。球场位于基拉尼以西3.4公里处，N72公路沿线。

团队游

Killarney Guided Walks 步行游览

(☎087 639 4362; www.killarneyguidedwalks.com; 成人/儿童 €9/5)2小时的导览步行游可带你穿越国家公园的林地，每天11:00从New St的最西端，圣玛丽大教堂的对面出发。一路上穿过诺克利尔(Knockreer)的花园，经过夏尔·戴高乐的度假地、大卫·里恩(David Lean)拍摄《雷恩的女儿》(*Ryan's Daughter*)的地方和库达修士(Brother Cudda)长眠了200年的地方。如有需求，可在其他时间组织游览。

Jaunting Car Tours 团队游

(☎064-663 3358; www.killarneyjauntingcars.ie; 每辆马车 €30~80)基拉尼传统的双轮轻便马车载客从城镇出发，游览罗斯城堡和莫克洛斯庄园(Muckross Estate)，伴随着车夫(jarvey)逗乐的介绍完成游览。车费由距离决定，每辆马车最多乘坐4人。上车地点叫“the Ha Ha”或者“the Block”，位于Kenmare Pl。

Big Red Bus Tour 巴士游

(☎087 250 8122; www.killarneytour.com; 1天/2天 车票 €12.50/18; ⏲4月至9月每天3班，10月至次年3月每天1班)可随时上下车的敞篷巴士游，从基拉尼镇中心的East Avenue大道开往阿哈多、罗斯城堡、莫克洛斯别墅和托克瀑布(Torc Waterfall)。

Killarney 基拉尼

Killarney 基拉尼

景点

1 方济各会修道院 D2

活动、课程和团队游

2 Big Red Bus Tour C3
3 Jaunting Car Tours C3

住宿

4 Killarney Plaza Hotel B3
5 Malton D3

就餐

6 Jam B3
7 Mareena's Simply Food C3

饮品和夜生活

8 Killarney Grand B3
9 O'Connor's B2

购物

10 Killarney Outdoor Store A3
11 Variety Sounds C3

节日和活动

湖泊拉力赛 体育节

（Rally of the Lakes；www.rallyofthelakes.com）这个公路拉力赛是爱尔兰赛车日程表上的一个重要赛事，在5月的公共假日周末，车手们在湖泊和高山间惊险的弯道上疾驰。拉力赛期间，露营地和住宿地人满为患，当地公路（包括科克郡的希利山口和N71公路的基拉尼-肯梅尔路段）可能会暂时关闭。比赛在4月底或5月初举办。

住宿

★ Fleming's White Bridge Caravan & Camping Park 露营地 €

(☎086 363 0266; www.killarneycamping.com; White Bridge, Ballycasheen Rd; 露营场地车辆加2个成年人€25, 徒步者€10; ⊙3月中旬至10月; 📶👪) Fleming's是个家庭经营的迷人的露营地，位于镇中心东南约2公里处，紧邻N22公路。营地上有一间游艺室，出租自行车，为露营者准备了厨房和洗衣房，在旁边的河上可以免费钓鳟鱼。前台的希拉里(Hillary)可以安排巴士游、骑车游和乘船游，前提是他没有滔滔不绝地跟你聊天。

★ Crystal Springs 民宿 €€

(☎064-663 3272; www.crystalspringsbb.com; Ballycasheen Cross, Woodlawn Rd; 标单/双€70/95; 📶👪) 这家美好的民宿令人放松，木头平台向弗莱斯克河(River Flesk)上方伸展出去，可以在这里免费钓鳟鱼。房间装饰着印有图案的壁纸和胡桃木，显得富丽堂皇。私人浴室(大部分配水疗浴缸)很宽大，玻璃围墙的早餐室也俯瞰着奔腾的河水。从民宿漫步到城镇上大约需要15分钟。

Chelmsford House 民宿 €€

(☎064-663 6402; www.chelmsfordguesthouse.com; 1 Muckross View; 房间€80起; @📶👪) 这个民宿坐落在城镇南部的一座小山上，坐拥凯里的优美山景(利恩湖也时隐时现)。3个房间都带私人浴室——争取订到带阳台的双人房。民宿在一片台地上，环境安静，漫步10分钟可进入城镇。

Malton 酒店 €€€

(☎064-663 8000; www.themalton.com; 标单/双€120/180起; @📶🏊👪) 始建于乔治王时代的Malton居高临下，太过显眼，甚至不需要提供地址，你就可以轻而易举地找到这里。酒店最早在1854年开门迎客，当时是Railway Hotel酒店。酒店的外墙上爬满五叶爬墙虎，内部经过彻底整修，1852年的侧翼的客房是最好的，保留着古色古香的奢华感。酒店有一个水疗休闲中心，带有游泳池、健身房和两个网球场。

Killarney Plaza Hotel 酒店 €€€

(☎064-662 1100; www.killarneyplaza.com; Kenmare Pl; 标单/双€119/164起; @📶🏊👪) 这个拥有198间客房的大酒店虽然在2002年才建好，却散发着一种早期的装饰艺术格调。装修典雅的客房和公共设施与酒店奢华的美名保持一致，除了大理石装饰的大厅和贴着华丽瓷砖的室内游泳池，还有桑拿房、蒸汽浴室和水疗馆。

就餐

Jam 咖啡馆 €

(☎064-663 7716; www.jam.ie; 77 Old Market Lane; 主菜€4~11; ⊙周一至周六 8:00~17:00, 周日9:00~17:00; 👪) 🌿躲进小巷，来到这家位置隐蔽的本地小店，这里的菜单经常变化，有熟食三明治、咖啡和蛋糕，还有牧羊人派等热腾腾的午餐菜肴。所有食物都使用本地生产的食材，门口还有几张餐桌。

Mareena's Simply Food 爱尔兰菜 €€

(☎066-663 7787; www.mareenassimplyfood.com; East Avenue Rd; 主菜€17~23; ⊙周二至周日正午至14:30和18:00~21:00) 🌿在店名里就能找到线索——Mareena's供应最好的本地农产品，既有扇贝和鲈鱼，又有羊颈肉和猪里脊，全都用最简单平常的方法烹制，让优质的食材自己说话。装修与食物的风味非常

凯里之路

214公里的凯里之路(www.kerryway.com)是爱尔兰共和国最长的带路标的步道。这条路的起点和终点都在基拉尼，蜿蜒穿过爱尔兰最高的山脉——壮丽的麦吉利卡迪山脉，然后继续沿着凯里的海岸延伸，经过凯尔西温、沃特维尔、凯尔丹尼尔、斯尼姆和肯梅尔。

走完全程大约需要10天，如果时间不充裕，可以用3天的时间徒步到格伦贝(Glenbeigh)，从那里可乘坐长途汽车或搭便车返回基拉尼。网站上列出了凯里之路沿线的住宿地点。地形测量局1:50,000的78号、83号和84号地图上均标出了这条路线。

相配，既简约又朴素。

饮品和娱乐

★ O' Connor's
小酒馆

(7 High St; ⏲周一至周四 10:30~23:00，周五和周六至次日0:30，周日12:30~23:00)这家门上装饰着铅条玻璃的传统小酒馆是基拉尼最热门的去处之一。每晚都有现场音乐演出，夏季每天供应美味的酒吧食物。天气比较暖的时候，毗邻的小巷里都坐满了顾客。

Killarney Grand
酒吧，夜店

(www.killarneygrand.com; Main St; 23:00前免费入场，23:00之后入场费€5~10; ⏲周一至周六 19:30~2:30，周日至1:30)这个基拉尼著名的娱乐场所有多家酒吧和夜店，从21:00到23:00有传统音乐演出，23:30到次日1:30是摇滚乐队的表演，从23:00开始还有一场迪斯科舞会。

购物

Variety Sounds
音乐

(College St; ⏲周一至周六 10:00~18:00，周日正午至18:00)这家店的音乐风格兼收并蓄，有不少传统音乐、乐器、散页乐谱和在别处难得一见的唱片。

Killarney Outdoor Store
户外用品

(www.killarneyrentabike.com; New St; ⏲周一至周六 10:00~18:00，周日正午至18:00)小小的店里塞满了大量露营和登山用品。

实用信息

最近的急诊部在Tralee General Hospital，位于基拉尼西北32公里处。

O' Neill' s (☎064-6631 970; 6 Plunkett St; ⏲周一至周五 10:00~21:30，周六和周日 10:00~21:00) O' Neill' s看起来像个礼品店，其实是一家经营已久的钓鱼中心，可以去了解信息，购买钓鱼许可证和执照，租用钓具。

SouthDoc (☎1850 335 999; www.southdoc.ie; Upper Park Rd; ⏲周一至周五 18:00至次日8:00，周六13:00至周一8:00)有家庭医生在正常工作时间以外提供服务。诊所在镇中心东侧500米处，就在N22公路的环岛东侧。

旅游局 (☎064-663 1633; www.killarney.ie; Beech Rd; ⏲周一至周六 9:00~17:00; 📶)能解决大多数疑问，特别擅长处理复杂的交通类咨询。

到达和离开

飞机

凯里机场 (Kerry Airport，简称KIR; ☎066-976 4644; www.kerryairport.ie)在法伦福尔(Farranfore)，位于基拉尼以北约17公里处，N22公路沿线。每天有航班飞往都柏林、伦敦卢顿机场和斯坦斯特德机场，也有少量航班飞往德国的法兰克福-哈恩机场(Frankfurt-Hahn)、葡萄牙的法鲁(Faro)和西班牙的阿利坎特。

这个小机场有餐厅、酒吧、外币兑换处和自动柜员机。几乎所有大型租车公司都在机场设有服务台。

长途汽车

Bus Éireann (☎064-663 0011; www.buseireann.ie)在Park Rd的长途汽车站运营。去都柏林需要在科克换乘——火车要快得多。**Citylink** (☎091 564164; www.citylink.ie)开往戈尔韦的长途汽车从East Avenue Rd上Malton Hotel酒店外的车站出发。

科克 €27，2小时，每小时1班。

都柏林 €40，6小时，每天6班。

戈尔韦 Citylink，€30，3小时，每天2班。

利默里克 €22.50，2小时，每2小时1班。

特拉里 €10.70，40分钟，每小时1班。

沃特福德 €28.50，4.75小时，每小时1班。

火车

基拉尼的火车站位于Malton Hotel酒店的后面，镇中心东边不远处。虽然与长途汽车站离得很近，但两地并未直接连通——需要先走到East Avenue Rd，再穿过Killarney Outlet Centre商场往回走。

每天有1班或2班车直达科克和都柏林，否则要在马洛(Mallow)换乘。

科克 €27.80，1.5小时。

都柏林 €69，3.25小时，每2小时1班。

特拉里 €111.35，30分钟，每2小时1班。

当地交通

抵离机场

Bus Éireann每小时有1班车往返基拉尼和凯里机场(€5.50，20分钟)。

特拉里-基拉尼的火车停在法伦福尔站(Farranfore station, €8.70, 20分钟),从机场步行前往火车站(至少)需要10分钟。

乘出租车前往基拉尼大约需要€35。

自行车

基拉尼地区的景点很分散,自行车是理想的游览工具,许多景点只能骑车或步行前往。**O' Sullivan' s Bike Hire** (☎064-663 1282; www.killarneyrentabike.com; College St; 租自行车每天/每周€15/80)在College St、Beech Rd(旅游局对面)和Muckross road(Randles Court Hotel对面)有分店,还提供山地车和儿童自行车。

公共汽车

非常实用的**Killarney Shuttle Bus** (☎087 138 4384; www.killarneyshuttlebus.com; 单程€2~6)每天有班车从旅游局开往所有主要旅游景点,包括邓洛山口(Gap of Dunloe)、克罗宁庭院(Cronin' s Yard)、罗斯城堡、莫克洛斯别墅、托克瀑布和淑女角(Ladies View)。向司机买票,全天不限乘车次数的车票价格是€10。

租车

Budget (☎064-663 4341; www.budget.ie; International Hotel, Kenmare Pl; ⌚周一至周五 9:00~18:00, 周六至15:00)

Enterprise (☎064-9021432; www.enterprise.ie; Pat Looney Car Sales, Upper Park Rd; ⌚周一至周五 8:00~18:00, 周六9:00至正午)

出租车

镇上的出租车站在College St。出租车公司包括**Killarney Taxi & Tours** (☎085-280 3333; www.killarneytaxi.com)。

基拉尼周边 (AROUND KILLARNEY)

基拉尼国家公园 (Killarney National Park)

当你开始探索令人赞叹的**基拉尼国家公园**(www.killarneynationalpark.ie) 免费 基拉尼那些充满三叶草的纪念品商店带给你的不快与灰心都会烟消云散。罗斯城堡和莫克洛斯别墅吸引着大批游客,但你可以避开这一切,躲进爱尔兰面积最大的古橡树林,在视野开阔的最高峰上尽享公园的全景,观看全国仅存的一群本地野生赤鹿。

国家公园的核心是莫克洛斯庄园,1932年由亚瑟·博恩·文森特(Arthur Bourn Vincent)捐赠给国家。1982年,公园成为联合国教科文组织指定的生物圈保护区。**基拉尼湖**(Killarney Lakes)——由利恩湖(下湖,或"知识之湖")、莫克洛斯湖(或中湖)和上湖(Upper Lake)组成——大约占公园的四分之一,四周是天然的橡树林和紫杉林,西侧是峭壁和高沼地组成的**紫山**(Purple Mountain),南侧是**诺克罗尔山**(Knockrower, 552米)。

公园的野生动物种类丰富,风景秀丽动人:小鹿游到湖心岛上吃草,红松鼠和松貂在树林中蹦蹦跳跳,鲑鱼和褐鳟在干净的湖水中游弋。2007年,这里引入了15只白尾海雕,到了2015年,至少有4对已在凯里郡筑巢,有1对在国家公园里繁育成功。稀有的水生动物包括红点鲑(Arctic char,一种深水鱼,与鳟鱼有亲缘关系,是最后一个冰河时代的残遗物种)和基拉尼西鲱(Killarney shad,又叫goureen,是海生西鲱的一个亚种,是湖中特有的)。

基拉尼旅游局有徒步指南和地图。

ℹ 到达和当地交通

步行、**骑车**和**乘船**是探索公园的最佳方式。基拉尼镇有两个步行/骑车的入口,一个在圣玛丽大教堂对面(24小时开放),另一个被称为**Golden Gates**,位于Muckross Rd的环岛(开放时间:6月到8月8:00至19:00,4月、5月和10月至18:00,11月至次年3月至17:00)。

大教堂入口与罗斯城堡相距2.5公里(步行30分钟),要步行或骑车前往莫克洛斯庄园,需要沿着N71公路旁的自行车道向南走3公里,道路在此转向,朝湖泊方向延伸(去莫克洛斯别墅是5公里的上坡路)。

双轮轻便马车 双轮轻便马车的出发地点包括基拉尼镇中心的Kenmare Pl,以及通往莫克洛斯庄园的双轮轻便马车入口(Jaunting Car Entrance),后者位于城镇以南3公里处的一个停车场,就在N71公路沿线。乘马车从基拉尼前往罗斯城堡再返回的价格是每人€15到€20。没有固定价格,车程较长时可讲价。

自驾路线 位于基拉尼镇中心南部边缘的Ross Rd通往罗斯城堡停车场，莫克洛斯庄园的入口在N71公路沿线，位于基拉尼以南5公里处，入口通往莫克洛斯别墅停车场，停车免费。

景点

莫克洛斯别墅 历史建筑

（Muckross House；☎064-667 0144；www.muckross-house.ie；Muckross Estate；成人/儿童€9/6，含莫克洛斯传统农场€15/10.50；⏲7月和8月9:00~19:00，9月至次年6月至17:30）这个壮观的维多利亚时代的宅邸中摆满了迷人的物件（有70%是别墅原有的）。墙壁上装饰着约翰·辛格·萨金特（John Singer Sargent）创作的肖像画、作为狩猎战利品的雄鹿头和巨型鳟鱼标本，富丽堂皇的房间里是古色古香的基拉尼家具，家具上镶嵌着特有的当地风景名胜图案，房间里还有壁毯、波斯地毯、银器和专为维多利亚女王1861年到访定制的瓷器。别墅位于基拉尼以南5公里处，在N71公路沿线都有路标。

别墅建于1843年，是赫伯特家族狩猎和垂钓的住处，坐落在一直向下延伸到中湖的美丽花园内。双轮轻便马车等在大门附近，可以载你穿过鹿苑和林地，前往托克瀑布和莫克洛斯修道院（Muckross Abbey，两地的往返价格都是€20左右，可以商量个折扣）。

在别墅主建筑后的一栋楼里，有一家工艺品店和一些工作室，可以参观陶艺师、织工和订书匠工作，附近的游客中心里有一家出色的咖啡馆。

莫克洛斯传统农场 博物馆

（Muckross Traditional Farms；☎064-663 0804；www.muckross-house.ie；Muckross Estate；成人/儿童€9/6，含莫克洛斯别墅€15/10.50；⏲6月至8月10:00~18:00，5月和9月13:00~18:00，4月和10月周六和周日 13:00~18:00）这里是对20世纪30年代农场的重现，景色、声音和气味都令人想起真实的农场生活——既有牛粪、干草、湿土和泥炭的烟，又有鸡鸭猪驴的嘈杂声。装扮过的导游让传统农场建筑重焕生机，小朋友们可以在爱宠区与小猪、小羊羔、小鸭和小鸡亲密接触。农场就在莫克洛斯别墅东侧，要把自助游玩到尽兴，至少需要2个小时的时间。

莫克洛斯修道院 遗址

（Muckross Abbey；Muckross Estate；⏲24小时）**免费**这个保存良好的遗址（其实是修士们的住所，但大家都称之为修道院）创建于1448年，在1652年被克伦威尔的军队烧毁。现在有一个带方形塔楼的教堂和一个动人的小回廊，回廊的中央有一棵巨大的紫杉树（据说这棵树的年龄和修道院的一样）。高坛里

莫克洛斯湖环线

这条带路标的环线长9.5公里（骑车必须走逆时针方向），可以轻松消磨大半天的时间。环线经过基拉尼国家公园一些最上镜的地点，从莫克洛斯别墅出发，向西穿越迷人的湖岸森林（有许多岔道小路可供探索），走到明信片般美丽的**Brickeen Bridge**，这座桥跨在连通利恩湖和中湖的水道上。继续走到位于林中空地的**Dinis Cottage**（茶室在5月到9月营业），这片林中空地围绕着**Meeting of the Waters**，基拉尼3个湖泊的水道在此汇合。有一艘出租船往返Dinis Cottage和莫克洛斯别墅附近的Dundag Pier（每人€7）。

一条10分钟路程的岔道小路（不能骑车）从Dinis通往**老韦尔桥**（Old Weir Bridge），不要错过。这座桥有两个桥拱，可以看到游船从桥拱下方岩石很多的狭窄水道快速通过（这里有一条急流连通上湖和中湖）。

沿着中湖南岸返回时，小路穿过森林，到达N71基拉尼-肯梅尔公路。在这里，徒步者可以选择在公路对面朝上坡攀登，去参观**托克瀑布**（Torc Waterfall），再返回莫克洛斯别墅。骑车的人需要沿着主要公路向东1公里，才能再次进入越野小径。在公路和莫克洛斯别墅之间，你可以选择绕行**老船坞自然步道**（Old Boathouse Nature Trail），这条小径环绕着一个风景优美的半岛。

在基拉尼旅游局和莫克洛斯别墅售票处有地图和详细资料。

Around Killarney 基拉尼周边

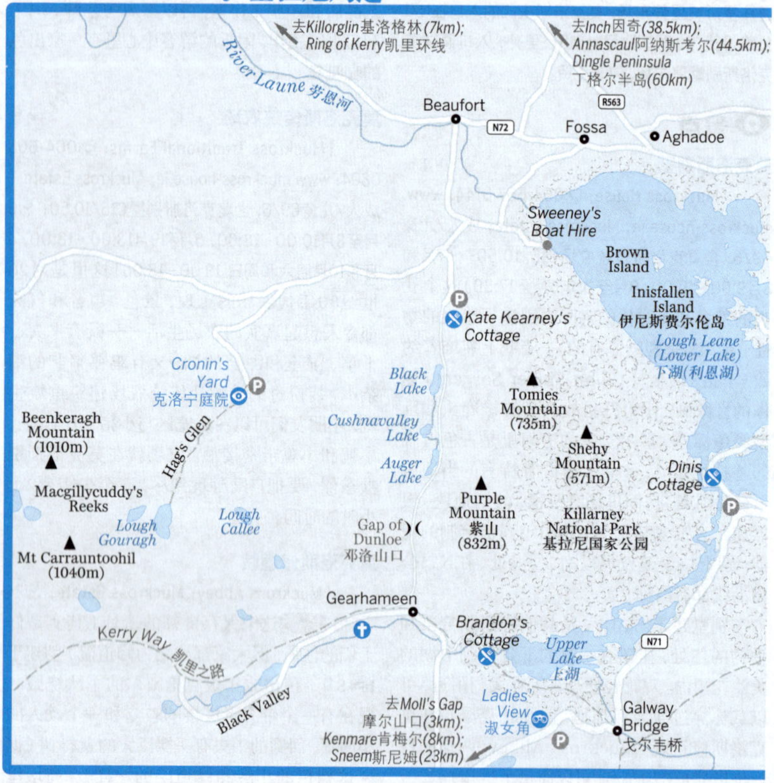

是McCarthy Mòr族长之墓，还有一个精美的19世纪纪念碑，献给当地的慈善家露西·加尔韦（Lucy Gallwey）。修道院位于莫克洛斯别墅以北1.5公里处（有路标）。

罗斯城堡 城堡

（Ross Castle；☎064-663 5851；www.heritageireland.ie；Ross Rd；成人/儿童€4/2；⏰3月至10月9:00~17:45）罗斯城堡位于湖畔，其历史可以追溯到15世纪，当时是O' Donoghue家族的居所。它是芒斯特最后一个被克伦威尔的军队攻破的地方，部分归因于城堡精巧的螺旋式楼梯，每一级台阶的高度都不相同，这样可以打乱袭击者的步伐。从公园的步行入口走路或骑车3公里可以到达城堡，过程令人愉快，途中还可能看到鹿。

伊尼斯费尔伦（Inisfallen） 岛屿

伊尼斯费尔伦岛上的第一个修道院（所有湖心岛上最大的修道院）由麻风病人圣菲尼安在7世纪创建。如今，在圣菲尼安起初修建的修道院原址上有一座12世纪的**奥古斯丁小修道院**（Augustinian priory）的大量遗址，还矗立着一个小礼拜堂，古罗马式的门是雕刻而成的。你可以从罗斯城堡租一艘由船夫驾驶的摩托艇（大约€10）前往岛屿，船程10分钟。没有风浪时，也可以租一艘划艇（每小时€5，单程30分钟）。

13世纪初，《伊尼斯费尔伦纪事》（*Annals of Inisfallen*）在这里写就，伊尼斯费尔伦因此扬名。纪事现藏于牛津的博德利图书馆（Bodleian Library），依然是了解早期芒斯特历史的重要信息来源。

诺克利尔别墅及花园 公园

（Knockreer House & Gardens；⏰6月至8月8:00~19:00，4月至5月和10月 至18:00，11月至次

年3月 至17:00) 免费 19世纪70年代为肯梅尔伯爵修建的基拉尼别墅(Killarney House)在1913年被烧毁。现存的诺克利尔别墅是1958年在基拉尼别墅原址上修建的,如今是一个国家公园教育中心的所在地。别墅不对公众开放,但是花园有阶梯式的草坪和一座凉亭,将湖泊和远处群山的壮丽风景尽收眼底。

从圣玛丽大教堂对面的公园入口出发,沿着右侧的小路前行约500米即到。

活动

Killarney Lake Tours 乘船游

(☎064-663 2638; www.killarneylaketours.ie; Ross Castle Pier; 成人/儿童 €10/5; ⏲4月至10月)1小时的利恩湖之旅乘坐一艘舒适的封闭式游船,从罗斯城堡旁的码头出发,每天4班,行程中包括伊尼斯费尔伦岛(Inisfallen,不登陆)和O' Sullivan' s Cascade(西海岸的一道瀑布)。

Trout Fishing 钓鱼

(www.fishinginireland.info; ⏲钓鱼季2月14日至10月12日)在基拉尼国家公园的湖泊里钓褐鳟是免费的(不需要许可证)。允许在湖畔钓鱼,但是从船上钓鱼的体验是最好的,在罗斯城堡或Sweeney' s(☎064-664 4207; www.theinvicta.com; Invicta B&B, Tomies, Beaufort)(位于利恩湖西端)能租到船,每天€55(含舷外发动机小艇,最多3人乘坐)。

基拉尼的O' Neill' s(见167页)提供信息,出租渔具,出售钓鱼许可证和执照。

Salmon Fishing 钓鱼

(www.fishinginireland.info)劳恩河(River Laune)从利恩湖流向大海,是爱尔兰最适合钓鲑鱼的河流之一。钓鱼季从1月17日持续到9月30日,7月下旬之后是钓鱼的最佳时间。钓鱼许可证(1天/7天€25/140起)和国家钓鱼执照(state rod licence, 1天/3周€20/40)缺一不可。还可以在基拉尼湖钓鲑鱼(不需要许可证,但需要国家钓鱼执照)。

在基拉尼的O' Neill' s(见167页)能买到许可证和钓鱼执照。

邓洛山口(Gap of Dunloe)

邓洛山口是一个荒芜又美丽的山口,峭壁林立,湖泊和瀑布如珠宝般点缀其间。山口位于基拉尼国家公园以西,被紫山和巍峨的麦吉利卡迪山脉(Macgillycuddy,爱尔兰最高的山脉)夹在中间。

邓洛山口虽然不在公园内,却一直是基拉尼观光路线上不容错过的景点,从18世纪末以来一直如此,当时的富有游客受到浪漫主义诗人们的启发,纷纷来这里寻找"壮丽"和"荒芜"的风景。

凯特·卡尼(Kate Kearney)的传说最早就是在这个时期出现的:凯特是一个传说中的当地美人,出自一首流行歌曲,据说住在山口的一个小屋里,将poteen(非法酿造的威士忌)分给疲惫的旅人。位于山口最北端的19世纪小酒馆依然被称为凯特·卡尼小屋(Kate Kearney' s Cottage, ☎064-664 4146; www.

katekearneyscottage.com；主菜€8~20；⏲正午至20:00供应食物；👪），这里有个繁忙的停车场，可以租到双轮轻便马车（只能用现金）。

在山口的南端，道路沿着陡坡蜿蜒向下，通往偏远的Black Valley和**Lord Brandon's Cottage**（菜肴€3~6；⏲4月至10月早餐和午餐），后者是一座破败的19世纪狩猎小屋，四周环绕着上湖郁郁葱葱的湖畔草地。你可以开车前往Lord Brandon's Cottage，在摩尔山口（Moll's Gap）附近有一条陡峭的次级公路从R568公路通往当地，从基拉尼出发大约需要45分钟。

游览山口的传统方式是参加团队游，从基拉尼出发，先乘坐大巴前往凯特·卡尼小屋，再从那里徒步或乘坐双轮轻便马车穿越山口，前往上湖的Lord Brandon's Cottage，最后乘船前往罗斯城堡，再乘大巴返回镇上（每人€30，双轮轻便马车另加€20）。基拉尼的大部分青年旅舍、酒店和小酒馆都能安排这种团队游。

注意：虽然在凯特·卡尼小屋有一个指示牌，表示车辆禁行，但是开车穿越邓洛山口是完全合法的，那是一条公共道路。不过，不建议在山口自驾，至少要避开复活节到9月这段时间。公路非常狭窄、陡峭又曲折，而且往往有很多徒步客、骑行者、小马和双轮轻便马车（车夫根本不会理睬你）。在清晨或17:00之后开车是最好的。

麦吉利卡迪山脉 (Macgillycuddy's Reeks)

麦吉利卡迪山脉是爱尔兰最高的山脉，全国共有12座高度超过900米的山峰，这条山脉就占了9座。山脉的名字诞生于18世纪——麦吉利卡迪部族是当地的土地拥有者，而"reeks"是方言，意为"堆"（指的是这里的

不要错过

乘船、骑车通过山口

乘船游览湖泊再骑车通过邓洛山口是经典的基拉尼体验。你入住的青年旅舍、酒店或露营地都能为你安排（每人€15，租自行车每天需另付€12到€15）。

船在11:00从Reen Pier（就在罗斯城堡北侧，有路标——不要与罗斯城堡自带的码头混淆）出发，自行车都放置在船头。1.5小时的游船本身就能值回票价，还可以问问船夫他见过的湖泊最高水位和最低水位，然后放松地听听故事。

游船经过有修道院遗址的伊尼斯费尔伦，然后转向南，从漂亮的Brickeen Bridge桥下方驶过，抵达Meeting of the Waters，然后沿着老韦尔桥（Old Weir Bridge）下方一条岩石很多的航道逆流而上——长期的干旱天气过后，湖泊水位很低，乘客可能要下船步行一小段路，而船会被拖过这段又急又浅的航道。

下一站是Long Range，这段蜿蜒的水道一半是湖泊，一半是河流，在Eagle's Nest山的峭壁下豁然展开（曾有金雕在此筑巢），然后进入狭长的上湖。

12:30左右，你会在Lord Brandon's Cottage下船（那里有一家咖啡馆，还有洗手间），从这里开始骑车前行，先是5公里的上坡，骑到山口的顶部。这段路要一直爬坡，但坡度不算太陡，而且下车推着走一会儿也不丢脸。登顶之后，两个方向的风景都令人惊叹，然后是一段6公里的下坡路，直到Kate Kearney's Cottage（咖啡馆、小酒馆和洗手间）。

从这里，按照去基拉尼的路标指示沿着次级公路骑到N71公路，然后进入一条自行车道，先与主干道并行，再转而穿过高尔夫球场和基拉尼国家公园的北部，最后到达镇中心附近的圣玛丽大教堂对面。

骑行的总距离是23公里，算上途中停歇的时间和1小时的午餐时间，应该可以在15:30返回基拉尼。徒步也可以走这条路线——从Lord Brandon's到Kate Kearney's需要走3小时，然后可以从Kate Kearney's乘坐Killarney Shuttle Bus返回城镇（16:30发车，要提前确认时间）。

岩石分层的特点)。

登山的最佳起点是克罗宁庭院(Cronin's Yard)(☎064-662 4044; www.croninsyard.com; Mealis, Beaufort; 露营舱每人€10),有一片停车场(€2)、一间茶室(如有需求可提供盒装午餐),配备有淋浴和厕所,还有一片简单的露营地和几个时髦的新露营舱。它位于道路尽头(地形测量局编号OS ref 836873),可沿N72公路行驶前往,途经基拉尼西侧的Beaufort。先跟着邓洛山口的路标走,但在路标指示左转前往山口的位置继续直行。4公里后会到达Kissane Foodstone和加油站,再前行50米过桥,Cronin的路标就在左侧。

想近距离地感受一下这条山脉,可以沿着带路标的环形小径走上Hag's Glen,这是一条美丽的通道山谷,通往高耸的卡朗图厄尔山东坡下方的Callee湖和Gouragh湖。从克罗宁庭院(Cronin's Yard)出发,小径沿着River Gaddagh河边的一条石头小道延伸(往返8公里)。

攀登全国最高峰卡朗图厄尔山(1040米)有几条路线。就连最简单的路线也需要具备优秀的山地徒步能力和找路能力,其余路线都涉及大量的攀登或攀岩。不久之前,传统的登顶路线经过恶魔之梯(Devil's Ladder),需要艰难登上湖泊西南部一条受到严重侵蚀的溪谷,令人筋疲力尽。不过,这条路现在已经变得十分松散不稳固,相当危险。

现在建议从Brother O'Shea's Gully(有些路段需要费力攀爬)上山,从恶魔之梯东侧的Zig-Zags下山。有经验的山地徒步者可以参考阿德里安·亨多夫(Adrian Hendorff)撰写的指南《丁格尔、伊弗拉和贝拉半岛:徒步指南》(*The Dingle, Iveragh & Beara Peninsulas: A Walking Guide*),只要有一点没把握,务必请一位向导——Con Moriarty(☎087 221 4002; www.hiddenirelandadventures.com)在周三和周六组织攀登卡朗图厄尔山,有向导带队,每人€75(必须预订)。

要攀登卡朗图厄尔山,必须准备地图和指南针(还要会用)、可靠的登山靴、防水装备和备用的食物和饮用水。使用Harvey 1:30,000的《麦吉利卡迪山脉超级徒步客》(*Macgillycuddy's Reeks Superwalker*)地图,或者1:25,000的地形测量局探险系列(Ordnance Survey Adventure Series)地图(麦吉利卡迪山脉与基拉尼国家公园,Macgill-ycuddy's Reeks & Killarney National Park)。

摩尔山口(Moll's Gap)

N71基拉尼-肯梅尔公路(32公里)建于19世纪20年代,取代东侧一条更老的路(Old Kenmare Road,现在是凯里之路徒步小径的一段),沿途风景令人着迷。公路在岩石和湖泊间蜿蜒穿行,有许多路侧停车带可以停车欣赏风景(并且在急转弯之后定定神)。小心在路上挤过去的大巴车。

淑女角(Ladies' View)位于基拉尼以南约17公里处,1861年,维多利亚女王的侍从女官曾在这里欣赏过上湖和紫山美不胜收的全景。

继续向南5公里,就到达了位于山路顶部的摩尔山口,值得稍作停留,享受出色的风景和优秀的食物——不必严格按照这样的顺序。Avoca Cafe(☎064-663 4720; www.avoca.ie; 主菜€8~14; ⏲周一至周五 9:30~17:00,周六和周日 10:00~17:00; 📶👪)的全景令人赞叹,美味的食物包括烟熏鲑鱼沙拉、开心果猪肉酱和诱人的蛋糕。

凯里环线(RING OF KERRY)

这条围绕伊弗拉(Iveragh,发音为eevraa)半岛的环线长179公里,凡是认真制定的旅行路线里都会包含,而且理由充分。道路蜿蜒经过原生态的海滩、中世纪的遗址、高山和湖泊,岛屿星罗棋布的大西洋风景不断变幻。就连当地人也会停下车,如痴如醉地欣赏岩石突兀的海岸线——特别是在半岛西南部的沃特维尔(Waterville)和凯尔丹尼尔(Caherdaniel)之间,景色之美登峰造极。

凯里环线可用1天时间轻松游玩,不过如果想把时间拉长,一路上分布着不少住宿地点。基洛格林和肯梅尔有许多绝佳的就餐场

Ring of Kerry 凯里环线

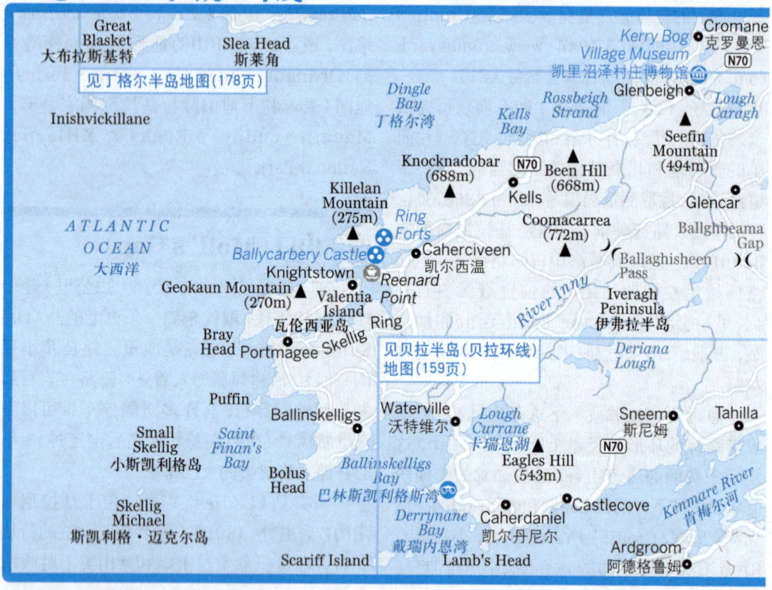

所可供选择，其他地方以简单的小酒馆食物为主，也有个别引人注目的特例。

如果你希望另辟蹊径地游览，不妨去探索半岛的内陆——可以徒步沿着凯里之路的东段从基拉尼前往格伦贝(Glenbeigh)，也可以自驾或骑车沿着穿山越岭的次级公路前行，特别是基洛格林和沃特维尔之间的Ballaghisheen Pass山口，Ballaghbeama Gap山口也很突出，从格伦贝通往R568公路沿线的Gearha Bridge。

当地交通

虽然自驾游览凯里环线只需1天，骑车只需3天，但是花的时间越多，就越能享受其中的乐趣。

旅游车沿逆时针方向走凯里环线，被旅游车堵在后面非常煎熬，所以不妨考虑顺时针自驾，过盲区弯道时要小心。一些地方的道路狭窄曲折，但是升级和拓宽工程正在进行中。

从6月下旬到8月下旬，**Bus Éireann**(☎064-663 0011；www.buseireann.ie)每天有1班凯里环线的班车(No 280)。这班车在11:30从基拉尼出发，经停基洛格林(€7.80，30分钟)、格伦贝、凯尔西温(€17，1.25小时)、沃特维尔(€19.20，1.75小时)、凯尔丹尼尔(Caherdaniel，€20.70，2.25小时)和摩尔山口，在16:45返回基拉尼(€22.50)。基拉尼的旅行社和青年旅舍每天都组织凯里环线的大巴游，每人€20到€25，全年可参加，从10:30持续到17:00。

许多**基拉尼旅游公司**每天都组织凯里环线的巴士游。

基洛格林(Killorglin)

人口 2080

从基拉尼出发，逆时针走凯里环线，第一个城镇就是基洛格林(Cill Orglain，意为Orgla's Church)。一年中的大部分时间里，这座城镇比劳恩河还要安静，河水轻拍着1885年修建的八拱桥，鲑鱼一跃而起，小白鹭在浅滩处徜徉。

不过，每到8月，著名的异教节日帕克节(Puck Fair，帕克王——一头山羊——的一尊雕像矗立在河的北侧)期间，各种历史悠久的仪式火爆开场。作家布雷克·莫里森(Blake Morrison)在《母亲从未告诉我的事》(*Things My Mother Never Told Me*)一书中记录了他的母亲在基洛格林度过的童年。

实用信息

旅游局(☎066-976 1451; Library Pl; ⊙周一至周五 9:00~17:00)出售地图、徒步指南、钓鱼许可证和纪念品。

凯尔西温(Caherciveen)

人口 1170

伊弗拉半岛的主要城镇凯尔西温(发音为caar-suh-veen; 源自cathair saidhbhín, 意为"小莎拉的环形堡垒")起初是一个渔港和市集城镇,但在20世纪末陷入危机——实际上,O' Connell St(Main St以北)至今仍像一条梦碎大道,街边有不少被弃置的酒店和小酒馆。

不过在最近几年,这座城镇为了以旅游中心的新形象示人,正在不懈努力。主要街道和滨水地区得到了美化,从前的兵营在翻修后变成了一个漂亮的博物馆,镇上有一些出色的住宿和就餐地点,周边有宜人的乡间风景可供游人探索。

这座城镇与爱尔兰的独立斗争紧密相连——"伟大的解放者"丹尼尔·奥康奈尔在此出生,1867年芬尼亚起义(1867 Fenian Rising)的第一枪在此打响。

活动

本提环路(Bentee Loop)　步行

旅游局的地图和小册子介绍了各种各样带路标的当地徒步路线。本提环路(9公里)从凯尔西温开始,通往城镇南侧376米高的锥形山——本提山的山顶,登临山巅可将瓦伦西亚岛和伊弗拉半岛的群山美景一览无余。

瓦伦西亚岛(Valentia Island)

人口 665

瓦伦西亚岛因为气象站被一代又一代水手熟知,如今每晚的BBC海上天气预报仍在播报该气象站的测量数据。瓦伦西亚岛是凯里郡风景秀美、游客稀少的一隅,拥有一段丰富多彩、引人入胜的历史。岛屿只有11公里长,3公里宽,狭窄的道路最适合骑车探索。

岛屿的名字听上去像拉丁语,其实是把盖尔语Béal Inse英语化形成的,意为"岛屿之口"(指的是有天然屏障的海港入口),不过这座岛屿真正的盖尔语名字(Oileán Dairbhre)的含义是"橡树岛"。

瓦伦西亚以高品质的板岩著称,这里开采板岩的历史可以追溯到1816年——伦敦的国会大厦和威斯敏斯特大教堂以及巴黎的歌剧院都使用瓦伦西亚板岩做屋顶。采石场废弃于1911年,又在1999年重张,生产各种各样的板岩制品。

瓦伦西亚另一个出名的原因是,它被选中作为第一条横跨大西洋的海底电缆的东部终点,电缆的起点是纽芬兰的哈茨康坦特(Heart' s Content)。在岛屿西端的Telegraph Field有一个纪念碑,纪念欧洲和北美洲之间的第一条固定通信线路在1866年建成。那里的电报站一直运营至1966年。

到达和离开

有一座桥连通瓦伦西亚岛和爱尔兰本土的波特马吉(Portmagee)。从4月到10月,**Valentia Island Car Ferry**(☎087 241 8973; 单程/往返自驾€6/9,骑车€2/3,行人€1.50/2; ⊙周一至周六 7:45~21:30,周日9:00起,7月和8月至22:00)在奈茨敦(Knightstown)和位于凯尔西温西南方向5公里处的Reenard Point之间往来。船程5分钟，每10分钟发一班船。

沃特维尔（Waterville）

人口 465

沃特维尔是一个老派的海滨度假胜地，在巴林斯凯利格斯湾（Ballinskelligs Bay）的顶部沿着N72公路延伸开来，以高尔夫球和钓鱼闻名。众所周知，默片影星查理·卓别林在20世纪60年代和他的大家庭一起在这里度假，在10多年的时间里年年重返Butler Arms Hotel酒店。一尊满面笑容的卓别林青铜像矗立在海滨，查理·卓别林喜剧电影节（Charlie Chaplin Comedy Film Festival，www.chaplinfilmfestival.com）每年8月下旬在这里举办。

有许多高尔夫好手曾在沃特维尔高尔夫球场（Waterville Golf Links；☎066-947 4102；www.watervillegolflinks.ie；果岭费€120~170）挥杆开球，泰格·伍兹（Tiger Woods）、马克·欧米拉（Mark O' Meara）和佩恩·斯图尔特（Payne Stewart）只是其中的几位。这是爱尔兰位置最壮丽的锦标赛高尔夫球场之一，海湾风光和山景十分开阔。

城镇里的景点极少，但附近的卡瑞恩湖（Lough Currane，www.loughcurrane.com）作为高水准的海鳟钓场闻名世界——钓鱼无须许可证，但要有国家钓鱼执照，还要租一艘船（每天€55，带助手€140）。

食宿

★ **Smuggler' s Inn** 旅馆 €€

（☎066-947 4330；www.the-smugglers-inn.com；Cliff Rd；双€95~150；⏲4月至10月；📶）这家旅馆是一个珍贵的发现（如果从北部来，很难注意到这里，可以朝高尔夫球场的方向走）。房间清新素雅，可以试试15号房，房间里有一个用玻璃围住的阳台，俯瞰着巴林斯凯利格斯湾。早餐是点餐后现做的，包含一款当天的新鲜渔获。

旅馆还带一家美食餐厅，店主/大厨亨利·亨特（Henry Hunt）的菜式不但包括海鲜（有美味的海鲜浓汤），还有在当地饲养的禽类和肉类，以及精美的甜点。

凯尔丹尼尔（Caherdaniel）

人口 80

沃特维尔和凯尔丹尼尔之间的道路一路攀升，翻越Beenarourke的山脊，将凯里环线一些无与伦比的美景尽收眼底。从分散的斯卡里夫岛（Scarriff island）和迪尼什岛（Deenish island）到德西岛和贝拉半岛的连绵山丘，一览无余。

凯尔丹尼尔是一个小村庄，隐藏在戴瑞内恩湾（Derrynane Bay）顶部的树林间，是“解放者”丹尼尔·奥康奈尔的祖籍地，他的家族曾住在沙丘旁，靠走私赚了钱。当地有一片蓝旗海滩、多种多样的活动、优秀的徒步路线，还有一些让你忍不住用海盗腔说话的小酒馆。一排排被风吹得七扭八歪的树为这里增添了些许野性的感觉。

肯梅尔（Kenmare）

人口 2175

肯梅尔（ken-mair）是适合思考者的另一个基拉尼。要游览凯里环线（和贝拉半岛），这里的位置很理想，而且没有旅游大巴带来的成群游客，也没有与之相邻且更加出名的基拉尼那种刻意打造的“爱尔兰风情”。肯梅尔是一个漂亮的小镇，围成三角形的整洁街道上排列着工艺品店、画廊、咖啡馆和优质餐厅。

肯梅尔是爱尔兰极少数经过规划的城镇之一，是兰斯顿侯爵（Marquis of Lansdowne）在18世纪末按照X形的街道布局打造的，作为他在凯里的地产的样板工程。肯梅尔作为市集城镇和渔港发展起来，同时依靠炼铁、铅矿和采石等产业。这一时期的Market House和Lansdowne Arms Hotel都留存了下来，可以在旅游局领一份《肯梅尔历史小径》（*Kenmare Heritage Trail*）指南，增进对肯梅尔的了解。

肯梅尔市集（Kenmare Fair）拥有200多年的历史，在每年8月15日举办，届时人们从爱尔兰各地来到镇上，交易羊、牛和小马，还有工艺品、小摆设和手工精制的食品。

旅游局还详细介绍了肯梅尔湾附近和进入山地的多条徒步路线，以及凯里之路和贝拉之路的部分路段。

值得一游

斯凯利格群岛

从波特马吉(Portmagee)出发，你将收获一段难以忘怀的体验：斯凯利格群岛是两座被激浪拍打的尖锥形岩石岛，距海岸12公里，是爱尔兰最偏远又最壮丽的古修道院所在地。

嶙峋的**斯凯利格·迈克尔岛**(Skellig Michael Island，即“天使长米迦勒之岩”Archangel Michael's Rock，与英格兰康沃尔郡的圣米迦勒山和法国诺曼底的圣米迦勒山类似)高217米，是两座岛屿中比较大的一座，也是联合国教科文组织世界遗产地。岛屿看上去是地球上最后一个会有人愿意登陆的地方，更不用说建设一个社区了。然而，早期基督教的修士们从6世纪到12世纪一直在这里生活。

人们对修道院里的生活了解得不多，但是有维京人在公元812年和823年到此打劫的记录。有修士遭到绑架或杀害，但社区复原后继续发展。11世纪，这里新建了一座长方形的小礼拜堂，虽然它在12世纪扩建过，但修士们在同一时期被迫离开了这座岛屿。

修道院建筑群 坐落在一个鞍部地带，高于海平面上约150米，600级在崖壁上凿刻出的陡峭台阶通往这些建筑。6世纪的小礼拜堂和圆顶小房间令人震撼，大小不一，最大的一间长4.5米，宽3.6米。你可以看见修士们朝南的菜园和收集雨水的蓄水箱。最令人印象深刻的建筑成就是地基——陡坡上的平台只用到了泥土和干砌石墙。

除了修道院遗址之外，**海鹦**是这里的另一大看点。这些长相逗趣的海鸟有色彩鲜艳的喙，从5月到8月在岛上的洞穴里筑巢。

小斯凯利格岛(Small Skellig)比斯凯利格·迈克尔岛更长，也更低，有2万对塘鹅在岛上栖息，是世界第二大塘鹅繁殖集群。大部分游船都会绕岛一周，你可以观赏塘鹅，还可能看见海豹和海豚。小斯凯利格岛是一个鸟类保护区，禁止登陆。

到达和离开

前往斯凯利格群岛的乘船游通常安排在5月到9月间天气条件较好的日子里(平均说来，每7天里有两天没有船)。可以从波特马吉、巴林斯凯利格斯或戴瑞内恩[有时还有奈茨敦(Knightstown)]出发。群岛限制每天的游客数量，有15艘获得执照的船，每艘船的载客数量不能超过12人，所以最好提前预订，每人大约需要€60。

船在10:00左右出发，在15:00左右返回，可以在岛上停留大约2个小时，算上参观修道院、观鸟和野餐，时间勉强够用。从波特马吉过海大约需要1.5小时，从巴林斯凯利格斯出发需要35分钟到1小时，从戴瑞内恩出发需要1.75小时。

如果你只想近距离欣赏岛屿的风景，但不想费力气下船，可以考虑在瓦伦西亚岛上的**Skellig Experience**参加“免登陆”乘船游。

Skellig Experience文化中心以及当地的小酒馆和民宿都能向你介绍乘坐游船的去处，其中包括：

Ballinskelligs Boats (☎086 417 6612; www.bestskelligtrips.com; Ballinskelligs)

Casey's (☎066-947 2437; www.skelligislands.com; Portmagee)

John O' Shea (☎087 689 8431; skelligtours@gmail.com; Derrynane)

Seanie Murphy (☎066-947 6214; www.skelligsrock.com; Portmagee)

就餐

★ **Tom Crean Fish & Wine** 爱尔兰菜 €€

(☎064-664 1589; www.tomcrean.ie; Main St; 主菜€16~30; ⊙周四至周一 17:00~21:30; ⓦ)这家老字号餐厅用店名纪念凯里郡的南极探险先驱，这里只使用当地最好的有机农产品、奶酪和新鲜的海鲜，就餐环境现代又低调。生吃的牡蛎保留着大海的气息，自制的

Dingle Peninsula 丁格尔半岛

鲜虾冻小方饺和外面裹着芝麻、用青柠和香菜调味的鲑鱼都美味无比。

到达和当地交通

全年有长途汽车开往基拉尼(€12.10, 45分钟, 每天3班)和斯尼姆(Sneem, €9.40, 40分钟, 每天2班)。只在夏季运营的No 282路从格伦加里夫开往肯梅尔(€12.10, 45分钟, 7月和8月周一到周六每天1班)。

Finnegan's Coach & Cab (☎064-664 1491; www.kenmarecoachandcab.com)经营包括凯里环线在内的多种团队游。

Finnegan's Cycle Centre (☎064-664 1083; www.finneganscornerkenmare.com; Shelbourne St; 自行车每天/每周€15/85; ⊙10:00~18:30)出租自行车。

丁格尔半岛 (DINGLE PENINSULA)

丁格尔半岛(Corca Dhuibhne; www.dingle-peninsula.ie)是爱尔兰西南部最后的繁荣之地，这片土地就像一根朝大西洋竖起的粗糙拇指，尽头是爱尔兰本土的最西端。在神圣的布兰顿山(Mt Brandon)附近，两边长满倒挂金钟迷宫般的乡间小路(boreens)交织出一片古老的风景，有史前的环形堡垒和圆顶小屋、早期基督教小教堂、十字架和圣井、秀丽的小村落和废弃的村庄。

但是丁格尔真正的美展现在陆地与海洋相遇的地方，或许是一堆被激浪拍打的岩石，或许是浪花温柔舒展在铺满沙子的僻静小海湾上。

长久以来，这座以丁格尔镇为中心的半岛一直是崇尚特立独行的人群的指路明灯，吸引着艺术家、手艺人、音乐家和形形色色的独特人物，在丁格尔各地的小村落里，各种工作坊、博物馆、传统音乐会和民俗节上都能看到他们的身影。

团队游

本书中列出的组织凯里环线巴士游的大多数公司也组织从基拉尼前往丁格尔半岛的一日游。

Dingle Slea Head Tours 巴士游

(☎087 218 9430; www.dinglesleaheadtours.com; 每人€25)跟随导游乘坐小巴游览斯莱角公路(Slea Head Drive)，从丁格尔镇出

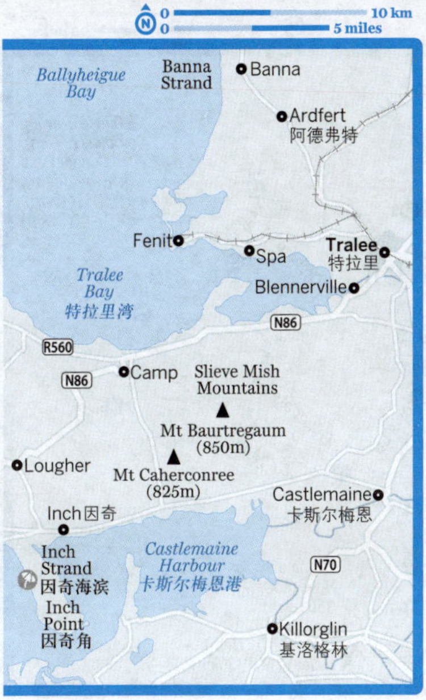

发（2.5小时）。

当地交通

定点出发的长途汽车从基拉尼和特拉里开往丁格尔镇，但是前往半岛其他地区的只有每周1~2班的社区公交车。自己骑车或开车是探索半岛的最佳方式。

从基拉尼经卡斯尔梅恩前往丁格尔镇（Killarney to Dingle Town via Castlemaine）

从基拉尼前往丁格尔时，最快捷的路线途经基洛格林和卡斯尔梅恩，从那里转向西走R561公路，很快就会到达海岸，然后经过海滨小镇因奇（Inch），进入N86公路前往丁格尔。

卡斯尔梅恩与特拉里、基洛格林和利默里克（途经基拉尼）之间交通便利，但没有长途汽车从卡斯尔梅恩经因奇前往阿纳斯考尔（Annascaul）。

因奇海滨（Inch Strand）

因奇海滨由5公里长的沙嘴和沙丘组成，一直延伸到丁格尔湾（Dingle Bay）。这片令人惊叹的海滩吸引着电影导演，还有很多人来享受冲浪、沙滩艇和钓鱼的乐趣。海滩曾在《雷恩的女儿》（1970年）、《亚瑟王神剑》（*Excalibur*，1981年）、《大地雄心》（*Far and Away*，1992年）等电影中出镜。

沙丘间散落着沉船和石器时代与铁器时代的村落遗址。朝西的海滩还是热门的冲浪地点，平均浪高为1米到3米。可以在**Offshore Surf School**（☎087 294 6519；www.offshoresurfschool.ie；成人/儿童€25/20起）学冲浪，课程种类多样，其中包括一种2小时的集体课。

可以把车开到海滩上，但是不要陷在沙里，否则别人会笑个不停。

丁格尔镇（Dingle Town）

人口 1965

在渔港的衬托下，半岛迷人的小"首都"无须刻意打造就显得古朴典雅。许多小酒馆兼做商店，因此可以坐在螺丝、钉子、长筒雨靴和马蹄铁中间享用健力士啤酒，跟大家一起唱歌。长久以来，丁格尔镇一直吸引着世界各地的避世之人，因此是一个充满创意的国际性城镇。夏天时，起伏不平的街道上挤满游客，在其他季节，你可以尽情欣赏这里的真实魅力。

虽然丁格尔是爱尔兰最大的盖尔语城镇之一，但当地人已投票决定保留丁格尔这个名字，不使用受官方认可——且用在路标上——的盖尔语名字An Daingean。

丁格尔之路

168公里长的丁格尔之路（www.dingleway.com）绕半岛一周，起点和终点都是特拉里，徒步通常需要8天。这条路线主要由地势低洼的次级公路和农场小道组成，最令人难忘的路段攀升660米，在巨大的海崖上方延伸，翻越布兰顿山的北部尖坡Masatiompan。

地形测量局1:50,000的70号地图和71号地图上均标出了这条路线。

Dingle Town 丁格尔镇

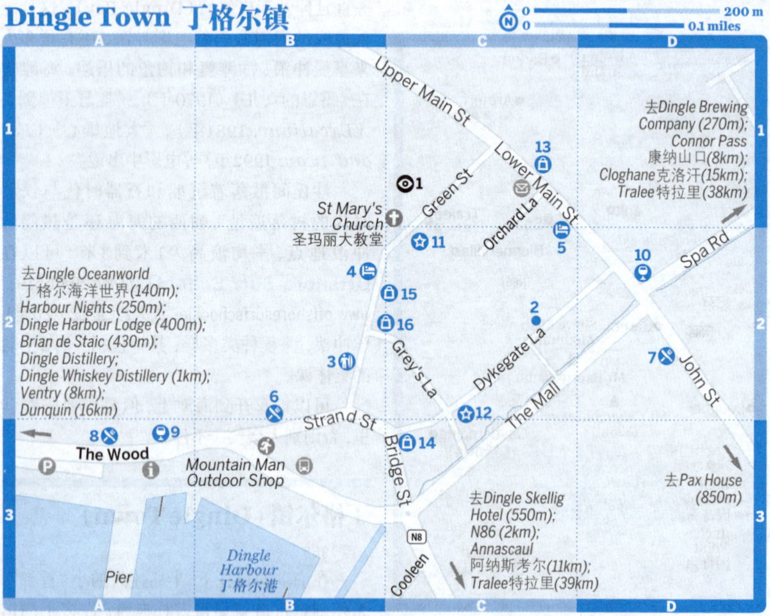

Dingle Town 丁格尔镇

景点
1 An Díseart……C1

活动、课程和团队游
2 Dingle Music School……C2
3 Dingle Surf……B2

住宿
4 An Capall Dubh……B2
5 Dingle Benner's Hotel……C2

就餐
6 Chowder……B2
7 Idás……D2
8 Out of the Blue……A3

饮品和夜生活
9 John Benny's……A3
10 Small Bridge Bar……D2

娱乐
11 Blue Zone……C2
12 Phoenix Dingle……C2

购物
13 An Gailearaí Beag……C1
Dingle Record Shop……（见11）
14 Farmers Market……C3
15 Lisbeth Mulcahy……C2
16 Little Cheese Shop……C2

景点

丁格尔海洋世界 水族馆

（Dingle Oceanworld；☎066-915 2111；www.dingle-oceanworld.ie；The Wood；成人/儿童€13/7.50；⊙7月和8月10:00~19:00，9月至次年6月至17:00；🚻）丁格尔的水族馆十分有趣，有一个水下隧道和一个触摸池。颜色鲜艳炫目的鱼在水箱中悄然掠过，这些水箱重现了马拉维湖（Lake Malawi）、刚果河（River Congo）和满是食人鱼的亚马孙河等地的生态环境。礁鲨和刺魟在鲨鱼箱里游动，且得耀眼的多锯鲷用的水是从海港里抽上来的。

Dingle Brewing Company 酿酒厂

（☎066-915 0743；www.dinglebrewingcompany.com；Spa Rd；门票€6；⊙团队游须预约）这家美妙的精酿啤酒厂位于一座19世纪的乳品厂建筑内，在2011年7月20日开业——与当地的南极探险家汤姆·柯林（Tom

Crean）的生日是同一天，这并不是巧合（这里酿造的唯一一款啤酒就以汤姆·柯林命名，是清爽又有浓郁啤酒花香味的拉格啤酒）。门票包含自助或跟随导游参观酿酒厂，还可以喝一品脱啤酒。酿酒厂在通往康纳山口（Connor Pass）的路边。

An Díseart 文化中心

（☎066-915 2476；www.diseart.ie；Green St；成人/家庭€2/5；⏲周一至周六 9:00~17:00）这个凯尔特文化中心位于一座新歌特风格的女修道院旧址中，拥有壮观的彩色玻璃窗，是都柏林艺术家哈利·克拉克（1889~1931）创作的，描绘着基督一生中的12个场景。门票包含15分钟的导览游。

活动

Dolphin Trips 乘船游

（☎066-915 2626；www.dingledolphin.com；The Pier；成人/儿童€16/8）由丁格尔船夫协会（Dingle Boatmen's Association）经营的游船每天从码头出发，用1个小时的时间载游客去观赏丁格尔最著名的居民：海豚Fungie。如果Fungie没有出现，乘船游免费，但它通常都会现身。售票处就在旅游局旁边。

Dingle Surf 冲浪

（☎066-915 0833；www.dinglesurf.com；Green St；课程成人/儿童€30/25；⏲周一至周六10:00~18:00，周日11:00~17:00）Dingle Surf组织半天的入门冲浪课，位置在布兰顿湾（位于半岛北侧，含交通），还出售冲浪装备，包括独家供应的时髦冲浪服。

Dingle Music School 课程

（☎086 319 0438；www.dinglemusicschool.com；Wren's Nest Cafe，Dykegate Lane；每小时€30）约翰·瑞恩组织的宝思兰鼓和六孔小笛讲习班面向各种水平的学员，既包括初学者，也包括富有经验的乐手——课程可安排在早上或晚上。提供乐器。

住宿

★ Pax House 民宿 €€

（☎066-915 1518；www.pax-house.com；Upper John St；标单/双€110/130起；⏲2月中旬至11月中旬；@📶👪）装修个性十足（包括当代绘画），从客房的阳台和露台上可看到美丽绝伦的河口风光，住在Pax House是一种享受。有相对便宜的朝山的房间、俯瞰河口的客房和直通露台的双卧家庭套房可供选择。民宿位于镇中心东南方向1公里处。

An Capall Dubh 民宿 €€

（☎066-915 1105；www.ancapalldubh.com；Green St；双/家€90/160起；📶👪）从一个19世纪的马车入口进入一片铺着鹅卵石的庭院，这个通风的民宿用浅色木头和格子图案的纺织品做装饰。可以了解一下能自己做饭的排屋，最多能住6个人。

Dingle Harbour Lodge 客栈 €€

（☎066-915 1577；www.dingleharbourlodge.com；The Wood；标单/双€70/110起；📶👪）这是个专门打造的民宿建筑群，铺着木地板的通风大堂摆满鲜花，整洁的客房配备平板电视，经营者们的管理水平超高。客栈填补了现代风格的中档住宿地点的空白，虽然与镇中心只有5分钟的步行距离，但位于港口上方，因此没有街道的噪音，而且楼层较高的房间能看到不错的景色。

Dingle Benner's Hotel 酒店 €€€

（☎066-915 1638；www.dinglebenners.com；Main St；标单/双€114/179起；📶）这是丁格尔一家很出名的酒店，安静的客房、休息室、图书室和（非常热门的）Mrs Benners Bar将旧时代的典雅、当地的风情和现代化的舒适设施融为一体。在拥有300年历史的侧翼里，房间最有特色，新楼的房间更加安静宽敞。

就餐

★ Chowder 咖啡馆 €€

（Strand St；主菜€9~15；⏲10:00~17:30，6月至8月至21:00）这家朴实无华的咖啡馆永远热热闹闹，供应一流的小酒馆食物，还有早餐煎饼和英式早餐——招牌海鲜浓汤很可口，但是午餐特色菜美味极了，例如自制蟹肉馅饼、用烤猪五花搭配馅料制作的单片三明治，还有蒜香贻贝。如果天气晴朗，可以在人行道上的餐位就餐。

★Out of the Blue 海鲜 €€€

(☎066-915 0811; www.outoftheblue.ie; The Wood; 主菜€21~29; ⊙每天17:00~21:30, 外加周日12:30~15:00)这家蓝黄相间的时髦餐厅位于滨水地区，风格像钓鱼小屋，菜单上写着"没有薯条"。这里虽然环境朴素，却是丁格尔最好的餐厅之一，专注于烹饪新鲜的本地海鲜（而且只做海鲜）。如果对当天的渔获不满意，餐厅就不开门。有这种水准的海鲜，谁要吃薯条啊？

★Idás 爱尔兰菜 €€€

(☎066-915 0885; John St; 主菜€26~30; ⊙周二至周日 17:30~21:30)大厨凯文·墨菲（Kevin Murphy）一心推广上好的爱尔兰农产品，许多都产自凯里郡。他使用丁格尔半岛的羔羊肉、海鲜和新鲜采摘的青菜，制作风味柔和的菜肴，例如炖海鲂鱼肉配茴香鱼浓汤、腌黄瓜、野蒜和小地榆。包含2道菜/3道菜的早客套餐的价格为€24.50/28.50。

饮品和夜生活

★John Benny's 小酒馆

(www.johnbennyspub.com; Strand St; ⊙正午至23:00)铸铁的柴火炉暖烘烘的，地面铺着石板，墙上装饰着纪念品，工作人员很优秀，没有烦人的电视，这里因此成为丁格尔最令人愉快的传统小酒馆之一。大多数夜晚，当地乐迷蜂拥而至，欣赏热闹的传统音乐会。

Small Bridge Bar 现场音乐

(An Droichead Beag; Lower Main St; ⊙13:00至深夜)这家喧闹的小酒馆就在桥边，营业至深夜，每晚21:30有传统音乐演出。

Blue Zone 爵士

(Green St; ⊙17:30~0:15)深夜时分的好去处，既是爵士演出场所，又是比萨餐厅和葡萄酒吧，室内装饰采用神秘的蓝色和红色调。

Phoenix Dingle 电影院

(www.phoenixdingle.net; Dykegate Lane)家庭经营的电影院，感觉很惬意，放映最新电影和艺术电影。

购物

除了胡乱堆放的海豚Fungie毛绒玩具，还有许多商店出售当地手艺人制作的优质商品。

Farmers Market 市场

(Bridge St和Dykegate Lane交叉路口; ⊙周五9:00~15:00)新鲜的本地农产品和自制美食琳琅满目。

Lisbeth Mulcahy 时装

(www.lisbethmulcahy.com; Green St; ⊙6月至9月周一至周六 9:30~19:00和周日正午至18:00, 10月至次年5月周一至周六 10:00~17:00)这位成名已久的设计师用一台150岁的织布机制作美丽的围巾、毯子和壁挂。店里还出售她的丈夫创作的陶瓷制品，他在丁格尔以西的Louis Mulcahy Pottery有一间工作坊。

An Gailearaí Beag 工艺品

(www.angailearaibeag.com; Main St; ⊙每天11:00~17:00)艺术家们往往亲自来到这间小画廊工作，这里展示着西凯里手工业行会（West Kerry Craft Guild）的作品，出售陶瓷制品、绘画、木雕、摄影作品、蜡染布、首饰、彩色玻璃等。

Brian de Staic 珠宝

(www.briandestaic.com; The Wood; ⊙周一至周六 9:30~17:30)这位知名的本地设计师制作精美的现代凯尔特风格饰品，包含塔拉山、十字架和巨石柱等经典标志，还有刻着欧甘文字的首饰。Staic的每件首饰都是手工制作的。

Little Cheese Shop 食品

(www.thelittlecheeseshop.ie; Grey's Lane; ⊙周一至周五 11:00~18:00, 周六11:00~17:00)经营这家小店的Maja Binder在瑞士学过做奶酪，店里摆满了来自爱尔兰各地的香喷喷的奶酪，包括她自己推出的一系列丁格尔半岛奶酪。

Dingle Record Shop 音乐

(www.dinglerecordshop.com; Green St; ⊙周一至周六 11:00~17:00)这家塞得满满的音

像店隐藏在Green St附近一个角落里，有各种下载不到的好东西。可在线收听在店里录制的播客节目。营业时间不固定。

实用信息

Main St的银行有自动柜员机和货币兑换处。邮局紧邻Lower Main St。在城镇各地停车均免费，港口有带计价器的停车场。

旅游局（☎066-915 1188; www.dingle-peninsula.ie; The Pier; ⊙周一至周六 9:15~17:00）人很多，但依然能给你帮助，提供地图、旅行指南和整个半岛的大量资讯。可预订住宿，收€5手续费。

到达和离开

Bus Éireann（www.buseireann.ie）的长途汽车停在超市后方的停车场外。每天最多有6班车开往基拉尼（€17.60，1.5到2小时），途经特拉里（€14.40，1.25小时）。

Dingle Shuttle Bus（☎087 250 4767; www.dingleshuttlebus.com; 每人€20）有一班面包车往返凯里机场和丁格尔（按最少3人乘车报价）。必须提前预订。

当地交通

丁格尔完全可以步行游览。租自行车可以去Foxy John's和Mountain Man户外用品店，每天需要€12到€15。

Paddy's Bike Shop（☎066-915 2311; www.paddysbikeshop.com; Dykegate Lane; 每天/每周€15/75起; ⊙5月至9月9:00~19:00，3月、4月和10月至18:00，11月至次年2月关闭）出租全地形自行车、山地自行车和公路自行车，还有儿童座椅、挂包和车架等配件。

Dingle Cabs（☎087 660 23 23; www.dinglecabs.com）在当地提供出租车服务，还有机场接送服务和丁格尔半岛的导览游。

斯莱角公路（Slea Head Drive）

带路标的斯莱角公路是一条50公里长的环线，经过位于丁格尔镇西侧的Ventry、Dunquin、Ballyferriter和Ballydavid等村庄，包含所有主要景点。把观光的时间算上，自驾走这条路至少需要半天，骑车需要1到2天。道路在个别地方非常狭窄，因此建议所有车辆按顺时针方向行驶——如果无视这条规定，你可能要从一辆逆向驶来的旅游巴士旁边挤过去，并造成交通堵塞。

这条道路的魅力来自美妙的海滩、优秀的徒步路线，还有丁格尔保存状况极好的远古遗址——包括圆顶小屋、环形堡垒、刻字石碑和早期基督教遗址。风景壮丽动人，缭绕的云雾锦上添花，但是海雾过浓时会遮住一切。

邓莫尔角（Dunmore Head）是爱尔兰本土的最西点，它的南侧不远处就是**库米诺尔海滩**（Coumeenoole Beach，能看见紧邻公路的停车场），这是一个风景如画的小海湾，曾在电影《雷恩的女儿》中出镜。在文特里（Ventry）和**怀恩海滨**（Wine Strand，Ballyferriter附近）也有一些不错的海滩。

275A路巴士从丁格尔镇开往Dunquin（€6.60，30分钟，每天2班），途经文特里，只在周一和周四发车，而275B路从丁格尔镇开往Ballydavid（€4.80，20分钟，每天2班），途经加拉鲁斯（Gallarus），只在周二和周五发车。

景点和活动

凯尔特人及史前博物馆 博物馆

（Celtic & Prehistoric Museum; ☎087 770 3280; Kilvicadownig, Ventry; 门票€5; ⊙3月中旬至10月10:00~17:30）这家博物馆收藏着惊人的凯尔特人文物和史前文物，包括世界上最大的猛犸象头骨和象牙，还有一枚4万年前的洞熊头骨，以及维京人用马骨做的冰鞋、石制战斧、燧石匕首和首饰。馆主哈利·摩尔（Harry Moore）是一位移居当地的美国音乐家（可以请他演奏一支凯尔特小曲），博物馆就是从他的私人藏品发展起来的。博物馆位于文特里西南方向4公里处。

贝格堡垒 考古遗址

（Dún Beag Fort; www.dunbegfort.com; 门票€3; ⊙9:00~19:00）铁器时代的贝格堡垒引人注目，是海角堡垒的典范之作，在文特里西南方向约6公里处矗立在一座陡峭的海崖顶部。堡垒有4面外墙，墙内有一座房屋和一个圆顶小屋的废墟，还有一条地下通道。门票包含游客中心内10分钟的视听介绍。

活动

圣人之路

步行

(Saint's Road, Cosàn na Naomh; www.irishtrails.ie)这条带路标的徒步小路长18公里，沿着一条古老的朝圣之路从文特里的海滩通往位于布兰顿山脚下的Ballybrack(An Baile Breac)，途经加拉鲁斯礼拜堂(Gallarus Oratory)、基尔马尔克达教堂(Kilmalkedar Church)和其他几处早期基督教遗址。从Ballybrack可以继续沿着用十字架标示的"十四处苦路"前往布兰顿山的山顶(只适合有经验的山地徒步者)。

食宿

★Gormans Clifftop House

爱尔兰菜 €€

(☎066-915 5162; www.gormans-clifftophouse.com; Glashabeg; 主菜€19~29; ⊙周一至周六晚餐须预约; 📶)毫无疑问，当地最好的就餐和/或住宿地点就是Gormans Clifftop House。通过提前预约可以在这里享用美味的凯里山地炖羊肉、丁格尔湾大虾和其他精致菜肴。客房(双人房€110至€150)很通风，风格现代，一尘不染。这里待客热情，景色优美。

康纳山口(Connor Pass)

R560穿越康纳(Connor或Conor)山口，从丁格尔镇通往克洛汉(Cloghane)和斯特拉德巴利(Stradbally)，最高点海拔456米，是爱尔兰最高的公共道路。有雾时，除了前方的柏油碎石路面，你什么都看不见，但是天气晴朗时，南部的丁格尔港和北部的布兰顿山一览无余，风景令人赞叹。路况不错，不过有些地方很窄，而且北侧曲折陡峭(巨大的标牌显示大巴和卡车禁止通行，旅行拖车同样禁行)。

最高处的停车场将下方满是岩石的山谷和山谷中的冰湖尽收眼底，还能看到山谷中残留的墙壁和小屋，曾经有人在那里过着极度艰辛的生活。北侧有一个规模较小、位置较低的停车场，旁边有一个瀑布，从停车场攀登10分钟即可到达位置隐蔽的**Pedlar's Lake**湖，眼前开阔的景色正是许多登山者奋勇攀登的动力。

对于当地的公路自行车手而言，康纳山口是一个经典的挑战。最好从丁格尔镇出发，公路在7公里的距离内爬升400米。从北部爬坡难度更大，而且有个额外的问题：最后也最陡的路段是单车道，你会阻碍交通的。

卡斯尔格雷戈里及周边(Castlegregory & Around)

人口 243

卡斯尔格雷戈里(Caislean an Ghriare)曾是一个繁忙的当地中心，和特拉里平起平坐，如今是一个宁静的村庄，南部的山丘风景宜人。

不过，如果你沿着特拉里湾和布兰顿湾之间Rough Point Peninsula半岛宽阔陆地上风沙飞扬的道路行驶，情况就不一样了。这里是水上运动的乐园，是一流的帆板运动地点，还有令人肾上腺素飙升的风帆冲浪和风筝冲浪可供选择，而潜水的人则可以前往玛哈里斯群岛(Maharees Islands)，在海藻森林和满是海葵的岩石间和成群的绿鳕鱼一起游泳。

食宿

★Spillane's

小酒馆食物 €€

(☎066-713 9125; www.spillanesbar.com; Fahamore; 主菜€16~25; ⊙供应食物6月至8月13:00~21:00, 3月至5月, 9月和10月17:00~21:00; 👪)🍃这家宁静如画、悠闲惬意的小酒馆位于半岛的尽头附近，从室外餐桌旁能看见布兰顿湾另一头的山景。海鲜是这里的一大特色(裹着面包屑的炸大虾令人大开眼界)，但也有美味的比萨和自制汉堡配手切薯条。

ℹ 到达和离开

有长途汽车从特拉里开往卡斯尔格雷戈里(€9.40, 40分钟)，只在周五发车，每天2班。

凯里北部(NORTHERN KERRY)

在凯里环线和丁格尔半岛的光环下，凯里北部的风景往往显得单调乏味，但有几个

Tralee 特拉里

Tralee 特拉里

景点

1 凯里郡博物馆 B3

住宿

2 Ashe Hotel B1

就餐

3 Denny Lane Bistro B2

4 Roast House B2

饮品和夜生活

5 Roundy's B1

娱乐

6 Siamsa Tíre A3

购物

7 农夫集市 A3

有趣的地方值得在途中稍作停留。特拉里有一家出色的博物馆，而巴利巴宁（Ballybunion）和香农河口南部大风呼啸的海滩值得一看。

特拉里（Tralee）

人口 23,700

特拉里虽然是凯里郡的首府，但在凯里的其他地方往往被当作利默里克及其社会问题的延伸。这并不公平——这里有一些不错的餐厅和酒吧、一家出色的博物馆和一个有趣的湿地中心——但特拉里的确很务实，比起旅游业，这里对日常生活更加投入。

特拉里是诺曼人在1216年创建的，拥有悠久的抗争历史。16世纪，最后一位统治当地的德斯蒙德伯爵（Earl of Desmond）在特拉里被俘并被处死。他的首级被送到伊丽莎白一世面前，被她钉在伦敦桥上。Denny St和the Mall的交叉路口曾经是德斯蒙德城堡的所在地，但是在德斯蒙德战争后留存下来的中世纪特拉里遗址在克伦威尔时期均被夷为平地。

典雅的Denny St和Day Pl是城镇最古老的地区，有18世纪的乔治王时代风格建筑，Square位于the Mall南侧，是一个现代风格的露天场所。

景点和活动

凯里郡博物馆

博物馆

（Kerry County Museum；☎066-712 7777；www.kerrymuseum.ie；Denny St；成人/儿童€5/免费；⏲6月至8月9:30~17:30，9月至次年5月周二至周六 9:30~17:00）凯里郡博物馆是个特别有趣的去处，出色的展览介绍了爱尔兰的历史事件和历史潮流，以凯里郡为重点。中世纪体验（Medieval Experience）重现了特拉里在1450年的生活景象（包括气味等）。可以看看那些疯狂的骑士，完全像巨蟒剧团（Monty Python）作品里的恐怖一幕。汤姆·柯林的房间（Tom Crean Room）纪念着这位20世纪初的当地探险家，斯科特（Scott）和沙克尔顿（Shackleton）的南极探险壮举都有他的陪同。房间位于新古典风格的Ashe Memorial Hall之内。

住宿

★ Meadowlands Hotel

酒店 €€

（☎066-718 0444；www.meadowlandshotel.com；Oakpark Rd；标单/双€85/113起；@🛜👪）从城镇步行可达，又与闹市拉开了一定距离，足以保持安静，Meadowlands是一个浪漫得出人意料的四星级酒店。房间装饰着秋天的色彩，服务非常到位，可询问折扣价格。洞穴般的酒吧有房梁外露的天花板，供应一流的海鲜（店主有自己的渔船队），既受到当地人欢迎，也深受游客的喜爱。

Ashe Hotel

酒店 €€

（☎066-710 6300；www.theashehotel.ie；Maine St；标单/双€80/120；🛜）这家新开业的酒店就在镇中心，住宿环境时尚现代，性价比不错。

就餐

特拉里的农夫集市（Princes St；⏲周六11:00~15:00）沿着Princes St铺开。

★ Roast House

各国风味 €€

（☎066-718 1011；www.theroasthouse.ie；3 Denny St；主菜午餐€8~13，晚餐€16~25；⏲周一至周四 9:00~17:30，周五和周六至21:00，周日10:30~17:00；🛜👪）从早餐的自制酪乳煎饼配熏猪肉到午餐的手撕烤猪肉三明治，再到晚餐的西冷牛排配胡椒酱和薯条，这家咖啡馆兼小酒馆确实将简单的食物料理得非常出色，受欢迎是理所当然的。

Denny Lane Bistro

咖啡馆 €€

（☎066-719 4319；www.dennylane.ie；Denny Lane；主菜€16~28；⏲周一至周四 10:00~16:00，周五和周六至23:00）这是个风格现代的去处，要从一条窄巷走进去，西班牙小吃很不错，还有更能填饱肚子的美味食物，例如慢烤猪五花肉或煎无须鳕鱼。

饮品和夜生活

★ Roundy's

酒吧

（5 Broguemakers Lane；⏲17:00至深夜）这个时髦独特的小酒吧由一栋排屋巧妙地改造而成（现在仍有一棵树长在由庭院花园改成的室内），播放着流行的曲子，定期有DJ演绎老派的放克音乐，还有现场乐队演出。非常酷。

Siamsa Tíre

剧院

（☎066-712 3055；www.siamsatire.com；Town Park；门票€15~30；⏲售票处周一至周六 9:00~18:00）Siamsa Tíre是爱尔兰国家民间剧院，通过歌舞、戏剧和哑剧再现盖尔文化充满活力的方方面面。每周都有几场演出，全年无休。

实用信息

Castle St有银行带自动柜员机和货币兑换处。

旅游局（☎066-712 1288；Denny St；⏲周一至周六 9:15~17:00，7月和8月每天）与凯里郡博物馆在同一个楼里。

Tralee General Hospital（☎066-712 6222；Boherbee）有急诊部。

到达和离开

Bus Éireann（☎066-716 4700；www.buseireann.ie）在镇中心以东的火车站旁边的长途汽车站经营。

科克 €23，2.5小时，每小时1班。

都柏林 €31，6小时，每天9班。

基拉尼 €10.70，40分钟，每小时1班。

利默里克 €22，2小时，每天9班。

利斯托尔 €9.40，40分钟，每天9班。

沃特福德 €31，4.75小时，每小时1班。

Irish Rail（☎066-712 3522；www.irishrail.ie）每天有3班火车经马洛（Mallow）前往科克（€36，2.5小时），最多有8班火车开往基拉尼（€11.35，30分钟），还有1班车直达都柏林（€69，3.75小时），其他车次需要在马洛换乘。

当地交通

在the Mall有一个出租车站，也可以联系**Jackie Power Tours & Cabs**（☎066-712 6300；2 Lower Rock St）。

O' Halloran Cycles（☎066-712 2820；83 Boherbee；⏲周一至周六 9:00~18:30）出租自行车（每天€15）。

利默里克郡和蒂珀雷里郡

包括 ➡

最佳餐饮

- Mustard Seed at Echo Lodge（见196页）
- Chocolat（见194页）
- Country Choice（见200页）

最佳住宿

- No 1 Pery Square（见194页）
- Apple Caravan & Camping Park（见199页）

为何去

无论是在行军小调还是押韵的俏皮话中，利默里克和蒂珀雷里的名字都是经常出现的词汇，但两个地方的游客都相对较少。

利默里克郡与同名的城市紧密相关，利默里克市的历史和爱尔兰的历史一样富有戏剧性。在一个历尽艰辛的国家，这座城市遭受了超乎寻常的打击。城市的街道真实地联系着过去，有一种坚毅又朴实的活力，郁郁葱葱的乡间蕴含着丰富的宝藏。

相反，蒂珀雷里镇很不起眼。蒂珀雷里郡有连绵起伏的山丘、肥沃的农田和深谷边高耸的山脉，是一个宁静的地方，特别适合沿着一条河走到源头，或者爬上一处台阶，到达一片人迹罕至的遗址。

在这两个郡里，古老的凯尔特人遗址、中世纪的修道院和其他遗址忍受着孤独，静候人们前来探索。就连利默里克郡和蒂珀雷里郡最出名的景点也保留着一种朴实动人的庄重感。

何时去

- 利默里克市是爱尔兰第三大城市，学生数量可观，一年到头都活力四射，但比较温暖的月份最为热闹，大约从4月持续到10月。
- 4月到10月也是在两个郡探索乡村、城镇和乡间风光的最佳时间，各处景点的开放时间最长（不少景点在其他时间关闭），天气也最好。
- 两个郡的大部分节庆活动也都是在4月到10月间举办，其中包括阿赫洛峡谷精彩的徒步节。

利默里克郡（COUNTY LIMERICK）

人口 191,800/面积 2700平方公里

利默里克郡南部和东部边界上隆起的高地和山脉映衬着地势低洼的农田。利默里克市却是个热闹的城市，历史和文化景点足够游览一天。在城市以南约15公里处是古尔湖（Lough Gur）附近令人难忘的考古遗址，在城市西南方向约15公里以外是可爱的充满茅草屋的村庄阿代尔。

利默里克市（Limerich City）

人口 56,800

利默里克市横跨香农河逐渐变宽的河流两岸，河水从这里向西奔流，最终汇入香农河河口。弗兰克·迈考特在《安琪拉的灰烬》（*Angela's Ashes*）中讲述了这座城市苦难的过去，在凯尔特虎时期，这里的中世纪建筑和乔治王时代风格的建筑在翻修后焕然一新，美轮美奂，但是经济滑坡重创了这座城市。

然而，这座城市正在重新焕发出生机。2014年，利默里克市被评选为全国首个爱尔兰文化城市，如今拥有一座新近修复过的城堡和一个生机勃勃的艺术博物馆，现代风格的咖啡馆文化兴起，与不妥协的小酒馆相映成趣，当地人会煞费苦心地欢迎你。

这座城市很紧凑，走路或骑车出行就够了。从圣玛丽大教堂穿越市区前往火车站大约需要15分钟。

历史

9世纪时，维京探险者们在香农河的一个岛屿上建立了一处定居点。他们和土生土长的爱尔兰人争夺当地的控制权，直到968年，布赖恩·博鲁的军队驱逐了维京人，创建了利默里克，作为奥布莱恩国王们的王室所在地。1014年，布赖恩·博鲁在克朗塔夫之战中彻底消灭了维京人在爱尔兰的势力。到了12世纪末，入侵的诺曼人已取代爱尔兰人，成为这座城镇的统治者。两个群体的分裂状态贯穿了整个中世纪。

从1690年到1691年，在爱尔兰反抗英国人占领的持续斗争中，利默里克获得了英雄的地位。1690年，詹姆士二世党人的部队在博因河战役失败后西撤，退到了以城墙坚固著称的利默里克镇，直到《利默里克条约》签署，保证天主教徒的宗教自由。后来英国人违背协议，执行严厉的反天主教法律，这一背叛之举成为了英国人统治不公正的象征。

18世纪，利默里克的老城墙被拆除，一个规划良好的、繁荣的乔治王时代城镇发展了起来。20世纪初，传统工业陷入困境，繁荣的局面走向衰落。有几位高调的民族主义者出生在这里，其中包括埃蒙·德·瓦莱拉（Éamon de Valera）。

景点

★约翰王城堡 城堡

（King John' s Castle; www.shannonheritage.com; Nicholas St; 成人/儿童 €10/5.25; ⏲4月至9月 每天9:30~17:30，10月至次年3月 至16:30）这是利默里克城堡的典范之作，由诺曼人建造，规模极大，位于香农河上方，显得既顽固又阴森，巨大的城墙和塔楼最适合从香农河西岸欣赏。城堡是奉英格兰的约翰王之命在1200年到1212年修建的，建在一座早期防御工事的旧址上，曾是富裕的香农地区的军事和行政中心。经过大规模翻修，于近期重新开放。

城堡内有投石机等残忍的中世纪武器的复制品，还有发掘出的维京人遗址、重现的诺曼人特色，以及其他文物、多媒体展览和为小朋友准备的“探索抽屉”。在线预订可享折扣。

★亨特博物馆 博物馆

（Hunt Museum; www.huntmuseum.com; Custom House, Rutland St; 成人/儿童 €5/2.50; ⏲周一至周六 10:00~17:00，周日14:00~17:00; 📶👪）这家博物馆以赞助人的名字命名，也是一次寻宝般的体验。博物馆在都柏林之外展示着青铜时代、铁器时代、中世纪和现代的艺术珍宝，鼓励参观者打开抽屉，到处搜寻。亮点中有一枚锡拉库扎硬币，人们认为它是犹大背叛基督得到的三十枚银币之一。另外还有一幅雷诺阿的习作、一幅高更的画作、一幅贾科梅蒂（Giacometti）的素描和毕加索与杰克·B.叶芝的作品。

利默里克郡和蒂珀雷里郡亮点

❶ 在**利默里克市**的**亨特博物馆**（见189页）欣赏青铜时代、铁器时代、中世纪和现代的艺术珍品。

❷ 沿着利默里克的乡间小路欣赏香农河河口的开阔风景，途经**阿斯基顿**动人的遗址和**福因斯水上飞机博物馆**（见195页）。

❸ 在**米切尔斯敦洞穴**（见199

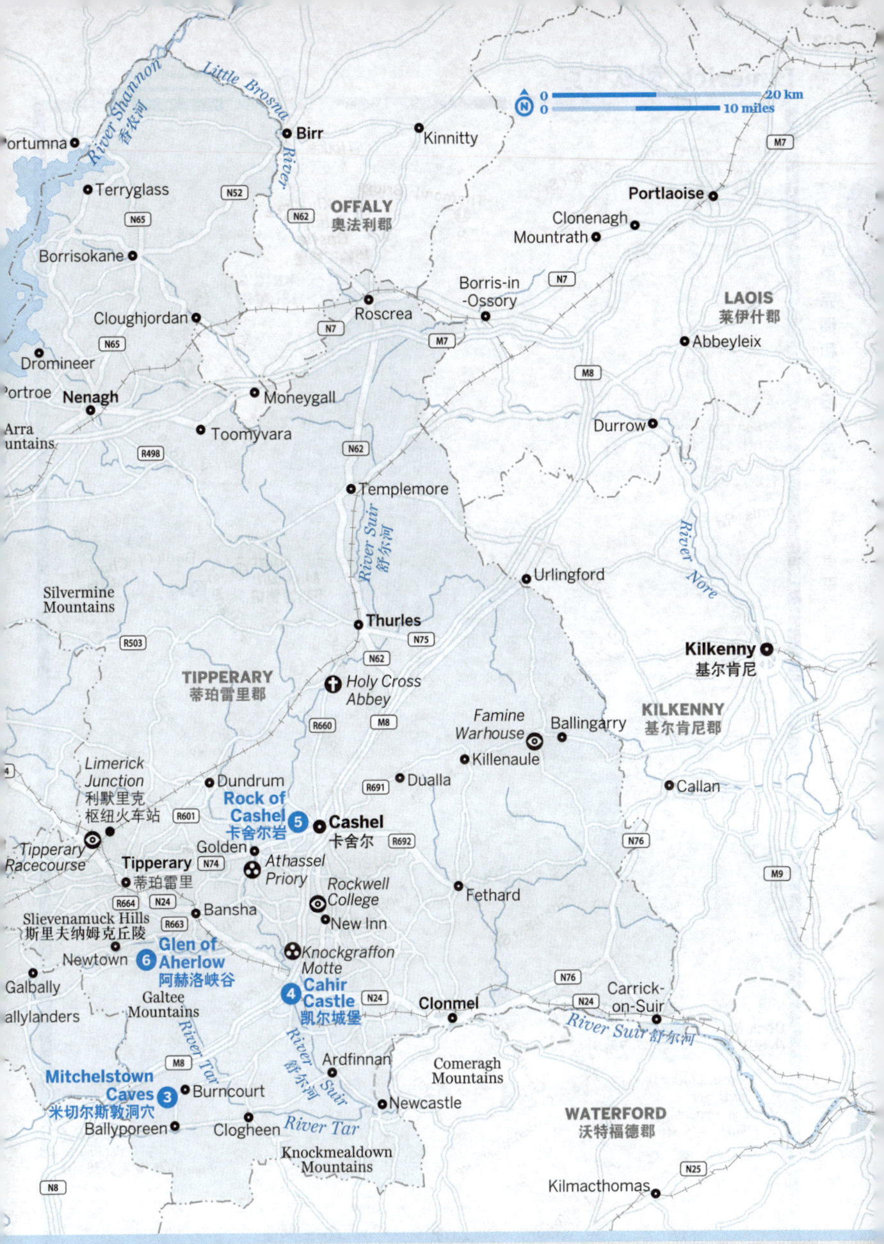

页）探索一个由通道和洞穴组成的精彩幽暗世界。

❹ 在童话般的**凯尔城堡**（见198页）城墙和主楼漫步。

❺ 探索**卡舍尔岩**（见198页）上古老的宗教建筑。

❻ 在**阿赫洛峡谷**（见197页）静谧的田园风景中穿行。

Limerick 利默里克

Limerick 利默里克

重要景点
1 亨特博物馆 C3
2 约翰王城堡 C1
3 利默里克城市艺术馆 B7

景点
4 人民公园 B7
5 圣玛丽大教堂 D2
6 缔约石 B1

活动、课程和团队游
7 Red Viking C4

住宿
8 No 1 Pery Square B7
9 Savoy B5

就餐
10 Chocolat B5
11 Milk Market D4

饮品和夜生活
12 Nancy Blake's D4
13 Whitehouse Pub B6

购物
14 Celtic Bookshop D3

馆内还有一匹小巧却很精致的青铜马，一度被认为是达·芬奇所作（现在认为它是多年以后的复制品），另有基克拉泽斯的雕塑、一件公元前3世纪古埃及的雪花石膏瓶和少量远东地区的藏品。2000多件展品来自已故的古董商兼古董顾问约翰·亨特和格特鲁德·亨特（Gertrude Hunt）的私人收藏，他们曾在整个地区支持文物保护工作。有免费的1小时导览游可以参加，由专心致志又很有趣的志愿者带队。博物馆有一家不错的咖啡馆。

★利默里克城市艺术馆 画廊

（Limerick City Gallery of Art; www.limerickcitygallery.ie; Carnegie Bldg, Pery Sq; ⏲周一至周三，周五和周六 10:00~17:30，周四 至20:30，周日 正午至17:30）免费利默里克出色的艺术馆毗邻宁静的人民公园，位于乔治王时代风格的利默里克中心。长期展览展示着近300年的传统画作，其中包括肖恩·基廷（Sean Keating）和杰克·B.叶芝的作品。临时展览占据着其他有着出色照明的展室，有发人深思的概念性现代派艺术品。艺术馆是爱尔兰现代艺术双年展Eva International（www.eva.ie）的展览地点，双年展每逢偶数年份在市区各地举办。展览日期参见网站。

有一家迷人的咖啡馆（9:30到17:00营业），从这里可以眺望公园的景色。

圣玛丽大教堂 大教堂

（St Mary's Cathedral; ☎061-310 293; Bridge St; 门票 €4; ⏲周一至周五 9:00~17:00，周六和周日 9:00~16:00）利默里克古老的大教堂是芒斯特国王Donal Mór O' Brien在1168年创建的。12世纪的古罗马式西门、中殿和侧堂的局部留存了下来，在Jebb Chapel小教堂内，15世纪的黑橡木椅背托板（用于支撑“神职人员的臀部”）非常精美，在爱尔兰是独一无二的经典之作，每一块都雕刻着动物和神话动物。提前致电，确认开放时间，了解是否有音乐活动安排。

人民公园 公园

（People's Park; www.limerick.ie/peoples-park; Pery Sq; ⏲冬季 8:00至傍晚，夏季 8:00~21:00）这座树林茂密的迷人公园位于Pery Square广场，就在乔治王时代风格的利默里克中心，在日出后带上一本厚厚的小说来到这里，躺倒在草坪上阅读，最合适不过了。19世纪红白相间的喷泉式饮水器修复得极好，值得一看。在公园的中间，靠外的柱子上的雕像是托马斯·斯普林·莱斯（Thomas Spring Rice），曾任利默里克的议员。

缔约石 纪念碑

（People's Park; King John's Castle）香农河岸上的缔约石标志着1691年签署《利默里克条约》（*Treaty of Limerick*）的位置，这份条约保障天主教徒的宗教自由。

团队游

Limerick Walking Tours 步行游览

（www.limerickwalkingtours.com; 成人/儿童 €10/免费）在亨特博物馆兼职的德克兰（Declan）知识渊博，组织多种大受欢迎、妙趣横生的步行导览游，游览市区各地。团队游的出发地点和终点都在Patrick St的Brown Thomas门外，Patrick St与Sarsfield St的交叉路口附近。

Red Viking 巴士游

（☎061-394 033；www.redvikingtours.com；成人/儿童 €12/6；⊙5月至10月）随上随下的90分钟敞篷巴士游，从旅游局旁边和市区各地的另外8个地点出发，游览约翰王城堡、缔约石和人民公园等地。

住宿

Courtbrack Accommodation 民宿 €

（☎061-302 500；Courtbrack Ave；铺/标单/双 €23.50/30/52；⊙5月至8月；@📶）在学期内是学生宿舍，但在暑假期间对游客开放。这个红色调的住宿地点时髦而漂亮，游客价含欧式早餐。便利设施包括厨房、洗衣房和带Wi-Fi的公共区域，全都一尘不染。位于市中心西南方向约1公里处，就在Dock Rd（the N69）南侧。

★ No 1 Pery Square 酒店 €€

（☎061-402 402；www.oneperysquare.com；1 Pery Sq；行政客房 €135起，时代风情房 €195起；📶）这家出色的酒店就在Pery Square广场的角落，不妨犒劳自己一晚，在乔治王时代风格的利默里克过一夜。酒店新扩建的区域风格现代，行政客房布置得非常得体（每个房间都以一位爱尔兰诗人命名），在经典的乔治王时代风格的排房里还有4间时代风情房可供选择，每个房间都有巨大的上下推拉窗和高高的天花板，浴室十分宽敞。

Savoy 酒店 €€

（☎061-448 700；www.savoylimerick.com；Henry St；双 €99起；@📶🏊👪）这家五星级酒店略显陈旧，比较接近四星级水准，但足够高档，配备有舒适的超大号床，提供夜床服务，有一家专做泰式按摩的水疗馆和一个小游泳池，自带几个一流的餐厅。

就餐

★ Milk Market 市场

（www.milkmarketlimerick.ie；Cornmarket Row；⊙食品市场 周六 8:00~15:00，商店 周五 10:00~16:00，周六 8:00~15:00，周日 11:00~16:00）🌿在利默里克古老的市场建筑里，传统的食品市场里有有机农产品和奶酪等本地食品可供挑选，也可以逛逛市场里的农产品和工艺品商店。网站上还介绍了其他市场。

★ Chocolat 各国风味 €€

（☎061-609 709；www.chocolatrestaurant.ie；109 O' Connell St；主菜 €12.50~25，3道菜晚餐 €17.50；⊙周一至周四 12:30~21:30，周五和周六 至22:00，周日 13:00~21:00）这家国际风味餐厅沉浸在黑巧克力色调中，播放着轻柔的背景音乐，由忙碌的工作人员照管，是明智的就餐选择。菜式五花八门却很亲民，既有泰国咖喱，又有汉堡、墨西哥卷饼、炸鸡胸肉配沙嗲酱（yan pang chicken）、意大利面和海鲜牛排大餐。鸡尾酒有创意且分量足。值得提前预订。

饮品和夜生活

★ Nancy Blake' s 小酒馆

（Upper Denmark St）这是一家美妙的老酒馆，在温暖舒适的前部酒吧间，地板上有锯末，烧着泥炭炉火。后院是一个开阔的有顶棚的饮酒区，常有现场音乐演出或用电视播放的比赛。

Whitehouse Pub 小酒馆

（52 O' Connell St；⊙周日至周四 10:30~23:30，周五和周六至次日0:30）这个街角小酒馆是市中心的一个经典去处，有露天座位，可选的啤酒都不错。有时在晚上有现场原声音乐演出，有时还举办开放麦克风之夜，通过朗诵会帮助当地诗歌走上复兴之路。

购物

Celtic Bookshop 书籍

（☎061-401 155；2 Rutland St；⊙周一和周三至周五 11:00~17:00）塞满了当地和爱尔兰题材的专业书籍。

实用信息

危险和麻烦

不必太过介意这座城市的名声和并不恰当的绰号“危险之城”，利默里克的市中心在安全方面并不比爱尔兰的其他城区差。晚上要保持警惕，只去照明好的地方。

上网

旅游局的网站上有一份地图，标注着城区各地免费Wi-Fi热点的位置。

医疗服务

Midwestern Regional Hospital（☎061-301 111；Dooradoyle）有急诊部。

现金

AIB Bank（106/108 O' Connell St；⊙周一和周二 10:00~17:00，周三 10:30~16:00，周四和周五 10:00~16:00）有一个货币兑换处。

邮局

邮政总局（⊙周一和周三至周六 9:00~17:30，周二 9:30开始）位于Lower Cecil St。

旅游信息

利默里克旅游局（☎061-317 522；www.limerick.ie；Arthurs Quay；⊙周一至周六 9:00~17:30）是一个规模很大、令人印象深刻的旅游设施，工作人员很愿意帮忙。

ℹ 到达和离开

飞机

克莱尔郡的香农机场（见206页）有国内外航班。

长途汽车

Bus Éireann（☎061-313 333；www.buseireann.ie；Parnell St）在市中心附近的长途汽车和火车站运营，有班车定时开往科克（€15.50，1.75小时）、特

值得一游

N69公路自驾观光：从利默里克市到塔伯特

狭窄、宁静的N69公路从利默里克市出发，紧依香农河河口，沿着野性大西洋之路向西延伸58公里，通往凯里郡北部的塔伯特。河口不断变宽，起伏的青山连绵不绝，石墙点缀其间，构成途中美不胜收的风景。

沿N69公路经过Mungret到达小村**克拉赖纳**（Clarina）后，右转向北行驶大约1.5公里，到达交叉路口，然后左转，会看见坐落在高高的山脊上的**卡里高甘内尔城堡**（Carrigogunnell Castle）那令人难忘的遗址。右侧有一条公路经过城堡，通往矮树篱和田野的另一边。这座15世纪的城堡在1691年被火药炸毁，美妙的废墟因为出现在U2的《难忘之火》（*The Unforgettable Fire*）专辑封底而闻名。

继续前行，紧邻N69公路的是这条路线上的一大亮点——**阿斯基顿**（Askeaton）村，那里有许多令人回味的遗址，包括始建于14世纪中叶的**德斯蒙德城堡**（Desmond Castle，☎旅游局预约061-392 149；⊙5月至10月周末预约参观）——坐落在迪尔河（River Deel）的一个岛屿上，十分壮观；一座建于1389年的**方济各会修道院**（Franciscan friary）、**爱尔兰圣玛丽教堂**和**圣殿骑士团塔**（Knights Templar Tower），还有城堡旁建于1740年的Hellfire Gentlemen' s club。遗址的修复工程在2007年启动，预计将持续到2017年，进展令人赞叹。当地的**旅游局**（☎061-392 149；askeatontouristoffice@gmail.com；The Square；⊙周一至周五 9:00~17:00）详细介绍了可以自由漫步的遗址（取决于修复进度），还可以安排令人大开眼界的免费**导览游**，游览活动大约持续1小时，由十分博学的安东尼·希伊（Anthony Sheehy）带队（也可以拨打他的手机号码☎086 085 0174；欢迎捐助）。

在**福因斯**（Foynes）有这条路线上的另一大亮点——引人入胜的**福因斯水上飞机博物馆**（Foynes Flying Boat Museum，www.flyingboatmuseum.com；成人/儿童/家庭 €11/6/28；⊙3月至5月，10月和11月 9:30~17:00，6月至9月 至18:00）。从1939年到1945年，这里是往返北美洲和不列颠群岛的水上飞机的起落点。泛美航空的水上飞机——这里有一架复制品——会在河口着陆加油。可以打听一下**福因斯航空表演**（Foynes Air Show，www.foynesairshow.com），这个一年一度的夏季盛会在2014年首次举办。

拉里（€22，2小时）和都柏林（€13，3.5小时），还有车前往戈尔韦、基拉尼、罗斯莱尔、恩尼斯、香农、德里和其他大部分中心区。在利默里克还可以在O' Connell St上的车站下车。

Citylink（☎1890 280 808；www.citylink.ie）每天最多有6班车开往戈尔韦（€17，1.5小时）和科克（€17，2小时）。车停在Upper Mallow St。

Eireagle.com（www.eireagle.com）每天有8班带Wi-Fi的豪华大巴开往都柏林机场（€25，2.5小时），从Arthurs Quay码头出发。

JJ Kavanagh & Sons（☎081 8333 222；www.jjkavanagh.ie）每天有7班车开往都柏林（€11）和都柏林机场（€20）。车停在利默里克旅游局外。

火车

Irish Rail（www.irishrail.ie）有火车定时从**利默里克火车站**（Limerick Railway Station，☎061-315 555；Parnell St）出发，每天有9班车开往恩尼斯（€10，40分钟），每小时有1班火车开往都柏林赫斯顿火车站（€53，2.5小时），每天有9班车开往戈尔韦（€23，2小时）。其他路线需要在利默里克东南方向20公里处的**利默里克枢纽火车站**换乘，包括开往科克、特拉里、蒂珀雷里、凯尔和沃特福德的火车。

ℹ 当地交通

Bus Éireann（€8.40）的班车定时从利默里克的长途汽车和火车站开往香农机场。**JJ Kavanagh & Sons**（€4）的班车定时从Arthur' s Quay码头开往香农机场。从市中心乘出租车前往机场需要€35到€45。机场位于利默里克西北26公里处，车程约30分钟。

要乘坐出租车，可前往旅游局门外、长途汽车和火车站、Thomas St，或联系**Swift Taxis**（☎061-313 131）。

利默里克新推出了零度可口可乐共享单车计划（城镇各地有23个自行车点），游客使用3天须支付€3（押金€150）。每次用车的前30分钟免费。

蒂珀雷里郡（COUNTY TIPPERARY）

人口 158,660/面积 4295平方公里

蒂珀雷里被陆地环绕，这里有着让农民梦寐以求的肥沃土地。蒂珀雷里郡的中心区域地势低洼，但起伏的山丘从相邻的其他郡绵延至此。这里的传统依旧附着一层上流社会的表象，当冬季来临时，猎狐活动依然盛行，而且合法。

徒步和骑车的机会极多，特别是在蒂珀雷里镇附近的阿赫洛峡谷（Glen of Aherlow）。但是真正受大众欢迎的是标志性的卡舍尔岩和凯尔城堡。在两者之间，不论选择哪条乡村公路，都能感受到富有魅力的田园风情。

蒂珀雷里镇（Tipperary Town）

人口 4320

蒂珀雷里（Tiobrad Árann）的名字广为流传，主要是因为那首“一战”的歌曲[《去蒂珀雷里的路很长》（*It's a Long Way to Tipperary*）]。的确，去蒂珀雷里让人感觉长路漫漫，因为N24公路和交织在一起的区域公路都向中心汇聚，车辆的移动速度往往和“一战”时索姆河的行军速度差不多。“蒂珀镇”

值得一游

巴林加里

迷人的村庄巴林加里（Baile an Gharraí，意为“花园城镇”）是利默里克郡深藏不露的出色就餐地点之一，Mustard Seed at Echo Lodge（☎069-68508；www.mustardseed.ie；4道菜套餐 €60，铺 €130起；⏲餐厅 19:00~21:15，餐厅和住宿1月中旬至2月中旬关闭；📶）的所在地。这座芥末黄色的建筑是19世纪的女修道院旧址，从果园和自家菜园新鲜采摘的食材被用在套餐之中，菜式可能包括帕尔玛干酪甜甜圈配黑橄榄慕斯、黑醋栗和杜松子酒冰沙和爱尔兰野生鹿肉。

为避免在餐后赶远路，可以在店里预订一间典雅的乡村风格客房（有些房间配备四柱床）。巴林加里村位于阿代尔西南13公里处，在R519公路沿线。

本身非常朴素，没必要绕路到这里来。

在Main St的中间矗立着一尊**查尔斯·J.吉克汉姆雕像**（statue of Charles J Kickham，1828~1882），他是一位当地的小说家（著有Knocknagow，一本讲述乡村生活的小说），也是青年爱尔兰运动的参与者。19世纪60年代，他因叛国罪在伦敦的本顿维尔监狱（Pentonville Prison）服刑4年。

传统小酒馆**Kickham House**（www.kickhamhouse.com；Main St；主菜€8~13；⊙周一至周五 正午至15:00）用名字纪念这位爱国者，午餐有按需切售的熟食，包括熏黑线鳕鱼和鳕鱼饼。

Tipperary Racecourse（☎062-51357；www.tipperaryraces.ie；Limerick Rd）是爱尔兰一流的赛马场之一。位于城镇西北3公里处，一年中定期举办赛马大会。从利默里克枢纽火车站（Limerick Junction）步行即可到达。

Danny Ryan Music（www.dannyryanmusic.ie；20 Bank Pl；⊙周一、周二、周四和周五 10:00~13:00和14:00~18:00，周三 至13:00，周六 9:30~13:00和14:00~18:00）有许多出色的传统乐器可供挑选。

实用信息

城镇的**旅游信息点**（☎062-80520；Excel Heritage Centre，Mitchell St；⊙周一至周六 10:00~17:00，周日 14:00~17:30）位于Excel Heritage Centre之内，那里还有小画廊、咖啡馆、电影院和一个不错的家谱中心。在Main St北侧有一条延伸200米的小岔路叫St Michael's St，通往旅游信息点。

到达和离开

大部分长途汽车都停在河边的Abbey St。Bus Éireann（www.buseireann.ie）每天最多有8班车走利默里克（€10，30分钟）到沃特福德这条路线，途经凯尔和克朗梅尔。

要前往火车站，沿Bridge St向南走。蒂珀雷里位于沃特福德-利默里克枢纽火车站的路线上。每天有2班火车开往凯尔（25分钟）、克朗梅尔、舒尔河畔卡里克、沃特福德和罗斯莱尔港。**利默里克枢纽火车站**（☎062-51406）有火车前往科克、凯里和都柏林，从蒂珀雷里火车站沿着通往利默里克的公路前行近3公里即到。

阿赫洛峡谷和加尔蒂山脉（Glen of Aherlow & Galtee Mountains）

蒂珀雷里南部是曲线优美的斯里夫纳姆克丘陵（Slievenamuck Hills）和加尔蒂山脉，中间隔着宽阔的阿赫洛峡谷，峡谷中如天鹅绒般的绿色田野形成了棋盘格的效果。一条美丽的25公里长的景观公路悠然穿过峡谷，以蒂珀雷里镇为起点，沿途有路标。在峡谷的东端，村庄Bansha（An Bháinseach）位于蒂珀雷里和凯尔之间，从村庄向西前往Galbally的路程是20公里，沿着R663前行，骑车游览很轻松，也可以自驾观景，这条路线囊括了蒂珀雷里郡景色的精华。

当地的地形因适合**徒步**而闻名，既有阿赫洛草木茂盛的河岸，又有松林覆盖的丘陵，大风吹拂、岩石嶙峋的草地绵延不绝。要欣赏壮丽的风景，可以沿R664公路向纽敦（Newtown）以北前行1.6公里，在白色的**基督像**（Statue of Christ）旁边有一个**瞭望台**（Lookout）。

来自Bansha的R663公路和从蒂珀雷里向南延伸的R664公路在纽敦会合，那里的**Coach Road Inn**是一家出色的老酒馆，深受徒步者喜爱。阿赫洛峡谷的**旅游局**（☎062-56331；www.aherlow.com；⊙全年 周一至周五 9:30~17:00，以及6月至8月 周六 10:00~16:00）隐藏在酒馆的后面，有十分热心的工作人员，是获得**徒步节**等当地资讯的绝佳渠道。

到达和离开

车次频繁的Bus Éireann长途车在蒂珀雷里镇（€4.10，10分钟）和沃特福德之间往来，经停Bansha。从这里可以步行或骑车进入山地。自驾便于探索不同徒步路线之间的大范围地区。

卡舍尔（Cashel）

人口 2276

卡舍尔（Caiseal Mumhan）拥有如此巨大的吸引力（2011年女王的历史性访问也包括了这一站）一点儿也不奇怪。标志性的宗教建筑矗立在卡舍尔岩大风吹拂的山顶，仿佛是从岩石嶙峋的风景中钻出来的，小巧的市集城镇卡舍尔拥有迷人的街道，适合漫步。

景点

★卡舍尔岩 古迹

（Rock of Cashel；www.heritageireland.com；成人/儿童 €7/3；⌚3月中旬至10月中旬 9:00~17:30，6月中旬至8月 至19:00，10月中旬至次年3月中旬 至16:30）卡舍尔岩是爱尔兰最壮观的考古遗址之一，一座醒目的青山被露出地面的石灰岩围绕，矗立在一片草原上，山上布满防御工事。坚固的城墙围出的场地上有一座完整的圆形塔楼、一座13世纪的哥特式大教堂和爱尔兰最精美的12世纪古罗马式小教堂，教堂内有一些这片土地上最古老的壁画。

从镇中心漫步登上卡舍尔岩需要5分钟，在山顶能看到蒂珀雷里乡间的秀美风景。

卡舍尔（cashel）这个词是爱尔兰语caiseal的英语化版本，意为"堡垒"（与英语的castle即"城堡"属于同类词语，源于拉丁语castellum）。4世纪时，来自威尔士的Eóghanachta氏族选中卡舍尔岩作为大本营，他们后来征服了芒斯特的大部分地区，成了当地之王。在400多年的时间里，卡舍尔岩作为爱尔兰的一个权力中心，可与塔拉平起平坐。由于这个氏族与圣帕特里克有关，卡舍尔岩又被称为圣帕特里克岩。10世纪时，奥布莱恩（或Dál gCais）部落在布赖恩·博鲁的领导下从Eóghanachta氏族手中夺走了卡舍尔岩。1101年，Muircheartach O' Brien国王将卡舍尔岩献给了教会，意在巴结有权势的主教，终结与Eóghanachta氏族针对卡舍尔岩的世俗之争，Eóghanachta氏族现在被称为麦卡锡家族。

许多年来，一定有许多建筑占据过毫无遮蔽的冰冷的卡舍尔岩，但是基督教的遗址留存了下来，甚至在1647年克伦威尔军队的劫掠中幸免于难。大教堂一直使用到18世纪中叶。坟墓之间有一个建于19世纪的十字架及陵墓，属于在当地拥有土地的斯库利（Scully）家族。斯库利十字架的顶部在1976年被闪电击落。

这里有一些美丽的小路，可以漫步其间，其中包括从Cashel Palace Hotel酒店的花园出发的Bishop' s Walk。途中会遇到不愿意为你让路的羊群。为了给卡舍尔岩填塞缝隙，脚手架每年都在换地方，这个工程似乎永远结束不了。

提前致电了解导览游详情。

到达和离开

Bus Éireann（www.buseireann.ie）每天有8班车往返卡舍尔和科克（€15.50，1.5小时），途经凯尔（€6，20分钟，每天6班）。开往科克的长途车停在Main St的Bake House外，开往都柏林的车（€15.50，3小时，每天6班）停在对面。

Ring a Link（☎1890 424 141；www.ringalink.ie）是一个为乡村居民提供便利出行的非营利服务，游客也可享受这一服务，有车开往蒂珀雷里（€3，50分钟）。

卡舍尔周边（Around Cashel）

阿萨瑟尔小修道院 遗址

翻越一处台阶，穿过绿草如茵（但有时很泥泞）的田野，就到了令人心旷神怡的阿萨瑟尔小修道院遗址。它坐落在不算深又很青翠的舒尔河谷（River Suir Valley）中，位于卡舍尔西南7公里处。阿萨瑟尔原有建筑的历史可以追溯到1205年，曾是爱尔兰最华丽也是最重要的修道院之一。如今留存下来的这一处遗址规模可观，包括门房和吊闸门、回廊（已经破损，但还认得出来）和围墙内的大片区域，还有一些中世纪的坟墓雕像。

要前往这处遗址，先沿着N74公路前往村庄Golden，然后沿着狭窄的L4304公路向南前行2公里，公路上有阿萨瑟尔小修道院的路标。路边的车位数量少，而且很挤。纵横交错的后巷适合骑车游览。

凯尔（Cahir）

人口 1150

凯尔（An Cathair，发音同"care"）位于卡舍尔以南15公里处，加尔蒂山脉的最东端，是一个小巧又迷人的城镇，环绕着宏伟的城堡。**舒尔河**的河岸上有许多徒步小路，可以轻松地漫步几个小时。

景点

★凯尔城堡 古迹

（Cahir Castle；☎052-744 1011；www.

heritageireland.ie; Castle St; 成人/儿童 €4/2; ⏲6月中旬至8月 9:00~18:30, 3月中旬至6月中旬和9月至10月中旬9:30~17:30, 10月中旬至次年3月中旬至16:30)凯尔令人赞叹的城堡位于河心岛上，有护城河、厚实的城墙、塔楼和主楼、坚固的防御工事、直棂窗、巨大的壁炉和地牢。城堡是康纳·奥布莱恩（Conor O' Brien）在1142年建造的，是爱尔兰最大的城堡之一，在1375年留传给了巴特勒家族。1599年，埃塞克斯伯爵的炮火攻破了城堡的围墙，有一个巨大的模型介绍这一事件。宴会厅（Banqueting Hall）洁白的墙壁上装饰着一对巨大的鹿角，是一个令人难忘的景点。你还可以登上城堡的主楼。

城堡最终于1650年向克伦威尔投降，从未反抗。考虑到城堡日后的实用性，克伦威尔没有按照惯例将它拆除，如今城堡的大部分依旧完好，令人敬畏。城堡在19世纪40年代修复过，在20世纪60年代收归国有后再度整修。

15分钟的视听介绍将凯尔城堡与爱尔兰的其他城堡关联在一起。城堡的建筑里极少配有家具，不过有不错的展览，其中包括一个以“中世纪爱尔兰女性”为主题的展览。这里时常举办导览游。

食宿

★ Apple Caravan & Camping Park 露营地 €

（☎052-744 1459; www.theapplefarm.com; Moors town, Cahir; 露营地 成人/儿童 每人 €7/4.50起; ⏲ 5月至9月; 📶👪）🍃这个间隔合适的安静露营地在N24沿线的果园里，位于凯尔（6公里）和克朗梅尔（9公里）之间，有免费的网球场和网球拍，还有一间苹果仓库改造成的营地厨房，自带的井里有泉水。就算不打算搭帐篷过夜，这里的农场商店（全年周一至周五 8:00~18:00, 周六和周日 9:00~17:00）也值得来逛逛，能买到苹果、果酱和果汁，还有水果冰激凌。

到达和离开

凯尔是**Bus Éireann**（www.buseireann.ie）的几条长途线路的中心，包括都柏林-科克、利默里克-沃特福德、戈尔韦-沃特福德、基尔肯尼-科克和科克-阿斯隆（Athlone）。每天有6班车开往卡舍尔（€6, 20分钟）。长途汽车停在旅游局旁边的停车场。

从周一到周六，利默里克枢纽火车站-沃特福德的火车在去程和回程上每天各有3班列车在这里停靠。

米切尔斯敦洞穴 (Mitchelstown Caves)

加尔蒂山脉大部分是砂岩，但是在山脉的南侧有一条狭窄的石灰岩带，米切尔斯敦洞穴（☎052-746 7246; www.mitchelstowncave.com; Burncourt; 成人/儿童€9/3; ⏲3月至10月 10:00~17:00, 其余月份时间缩短）因此形成。这些洞穴比基尔肯尼的邓莫尔洞穴更胜一筹，旅游开发的程度却相对较低，其规模是全国数一数二的，拥有近3公里长的通道，壮观的洞穴里是形态各异的岩石，还取了有趣的名字，例如管风琴（Pipe Organ）、巴别塔（Tower of Babel）、下议院（House of Commons）和鹰之翼（Eagle' s Wing）。团队游大约需要30分钟。

洞穴内的温度常年保持在12°C，冬暖夏凉。洞穴在Burncourt附近，位于凯尔西南16公里处，通往米切尔斯敦（Baile Mhistéala）的N8公路沿线有路标。

尼纳及周边 (Nenagh & Around)

人口 8000

迷人的尼纳位于蒂珀雷里郡遥远的北方，Silvermine Mountains的另一边，在19世纪曾是一个长期驻兵的城镇，在那之前，则是一座高耸的城堡（⏲4月至10月周二至周六 10:00~13:00和14:00~16:30）免费的所在地。如今，它就像国际象棋的“城堡”棋子原型，被呱呱叫的乌鸦包围。塔楼的历史可以追溯到13世纪，围墙厚得惊人。

附近的市镇中心是一个壮观的建筑群，有很多19世纪的深色石头建筑，其中包括一座旧监狱。旁边矗立着1840年的Round House，这个富有魅力的石头建筑内是尼纳文化中心（Nenagh Heritage Centre,

(☎067-33850; www.tipperarynorth.ie; Kickham St; ⊙周一至周五 9:30~17:00) 免费 提供旅游信息。

尼纳出色的熟食店和咖啡馆值得你把游览时间安排在中午，特别是Country Choice (☎067-32596; www.countrychoice.ie; 25 Kenyon St; 菜肴 €5~10; ⊙周一至周六 9:00~17:00)，这个粉刷成淡紫色的餐厅是一流爱尔兰精品美食爱好者的朝圣地，有自制泡菜、农舍奶酪和许多其他美味。

尼纳是前往德格湖(Lough Derg)东岸的门户，德格湖是一个热门的游泳、钓鱼和划船地区——可在Shannon Sailing (☎067-24499; www.shannonsailing.com)咨询。24公里长的R494公路是一条有趣的湖畔景观公路，从尼纳蜿蜒通向基拉卢(Killaloe)和巴利纳(Ballina)。

Bus Éireann (www.buseireann.ie)有车开往利默里克市(€8, 50分钟)，车次频繁。尼纳火车站每天有4班火车开往利默里克市(€12.20, 1小时)。在Ballybrophy可换车前往都柏林、科克和特拉里。

克莱尔郡

人口 117,000/面积 3147平方公里

包括 ➡

最佳餐饮

➡ Linnane's Lobster Bar（见212页）

➡ Vaughan's Anchor Inn（见208页）

最佳住宿

➡ Rowan Tree Hostel（见203页）

➡ Old Ground Hotel（见203页）

为何去

克莱尔郡拥有漫长曲折的海岸线，集无与伦比的自然美景与疾风劲吹的独特景观和丰富多彩的爱尔兰文化于一身。

岩石密布的自然风光与永恒的大海在克莱尔郡的海岸相遇。一年到头，大西洋的汹涌波涛永不平息，侵蚀形成了形态奇特的岩石，塑造出标志性的莫赫悬崖等峭壁，以及卢普角附近那种迷人的小岛。在一些海滩上，还有冲浪者成群奔向（寒冷的）海浪。巴伦风景区是一片古老地区，有着饱经沧桑的岩石和奇幻的风景，风景区一直延伸到海岸和阿伦群岛。

这片土地的自然环境或许严酷，但克莱尔的灵魂却并非如此：这里的传统爱尔兰文化与音乐欣欣向荣，而且并不是为游客作秀。在米尔敦马尔贝（Miltown Malbay）、恩尼斯泰蒙（Ennistymon）、杜林（Doolin）和基尔费诺拉（Kilfenora）等小村庄，都会有小酒馆举办热闹的传统音乐会。

何时去

➡ 克莱尔郡的小酒馆一年到头都飘荡着传统音乐，就连冬天都充满欢声笑语——在乡村地区，往往还有泥炭炉火带来温暖。

➡ 冬季不稳定的海面情况会为你的旅程平添一股原始的感觉，在气候更加温和的月份，克莱尔郡阳光明媚，可以在这里进行长距离徒步，或沿着海岸上高耸的壮观悬崖前进，或在巴伦风景区荒凉的岩石间穿行，不需要准备应对恶劣天气的全套装备。

克莱尔郡亮点

❶ 在**米尔敦马尔贝**（见208页）的传统小酒馆里沉醉于美妙的音乐中。

❷ 在**西班牙角**（见208页）享受夕阳的最后一抹温暖余晖。

❸ 沿着海岸开车前往**卢普角**（见207页），抵达海岸边那些壮丽的岩石峭壁。

❹ 在**卡隆**（见211页）深入岩石密布、辽阔无边的巴伦风景区，寻找失落的石墓和荒废的修道院。

❺ 赶在水势最大时，去富有魅力的城镇**恩尼斯泰蒙**（见208页）观赏瀑布。

❻ 沿着**野性大西洋之路**（见206页）观光，把海岸上的风景看个遍。

❼ 在下午晚些时候从杜林登船，去欣赏高耸的**莫赫悬崖**（见209页）光辉耀眼的景色。

恩尼斯及周边（ENNIS & AROUND）

恩尼斯（Ennis）

人口 20,200

恩尼斯（Inis）是克莱尔繁忙的商业中心，它坐落在狭窄又湍急的弗格斯河（River Fergus）畔，这条河向东流淌，又转向南，汇入香农河河口。

这里或许缺少景点，但很适合作为旅行的大本营，你可以在这里感受都市风情，而且从这里前往克莱尔的任意地区都不超过2小时。这座城镇的强项是食物、住宿和传统娱乐。镇中心狭窄的街道易于步行，还有许多商店，特别适合闲逛。

历史

这座城镇兴起于中世纪，从狭窄又不整齐的街道上可见一斑，但留存至今的最重要历史遗址是恩尼斯修道院，由托蒙德（Thomond）奥布莱恩家族的国王们在13世纪创建。在1249年的一场大火中，这座由木头建筑构成的城镇大部分被焚毁，1306年，奥布莱恩家族的成员之一将恩尼斯夷为平地。

景点

★恩尼斯修道院 教堂

（Ennis Friary；www.heritageireland.ie；Abbey St；成人 €4；复活节至9月 10:00～18:00，10月 至17:00）这个修道院位于Square广场北侧，由托蒙德国王Donnchadh Cairbreach O' Brien创建，建于1240年至1249年间。修道院现在由一系列13世纪到19世纪修建的建筑组成，有一扇分成5个部分的优美窗户，其历史可以追溯到13世纪末；麦克马洪墓（1460年）镶有条纹大理石的装饰板，上面描绘着耶稣受难的场景；还有一块尤为精美的《看这个人》耶稣画像镶板，描绘耶稣被剥去衣服并被捆绑住的样子。

与耶稣受难有关的看点包括从一个罐子里逃脱的公鸡、3颗骰子、钉子和各种工具。镶板可能是在几个世纪以前着色的。教堂正厅的另一边是祈祷中的圣方济各浮雕（St Francis of Assisi，显示圣痕），他是方济各会的主保圣人，在13世纪初来到恩尼斯。在教堂正厅内的玻璃陈列柜中，还展示着其他与耶稣基督和耶稣受难有关的更精彩的雕刻作品。

克莱尔博物馆 博物馆

（Clare Museum；Arthur' s Row；周二至周六 9:30～13:00和14:00～16:30）免费 这个有趣的小博物馆和旅游局在同一幢楼里。"克莱尔的财富"（Riches of Clare）展讲述了克莱尔从8000年前到今天的故事，占据了两层楼，这里展出的是真实的文物，并分成4个主题：大地、权力、信仰和水。

丹尼尔·奥康奈尔纪念碑 纪念碑

（Daniel O' Connell Monument；The Square）在镇中心Square广场上有一尊丹尼尔·奥康奈尔纪念碑。1828年，他以远超对手的多数票入选英国议会，迫使英国放宽对天主教议员的限制，推动了次年《天主教解放法案》的诞生。这位"伟大的解放者" 伫立在一根非常高的柱子上。

活动

Tierney' s Cycles & Fishing 自行车出租

（086 803 0369；www.clarebikehire.com；17 Abbey St；租自行车每天/每周€20/80；周一至周六 9:00～18:00）Tierney出租保养良好的山地自行车，含头盔、车锁和修理工具。

住宿

★Rowan Tree Hostel 青年旅舍 €

（065-686 8687；www.rowantreehostel.ie；Harmony Row；铺€15～29，房间€29～69；@）这家美好的青年旅舍位于一幢气派的18世纪绅士俱乐部内，就在弗格斯河畔。客房明亮通风，有些还带有超棒的阳台，俯瞰着湍急的河水。共有150张床位分布在不同的房间里，从单人间到14人间，选择多样。公用区域和一个出色的咖啡酒吧为旅舍锦上添花。

★Old Ground Hotel 酒店 €€

（065-682 8127；www.flynnhotels.com；O' Connell St；标单/双€90/120起；@）这家酒店老道、迷人又合意，铺着抛光的地板，装饰着飞檐，有古玩和明火壁炉，大堂永远是

Ennis 恩尼斯

Ennis 恩尼斯

重要景点
1 恩尼斯修道院 B1

景点
2 克莱尔博物馆 B2
3 丹尼尔·奥康奈尔纪念碑 B2

活动、课程和团队游
4 Tierney's Cycles & Fishing B1

住宿
5 Old Ground Hotel B3
6 Rowan Tree Hostel B1

就餐
7 恩尼斯农夫集市 A3
8 Food Heaven A2

饮品和夜生活
9 Brogan's B2
10 Cruise's Pub B1

娱乐
11 Glór D2

购物
12 Custy's Music Shop B2
13 Scéal Eile Books B2

一景：相聚的老朋友一起窝在沙发里，生意在桌边谈成，同属附近教堂圣坛协会的女士们一边喝茶一边闲聊。酒店是一个地标性建筑，高档且布局凌乱，局部的历史可以追溯到19世纪。83间客房在大小和装修方面差异巨大——一定要看几间再决定。碰上温暖惬意的天气，可以去草坪上的餐桌边躲清静。

就餐

恩尼斯农夫集市（Upper Market St, car park；⌚周五和周六 8:00~14:00）将克莱尔最好的食品生产者吸引到这里，美食爱好者云集。

★ Food Heaven 咖啡馆 €

（www.food-heaven.ie; 21 Market St; 主菜€8~10; ⌚周一至周四 8:30~18:00，周五和周六 8:30~21:00; ）这家小小的咖啡馆兼熟食店的食物既有新意又新鲜，配得上野心勃勃的店名（美食天堂）。三明治使用著名的黑面包制作，汤和沙拉每天都不同。热门特色菜名副其实。午餐时做好排队的准备。

饮品和夜生活

Brogan's 小酒馆

（24 O'Connell St）Brogan's位于Cooke's Lane的街角，是一个很大的酒吧，房间一个连着一个，周一到周四的21:00左右，一群高水平的乐手会来到这里热情演奏，让石头地面也跟着震动（夏季演奏会更多）。

Cruise's Pub 小酒馆

（Abbey St; ⌚周一至周四 17:00~23:30，周五16:00至次日2:00，周六11:00至次日2:00，周日11:00至次日1:00）这家亲切的酒吧将恩尼斯修道院的一些用石头建造的部分纳入自己的建筑结构，侧面有一片长长的庭院，是享用一杯露天啤酒的完美地方，大多数晚上自21:00起有传统音乐会。

娱乐

Glór 剧院

（www.glor.ie; Friar's Walk）这是克莱尔的文化中心，位于一幢引人注目的现代风格建筑里，有艺术、传统音乐、戏剧、舞蹈、摄影、电影等方面的节目。

购物

Scéal Eile Books 书籍

（www.scealeilebooks.ie; 16 Lower Market St; ⌚周一至周六 11:00~18:00）这家迷人的二层书店由亲切的格里（Gerry）经营，逛起来很开心，摆满了各种题材的文学作品，从诗歌到科幻和旅行类（在高处），应有尽有，有新书也有二手书。后部有一个火炉，两边各摆着一张扶手椅，营造出温馨的感觉，读书会和文化活动增加了书店的魅力。

Custy's Music Shop 音乐

（☎065-682 1727; www.custysmusic.com; Cook's Lane, 紧邻O'Connell St; ⌚周一至周六 10:00~18:00）如果喜欢爱尔兰音乐，这是必去的一站，有乐器和音乐用品，还能了解到当地的风土人情。

实用信息

旅游局（☎065-682 8366; www.visitennis.ie; Arthur's Row; ⌚周二至周六 9:00~13:00和14:00~17:00）非常有帮助，效率很高，可以预订住宿，收取€4的手续费。

到达和离开

M18公路从市区东部绕过，让利默里克和戈尔韦之间的车辆可以快速通过，不过要前往海岸还是要穿过市中心。

长途汽车

Bus Éireann（☎065-682 4177; www.buseireann.ie）的长途车从火车站旁的长途汽车站出发。

有长途汽车从恩尼斯开往：

科克 €18，3小时，每天12班。

杜林 €13.90，1.5小时，每天4班，途经科罗芬（Corofin）、恩尼斯泰蒙（Ennistymon）、拉欣奇（Lahinch）、利斯坎诺（Liscannor）和莫赫悬崖（Cliffs of Moher）。

戈尔韦 €11.50，1.5小时，每小时1班，途经戈特（Gort）。

利默里克 €10，40分钟，每小时1班，途经本拉提（Bunratty）。

香农机场 €8.40，50分钟，每小时1班。

前往都柏林（€23）要在利默里克转机。

火车

Irish Rail（www.irishrail.ie）的火车从恩尼斯火车站（☎065-684 0444; Station Rd）出发，开往利默里克（€11.35，40分钟，每天9班），从那里可以换乘其他火车前往都柏林等更远的地方。开往戈尔韦的火车（€19.70，1.75小时，每天5班）会经过风景美丽的巴伦风景区。

当地交通

在Friar's Walk的旅游局后方有一个大停车场，在Abbey St附近的河边还有一个。

Burren Taxis（065-682 3456）出租车站位于火车站和广场（Square）。

克莱尔东部和东南部（EASTERN & SOUTHEASTERN CLARE）

离开大西洋海岸和岩石密布的巴伦风景区，克莱尔缓缓向东延展，地势低洼的青翠乡间在偶尔出现的低矮山丘衬托下更加醒目。克莱尔的东部边界是香农河和狭长的面条状的内陆水道德格湖（Lough Derg），湖泊从戈尔韦郡的波塔姆纳（Portumna）开始向外延伸48公里，直到基拉卢（Killaloe）南侧。芒特香农（Mountshannon）等湖畔村庄与岩石嶙峋、令人回味的克莱尔西部仿佛属于两个世界，但这个由湖水、树林和辽阔风景组成的乡村地区令人感到十分亲切。

在克莱尔东南部，香农河注入宽阔的河口，平原风景中点缀着农场和小村庄。

香农机场（Shannon Airport）

爱尔兰第三繁忙的机场（简称SNN；061-712 000；www.shannonairport.com；）从前是一个至关重要的加油站，因为使用活塞发动机的飞机如果只加一次油，无法在北美洲和欧洲大陆之间飞完全程。如今香农（Sionainn）机场是个压力不大的地区性门户，也是前往西部各郡的理想入口。在机场到达区附近有一个旅游局（www.shannonregiontourism.ie；7:00~16:00）。

香农镇距机场约3公里，为满足机场工作人员的需要而建，有一种经过规划的前苏联时代工业城市的感觉——不过热水供应更加稳定。不必在此停留。

到达和当地交通

飞机

有直达航班横跨大西洋飞往美国，旅行者可以享受到极大的便利，在离开爱尔兰之前，提前接受美国海关和移民局的检查，这样到达大西洋彼岸后就不用排队等待了。

直达航班抵离香农机场的航空公司有：

爱尔兰航空（www.aerlingus.ie）波士顿、纽约肯尼迪国际机场（JFK）和伦敦希思罗机场。

达美航空（www.delta.com）纽约肯尼迪国际机场。

瑞安航空（www.ryanair.com）伦敦斯坦斯特德机场和盖特威克机场（Gatwick）、利物浦和欧洲众多次级机场和鲜为人知的机场。

联合航空（www.united.com）芝加哥和纽瓦克。

长途汽车

Bus Éireann（061-474 311；www.buseireann.ie）有长途汽车直达科克（€18，2.5小时，每小时1班）、恩尼斯（€8.40，50分钟，每小时1班）、戈尔韦（€15.50，1.75小时，每小时1班）和利默里克（€8.40，30分钟到55分钟，每小时2班）。周日有些线路的班次减少。

小汽车

各大租车公司在机场均设有服务台。

出租车

如果在到达区附近的出租车服务台订车，乘出租车前往利默里克或恩尼斯的市中心大约需要€40。在机场外的出租车站乘车可能更贵。

克莱尔西南部和西部（SOUTHWESTERN & WESTERN CLARE）

从海滩度假胜地基尔基（Kilkee）以南到卢普角，高耸的悬崖美得令人惊心动魄，这里是令人叹为观止的野性大西洋之路克莱尔路段上主要的里程碑。

莫赫悬崖以南到基尔基是低调的海滩城镇拉欣奇、米尔敦马尔贝和敦贝格（Doonbeg）。一种荒芜的美感随风飘散在天地间。400年前，西班牙无敌舰队的许多倒霉生还者在这里被冲到岸上，他们后代的故事依旧让当地人津津乐道。

最美好的时光或许正是在最小的路上度过的。自己去发现吧，不管是一片人迹罕至的海滩，还是有少数居民居住的地方，比如迷人的历史遗址城镇恩尼斯泰蒙。

到达和当地交通

船

Shannon Ferry Limited（☎065-905 3124；www.shannonferries.com；单程/往返骑车和步行的乘客€5/7，小汽车€18起；⊙6月至8月9:00~21:00至少每小时1班，9月至次年5月9:00~19:00）有一班渡船在凯里郡的塔伯特和克莱尔郡的Killimer之间往来，船程20分钟。比起从利默里克绕道，这么走要省时得多，而且可带你逐渐接近丁格尔半岛。在线购票可享折扣。

长途汽车

Bus Éireann（www.buseireann.ie）每天通常都有1到2班长途车开往当地的各大主要城镇。从利默里克出发的线路沿着香农河通往基尔拉什（Kilrush）和基尔基，还有车向北经过科罗芬、恩尼斯泰蒙、拉欣奇、利斯坎诺，并继续开往莫赫悬崖和杜林。从恩尼斯出发的长途汽车也是同样的模式。在拉欣奇和基尔基之间的海岸上，夏天每天平均有2班车。还有另外几条为小学生准备的路线，不是每天都有车。

基尔拉什（Kilrush）

人口 2600

基尔拉什（Cill Rois）是一个很有感染力的小镇，俯瞰着香农河河口和南部的凯里的山丘。西海岸最大的小艇船坞（www.kilrushmarina.ie）就在Kilrush Creek，在这里，有许多可观赏宽吻海豚的机会，它们栖息的香农河河口是这些哺乳动物的重要产崽区。

到达和当地交通

Bus Éireann每天有3到4班车开往利默里克（€20，1.75小时）、恩尼斯（€10，1小时）和基尔基（€4.80，15分钟）。注意，基尔拉什和卢普角之间的加油站在周日都不营业，所以要在镇上加油。

Gleeson's Cycles（☎065-905 1127；Henry St；每天/每周 €20/80起；⊙9:00~18:00）在这里可以租自行车。

基尔基（Kilkee）

人口 1100

天气比较温暖的时候，基尔基宽阔的海滩和细腻美丽的沙滩上总是挤满了来一日游和度假的人。广阔的半圆形海湾的北部是高耸的悬崖，南部是饱经风霜的岩石，两端都有极好的徒步路线。这片海域受潮汐影响很大，开阔的沙滩在短短几个小时内就会被汹涌的海浪取代。

基尔基（Cill Chaoi）最初变得备受欢迎是在维多利亚时代，当时利默里克的富裕人家纷纷在这里建造了海滨度假屋。如今，这里的客栈、娱乐设施和外卖餐馆数量充足，去海滩的人络绎不绝。

到达和离开

Bus Éireann每天有3到4班开往基尔基的长途汽车，从利默里克（€22，2小时）和恩尼斯（€16.50，1.25小时）出发。两条线路都经过基尔拉什。

基尔基到卢普角（Kilkee to Loop Head）

从基尔基南部至卢普角的陆地起伏平缓，在陡然止于险峻的悬崖后垂直落入大西洋——在许多方面，这样的风景比莫赫悬崖更加令人心潮澎湃，心旷神怡。这里疾风劲吹，古老的石墙是镌刻在大地上的永恒纹路，风景连绵数英里。这里还是理想的骑车旅行地区，海滨步道令人惊叹（没有公交车也是好事）。

卢普角（Loop Head）

沿着R487公路接近卢普角时，随着陆地逐渐收窄，变成一道狭长的悬崖，大海开始在悬崖两侧同时出现。天气晴朗时，克莱尔的最南点卢普角（Ceann Léime）的景色令人惊叹，将南侧的丁格尔半岛和半岛顶部的布兰顿山（951米）以及北部的阿伦群岛和戈尔韦湾尽收眼底。令人心旷神怡的步道和一条长距离徒步路线沿着悬崖一直通往基尔基。

在悬崖北部的海角附近，海崖上裂开一道壮观的裂隙，这里是一个拥挤的鸟类栖息地，看见鸟儿之前，你会先听到声音。有许多大嗓门的鸟儿在峭壁的凹陷处筑巢，其中包括海鸽、山鸦和刀嘴海雀。

海角上偏远的地方常常空寂无人，特别

适合探索，但靠近悬崖边缘时要格外小心。

景点和活动

卢普角灯塔 历史建筑

（Loop Head Lighthouse；Kilbaha；门票 €5；⊙5月至9月 10:00~17:00）这个仍在运转中的灯塔使用的是菲涅耳透镜，灯塔就矗立在卢普角上。

Bog Road Bike Tours 自行车游

（☎086 278 0161；www.bogroadbiketours.com；团队游 €20~35）参加这些出色的自行车游可以探索卢普角附近那些车辆无法通行的窄巷。多付一点钱就可以租到自行车和装备。

基尔基到恩尼斯泰蒙（Kilkee to Ennistymon）

在基尔基北部，地势变得平坦，景色中是连绵的牧场和沙丘。N67公路向内陆延伸约32公里，抵达Quilty。沿着偶尔出现的小道向西行驶，可以沿途寻找人迹罕至的地点，如敦贝格以北的怀特海滨（White Strand）。巴拉德湾（Ballard Bay）位于敦贝格以西8公里处，那里有一座古老的电报塔俯瞰着一些美丽的悬崖。在多尼戈尔角（Donegal Point）有一个海角堡垒的遗址。整条海岸沿线都适合钓鱼，在Seafield、Lough Donnell和Quilty有安全的海滩。在Quilty的海岸附近找找马顿岛（Mutton Island），这一大片荒地从前是一座监狱，有一座古老的塔楼，风景秀丽。

米尔敦马尔贝（Miltown Malbay）

人口 800

米尔敦马尔贝和基尔基一样，曾是维多利亚时代的有钱人偏爱的度假胜地，不过这个城镇其实并不在海边：海滩位于城镇以南2公里处的西班牙角（Spanish Point）。米尔敦马尔贝在音乐领域蓬勃发展，一年一度的威利·克兰西夏令营在这里举办，是爱尔兰的传统音乐盛会之一。

景点

西班牙角（Spanish Point） 海滩

这片迷人的海滩可以看到美丽的夕阳，海角北部还有出色的徒步路线经过低矮的峭壁、巨大的岩架、岩石间的潮水潭、小海湾和僻静的海滩。不过要注意，有些路段比较危险。

到达和离开

Bus Éireann的车次极少。周一到周六只有1班或2班车沿海岸驶往北部和南部，以及内陆的恩尼斯。

恩尼斯泰蒙（Ennistymon）

人口 1000

恩尼斯泰蒙（Inis Díomáin）是克莱尔最迷人的村庄之一，最值得注意的是Main St街边有特色的建筑、一些漂亮的传统小酒馆和当地的王牌景点：伊纳河（River Inagh）水声轰鸣的阶梯式瀑布。可以沿着河流向下游悠闲徒步。

到达和离开

Bus Éireann每天有2到4班长途汽车走杜林-恩尼斯/利默里克的路线，途经恩尼斯泰蒙，夏季的周一到周六每天还有1到2班车沿海岸向南经拉欣奇前往敦贝格。长途汽车停在Church St的Aherne's前。

利斯坎诺及周边（Liscannor & Around）

人口 250

这个海滨小村庄俯瞰着利斯坎诺湾（Liscannor Bay），有公路（R478）向北通往莫赫悬崖和杜林。一种当地的石材也叫利斯坎诺（Lios Ceannúir）——与板岩相似，表面有波纹——可用于地面、墙壁甚至屋顶。

食宿

★Vaughan's Anchor Inn 海鲜 €€

（☎065-708 1548；www.vaughans.ie；Main St；主菜 €13~26；⊙厨房 12:30~21:00）Vaughan's以出色的海鲜著称（扇贝和大比目鱼都很美味），既可堂食，又可以外卖。下雨时，你可以在航海主题的小酒馆里窝在泥炭炉火旁边；阳光明媚时（有时下15分钟雨就会放晴），可以坐在野餐桌旁呼吸新鲜空气。有布局紧凑却很舒适的客房可供住宿（标单/双€50/80起）。

莫赫悬崖（Cliffs of Moher）

能见度好的时候，莫赫悬崖（Aillte an Mothair，或Ailltreacha Mothair）雄伟得令人目瞪口呆，美丽得令人难以置信。陡峭的悬崖高达203米，崖壁垂直插入翻腾不息的大西洋。巨大的海岬连成一串，深色的石灰岩仿佛正排着整齐的队伍齐步行进，不管看了几次，都会深受震撼。天气晴朗时，你会与芭芭拉·史翠珊（Barbra Streisand）产生共鸣，因为你能看见永恒。阿伦群岛在戈尔韦湾的海域里十分醒目，群岛的另一边是康尼马拉的山丘。

慕名而来的游客络绎不绝，人潮有时和下方汹涌的大海一样壮观，但是大西洋不知疲倦的风会盖过喧嚷的人声，你可以无视扎堆的游人，即便夏天有一辆又一辆的旅游大巴把他们送过来。一个巨大的游客中心坐落在后面的一个山坡上，有天线宝宝的风格。悬崖边主要的步道旁边和观景区四周都围了1.5米高的墙，围墙有些过高，又离悬崖边太远。

然而，如果愿意步行10分钟，远离混乱的人群，你很快就会得到回报。过了"莫赫墙"的最南端，一条小径沿着悬崖通往哈格斯角（Hag's Head，约5.5公里），很少有人会走到这么远，这是一个可以纵情观景的地方。从这里可以继续前行，走到利斯坎诺（Liscannor），全程12公里（约3.5小时）。如果要去北部，可以沿着杜林小径（Doolin Trail）经奥布莱恩塔（O'Brien's Tower）一直走到杜林村（约7公里，2.5小时）。从利斯坎诺沿悬崖前往杜林的整条徒步小径现在都有路标，注意，一路上有很多上下坡，有些狭窄的路段紧贴着悬崖边缘。

用双筒望远镜可以看到30多种鸟——包括可爱的角嘴海雀——它们都在满是裂缝的崖壁间筑巢。

如果想看到令人惊叹的悬崖风景和野生动物，可以考虑乘坐游船。杜林有经营者组织很受欢迎的悬崖乘船游。悬崖有Wi-Fi可用（免费）。

景点

游客中心 博物馆

（www.cliffsofmoher.ie；悬崖 成人/儿童 €6/免费；⏲7月和8月 9:00~21:30，5月、6月和9月 9:00~19:00，3月、4月和10月 9:00~18:00，11月至次年2月 9:15~17:00；📶）这个风格现代的游客中心里有许多商店和几家咖啡馆，还有一个值得参观的展览，介绍悬崖的动物、植物、地质和气候。另外有一个名为"岩架"（The Ledge）的视听虚拟现实体验，在一个礼堂里全天循环播放，这里免费提供介绍悬崖的小册子。一楼乏味的Puffin's Nest Café似乎是专为刺激你去楼上更贵的Cliffs View Café观景消费而设计的。

到达和离开

Bus Éireann每天有2到4班长途汽车走杜林-恩尼斯/利默里克的路线，途经悬崖。欣赏壮观的悬崖可能不够打发等车的漫长时间，因此可以把乘车和徒步结合起来。戈尔韦和当地有许多私营旅行社组织游览悬崖。

巴伦风景区（THE BURREN）

巴伦风景区岩石密布、疾风劲吹，这样的描述用来隐喻那些在这里勉强维持生活人们的艰辛处境十分贴切。风景区横跨克莱尔北部，从大西洋海岸延伸到戈尔韦郡的金瓦拉（Kinvara），独特的带条纹的石灰岩景观在远古的海底形成，在一次重大的地质灾变后隆起，露出海面。

这里不是明信片上那种葱翠欲滴的爱尔兰风景名胜。但春天野花盛开，为560平方公里的巴伦风景区那种朴素的美感添上了一抹明媚却转瞬即逝的色彩。这里还有一些非常有趣的村庄可以探索，其中包括西海岸的音乐中心杜林、内陆的基尔费诺拉和北方位于戈尔韦湾沿岸的巴利瓦恩（Ballyvaughan）。

历史

巴伦地区看似严酷，然而古代时在此生活的人却相当多。有2500多个历史遗址，其中最重要的是拥有5000年历史的博纳布罗恩石墓（Poulnabrone Dolmen），它是一个新石器时代/青铜时代坟墓的一部分，也是爱尔兰的标志性古迹之一。

如今大约有70处这样的古墓可供参观。许多都是楔形墓，石制墓室的高度和宽度都

The Burren 巴伦风景区

朝一端递减，面积和一张大双人床差不多。死者被安置在墓室中，整个石墓被泥土和石块覆盖。在艾尔威洞穴（Aillwee Caves）以南的格伦尼希恩楔形墓（Gleninsheen）就是个很好的例子。

许多环形堡垒点缀着巴伦风景区，数量接近500个，其中包括卡隆（Carron）附近的卡赫考莫恩（Cahercommaun）等铁器时代的石头堡垒。

动植物

巴伦风景区土壤稀少，但积聚在裂缝和断层里的少量土壤排水良好，养分充足。这样的条件与大西洋温和的气候共同滋养着非凡的地中海、北极区和高山植物。爱尔兰的本土野花中，有75%生长在这里，包括24种美丽的兰花、乳白色的地榆蔷薇、苔状虎耳草星星点点的小花和紫红色的老鹳草。石楠等讨厌石灰岩的植物就长在那些靠石灰苗壮生长的植物旁边。这种多样性面临的最大威胁之一是激增的榛子树丛和黑刺李，需要加以控制。

巴伦风景区是爱尔兰最行踪莫测的哺乳动物松貂的主要栖息地，这种动物非常胆小，与黄鼠狼很相似。獾、狐狸，甚至还有白鼬，在景区各地都很常见。水獭和海豹出没于贝尔港（Bell Harbour）、纽基（New Quay）和芬纳瓦拉角（Finavarra Point）附近的海岸。受到大力宣传的巴伦规范（Burren Code）是一项教育民众在游览巴伦风景区时应如何保护环境的举措。

活动

巴伦风景区是徒步者的天堂。荒凉美丽的风景、众多的**小径**和**古迹**最适合步行探索。“绿色之路”（Green roads）是巴伦风景区的老公路，穿越山丘和山谷，通往当地一些最偏远的角落。这些未经铺设的道路有不少是在饥荒期间作为救济工作的一部分修建的，还有一些道路的历史或可追溯到几千年前。如今使用这些道路的主要是徒步旅行者，偶尔还有农民，有些道路设有路标。

巴伦之路（Burren Way）是一个全长123公里的路网，由遍布整个地区的多条带路标的徒步路线组成。

以自然、历史、考古和荒野为主题的导览步行游都是游览巴伦风景区的出色方式。徒步游的平均价格通常是€10到€25，选择很多，包括个人游。

Burren Guided Walks & Hikes 步行游览

(☎065-707 6100, 087 244 6807; www.burrenguidedwalks.com)由从业已久的导游玛丽·霍华德(Mary Howard)带队，路线多样，既有可以悠然漫步的路线，又有很少有人走的徒步路线和崎岖不平的路线。

ℹ 实用信息

书籍和地图

与巴伦风景区有关的书籍很多，最好去恩尼斯的书店以及当地的游客中心搜罗，如查尔斯·纳尔逊(Charles Nelson)的《巴伦风景区和阿伦群岛的野生植物》(*Wild Plants of the Burren and the Aran Islands*)。乔治·坎宁安(George Cunningham)的《巴伦之旅》(*Burren Journey*)丛书是了解当地的优秀材料。托尼·柯比(Tony Kirby)的《巴伦风景区和阿伦群岛徒步指南》(*The Burren and the Aran Islands: A Walking Guide*)提供最新的出色资讯。

《漫游者指南与地图》(*A Rambler's Guide & Map*)是Tír Eolas的一系列折叠式地图，介绍文物古迹和其他令人感兴趣的地方。小册子《巴伦之路》(*The Burren Way*)介绍的徒步路线很不错。地形测量局探索系列的51号和57号地图涵盖了巴伦风景区的大部分地区。

旅游信息

巴伦中心(Burren Centre)位于基尔费诺拉(Kilfenora)，隔壁有茶室，是一个获取信息的出色渠道，科罗芬的克莱尔文化与家谱中心也是如此。

Burren Ecotourism(www.burren.ie)汇集了与巴伦风景区的旅游业相关的各种信息。

巴伦国家公园(Burren National Park, www.burrennationalpark.ie)巴伦风景区东南部的部分区域已被划定为国家公园，网站上与自然景观有关的资讯很不错。

Burrenbeo Trust(www.burrenbeo.com)一家非营利组织，致力于宣传巴伦风景区的自然之美，提升其认知度。

ℹ 到达和离开

Bus Éireann(www.buseireann.ie)有几班车穿过巴伦风景区。主要线路中有一条从利默里克和恩尼斯通往科罗芬、恩尼斯泰蒙、拉欣奇、利斯坎诺、莫赫悬崖、杜林和利斯敦瓦纳。另一条从戈尔韦开往巴利瓦恩、利斯敦瓦纳和杜林。每天通常有1~4班车，夏天的班次最多。

ℹ 当地交通

自驾可在1天时间里走过巴伦的大部分地区，探索众多无名小路中的一部分。骑自行车可以很方便地离开主干道，可在住宿地点咨询如何租自行车。徒步最适合欣赏当地壮丽的风景。

巴伦中部(Central Burren)

几条穿过巴伦中心地区的公路沿线分布着许多景点。R480公路穿越巴伦地区的路段景色严酷却激动人心，将巴伦的荒芜之美展现得淋漓尽致。引人注目的史前石头建筑散乱分布。

从巴利瓦恩向南，R480公路在艾尔威洞穴的路标处从N67公路岔开，经过格伦尼希恩楔形墓(Gleninsheen Wedge Tomb)和出色的巨人桌(Poulnabrone Dolmen)，然后抵达宏伟的利马纳城堡遗址(Leamanegh Castle ruins)，并在那里汇入R476公路，后者朝东南方向延伸，通往科罗芬。从这里开始，可以随意选择一条小路——特别是向东延伸的路——去尽情享受远离尘世的荒凉世界。

通往利斯敦瓦纳的N67公路起初是一条饥荒时期修建的救灾路，建于19世纪初，如今将巴伦风景区荒凉辽阔的景观呈现给游客。

卡隆及周边(Carron & Around)

小村卡隆(Carron，一些地图上写作Carran，盖尔语An Carn)位于R480公路以东约10公里处，是一个偏僻迷人的村落。卡隆地势较高，能看到岩石密布的巴伦风景区朝四面八方延展的辽阔景色。巴伦最荒凉的地带从卡隆向南绵延到基尔纳博伊(Kilnaboy)附近。

👁 景点

★巴伦香水制造及花卉中心 香水制造厂

(Burren Perfumery & Floral Centre; www.burrenperfumery.com; Carron; ⏱7月和8月 9:00~19:00，9月至次年6月 10:00~17:00，茶室 10:30~17:00)这个出色的景点以巴伦风景区的

野花为灵感，制作成气味淡雅的香氛制品。还通过视听方式介绍巴伦风景区的植物，其多样性令人惊讶，包括许多生长在岩石间的芬芳兰花。许多在售的香氛制品（蜡烛、香皂、面霜）都用手工纸包装，但价格不便宜。有一个极好的香草园（有免费团队游），中心里还有一个有机茶室。

巴利瓦恩及周边（Ballyvaughan & Around）

人口 260

要感受巴伦北部的种种魅力，巴利瓦恩（Baile Uí Bheacháin）可以算作一个活动中心，一边是坚实的山地，另一边是戈尔韦湾葱翠宁静的一隅。

景点和活动

艾尔威洞穴 洞穴

（Aillwee Caves；www.aillweecave.ie；紧邻R480；套票 成人/儿童 €16/9；⌚10:00~17:00，7月和8月 至18:30）这些洞穴是大约200万年前由水侵蚀而成的。主洞穴深入山体600米，逐渐变宽，形成一些更大的山洞，其中一个山洞自带瀑布。入口附近是一头棕熊的遗骸，这种动物在1万多年前就在爱尔兰灭绝了。在夏天，洞穴里经常挤满了人，这里有一家咖啡馆，还有一个大型猛禽展，能看到关在笼中的鹰、猫头鹰等，可以购买套票和洞穴一起参观，也可以单独参观。

有一家商店出售当地生产的出色的Burren Gold奶酪。

到达和离开

Bus Éireann每天大概有4班车从戈尔韦经过巴利瓦恩（€14.40），再绕过布莱克角（Black Head），前往利斯敦瓦纳和杜林。

巴伦北部（Northern Burren）

低洼的农田从戈尔韦郡一直向南延伸到巴伦陡峭的石灰岩山丘，这些山丘起始于戈尔韦郡的金瓦拉（Kinvara）和Doorus以西。

从戈尔韦郡的奥兰莫尔（Oranmore）到巴利瓦恩，海岸线在小小的海湾和半岛之间曲折延伸，有些地方值得绕路去看看，比如纽基（New Quay）。在这里，狭窄的道路穿过低矮、迎风、岩石嶙峋的山丘，已屈服于大自然的古老石头遗址点缀其间。

在贝尔港附近的内陆地区，可可莫修道院（Corcomroe Abbey）大部分保存完好，**乌特马马**（Oughtmama）的3座古老教堂静静地矗立在旁边的山谷上。戈尔韦湾映衬着美不胜收的风景：光秃秃的石头山在阳光下闪闪发亮，只要是有土壤的地方，就有小巧的村庄和一片片郁郁葱葱的绿地。

抵离戈尔韦的长途汽车沿N67公路经过这片地区。金瓦拉就在边界另一侧的戈尔韦，很适合作为游览当地的大本营。

纽基和弗拉吉海岸（New Quay & the Flaggy Shore）

纽基（Ceibh Nua）位于**芬纳瓦拉半岛**（Finavarra Peninsula），宁静又充满田园气息，看多了巴伦岩石遍布的严酷风景，在这里可以换个心情。它与金瓦拉-巴利瓦恩的公路（N67）相距约1公里，在位于贝尔港以北3公里处的Ballyvelaghan Lough湖驶离公路即可到达。

弗拉吉海岸（Flaggy Shore）位于纽基西侧，是一段尤为秀丽的海岸线，石灰岩阶地逐级向下延伸入海。公路紧依着海岸线，然后转向南，经过**穆里湖**（Lough Muirí），在那里有机会看到涉水鸟类和天鹅。据说水獭也栖息在这里。刚过湖泊就有一个丁字路口，右转可前往芬纳瓦拉角（Finavarra Point）上一座迷人的圆形石堡遗址，石堡是为了防御拿破仑入侵而修建的。

这个地区的**徒步路线**很出色，潮涨潮落的小海湾富于变化的壮丽风景令人沉醉。

食宿

★Linnane's Lobster Bar 海鲜 €€

（New Quay；餐 €9~25；⌚5月至9月 每天，10月至次年4月 周五至周日 12:30~20:00）这家餐厅气氛轻松随意，被划分成多个区域，能看到海景，特色是新鲜的海鲜，来自餐厅后面满是鱼笼的码头。这里的牡蛎和自制熏鱼拼盘也很有名，海鲜浓汤（€5.95）是一道绝佳的开胃菜。

戈尔韦郡

人口 25,000/面积 3760平方公里

包括 ➡

最佳餐饮

- Aniar（见219页）
- Kai Cafe（见219页）
- Moran's Oyster Cottage（见229页）

最佳住宿

- Stop（见218页）
- Kilmurvey House（见223页）

为何去

戈尔韦郡是一道难题：与它同名的城市魅力非凡，你可能舍不得离开它前往乡村。相反，狂野美丽的阿伦群岛和康尼马拉半岛（Connemara Peninsula）也可能令你深深着迷，让你根本没时间去城市。怎么办呢？当然是两个都要去！

戈尔韦市诱人的老酒馆令人眼花缭乱，传统音乐演奏会全年无休。更重要的是，这里的文化、享乐和欢闹氛围令人上瘾。

阿伦群岛是近海饱受侵蚀的大片陆地，海风呼啸，拥有一种荒凉却令人陶醉的气质。小小的村庄紧依着岩石而建，热心肠的当地人欣然欢迎如今他们赖以生存的命脉：游客。

在西部地区，野性大西洋之路和康尼马拉半岛可以与丁格尔等其他露出大西洋的半岛和岛屿媲美。小路沿着海岸线蜿蜒曲折地延伸，海岸线上点缀着岛屿、洁白得惊人的沙滩和许多非常有趣的古老村庄。

何时去

- 戈尔韦市有着出色的餐厅、喧闹的酒馆和学生文化，是全年皆宜的旅行目的地。
- 在天气比较温和的月份游览戈尔韦郡的乡村地区会让你感到不虚此行。
- 深冬，天气变化无常，有暴风雨时可能无法前往阿伦群岛。
- 在风景如画的康尼马拉乡村，许多乡村旅馆在12月和1月关闭，甚至持续到2月。
- 在6月游览戈尔韦郡各地都很适合，因为季节性景点此时全部开放，但游人依然不多。

戈尔韦郡亮点

❶ 在**戈尔韦市**（见215页）体验富有情调的小酒馆和充满活力的传统音乐会。

❷ 在伊尼什莫尔岛欣赏**安格斯城堡**（见222页）饱经风雨的壮丽遗址。

❸ 在**伊尼希尔岛**（见226页）参观古老的圣地和圣泉，攀爬一艘著名的失事沉船，与这里的岩石谈谈心。

❹ 在克利夫登镇外的**天空之路**（见227页）上看夕阳沉入大西洋。

❺ 登顶**邓古莱城堡**（见230页），眺望戈尔韦湾和金瓦拉。

❻ 躲到人烟稀少的**伊尼什博芬岛**（见227页），让大西洋呼啸的海风吹动发梢。

❼ 在**凯利莫尔修道院**（见229页）的围墙花园内探索令人心旷神怡的梦幻风景。

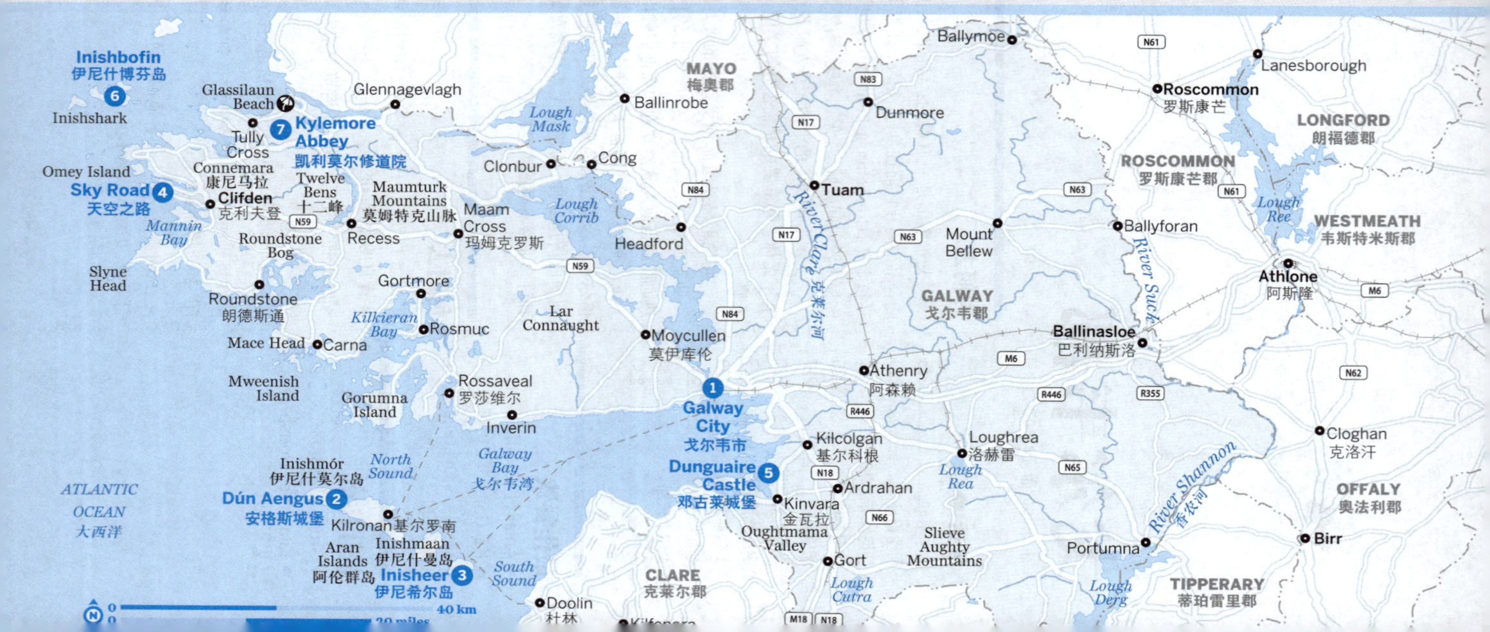

戈尔韦市(GALWAY CITY)

人口 75,600

爱好艺术、自由不羁的戈尔韦(Gaillimh)以玩乐著称。粉刷着鲜艳色彩的小酒馆里回荡着节奏强劲的现场音乐，而咖啡馆则提供了看热闹的绝佳视野，在这里能看到街头艺人、闹翻天的周末派对、缠在一起的情侣等。

这当然是座历史悠久的城市，然而，由于学生占了总人口的四分之一，戈尔韦充满了现代又文雅的气息。中世纪城墙的遗址就在商店之间，店里出售阿兰毛衣、手工制作的克拉达戒指和一摞摞有新有旧的图书。盛产鲑鱼的克里布河上架着一道道拱桥，一条长长的步道通往位于戈尔韦湾的海滨郊区索尔特西尔(Salthill)，这片海湾是当地著名的牡蛎产区。

戈尔韦市常被称为“最有爱尔兰味道”的爱尔兰城市，它是唯一一个能在街上、商店里和小酒馆里听到有人说爱尔兰语的城市。

历史

戈尔韦的爱尔兰语名字Gaillimh源自爱尔兰语的gaill一词，意为“外人”或“外国人”，而这个词语发出的回响贯穿了这座城市的历史。

这座城市起初是克里布河(River Corrib)河口一个不起眼的小渔村，叫作克拉达(Claddagh)，1232年，移居英国的诺曼人在理查·德·伯格(Richard de Burgo，也拼作de Burgh或Burke)的带领下从当地的O' Flahertys手中夺取了这片领土，这里逐渐发展成了一个重要城镇，其坚固的城墙大约始建于1270年。

1396年，理查二世颁发特许状，将权力从德·伯格家族手中移交给14个商人家族或“部落”——戈尔韦经久不衰的昵称“部落之城”就是由此而来。(城市中的每个环岛都以其中一个部落命名。)

在商人家族的统治下，戈尔韦保持着独立的地位，这些家族大部分忠于英王的统治。由于位置靠海，戈尔韦大力发展与葡萄牙和西班牙的葡萄酒、香料、鱼鲜和食盐贸易。然而，对英王的支持最终让戈尔韦走向衰落：这座城市在1651年被克伦威尔围攻，于次年沦陷。与西班牙的贸易萎缩，戈尔韦在好几个世纪里停滞不前。

20世纪初，游客重回这座城市，学生数量增多，戈尔韦迎来复兴。1934年，原来的鹅卵石街道被改建成柏油路，茅草屋被夷为平地，为整洁现代的建筑让路，建设热潮自此开始。

景点和活动

★西班牙拱门(Spanish Arch) 古迹

人们认为西班牙拱门是对戈尔韦中世纪城墙进行的扩建，目的是保护那些为卸下来自西班牙的货物而在附近码头停泊的船，不过1755年里斯本地震引发的海啸破坏了拱门的局部。如今这里时时回荡着邦戈鼓(bongo drum)的击鼓声，在晴朗的日子里，草地上和河边是当地人和游客的聚集地，有人在受潮汐影响而水流湍急的克里布河上划皮划艇。

一幅1651年的戈尔韦绘图清晰展示了其大规模的防御工事，但是由于克伦威尔和奥兰治亲王威廉的破坏以及随后几个世纪的无人照管，导致城墙几乎完全消失。一段留存至今的城墙被巧妙地纳入了现代的购物中心Eyre Square Centre(Merchants Rd & Eyre Sq)。

★戈尔韦城市博物馆 博物馆

(Galway City Museum; www.galwaycitymuseum.ie; Spanish Pde; ⌚全年 周二至周六 10:00~17:00，复活节至9月 周日 正午至17:00)免费这个现代的博物馆通过展品介绍这座城市在1800年到1950年间的历史，其中包括一艘标志性的戈尔韦单桅帆船(Galway Hooker)、一系列currach(用兽皮制作的船)，还有展区介绍戈尔韦和第一次世界大战以及这座城市与电影的关联。

还可以参观馆内轮流展出的当地艺术家作品。一楼的咖啡馆能看到西班牙拱门的景色，是小憩的完美去处。

红伯爵大厅 考古遗址

(Hall of the Red Earl; www.galwaycivictrust.ie; Druid Lane; ⌚周一至周五 9:30~16:45，周六 10:00~13:00)免费早在德·伯格家族统治戈尔韦的13世纪，红伯爵理查就建造了一个大厅，作为权力的中心。当地人到这里阿谀逢

Galway City 戈尔韦市

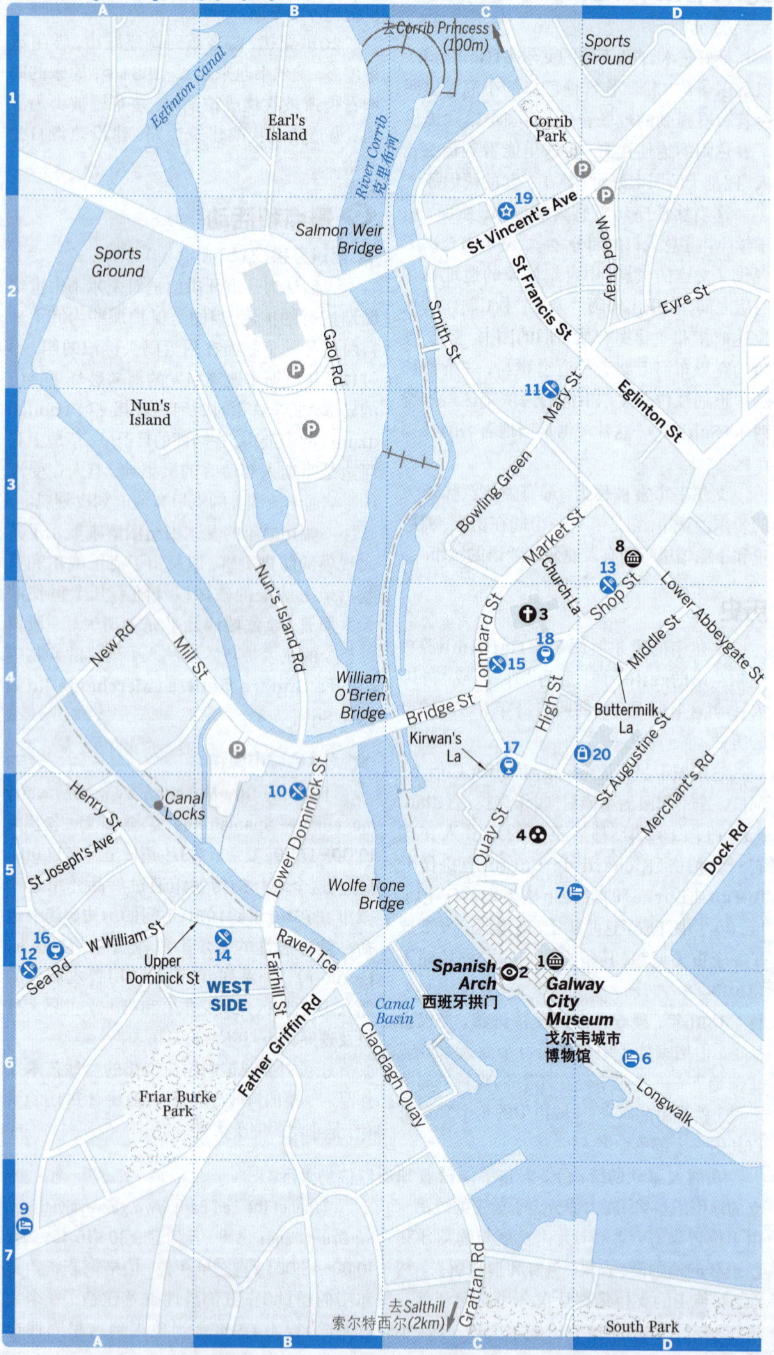

迎、卑躬屈膝，以表效忠之心。14个部落掌权后，大厅沦为废墟，消失无踪，直到1997年在扩建戈尔韦市的海关大楼时发现了大厅的地基。为了露出古老的地基，海关大楼建在了高出地面的桩子上。

各种文物和大量引人入胜的展览再现了大约900年前的戈尔韦生活。志愿者们经常现身这里，对遗址及其重要性进行讲解。

圣尼古拉牧师会教堂 教堂

（Collegiate Church of St Nicholas of Myra；Market St；门票乐捐；⏲4月至9月 周一至周六 9:00~17:45，周日 13:00~17:00，10月至次年3月 周一至周六 10:00~16:00，周日 13:00~17:00）圣尼古拉牧师会教堂的顶部是一个金字塔形的尖塔，它是爱尔兰仍在使用的最大的中世纪教区教堂，其历史可以追溯到1320年，几个世纪以来经过重建和扩建，但基本保留了原貌。教堂与航海的关联存在已久——它得名于圣尼古拉，而圣尼古拉正是水手的主保圣人。其实，据说克里斯多弗·哥伦布在1477年曾来这里做礼拜。白天，教堂通常空荡荡的，是从戈尔韦的喧闹中暂时脱身的好去处。

☛团队游

★ Burren Wild Tours 自然游

（☎087 877 9565；www.burrenwalks.com；从Galway Coach Station出发；€10~25；⏲10:00~17:00）可以组织随季节变化的巴士游，前往巴伦风景区和莫赫悬崖，行程中包含轻松的1小时步行导览游。

Corrib Princess 乘船游

（☎091-592 447；www.corribprincess.ie；Woodquay；成人/学生/家庭 €16/14/36；⏲5月至9月）每天有2次或3次90分钟的乘船游，游览克里布河和克里布湖，从Salmon Weir Bridge另一边的Woodquay出发。

Galway on Foot 步行游览

（☎085 730 2488；最少2人，每人 €10）出色、有趣又悠闲的步行游，可以让你了解城市的历史和文化，从西班牙拱门出发。

Lally Tours 巴士游

（☎091-562 905；www.lallytours.com；4 Forster St；团队游成人/儿童€25/15）既有趣味

Galway City 戈尔韦市

重要景点
1 戈尔韦城市博物馆 C5
2 西班牙拱门 C6

景点
3 圣尼古拉牧师会教堂 C4
4 红伯爵大厅 C5

活动、课程和团队游
5 Lally Tours F3

住宿
6 Heron's Rest D6
7 House Hotel C5
8 Kinlay Hostel E3
9 Stop A7

就餐
10 Aniar B5
11 Asian Tea House C2
12 Kai Cafe A6
13 McCambridge's D4
14 Oscar's B5
15 Sheridans Cheesemongers C4

饮品和夜生活
16 Crane Bar A5
17 Séhán Ua Neáchtain C4
18 Tig Cóilí C4

娱乐
19 Town Hall Theatre C2

购物
20 Charlie Byrne's Bookstore D4
21 Eyre Square Centre E3

又长见识的巴士游，游览康尼马拉、巴伦风景区和莫赫悬崖，从戈尔韦长途汽车站出发，还有随上随下的戈尔韦巴士游（成人/儿童€12/6）。

住宿

★ Kinlay Hostel 青年旅舍 €

（☎091-565 244；www.kinlayhouse.ie；Merchants Rd；铺 €17~29，双 €54~70；@📶）随和的工作人员、齐全的便利设施和紧邻Eyre Sq广场的优越地理位置，让这家青年旅舍成为住宿首选之一，旅舍提供4到10个床位的多人间和双人房，在明亮开阔的两层楼里，便利设施包括两间可以自己做饭的厨房和两间舒适的电视休息室，带一张台球桌。有些房间能看到海湾风光，比较新的床位带有电源插座和USB接口。

★ Stop 民宿 €€

（☎091-586 736；www.thestopbandb.com；38 Father Griffin Rd；标单/双/标双/标三/家€50/80/80/120/160起；📶）这座出色的房屋打造得非常用心，装饰着时髦独特的艺术品、有趣的色彩和未铺地毯的木地板。在主人的精心打理下，一切都干净利落，井井有条，11间客房整洁却不乏味，有限的空间得到了巧妙的利用，没有衣柜（只有衣架），工作台很小，没有电视，但床铺很舒服。早餐也是强项。

★ Heron's Rest 民宿 €€

（☎091-539 574；www.theheronsrest.com；16A Longwalk；标单/双 €75/160起；📶）这家民宿位置优越，就在克里布河畔一排迷人的房子里，主人细心周到，会为你准备折叠式躺椅，这样就能坐在外面欣赏风景。早餐时间（8:00至11:00）的安排也很照顾度假的人，还供应装在玻璃细颈酒瓶里的波尔图葡萄酒（够倒1杯或2杯）。装着双层玻璃窗的房间都能看到河景，小巧可爱。

★ House Hotel 酒店 €€€

（☎091-538 900；www.thehousehotel.ie；Spanish Pde；房间 €100~220；📶）这是一家高档又有格调的精品酒店，大堂的色彩新颖又时髦。在公共空间里，现代艺术与传统的细节和醒目的亮色形成鲜明反差。有很多猫的图案。40间客房不大却很豪华，装饰着鲜艳的色调，配有优质纺织品。浴室舒适感十足。

就餐

★ McCambridge's 咖啡馆、自炊 €

（www.mccambridges.com；38/39 Shop St；小吃 €3起，主菜 €7~13；⏰咖啡馆 周一至周三 9:00~17:30，周四至周六 9:00~21:00，周日 10:30~18:00，食杂店 周一至周三 8:00~19:00，周四至周六 8:00~21:00，周日 10:30~18:00）这

里的食品部经营已久，有一流的现成沙拉、热食和其他更有异国风味的食物。可以搭配成完美的野餐，也可以在店外的餐桌上享用你挑选的美食。楼上迷人的咖啡馆有高高的天花板、浅色木头和忙碌的工作人员，菜单常换常新，有新派爱尔兰菜，也有精品三明治、沙拉、丝滑的浓汤和上好的咖啡。

★ **Sheridans Cheesemongers** 熟食、葡萄酒吧 €

（www.sheridanscheesemongers.com；14 Churchyard St；小吃 €4起；⊙商店 周一至周五 10:00~18:00，周六 9:00~18:00，周日 正午至17:00，葡萄酒吧 周一 16:00~23:00，周二至周五 13:00至午夜，周六 正午至午夜，周日 14:00~23:00）Sheridans Cheesemongers店里香气四溢，摆满了极好的本地和国外奶酪以及其他熟食，许多都来自地中海地区。然而，真正的秘密藏在一段狭窄的楼梯上方。你可以在一个通风的房间里品尝种类非常丰富的葡萄酒（以意大利葡萄酒为主），还可以享用楼下众多的精品美食。

★ **Kai Cafe** 咖啡馆 €€

（☎091-526 003；www.kaicaferestaurant.com；20 Sea Rd；午餐/晚餐 主菜 €11.50/18.50起；⊙周一至周五 9:30~16:00，周六 10:30~16:00，周日 正午至16:00和18:30~22:30；📶）这家出色的咖啡馆位于时髦的Sea Rd，就餐环境轻松、随意、健康、朴素，不管是喝杯咖啡，享用西海岸的螃蟹，还是品尝罗斯康芒的1岁羔羊肉和一杯杯Galway Hooker Sixty Knots IPA啤酒，都令人心情愉悦。在一天中的任何时候去都很棒，但是晚餐要预约。

★ **Oscar's** 海鲜 €€

（☎091-582 180；www.oscarsbistro.ie；Upper Dominick St；主菜 €14.50~25.50；⊙周一至周六 18:00~21:30，周日 18:00~21:00）戈尔韦最好的海鲜餐厅就在喧闹的旅游区的西侧。菜单很长，而且经常变化，当地特色菜极多，既有贝类，又有白鱼（炸鱼薯条非常美味），有些风味很大胆。周一到周四的19:30之前有含两道菜的晚餐套餐（€18.50）。

★ **Asian Tea House** 亚洲菜 €€

（☎091-563 749；15 Mary St；主菜 €14~24；⊙周三至周一 17:00~22:30）这家灯光迷人的餐厅装饰着亚洲风情的图案、藤编座椅和竹灯罩，自始至终都令人愉快。菜肴制作精良，不用味精却风味饱满，既有马来西亚菜，又有泰国菜、越南菜和中国菜。冬荫功汤和嫩豆腐的口味恰到好处。有许多种茶可供选择，工作人员非常热情。

★ **Aniar** 新派爱尔兰菜 €€€

（☎091-535 947；www.aniarrestaurant.ie；53 Lower Dominick St；主菜 €30起；⊙周二至周四 18:00~22:00，周五和周六 17:30~22:00）Aniar对戈尔韦和西爱尔兰的风味和食品生产十分执着，是一家自豪的米其林星级餐厅。不过这里完全不会过分讲究。嫩绿色的就餐区气氛随意放松，每晚的菜单都不同。葡萄酒偏重小型生产商的产品。需要预订。

🍷 饮品和夜生活

★ **Séhán Ua Neáchtain** 小酒馆

（www.tighneachtain.com；17 Upper Cross St；⊙周一至周四 正午至23:30，周五和周六 正午至午夜，周日 正午至23:00）这家19世纪的小酒馆粉刷着鲜艳的矢车菊蓝色，被简称为Neáchtain's（nock-tans）或Naughtons，在店外摆着一圈餐桌，许多餐桌都在一棵大树的树荫下。懂多种语言的当地人喜欢聚在这里，随意地一坐，任凭世人从身边经过——或者停下来跟他们喝杯啤酒。午餐不错。

★ **Crane Bar** 小酒馆

（www.thecranebar.com；2 Sea Rd；⊙周一至周五 10:30~23:30，周六 10:30至次日0:30，周日 12:30~23:00）这家富有感染力的老酒馆位于克里布河西侧，是在戈尔韦欣赏轻松的céilidh（传统音乐和舞蹈）的最佳去处，大多数晚上都有。有才华的乐队在楼上气氛友好的吵闹酒吧演出，楼下的酒吧有时就像从《远端》（*The Far Side*）漫画里搬出来的场景。

Tig Cóilí 小酒馆

（Mainguard St；⊙每天 10:30~23:30）这家和消防车一样红的地道小酒馆紧邻High St，每天有两次现场céilidh演出，吸引大量顾客上门，乐手们来这里喝醉，醉汉们在这里变成乐手……如此这般。极品好店。

☆ 娱乐

Town Hall Theatre 剧院

(☎091-569 777; www.tht.ie; Courthouse Sq) Town Hall Theatre剧院上演百老汇和伦敦西区的剧目，还有巡演歌手登台演出。

购物

★**Charlie Byrne's Bookstore** 书籍

(www.charliebyrne.com; Middle St, Cornstore; ⏲9:00~18:00，周四和周五 至20:00，周日从正午开始）这家书店是这座城市的财富（创建于1989年），新书、二手书、三手书、打折书（许多只卖€1）和绝版书够你逛上好几周。一连串布局凌乱的房间里塞满了各种题材的存书，店员会帮你翻找出那本一直买不到的与阿伦群岛有关的毫无名气的书。

实用信息

要拿到钓鱼许可证，预约钓鱼时间，可联系**Galway Fisheries**（☎091-562 388）的经理。钓鱼半天只需€20。钓鲑鱼和海鳟的季节通常从2月持续到9月，但大部分鱼在5月和6月通过Salmon Weir。

旅游信息

旅游信息亭（Eyre Sq; ⏲全年周日 9:00~13:00，5月中旬至8月周五至周日 9:00~18:00）发放免费城市地图，提供当地资讯。

戈尔韦旅游局（Galway Tourist Office, www.discoverireland.ie; Forster St; ⏲周一至周六 9:00~17:45，周日 9:00~13:15）是一个又大又高效的地区性信息中心，可帮忙安排当地住宿和团队游。

到达和离开

长途汽车

几家私营汽车公司在旅游局附近现代化的**Galway Coach Station**（New Coach Station; Bothar St）运营。

Bus Éireann（www.buseireann.ie; Station Rd, Cara Bus Station）有车前往爱尔兰和北爱尔兰的所有主要城市，发车地点就在火车站附近，紧邻Eyre Sq广场。每小时都有车开往都柏林（€14.50，3~3.75小时）。另有班车线路覆盖整个地区。

Citylink（www.citylink.ie; 售票处Forster St; ⏲售票处 9:00~18:00; 📶）有班车从Galway Coach Station出发，开往都柏林（€13起，2.5小时，每小时1班）、都柏林机场（€19起，2.5小时，每小时1班）、科克、利默里克和康尼马拉。发车频繁，票价低至€10。

GoBus.ie（www.gobus.ie; Galway Coach Station; 📶）开往都柏林（2.5小时）和都柏林机场（3小时）的车次频繁。票价€12起。

火车

火车站（☎091-564 222; www.irishrail.ie）紧邻Eyre Sq广场，每天最多有9班舒适的快速火车往返都柏林赫斯顿火车站（单程€35起，2.25小时）。可在阿斯隆（1小时）换乘其他火车。开往恩尼斯的火车沿途风景优美（€19，1.75小时，每天5班）。

当地交通

抵离机场

Bus Éireann每天有班车抵离**香农机场**（€15.50，1.75小时，每小时1班），所有主要汽车公司都有车开往都柏林机场。

自行车

戈尔韦崭新的可口可乐零度共享单车计划（www.bikeshare.ie/galway.html）在市区各地设有16个自行车点。游客花€3（加€150的押金）可买到一张3日用车卡。每次用车头30分钟免费，2小时€1.50。

公共汽车

戈尔韦几乎所有地方都步行可达，包括城外的索尔特西尔，不过也有班次频繁的公共汽车从Eyre Sq出发。去索尔特西尔可乘坐401路（€1.80，15分钟）。

小汽车

戈尔韦的街道上设有停车计费器。市区各地有几处凭票停车的多层停车场。交通拥堵十分严重，高峰时段尤甚。

出租车

出租车站位于Eyre Sq广场、Bridge St以及长途汽车站和火车站旁。

City Taxis（☎091-525 252; www.citytaxisgalway.com）可包出租车前往机场。去香农机场的车费是€89，可乘坐1至4人。

阿伦群岛（ARAN ISLANDS）

从邻海的戈尔韦郡和克莱尔郡的大部分

地区都能清楚地看见阿伦群岛，每年在野性的大西洋之路上有成千上万的旅行者会听到阿伦群岛的“塞壬之歌”，并被那荒凉的美丽诱惑。一日游的游客在岩石嶙峋、令人震撼的壮美风景中穿梭，停留得更久的人则能找到与爱尔兰本土在许多方面大相径庭的地方，难以想象两地之间仅隔着45分钟的渡船航程或10分钟的飞机航程。适应力强的旅行者将会发现，淡季时的群岛将大风呼啸中的狂野魅力展现得淋漓尽致。

群岛是构成克莱尔巴伦风景区的石灰岩陡坡的延伸部分，浅浅的表层土上零星生长着野花和牧草，海浪拍击着嶙峋的悬崖。伊尼什莫尔岛的安格斯城堡（Dún Aengus）和伊尼什曼岛的康纳堡垒（Dún Chonchúir）等古堡是爱尔兰最古老的考古遗址。

3座岛屿上都有绵延交织的石墙（全长1600公里），还有少量早期的clocháns（早期基督教干砌的圆顶小屋），就像用石头砌成的爱斯基摩人冰屋。

阿伦群岛的3座岛屿虽然外观相似又彼此邻近，但各有鲜明的特色：

伊尼什莫尔岛（Inishmór，Árainn in Irish，意为“大岛”）是阿伦群岛最大的岛屿，也是从戈尔韦最方便前往的岛屿。岛上有爱尔兰最重要也最壮观的考古遗址之一，还有一些热闹的小酒馆和餐厅，特别是在岛上唯一的城镇基尔罗南（Kilronan）。夏天的一日游游客数量逾千。

伊尼什曼岛（Inishmaan，Inis Meáin，“中岛”）往往被游客大军忽略，保留着历史悠久的传统，传递着一种恒久感。这是美妙的孤独之地，有僻静的民宿和岩石密布的荒芜风景。

伊尼希尔岛（Inis Oírr，“东岛”）是最小的岛屿，一年到头从戈尔韦前往这里都很方便，夏季还可从杜林前往。古老的遗址、有趣的步道、传统的文化和一点夜生活结合得很恰当。

历史

对于是谁在伊尼什莫尔岛和伊尼什曼岛修建了大规模的铁器时代石头建筑，人们所知甚少。这些建筑通常被称为“堡垒”，据信曾是异教徒的宗教中心。在民间传说里，修建这些建筑的是史前时代从欧洲入侵爱尔兰的菲伯克人（Firbolgs）。

当时人们来到岛上应该是为了耕种，这是个很大的挑战，因为遍地是岩石。岛上的早期居民将海藻和沙子从岸边拉上来，作为种植的土壤，还划着长长的currachs（划桨的船，用木条做框架，再包上涂着焦油的帆布）在周边海域钓鱼，这种船至今依然是阿伦群岛的一个标志。

早期基督教

基督教传到群岛的时间相当早，一些最古老的修道院定居点是圣恩达（Éanna）在5世纪创建的。恩达似乎是一位改信基督教的爱尔兰首领，他在罗马学习过一段时间，然后找到了一个偏远又适宜的地方，建起了自己的修道院。

14世纪，奥布莱恩和O’ Flaherty这两个盖尔人家族开始争夺群岛的控制权。伊丽莎白一世统治期间，英国人占领了群岛，在克伦威尔时期，岛上驻扎了一个守备部队。

现代的孤立

因为戈尔韦的重要性减弱，群岛也随之陷入相同的境地，在孤立状态下，岛上的居民将传统的生活方式一直保持到20世纪中期，直到20世纪30年代，人们还穿着传统的阿兰服饰：女人穿亮红色的裙子，裹黑披肩；男人穿宽松的羊毛裤和马甲，配crios（彩色的腰带）。经典的乳白色阿兰毛衣以复杂的花纹为特色，发源于阿伦群岛，至今仍是在岛上手工编织的。

就在几十年前，阿伦群岛与舒适便捷的现代生活之间就算不至于相差好几个世纪，也至少隔着在变幻莫测的大海上一整天的危险航行。航空服务在1970年启动，永远地改变了岛上的生活，如今乘坐快速渡船可以迅速过海（只是有时风浪大，会让人感觉不适）。

现在3座岛上都有中学了，但是就在10年以前，比较小的两座岛上的学生还需要搬到戈尔韦的寄宿学校完成学业，而且要从说爱尔兰语突然变成说英语。群岛上已几乎无人从事农业，旅游业现在是主要的收入来源，爱尔兰语依然是当地人惯用的语言，大部分岛上居民和游客说英语，互相交谈时仍说爱尔兰语。

实用信息

虽然盛夏游人如织，群岛上的服务依然有限，只有伊尼什莫尔岛有全年开放的旅游局和群岛唯一一台自动柜员机，大部分地方不接受信用卡，所以要提前问清楚。淡季期间，包括供应食物的小酒馆在内的所有餐厅都缩短营业时间，或彻底歇业。

到达和离开

飞机

3个岛上都有简易机场。在爱尔兰本土的出发地点是康尼马拉地区机场，位于Inverin（Indreabhán）附近的Minna，戈尔韦以西约35公里处。**阿伦群岛航空**（☎091-593 034；www.aerarannislands.ie；往返 成人/儿童 €49/27）有航班往返每个岛屿，每天几班（夏天每小时1班）。飞行时间约为10分钟，4人或4人以上同行可享团队价（成人票€44）。阿伦群岛航空还在7月和8月推出观景航班（€60），飞越莫赫悬崖、戈尔韦湾和阿伦群岛。

如果能把复杂的航班时间弄清楚，你可以在一天之内游览多个岛屿。戈尔韦的Victoria Hotel酒店外有一班公共汽车开往机场，单程票价为€3。

船

Aran Island Ferries（☎091-568 903；www.aranislandferries.com；Galway Ticket Office，19 Eyre Square；成人/儿童 往返 €25/13起；⏲8:00~17:00）有船驶往全部3座岛屿，并连通伊尼什曼岛和伊尼希尔岛。7月和8月船运航班最多，每天有几班。船程约1小时，浪大时可能停航。船从罗莎维尔（Rossaveal）出发，从戈尔韦市沿R336公路向西40公里即到。注意在线订票可享9折优惠。戈尔韦的Queen St有公共汽车（成人/儿童€7/4）可衔接大部分船运航班，订票时注意核实相关信息。

杜林也有渡船开往阿伦群岛（主要是伊尼希尔岛）。

伊尼什莫尔岛（Inishmór）

人口 830

大多数登上群岛的游客最远就走到伊尼什莫尔岛（Árainn）和岛上的主要景点安格斯城堡，这座了不起的石头堡垒坐落在高耸的悬崖上，看上去很危险。基尔罗南（Cill Rónáin）是伊尼什莫尔岛主要的居民点，西侧单调的景色里，最显眼的是石墙、巨石、零星散布的建筑和偶尔出现的深绿色的草地和马铃薯田。

旅游业带动岛屿的经济发展：旅游车大军迎接每一班渡船和飞机，载游客环游各个景点。正如一位当地人所言："运送游客时，我们就像一根传送带。"所幸的是，你可以按照自己的节奏来。

伊尼什莫尔岛长14.5公里，最宽处为4公里。所有船只都抵离位于岛屿东南部的基尔罗南。一条主干道横跨岛屿，与许多泥土和石头铺成的小巷和小路相交。

景点

大部分一日游的游客都集中在基尔罗南和安格斯城堡，还会堵住景点之间的公路。由于夏季白天很长，如果要在岛上过夜，可以在白天骑车前往游人罕至的南部各景点，等到最后一班渡船离开再去参观安格斯城堡。

在地势低洼的北部海岸，有天然屏障的小海湾**奥卢科斯港**（Port Chorrúch）是多达50头灰海豹的栖息地，它们在那里晒太阳，在浅滩捕食。继续向前，**基尔莫文海滩**（Kilmurvey Beach）凭借干净的白沙滩获得了欧盟蓝旗海滩的称号。

基尔莫文西侧是完美的**Clochán na Carraige**，一个2.5米高的早期基督教石屋，还有各种各样的小型早期基督教遗址，取了个相当不准确的名字——**七教堂**（Na Seacht dTeampaill），其中包括一些教堂遗址、修道院房屋和一个8世纪或9世纪的十字架碎片。

★安格斯城堡 古迹

（Dún Aengus；Dún Aonghasa；www.heritageireland.ie；成人/儿童€4/2；⏲4月至10月9:45~18:00，11月至次年3月9:30~16:00，1月至2月周一和周二关闭）3座壮观的史前堡垒守卫着伊尼什莫尔岛，每座堡垒都有大约2000年的历史。安格斯城堡是其中最重要的一座，3段巨大的干砌石墙一直延伸到大海上方的峭壁边缘。起防御作用的是密集可怕的尖利石灰

阿伦群岛跳岛游

在阿伦群岛的3座岛屿进行跳岛游是可行的，这样可以从一个岛启程，再从另一个岛返回爱尔兰本土。然而，船运航班都是按照往返同一个岛屿安排的。要找到在岛屿之间往来的渡船，需要咨询Aran Island Ferries和从杜林出发的客船。任意两岛之间每天至少有一班船，需要做好出发时间不固定的准备。票价大概在€5到€10。

岩形成的卓越拒马（Chevaux de Frise），保护着堡垒。在这里有一个小型游客中心，其中的展览介绍了城堡的来龙去脉，有一条有点难走的900米长步道蜿蜒向上通往堡垒。安格斯城堡位于基尔罗南以西约7公里处。

汹涌的海浪猛烈拍击着60米高的崖壁。由于完全没有添加任何会破坏景观的围栏和其他现代保护设施，你不但可以一直走到悬崖边缘，还有失足跌落的危险，所以务必小心。

奥克勒堡垒 堡垒

奥克勒堡垒是一座规模较小的完美圆形堡垒，位于基尔罗南和安格斯城堡之间的路边，离开主干道徒步前往很有趣。

基兰教堂 遗址

众多石头教堂的遗址显示出岛屿的修道院历史。这个小教堂位于基尔罗南附近，庭院里有一个十字架。

奥纳赫特堡垒 堡垒

这个圆形堡垒位于七教堂遗址南侧。

本恩教堂 遗址

这座早期基督教教堂位于东南的Cill Éinne Bay海湾附近。

圣恩达修道院 遗址

在小型机场附近是一座教堂下陷的遗址，据说这个地方是建于5世纪的圣恩达修道院的旧址，不过如今可见的部分都是8世纪以后留下的。

黑色堡垒 堡垒

这个古堡壮观地矗立在基尔罗南西南的一个悬崖海角顶部。

活动

★Burke’s Bicycle Hire 自行车出租

（☎087 280 8273；www.bikehirearanislands.com；Kilronan；租车每天 €10起；⏲4月至10月）帕特里克·伯克（Patrick Burke）是一个当地骑行专家，他推荐的骑行路线避开人群，通往游人罕至的岛屿尽头。

住宿

★Kilronan Hostel 青年旅舍 €

（☎099-61255；www.kilronanhostel.com；Kilronan；铺 €20~30；⏲2月下旬至10月下旬；@📶）搭乘的渡船还没在码头靠岸，你就会先看到位于Tí Joe Mac’s小酒馆上方的Kilronan Hostel，从码头步行3分钟即到。40张床位分散在非常干净的4人间和6人间里。从一片露台上能看到优美的港口风光，还提供欧式早餐。

★Kilmurvey House 民宿 €€

（☎099-61218；www.kilmurveyhouse.com；Kilmurvey；标单/双 €55/90起；⏲4月至9月）这座18世纪的宏伟石头宅邸位于通往安格斯城堡的小路上，环境优美，12间客房打理得很好。丰盛的餐食（晚餐€30）包含菜园里的蔬菜以及当地产的鱼和肉。从民宿步行一小段路就是迷人的海滩，可以游泳。

Tigh Fitz 旅馆 €€

（☎099-61213；www.tighfitz.com；Killeany；标单/双 €60/80起；📶）这家客栈在机场附近，从基尔罗南前往要走好一段路。客栈由友好的潘妮（Penny）经营，在门厅里有一张像样的接待台，房间简单却宜人。旅馆外海湾的浩荡潮汐景色分外壮观。

Ard Mhuiris 民宿 €€

（☎099-61208；www.ardmhuiris.com；Kilronan；标单 €50~60，双 €70~80）这家非常整洁的民宿由一对老夫妇经营，从镇中心漫步5分钟即可到达，位于一排小屋的末尾，另一边就是田野和大海。安静、舒适与出色海景的结合恰到好处。

Inishmór 伊尼什莫尔岛

餐饮

★Bayview Restaurant
欧洲菜 €€

(Kilronan;午餐主菜€10~14,晚餐主菜€10~28;⌚10:00~21:00;📶)从码头向西步行一小段路就是这家出色的餐厅,就餐环境风格现代,采光允足,装饰着当地艺术品,菜肴美味可口,抓住了拉丁风味的精髓,因为厨师长拜伦(Byron)有危地马拉血统。

★Joe Watty's Bar
小酒馆

(www.joewattys.com;Kilronan;⌚厨房12:30~21:00)这家是当地最好的小酒馆,夏天大多数晚上都有传统音乐会,其他季节在周末举办。小酒馆食物很丰盛(主菜€8~20),既有炸鱼薯条,又有牛排。泥炭炉火在一年中需要供暖的50周里温暖燃烧。夏季晚餐须预订。

购物

Man of Aran Gift Shop
杂货

(Kilronan;电影 成人/儿童 €5/3;⌚4月至9月 10:30~17:00;📶)这家不拘一格的店位于主要的十字路口,有一个带24个座位的小剧场,每天播放5场经典的《阿兰岛人》(*Man of Aran*)。店里还有Wi-Fi(在店内消费可免费使用)和一个美好的小咖啡吧台。

实用信息

出租自行车的商店和旅游局都有实用的免费地图。

邮局(Kilronan;⌚周一至周五 9:00~12:45和14:00~16:30,周六 9:00~12:45)位于Spar超市的上坡。

Spar Supermarket(Kilronan;⌚周一至周六 9:00~18:00,周日 9:00~17:00;📶)有阿伦群岛上唯一的一台自动柜员机,还能买到美味的苏打面包。

Inishmór 伊尼什莫尔岛

◉ 景点

1 黑色堡垒 A4
2 奥克勒堡垒 A2
3 圣恩达修道院 C4
4 本恩教堂 C4
5 基兰教堂 B1

活动、课程和团队游

6 Burke's Bicycle Hire C2

住宿

7 Ard Mhuiris C2
8 Kilronan Hostel C2
9 Tigh Fitz C4

就餐

10 Bayview Restaurant C2

饮品和夜生活

11 Joe Watty's Bar C2

购物

12 Man of Aran Gift Shop C2

旅游局（☎099-61263；Kilronan；⏰5月和6月 9:00~17:00，7月和8月 9:00~17:45，9月至次年4月 11:00~17:00）能提供帮助的旅游局，位于基尔罗南渡船码头西侧的滨水地带。

ℹ 当地交通

简易机场位于城镇东南2公里处，往返基尔罗南的班车票价€5（务必再次确认返回机场的乘车时间，以免被遗忘）。

一年到头有许多面包车迎接每一班渡船，也在基尔罗南的镇中心来来往往，带领临时组建的游客小团体进行历时2.5小时的岛屿游（€10）。基尔罗南和安格斯城堡之间的单程乘车时间大约是45分钟，配有解说。还可以安排个人游和定制游。

如果想放慢游览岛屿的节奏，在基尔罗南和安格斯城堡之间可乘坐小马拉的双轮轻便马车，带一名车夫，往返价格在€60到€100之间，最多4人乘车。

伊尼什曼岛（Inishmaan）

人口 150

伊尼什曼岛（Inis Meáin）是群岛中游客最少的岛屿，人口也最稀少，令人可以稍作放松，这里遍地岩石，约5公里长，3公里宽。伊尼什曼岛吸引了追求独处的早期基督教修士，还有作家J.M.辛格，一个多世纪以前，他在这里度过了5个夏天。当时岛屿的模样基本保留至今：坚忍的牛、温驯的羊、令人难忘的古老堡垒和只和同乡说爱尔兰语的热心肠当地人。孩子们通常离开岛屿去上学，极少再回来。

伊尼什曼岛的风景令人叹为观止，在一条参差不齐的海岸线上有惊人的悬崖、空寂的海滩和仿佛以石头为主要农作物的田野。一条东西向的公路从岛屿的中心穿过，大部分岛上的建筑物都分布在路边。伊尼什曼岛朴实的居民大多对靠吸引游客赚钱不感兴趣，所以岛上的旅游设施极少。

◉ 景点和活动

可以轻松步行到岛上的任意地点，在途中欣赏岩石密布的荒凉景色和开阔的风光。

圣玛丽教堂（St Mary's Church）坐落在一个小山上，拥有优美的1939年彩色玻璃窗。在岛屿的东部，**Trá Leitreach**位于栈桥以北约500米处，是一片有天然屏障的安全海滩。

康纳堡垒 堡垒

这个椭圆形的石堡建于公元1世纪到7世纪之间，在这里可将伊尼什曼岛壮丽的石灰岩山谷尽收眼底。

辛格之椅 瞭望台

辛格之椅是一个瞭望台，位于岛屿荒无人烟的最西边，就在一座陡峭的石灰岩悬崖的边缘，来自Gregory's Sound的海浪在悬崖下方隆隆作响。悬崖边突出的岩石通常是吹不到风的，所以可以像当初的辛格一样找一块舒服的石头坐下来，尽情欣赏眼前的风景。从停车区步行2分钟即可走到辛格之椅，从这里可以徒步游览岛屿荒凉的西部，只需1个小时。

在走向辛格之椅的路上有路标指向隐藏在一座棚屋后方的**圆顶石屋**（clochán）。

ℹ 当地交通

Brídín Tours（☎099-73993；€15）的岛屿乘车游内容丰富，时长1到2小时。在渡船码头有可能租到自行车，不然可以在店里租一辆（€10）。

伊尼希尔岛(Inisheer)

人口 200

伊尼希尔岛(Inis Oírr)是阿伦群岛最小的岛屿，令人心醉，而诗情画意的风景、深深根植于当地文化土壤中的神话和对传统文化的坚守都为这座岛屿增添了魅力。当地人的姓氏只有6个，大部分名字都具有很强的描述性。

改变的车轮在这里转动得特别缓慢。直到1997年岛上才完全通电。鉴于这里最多只有15厘米厚的表层土可以勉强用于耕作，将经济重心慢慢向旅游业转移的做法受到欢迎。整个夏天，从杜林来的一日游游客(清爽宜人的夏日周末可多达1000人)为徒步小路带来勃勃生机，杜林和伊尼希尔岛之间隔着距离8公里的大海。

景点和活动

在爬满常青藤的石墙间的小巷漫步，靠自己到处去探索发现，是游览这座岛屿的最佳方式。两条带路标的小路环绕岛屿一周。从码头出发，步行、骑车或乘车皆可。闲逛着走遍所有主要景点大约需要4小时。如果能多停留一段时间或几天，可以尽情享受伊尼希尔岛的精彩。

★托巴埃尼 古迹

当地人仍在进行一种被称为Turas的朝圣之旅，前往恩达之井(Well of Enda)，这一泓汩汩作响的清泉位于岛屿西南部一片偏远开阔的石头地里。仪式在连续的3个周日里完成，需要从井附近的地上捡7块石头，然后绕着小井走7圈，每走完一圈就放下一块石头，同时念玫瑰经，直到一条神出鬼没的鳗鱼从井水深处现身。

如果在仪式期间你走运看到了鳗鱼，据说你的舌头将获得疗愈的力量，可以舔舐伤口使其愈合。

奥布莱恩城堡 历史建筑

登上海拔100米的岛屿最高点，可将遍地三叶草的田野和另一边的海滩和港湾的壮丽风景尽收眼底。这座15世纪的教堂(Caisleán Uí Bhriain)建在一处名为Dún Formna的环形堡垒的遗址内，而环形堡垒早在1世纪就建成了。附近有一座建于18世纪的信号塔。

当地交通

租自行车可以去**Rothair Inis Oírr**(www.rothai-inisoirr.com；每天€10起；⏲5月至9月)，这家店在码头附近，有一份地图很不错。大部分住宿地点也出租自行车给非住客。

夏天可以乘坐**小马拉的双轮轻便马车**(每人每小时€5~15)游览岛屿。

康尼马拉(CONNEMARA)

正如奥斯卡·王尔德所言："康尼马拉是个野蛮美人。"康尼马拉半岛粗犷的风景和精致的海岸带给人们无尽的遐想，有许多美妙的角落静候探索与发现。

康尼马拉这个名字在爱尔兰语中是"小海湾"的意思，海滨公路也证实了这一点，它们蜿蜒穿过这段野性大西洋之路上的一个个小海湾，有些海湾里还隐藏着海滩。一连串的海滨村庄，景色十分诱人。

康尼马拉的内陆是由红褐色的沼泽、偏僻的山谷和波光粼粼的幽深湖泊组成的万花筒。中心是莫姆特克山脉(Maumturk Mountains)和十二峰(Twelve Bens)山脉青灰色的石英岩山峰，观景徒步路线和骑行路线交织在一起。陆地上到处都是石墙。

实用信息

戈尔韦旅游局提供大量当地资讯。**Connemara Tourism**(www.connemara.ie)和**Go Connemara**(www.goconnemara.com)等网站提供地区性的资讯和链接。

到达和当地交通

长途汽车

许多有组织的巴士游从戈尔韦出发，但只适合在当地走马观花地看看。

Bus Éireann(☎091-562 000；www.buseireann.ie)有车开往康尼马拉的大部分地区，车次断断续续，许多班车只在5月到9月期间运营，或只在7月和8月运营。有些司机会在城镇之间停车。

Citylink(www.citylink.ie)每天有几班车从戈尔韦

说爱尔兰语

爱尔兰最重要的爱尔兰语地区之一从康尼马拉的斯皮德尔（Spiddal）附近开始，向西延伸至卡舍尔（Cashel），向北进入梅奥郡（County Mayo）。

说爱尔兰语正在全国各地重新流行（有抱负的都柏林家长争相将孩子送往爱尔兰语学校）起来，这在很大程度上归功于康尼马拉和戈尔韦的几家媒体，它们是这门语言最后的庇护所，其中，爱尔兰的国家爱尔兰语广播电台**Radio na Gaeltachta**（www.rte.ie/rnag）和爱尔兰语电视台**TG4**（www.tg4.ie）在20世纪90年代崛起。

市开往克利夫登，经停莫伊库伦（Moycullen）、乌特拉德（Oughterard）、玛姆克罗斯（Maam Cross）和里塞斯（Recess），并继续驶往克雷甘（Cleggan）和莱特弗拉克（Letterfrack）。如果要去的地方在城镇之间，跟司机商量一下，也许可以让你在中途下车。

小汽车

在这个风景名胜区，自驾是远离游客聚集地区的最佳方法——不过要留意窄路上的石墙和在附近漫步的康尼马拉羊——厚实的奶油色羊毛以及漆黑的脸和四肢是它们的特色。

朗德斯通（Roundstone）

人口 250

朗德斯通（Cloch na Rón）依傍着一个泊满船的港湾，它正是那种你一直渴望寻找的爱尔兰村庄。颜色鲜艳的联排房屋和迷人的小酒馆俯瞰着Bertraghboy Bay湾波光粼粼的海面，海湾潮汐浩荡，有捕龙虾的拖网渔船和传统的currachs，这是一种用涂有柏油的帆布包裹着枝条编成船底和船身的一种渔船。

克利夫登及周边（Clifden & Around）

人口 2100

康尼马拉的“首府”克利夫登（An Clochán）是一个富有魅力的维多利亚时代的乡村小镇，街道布局呈椭圆形，形状有点像竖琴，在这里漫步一番，那感觉令人回味无穷。克利夫登是野性大西洋之路上重要的一站，位于狭窄的海湾顶部，River Owenglin河在海湾汇入大海。

景点和活动

★天空之路（Sky Road） 观景公路

这条12公里的路线先通往小镇金斯顿，再返回克利夫登，形成一个精彩的环线，途中能看到岩石密布、美丽绝伦的海滨风光。往返路程大约为12公里，步行或骑车可轻松走完全程，最好把时间规划好，欣赏夕阳沉入大西洋的景象，沿途有几个可以停车的观景点。从克利夫登的Market Sqgua南广场直接向西走。

到达和当地交通

Bus Éireann（www.buseireann.ie）和**Citylink**（www.citylink.ie）每天有几班车沿N59公路开往戈尔韦。票价€14.50起，车程90分钟，途中经过乌特拉德（Oughterard）。

伊尼什博芬岛（Inishbofin）

人口 160

在白天，冷清的伊尼什博芬岛是一个宁静的港湾。你可以步行或骑车漫游狭窄无人的小巷、翠绿的牧场和沙滩，有家畜和海豹与你为伴。但是，因为没有警察（gardaí）监督小酒馆的打烊时间，到了晚上——你猜对了——伊尼什博芬充满欢声笑语。

伊尼什博芬岛离岸9公里，小巧玲珑——长6公里，宽3公里——最高点的海拔只有86米。

到达和离开

渡船从克雷甘（Cleggan）驶往伊尼什博芬岛需要30到45分钟，由**Island Discovery**（☎095-45894/19; www.inishbofinislanddiscovery.com; 成人/儿童往返€20/10）运营。淡季每天有1班渡船，夏天增加至3班。常有海豚与船同游。渡船可能会因为风浪太大而取消，要乘船须提前确认。

Connemara 康尼马拉

莱特弗拉克及周边（Letterfrack & Around）

人口 200

莱特弗拉克（Leitir Fraic）是贵格会教徒在19世纪中叶创建的，这里只有几家小酒馆和民宿，分布在一个十字路口附近。然而，周边的森林和附近的海岸像磁石一样吸引着寻求户外探险的游客。一条4公里长的徒步路线通往**塔利山**（Tully Mountain）的山顶，行程40分钟，能看到美妙的海景。

景点

★康尼马拉国家公园 公园

（www.connemaranationalpark.ie；紧邻N59；⏲游客中心3月至10月9:00~17:30，公园24小时）免费 康尼马拉国家公园就在莱特弗拉克的东南方向，占地2000公顷，由沼泽、高山和荒野组成，分外壮观。游客中心环境优美，紧邻莱特弗拉克十字路口以南300米处的一个停车区。

游客中心介绍公园的动植物和地质特征，游客在进入公园之前可在这里仔细查看地图和多条小径。中心对当地土生土长的动植物做了讲解，包括象天蛾和赤鹿。有一间茶室。

十二峰（Twelve Bens）之中的几座山就在公园内，包括Bencullagh、Benbrack和Benbaun。公园的中心是**Gleann Mór**（意为大峡谷），River Polladirk河从峡谷中流过。峡谷的山坡和周围的高山是很棒的徒步地点。公园内也有短途自助步行游路线，如果十二峰令你望而生畏，还可以徒步攀登附近的钻石山（Diamond Hill）。

公园管理员每周组织几天**野外导览步行游**（⏲7月和8月11:00），从游客中心出发。

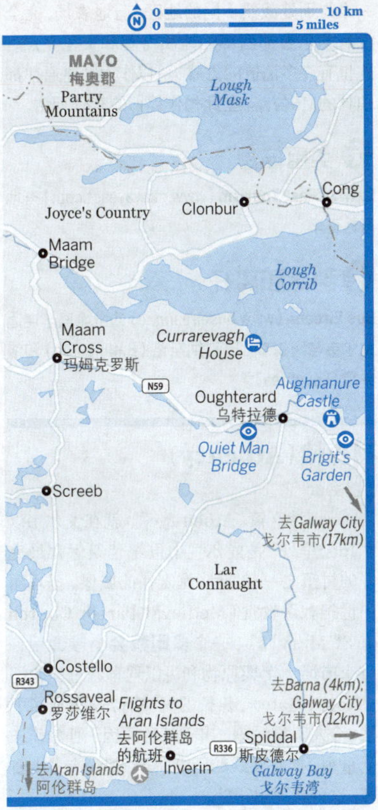

凯利莫尔修道院 历史建筑

（Kylemore Abbey; www.kylemoreabbey.com; 紧邻N59; 成人/儿童 €13/免费; ⌚4月至9月 9:00~18:00, 10月至次年3月 10:00~16:30）这座梦幻般的19世纪新哥特式建筑拥有锯齿状的轮廓线，位于莱特弗拉克以东4.5公里处，坐落在Pollacapall Lough湖畔，十分上镜。城堡是为一位名叫米切尔·亨利（Mitchell Henry）的英国富商修建的，他在康尼马拉度了蜜月。目前仅有少数房间对游客开放，不过你可以沿湖漫步，前往**哥特式教堂**，门票还包含参观华美得令人惊叹的**维多利亚时代围墙花园**，步行前往大约需要20分钟（也可乘坐免费班车，每15分钟1班）。这个布置井然的花园位于康尼马拉的荒野中，风景美不胜收。

修道院由本笃会的修女管理，在1923年到2010年间是凯利莫尔修道院学校（Kylemore Abbey School），教授天主教女生。庭院里有一家咖啡馆兼茶室，还组织徒步游和林中散步。盛夏时节，扎堆的旅游巴士和川流不息的汽车会打破凯利莫尔的宁静。

ℹ 到达和离开

Bus Éireann（www.buseireann.ie）和**Citylink**（www.citylink.ie）每天至少有1班长途汽车从克利夫登继续开往莱特弗拉克，克利夫登位于莱特弗拉克西南15公里处，N59公路沿线。

戈尔韦市以南（SOUTH OF GALWAY CITY）

在戈尔韦市和克莱尔郡之间繁忙的海滨路线上，你可以抓住机会闻一闻牡蛎的鲜香。在基尔科根（Kilcolgan），向东驶离N18公路，会到达金瓦拉等村庄，当地的魅力会完全打乱你的旅行计划——如果你有计划的话。

克拉林布里奇和基尔科根（Clarinbridge & Kilcolgan）

人口 1900

在戈尔韦以南约16公里处，克拉林布里奇（Droichead an Chláirin）和基尔科根（Cill Cholgáin）在夏天过后的**克拉林布里奇牡蛎节**（www.clarenbridge.com; ⌚9月中旬）期间尤为热闹。然而，其实牡蛎在5月到8月是最好吃的。

Paddy Burke's Oyster Inn（www.paddyburkesgalway.com; 紧邻N18, Clarinbridge; 主菜€13~27; ⌚周一至周六 10:30~22:00, 周日正午开始）全年供应美味的牡蛎，这是一家桥边的茅草屋小酒馆，位置就在N18公路边，菜肴分量充足。

Moran's Oyster Cottage（www.moransoystercottage.com; The Weir, Kilcolgan; 主菜€15~25; ⌚周日至周四正午至21:30, 周五和周六正午至22:00）是一家茅草屋小酒馆和餐厅，外观就像牡蛎壳的内侧一样朴素简单。可以在能俯瞰Dunbulcaun Bay湾的露台上找个座位，牡蛎在成为你的盘中餐之前就养在这片海湾里，将它们吃到口中，你会觉得世界尽在掌握中。餐厅位于基尔科根附近一个安静的小海湾里，在乌烟瘴气的N18公路西侧2公里处，路标清楚地标出了它的位置。

金瓦拉（Kinvara）

人口 650

金瓦拉（Kinvara，有时拼作Kinvarra）小小的石头港口得意扬扬地坐落在戈尔韦湾的东南角，它的爱尔兰语名字Cinn Mhara（意为"海之角"）就是由此而来。金瓦拉是个迷人又美丽的村庄，是戈尔韦郡和克莱尔郡之间一个出色的歇脚站。要欣赏海湾的壮美景色，可以沿N67公路离开金瓦拉，朝着巴利瓦恩方向前行大约6公里，然后左转向卡隆方向行驶大约400米，在公路的右侧有一个观景台。

金瓦拉的网站（www.kinvara.com）提供资讯。

景点

★ 邓古莱城堡 历史建筑

（Dunguaire Castle；www.shannonheritage.com；紧邻N67；成人/儿童 €6/3；⏲4月至10月上旬 10:00~16:00）邓古莱城堡是奥海因斯（O' Hynes）部族在1520年前后建造的，人们普遍认为城堡建在康诺特王Guaire Aidhne在6世纪的王宫旧址上。克丽丝特布尔·安特希尔夫人（Lady Christabel Ampthill）以相当于€500的价格买下了城堡并进行了翻修，在20世纪50年代到70年代生活在这里。她的卧室在手工艺工作室里，而她的客厅在最高处，一个新建的斜屋顶下方。

爬到城堡顶端，就能看到戈尔韦湾和金瓦拉的壮丽风景。最不可靠的参观城堡方式是参加一场中世纪宴会（☎061-360 788；www.shannonheritage.com；宴会 成人/儿童 €50/25；⏲4月至10月 17:30和20:45）。

到达和离开

Bus Éireann（www.buseireann.ie）有车从金瓦拉开往戈尔韦市（30分钟）和杜林等克莱尔郡的城镇，每天最多3班。

戈尔韦东部（EASTERN GALWAY）

克里布湖将戈尔韦东部与康尼马拉的壮丽风景和戈尔韦郡的西海岸分隔开来。这是一个与别处截然不同的地区，遍地农场，完全没有戈尔韦郡西部的地质奇观和文化亮点。这里有许多消遣的方式，可以作为驶离通往都柏林的M6公路、在此稍作停留的充分理由。

实用信息

Galway East Tourism（www.galwayeast.com）有地区性资讯。

到达和离开

Bus Éireann（www.buseireann.ie）的当地班车连通戈尔韦与阿森赖、巴利纳斯洛（Ballinasloe）和洛赫雷（Loughrea）。

阿森赖（Athenry）

人口 3900

阿森赖（读"Athen-rye"）就在戈尔韦以东16公里处，是爱尔兰中世纪建筑保存最完好的村镇之一，包括一座宏伟的城堡、圣玛丽中世纪教区教堂（Medieval Parish Church of St Mary's）、一个多明我会小修道院、一个市场十字架原物和可以驾车通过的北门（North Gate）。长长的城墙有75%保留了下来，令人印象深刻。出于某种原因，阿森赖未受重视，拥有壮观的历史遗产，却没有多少游客，这种状况很罕见。

阿森赖得名于附近的一处浅滩（在爱尔兰语里叫áth），浅滩横跨村落东侧的克莱尔河，曾是3个王国的交汇点，所以叫Áth an Rí（诸王浅滩）。

阿森赖的名字与动人的歌曲《阿森赖的田野》（*The Fields of Athenry*）紧密相连，这首歌由彼得·圣约翰（Pete St John）在20世纪70年代创作，讲述因为饥荒入狱的故事。

景点

阿森赖城堡 城堡

（www.heritageireland.ie；成人/儿童 €4/2；⏲复活节至9月 9:30~18:00）这是一座修复过的诺曼时期城堡，最壮观的遗址是长方形的主楼，主楼内有大厅（Great Hall），进入大厅需要通过一段木头楼梯走到二楼。四楼有一个可让你增长见识的视听展。在大厅的远处是厕所——有一个马桶，排污口直接对准下方的后墙。

梅奥郡和斯莱戈郡

包括 ➡

最佳餐饮

- Pantry & Corkscrew（见236页）
- Hargadons（见242页）
- Lyons Cafe（见242页）
- An Port Mór（见236页）

最佳住宿

- St Anthony's Riverside B&B（见235页）

为何去

除了大自然的美景和慵懒的氛围充满魅力之外，梅奥郡和斯莱戈郡算得上是得天独厚的秘密花园，不仅有爱尔兰充满野性与浪漫情怀之美，而且远离尘嚣。梅奥郡更为原始，凹凸不平的断崖、矗立的岩壁、开满石南花的沼泽地和无与伦比的离岸岛屿……处处都是点缀生命的火花。斯莱戈郡则更具乡村气息，绿草如茵的田园、鱼群密布的湖泊与平坦宽阔的矮丘都激发了大文豪威廉·巴特勒·叶芝（William Butler Yeats）的灵感，使他创作出爱尔兰最广为流传的诗句。

两郡均有向外延伸的金色沙滩与传说中的地理断层带，吸引着来自世界各地的冲浪好手齐聚于此。到此一游，你会发现别有洞天，还有史前时代的历史古迹、优雅别致的格鲁吉亚风格城镇和小渔村等，这里随处可见温馨怀旧的乡村风光。

何时去

- 冬季梅奥郡和斯莱戈郡海岸的强风暴雨不容小觑，只有坚韧不拔的旅人和冲浪者才会在冬天到访。
- 若你想一次览尽美景，春秋两季是最好的选择，9月和10月是此地最受欢迎的时候。
- 夏天，此地到处都是节日庆典，生机盎然。7月至8月到访则可参加斯莱戈郡的叶芝嘉年华会，还有许多当地小型传统音乐节庆。此时气候宜人，鸟语花香。

梅奥郡和斯莱戈郡亮点

❶ 跟随圣帕特里克的脚步，来到**克罗帕特里克**（见235页）的圆锥形峰顶。

❷ 在**斯特兰德希尔**（见244页）观赏全年无休的浪花拍岸景观。

❸ 在神秘的**卡罗莫尔巨石墓地**（见243页）感受古老文明的力量与充满神话色彩的废墟。

❹ 漫步在绝美又凄凉的**杜勒谷**（见234页）。

❺ 从韦斯特波特沿着知名的**西

部绿色大道（见237页）骑行至阿基尔岛。

❻ 到崎岖的**克莱尔岛**（见234页）一探爱尔兰的海盗女王Grace O' Malley（Granuaile）的踪迹。

❼ 在**赛尔德田野**（见240页）赞叹古人的文明与世界上最壮观的石器时代遗迹。

梅奥郡(COUNTY MAYO)

人口 131,200/面积 5436平方公里

梅奥郡的荒野风光十分秀美，地貌也十分奇特，但这里的游客数量偏少，也就是说有许多尚未开发的景点，可以选择开车、徒步行走、骑自行车或骑马进行探险。这里生存不易，而马铃薯饥荒(1845~1851年)蹂躏了整个郡，促使大批居民向外迁移。也正是因为如此，世界各地才会有许多爱尔兰人的后代，他们的寻根之旅可追溯至这片曾饱受磨难的土地。

杜勒谷及周边(Doolough Valley & Around)

从戈尔韦郡(County Galway)的利瑙恩(Leenane)到韦斯特波特的R335无疑是爱尔兰最美的景观道路。孤绝于世的杜勒谷没有房子，草坪没有被切割，甚至连石墙都没有建造。周围群山的陡峭断面滑入杜勒湖铁灰色的水面，丘陵上静静散落着被放牧的绵羊群。

这里也是爱尔兰最凄美的景点，1849年闹饥荒时，人们就是从这里离开家园的。根据当地历史记载，当年在冰天雪地里，从路易斯堡往返德尔斐(Delphi)的路途中，约有400人不幸丧生。他们原本以为可以从一位地主那里得到食物和援助，却被地主拒绝了。关于这段逸事的细节则因讯息来源不同而有所不同。

出发时最好选择晴天，否则乌云密布恐怕会遮盖一番美景。如果你有时间，可以沿着侧边的道路往河谷的北方和西方前进，可抵达 片优美而人迹罕至的海滩。

路易斯堡(Louisburgh)

人口 800

杜勒谷北边的度假胜地是迷人的村庄路易斯堡，于1795年基于某个巧妙的机缘而建立。当时城镇是依照四条道路相互交叉的the Cross概念所建，此城镇的设计是为了要纪念斯莱戈第一位勋爵阿尔塔蒙特勋爵约翰·布朗[Lord Altamont(John Browne)]的至亲，这位至亲在1758年死于在Nova Scotia爆发的路易斯堡战役(Battle of Louisburgh)。

到达和离开

长途汽车**Bus Éireann**(www.buseireann.ie; 周一至周六)，每天1班长途汽车往返韦斯特波特(€8)。

克莱尔岛(Clare Island)

人口 125

克鲁湾(Clew Bay)星罗棋布着约365座岛屿，其中最大的是高山矗立的克莱尔岛(www.clareisland.info)，距离岸边5公里远的它仿佛是另一个世界。当地的主要山脉是崎岖的洛克摩尔山(Mt Knockmore, 462米)，这里地貌丰富多样，很适合徒步或爬山踏青，喜欢游泳的话这里也有安全的细沙海滩。这座岛也是少数几座可观赏红嘴山鸦(类似黑鹂，但有红色的喙)的地方。

到达和当地交通

有渡轮从路易斯堡西边8公里处的Roonagh码头出发前往此处，夏季7月至8月间每天约有10班，其余月份每天2~4班，每趟约20分钟(往返每位成人/儿童€15/8)。

你也可以在码头或住宿处租借**自行车**(每天大约€15)。岛上没有出租车。

克莱尔岛渡轮(Clare Island Ferries; 098-23737, 086 851 5003; www.clareislandferry.com)

O' Malley Ferries(098-25045, 086 887 0814; www.omalleyferries.com)

伊尼什特克岛(Inishturk Island)

人口 100

粗犷壮丽的伊尼什特克岛(www.inishturkisland.com)在梅奥西海岸边12公里处，是一座鲜为人知且居民零星散布的小岛。即便如此，它的东边仍有两片沙滩和令人惊叹的断崖，还有丰富的动植物群和高低丘陵密布的地貌景观，很适合徒步旅行。事实上，沿着岛上的田园小径慢慢走，是享受此地宁静气氛的好方法。

若你想在此地住下来，推荐地理位置优越的Teach Abhainn(098-45510; teachabhainn@hotmail.com; 标单/标双 €40/64起，晚餐

€25; ⏲4月至10月)，它是个距离码头约1.5公里远的工作农庄，景色优美，且家常餐点十分可口，备有6间舒适的房间。

O' Malley Ferries(见234页)每天有2班渡轮自邻近路易斯堡的Roonagh码头启程，往返约50分钟(往返每位成人/儿童€8/5)。

克罗帕特里克(Croagh Patrick)

难怪圣帕特里克(St Patrick)会选这座锥形山[亦被称为"火炬"(the Reek)]作为朝圣的圣山，在晴朗的天气里，辛苦攀爬2小时登顶后，克鲁湾与周边沙滩的美景就会映入眼帘，美不胜收。

爱尔兰最重要的圣人就是在克罗帕特里克禁食40个昼夜，他释放毒蛇的传说也在此地流传甚广。在有生之年爬上772米高的圣山，可以说是许多教徒的志愿，且一定要在7月的最后一个星期日完成(火炬星期日，Reek Sunday)。希望洗去罪孽的信徒们从Ballintubber Abbey和Tóchar Phádraig(帕特里克堤道)开始徒步行走40公里，赤着脚一步一步完成朝圣之旅。

随着来朝圣的信徒越来越多，上山的道路也跟着被侵蚀，但到目前为止还没有相关单位出面整修路面。

景点和活动

上山的主要步道是从Murrisk的停车场为起点。陡峭的步道部分仍是石子路，你可以在小咖啡馆以€3租借登山杖。平均来回需要花3~4个小时，且晴朗的周末更是拥挤。爬到山顶时有一座1905年建造的白色教堂，还有一座9世纪的喷泉，景观美得令人心醉。

停车场对面是国家饥荒纪念馆(National Famine Memorial)，旋绕而上的骷髅头象征着因饥荒而丧命的亡魂，乘着"棺材船"从饥荒里解脱去另一个世界。纪念馆有条小径可通往Murrisk修道院的废墟，此修道院是1547年由O' Malleys建造的。

到达和离开

Murrisk在韦斯特波特东南方9公里处，到达这里的最佳方式就是沿着美丽的海湾骑自行车或步行。除此之外也有公交车可达。

韦斯特波特(Westport)

人口 5600

即使是冬日也明艳动人的韦斯特波特是个特别适合摄影的格鲁吉亚风格城镇，街道上树木林立，河边设有购物中心和热闹街市。这里有相当棒的住宿选择、精致的餐厅及因音乐演出而闻名遐迩的酒吧，然而，即便它如此热门，却不曾因观光业的蓬勃发展而失去灵魂。

韦斯特波特是梅奥夜生活的重心，位置位于中心地带，出行相当便利，很适合以此为基地探索整个郡。

活动

★克鲁湾自行车出租 自行车出租

(Clew Bay Bike Hire; ☎098-24818; www.clewbaybikehire.ie; Distillery Rd; 每日租借费用€15起，接驳车 €7.50起; 9:00~14:00营业)这家店可以提供该区路线与步道推荐，在韦斯特波特码头(Westport Quay)和西部绿色大道(Great Western Greenway)沿线的新港(Newport)、Mulranny和阿基尔均有店铺。你可以在任意一地开始骑行，完成后店家再驱车接回。店家提供方便的单程上下客接驳服务，因此无须自行骑回程。

另有独木舟租借(每小时€15)，可在海湾享受划船乐趣。

★韦斯特波特历史徒步导览游 步行游览

(Guided Walks of Historic Westport; ☎098-26852; clock, Bridge St; 成人/儿童 €6/免费; ⏲7月和8月 周三 11:00)当地历史学家会带领你进行90分钟的韦斯特波特周边步行游览。

住宿

Old Mill Holiday Hostel 青年旅舍 €

(☎098-27045; www.oldmillhostel.com; 紧邻James St; 铺 €18起; 📶)这座内部有石磨坊，位于市中心的青年旅舍有58个床位，分别置于4~10张床的房间内。公共活动空间便利，提供厨房与洗衣间。

★St Anthony's Riverside B&B 民宿 €€

(☎087 630 1550; www.st-anthonys.com;

Westport 韦斯特波特

活动、课程和团队游

1 克鲁湾自行车出租 D2
2 韦斯特波特历史徒步导览游 B3

住宿

3 Old Mill Holiday Hostel B2
4 St Anthony's Riverside B&B D2

就餐

5 An Port Mór B3
6 Pantry & Corkscrew A3

饮品和夜生活

7 Matt Molloy's B3

Distillery Rd; 房 €90起; ⓦ）这间民宿被厚重藤蔓和大树覆盖，许多倦鸟也在此筑巢。民宿的11个房间相当干净且色调柔和舒适。卫浴则提供热石或电力喷水龙头。早餐特别可口。

就餐

★ Pantry & Corkscrew 新派爱尔兰菜 €€

（☎098-26977; www.thepantryandcorkscrew.com; The Octagon; 主菜 午餐 €8~15; 晚餐 €12~25; ⏲周二至周日 正午至15:30和17:30~21:30）梅奥的慢食文化在这间小店完全体现。厨师的才华无限，依季节变化而变换食谱，食材来自当地的有机农家。

★ An Port Mór 新派爱尔兰菜 €€

（☎098-26730; www.anportmor.com; 1 Brewery Pl; 主菜 €22~28; ⏲周二至周日 17:00~21:30）从Bridge St上的一条小路进来，这里隐藏着一家令人惊艳的私人小餐厅，餐厅老板兼厨师是Frankie Mallon。这家餐厅十分温馨，有狭长的包厢与很棒的菜单，肉品和海鲜类均为强项（试试克鲁湾的蚌类）。几乎每一道都以当地食材入菜。

饮品和夜生活

★ Matt Molloy's 小酒馆

（☎098-27663; www.mattmolloy.com; Bridge St; ⏲11:00至深夜）店长Matt Malloy是The Chieftains乐团的乐手，亲自经营这家怀旧风味的酒吧。若你在晚间9点左右往后边的房间去，就有机会看到céilidh（传统音乐和舞蹈）现场表演，也可能会发现有一位老音乐家，靠在椅背上轻声演奏几首经典曲子。这里的精酿啤酒很不错。

实用信息

旅游局（Tourist Office; ☎098-25711; www.westporttourism.com; Bridge St; ⏲全年 周一至周五 9:00~17:45，复活节至10月 周六 10:00~16:00）梅奥郡旅游局总部提供相当多徒步和骑行的实用信息。

到达和离开

长途汽车

长途汽车Éireann服务范围包含戈韦尔（€15.20，2小时，每天2班）和斯莱戈（€23，2.75小时，每天1班）。长途汽车始发站位于Mill St。

火车

每天有5班火车开往都柏林（Dublin；€26，单程3.25小时）。

阿基尔岛（Achill Island）

人口 940

爱尔兰最大的离岸岛屿阿基尔岛（An Caol）以短桥与陆地接壤。然而，如此便利的交通并没有使其被同化，这里仍保有偏远海岛的感觉：高耸的断崖、崎岖的高地、遮阳的沙滩、宽阔的沼泽与起伏的丘陵等。这里历史厚重，过去曾是许多爱尔兰反叛人士的避难所。

阿基尔冬季的风光最令人印象深刻，在强烈的冷风与海浪的侵袭下，这座岛显得难以居住。即便如此，终年居住于此的居民数量仍相当可观。而当夏天到来，岛上遍地都是盛开的石南花、杜鹃花和野花。

基尔（Keel）村相对来说是该岛的活动中心。

景点

过桥后顺着**Atlantic Drive**标志继续前进，沿途可见岛屿南岸的原野风光，经过小渔港**Dooega**来到道路终点的海滩。

★莫尔山荒村（Slievemore Deserted Village） 历史遗迹

这座荒村坐落在莫尔山的山脚下，俨然已成了绵羊的家。随着时间推移，它逐渐凋零到仅剩一堆石块，凄美地成了岛上过往艰辛生活的印记。当马铃薯饥荒肆虐时，饥寒交迫的村民们被迫航向大海，寻找新的食物来源。岛上的墓园增添了更多与世隔绝的凄美氛围。

科姆湾（Keem Bay） 瞭望台

从基尔往西开8公里就会来到路的尽头，这里的景色美不胜收，海天一线的水色与沿着道路攀升的陡峭岩壁一览无余。一旦通过

不要错过

西部绿色大道

沿着韦斯特波特到阿基尔的老铁路，也就是**西部绿色大道**（The Great Western Greenway; www.greenway.ie），可以说是梅奥郡这一隅最值得停留的地方了。总长42公里的道路经过许多别致的乡村田野与水岸河边，景色优美宜人，主要分为三大区段，到达每一个都十分便利：

韦斯特波特到新港 这段11公里长的区段途经美丽丰饶的乡村，自韦斯特波特北方500米处的N59道路开始，终点亦在N59号上靠近新港2公里处。这是最前面的一段可观赏美景的路段。

新港到Mulranny 这段18公里长的区段是最热门的路段，沿着克鲁湾途经许多景点。它的起点是在新港北边刚离开N59路段，终点在Mulranny。

Mulranny到阿基尔 这段13公里长的区段从Mulranny开始一路到阿基尔岛前方1.2公里处（许多观光地图会继续往前延伸）。这里的水岸风光十分明媚，可以轻松地在绿色大道上租自行车一游，韦斯特波特有两个营运处，克鲁湾自行车出租（见235页）和Westport Bikes 4 Hire供你选择。商家均提供便利的接驳服务，让你去时骑行绿色大道其中一段或全程，返程时由接驳车接送。

Achill Island 阿基尔岛

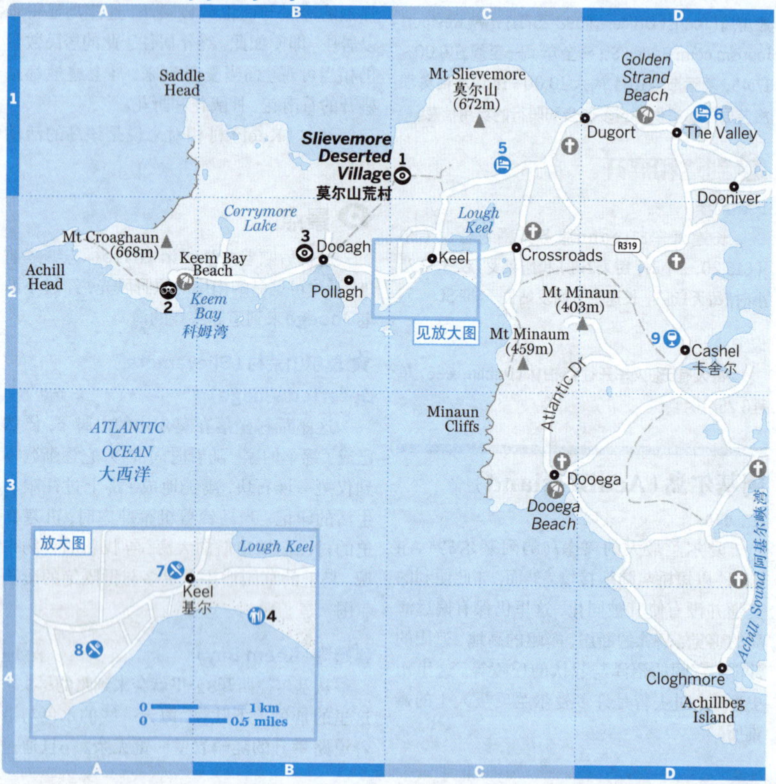

了这完美的拱形海湾，就会看到优雅的蓝旗（Blue Flag）沙滩。

活动

★特拉摩尔海滩 冲浪

（Trawmore Beach；Keel）这座蓝旗沙滩自基尔往南绵延3公里，是爱尔兰最佳冲浪点之一。然而，从中间往东（在Minaun断崖下方）卷起的海浪十分凶险。跟着标志在沙滩西侧活动，许多公司提供冲浪板租借（一天€15）和训练课程（一天€40）。岸边也很适合一边散步，一边观赏刺激的冲浪。

住宿

★Valley House Hostel 青年旅舍 €

（☎098-47204；www.valley-house.com；The Valley；露营营地帐篷 €5，每多一人加价 €5，铺€16~22，双标 €44~60；@📶）这里除了有个美丽的花园，还有着带有42张床位、到处吱吱嘎嘎响的老旧青年旅舍，真的别有一番风味。JMSynge就是以这里作为其知名剧作《西方世界的花花公子》（*The Playboy of the Western World*）主角历经坎坷的地点。还有续集《危险的恋情》（*Love and Rage*，1999年）也有部分在此拍摄。早餐的司康饼意外加分，另有庭院酒吧也十分吸引人。

★Pure Magic Achill Island 客栈 €

（☎085 243 9782；www.puremagic.ie；Slievemore Rd，靠近Dugort；标单/标双 €45/70起；📶）距离鬼城Slievemore不太远，拥有10间客房的客栈总是十分热闹。这里有间喧闹的酒吧和咖啡厅（比萨饼很可口），你也可以在此安排风筝冲浪、站立划板、潜水、骑自行车等体验活动。

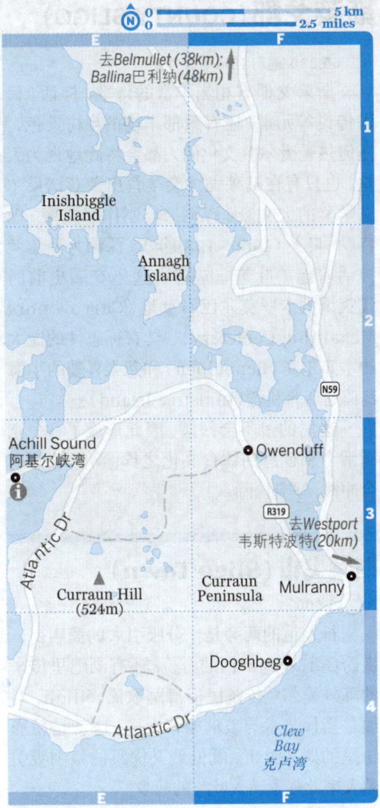

Achill Island 阿基尔岛

就餐

★ Chalet

海鲜 €€

(☎098-43157; www.keembayfishproducts.ie; Keel; 主餐€15~30; ⏰夏季每日 18:00~22:00, 其他季节频率较低) 这里的渔货来自Keem Bay Fish Products, 十余年来一直供应其最负盛名的烟熏鲑鱼和其他菜肴。菜单上全都是最新鲜的食材, 海鲜也是最好的。

Calvey's Restaurant & Wild Mint Deli

爱尔兰菜 €€

(☎098-43158; www.calveysofachill.com; Keel; 主餐 午餐 €8~20, 晚餐 €16~32; ⏰正午至15:00, 17:30~21:00, 熟食外带复活节至9月中旬9:00~17:00) 这里还有自营的肉铺, 因此餐厅的肉品类十分可口一点也不意外。别错过当地出产的阿基尔羊排, 佐以小岛特制口味, 十分可口。另外还有许多海鲜菜肴供选择, 均以当地海鲜食材入菜。熟食店的面包是野餐首选。

饮品和夜生活

Lynott's

小酒馆

(☎087 645 2780; R319, Cashel; ⏰营业时间因季节而不同) 这间狭小、传统的路边小酒吧地面均以石板铺成, 加上古老的凳子, 告诉你这绝不是在开玩笑。这里没有电视或收音机, 甚至没有火腿与芝士面包, 只有谈笑声陪伴你。

实用信息

大部分的村庄都有邮局。基尔和阿基尔峡湾(Achill Sound)超市则有自动柜员机。

阿基尔旅游局 (☎098-20705; www.achilltourism.com; Davitt Quarter, Achill Sound; ⏰7月和8月 周一至周五 9:00~18:00, 9月至6月 10:00~16:00) 这里提供丰富的徒步和自行车路线实用信息。

到达和当地交通

从韦斯特波特每日都有长途汽车到阿基尔(€16), 中间会停靠Dooagh、基尔、Dugort、卡舍尔和阿基尔峡湾等站。

波拉托米什（Pollatomish）

人口 150

这里荒无人烟，风景美不胜收。波拉托米什（另一个拼法为Pullathomas），是Belmullet东边16公里处一座静谧的海湾，往巴利卡斯尔的路上（R314）会有指标。

不经意到访此处的旅人总会多留几天，在细软的沙滩上漫步，或是继续往Benwee Head方向去欣赏令人屏息的景观。

Kilcommon Lodge Holiday Hostel

（☎097-84621；www.kilcommonlodge.ie；Pollatomish；铺/标双 €16/40起，晚餐 €15；📶）由Ciarán经营，他也可以为你安排冲浪、徒步导览游或攀岩等行程。这里还有漂亮的庭院和厨房。

巴利卡斯尔及周边（Ballycastle & Around）

人口 240

巴利卡斯尔是个美丽的小村落，沿缓坡而上的街道是其特色。这里主要的景点（除了美丽的海岸风光）是当年那些巨石墓，可谓欧洲最大的巨石集中地之一。

景点

★赛尔德田野 考古遗址

（☎096-43325；www.heritageireland.ie；off R314；成人/儿童 €4/2；⊙游客中心 6月至9月 10:00~18:00；复活节至5月和10月 至17:00，营业结束前1小时停止入场）这一片荒芜的景点位于巴利卡斯尔西北方8公里处，可以说是世界上最广阔的石器时代遗迹。这里是一座具有5000年历史的农业聚落，有石墙围绕的田野、房子和巨石墓——大概有50万吨石块在此处被挖掘出来。游客中心是一座玻璃金字塔形的建筑，登临其上令人遥想当年景致。千万记得要预约导览游，以完整了解此地的历史故事。

20世纪30年代，当地人Patrick Caulfield在沼泽地挖掘时才发现有一堆石块被埋在地底下。但直到40年后，其子Seamus开始开凿此区时，人们对这里的全貌才有了更深入的了解。目前还有多处挖掘工程正在进行中。

斯莱戈郡（COUNTY SLIGO）

人口 65,380/面积 1814平方公里

斯莱戈郡有相当丰富的诗歌、神话、民俗传说等元素，还有葱郁丰饶的乡村景色，任何热爱爱尔兰文化的人都会将此地视为天堂。也只有在斯莱戈才会孕育出荣获诺贝尔文学奖的大文豪、诗词家与剧作家威廉·巴特勒·叶芝（1865~1939年）。深深为爱尔兰神话着迷的叶芝非常喜欢这里充满史前时代氛围的卡罗莫尔巨石墓地（Carrowmore Megalithic Cemetery）、具有标志性的庞大的本布尔宾（Benbulben）和惹人喜爱的小海岛茵尼斯弗利岛（Innisfree Island）。

这里的浪不会回潮，因此形成了一个充满活力和创意的饮食文化之郡，海岸非常适合冲浪，享誉国际。

斯莱戈市（Sligo Town）

人口 19,500

行人道的两旁是十分吸引人的商店街、横跨Gara-vogue河的石桥，还有酒吧里传来的阵阵爱尔兰传统民俗舞蹈歌谣céilidh，对面是当代艺术与玻璃帷幕大楼，这就是精彩纷呈的斯莱戈市。既低调又优雅的氛围吸引游人来此探索诗人叶芝的故乡。

景点和活动

斯莱戈修道院 历史建筑

（Sligo Abbey；www.heritageireland.ie；Abbey St；成人/儿童€4/2；复活节至10月中旬 10:00~18:00）这间壮丽的修道院是在1252年修建的，但在15世纪毁于大火，之后又重建起来。政府高层有人力保，才使修道院免于伊丽莎白时期的蹂躏，雕刻精细的祭坛逃过了教派改革的摧残，修道院侧边的出入口稍微高出一些，这是因为附近的土地都被墓园占用了，当年死于饥荒与战争的人数相当惊人。

Model 画廊

（☎071-914 1405；www.themodel.ie；The Mall；入场费不一；⊙周二至周六 10:00~17:00；周日 正午至17:00）Model提供令人印象深刻的爱尔兰当代艺术收藏展览，包括杰克·B.叶芝（诗人叶芝的弟弟，更是爱尔兰最重要的现代

Sligo Town 斯莱戈市

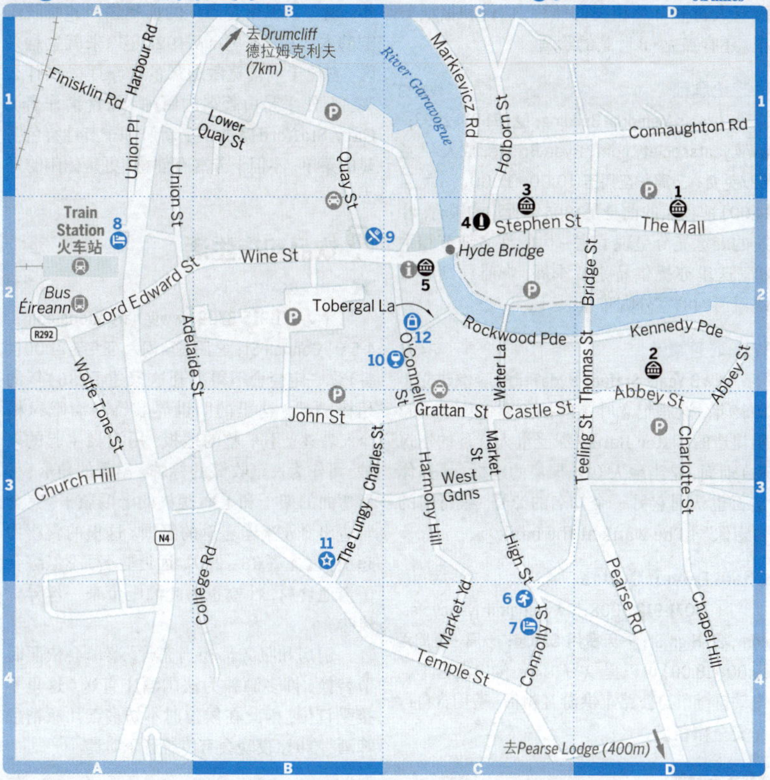

Sligo Town 斯莱戈市

景点

1 Model D2
2 斯莱戈修道院 D2
3 斯莱戈郡博物馆 C2
4 W.B.叶芝雕像 C2
5 叶芝纪念馆 C2

活动、课程和团队游

6 Chain Driven Cycles C4

住宿

7 An Crúiscin Lan C4
8 Railway Hostel A2

就餐

9 Lyons Cafe B2

饮品和夜生活

10 Hargadons C2

娱乐

11 Hawk's Well Theatre B3

购物

12 Liber Bookshop C2

艺术家之一）和Louis le Brocquy的作品。另外也有临时展览厅，本馆的中央提供有趣的实验剧场、音乐演出，还会放映影片，咖啡厅也很不错。

斯莱戈郡博物馆 博物馆

（Sligo County Museum；☎071-911 1679；Stephen St；⊙全年 周二至周六 9:30~12:30，5月至9月 周二至周六 14:00~16:45）免费 斯莱戈郡

博物馆的镇馆之宝就是叶芝的展示室，这里藏有大量和叶芝相关的照片、信件和报纸剪报，还有杰克·B.叶芝的绘画。

叶芝纪念馆 博物馆

（Yeats Memorial Building；☎071-914 2693；www.yeatssociety.com；Hyde Bridge；成人/儿童€2/免费；⏲周一至周五 10:00~17:00，周六 至14:00）博物馆的前身是1895年所建的银行，叶芝的展览充分呈现了他一生的许多细节和手稿。这里亦提供特别夏季展，咖啡厅则有可眺望河面的室外咖啡桌。

W.B.叶芝雕像 纪念碑

（WB Yeats Statue；Hyde桥畔）雕像建立于1989年，这座纪念叶芝的抽象雕像位于1863年建造的Ulster Bank（深受世人崇拜的建筑物）前面，是当地人欢乐聚集的地标。不知你是否也认同它另一个知名的绰号"银行前的自慰像"（The wank at the bank）。

Chain Driven Cycles 自行车出租

（☎071-912 9008；www.chaindrivencycles.com；23 High St；一天费用 €20起；⏲周一至周六10:00~18:00）可以提供登山车、油电混合车、电动自行车与公路车供游客租借。费用含自行车安全帽租借。

住宿

★An Crúiscin Lan 客栈 €

（☎071-916 2857；www.bandbsligo.ie；Connolly St；标单/标双 €40/70起；📶）坐落于市中心的好位置是这家简单欢乐的旅店卖点所在。这里有10间卫浴共用的普间。友善的主人倒是很严格，禁止嘈杂的狂欢派对。

Railway Hostel 青年旅舍 €

（☎087 690 5539；www.therailway.ie；1 Union Pl；铺€18起，标单/标双 €25/44起；📶）靠近铁路的一座历史建筑，这里的房价划算，提供公共卫浴。若于21:00以后抵达会预收费用。没有上下铺。

就餐

★Lyons Cafe 新派欧洲菜 €

（☎071-914 2969；www.lyonscafe.com；Quay St；主餐 €7~15；⏲周一至周六 9:00~18:00）斯莱戈的旗舰百货公司Lyons建于1878年，现今仍保留着当年的前排窗户和吱吱作响的木地板，这里自从1923年以来就生意兴隆。它位于一楼宽敞通风的咖啡厅提供什么呢？不外乎是由著名的厨师（和食谱作者）Gary Stafford提供一个新鲜和季节性特色明显的菜单，不但十分富有创意，更是休闲的好去处。

饮品和夜生活

★Hargadons 小酒吧

（☎071-915 3709；www.hargadons.com；4-5 O' Connell St；⏲周一至周六 正午至21:00供餐）你一定会舍不得离开这家建于1864年的超棒酒吧。这里的旧世界装饰与酒吧风格令人着迷。不平整的地板、用泥炭生起的火炉、可作为古董收藏的标牌、温馨的角落、弓形弯曲的架子和上面摆放的老旧瓶子，完全营造出令人流连忘返的氛围。这里的食物物超所值（主餐€8~20），远近驰名，不但综合了当地食材，牡蛎也为此酒吧带来一丝异国风味。

厨房和服务都相当完善，菜单会依照时节替换，许多酒款为法国酒庄直送。这里不接受订位，因此在候位时不妨多点几瓶精酿啤酒。有时，夜晚会有传统音乐演奏。

娱乐

Hawk' s Well Theatre 剧院

（☎071-916 1518；www.hawkswell.com；Temple St）这家不错的剧院会上演音乐会、舞蹈表演和戏剧。

购物

★Liber Bookshop 书店

（☎071-914 2219；www.liber.ie；35 O' Connell St；⏲周一至周六 9:00~18:00）是的，你可以在这家很棒的书店里买到叶芝的作品，家族经营的小书店已经有80年的历史。店长还会推荐当地优秀的作家作品。

实用信息

旅游局（☎071-916 1201；www.sligotourism.ie；O' Connell 和Wine Sts路口；⏲全年 周一至周五10:00~17:00，4月至9月 周六 至16:00，7月和8月

周日 至14:00）备有整个西北地区的信息，提供丰富的徒步实用信息。

到达和离开

长途汽车

Bus Éireann（☎071-916 0066；www.buseireann.ie；Lord Edward St）从火车站底下的长途汽车站发车，目的地包括巴利纳（Ballina；€18，1.5小时，每天1~4班）、韦斯特波特（€23，2.75小时，每天1班）和多尼戈尔镇（Donegal town；€16，1小时，每天6班）。

火车

开往都柏林的火车途经博伊尔（Boyle）、香农河畔卡里克（Carrick-on-Shannon）和马林加（Mullingar；€35，3小时，每天7班）。

当地交通

Quay St和Grattan St设有出租车站。

斯莱戈市周边（Around Sligo Town）

罗西斯角（Rosses Point）

人口 830

罗西斯角是个美轮美奂的海边城镇，周围碧绿的山丘绵延而下，一直延伸到金黄色的沙滩。本布尔宾（Benbulben，525米）是斯莱戈最显著的地标，从远处便可望见。罕见而优美的离岸铁人灯塔（Metal Man Beacon）建造于1821年，为往来船只指引码头的方向。远处则为可免费前往的柯尼岛（Coney Island）和牡蛎岛（Oyster Island）。

罗西斯角有两片绝妙的沙滩，还有一处爱尔兰最具挑战性的高尔夫球胜地：**County Sligo Golf Course**（☎071-917 7171；www.countysligogolfclub.ie；开球费 €125；⊙4月至10月营运），吸引世界各地的高尔夫球爱好者前来。大西洋海风吹拂，在本布尔宾的绿荫掩映下，这里风景如画又充满挑战的高尔夫球场堪称爱尔兰之冠。

Harry's Bar（☎071-917 7173；www.harrysrossespoint.com；Rosses Point；主餐€12~25；⊙周二至周日 11:00~21:00供餐；📶）在进入城镇的右手边，店内有座古老的水井、水族馆以及海军古玩。这家店自1870年便在此提供优质而经典的服务。

罗西斯角位于斯莱戈市西北8公里处的R291上。从斯莱戈市出发有班次固定的长途汽车可达（€4，每小时发车）。

卡罗莫尔（Carrowmore）

随着世人对卡罗莫尔巨石墓地的了解越来越深，此地俨然成为斯莱戈地区的灵魂重镇，连带着这里的诺克纳利石冢（Knocknarea Cairn）也逐渐被人们所了解。

景点

★卡罗莫尔巨石墓地 考古遗迹

（Carrowmore Megalithic Cemetery；☎071-916 1534；www.heritageireland.ie；成人/儿童€4/2；⊙复活节至10月中旬 10:00~18:00，最后入场时间为17:00）作为欧洲最大的石器时代墓地之一，卡罗莫尔终于被世人所知，并且成为斯莱戈市必须造访的景点。

这里有60多处遗址，包括石头围绕的圆圈、隧道墓地与史前时代的石棚等遗迹，散落在整个遗址的丘陵地带，大约比米斯郡（County Meath）纽格莱奇墓（Newgrange）的建造时间早700年左右。虽然已经过了好几个世纪，大部分石块均已被摧毁，但现今开挖工程仍持续进行，越来越多的遗迹在公共土地和附近的私人土地中被发现。

当年建造卡罗莫尔的目的和意义至今仍众说纷纭，然而遗迹的许多特性与周遭群山的关联性赋予了其丰富的意义，供后世探讨。在这一系列的遗址中，人们发现每年的10月31日，也就是西方的万圣节，日出的阳光会直接照射在其中的51处上。许多人也宣称这里的能量强大，因此经常在附近看到来此朝圣的灵修人士。

小心翼翼做到完美平衡的石棚覆盖着石块和土壤，因此需要一点想象力才有办法复原这片横跨2.5公里的区域当年的模样。为了让游客更好地理解当年使用的材料与工法，位于中央的巨型石冢已重建，游客中心有许多详细的实用信息，工作人员也很乐意为游客多加解说，包括最新出土的细节等。

要到达此地，只须沿着斯莱戈市西边的R292前行4公里，跟随路标的指引即可。

斯特兰德希尔(Strandhill)

人口1650

因大西洋巨浪席卷整个斯特兰德希尔的海岸，让这段绵长的赤金色海滩成了冲浪胜地。

到达和离开

斯特兰德希尔在斯莱戈市西方8公里处，紧邻R292道路。当地亦有公共汽车，可从斯莱戈市搭乘(€4，每小时发车)。

斯莱戈市南部(South of Sligo Twon)

卡罗基尔(Carrowkeel)

卡罗基尔巨石墓地(Carrowkeel Megalithic Cemetery) 历史遗迹

可以从Bricklieve群山鸟瞰整个郡的景色，难怪在史前时代，位于山坡上的土地如此神圣。这里在大风的吹拂下孤寂荒僻，地势高耸，难以抵达。但对绵羊来说(开车会经过绵羊栅栏)就像尚未开发的处女地，十分新奇。

这里由零星散布的14个石冢、史前时代石棚与墓地零碎的遗迹组成，历史可追溯至石器时代晚期(公元前3000至公元前2000年)。

光是停车场可以看见的南斯莱戈景色就值回票价了。这里到古代遗迹石冢Cairn G还得走1公里。入口处的屋顶厢房与仲夏的夕阳西落线切齐，夕阳会照亮内部的隔间，这是爱尔兰仅有的两处屋顶厢房中的一处，另一处在米斯郡的纽格莱奇墓。无论你从何处望向周围的群山，都会发现原始生活的遗迹，包括140处石头绕成的圆形、巨型村落的遗迹。曾经的居民应为当年建造墓地的工人和家庭。

卡罗基尔距离博伊尔比斯莱戈市还要近，无论从西边的R295或东边的N4过去都大约是5公里，跟着路标前进即可。

多尼戈尔郡

人口 161,400/面积 3001平方公里

包括 ➡

最佳餐饮

➡ Olde Castle Bar （见250页）

最佳住宿

➡ Corcreggan Mill （见252页）

为何去

“置身此地，与众不同”，正如同这句名言所说的，与爱尔兰岛其他地方相比这里真的大有不同。多尼戈尔郡是爱尔兰的野孩子。早在历史与政治两者相谋要孤立它之前，多尼戈尔就跟这座岛上的其他郡差异很大。这里可谓极端之郡：有时受严酷的气候摧残而在风中摇曳，有时转个弯映入眼帘的却是罕见的高峰，底下是一片被灿烂阳光照耀的沙滩，散落着提供美味佳肴的小餐厅。

多尼戈尔崎岖的内陆布满高山窄路和波光粼粼的湖泊，而海岸线犹如迷宫般蜿蜒曲折，受海风侵蚀的半岛上有许多与世隔绝、个性十足的小酒吧。在这个孤芳自赏的郡，虽然通用爱尔兰语，但多达三分之一的土地面积上生活着使用盖尔语（Gaeltacht）的人们。

自北边德里（Derry）开始的野性大西洋之路（Wild Atlantic Way）环绕多尼戈尔郡，将桀骜不驯的海岸线纳入其中，一路感受大自然野性的呼唤。

何时去

➡ 多尼戈尔的特殊地貌很大程度上受到气候的影响。在冬天的凛冽寒风与冰雨中，旅人可感受到如北极般极寒天气的严峻，且暴风雨常常来得十分突然。

➡ 夏天的气候并没有舒缓多少，但阳光偶尔会穿过云层，让天空呈现湛蓝色调。由于一切都在开放的旷野中，因此你也可能听到传统音乐、说书人的语调、节庆的舞蹈杂声，它们从乡村田间甚至是小酒吧里传来。

多尼戈尔郡亮点

❶ 从**里格山**（见251页）海岸悬崖观赏日落。

❷ 游览位于格伦威的国家公园，邂逅耀眼的**格伦威城堡**（见253页）。

❸ 在靠近马林角的**卡尔达夫海滩**（见256页）上漫步，享受强风吹拂的畅快。

❹ 在**邓法纳希**（见252页）的海边享用丰盛餐饮或者品点小酒。

❺ 在**珀伊森峡谷**（见254页）体验美景当前的滋味。

❻ 在**罗斯诺拉**(见250页)雪白细致的沙滩上学习冲浪。

❼ 在**马林角**（见254页）举目眺望无边无际的海域。

❽ 登上**格伦科伦基尔**（见251页）的丘陵，一览高低起伏的地貌和海岸线景观。

❾ 在加坦湖的**格里布别墅及画廊**（见253页）品味享誉国际的艺术作品。

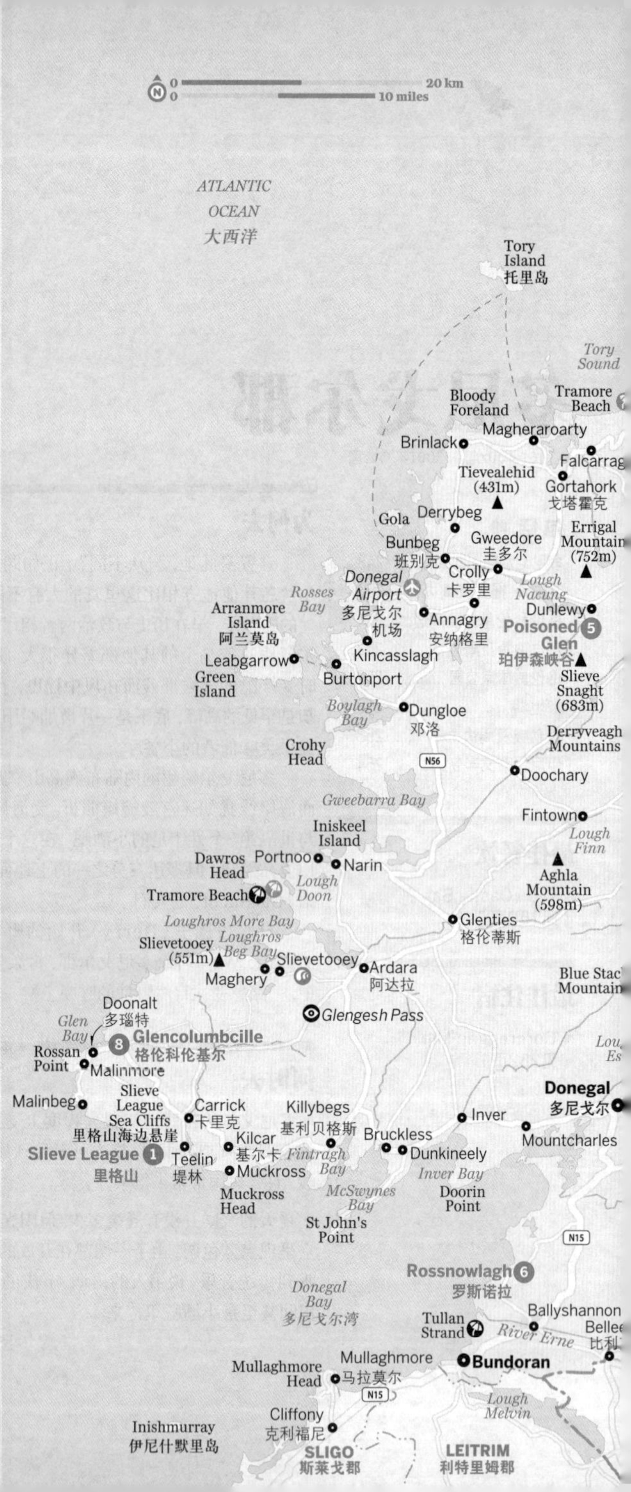

Inishtrahull Sound
Malin Head 7 马林角
Ballyhillin
Glengad Head
Culdaff Beach 3 卡尔达夫海滩
Pollan Bay
Tullagh Bay
Malin
Dunmore Head
Culdaff 卡尔达夫
Tremore Bay
Kinnagoe Bay
Dunaff Head 邓纳夫角
Dunaff
Fanad Head 法纳德角
Ballyliffin
Clonmany
Carndonagh 康多纳
Inishowen Head
Gleneely
Shrove
Lenan Head
Urris Hills
Slieve Snaght (615m)
Sheep Haven Bay 西普哈文湾
Rosguill Peninsula 罗斯基尔半岛
Downings
Portsalon
Rosnakill
Dunree
Glentogher
Greencastle
Inishowen Peninsula 伊尼什欧文半岛
Moville
4 Dunfanaghy 邓法纳希
Carrigart
Knockalla Fort
Redcastle
Port-na-Blagh 纳布拉夫港
Ards Forest Park
Kerrykeel
River Crana
Buncrana
Quigley's Point
Lough Foyle
Fanad Peninsula
Muckish Mountain 马基什山(670m)
Creeslough
Fahan
Milford
Rathmullan
City of Derry Airport 德里城市机场
Limavady 利马瓦迪
Muff
Inch Island
Inch
Burnfoot
Culmore Bay
Glenveagh Castle 2 格伦威城堡
Rathmelton
Bridge End
Burt
A2
Kilmacrennan
Glenveagh National Park 格伦威国家公园
N56
Londonderry 伦敦德里
Glebe House & Gallery 9 格里布别墅及画廊
Lough Gartan 加坦湖
N13
LONDONDERRY 伦敦德里郡
Church Hill 教堂山
Letterkenny 莱特肯尼
River Foyle
Dungiven
E16-6
Newmills
A5
DONEGAL 多尼戈尔郡
N13
Raphoe
River Finn
River Deele
Finn Valley
Lifford 利福德
Strabane
Castlefin
Stranorlar
Ballybofey
N15
Newtownstewart
UNITED KINGDOM 英国
TYRONE 蒂龙郡
A5
Lough Derg
Omagh 奥马
N32
A5
Lower Lough Erne
Ballygawley
A2
FERMANAGH 弗马纳郡
MONAGHAN 莫纳亨郡
A4

到达和离开

多尼戈尔的主要城市均提供长途汽车服务，可往返都柏林与北爱尔兰各地。此区没有火车可达。

多尼戈尔机场（Donegal Airport；www.donegalairport.ie）有由爱尔兰航空公司（Aer Lingus）运营的往返都柏林的航班，航班数量非常有限，该机场主要用来衔接其他航班。机场位于西北海岸安纳格里（Annagry）西北方3公里处。

当地交通

主要城市均有长途汽车连接。**Bus Éireann**（☎莱特肯尼 074-912 1309；www.buseireann.ie）提供此郡西南部的交通运输服务。主要线路包括斯莱戈（Sligo）—班多伦（Bundoran）—多尼戈尔镇—莱特肯尼（Letterkenny）—德里、多尼戈尔镇—基利贝格斯（Killybegs）—阿达拉（Ardara）—格伦蒂斯（Glenties）—邓洛（Dungloe）和基利贝格斯—基尔卡（Kilcar）—格伦科轮基尔（Glencolumbcille）等3条公路。

Bus Feda（☎074-954 8114；www.feda.ie）提供此郡西北部的交通环线服务，从戈尔韦和斯莱戈到班多伦、多尼戈尔镇、莱特肯尼、邓法纳希（Dunfanaghy）和圭多尔（Gweedore），终点站是卡罗里（Crolly）。

多尼戈尔镇 （DONEGAL TOWN）

人口 2600

美丽的多尼戈尔镇位于多尼戈尔湾出海口，是个怎么拍都上镜的胜地。这里拥有背后映着Blue Stack群山和高耸入云且保存完善的城堡，可供选择的食宿地点非常多样，很适合到此一游，借此一览邻近热门的海岸线风光。

坐落在艾斯克（River Eske）河畔的多尼戈尔曾是欧多纳斯（O' Donnells）的领土，他是15世纪至17世纪西北一带的酋长。而今，虽然此郡以此命名，多尼戈尔镇既不是该郡最大城市（莱特肯尼才是），亦非此郡的首府[更小的城市利福德（Lifford）才是]。

景点和活动

★多尼戈尔城堡 历史建筑

（Donegal Castle；☎074-972 2405；www.heritageireland.ie；Castle St；成人/儿童 €4/2；⏲复活节至9月中旬 每天 10:00~18:00；9月中旬至复活节 周一至周四 9:30~16:30）俯瞰艾斯克河弯道的多尼戈尔城堡是目前爱尔兰和英格兰仍旧保存完好的历史遗迹。城堡的历史可回溯至15世纪，在1623年由贝斯·布鲁克爵士（Sir Basil Brooke）重建，同时也建造了三层楼高的英式庄园，是詹姆士一世时期的建筑风格。在20世纪90年代城堡重新整修，让此地更具观光价值，房间均以法国壁纸和波斯地毯装饰，还提供每小时的导览解说服务。

这座由欧多纳斯家族（the O' Donnells）在1474年建立的城堡，长期以来肩负着保卫家园的任务，直到1607年间英国人决定一举消灭爱尔兰酋长的势力。但罗里·欧多纳斯（Rory O' Donnell）可不是好欺负的，他在逃往法国之前一把火烧了自家庄园，史称“伯爵的逃逸”（Flight of the Earls）。此家族的势力消长，也间接促成了之后上千名苏格兰和英格兰清教徒前来此地，开启了阿尔斯特种植园（Plantation of Ulster）时期，历史上分歧的种子就此埋下，直至今日仍深深影响着爱尔兰的未来。

★河畔步行 步行

沿着这条美丽而平坦的步道在艾斯克河西岸与多尼戈尔湾漫步，翠绿的树木均标有品种名称，随处可见的长椅也让你有地方可以休憩，好好享受眼前的美景。步道单程为1.5公里长，起点在Killybeg Rd/N56桥墩的西边。

住宿

Donegal Town Independent Hostel 青年旅舍 €

（☎074-972 2805；www.donegaltownhostel.com；紧邻Killybegs Rd/N56，Doonan；每铺 €17，标双€38~42；@🛜）由一对充满活力的夫妻经营，在Independent Holiday Hostels（IHH）青年旅舍的房间均有壁画，位于市中心西北边1.2公里处。壁画风格多样，从地貌景观的彩色印片到黑暗中会发出荧光的夜空应有尽有。这里提供30张床，房间分为女性宿舍和混合间。

★Ard na Breatha 民宿 €€

（☎074-972 2288；www.ardnabreatha.com；

Donegal Town 多尼戈尔镇

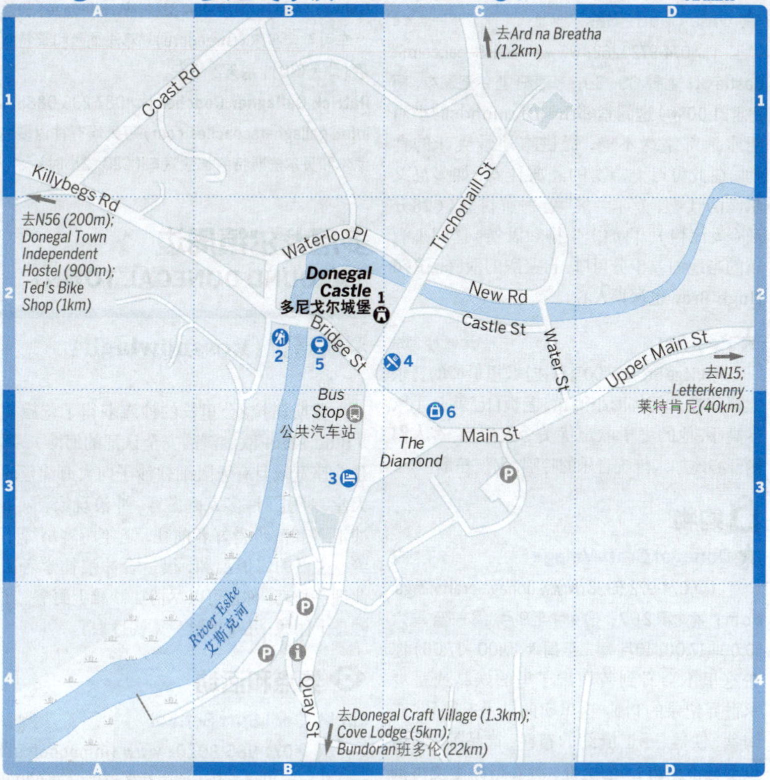

Drumrooske Middle；房€120~140；⏲2月至10月；📶)🌿这里设有电梯，距离城北方1.5公里，在工作农场上建筑的精品民宿房间相当有格调，里面的摆设是松木家具和铁床。这里的6间房间与主屋分开而建，还有一间完善的小酒吧与餐厅（3道菜晚餐€39），提供农场现采食材或当地食材。晚餐需要预订。

Central Hotel 酒店 €€

（☎074-972 1027；www.centralhoteldonegal.com；The Diamond；标单/标双 €62/100起；📶🏊）这是一家充满冒险乐趣的酒店，不论你的房间是否位于这几幢建筑物内，搭乘电梯后都要来回走动才能找到它。鉴于此，可要一间面向艾斯克河的房间才不虚此行。房间内偌大的窗户让美景尽收眼底。休闲中心提供游泳池和健身房设备。

Donegal Town 多尼戈尔镇

◎ 重要景点

1 多尼戈尔城堡 B2

活动、课程和团队游

2 河畔步行 B2

住宿

3 Central Hotel B3

就餐

4 Olde Castle Bar C2

饮品和夜生活

5 Reel Inn B2

购物

6 Magee's C3

餐饮

★ Olde Castle Bar 爱尔兰菜 €€

（☎074-972 1262；www.oldecastlebar.com；Castle St；主餐 €8~30；⊙酒吧 正午至深夜，厨房至21:00 ）这间紧邻the Diamonds的小酒吧永远都络绎不绝，提供本地最美味的食物。在此可点上档次的经典佳肴，如多尼戈尔湾的牡蛎、爱尔兰炖菜、海鲜拼盘（€28分量令人惊艳），再加上牛排和汉堡。这间小酒馆的当地酒款十分可口，自家酿的淡啤酒Red Hugh Brew也深得人心。

★ Reel Inn 小酒馆

（Bridge St；⊙17:00至深夜）城里最棒的音乐大概就在这间怀旧小酒馆，老板自己就是手风琴高手，他的妻子歌声优美令人惊艳，客人们则开心地加入传统音乐的吟唱，夜夜笙歌。

购物

★ Donegal Craft Village 手工艺品

（☎074-972 5928；www.donegalcraftvillage.com；紧邻R267；⊙4月至9月 周一至周六 10:00~17:00，10月 周二至周六 10:00~17:00）你在这里不会看到装在罐子里的妖精或是展示世界纪录的T恤。这里卖的是手工艺品，有陶盆、铁器、手工缝纫的布料、饰品等。此店位于城市南方1.5公里处，沿着路标走便可抵达。这里的咖啡厅也很棒。

Magee's 服装

（☎074-972 2660；www.magee1866.com；The Diamond；⊙周一至周六 10:00~18:00，周日 14:00~18:00）在这家迷你但高档的历史百货公司内，有一间厢房专为多尼戈尔编织而设，自1866年起就在那里制作服装。

实用信息

旅游局（☎074-972 1148；Quay St；⊙6月至8月 周一至周六 9:00~17:30，周日 10:00~15:00；9月至次年5月 周一至周六 9:00~17:00）位于面对河岸的Discover Ireland建筑内。

到达和离开

Bus Éireann（☎074-913 1008；www.buseireann.ie）提供自斯莱戈（€15，1.25小时，每天4班）、戈尔韦（Galway；€20，4小时，每天3班）和都柏林（€20，4小时，每天5班）前往多尼戈尔的班次。

Galway Feda（☎074-954 8114；www.feda.ie）长途汽车可至圭多尔（Gweedore）、邓法纳西和莱特肯尼（均为€10），每天2~3班。

Patrick Gallagher Coaches（☎087 233 0888；info@gallagherscoaches.com）每天均有往返多尼戈尔和贝尔法斯特的长途汽车（€20，2小时）。

多尼戈尔镇周边（AROUND DONEGAL TOWN）

罗斯诺拉（Rossnowlagh）

人口 50

罗斯诺拉3公里长的沙滩获得了蓝旗奖（Blue Flag；欧洲清洁安全认证的海滩），那是一座宽敞且有无限细软沙子向大海绵延的天堂，吸引了许多家庭游客、冲浪玩家、风筝冲浪者和散步爱好者前往，终年游客络绎不绝。这里的海浪温和，很适合冲浪初学者来此训练技巧。你也可以尽情在沙滩上野餐、在沙丘上休憩，几个小时一晃就过去了。

景点和活动

Fin McCool Surf School 冲浪

（☎071-985 9020；www.finmccoolsurfschool.com；Beach Rd；冲浪装备租借每天 €39，2小时课程包含装备 €35；⊙复活节至10月 每天 10:00~19:00，3月中旬至复活节和11月至圣诞节 周六和周日 10:00~19:00）Pro Tour冲浪教练Neil Britton经营的训练学校，在其家族的协助下创立，提供学习课程、装备租借和住宿，这里聚集着经验丰富的国际冲浪好手们。

到达和离开

罗斯诺拉位于多尼戈尔西南边17公里处。

多尼戈尔西南部（SOUTHWESTERN DONEGAL）

基尔卡、提林及周边（Kilcar, Teelin & Around）

人口 270

基尔卡（Cill Chártha）与其深受欢迎的

邻居提林（Teileann）是探索多尼戈尔西南部的合适起点，里格山（Slieve League）令人屏息的海边悬崖景色尤其迷人。靠近内陆卡里克（Carrick; An Charraig）一带的风景也相当吸引人。

这一地区很适合徒步旅行，尤其当你深爱丘陵徒步时。基尔卡的外围是一片小而巧的沙滩。

景点和活动

里格山（Slieve League） 海边悬崖

即使莫赫悬崖（Cliffs of Moher）逐渐声名远播，里格山的悬崖也仍是一绝。事实上，这几座矗立在海边的悬崖海拔为全欧洲之最，自海平面算起有600多米。

从提林有一条路穿过荒芜地貌到达位于铁门旁边的平地停车场（这里有爬山步道的地图）。你可以再往前开1.5公里，到达上方位于景点旁边的停车场（夏季经常客满）。

上方的停车场有一条被称作One Man's Pass的小径可以爬上近乎垂直的悬崖上，沿着它亦可到达里格山的顶峰（595米高；来回路程10公里）。要注意的是此地区常有骤雨和迷雾突袭，天气状况难测。另外，其实往上爬500米左右就能看到一片美景。

你也可以从卡里克攻上里格山的顶峰，经由Pilgram's Pass前进即可（在抵达里格山悬崖之前的小路尚有标示），回程可经由One Man's Pass和观景点小路（12公里，大约需要4~6小时）。

悬崖的景致在夕阳时特别漂亮，尤其是底下的朵朵浪花，大海反射夕阳最后一点天光，美不胜收。往下看，你会发现两座被昵称为“巨人桌子”和“椅子”的巨岩，从地质外貌上很容易理解名字的由来。

到达和离开

Bus Éireann提供多尼戈尔到基尔卡（€10）和卡里克（€12）的长途汽车，每天1~3班。

格伦科伦基尔及周边 (Glencolumbcille & Around)

人口 270

一旦走过格伦科伦基尔的迷你村落、满是牡蛎贝类的海滩、景色美妙的羊肠小径和精致的民俗博物馆，你就会觉得这里别有洞天。

经由Glengesh Pass往格伦科伦基尔（Gleann Cholm Cille）前进，马上就会发现这里与世隔绝的海岸线无疑是海岸天堂。经过好几英里的丘陵和沼泽看见大海，接着狭窄而翠绿的河谷映入眼帘，爱尔兰传统小镇就在其中。

这里大约在公元3000年前已有人定居，至今仍可看到许多石器时代的遗迹，散落在这狭窄的聚落汇集之地。传说6世纪时，圣科尔姆希尔（St Colmcille，又名Columba）在此建立了一座修道院（也是教堂名字的由来，意思是“Columba的教堂”），并且将自石器时代以来便矗立在此的石块雕刻成十字架。在Columba's Feast Day（6月9日）的午夜时分，信徒们会在此表演名为An Turas Cholm Chille的祭祀仪式（turas在盖尔语中意为朝圣或旅程），绕着石头围成的圆圈和Cholm Cille圣坛的遗迹而行，最后在凌晨3:00于当地教堂举行弥撒。

景点

★都瑙特海滩（Doonalt Beach） 海滩

这片有着海浪拍打的沙滩位于都瑙特的西边，民俗博物馆停车场的对面即是入口。

到达和离开

Bus Éireann有往返基利贝格斯（€9，45分钟）的班次，每天1~2班，此路线终点站为格伦科伦基尔。

多尼戈尔西北部 (NORTHWESTERN DONEGAL)

爱尔兰的许多景点都比不上多尼戈尔西北部的风光。这片位于卡罗里（Crolly）和邓洛（Dungloe）之间的传统盖尔文化区被称为罗西斯（Rosses, Na Rossa），到处都是波光粼粼的湖泊、粉灰色的大理石岩和紧邻大西洋的冲浪沙滩。往北边走，介于班别克（Bunbeg）和戈塔霍克（Gortahork）之间的景观则被一片家庭度假村取代。离岸的小岛风光更是令人着迷，尤其是想要体验传统生活方式的旅人们，到这里来就对了。

邓法纳希及周边（Dunfanaghy & Around）

人口 320

邓法纳希横亘在沙滩的南岸，正好位于多尼戈尔最核心的地带，也是最迷人的所在。这里有沼泽和草甸、海岸悬崖、森林和湖泊，零星散布于马基什（Muckish）山丘下，无论是徒步或骑自行车前来欣赏都很合适。

西北部的多尼戈尔、邓法纳希与邻近的纳布拉夫港（Port-na-Blagh）和马布尔希尔（Marblehill）村落有许多住宿地点供选择，用餐环境也很不错。

景点

★霍恩角（Horn Head） 观景点

从霍恩角高耸的海岬可以窥见野性大西洋之路最美的景观，这里矗立着高达180米的悬崖，上面布满沼泽和石南花。沿着邓法纳希狭窄的道路前进（4公里），路的终点处是一座小型停车场，往前走150米即可到达"二战"时期的防御要塞，再往前走1.5公里即可到霍恩角。

若天气晴朗，往西边走你还可以看到托里、伊尼什博芬、伊尼什杜伊（Inishdooey）和小巧的伊尼什贝格（Inishbeg）等岛屿。东边则是西普哈文湾（Sheep Haven Bay），东北边是马林角（Malin Head），还可远眺苏格兰。

住宿

★Corcreggan Mill 客栈 €

（☎074-913 6409；www.corcreggan.com；紧邻N56，Dunfanaghy；帐篷区 €20，铺/标双 €24/80起；@📶）🍃干净的四铺宿舍还有私人房间在客栈角落里静候旅人的光临。这间客栈的前身是个磨坊，由热心的Brendan Rohan经营。这里提供的欧陆式早餐含在住宿费用内，磨坊位于N56上，在城市西南方2.5公里处。

这里有主人自家的菜园，提供餐食最基本的食材。房间的形状大小不一，有些附有私人卫浴设备。

到达和离开

Bus Éireann不经营莱特肯尼以北的路线。

Bus Feda（☎074-954 8114；www.feda.ie）提供卡罗里（€7，40分钟）和多尼戈尔（€10，1.5小时）之间的接驳，途经邓法纳希广场，周一至周四和周六每天2班，周五和周日则增开至3班。

John McGinley（☎074-913 5201；www.johnmcginley.com）前往莱特肯尼（€5，1小时）和都柏林（€22，5小时）的巴士会在邓法纳希停留，每天2~4班。

多尼戈尔中部（CENTRAL DONEGAL）

格伦威国家公园（Glenveagh National Park）

格伦威国家公园的湖泊闪耀着粼粼波光，就像山上的露珠一样美丽。这座占地面积16,500平方公里的保护区很适合徒步，优雅怡人的景色、巨大的岩石、棕绿相间的沼泽以及橡木树林构成的景观与别处大相径庭。这里的野生动物种类繁多，包括19世纪因大量猎捕而几乎绝种的黄金鹰，在2000年又被重新发现。

然而，公园内的宁静却是辛苦换来的成果。过去有244位佃农在这里耕种，在1861年的冬天被地主约翰·乔治·阿德尔（John George Adair）强制驱离，当时被当作一场政治阴谋，但其实是这些居民的存在妨碍了他对这座庄园的整体规划。阿德尔最后在这座属于他的天堂里建造了美轮美奂的格伦威城堡（Glenveagh Castle，1870~1873年）。同时他的妻子Adelia也将赤鹿和杜鹃等动植物引进公园内。

在阿德尔夫妇过世后，几乎没有什么比他们的所作所为还更具传奇性的故事了。除了在1922年这里曾经短暂地被爱尔兰共和军（Irish Republican Army，简称IRA）占领，接着哈佛大学的教授金斯莱·波特（Kingsley Porter）于1929年购得城堡的产权，但随后教授却在1933年离奇失踪（据说是溺亡，但谣传后来有人在巴黎看到他)。6年后，城堡产权由教授之前的学生亨利·麦克汉尼(Henry McIlhenny)取得，他曾被安迪·沃荷(Andy Warhol)形容为“费城唯一仍戴着盔甲的人”。1975年，麦克汉尼将整座城堡和花园卖给了爱尔兰政府。

景点和活动

要好好欣赏这座空旷而物种多元的公园，可沿着R251和R254前进。这里金黄色的地貌景观是一场视觉盛宴，尤其是如果你已看腻了老掉牙的爱尔兰岛风光，这里会让你眼睛一亮。

公园内亲近大自然的步道沿着湖畔穿越森林，一直延伸到整片沼泽区，城堡后面也有一条小径，那是观看城堡的最佳位置。你可以在游客中心咨询路线并研究地图。建议从Lough Beagh出发开始探索。

格伦威城堡 城堡

(Glenveagh Castle; www.glenveaghnationalpark.ie; 紧邻R251; 30分钟导览游 成人/儿童€5/2，游客中心发车的公共汽车 成人/儿童€3/2; ⌚4月至10月 9:00~18:00，11月至次年3月 至17:00，关闭前45分钟不提供导览)这座奢华的城堡是受苏格兰Balmoral城堡的设计影响所建。亨利·麦克汉尼以此为家，内部装饰提醒着世人他是多么热爱跟随鹿群移动。事实上，有不少房间内仍看得到鹿角装饰。

跟随导览游才能进入，车辆只能到达格伦威游客中心。你可以步行而上或是沿着3.6公里的美丽湖畔道路骑自行车到城堡，亦可搭乘接驳公共汽车(每15分钟1班)。

最吸睛的奢华房间都在高塔附近，有一个到处都是格纹和鹿角的音乐演奏厅，墙上还有糖果般梦幻的粉红色条纹，这是电影明星葛丽泰·嘉宝(Greta Harbo)每次来访指定入住的房间。

洋溢着异国风情的花园也同样充满情趣，有高低花台设计、一座意大利花园，还有以砖墙围绕的香料园和比利时步道——由第一次世界大战时期居留于此地的比利时军人而建。这些充满文化的巧心与特色，将周围的美丽地貌也融入其中，令人惊艳。

实用信息

格伦威国家公园游客中心(Glenveagh National Park Visitor Centre; ☎074-913 7090; www.glenveaghnationalpark.ie; 紧邻R251; ⌚4月至10月 9:00~18:00; 11月至次年3月 至17:00; 咖啡厅 复活节至9月 10:30~17:30)会放映一部20分钟的影片，介绍公园内部的生态系统和声名狼藉的地主阿德尔。这里的咖啡厅提供热食和点心，服务台也出售防蠓虫药，夏天有登山鞋，冬天有防水靴。公园内部不可扎营，该公园位于莱特肯尼西北边24公里处。

加坦湖(Lough Gartan)

爱尔兰修道院的创始人圣科尔姆希尔(St Colmcille, Columba)于6世纪出生在美丽的加坦湖边，从此许多与这位圣人有关的遗迹便被保留下来以供参观。这片湖泊位于莱特肯尼西北边17公里处的美丽乡村内。在教堂山(Church Hill)附近可看到许多度假小屋。

景点

格里布别墅及画廊 画廊

(Glebe House & Gallery; ☎074-913 7071; www.heritageireland.ie; Church Hill; 成人/儿童€4/2; ⌚复活节和7月、8月 每天 11:00~18:30; 6月和9月 周六至周四营业，最后入场时间为17:30)英国画家德瑞克·希尔(Derrick Hill)在1953年买下这座1828年建造的庄园，借此亲近他最爱的托里岛(Tory Island)。这里的装潢充满异国情调，但最吸引人的却是希尔惊人的收藏。除了希尔自己和托里岛原住民艺术创作家的作品，还有毕加索、兰西尔(Landseer)、葛饰北斋、杰克·B.叶芝和柯克西卡(Kokoschka)等名家的作品。画廊所提供的导览游大约需要45分钟。

在希尔接手之前，这里曾经是传教场所，亦曾被当作酒店。花园里满庭芬芳，还有一间可爱的咖啡厅。

邓勒威及周边(Dunlewey & Around)

人口 600

只要一不留意，你就可能错过邓勒威

(Dún Lúiche)这个小村落。然而这里的美景你是一定不会错过的，因为埃里格尔山(Errigal Mountain)就矗立在眼前，山顶上的高塔在四周海水的映衬下格外醒目。来这里要多预留一些时间，走出车外，在这片美景中散步，享受如梦如幻的风景。这里离N56与海岸村落很近。

活动

珀伊森峡谷 步行

(Poisoned Glen; Dunlewey)光是听到峡谷的名称（意为"毒之谷"）就非得要到此一游才行。沿着崎岖的道路往峡谷的岩石峭壁前进（来回大约4公里），别忘了随时注意绿色女郎的踪迹，传说她是居住于峡谷的幽魂。邓勒威中心以东2公里处、紧邻R251有一条小路可穿越邓勒威村庄，经过一座废弃的教堂，过了U形湾之后来到路边的停车场即可抵达步行便道。

这个因冰川形成的巨大空洞之所以被称为"毒之谷"，传说是因为古代托里的独眼巨人国王巴洛(Balor)就是在此丧命于其孙子Luhjaidh之手，而国王眼睛流出的剧毒劈开岩壁，形成这座峡谷。不过事实其实很无趣，一切只是因为一个地图制作上的错误而来：当地人原本将其命名为"An Gleann Neamhe"（天堂之谷），但英国人标示地图的时候却不小心写成"An Gleann Neimhe"，即"毒之谷"。

多尼戈尔东北部 (NORTHEASTERN DONEGAL)

伊尼什欧文半岛 (Inishowen Peninsula)

伊尼什欧文半岛向大西洋延伸的触角抓住了爱尔兰岛上最北端的一隅：马林角。这里地形崎岖而人烟稀少、与世隔绝且地广人稀的特色，让它成了一个既特别又宁静的小天堂。这里有过往的古堡遗迹，也有尚未转型成为度假别墅的传统小屋。

被海湾与海洋包围的伊尼什欧文岛（意思是"Eoghain的岛"，用以向蒂龙郡的酋长致敬）吸引了许多鸟类在此栖息。这里的物种十分多样，有超过200种原生与迁徙物种，来自冰岛、格陵兰岛和北美的禽鸟类在此齐聚一堂。大西洋没有规律性的海风偶尔也会阵阵袭来。观鸟爱好者可上www.birdsireland.com网站获得资讯。

了解其他信息可登录www.visitinishowen.com。

马林角 (Malin Head)

马林角的浪花此起彼伏，永不停歇。这里是全岛最北端，也是每位水手和气象爱好者都熟悉的地方，因为马林角是BBC每日航海气象广播中最常提到的气象台。置身于此地向天空望去，瞬息万变的云朵和气象让你觉得仿佛看得到冰岛（其实看不到）。绿草如茵的草地上，零星点缀着披着厚绒毯的驴和牛。

马林村位于Trawbreaga湾，在马林角东南方14公里处，这里的一切仿佛像在电影之中，村庄的三角形广场绿意盎然。

景点和活动

★班巴之冠 观景点

(Banba's Crown; Malin Head)马林角的最北边被称为班巴之冠，这里有座1805年英国人建造的悬崖高塔，后来被劳埃德(Lloyds)用作信号发射站。高塔四周是水泥小屋，在第二次世界大战时被爱尔兰军队当作瞭望台。从碉堡的停车场往西边前进，有条小径通往地域之洞(Hell's Hole)，因岩石形状而引进来的海水大力拍打着洞穴。往东则可抵达悬崖正面的一个山洞Wee House of Malin。

往西边看，景观由左至右分别为伊尼什欧文丘陵(Inishowen Hills)、邓纳夫角(Dunaff Head)、低矮的法纳德角(Fanad Head)与灯塔，还有霍恩角的双角和托里岛的双峰。在远处，法纳德灯塔的左边是马基什山和埃里格尔山。东边则是沙滩平原，近海地带有座灯塔若隐若现，那是伊尼什特拉豪尔(Inishtrahull)岛上的灯塔。新成立的观景区设有望远镜，某些夜晚在这里看得到北极光。

留意卡车改装的Caffe Banba，这是在停车场贩售香醇咖啡与烘焙点心的移动式咖啡厅。

Inishowen Peninsula 伊尼什欧文半岛

团队游

Malin Head Tours 团队游

(☎086 316 5395; Malin Head Community Centre, 紧邻R242; ⊙周六 正午)如果想要揭开这一地区的神秘面纱，可参加90分钟的乘车或步行游览行程。

食宿

Sandrock Holiday Hostel 青年旅舍 €

(☎074-937 0289; www.sandrockhostel.com; Port Ronan Pier, Malin Head; 每铺€13~20; 📶)从这栋IHH青年旅舍所看到的美景可谓一绝，它位于道路尽头，在东边充满岩石的海湾上。旅舍里有两间房，总共有20张床铺，除此之外还提供乐器与洗衣设备。非住客也可至此租借自行车(每天€10)。可搭乘社区公共汽车到达此区，但班次很少。

饮品和夜生活

McClean's 小酒馆

(☎074-937 0607; Main St, Malin; ⊙正午至深夜)这间怀旧的小酒馆坐落在村庄东边的角落，提供马林一带最棒的音乐，时常有现场演奏。你不妨在户外的桌子上享受美景，眺望河口以及那座拱形石桥。

当地交通

前往马林角最好的方式就是从康多纳(Carndonagh)走R238/242，这比卡尔达夫东边的道路好走。

卡尔达夫及周边 (Culdaff & Around)

人口 270

绵羊比人还要多的卡尔达夫在伊尼什欧文的北海岸，人迹罕至。

景点和活动

★卡尔达夫海滩 海滩

(Culdaff Beach；紧邻R238)这座蓝旗奖(欧洲清洁安全认证)海滩很适合游泳和风帆活动。你可以在好几公里长的沙滩上尽情享受，迷失在野草丛生的沙丘之中。这里还有个有趣的游乐场。

食宿

★McGrory's of Culdaff 客栈 €€

(074-937 9104；www.mcgrorys.ie；R238；标单/标双 €65/100起，主餐 €10~25；厨房12:30~20:00；)充满西洋芹菜和梅子味的村庄地标有17间风格独特且豪华的房间。在3间小酒馆中，有现场音乐表演的是Backroom，这里有国际歌手和创作者的精彩演出，也有传统音乐演奏。McGrory的经典爱尔兰菜肴则在Front Bar供应，可以说是好几英里内最棒的餐厅。

米德兰兹

包括 ➡

最佳住宿

- Bastion B & B（见262页）

最佳小酒馆

- Oarsman（见259页）
- Sean's Bar（见262页）

为何去

经过此地的人多是要去其他地方，但米德兰兹有绿草如茵的地貌、美丽的小屋、考古遗迹宝藏与生活节奏缓慢的小镇，热情的当地人在此欢迎你的到来。若在这6郡的道路之间迷路，正好给你一个充分的理由在这里享受慢生活，接着你就会发现当地的村庄小店、小酒馆、车库或邮局装潢几十年来都没有改变。这里没有观光巴士或纪念品店，却是旅行途中很好的休憩点。

米德兰兹紧邻香农河，河流穿过乡间田野和森林，引得船夫与渔民往来其间。在河的两岸，酒店和精致餐厅如雨后春笋，层出不穷，使这里更加迷人，也更都市化。如果你想体验一下原汁原味的爱尔兰生活，这片区域将是完美的选择。

何时去

- 春天是探索爱尔兰闻名遐迩的翠绿田园风光的好时节，到处是碧绿的水道与湖泊，还有遍地野花。
- 夏天的时候，当地人有更多的时间在户外活动，这个时节会举办许多地区集市、庆典和特殊活动。
- 7月至9月是最适合拜访香农河流域的时节，所有活动均在这时开展，气候更宜人，热情的人潮也会挤满河边的小酒馆和餐厅。
- 许多博物馆和其他景点在11月至次年3月会因为白昼时间缩短而减少营业时间。

米德兰兹亮点

❶ 减缓行车速度，沿着**香农-厄恩水道**（见303页）探索高低起伏的地貌。

❷ 在拥有爱尔兰最精致的修道院景点的**科隆玛诺伊**（见264页）一览圣人与学者的故地。

❸ 漫游**伯尔**（见263页）一带的乔治时代街道与城堡遗迹。

❹ 在**斯特罗克斯敦公园**（见260页）的爱尔兰国家饥荒博物馆了解爱尔兰史上最大的天灾。

❺ 探索铁器时代的**柯尔莱亚古道**（见261页）。

❻ 在**贝尔维德尔别墅及花园**（见262页）的长廊和花园中欣赏其美丽景致，为精彩的历史故事而惊叹。

❼ 造访如宝石般翠绿的**福尔谷**（见263页），发现令人印象深刻的基督教遗址及其他超凡脱俗的景观。

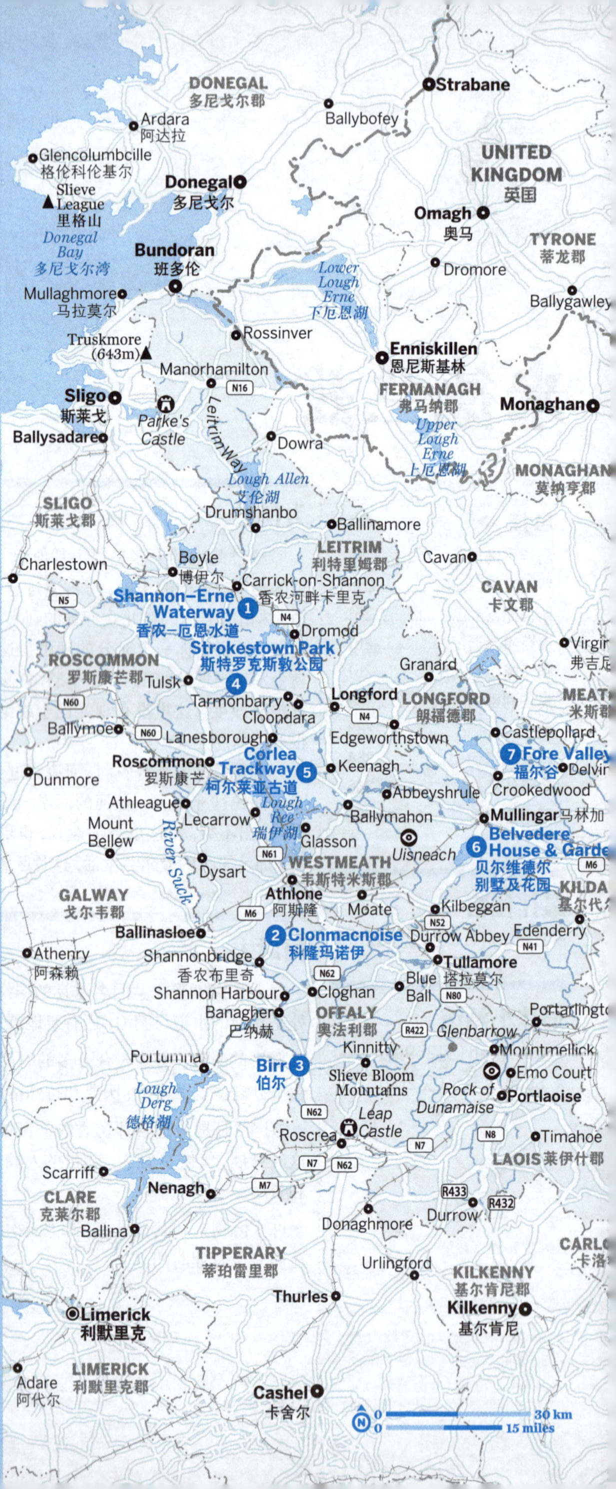

利特里姆郡 （COUNTY LEITRIM）

人口 31,798/面积 1590平方公里

低调而少为人知的利特里姆郡一直神神秘秘，似乎当地人也有意保持这样。这里的地形高低起伏强烈，充满野性，让以此为家的人深爱不已。

利特里姆在19世纪时曾饱受饥荒之苦，使得随后几个世纪都陷入大量人口外移和失业的窘境。但今天，它已成为艺术家、作家和音乐家们的小天地，还有一座大型划船中心。

此郡以艾伦湖（Lough Allen）为中心一分为二，而香农河一直都是区域内的一大亮点。蓬勃发展的香农河畔卡里克是该郡首府，陆路或水路出行都能好好探索这个地区。利特里姆连接同样著名的斯莱戈和多尼格尔两郡。它也将米德兰兹连上了野性大西洋之路，而且顺着N15公路驶出5公里就能来到利特里姆郡的海边。

香农河畔卡里克 （Carrick-on-Shannon）

人口 4100

香农河畔卡里克是一座迷人的河边城市。自从香农-厄恩水道完工后，这里的水路资源整个活络了起来。这座城市是相当热门的周末度假胜地，可供选择的住宿场所和餐厅很多，到处弥漫着音乐与艺术的气息。

在17世纪与18世纪时，卡里克是新教徒的圣地，因此透过当地建筑仍可窥得昔日居民的奢华风采。

景点

科斯特洛纪念教堂 教堂

（Costello Memorial Chapel; Bridge St; ⌚复活节至9月 10:00~16:30）这座神圣的教堂面积只有18平方米，是欧洲最小的教堂之一。它在1877年由爱德华·科斯特洛（Edward Costello）为其早逝的妻子玛丽建造。这对夫妻最后均长眠于此教堂的灰色大理石内室，石室外有一扇彩绘玻璃窗。他们各自的遗体长眠在铅棺材内，置放于门的左右两边。若没开门，可请圣乔治文化中心提供钥匙。

圣乔治文化中心 博物馆

（St George's Heritage Centre; St Mary's Close; 成人/儿童 €5/免费; ⌚周三至周六 11:00~16:00）文化中心位于一座重新整修的教堂内，藏有利特里姆丰富的史地文化采风资料，从盖尔式传统直到种植时代。可经由导览服务一览饥荒时期的工作坊，缅怀当年的困苦时期，另外还有饥荒纪念花园（Famine Garden of Rmem-brance），从中心散步即可抵达。

就餐

★ Oarsman 新派爱尔兰菜 €€

（☎071-962 1733; www.theoarsman.com; Bridge St; 主餐 €7~25; ⌚周二至周六 正午至21:00 供餐，酒吧 营业至23:00）这间高格调的小酒馆是此区最棒的休闲空间。菜单随季节变化且以当地食材为主，在这里可品尝到可口的汉堡和复杂的主菜。楼下的小酒馆有一长串爱尔兰精酿啤酒清单供你挑选（包括卡里克式精酿啤酒），楼上的餐厅氛围更浓，只是要做好晚餐时间客满须等待片刻的心理准备。

到达和离开

长途汽车

长途汽车Bus Éireann可从此地往返都柏林（€26，3小时，每天4班）。

火车

爱尔兰铁路（Irish Rail）每天有7趟列车可抵达都柏林（票价€24起，2.25小时）和斯莱戈（票价€16起，55分钟）。火车站在Croghan Rd，位于市中心东南方向500米处。

罗斯康芒郡 （COUNTY ROSCOMMON）

人口 64,070/面积 2548平方公里

此郡有超过5000座巨石坟茔、环状碉堡和土堆，更有许多精美博物馆。罗斯康芒郡是历史与传说爱好者的天堂，另外还有保存良好的庄园与颓圮的修道院，但这一切都令人不解：为什么此郡的观光客如此稀少？在过去的浪漫时光里，罗斯康芒有很多迷人的乡村景致，它们坐落在香农河与萨克河所勾勒出

的湖泊与河畔之间，被游客与垂钓者喜爱。

斯特罗克斯敦及周边(Strokestown & Around)

人口 820

斯特罗克斯敦的主街道拥有翠绿的树荫，因为此地曾有一位从外地来的野心勃勃的领主，他期盼这条路能成为欧洲最宽的街道。对于这样一个步调缓慢的小镇来说，这条路的规格着实令人惊讶。城镇最有名的便是历史资产，以及不容错过的饥荒博物馆。

附近古老的塞尔特遗迹可以逛上一整天。在五月节（May Day）假期的周末，这座城镇热闹非凡，国际诗歌节（International Poetry Festival; www.strokestownpoetry.org; ⏲5月初）也在这里举办。这里的美食较少，但还好罗斯康芒距离此镇只有20公里。

景点

★斯特罗克斯敦公园 历史遗迹

（Strokestown Park; ☎071-963 3013; www.strokestownpark.ie; 紧邻N5; 行政馆、博物馆及花园成人/儿童 €14/6，只参观一区票价为成人/儿童€9/6; ⏲3月中旬至10月 10:30~17:30，另于正午、14:30、16:30提供导览服务。11月至次年3月中旬为14:30; 📶）在斯特罗克斯敦主街尽头有三重哥特式拱门，引领你进入斯特罗克斯敦公园别墅。这座原本占地120平方公里的建筑物当初是由国王查尔斯二世（King Charles Ⅱ）建造并赠与尼古拉斯·马洪（Nicholas Mahon）的，以感谢他在英国内战时期的支持与贡献。马洪的孙子托马斯（Thomas）于18世纪初命Richard Cassels在公园内建造了一座帕拉第奥式庄园。从花园便可看出主人的富裕，室内则只能借由参加50分钟的导览游一窥究竟。

导览游的路线从如诗如画的香料花园开始，它建于1740年，还有一间可用来教授课程的学习室，里面的一本1934年的练习册上有整齐的书写痕迹（还有女教师批改的红笔字迹），另一间游戏室摆满19世纪的玩具与有趣的哈哈镜。

过去几个世纪以来，这座建筑体的面积随着别墅主人家族的衰亡而逐渐缩小。最后他们还是在1979年将它卖了，当时的面积只剩下120公顷。当时建筑连同土地一起出售，因此这些装潢和摆设仍保有当年的模样。

这座花园种着香草花卉，有爱尔兰岛与大不列颠岛上最大的植物墙，在夏天百花齐放，五彩缤纷。有一片2.4公顷的荷花池，这里还有一座爱尔兰最古老的玻璃温室，其历史可回溯至1780年。

公园内有一间小咖啡厅。

Rathcroghan 历史遗迹

（☎071-963 9268; www.rathcroghan.ie; N5, Tulsk; 成人/儿童 €10/6; ⏲游客中心全年周一至周六 9:00~17:00，5月至9月 周日 正午至16:00; 👪）任何喜欢凯尔特神话的人一定会十分喜爱Tulsk村庄附近一带的景观。这里拥有60座古老遗迹，包括直立的石头、石冢、巨大的石标和堡垒，这些使它成为欧洲最重要的凯尔特皇室遗迹。

这里的地貌景观及其神圣的结构在过去3000年来一直都没有受到影响。Tulsk位于斯特罗克斯敦东边10公里处。Bus Éireann运营的班车频繁往返于都柏林和韦斯特波特（Westport），途中有一站就在游客中心门口。

很难评估Rathcroghan到底有多么重要，因为考古工作仍在进行中，但我们已经知道它比米斯郡的塔拉遗迹还要更大更早，过去一度在爱尔兰有相当大的影响力。

游客中心是个不错的起点，这里有许多草图、照片、资讯展板和地图，将遗迹介绍得巨细靡遗，还可让你了解何时可以去拜访这些建筑遗迹（有些是私人持有的）。大部分遗迹均在N5往西6公里处的一条岔路上。Rathcroghan和Rathcroghan Mound两者均对外公开且设有停车场。

这里15分钟的导览影片介绍遗迹与传说，还有一段关于驱赶牛群的库里（Táin Bó Cúailnge, Cattle Raid of Cooley）的动画，老少咸宜。另外，用时间轴方式介绍复刻品的展览也很不错。

根据传说，梅芙皇后（Maeve, Medbh）的城堡位于Cruachan Aí。而The Oweynagat Cave（猫之山洞）也在附近，传说那是通往凯尔特另一个世界的入口。但因为它们位于私人土地上，进入山洞一定要有导游陪同。亦可在游客中心事先预订（每人€20）。

到达和离开

长途汽车

Bus Éireann提供往返都柏林（€26，3小时）和斯莱戈（€18，45分钟）的班车，沿途会停靠在博伊尔（Boyle）的King House，周一至周六每天有5班车，周日有4班车。

火车

Irish Rail运营的火车一天有8班开往斯莱戈（€13起，40分钟）和都柏林（€20起，2.5小时）。火车站在Elphin St。

朗福德郡（COUNTY LONGFORD）

人口 38,970/面积 1091平方公里

主要以农业为主的朗福德郡到处都是低矮丘陵和翠绿草地。这里的观光客不多，但从附近瑞伊湖（Lough Ree）和兰斯巴勒（Lanesborough）而来的人们很喜欢在此钓鱼。

朗福德在饥荒时期人口几乎全部外迁，之后就再没有兴旺过。许多来自朗福德的居民移民到了阿根廷，其中一位后裔Edel Miro O' Farrell于1914年成为阿根廷总统。

朗福德是个很适合到处走走、进行户外活动的地方，在这里要靠自驾出行。

景点和活动

★柯尔莱亚古道 历史遗迹

（Corlea Trackway；☎043-332 2386；www.heritageireland.ie；紧邻R392，Keenagh；⏲4月中旬至9月 10:00~18:00）免费 别错过令人惊叹的柯尔莱亚古道，这是公元前148年的铁器时代遗留下来的沼泽大道。古老的道路有18米宽的遗迹被保存下来，安置在当地游客中心特制的潮湿展厅内。中心提供的导览游会详细解说这些独一无二的遗迹，也会讲述该古道如何被发现，以及用来保存它的方法有哪些。除此之外还有一些短程的步行路线，可以好好欣赏当地的自然地貌。

中心位于朗福德镇南方15公里处。

韦斯特米斯郡（COUNTY WESTMEATH）

人口 86,165 / 面积 1840平方公里

湖泊泛起涟漪，牛群悠然漫步翠绿草地，韦斯特米斯郡有许多迷人的景点，从湖边风光到绮丽的福尔谷（Fore Valley），还有位于阿斯隆城内最老的小酒馆。这里的湖光山色吸引不少旅行者到此一游。

阿斯隆（Athlone）

人口 20,200

坐落于香农河畔的阿斯隆城是河道与人潮的聚集地。

香农河将城镇一分为二，大部分商业活动与服务都在东岸举行，西岸则有阿斯隆城堡守护，在错综复杂的街道上矗立着一幢幢色彩缤纷的小屋、充满历史感的小酒馆、古董店等。

景点和活动

★阿斯隆城堡 城堡

（Athlone Castle；☎090-644 2130；www.athloneartandheritage.ie；off Market Sq；成人/儿童 €8/4；⏲6月至8月 周一至周六 10:00~18:00，周日 正午至18:00，4月至5月、9月至10月 周二至周日 正午至17:00）在这低矮且神秘的城堡内，有13世纪风行的摆设与装饰，从中可以窥得此镇当年的历史风貌。这里一直都是娱乐重镇，亮点是在环状全景画廊内的Siege Experience，精彩绝伦。

这座位于阿斯隆的河边要塞一直是香农河上重要的交通要塞，在过去几世纪以来也一直是众家抢夺之地。在1210年，诺曼人在此建立城堡以彰显战功。1690年，这座詹姆士二世风格的城堡成功抵御了新教徒的兵力，但一年后却失守，没能挡住来自奥兰治的威廉（William of Orange）12,000多颗炮弹的攻击。城堡很快被重新整修，之后的几世纪一直都是兵家常争之地。

★香农河畔自然步道（Shannon Banks Nature Trail） 步行

从阿斯隆城堡开始，这段步道沿途有清楚的标志，往返总共5公里，沿着香农河畔与

旧运河畔而规划。轻松地漫步,还可跟随标志的指引了解沿岸的动植物品种。

住宿

★ Bastion B & B 民宿 €

(☎090-649 4954; www.thebastion.net; 2 Bastion St; 标单/标双 €50/75起; 📶)在阿斯隆附近,你一定不会错过这栋色彩鲜艳的建筑物。内部装潢是一片纯白,有各式风格的画作以及印度风格的壁饰。这里有7间客房(5间有独立卫浴),在木地板的映衬下显得洁净又整齐,建议选择较宽敞的房间。民宿提供的早餐新鲜又健康。

餐饮

★ Sean's Bar 小酒馆

(☎090-649 2358; 13 Main St; ⊙11:00至深夜)这间小酒馆的历史可追溯至公元900年,业主Sean宣称这里是爱尔兰最古老的酒吧。从柴火、不平整的地板(借此得以将水排入河内)、布满灰尘的钢琴和古老的摆饰来看,或许这说法并不假。面朝河畔的啤酒花园在夏季夜晚几乎每天都有现场音乐表演。

到达和离开

阿斯隆的长途汽车毗邻火车站,均位于市中心北方1公里处。

长途汽车

Bus Éireann每个小时均有班次直达都柏林(€14, 1.75小时)和戈尔韦(Galway; €13, 1.5小时),一天有2班可达韦斯特波特(€17, 3小时)。

火车

Irish Rail每小时均有班次前往都柏林(€20起, 1.5小时),一天有10班列车可达戈尔韦(€20, 1小时)、4班可达韦斯特波特(€20, 2小时)。

马林加及周边 (Mullingar & Around)

人口 20,200

马林加是一座相当繁荣的小镇,当地居民的日常生活在此一览无遗。附近有片鱼群丰富的湖泊,湖畔边有一幢历史悠久的庄园,充满奇幻色彩。

詹姆斯·乔伊斯(James Joyce)曾于年轻时到访此地,因而在他的作品《尤利西斯》(*Ulysses*, 1922年)和《芬尼根守灵夜》(*Finnegans Wake*, 1939年)都曾出现关于马林加的描写。皇家运河(Royal Canal)后来修筑增加的区段从马林加开始向四方延伸。

景点

★ 贝尔维德尔别墅及花园 历史建筑

(Belvedere House & Gardens; ☎044-934 9060; www.belvedere-house.ie; 紧邻N52; 成人/儿童 €8/4; ⊙5月至8月 9:30~20:00, 9月至10月和3月至4月 至18:00, 11月至次年2月至16:30。咖啡厅和主屋营业至17:00)千万别错过宏伟亮丽的贝尔维德尔别墅,它就在马林加南方5.5公里处。这座18世纪建成的狩猎别墅位于65公顷的花园中,面对着美丽的恩诺湖(Lough Ennell)。由Richard Cassels设计的别墅楼上的房间随处可见精致的洛可可风格壁饰。花园内有一座维多利亚风格的玻璃屋、砖墙和河边的休憩点,在别墅中散步一定会让你印象深刻。附设的明亮房间被称作**Catoca**,是一家咖啡厅。别墅内还有很大的儿童游乐空间。

贝尔维德尔的橱柜内曾发现了不少具人体骨架:当时第一任伯爵贝尔维德尔大人(Lord Belfield)怀疑其妻子与弟弟亚瑟(Arthur)通奸,因此而将其妻监禁在这座屋内长达30年之久。伯爵自己则过着颓废放荡的生活。在他去世时,其妻穿着30年前的旧衣服出现,仍不断声明自己的清白。

贝尔维德尔伯爵也跟另一个弟弟乔治(George)处得不好。乔治在附近盖了另一座别墅,伯爵则建起爱尔兰最长的围篱,像废墟般横亘在两幢别墅之间,称作**嫉妒之墙**(Jealous Wall),他以此来遮避视线,好对其弟的别墅来个眼不见为净。

到达和离开

长途汽车

Bus Éireann运营的班次可往返都柏林(€15, 1.5小时,每天4班)和阿斯隆(€14, 1小时,每天3班)。

火车

Irish Rail (www.irishrail.ie) 有9趟列车可达都

柏林(€19起,1.25小时)。

马林加北部(North of Mullingar)

马林加北部以湖泊闻名,最著名的是8公里长的代拉瓦拉湖(Lough Derravaragh),传说与Lír的小孩有关,那些孩子就是在这里被嫉妒的后母变成天鹅的。每年冬天,这个传说就会因为成百上千只白天鹅到此避冬而再度被世人提起,雪白的天鹅来自俄罗斯和西伯利亚。

除了湖泊与高低起伏的地貌,还有许多历史景点在城堡与碉堡林立的城镇中等待被你发现。

景点

★福尔谷 历史遗迹

(Fore Valley; 紧邻R195)靠近林恩湖(Lough Lene)畔,碧绿色的福尔谷很适合骑自行车或徒步前来探索。630年,圣费欣(St Fechin)在福尔村外设立了一座修道院。现今已看不到修道院当时的模样,但村里后来建的3栋建筑都跟它有关,也罗列在此地的七大奇景之中。这里的氛围浓郁,即便是一片枯寂的冬日,仍有种沉睡之美。

这3栋建筑物中最古老的是St Fechin's Church,里面有13世纪所用的圣坛和受洗台。在巨石堆(Cyclopean)入口后有一块巨大的石板,上面刻着希腊十字架,约有2.5吨重。传说这座石板之所以能固定到位,是圣人亲自显神迹而为,因此有许多信徒会前来瞻仰石板。

教堂边有条小径,通往一座迷人的隐者修行室(anchorite cell,石上的隐士),其历史可追溯至15世纪,为隐士世代的住所。钥匙由村里The Seven Wonders小酒馆保管。

靠近停车场另一边的路上则是St Fechin's Well,这口井里的水不会被煮沸。不信邪的人也请千万不要尝试使其沸腾,传说这样会为家里带来厄运。靠近水井还有无法燃烧的树枝,许多人将硬币置入其中以祈福,这就比较偏向近代的迷信了。

在平原另一边则是13世纪的本笃会Quaking Scraw修道院,这座修道院的奇迹在于当年它是建在沼泽上的。过了几个世纪转为碉堡,因而还保有孔洞窗户和城堡才有的方形高塔。西边的高塔有倾倒的危险,别靠太近。

最后两个奇景是"自动力磨坊"和"水往高处流"。磨坊的地点已被标记,传说是圣费欣的缘故水才往高处流,他将自己的牧杖朝1.5公里外的林恩河边的岩石丢去,从而改变了河水的流向,使之一路流向磨坊。

到达和离开

你需要自驾前往福尔谷,从Castlepollard出发的路程为5公里。

奥法利郡(COUNTY OFFALY)

人口 76,690/面积 2001平方公里

除了美丽的教会城市科隆玛诺伊,绿地与水源丰沛的奥法利郡很少出现在旅人的路线规划中,但事实上它值得受到更多关注。这里的历史悠久,有许多城堡可以参观,还有气氛十足的伯尔小镇。奥法利的沼泽在国际上也享誉盛名,尤其是这里所孕育的多样的动植物,也很适合来此郡的香农河与大运河上钓鱼或进行水上活动。

通过www.offaly.ie和www.offalytourism.com可获得更多实用资讯。

伯尔(Birr)

人口 5900

伯尔是米德兰兹最不该错过的景点。优雅的乔治时代建筑和如糖果般色彩迷人的正立面正对着城堡的外墙。这里可选择的住宿场所很多,夜生活也相当活跃。伯尔不在拥塞的大道上,因此可以避开观光客好好享受这座小镇的闲适风光。

景点

★伯尔城堡庄园 城堡

(Birr Castle Demesne; ☎057-912 0336; www.birrcastle.com; 紧邻R439; 花园 成人/儿童€9/5,花园和城堡 成人/儿童 €18/10; ⊙3月中旬至10月 9:00~18:00; 11月至次年3月中旬 10:00~16:00)可花上半天时间探索伯尔城堡庄园内

部的奥秘与花园美景。这座城堡是私宅，但每年5月至8月游客可借由导览行程参观主要居住区（但需要事先预约）。大部分建筑都在1620年左右完工，有一些整修则到19世纪初才完成。

城堡占地50公顷，因其坐落于大型人工湖畔的漂亮花园而远近驰名。

城堡花园有超过1000种来自世界各地的植物，一年四季皆有不同的花正值盛开花期。你可在此看到世界上最高的盒树篱（已记载于吉尼斯世界纪录），它们栽种于18世纪80年代，现已超过12米高。还有浪漫的鹅耳枥回廊，在瀑布水流中，有遍地野花和一座凉棚，上面挂满了栽种于90年前的紫藤。

帕森（Parsons）家族自1620年起便是城堡主人，家族中有相当知名的科学家，他们的事迹也被记录在古色古香的科学中心内。这里所展示的包括1845年由威廉·帕森（William Parsons）发明的望远镜，被称为"帕森城的利维坦"（leviathan of Parsonstown），在它出现的前75年中都是全世界最大的望远镜，吸引许多科学家和天文学家前来瞻仰。此望远镜曾揭开无数个奥秘，包括罗旋星系。在威廉之子过世后，望远镜不再受到重视，不但蒙上了灰尘，随着时间移转也已碎裂成块。最近这台望远镜才刚修复完毕，可在花园内找到它的踪迹。

威廉·帕森的妻子玛丽·罗思（Mary Ross）是位狂热的摄影师，她的暗房可以说是当时世界罕见的，可通过复刻的暗房一探究竟。其他的亮点还包括儿童游乐区，不但有娃娃屋，还有小矮人的草屋和蹦床。另外，城堡的Castle Courtyard Cafe也是一绝，售卖当地产品及其做成的菜肴。

到达和离开

Bus Éireann运营的班车可到阿斯隆（€13，1小时，周一至周六每天3班，周日2班），接着可转车至都柏林。

科隆玛诺伊（Clonmacnoise）

俯瞰香农河畔的科隆玛诺伊是爱尔兰最重要的古老修道院城市之一。整座城市被砖墙包围，里面有很多早期建设的教堂、十字架、圆形高塔和古墓，这么多年来仍旧保存得相当完整。这里的氛围孤寂清幽，充满神秘色彩。

周围的沼泽区是知名的香农卡洛（Shannon Callows），是许多野生植物的最后净土，亦是快要绝种的秧鸡（corncrake；黑鸭的粉彩色远亲）的栖息地。

历史

当St Ciarán于548年在此地建造修道院的时候，这里是该郡相当重要的十字路口，南北向是香农河，东西向则是国王快速路（Esker Riada）。

这座因教堂而发展的城市本来就不怎么起眼，而Ciarán于建造完第一座教堂后的7个月内便过世了。然而这些年来，科隆玛诺伊逐渐变成爱尔兰的宗教、文学和艺术之都，吸引了许多人前来居住。在7~12世纪，来自欧洲各地的修士们都聚集于此研习和祷告，为爱尔兰赢得"圣人和学者之地"的美誉。

今日所见大多为10~12世纪建造的遗迹。当时的修士应该是住在围绕着修道院的狭窄小屋内。这些小屋不幸在维京人与爱尔兰人的战火中付之一炬，12世纪后渐渐被人们遗忘，直到15世纪被一位主教独占。而1522年从阿斯隆过来的英格兰驻军最终将此地变为废墟。

景点

游客中心 博物馆

（Visitor Centre；☎090-967 4195；www.heritageireland.ie；R444；成人/儿童 €7/3；⊙6月至8月 9:00~18:30，3月中至5月以及9月至10月 10:00~17:30，11月至次年3月中旬 至17:30，闭馆前1小时停止售票）3间连通的锥形小屋是修道院时期常见的建筑，现今成了游客中心暨博物馆。这里提供20分钟的试听导览，让游客更加了解科隆玛诺伊的历史遗迹。

展示区包含十字架的原形（位于户外的十字架是复刻品），以及许多考古出土的物品，包括银针、玻璃珠和一颗欧甘文字（Ogham）石。

一旦来到Cross of the Scriptures（King Flann's Cross）十字架的下方，你就会感受到特殊的氛围，不愧是爱尔兰最精致的十字架之一。十字架本身相当耀眼，向上歪斜的手臂和装饰绚丽辉煌的座台在强调耶稣受难所历经的苦痛，还有最后的审判、耶稣遭逮捕以及基督在坟墓中等各种姿态。

在800年所建的**北十字架**（North Cross）座台残骸上，还看得到狮群围绕、复杂的螺旋状装饰以及一尊人物，应该是凯尔特神明诺斯（Cernunnos）。而装饰华丽的**南十字架**（South Cross）雕刻得较为抽象，如旋风、螺旋状和镂空雕饰等。东面则是耶稣受难像和一些栩栩如生的生物形象。

博物馆内也收集了许多欧洲早期的基督教墓地石板，许多石板上的刻字仍十分清晰，通常都是以“oroit do”或“ar”（为某某而祷告）开头。

天主教堂（Cathedral） 遗迹

这是科隆玛诺伊最大的天主教堂，建于909年，几个世纪以来经历过改装和重建。这里最著名的改建建筑物便是15世纪的哥特式穿堂，上面有圣者们Francis、Patrick 和Dominic的雕像。从这扇门到另一扇门可以传声，据说这个功能是为了让当年那些麻风病患者得以向神父们告解而又不会散播病毒。

最后一位塔拉（Tara）国王Turlough Mór O' Connor（1156年过世）与其子Ruairí（Rory, 1198年过世）传说都葬于此地。

Temple Ciaran及其他教堂 教堂

在科隆玛诺伊较小的教堂被称作temples，源自爱尔兰语的teampall（教堂）。迷你的Temple Ciara是一座建在St Ciarán出生地的小教堂。Temple Ciara的地板比外面还要低，这是因为这几个世纪以来，当地农夫都会在初春时拿走教堂的泥土，盼能庇佑农作物和家畜。即使地板已被铺上石板，初春时节，教堂外面的泥土仍被当地人们一把一把地抓走。

教堂西南边的角落是原本修道院附设医院制药所用的古老的磨石（bullaun）。如今人们则用它来收集雨水，并相信这能治赘疣。

遗迹其他地方还有一间有屋顶的小教堂Temple Conner，至今爱尔兰教区居民仍会在夏天的最后一个周日在此聚会。往天主教堂前行就会经过Temple Kelly（建于1167年）的遗迹。继续前行就会来到12世纪所建的Temple Melaghlin，它的窗户很吸引人，然后

Clonmacnoise 科隆玛诺伊

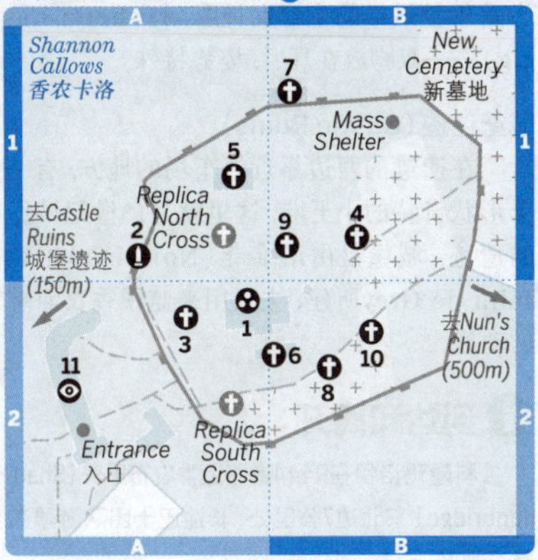

Clonmacnoise 科隆玛诺伊

◎ 景点

1 天主教堂 A2
2 O'Rourke's Tower A1
3 Replica Cross of the Scriptures（King Flann's Cross） A2
4 Temple Ciaran B1
5 Temple Conner A1
6 Temple Doolin B2
7 Temple Finghin和塔 B1
8 Temple Hurpan B2
9 Temple Kelly B1
10 Temple Melaghlin B2
11 游客中心 A2

来到同时期建造的双子教堂Temple Hurpan和Temple Doolin。

O' Rourke' s Tower 塔

香农河畔上矗立的20米高的O' Rourke' s Tower曾于1135年被闪电击中，但人们还是在其残余的结构上继续使用了400年。

Temple Finghin和塔 教堂

Temple Finghin与其圆塔在科隆玛诺伊修道院遗迹的北边边界附近，从塔上可俯瞰香农河。这座建筑的历史可追溯至1160年，其上有罗马式雕刻。这座圆塔的人字型屋顶是爱尔兰境内唯一没有被改造过的高塔屋顶。

Nun' s Church 历史遗迹

在遗迹的界墙边，穿过现代墓园东边约

500米处有一座荒废的修女教堂，有漂亮的罗马式拱门和精致的雕刻。其中一座被诠释为爱尔兰最早的生育女神雕刻（sheila-na-gig）——双脚放在耳后，姿势特殊。

城堡遗迹（Castle Ruins） 遗迹

在遗迹的西边靠近停车场的地方，有一个形状奇特的小土堆，这里就是13世纪城堡的遗迹。城堡是由诺维奇（Norwich）主教John de Grey所建，主要用来监视香农河畔的动静。

到达和离开

科隆玛诺伊在R444道路上香农布里奇（Shannonbridge）东北边7公里处，长途巴士团队游覆盖整个地区。

船

Silver Line[www.silverlinecruisers.com；成人/儿童 往返 €12/7起；⏲7月和8月 周三 14:00自香农布理奇开船，周日 15:00自巴纳赫（Banagher）开船]每小时均有船班往返香农布里奇和科隆玛诺伊。

塔拉莫尔（Tullamore）

人口 11,575

塔拉莫尔是奥法利郡的首府，更是坐落于大运河上的繁华都市，是著名的Tullamore Dew威士忌名称之由来。60年前当这座蒸馏厂从蒂珀雷里郡迁厂至城镇郊外时所造成的轰动，至今仍为当地人士津津乐道。

景点

塔拉莫尔酿酒厂游客中心 博物馆

（Tullamore Dew Visitor Centre；☎057-932 5015；www.tullamore-dew.org；Bury Quay；成人/儿童 €9/6.50；⏲周一至周六 9:30~18:00，周日 11:30~17:00）它位于19世纪运河边的仓库内，这里的商品销售胜地出售的不外乎是当地历史采风物品和当地品牌产品。游客中心还与展览结合，彰显大运河在城市发展中扮演的角色。在导览游的最后，成人可获赠一杯爱尔兰威士忌。对于真正想深入探索制酒过程的旅人亦提供票价€25的导览，深度介绍蒸馏的过程。

莱伊什郡（COUNTY LAOIS）

人口 80,560/面积 1720平方公里

鲜少有人到访的莱伊什郡常被经过此地前往南方或东方的旅行者遗忘，这里距离主要道路较远，是爱尔兰隐密的角落，有着美丽如阿比莱克斯这样的小镇，很适合在白天造访，可在此地小憩片刻，一览壮丽的Slieve Bloom Mountains风光，让你马上想踏上登山小径。

可登录www.laoistourism.ie搜寻当地资讯，也可在线上或游客中心阅读精美详尽的Laois Heritage Trail导览册。

阿比莱克斯（Abbeyleix）

人口 2570

阿比莱克斯（abbey-leeks）是一座典雅的文化小镇，有乔治时代的市集屋舍、带优雅露台的房子和绿荫覆盖的宽敞街道。这座城镇是在12世纪左右因西多会修道院而蓬勃发展起来的。在18世纪又因为水灾问题而使得地主Viscount de Vesci决定升级改建村落，打造一座全新且规划完善的城镇。在饥荒期间，地主de Vesci比其他地主更仁慈有爱，佃农们因而在广场中央立了一尊喷泉纪念碑以感谢他的恩情。

阿比莱克斯是探索此区不错的基地，这里有可口的美食和住宿选择，还可以从爱尔兰最有氛围的小酒馆中喝到一品脱好酒。

到达和离开

由于长途汽车不提供此区服务，你得自行驾车前往阿比莱克斯。

米斯郡、劳斯郡、卡文郡和莫纳亨郡

包括 ➡

最佳餐饮

- Olde Post Inn（见280页）

最佳住宿

- 莱斯利城堡（见281页）
- Trim Castle Hotel（见275页）
- Bellinter House（见273页）

为何去

米斯郡和劳斯郡丰饶的土地吸引了爱尔兰第一批定居者的目光，这片地区也因此成了爱尔兰文明的发源地。如今这两郡已成为都柏林的通勤地，而早期居民留下的遗迹仍在，如位于博因宫和洛克鲁的神秘墓穴（两者神似埃及金字塔的造型）以及位于塔拉的爱尔兰最初的国王王位和通往另一个世界的通道。

随着圣帕特里克的到来，信徒们在此地盖了不少修道院、高耸的十字架和圆顶高塔，以保护他们珍贵的手卷。这些至今仍令人赞叹不已的建筑遗迹也提醒着我们爱尔兰不愧是圣人与学者的国度。

往西北走，卡文郡和莫纳亨郡则遍布丘陵和鱼群丰富的湖泊，更原始也更荒僻。这里是爱尔兰观光客较少的地区，适合进行户外活动：在香农-厄恩水道乘坐渡轮，或去登山步道观赏更为粗犷而辽阔的风景，一眼望去便可看见奎尔卡山脉。

何时去

- 如果游览景点是你的首要任务，那么千万要避开11月至次年3月，因为这段时间此区许多著名的历史遗迹都会缩短开放的时间甚至关闭。
- 4月通常是该区整年度最干燥的月份。这时候水仙花盛开，还有其他不知名的野花遍地开放，步行前往，沿途的景致相当唯美（也少了些湿黏感）。
- 夏天是节庆的季节：德罗赫达一年一度的艺术节在5月举办，莫纳亨镇在9月初举行丰收蓝调音乐节（Harvest Blues Festival）。

米斯郡、劳斯郡、卡文郡和莫纳亨郡亮点

1 探索**博因宫**（见270页）史前时代的遗迹和古老的墓穴。

2 跟着诗人和作家帕特里克·卡瓦纳的脚步来到宁静的**伊尼斯基恩**（见281页）。

3 搭乘欧洲最大的木制云霄飞车，在**泰托公园**（见273页）体验薯片工厂。

4 揭开**塔拉**（见273页）庞大的城寨、隧道墓穴和命运之石的奥秘。

5 乘橡皮艇或独木舟沿着**巴特勒斯布里奇**（见280页）的水道向前行进。

6 在靠近布莱克来恩的**卡文巴伦公园**（见280页）的巨石阵与墓地中一览究竟。

0 20 km
0 10 miles
Augher
Aughnacloy
TYRONE
蒂龙郡
Ulster Canal
Armagh
Dromore
德罗莫尔
Banbridge
Newry Canal
Loughbrickland
Emyvale
Glaslough
Castle Leslie
莱斯利城堡
N2
Markethill
DOWN
邓恩郡
ARMAGH
阿马郡
UNITED KINGDOM
英国
Monaghan
莫纳亨
Rossmore Forest Park
N54
Ulster Canal
Newry
纽里
MONAGHAN
莫纳亨郡
Mourne Mountains
莫恩山脉
Ballybay
Warrenpoint
沃伦波因特
Meigh
Castleblayney
Flagstaff Viewpoint
Rostrevor
罗斯特雷弗
Forkhill
Omeath
Crossmaglen
R173
Cootehill
Lough Egish
N1
Slieve Foye (587m)
Carlingford Lough
Shantonagh
N53
Carlingford
卡灵福德
River Annagh
Inniskeen 2
伊尼斯基恩
Dundalk
邓多克
Cooley Peninsula
Lough Sillan
Shercock
Jenkinstown
CAVAN
卡文郡
Carrickmacross
卡里克马克罗斯
Ballagan Point
River Glyde
Dundalk Bay
邓多克湾
Bailieborough
Dún an Rí Forest Park
Kingscourt
M1
Castlebellingham
River Dee
N2
Annagassan
Ardee
River Dee
Dunany Point
Ballyjamesduff
LOUTH
劳斯郡
Dunleer
R166
Virginia
Clogher Head
Lough Ramor
N3
Clogherhead
Monasterboice
莫那斯特博伊斯
Oldcastle
Termonfeckin
Loughcrew Cairns
洛克鲁石冢
Old Mellifont Abbey
老梅利方特修道院
Battle of Boyne Site
IRISH SEA
爱尔兰海
R195
Baltray
L2800
R154
Kells凯尔斯
Newgrange
纽格莱奇墓
Mornington
Loughcrew Gardens
Crossakeel
Dunmoe Castle
Slane
Drogheda德罗赫达
Loughcrew Hills
Teltown
Donore
N1
1
Brú na Bóinne
博因宫
Laytown雷顿
N52
River Boyne
博因河
Sonairte National Ecology Centre
MEATH
米斯郡
Navan
纳文
N51
Dunderry
Duleek
Athboy
Tara
塔拉
N2
M1
Balbriggan
Delvin
Rathcairn
4
Skyrne
N1
Newtown
Hill of Tara
塔拉山
Tayto Park
泰托公园
River Deel
N3
DUBLIN
都柏林
Kilmessan
3
Dunsany Castle
Ratoath
Laracor
Dunshaughlin
Ashbourne
M1
Fairyhouse Racecourse
Swords
Summerhill
Kinnegad
Royal Canal 皇家运河
Black Bull
Dublin Airport
都柏林机场
M4
M50
N1
Dunboyne
River Boyne
博因河
M4
OFFALY
奥法利郡
KILDARE
基尔代尔郡
M7
Dublin
都柏林

米斯郡（COUNTY MEATH）

人口 184,135/面积 2342平方公里

米斯郡的肥沃土壤源自最后一次冰河时期，早在公元前8000年便吸引不少人来此地定居。他们一路向着博因河（River Boyne）前进，将这块土地从森林变成农地。身为爱尔兰五大古郡之一的米斯，好几个世纪都是爱尔兰的政治中心。

今天，高产的土地和丰沛的水资源让米斯成为活跃的农业中心。它距离都柏林很近，因而在“凯尔特之虎”时期经济发展迅猛，但米斯郡的大城市也因此遍布拥挤而呆板的建筑，上下班时交通也十分拥堵。

即便如此，对观光客来说，这里仍旧有许多不容错过的景点，包括许多让世人了解米斯郡发展史的景点遗迹。

博因宫（Brú Na Bóinne）

这座巨大的新石器时代大墓地被称作博因宫（the Boyne Palace），是欧洲相当特殊的景点，比巨石阵的出现还要早1000年。它的存在是相当有力的证据，显示了史前时代人类文明取得的出乎后人想象的成就。

博因宫当初是为了在社会阶层顶端的家族而建的，墓地更是爱尔兰最大的人造建筑，直到4000多年后的英格兰诺曼底城堡才出现能与之匹敌的建筑。此区有各式遗迹，主要的三个是纽格莱奇墓、诺斯和道斯。

经年累月，古墓已腐烂且被草皮树木覆盖，更曾惨遭掠夺，从维京人到维多利亚时代的宝藏猎人都曾经对其予以摧残，其姓名缩写在纽格莱奇墓甚至清晰可见。墓地的周边田野间还有许多古老的坟墓与土丘、立石等纪念物。

景点

★博因宫游客中心 展示中心

（Brú na Bóinne Visitor Centre；☎041-988 0300；www.heritageireland.ie；Donore；成人/儿童 游客中心 €3/2，游客中心和纽格莱奇墓 €6/3，游客中心和诺斯 €5/3，三地通票 €11/6；⊙6月至9月中旬 9:00~19:00，5月和9月中下旬 9:00~18:30，11月至次年1月 9:00~17:00，2月至4月和10月 9:30~17:30）游客中心的整体建筑设计为螺旋状，与纽格莱奇墓的墓地穴道相呼应。这里提供此区的旅游资讯，有一家很棒的咖啡厅、一间书局和纪念品店。楼上有个楼中楼玻璃瞭望台，可鸟瞰纽格莱奇墓。

所有前往纽格莱奇墓与诺斯的游客都要从这里出发。

★纽格莱奇墓 历史遗迹

（Newgrange；www.newgrange.com；成人/儿童 包含游客中心 €6/3；⊙6月至9月中旬 9:00~19:00，5月和9月中下旬 9:00~18:30，11月至次年1月 9:00~17:00，2月至4月及10月 9:30~17:30）直径80米、高13米的纽格莱奇墓令人称奇。白色的圆形石墙顶上是草皮覆盖的圆顶，外观呈

博因宫独家贴士

- 所有前往博因宫的行程都是从博因宫游客中心开始的，这里有接驳车开往古墓区。如果你先到纽格莱奇墓（Newgrange）或诺斯（Knowth），也会被带到离这两处遗迹均4公里远的游客中心。前往古墓区不建议徒步，因为道路十分狭窄且有游览车通行，相当危险。
- 请多预留时间，光在游客中心就要花上1小时，接着游览纽格莱奇墓和诺斯要花2小时，若三者都要看则需要花上半天时间。
- 道斯（Dowth）墓穴不对外开放，但可以在附近的遗迹游览。
- 夏天的博因宫非常拥挤，尤其是周末，高峰的时候一天可能超过2000人前来参观。这里只提供750张观光券，因此可能无法保证你一定能进入古墓观赏。门票先到先得（无法事先预约）。早上早一点抵达或是在周一至周五的工作日来参观，做好需要等待的心理准备。除此以外，也可以参加团队导览游（见272页）到此参观。
- 游览全程几乎都在户外，无遮篷，请自备雨具以防万一。

现出强烈的未来感。横在其下的是爱尔兰石器时代最精致的带甬道的古墓，也是欧洲最特别的史前时代遗迹。这里的历史可追溯至公元前3200年，甚至比埃及金字塔还要早6个世纪。

古墓精确地与冬至时的太阳连成一线，因而有人认为当时这圆顶也可能兼具历法的功能。

然而没有人确定当初的建造目的是什么，目前最普遍的假设是它是埋葬帝王的地方，或是进行某种仪式的中心。

纽格莱奇墓名字是“新粮仓”（New Granary；墓穴在过去一度成为储存小麦和五谷的地方）演变而来的，但更多人相信其名字应该源自具有凯尔特神话情节的爱尔兰文“Cave of Gráinne”。在《追捕迪尔姆德与格萝妮娅》（*The Pursuit of Diarmuid and Gráinne*）的故事里，格萝妮娅已与费奥纳骑士团（Fianna）的领袖芬恩·麦克库尔（Fionn McCumhaill，又名Finn McCool）订婚，却与芬恩·麦克库尔最信任的手下迪尔姆德发生了一段不伦之恋。当迪尔姆德身受重伤时，他的躯体被安格斯（Aengus；凯尔特神话中的神）带到纽格莱奇治疗但药石罔效，伤心的格萝妮娅跟着走进洞穴里，直到爱人过世后好几年都一直守在墓穴里。这个跟亚瑟王情节[将亚瑟王里的兰斯洛特（Lancelot）和吉娜薇（Guinevere）替换成迪尔姆德与格萝妮娅]类似的故事只是个神话，但无疑是个好故事。纽格莱奇墓在凯尔特神话中还扮演着另一个角色：这里是英雄库丘林（Cúchulainn）的诞生地。

曾经，纽格莱奇墓就像道斯和诺斯一样被破坏，甚至被当成过采石场。这个墓地终于先后在1962年和1975年被修复。

主入口有一块以双重和三重螺旋雕刻得十分华丽的路缘石，但此区已重建拓宽，游客不需要弯腰而过。在入口上方有个缝隙或者说是屋顶天窗，可让光线进入。另一块华丽雕刻的路缘石就在土丘的正对面。有些专家表示，土丘的周围曾经有立石环绕，形成一个直径约为100米的圆形，但目前只剩下12颗石头，其他位于地底下的石头还可以看到些痕迹。

将整个建筑结构连接起来的是排列而立

> **ℹ 文化卡（HERITAGE CARD）**
>
> 如果你打算参观许多考古遗址，则可以考虑购买一张**文化卡**（Heritage Card；成人/儿童 €25/10），有效期1年，可在参与此优惠的景点购买。若需要详细资讯请与爱尔兰文化局（www.heritageireland.ie）联络。

的97块石头，用以避免冢往外倒塌。其中有11个石头的装饰花纹与入口处的雕刻十分相似，尽管只有三颗石头有更多雕饰细节。

墓地的白色石英岩块来自南边70公里处的威克洛（Wicklow），在还没有马匹和轮子的年代，它应该由海路运来的，顺着博因河而上。这里有超过20万吨的石头和泥土被安置进了冢里。

你可以沿着狭窄的墓穴走19米，甬道以43块石头撑住（有些上面有雕刻），在抵达土堆前全程三分之一处便到达一间墓室。墓室里有3个凹处，里面有装着人骨的盆状石器。除了遗骸，这些盆状石器当年还装了很多葬礼的串珠和吊坠，不过在考古学家抵达前这些宝物都被盗墓者一扫而空。

往上，则有一堆石块支撑着6米高的拱形屋顶。这里还有复杂的排水系统，40个世纪以来一滴水都不曾进入墓穴里。

★诺斯 历史遗迹

（Kwoth；成人/儿童 包括游客中心 €5/3；⏲6月至9月中旬 9:00~19:00，5月和9月中下旬 9:00~18:30，11月至次年1月 9:00~17:00，2月至4月及10月 9:30~17:30）位于纽格莱奇墓西北边的诺斯冢墓大约是同时期所建。这里有全西欧目前出土的最复杂的隧道墓穴，自1962年来，考古挖掘便在持续进行中（参观时可能会看到正在工作的考古学家）。

早期的探挖很快地就找到可以通往中央密室的隧道，密室位于34米深处，比纽格莱奇墓的密室还要大。1968年在墓冢的对面发现了一条40米长的隧道。

墓冢里也可看到早期基督教地底密室的遗迹，密室沿着隧道旁边而凿，主要墓冢周围围绕着300多块石板和17个较小的坟冢。

诺斯完工后，人类在此处的活动持续

几千年之久，一切都要拜这些建筑的完善与繁复所赐。器皿习俗（Beaker folk）认为，当时的人类会将尸体头颅塞在饮用的器皿内埋葬，在铜器时代（公元前1800年）这样的埋葬方式到处可见，但凯尔特人到了铁器时代（公元前500年）仍然如此。在这里，铜器与石器时代的工具器皿也争相出土。9~10世纪，诺斯变成了一个环状泥土碉堡（ráth），由非常强大的奥尼尔（O' Neill）部落所把持。在965年，Cormac MacMaelmithic在这里划地为王，统治持续了9年时间，12世纪诺曼人在此建造了城堡丘陵（motte）和隆起的墙（bailey）。大约在1400年，这片土地遗憾地被历史遗忘。

团队游

★ Mary Gibbons Tours 导览游

（☎086 355 1355；http://newgrangetours.com；团队游 成人/儿童 每人 €35/30）游览行程可从众多都柏林的酒店开始，周一至周五的9:30均有行程，周六周日则从7:50开始，一路带你去整个博因河谷（Boyne Valley）地区，包括纽格莱奇墓和塔拉山（Hill of Tara）。这些专家导览的行程提供丰富的背景资料，涉及凯尔特时期与前凯尔特时期的爱尔兰生活。不接受信用卡，直接在汽车上付现。

住宿

Newgrange Lodge 青年旅舍、酒店 €

（☎041-988 2478；www.newgrangelodge.com；营地帐篷 €10，铺/单/双/家 €21/36/53/70起；🕘前台 8:00至午夜；@🛜👪）离博因宫游客中心几步之遥的农场住宿提供性价比很高的房间，从4~10床的宿舍间到酒店等级、附私人卫浴的双人标间，应有尽有。设备相当完善，包括可自炊的厨房、前后户外庭院，以及带有壁炉、桌游、书籍的起居室和客厅，还有免费的自行车。房价包括欧式早餐（还有可口的自制英式司康面包）。

到达和离开

Bus Éireann运营往返博因宫游客中心至德罗赫达（Drogheda）长途汽车站（单程/往返€4.10/7.60，25分钟，每天2班）的班车，也有班次前往都柏林。

斯莱恩（SLANE）

人口 1349

斯莱恩18世纪的石屋与小屋零星散布于博因河畔陡峭的山坡上，仅以狭窄的小桥连接。位于博因宫西边6公里处的斯莱恩小镇因知名的城堡而开始发展。在主要的十字路口有4间一模一样的房屋面对着彼此，当地流传着这样的传说：这是当年为了四姐妹而盖的，但她们彼此不合，因此会从各自的家里监视其他3人的行踪。

景点

斯莱恩山（Hill of Slane） 历史遗迹

大约在斯莱恩北方1公里处的斯莱恩山就像一座隆起的山丘一样外形普通，一切只因为它与凯尔特和基督教神话的联系而驰名。根据当地传说，圣帕特里克（St Patrick）曾于433年在此点燃复活节的火炬，以对这片土地的人民宣扬基督教义。

传说故事是这样的，圣帕特里克的火焰惹怒了Laoghaire，也就是爱尔兰的异教徒国王，他曾明令禁止在塔拉山上点火。但他的怒火被可预见未来的祭司阻挡了下来，祭司告诉他“手持火焰的人将会超越国王与王子们”。于是，Laoghaire前去见圣帕特里克，但国王的人马中除了名为Erc的男子外，每个人都对圣帕特里克冷嘲热讽。

不理会客人的无礼，圣帕特里克从地上挖了三叶草，用三片叶子解释了圣三位一体的悖论：天父、圣子和圣灵联合在一起。国王并没有被说服，但仍同意让圣帕特里克继续传教活动。圣帕特里克当日的胜利，并非只是保住了自己的性命并给予爱尔兰三叶草的国徽，更是说服了Erc这位年轻人，他在日后受洗且成为斯莱恩第一位主教。直到今日，当地的教区神父仍会在神圣周六（复活节前夕）到此点燃火把以示敬意。

斯莱恩山过去曾有一座和St Erc有关的教堂，后来这里还盖了圆顶高塔和修道院，但现在只剩下外围的轮廓。在此处也可以看到教堂和高塔的遗迹，那里过去曾是16世纪初的方济会修道院。

晴朗的天气里可沿着高塔古老的石阶向上爬，享受俯瞰塔拉山和博因河谷的乐趣，据说可看到周边7个郡的美景。

到达和离开

Bus Éireann提供直达德罗赫达的服务(€5.20, 30分钟, 每天3~7班)。到都柏林的班次(€16.50, 1.75小时)需在米斯郡的主要枢纽纳文(Navan)换车(€4.80, 25分钟)。

塔拉(Tara)

塔拉山是爱尔兰境内最神圣的山，在爱尔兰的历史、传说和民俗故事中均占据着重要地位。它不但是神话人物的家园，也是古爱尔兰多位宗教领袖的修行之地，在强大的山之女神梅芙(Maeve, Medbh)的眷顾下于此举行独特的凯尔特宗教仪式。之后这里成为各位国王的仪式之都，142位国王在5世纪基督教传入之前均在塔拉山举办过仪式。这里也是欧洲相当重要的古代遗迹，有石器时代的隧道墓穴与史前时代的冢丘，其历史长达5000年之久。

虽然塔拉山(名字来自古代文献)上除了一些高耸的土方什么也没了，但这里所代表的历史与民俗活动遗迹仍旧十分重要。

历史

这里的神话、宗教信仰和史实盘根错节，可说是唇齿相依。

凯尔特人相信塔拉是个神圣的地方，住满神祇，布满了通往另一个世界的闸道。他们相信隧道墓穴就是神话中的神族人——达努神族(Tuatha dé Danann)最后长眠的地方。对于这个民族的描绘栩栩如生，事实上这并不是空穴来风，他们很可能就是石器时代居住于岛上的先民。

随着凯尔特人的政治版图开始扩大，祭司的权力也被因战争而各自占地为王的地主们夺取，爱尔兰当时群雄四起，并不是一个统一的国度，有无数个所谓“表面的国王”(rí tuaithe)各自控制着一小块区域。然而掌管塔拉的国王却被认为是位大人物，虽然他无法直接管辖边界以外太远的区域。

塔拉历法上最重要的活动是为期3天的秋收庆典，在萨温(Samhain)举行，有点像是现代的万圣节。在庆典期间，国王会大赦天下，因此有人被特赦，违规的行为也会被允许，争吵也因而平息，大家狂欢作乐，载歌载舞，大吃大喝。

当基督教在5世纪传入时，传教士很快便以塔拉作为主要目标。基督教的传入代表着凯尔特文化的陨落，而国王们开始离开塔拉周遭，仅剩下伦斯特(Leinster)这一脉王室还继续占领此地一直到11世纪。

1843年8月，塔拉见证了爱尔兰规模最大的集会——反抗大不列颠统一的领袖Daniel O' Connelly在塔拉召开集会，超过75万民众到场聆听。

值得一游

惊险与刺激

爱尔兰的象征之一**泰托公园**(Tayto Park; ☎01-835 1999; Www.Taytocrisps.Ie; Kilbrew, Ashbourne; 入场费 €14, 一日游乐设施券 €15; ⏰7月和8月 9:30~19:00, 3月下旬至6月 10:00~18:00, 9月 周六和周日 至17:00, 10月和11月 周六和周日 至17:00, 12月 周六和周日 正午至17:00, 周五 10:00~17:00, 1月和2月关闭)自1954年以来便开始生产饱受欢迎的薯片。除了工厂，这里的娱乐设施还包括动物园、攀岩场、刺激的儿童游乐设施。最近还有一些新的设施包括木制云霄飞车(欧洲最大)、5D剧院、高速旋转设施和十分刺激的Air Race等。

入场费包含进入薯片工厂的游览、动物园和儿童游乐设施。另外，购买一日通用的手环是比较经济的方式。

它紧邻着M2快车道。

食宿

★ **Bellinter House** 历史酒店 €€€

(☎046-903 0900; www.bellinterhouse.com; Bellinter; 标双 €120起; 📶)建于18世纪的Bellinter House位于塔拉山西北方5公里处(在R147上依标示转弯)，是一处可享受传统火炉的天堂。主屋里有34间古董家具打造的房间，东西翼分布着16间客房，在曾经的马房还设有5间房。

在此可享受户外澡堂并在其高档的餐厅

Eden（2道菜/3道菜套餐€38/43）享用美食，酒店还有自家的烘焙坊。

到达和离开

塔拉位于纳文东南方10公里处，就在从都柏林通向卡文的道路（R147）附近。

固定时间发车的Bus Éireann班车在都柏林与距离塔拉1公里的一个地点（€11，1小时，每小时发车）之间往返。请司机让你在Tara Cross下车，从这里可以左转离开主路。

Bus Éireann组织的部分（非全部）博因河谷一日游也提供游览塔拉的行程（见272页）。

特里姆（Trim）

人口 8268

被城堡占据的特里姆是个安静的城镇，中世纪时曾是很重要的聚落。繁忙的街道被5座城门围绕，曾经这里还有7座修道院。

现在大概很难想象当年的盛景，但要知道伊丽莎白一世（Elizabeth Ⅰ）曾经是考虑将三一学院建在特里姆的。在都柏林出生的威灵顿公爵（Arthur Wellesley）曾在特里姆的塔尔博特城堡和圣玛丽修道院修习。

今日，特里姆的辉煌历史随处可见，除了有充满情调的遗迹，街道上仍可看到当年狭小的工人小屋。

景点

★特里姆城堡　城堡

（Trim Castle; King John's Castle; www.heritageireland.ie; 成人/儿童 包含游览 €4/2; ⌚3月中旬至10月 每天 10:00~18:00，11月至次年3月中旬 周六和周日 9:00~17:00）它足以证明特里姆在中世纪的重要性，这座保存得相当完善的建筑是爱尔兰最大的盎格鲁-诺曼碉堡。特里姆城堡是由爱尔兰的拉西（Hugh de Lacy）于1173年所建，建后不到1年却被爱尔兰最后一任至高王Ruaidrí Ua Conchobair摧毁。今日所见的建筑体是在1200年左右开始兴建的，自那以后几乎没有整修过。

有趣的游览行程包括爬上又窄又陡的阶梯，因此并不适合幼童或是行动不便的人前往。也提供自助导览游。

整个盎格鲁-诺曼时期，这座城堡都占据着Pale西部相当重要的战略位置，此区全被盎格鲁-诺曼人占据。过了特里姆之后则是一片荒野，爱尔兰的地主们与诺曼人的战火从未停歇，为了名声、权力和土地不惜拼个你死我活。在16世纪，城堡开始没落，到了1649年，当整座城镇被克伦威尔（Cromwellian）攻陷时，城堡也被严重波及。

城堡有2公顷绿地，由25米高的石墙所围绕，位于诺曼城寨。里面分为3层，最底层中间由一堵墙分隔开来。中央堡垒的外面则是历史更早的城墙遗迹。

对外的主围墙有450米长，大部分都保持完好，从1250年至今仍屹立不倒，包括8座高塔和1间门房。这里也有不少座突袭城门，让抵抗外侮的士兵们也可从小门出去主动迎敌。外墙最精致的部分从博因河穿过都柏林门（Dublin Gate）那段开始一直延伸到Castle St上。

★圣帕特里克大教堂　主教座堂

（St Patrick's Cathedral Church; Lornan St; ⌚8:30~17:00）免费 在圣帕特里克所看见的巨型尖塔部分源自15世纪，但是一直到1955年这里才被封为大教堂。仔细看看这里精致的彩绘玻璃窗，其中一扇表现的就是圣帕特里克在塔拉山上传教的画面。这里的开放时间会根据宗教服务与活动略有调整。

圣玛丽修道院和塔尔博特城堡　遗迹

（St Mary's Abbey & Talbot Castle）从特里姆城堡看过去，博因河的对岸就是12世纪的奥古斯丁式建筑遗迹圣玛丽修道院，它于1368年遭遇火灾后重建，过去曾有一尊特里姆圣母（Our Lady of Trim）木雕，因其神迹般的能量而深受信徒崇敬。

1415年，约翰·塔尔博特爵士（Sir John Talbot）将部分修道院改建成庄园，他随后升任总督，庄园被后人称为塔尔博特城堡。

在城堡北边的墙上你可以看到塔尔博特的家徽。塔尔博特在1429年赴法国参战，于奥尔良被圣女贞德打败。他沦为俘虏，被释放后继续攻打法国直至1453年，因而被称为“法国的祸害”，甚至还被写入莎士比亚的《亨利六世》剧作中：“这难道是人人闻之丧胆、姓名被母亲们用来吓唬小孩的塔尔博特？”

Trim 特里姆

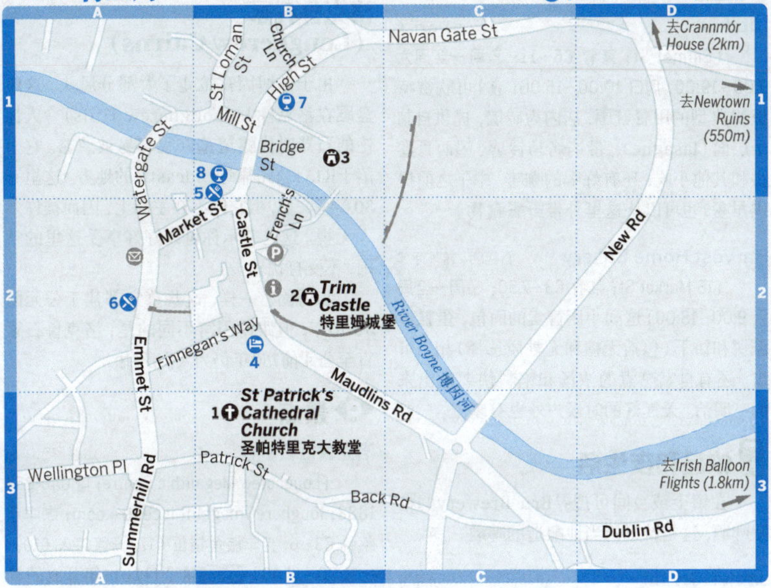

1649年，克伦威尔的军队入侵特里姆，一把火将受人尊敬的雕像烧毁，也摧毁了部分修道院。在18世纪初，塔尔伯特城堡由乔纳森·斯威夫特（Jonathan Swift）的情妇Esther 'Stella' Johnson持有。之后斯威夫特又从情妇手中买回所有权，在城堡住了1年。从1700年直到1745年过世期间，乔纳森·斯威夫特一直是Laracor的神职人员，那个地方位于特里姆东南3公里处。较为特别的是自1713年，他同时也担任着都柏林的圣帕特里克大教堂的主持牧师。

修道院的西北边是40米长的Yellow Steeple，过去曾是修道院的钟塔，从1368年起便是如此，但后来却被克伦威尔的士兵破坏。钟塔的名称来自黄昏时的石墙颜色。

修道院的东边遗迹中有一部分是14世纪所建的城墙，包括绵羊门（Sheep Gate），它也是这城镇5座城门中唯一幸存下来的。过去此城门在21:00至次日4:00之间关闭，且需为入城待售的羊付过路费。

Trim 特里姆

重要景点

1 圣帕特里克大教堂 B3
2 特里姆城堡 B2

景点

3 圣玛丽修道院和塔尔博特城堡 B1

住宿

4 Trim Castle Hotel B2

就餐

5 Harvest Home Bakery B1
6 Kitchen A2

饮品和夜生活

7 James Griffin B1
8 Sally Rogers B1

住宿

★ Trim Castle Hotel 酒店 €€

（☎046-948 3000; www.trimcastlehotel.com; Castle St; 标双/家 €85/135起; @🛜👪）好几公顷的闪亮大理石地面让门厅更具现代感，酒店就在特里姆城堡对面。里面有些风格时尚的房间，附有阳台（试试预订225号房）。在酒店的屋顶露台可眺望整座特里姆城堡，无论早餐还是正餐，在酒吧或高级餐厅Jules Res-taurant（只在周五和周六晚间营业）享用的佳肴均是顶级的。

就餐

Kitchen
咖啡厅 €

（Emmet St；菜肴 €6~11；周一至周六9:00~19:00，周日10:00~15:00；）可欣赏特里姆典型的用餐氛围，店内为砖墙，提供自制千层面（lasagne）、带馅烤马铃薯、墨西哥卷饼和其他小吃，还有好喝的咖啡。中午之前提供早餐，也可以从这里外带野餐食物。

Harvest Home Bakery
面包店、咖啡厅 €

（18 Market St；菜肴 €3~7.50；周一至周六 9:00~18:00）这间小店售卖的面包、蛋糕、派饼和饼干（包括无糖和无麸质选择）相当可口。还有自家烹煮的浓汤和馅料快要溢出来的三明治。天气好的时候户外也有座位。

饮品和夜生活

在镇上或乡间可搜寻Brú Brewery的精酿啤酒，这是特里姆当地酿造的啤酒。

James Griffin
小酒馆

（www.jamesgriffinpub.ie；High St；周一至周五 15:00~23:30，周六 13:00至次日0:30，周日 13:00~23:00；）这间获奖无数、历史悠久的小酒馆从1904年就开始营业了，这里提供传统音乐演奏（周一和周四）、乐团演奏（周五）和DJ打碟（周六）。室内装潢传统，是典型的爱尔兰小酒馆，热情欢迎每一位游客前来。

Sally Rogers
小酒馆

（Bridge St；19:00至深夜）路过可以进来喝一杯，享受一下可眺望河岸的露台风景。周末有现场音乐演奏，届时会涌入很多人。

实用信息

位于市政厅（Town Hall）的**游客中心**（Tourist Office；046-943 7227；www.meath.ie；Castle St；周一至周六 9:30~17:30，周日13:00~17:00）提供许多旅游资讯和服务，有步道地图和咖啡厅，还有家谱中心。

当地交通

Bus Éireann运营往返特里姆和都柏林的班车（€13，1小时，每天11班）。

洛克鲁石冢（Loughcrew Cairns）

由于被博因宫抢走了大部分风头，这座盘踞在洛克鲁山（Loughcrew Hills）令人惊艳的石器时代隧道墓穴很容易被忽略。它坐落于R154公路靠近Oldcastle的地方。这里有30多座坟墓，但它们不在主路上，因而被许多人无视。这也表示你可以好好享受这里的氛围，不受打扰。

和博因宫一样，这些墓穴都建于公元前3000年，但跟博因宫不同的是，洛克鲁石冢直至公元前750年仍为人们所用。

景点

洛克鲁巨石中心
游客展示中心

（Loughcrew Megalithic Centre；049-854 1888；loughcrewmegalithiccentre.com；咖啡厅菜肴 €3~6，青年旅舍铺位 €17，帐篷每人 €10；11:00~17:00）免费 这个自2015年开放的景点虽然小却有座博物馆，里面有许多巨石文化的相关资料，还有咖啡厅、青年旅舍和露营地。这里全年都会推出特别活动（例如日志和评分项目）。请与中心联络询问如何取得到附近的石冢T（Cairn T）的钥匙。

中心位于凯尔斯（Kells）西边20公里处，可经由R154和L2800抵达。你需要自行驱车前往。

劳斯郡（COUNTY LOUTH）

人口 122,900/面积 826平方公里

爱尔兰最小的郡[它的绰号极小之郡（the Wee County）由此而来]在“凯尔特之虎”期间因其邻近都柏林而蓬勃发展，目前正缓慢而稳定地从之前的经济震荡中复苏。

在5世纪和6世纪，劳斯郡是爱尔兰的中心，有富裕的宗教社群，如莫那斯特博伊斯（Monasterboice）的修道院和梅利方特的西多会修道院。12世纪诺曼人入侵时，带动了邓多克（Dundalk）和博因河对岸的两座城镇的发展，河对岸的城镇在1412年合并为德罗赫达，是此郡现今最大的城市。

从都柏林出发一日即可轻松往返劳斯，但建议多待几天，好好探索这片土地。

Drogheda 德罗赫达

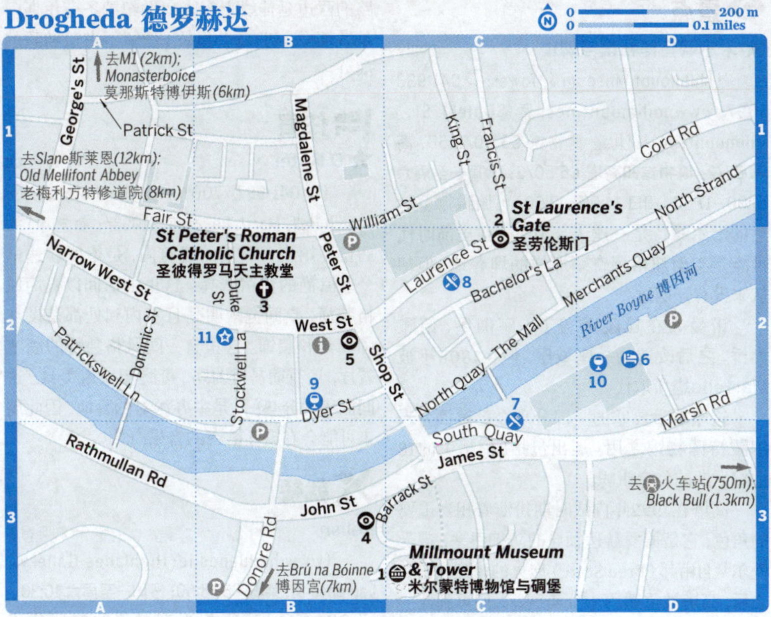

德罗赫达(Drogheda)

人口 38,578

位于都柏林北边48公里处的德罗赫达是一座历史悠久的要塞城镇，俯瞰整条博因河。这里有许多精致的老建筑、一座宏伟的大教堂和丰富的博物馆，很适合来一趟文化之旅。同时，这边气氛浓厚的小酒馆、精致的餐厅、众多住宿场所和便利的交通让旅行者将其列为目的地之一。

德罗赫达位于博因河谷河流弯道处，早在910年就是兵家必争之地，当时的戴恩族人(Danes)在此建造了一个防御性聚居点。到了12世纪，诺曼人又加建了桥梁和另外两处隔河相望的聚居点。15世纪，德罗赫达跻身爱尔兰四大城墙城市之一。

17世纪的情况一度很糟，当时德罗赫达变成了克伦威尔1649年爱尔兰大屠杀的头号目标。到了1690年可谓每况愈下，当时适逢博因河之战，德罗赫达所支持的军队在被詹姆士二世(James Ⅱ)击溃之后当天就投降了。

虽然后"凯尔特之虎"时期也让德罗赫达欲振乏力，但新的建设在这里持续开展，尤其是在河岸前排一带，因其多元文化融合的特性而欣欣向荣。

Drogheda 德罗赫达

重要景点
1 米尔蒙特博物馆与碉堡 C3
2 圣劳伦斯门 C2
3 圣彼得罗马天主教堂 B2

景点
4 Butter Gate B3
5 Tholsel B2

住宿
6 D Hotel D2

就餐
7 Kitchen C3
8 Relish C2

饮品和夜生活
9 Cagney's B2
10 WM Cairnes & Son D2

娱乐
11 Drogheda Arts Centre B2

景点

★米尔蒙特博物馆与碉堡　博物馆

（Millmount Museum & Tower；☎041-983 3097；www.millmount.net；紧邻Duleek St，Millmount；成人/儿童 博物馆 €3.50/2.50，高塔 €3/2，博物馆和高塔 €5.50/3；⊙周一至周六 10:00~17:30，周日 14:00~17:00）可俯瞰德罗赫达的米尔蒙特是一座人工丘陵，在史前时代可能是类似纽格莱奇墓那样的埋葬地，但却从来没有开挖过。

诺曼人在丘陵上盖了一座碉堡，俯瞰大桥。之后改造为一座城堡，但在1808年被Martello塔所取代。

这座军事要塞的一部分现今已被挪为米尔蒙特博物馆之用。展出包括3幅精美的18世纪后期的公会旗帜。

高塔在1922年内战时期扮演着相当重要的角色，它是德罗赫达领导的防御堡垒，遭受爱尔兰自由邦（Free State）炮火的惨烈攻击。之后，高塔被重建得十分美观，人们可到此一览极好的城镇景观。

博物馆的其他亮点包括一间介绍克伦威尔在德罗赫达的惨烈之战和博因之战的展览室。铺着鹅卵石的地下室陈列着过去各式器具和厨房用品。庭院的另一边则是偶尔因展览才对外开放的Governor's House。这里有间不错的餐厅，名为Tower。

米尔蒙特的西北方有一座13世纪的城门Butter Gate，亦有座十分醒目的高塔和拱形通道。

★圣彼得罗马天主教堂　教堂

（St Peter's Roman Catholic Church；West St；⊙8:30~17:00）在这栋十字建筑北边的铜和玻璃展示盒中所陈列的是令人毛骨悚然的圣奥利维（St Oliver Plunkett）的头颅（1629~1681年），可说是这座教堂最吸引人的亮点（其他烈士则在1681年实行绞刑时与他分开了）。事实上这座建筑由两座教堂合二为一，一座是在1791年由弗朗西斯·约翰斯顿（Francis Johnston）所设计的经典风格，另一座则是19世纪末新增的新哥特式风格。教堂开放时间不固定。

★圣劳伦斯门　历史遗迹

（St Laurence's Gate）在这座城市主要道路的西边延伸线上有座13世纪的圣劳伦斯门是城墙（最初有3公里长）遗留下来最精致的部分。

住宿

★D Hotel　酒店 €€

（☎041-987 7700；www.thedhotel.com；Scotch Hall, Marsh Rd；标双 €109起；@📶👪）酒店位于嬉皮又时尚的建筑内，是德罗赫达最令人惊艳的住宿选择。这里的房间以极简风格装潢，空间宽敞明亮且室内到处都是设计师家具和装饰。这里有一间风格独特的酒吧餐厅，还有简易健身房，可眺望城市美景。这间酒店十分热门，是举办派对的胜地，因此周末可能会有震耳欲聋的音乐声。

就餐

Relish　咖啡馆 €

（www.highlanes.ie；Highlanes Gallery, Laurence St；菜肴 €6~8.50；⊙周一至周六 10:30~17:00；📶👪）这间相当有灵气的餐厅位于Highlanes Gallery，提供佛卡夏面包（focaccia）、贝果（bagel）和各式三明治，还有熏鲑鱼。这里还提供可口的水果塔（tart）、每日特价餐（意大利面和汉堡）和每日甜点，比如热苹果派。还有很多无麸质餐点可供选择。

★Kitchen　地中海菜 €€

（☎041-983 4630；http://kitchenrestaurant.ie；2 South Quay；主餐 €17~28；⊙周三 11:00~21:00，周四至周六 11:00~22:00，周日 正午至21:00；📶👪）🌿餐厅拥有鲜绿色的外墙，内装却是蓝莓色调。作为德罗赫达最棒的餐厅之一，简直实至名归。这里的餐食主要为当地农地采收，还有世界各地的食材，如塞浦路斯哈罗米干酪和西班牙塞拉诺火腿。面包是现场手工制作的，酒水种类很多。千万别错过盐和焦糖烘烤的阿拉斯加甜点。

饮品和夜生活

WM Cairnes & Son　小酒馆

（www.wmcairnes.com；Scotch Hall；主菜 €11~26；⊙周日至周四 11:00至午夜，周五和周六 至次日2:00）现代感十足的小酒馆WM Cairnes & Son有得天独厚的河岸景观，周四至周一提供现场演奏音乐和精酿啤酒。

千万别错过了酒馆和厉害酒吧的经典菜肴：牛肉和吉尼斯馅饼配传统的高丽菜泥（colcannon）、用Dan Kelly酒蒸煮的淡菜和厚厚的咬一口下巴几乎要脱臼的汉堡。

Cagney's 酒吧

（3 Dyer St；⏲周一至周四 10:30~22:30 周五和周六 至次日0:30，周日 正午至23:00）经典的Cagney在昏暗的灯光下拥有暧昧的氛围，在觥筹交错之间的微妙情绪与黑暗色调装潢的啤酒花园相得益彰。

☆ 娱乐

Drogheda Arts Centre 表演艺术

（☎041-983 3946；www.droichead.com；Narrow West St）戏剧、音乐、喜剧、电影和视觉艺术都在这里呈现，德罗赫达艺术中心提供固定的工作坊活动，如绘画课程等。

ℹ 实用信息

旅游局（☎041-987 2843；http://drogheda.ie；1 West St；⏲周一至周六 9:30~17:30）位于充满历史的**Tholsel**（West St和Shop St的交叉路口）里面，它是一座18世纪的莱姆石建筑，曾经是市政厅。

ℹ 到达和离开

长途汽车

Bus Éireann运营班车从德罗赫达至都柏林（€8，1小时，1小时1~4班）和邓多克（€7，30分钟，1小时1班）。

Matthews（☎042-937 8188；Http://Matthews.Ie）也提供每小时1班或班次更密集的客车前往都柏林（€9）和邓多克（€9）。

火车

火车站就在Dublin Rd上，德罗赫达位于贝尔法斯特至都柏林的主要干线上（都柏林€14，45分钟；贝尔法斯特€20，1.5小时）。往返各有6班快速列车（和多班慢速列车）。

ℹ 当地交通

德罗赫达的街道十分集中且方便步行，许多景点都可以骑自行车抵达。

Quay Cycles提供自行车租用服务（☎041-983 4526；www.quaycycles.com；11a North Quay；每天费用€14起；⏲周一至周六 9:00~18:00）。

德罗赫达周边（Around Drogheda）

老梅利方特修道院 遗迹

（Old Mellifont Abbey；☎041-982 6459；www.heritageireland.ie；Tullyallen；遗迹门票免费，游客中心成人/学生 €4/2；⏲遗迹全年24小时无休，游客中心 6月至8月 10:00~18:00）这座盎格鲁-诺曼风格的修道院距离德罗赫达主干道Collon Road（R168）1.5公里，曾是西多会在爱尔兰的第一座且最具规模的修道院。遗迹已被挖掘得差不多，相当值得一看，遥想昨日光辉应更甚于此。

梅莉方特最醒目的建筑体，也是爱尔兰境内最精致的西多会建筑遗迹就是13世纪建成的澡堂，曾是修士们盥洗的八角形空间。

在热水蒸气旁边很适合闲聊，游客中心也将修士们的生活描绘得巨细无遗。

12世纪中叶，爱尔兰的修士生活风气已变得奢华糜烂，暗生腐败。在1142年有位邓恩的主教马拉齐（Malachy）邀请了一些正派的教士们从法国克莱尔沃（Clairvaux）来此地设置分支教会，希望借此影响当地的神职人员。但可想而知，爱尔兰修士与法国来的修士格格不入，不久后，法国修士便打道回府了。即便如此，梅莉方特的建设仍在持续，10年内增盖了9间西多会修道院。梅莉方特最后成为21间修道院的母院，鼎盛时期超过400位修士居住于此。

1556年，在《解散修道院法令》（*Dissolution of The Monasteries*）颁布之后，修道院土地之上盖起了一座都铎风格庄园。

卡文郡（COUNTY CAVAN）

人口 73,185/面积 1932平方公里

卡文是划船、钓鱼、散步、骑行爱好者和艺术家的天堂。以"湖之郡"著名的卡文郡终年都有合适的湖泊等着你去探索。此郡也因原始的粗捕捞法远近驰名。在湖泊之间则是一片水乡泽国，有沼泽和鼓丘相连。卡文郡穿过香农河源头奎尔卡山脉（Cuilcagh

Mountains)的步道也很迷人，这里是300公里长的香农河的源头。娴静又充满原始情调的景观尤其是宁静的香农-厄恩水道很适合水文之旅。

此郡历史特殊，小村庄Ballyconnell附近的Magh Sleacht平原上有5世纪的德鲁伊教(Druidic)中心。当圣帕特里克忙着教化爱尔兰人信基督教时，这里到处都是古时的坟墓、立石和石圈等。盖尔的O' Reilly宗族一直占有这片土地直至16世纪被英国人攻克才拱手让位。身为阿尔斯特种植时期(Ulster Plantation)的一部分，卡文郡被英格兰和苏格兰先民们一分为二。1922年的独立战争之后，卡文、莫纳亨和多尼戈尔等郡才联合成立共和国。

卡文郡的湖泊造就了错综复杂且狭窄的道路。在这里，你可以花点时间享受转弯处惊现的美景。

巴特勒斯布里奇(Butlersbridge)

从卡文沿着N3往北边走7公里你就会经过巴特勒斯布里奇。不妨到Annalee河畔走走，河边很适合野餐。

除此之外，还可以到**Derragarra Inn**(http://murphsbistro-derragarra-inn.com; 主餐€16.50~29; ⏲厨房 周一至周五 正午至21:00，周六至21:30，周日 12:30~21:00)用餐。它是一间被藤蔓覆盖的小酒馆，里面由木头装潢，还有可眺望河畔与圣艾登教堂(St Aidan Church)的啤酒花园。这里的美食还不错(塞满羊奶酪和培根包覆的烤鸡；用苦艾酒酱腌渍的鲑鱼和鳕鱼)，周末还有现场音乐演奏。

位于巴特勒斯布里奇西边5.5公里处、L1511路上的**Cavan Canoe Centre**(☎087 290 5752; http://cavancanoeing.com; inishmore; 单人/双人 皮艇半天 €20/30，独木舟 €30，防寒衣半天 €5; ⏲4月至10月，须预约)提供独木舟和单人或双人皮艇的出租服务，可探索当地的水道，还提供防寒衣。

克洛弗希尔(Cloverhill)

小村庄克洛弗希尔坐落在巴特勒斯布里奇北边4公里处的N54路上，以其获奖的餐厅而驰名。餐厅位于1884年的老邮局内，名为**Olde Post Inn**(☎047-55555; www.theoldepostinn.com; 5道菜主餐 €63，8道菜品味套餐 €82，4道菜周日午餐 €35; ⏲周三至周六 6:30~21:30，周日 12:30~14:30; ✎)。创意十足的当地厨师Gearoid Lynch所烹煮的当代料理以传统食材如安康鱼、鲑鱼、鸭肉和羊肉为主。前身为邮局的居住区则有6间改建的客房(单/双€65/100)，房间内以豪华的地毯与昂贵的织物装饰。

卡文郡西北部(Northwestern Cavan)

卡文郡西北部位于奎尔卡山脉的背面，相当荒凉，但也是爱尔兰风景相当优美的地方。这里的公共交通有限，得自行开车前往。

布莱克来恩及周边(Blacklion & Around)

人口 174

卡文郡荒无人烟的一角布莱克来恩被卡文之路(Cavan Way)一分为二，小村庄离贝尔库河(Belcoo River)不到50米，再往北走就是北爱尔兰的弗马纳郡(County Fermanagh)。

美食爱好者会专程前来“朝圣”，品尝当地的美味佳肴。

长途汽车的服务有限，你得自行开车前往。

景点

★ **卡文巴伦公园** 历史遗迹

(Cavan Burren Park; Www.Cavanburren.Ie; Tullygobban Hill; ⏲停车场 9:00~19:00) 免费 位于布莱克来恩南边3公里处，就在奎尔卡山脉公园内，被卡文之路一分为二的卡文巴伦公园是另一座超凡脱俗的巨石遗迹。它在19世纪70年代被发现，但直到20世纪50年代才开始考古挖掘，2014年正式命名为卡文巴伦公园。这里的亮点包括公元前500年的碉堡建筑，还有公元前2500年的Giant' s Grave楔形墓。自助资讯小站提供互动式面板的说明，这座位于山上的木制服务小屋也十分值得一看，

值得一游

莱斯利城堡

莱斯利城堡(Castle Leslie; ☎047-88100; Www.Castleleslie.Com; Glaslough; 标双 €170起; 📶)位于R185上莫纳亨镇东北方11公里处，是座美轮美奂的维多利亚式建筑，由莱斯利家族[其祖先可追溯至阿提拉匈奴大帝(Attila The Hun)]于1665年购入。这座城堡有维多利亚式浴池以及一座马术中心(1小时€35起)；餐厅有口味繁复的**Snaffles Brasserie**和高档的**Conor's Bar**。公众区域提供Wi-Fi。

位于主屋的20间客房每一间都有故事：W.B.叶芝(WB Yeats)曾在红色房间(The Red Room)住过，里面有爱尔兰第一座浴缸；另外还有诺曼叔叔房间(Uncle Norman's Room)，住客们曾安眠在哥特式四柱床架上。狩猎屋则有30间客房，内部装潢从华丽的传统丝绸到当代极简风格，不一而足。

奇幻感十足。

莫纳亨郡 (COUNTY MONAGHAN)

人口 60,490/面积 1295平方公里

莫纳亨郡安静、高低起伏的地貌因其小巧圆顶状的山丘而驰名，好似贴坏的壁纸上一个个凸起的泡泡。这些"泡泡"被称为鼓丘，是最后一次冰河时期冰川流过的痕迹。莫纳亨郡的湖泊吸引了无数钓鱼爱好者前往，但除此之外没什么游客，因此相当宁静。

与其他郡不同，莫纳亨在阿尔斯特种植时期几乎没有受到影响。然而在克伦威尔战争之后，当地的地主被迫以低价出售土地，或被克伦威尔军官强占或被没收。

在19世纪初，蕾丝制造业成为当地重要的经济产业，给妇女提供了工作的机会与收入，至今还可以在这里看到精美的手工刺绣。

伊尼斯基恩(Inniskeen)

人口 292

知名的诗人帕特里克·卡瓦纳(Patrick Kavanagh, 1904~1967年)就出生在美轮美奂的小村庄伊尼斯基恩，它位于卡里克马克罗斯(Carrickmacross)东北边10公里处。

帕特里克·卡瓦纳的长篇作品《大饥荒》(*The Great Hunger*, 1942年)打破了早期盎格鲁爱尔兰诗词创作中的陈腔滥调，反映了爱尔兰贫苦的农家生活与饥饿、赤贫和性压抑等问题。他最广为人知的诗篇《在拉格伦的路上》(*On Raglan Road*, 1946年)则是为歌咏不求回报的爱所作。在爱尔兰传统广播剧《黎明曙光》(*The Dawning Of The Day*)播出后更是让他家喻户晓，由范·莫里森(Van Morrison)、马克·诺弗勒(Mark Knopfler)、比利·布雷格(Billy Bragg)、奥康纳(Sinéad O' Connor)与其他知名人士参与演出。

帕特里克·卡瓦纳资料中心(Patrick Kavanagh Resource Centre; ☎042-937 8560; www.patrickkavanaghcountry.com; 成人/儿童 €5/3; ⏲全年 周二至周五 11:00~16:30; 6月至9月 周日 15:00~17:30)位于一座古老的教堂内，是当年帕特里克受洗的教堂，他去世后所葬的墓园也属于教堂。这里的服务人员对介绍他的生平热情很高，很容易感染游客，中心每年也会举办活动，包括7月底至8月初举办的**作家周末活动**。

在中心的网站上还可以查到**文学游览**的资讯。你可以开车或步行前来此区，并欣赏村里的风景，或是在美丽的乡间道路上徒步(全程5.6公里)。

伊尼斯基恩位于Bus Éireann长途汽车往返邓多克(€5.50, 15分钟)和卡里克马克罗斯(€4.10, 20分钟)的线路上，周一至周六每天4班。

格伦达洛

步行游览

游览格伦达洛是一次穿越古代历史的旅行，也是一次令人神清气爽的山丘远足。古代修道院由圣凯文（St Kevin）在5世纪创立，到9世纪发展得十分兴旺，但1398年之后便逐渐衰落，至今已成断壁残垣。不过，这些记录着昔日峥嵘的石块可不是在别的地方随随便便就能见到的。

从❶**主入口大门（Main Gateway）**开始到修道院城，你会发现一大片遗迹，那里有一座10世纪修建的❷**圆塔（Round Tower）**（保存得极其完好）、❸**圣彼得和圣保罗主教座堂（Cathedral of Sts Peter & Paul）**，还有❹**圣凯文厨房（St Kevin's Kitchen）**：虽然叫作厨房，它其实是一座教堂。穿过一条小溪，便是著名的❺**鹿石（Deer Stone）**，传说当年凯文就是在这里给母鹿挤奶的。然后沿着这条路一路西行。此处距离❻**上湖（Upper Lake）**有1.5公里，可步行前往。湖的南岸也有一片遗迹，包括❼**里福特教堂（Reefert Church）**，这是一座朴素的11世纪罗马风格教堂，曾是当地望族O'Toole家族的墓地，还有❽**圣凯文洞（St Kevin's Cell）**，一处空间狭小的石头遗迹，据说圣凯文曾经生活在那里。

圣凯文

498年，年轻的僧侣凯文来到山谷，试图寻找一处宁静的隐居之所。据说他在一位天使的指引下发现了一座青铜时代的坟墓，也就是现在的“圣凯文的床”。整整7年间，他睡在石头上，身披兽皮，以荨麻和草药维生，传说他还掌握了与飞禽走兽沟通的能力。根据传说，有一天，凯文需要给两个孤儿喂奶，这时一头母鹿出现在鹿石旁让他挤奶，拯救了孤儿的生命。

凯文很快吸引了一批门徒，修道院规模逐渐扩大。到9世纪，格伦达洛修道院的规模已经与科隆玛诺伊不相上下，成为爱尔兰首屈一指的修道院城。传说凯文一直活到120岁。1903年，他被尊奉为圣徒。

FIONN DAVENPORT ©

圣凯文洞

这处狭窄的小洞被认为是圣凯文进行祷告和禅修的地点。请不要与“圣凯文的床”相混淆：后者是他睡觉休息的岩洞。

FIONN DAVENPORT ©

鹿石

正是在这里，圣凯文真正成了能与百兽沟通的使者。这块石头其实是一台用来研磨食物和药材的大型研钵，在爱尔兰语中叫作bullaun。

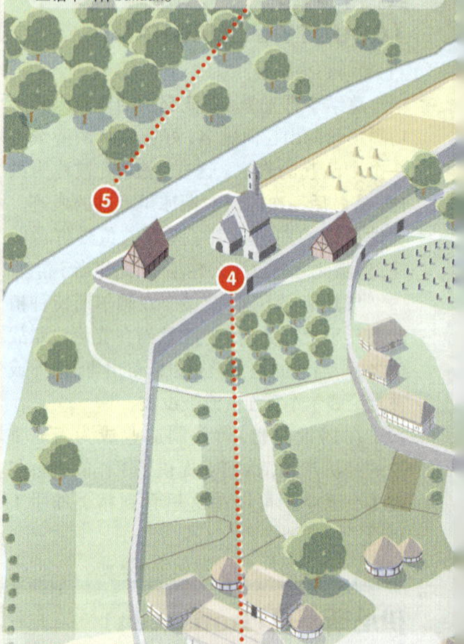

圣凯文厨房

这座小教堂的不寻常之处在于它有一座伸出屋顶的圆塔——乍看好像一座烟囱，所以才得到了“厨房”的昵称。

FIONN DAVENPORT ©

里福特教堂

里福特教堂的名字源于爱尔兰语“righ fearta”，意为“王者埋葬地”。当地的名门望族O’Toole家族有7位亲王都埋葬在这座结构简单的教堂里。

上湖

圣凯文最初的落脚点位于上湖湖畔，这是格伦达洛周边的两座湖泊之一，格伦达洛这个名字意为“湖间山谷”，正是因这两座湖泊而来。

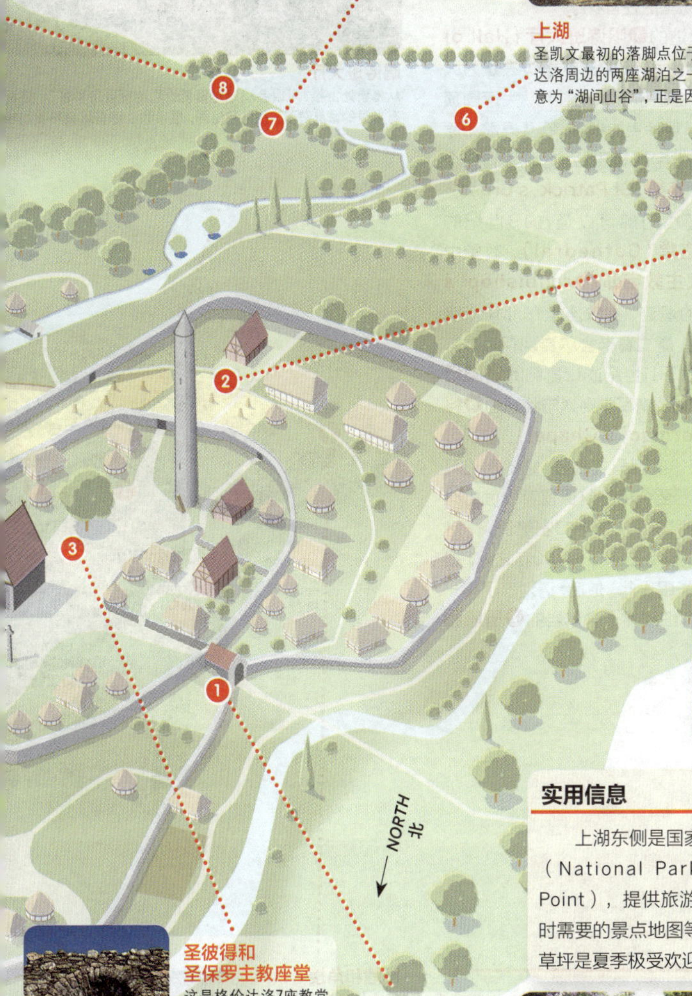

圆塔

格伦达洛最著名的地标就是这座高达33米的圆塔，建筑部分依然保留着1000年前新建时的样貌，只有塔顶在1876年遭到雷击后进行了修缮和更换。

实用信息

上湖东侧是国家公园信息咨询处（National Park Information Point），提供旅游资料和步行观光时需要的景点地图等。咨询处门前的草坪是夏季极受欢迎的野餐地点。

圣彼得和圣保罗主教座堂

这是格伦达洛7座教堂中规模最大的一座，在10~13世纪逐渐修建起来。最早建起的部分是教堂中殿，在这里依然可以看到用于支撑木屋顶的门廊柱（墙壁末端略微突起的圆柱）。

主入口大门

教堂建筑现存的唯一出入口是两道拱门。你会注意到内拱高于外拱，这是为了与堤道的上倾坡度相适应。

卡舍尔岩

在长达1000年的时间里，卡舍尔岩一直是权力的象征，也是统治该地区的国王和教士的大本营。探索这座恢宏的建筑，可以让我们更好地了解爱尔兰精彩纷呈的往昔岁月。

从15世纪建造的❶唱诗班大厅（Hall of the Vicars Choral）进入，这里过去是为大教堂唱诗班的男性歌手提供的住所。大厅圆顶地下室内，可以参观珍贵的银器，石头浮雕和原始的圣帕特里克十字架等展品。庭院里有一个❷圣帕特里克十字架（St Patrick's Cross）的复制品。一道小门廊可以通往13世纪的哥特式❸主教座堂（Cathedral）。教堂中殿的西边是❹大主教宅邸（Archbishop's Residence）的遗迹。主教座堂东北角十字形耳堂的北堂处，矗立着卡舍尔岩现存最古老的建筑：一座修建于11世纪或12世纪的❺圆塔（Round Tower）。南耳堂则通向壮观的❻科马克礼拜堂（Cormac's Chapel），这很可能是爱尔兰的第一座罗马式教堂，它的历史可以追溯到1127年，至今仍完整保留着中世纪时期的跨欧洲建筑风格。从主入口左侧进入，可以看到一具石棺，年代在1125~1150年之间。据说科马克国王就长眠于此。最后，请别忘了花一些时间，近距离仔细欣赏卡舍尔岩的❼围墙和角楼。

独家贴士

» 要想将气势恢宏的卡舍尔岩全景尽收眼底，为摄影者推荐的取景位置是从Dublin Rd环岛通向城堡的道路上，或者从城堡中心西边的小路上进行拍摄。

» 不过，最好的拍摄位置还要数北部1公里的霍尔修道院（Hore Abbey），从高耸的建筑遗迹远眺卡舍尔岩。

JOHN ELK/GETTY IMAGES ©

唱诗班大厅

从售票处上楼，可以参观经过修复的唱诗班厨房和餐厅，还配有当时的家具陈设、挂毯和绘画，屋顶和画廊有雕刻精美的椽木板。

围墙和角楼

约在15世纪时用石灰砂浆建造，最初共有5扇大门，石墙围住了整座城堡。现存的这座角楼被认为是当初的瞭望塔。

TRAVEL INK/GETTY IMAGES ©

圣帕特里克十字架

城堡庭院里的这座十字架是唱诗班大厅因年久而磨损的十字架的复制品——那是一个令人印象深刻的12世纪的十字架，一面描绘了耶稣受难的场景，另一面则雕有百兽图案。

GEORGE MUNDAY/GETTY IMAGES ©

大主教宅邸

主教座堂西边是大主教的宅邸，这是一座修建于15世纪的4层城堡，大厅在教堂中殿上修建，缩短了中殿的长度。城堡在18世纪中叶之后便无人居住。

主教座堂

主教座堂的西南角上矗立着一座设有炮塔的方形塔楼。周围分布着许多纪念碑、一座16世纪的祭坛、大量武器装备和曾经装饰在柱头和枕梁上的石头像。

JOE CORNISH/GETTY IMAGES ©

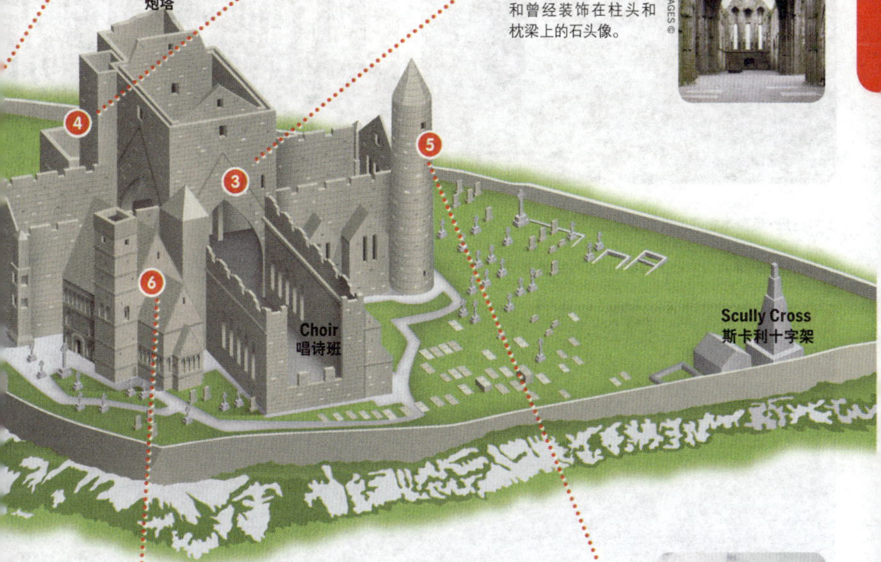

TRISH PUNCH/GETTY IMAGES ©

圆塔

这座古老建筑高达28米，仅入口就有3.5米高，这种设计可能是出于结构性考虑而不是防御性因素。其确切年代尚不明确，或可追溯至1101年。

科马克礼拜堂

仔细观察，你会看到精致的门廊拱门，主祭坛大拱门和带有肋条的桶式穹顶，上面雕刻着精美的装饰图案，比如尾巴分成三叉的怪物和头戴诺曼头盔的半人马张弓搭箭射向一头发怒的狮子。

STEPHEN SAKS/GETTY IMAGES ©

WAYNE WALTON/GETTY IMAGES ©

1. 丹尼·奥斯本塑造的奥斯卡·王尔德雕像（见78页）
2. 圣三一学院图书馆的长厅（见62页） 3. 塞缪尔·贝克特桥
4. 马乔里·菲茨吉本塑造的詹姆斯·乔伊斯雕像（见86页）

BRUNO BARBIER/GETTY IMAGES ©

文学都柏林

世界上还有哪个规模相当的城市能在文学影响力方面赶超都柏林呢？都柏林不仅有诺贝尔奖得主，还有许多其他作者，他们创作出各种体裁的文学作品，满足不同的读者。

马什图书馆

都柏林最古老的图书馆是一幢典型的18世纪早期建筑，拥有大量古籍和手稿，其中有一些是世界上最珍贵的。

塞缪尔·贝克特

贝克特和他的伟大导师乔伊斯一样离开都柏林去了巴黎，他在那里写出了他最出色的作品，其中包括《等待戈多》(*Waiting For Godot*)，一部现代主义经典，也是他的转折点之作。2009年，一座献给贝克特的纪念桥在都柏林落成，由建筑师圣地亚哥·卡拉特拉瓦(Santiago Calatrava)设计。

詹姆斯·乔伊斯

乔伊斯是爱尔兰走出的最著名的作家，几乎将全部职业生涯都献给了一个写作主题：都柏林。他的短篇小说集《都柏林人》(*Dubliners*)依然是与首都有关的必读书目之一。

都柏林作家博物馆

收藏着与都柏林丰富的文学历史相关的各种纪念品，包括布兰登·贝汉的工会会员证和塞缪尔·贝克特的电话。

圣三一学院老图书馆

两大超级亮点：65米长的长厅令人惊叹，是爱尔兰最美丽的图书馆，而《凯尔经》是世界上最著名的带插图的福音书。

奥斯卡·王尔德

奥斯卡·王尔德是杰出的剧作家、有思想深度的诗人、儿童文学作家、著名的风趣才子，也是都柏林最受喜爱的文人。

1. 苏打面包 2. 血肠
3. 金塞尔港 4. 英国市场（见149页）

2

ROGER MAPP/GETTY IMAGES ©

4

科克郡的美食

公平而论，这个爱尔兰最大的郡可以自诩为爱尔兰美食之都。草木茂盛的牧场带来了一流的肉和乳制品，渔船在海岸附近卸下绝佳的海鲜。只要走在街上，就一定会遇到某位传统奶酪制作人、手工甜品师或精品咖啡烘焙师。

英国市场

这个始建于维多利亚时代带顶棚的市场里挤满了摊位，出售许多本地食品生产商的商品。在这个市场逛逛是游览科克市的一大亮点。在同一个屋檐下能看到一流的手工奶酪、上好的爱尔兰牛肉和最新鲜的本地鱼鲜，逛完可以去全市数一数二的餐厅享用午餐。

金塞尔

成群的建筑依偎着一片美不胜收的港口，这个完美的爱尔兰海滨小镇将缤纷多彩的街道、滨水区域的步道、工艺品店和画廊与舒适惬意的咖啡馆、传统小酒馆和高雅的葡萄酒吧结合在一起。这里还有一个热热闹闹的农夫集市和一些全国一流的海鲜餐厅。

克洛纳基尔蒂

克洛纳基尔蒂是一个生机勃勃的集市城镇，有优秀的民宿、出色的餐厅和以举办传统音乐演奏会为特色的一流小酒馆。这里还是爱尔兰最有名的血肠产地，可通过当地肉店Edward Twomey购买。

贝拉半岛和米曾角半岛

这片狭长的土地岩石密布，风景优美，有数十家手工精制食品的生产商，既包括贻贝养殖场和海盐生产商，也有果酱和泡菜制作商以及Gubbeen和Milleens等农舍企业，后者制作美味的奶酪和烟熏食品。这里甚至还有几家一流的巧克力生产商。

1

ROBERT HARDING PRODUCTIONS/GETTY IMAGES ©

1. Alan Ryan Hall旁的帕克王雕像（见174页）
2. 斯凯利格环路的农舍 3. 肯梅尔（见176页）的传统店面
4. 瓦伦西亚岛（见175页）

3

RICHARD CUMMINS/GETTY IMAGES ©

凯里环线

凯里环线是一条蜿蜒曲折的环形驾车路线，全长179公里，绕伊弗拉半岛一周，沿途的景色令人叹为观止，包括海风吹拂的沙滩、被大西洋海浪撞击的嶙峋峭壁和岛屿、中世纪的遗址、高耸的山峰，以及波光粼粼的港湾。

基洛格林

就算你正在环线上赶路，也不要错过沿线的第一座城镇（逆时针方向）。河畔村庄基洛格林有一个鲑鱼熏制房、一些出色的餐厅，在8月还会举办历史悠久的帕克节。

肯梅尔

肯梅尔浓缩了凯里郡的精华，作为凯里环线的最后一站（或第一站）很恰当。它是一座典型的爱尔兰城镇，位于海湾上（乘船游从这里出发），环境优美，丰富多彩的店铺和雅致的建筑是它的基石。

斯凯利格环路

这条18公里的环路是环线中的环线，偏离主要路线，可以带你远离人群。这是一条沿途风景荒凉而优美的驾车路线，连通波特马吉和沃特维尔，途中经过一个讲爱尔兰语的地区，巴林斯凯利格斯（Baile an Sceilg）是该地区的中心。

瓦伦西亚岛

岛屿是环线上风光秀丽的一大亮点。有些岛屿可以乘船前往，但前往美丽如画的瓦伦西亚岛更加简单，过一道短桥就可以抵达。夏天还有汽车渡船服务，从凯尔西温南边不远处出发。

凯尔丹尼尔

在凯尔丹尼尔附近，既是环线最崎岖的路段，也是风景最佳的路段。亮点包括戴瑞内恩国家历史公园（Derrynane National Historic Park）宏伟的别墅以及长满棕榈树的花园、骑马活动、一片蓝旗海滩和丰富多彩的水上活动。

1

DAVID GEE 4/ALAMY STOCK PHOTO ©

2

4

PETER UNGER/GETTY IMAGES ©

FRED GOLDSTEIN/SHUTTERSTOCK ©

3

KWIATEK7/SHUTTERSTOCK ©

1. 便士哨
又叫锡哨（tin whistle），演奏许多爱尔兰传统音乐都会用到这款乐器。

2. 奥布莱恩塔（见209页）
在杜林小径（Doolin Trail）上沿着悬崖顶部前行，欣赏沿途的风景名胜。

3. 莫赫悬崖（见209页）
这是爱尔兰最热门的景点之一，也是许多歌词的题材。

4. 传统音乐
布祖基琴（bouzouki，照片中间，曼陀林的另一个版本）是演奏传统音乐的主要乐器之一。

BARRY LEWIS/ALAMY STOCK PHOTO ©

1. 戈尔韦国际牡蛎与海鲜节 **2.** 戈尔韦的赛马
3. 戈尔韦艺术节 **4.** 帆船集会上的单桅帆船

2

HOLGER LEUE/GETTY IMAGES ©

4

戈尔韦的节日

戈尔韦深谙狂欢之道。一年到头，各种关于文化、美食和体育的庆祝活动为来这里游览提供了充分的理由。

4月，来自世界各地的作者和作家齐聚一堂，参加**库尔特国际文学节**（Cúirt International Festival of Literature; www.cuirt.ie）。如果你已经感受到了文艺气息，那就等着在这里倾听几乎每个小酒馆都有的散文、韵文和诗歌朗诵吧。

文化界热热闹闹地迎来**戈尔韦艺术节**（Galway Arts Festival; www.giaf.ie），这是一场为期两周的戏剧、音乐、艺术和喜剧盛会，在7月中旬举办。在这里有机会看到顶级剧团、乐手、喜剧演员、艺术家的演出和展览以及更多节目。**戈尔韦电影节**（Galway Film Fleadh; www.galwayfilmfleadh.com）同期举办，新锐前卫的电影作品点亮了大荧幕。

戈尔韦赛马周（Galway Race Week; www.galwayraces.com）在7月下旬或8月上旬吸引着数万名赌马者来这里寻欢作乐。这是戈尔韦最欢闹的节日，在这期间，最引人注目的是在戈尔韦市以东3公里处的Ballybrit举行的赛马。周四是真正的狂欢，到了晚上，有些人的晚礼服膝盖处已经沾满泥巴，还有人弄丢了高跟鞋。

9月的一大乐事之一是**戈尔韦国际牡蛎与海鲜节**（Galway International Oyster & Seafood Festival; www.galwayoysterfest.com）。鲜美的牡蛎产自戈尔韦湾的浅水区，品质在一年中的大部分时间里都不错，随着白天开始变短，牡蛎品质达到巅峰。**克拉伦布里奇牡蛎节**（Clarenbridge Oyster Festival; www.clarenbridge.com）是一场历史悠久的盛宴，在9月的第一周举办。

其他值得留意的节日包括：

神父特德节（Tedfest）阿伦群岛在2月下旬/3月上旬举办欢闹的神父特德节。

戈尔韦美食节（Galway Food Festival; www.galwayfoodfestival.com）戈尔韦热闹的美食节在3月下旬举办。

宝思兰鼓夏令营（Bodhrán Summerschool; www.craiceann.com）伊尼希尔在6月末为这种山羊皮手鼓举办持续5天的庆祝活动。

戈尔韦单桅帆船赛（Galway Hooker Boat Races; www.cruinniunambad.com）每年8月的第二个周末，传统的戈尔韦单桅帆船赛在这里的帆船集会（Cruinniú na mBáid）上举办。

WADE EAKLE/GETTY IMAGES ©

1. 奥布莱恩城堡（见226页），伊尼希尔岛
2. 伊尼希尔岛的田野 3. 普拉西沉船
4. 伊尼什曼岛的茅草屋

IIC/AXIOM/GETTY IMAGES ©

阿伦群岛的风景

饱经海风的吹拂和海浪的冲刷，阿伦群岛的几座岛屿上的岩石被侵蚀成沟痕累累的岩石碎片，令旅行者为之着迷。这些岩石岛屿是克莱尔郡巴伦风景区的延伸部分，岛上居民的祖先凭着难以想象的坚忍不拔创造了自己的生存文化。

伊尼什曼岛

伊尼什曼岛是阿伦群岛游客最少的岛屿，适合躲清静。徒步穿越壮美的乡间时，很少能看到其他人，每一条小路似乎都经过神秘的昔日遗址，最终回到一片只有你走过的海滩。

阿伦群岛

如果听任大自然摆布，阿伦群岛应该就是大西洋里光秃秃的岩石。但是世世代代的岛上居民花了几个世纪的时间，用双手将绿色的海藻和沙子聚集起来再铺摊开，创造出了良田。

伊尼什莫尔岛

夏天的一个周末就有数以千计的一日游游客来到伊尼什莫尔岛，观赏爱尔兰最壮观的古代奇迹之一。安格斯城堡已在大西洋上的一个峭壁顶部守卫了2000年。

伊尼希尔岛

伊尼希尔岛是阿伦群岛最小的岛屿，这里的亮点很多，一座历史悠久的城堡、几座古老的教堂和一泓有魔力的泉水只是其中的一小部分，岩石间还保存着几个世纪的历史遗址。

普拉西沉船

普拉西是经典喜剧《神父特德》(*Father Ted*)片头的“主角”，沉船在1960年的暴风雨中被冲上了伊尼希尔岛的海岸，如今仍吸引着远道而来的徒步者和游客，生锈的残骸证明了时间流逝的无情和汹涌的大西洋的力量。

OLIVER STREWE/GETTY IMAGES ©

1. 由Ronan Gillespie雕刻的叶芝雕像（见242页）
2. River Moy的夕照 3. 斯特兰德希尔（见244页）
4. Lough Glencar瀑布

叶芝之乡

斯莱戈郡的如茵丘陵、古老遗迹和简单的乡村生活启发了诺贝尔文学奖得主、诗人和剧作家威廉·巴特勒·叶芝（1865~1939年）的创作灵感，从他年轻时便是如此。虽然叶芝大半辈子都住在海外，但他经常回到这里享受湖畔风光，为本布尔宾的静谧和田园牧歌般的环境而倾心。

叶芝的灵感泉源

斯莱戈到处都是史前时代的遗迹，是个传统神话和民俗色彩丰富的灵地，这些都影响着叶芝及其作品。你可以在此地游览那些为叶芝带来灵感的景点，从Glencar中被喻为“被偷之子”的瀑布到美轮美奂的茵尼斯弗利岛，还有崎岖的都尼洛克（Dooney Rock），一路观览。

缅怀及向叶芝致敬

叶芝的传奇在此被歌颂，每年斯莱戈都会在“叶芝季”举办“Tread Softly”活动，以为期10天的爱尔兰诗歌、音乐、文学和节庆缅怀叶芝，此时你可以对其一生和作品有相当多的了解，在斯莱戈市有许多向其致敬的展览。

推荐停驻点

- **茵尼斯弗利岛**（Innisfree）这个位于Lough Gill的小岛就是叶芝创作诗歌《茵尼斯弗利岛》（*The Lake Isle of Innisfree*）的灵感来源。一开头便是最著名的那行诗：“此刻我将动身前去，去那茵尼斯弗利岛”（I will arise and go now, and go to Innisfree）。
- **本布尔宾**（Benbulben）叶芝的纪念馆位于这座险峻、标志性的山峰脚下。
- **德拉姆克利夫**（Drumcliff）这座小村庄的教堂相传是叶芝与年轻娇妻Georgie Hyde-Lee的长眠之地。
- **斯莱戈郡博物馆**（Sligo County Museum）这座精致的博物馆内展有许多叶芝的生平事迹及其作品。
- **叶芝纪念馆**（Yeats Memorial Building）这里展出叶芝的手稿及其他物品，位于斯莱戈市市中心。

CHRIS HILL/GETTY IMAGES ©

1. 埃里格尔山
埃里格尔山俯瞰着多尼戈尔西北部的景观，等待勇敢的徒步者攀登。

2. 崎岖的地貌
在多尼戈尔郡南部迈开大步，绵延至蓝色天际的群山美得惊艳。

3. 法纳德角
在一段让人印象深刻的驱车旅行之后，你会看到法纳德角顶端的灯塔矗立在终点，周边的景色如诗如画。

4. 法纳德角半岛
乡间农舍散布在大西洋海边悬崖之上。

TRISH PUNCH/GETTY IMAGES ©

1

2

香农-厄恩水道

爱尔兰的两条主要水系香农河与厄恩河优雅地穿过田野乡间，在水乡泽国与高低起伏的米德兰兹绿地间穿梭。在这两条河流经的地区，河水的灌溉使土地变得丰饶，在整个夏季吸引着度假的家庭、船家和渔夫。

这两条河在19世纪曾因河水流经的土壤太过贫瘠而以人工方式汇集在一起，但时间非常短。直到1994年，一个为长远未来着想的恢复计划才开始实施，同时也借此加深了北爱尔兰与爱尔兰共和国之间的联系，让两大水系得以重新汇流。

香农-厄恩水道从香农河在东北边流经的卡文郡一路延伸到厄恩河上游的南岸，总长度为750公里，水系包括河流、湖泊、人工运河，如皇家大运河等。沿岸酒店、精致的餐厅和人声鼎沸的传统小酒馆林立，让水域成了大都会区，同时亦富有美丽的景致，很适合沿着水道旅行。

1. 俯瞰香农河的阿斯隆城堡（见261页）
2. 奥法利郡（见263页）香农河上的船只
3. 科隆玛诺伊十字架（见264页）

最佳景点

- **香农河畔卡里克**（Carrick-on-Shannon）是一座迷人的河岸小镇，有精彩的音乐表演和美食。
- **瑞伊湖**（Lough Ree）上有超过50座小岛，美丽且富有历史文化气息。
- **阿斯隆**（Athlone）是座充满活力的城市，更是米德兰兹的中心。
- **科隆玛诺伊**（Clonmacnoise）从6世纪以来便是一座令人惊艳的宗教城市。
- **香农布里奇**（Shannonbridge）是一个慵懒的村落，有令人上瘾的传统小酒馆。
- **巴纳赫**（Banagher）是划船胜地，沿岸有许多城堡景观。

1. 穆瑞达克的十字架
作为莫那斯特博伊斯最高的十字架之一，穆瑞达克是凯尔特艺术的杰出见证。

2. 特里姆城堡（见274页）
自1200年竣工以来，保存完好的特里姆城堡几乎没有再经历修复或改建。

3. 海岸风光
沿着海岸道路，可观赏劳斯郡独一无二的海岸风光。

4. 博因宫（见270页）
在这里可探索新石器时代的墓葬遗址，其中包括诺斯（见271页）。

CHRIS HILL/GETTY IMAGES ©

1. 市政厅（见318页）
参加免费导览游，参观贝尔法斯特这座文艺复兴风格的市政厅。

2. 温室（见325页）
置身于生物花园，这座光线充足的温室是用铸铁和曲面玻璃建造的杰作。

3. 贝尔法斯特泰坦尼克号博物馆（见323页）
贝尔法斯特泰坦尼克号博物馆在一座棱角分明的建筑内，致力于纪念那场著名的海洋邮轮不幸事故。

4. 贝尔法斯特的夜晚
拉甘河流淌过城市的中心，倒映着夕阳的余晖。

3

CHRIS HILL/GETTY IMAGES ©

GARETH MCCORMACK/GETTY IMAGES ©

1. 莫恩山脉冬季登山路线 2. 莫恩山脉
3. 埃斯皮城堡的鸳鸯 4. 沿着莫恩墙而行

邓恩郡和阿马郡：徒步与野生生物

斯特兰福德湾和莫恩山脉一直以来都是贝尔法斯特居民周末的好去处，它有宁静的海岸线与起伏的山脊，让人们得以贴近大自然，观赏野生动物，并挑战登山步道，一览美丽的景色。

莫恩山脉

常被写进诗歌和故事中的莫恩山脉一路向海岸延伸，高度逐渐递减，在纽卡斯尔的度假村附近入海。这些形状特殊的花岗岩小山提供了相当不错的徒步登山和攀岩体验。

埃斯皮城堡野禽及湿地中心

埃斯皮城堡野禽及湿地中心不仅保护了大雁等候鸟赖以栖息的湿地环境，同时还有来自世界各地、种类丰富的鸭群和鹅群等。

莫恩墙

于1904年至1922年建造、总共35公里长的莫恩墙（Mourne Wall）是莫恩山脉令人印象最深刻的特色景观。城墙绵延经过至少15座莫恩山脉的高峰，同时也经过赛伦特河谷水库的下游排水区。

斯特兰福德湾

爱尔兰最壮观的观鸟景观就是秋天时一大群光腹布伦特鹅（brent geese；占世界总量的75%）在斯特兰福德湾歇脚，大约有3万只鹅类在那里过冬。

GARETH MCCORMACK/GETTY IMAGES ©

1. 卡里克索桥 2. 堤道海岸上的巴林托伊海滩
3. 巨人之路 4. 安特里姆郡巴林托伊港口

DESIGN PICS/THE IRISH IMAGE COLLECTION/GETTY IMAGES ©

伦敦德里郡和安特里姆郡：堤道海岸

安特里姆郡的北部海岸从巴利卡斯尔向西到波特拉什这一段被称为堤道海岸，这里是全爱尔兰最令人心醉且印象深刻的海岸线。不管你是开车、骑自行车或是徒步前行，都是不容错过的一段旅程。

巨人之路

这片位于安特里姆郡的宏伟地理风貌被称作巨人之路，奇形怪状的岩石形成了无数个六角玄武岩柱。这里不但是联合国教科文组织的世界遗产景点，更是北海岸最受欢迎的旅游景观。

堤道海岸

堤道海岸并不仅仅是景观优美，巴利卡斯尔和波特拉什还有许多美轮美奂的小村落，邓路斯以及Dunseverick的城堡可以瞥见历史悠久的碉堡遗迹，除此之外还可以在Old Bushmills Distillery品尝到经典的爱尔兰威士忌。

卡里克索桥

过去，当地非法捕捞鲑鱼的渔民用的索桥现在已是相当知名的堤道海岸景点，在海面以上30米处迎风摆荡的索桥是测验游客胆识的好方法。

安特里姆海岸

这里的海边断崖美景一绝，但安特里姆海岸线除了这些之外还有很棒的沙滩，以及适合全家老小一同前往的巴利卡斯尔。美丽的怀特帕克湾虽然交通不太方便，但不论去几次都一样让人觉得美不胜收。

1

3

CHRIS HILL/GETTY IMAGES ©

1. 厄恩湖（见370页）
围绕湖畔的住宿处，无论是露营地还是高尔夫度假村，几乎都无可挑剔。

2. 杰纳斯之石（见372页）
这尊双面的非基督教石像在博阿岛上屹立了将近2000年。

3. 库尔城堡（见368页）
这栋宅邸是爱尔兰18世纪晚期新古典主义风格建筑的完美典范。

CHRIS HILL/GETTY IMAGES ©

北爱尔兰（英国）

视觉中国 提供

巨人之路的日落

贝尔法斯特

人口 280,900/面积 115平方公里

包括 ➡

最佳餐饮

- Mourne Seafood Bar（见332页）
- OX（见331页）
- Barking Dog（见332页）
- Saphyre（见332页）

最佳住宿

- 王冠酒吧（见319页）
- Filthy Quarter（见333页）
- Duke of York（见333页）
- Eglantine（见334页）

为何去

贝尔法斯特从很多方面来看都是座崭新的城市。它曾一度跟贝鲁特、巴格达和波斯尼亚这几个英文名以字母B开头的地方共同成为旅行者应避免的“四大B地”。不过最近几年它洗心革面，迅速从被炸弹和子弹攻击的城市摇身一变，成为雅痞酒店和享乐主义挂帅的派对城市。

拉甘河的旧船厂继续为泰坦尼克区的奢华公寓让路，该区核心地带坐落着令人瞩目的贝尔法斯特泰坦尼克号博物馆星形结构建筑，这里正是当年建造船身的地方，如今俨然成为贝尔法斯特最受欢迎的观光景点。

新的建筑与景点不断涌现，包括重建过的维多利亚式美丽建筑和现代艺术风格汇聚的河岸华丽景观，除此之外，还有琳琅满目的美食天堂和音乐缭绕的酒馆。

何时去

- 4月很适合游览贝尔法斯特，城市的公园和花园里百花齐放，且正好遇上贝尔法斯特电影展展播当地和国际影片。
- 8月是很适合步行和骑自行车的季节，还可以享受西贝尔法斯特的人民艺术节（Féile An Phobail），届时将上演爱尔兰音乐与舞蹈，街道上到处都是派对和狂欢游行。
- 10月会有点冷，但为期3周的英国第二大艺术节女王大学贝尔法斯特艺术节（Belfast Festival at Queen's；仅次于爱丁堡艺术节）应该会让你寒意全消。

贝尔法斯特亮点

❶ 在**贝尔法斯特泰坦尼克号博物馆**（见323页）了解世界最知名的邮轮海难。

❷ 在**阿尔斯特博物馆**（见324页）揭开史前时代、古埃及木乃伊和无敌舰队黄金的奥秘。

❸ 在维多利亚式小酒馆**王冠酒吧**（见319页）喝一杯健力士。

❹ 参加**黑色出租车团队游**（见325页），参观**贝尔法斯特西部政治壁画**。

❺ 在**洞穴山**（见327页）山顶一览整座城市的景观。

❻ 在**阿尔斯特民俗博物馆**（见327页）花点时间浏览重新整修过的农舍、锻造厂和磨坊。

❼ 在宁静的**植物园**（见325页）里参观圆顶鸟笼般的温室。

历史

贝尔法斯特的名字来自法斯特河（River Farset，爱尔兰语为feirste，意思是沙洲或沙丘），该河在多尼加尔码头流入拉甘河（River Lagan，现通过涵洞引入）。城市的爱尔兰语名字为Béal Feirste，意思是“法斯特的河口”。

1177年，诺曼人地主约翰·德·考斯（John de Courcy）在这里盖了一座城堡，紧接着附近也发展成一片小定居点，但两者都在20年后的战争中被摧毁，城镇本身到1611年才开始发展。那年，亚瑟·奇彻斯特（Arthur Chichester）男爵在今天市中心的位置（靠近Castle Pl和Castle St）修建了一座堡垒，但1708年在一场大火中付之一炬。

17世纪初的爱尔兰种植时期（Plantation of Ulster）吸引了第一波苏格兰和英格兰定居者，17世纪末期则来了一批为了躲避刑罚的法国新教徒（Huguenots），他们的到来为亚麻布产业的发展奠定了基础。接着，更多苏格兰人和英格兰人也来了，其他产业开始兴盛，如制绳、烟草、工程和造船等。

纺织业和造船业曾使贝尔法斯特成为爱尔兰唯一跟上了工业化浪潮的城市。因发展需要，一排排房子出现在工厂与船厂四周，为工人们提供住宿。1800年左右，贝尔法斯特成为一座约有2万人的城镇，到第一次世界大战时，这里已发展为人口达4万人的城市。也就是说，当年的贝尔法斯特几乎比都柏林还要大。

爱尔兰1920年的分裂使贝尔法斯特成了北爱尔兰的首府，虽然这座城市真正的衰落始于第二次世界大战之后，但该事件却成为城市工业发展的休止符。1969年，北爱尔兰问题（The Troubles）爆发时，贝尔法斯特所经历的暴力与流血事件可谓全国之冠，新闻上常见到恐怖分子攻击、宗派谋杀与武装暴力等消息，这也让贝尔法斯特在国际上一夜成名。

1998年签订的《北爱和平协议》（*Good Friday Agreement*）为北爱尔兰议会的各政治派别实现权力共享奠定了基础，也为未来的和平带来了希望。2007年5月8日，更是一个历史性的里程碑，伊恩·佩斯利（激进的新教传教士和民主统一党领袖）和马丁·麦吉尼斯（新芬党议员和前爱尔兰共和军指挥官）两人在议会大厦（Stormont）宣誓成为第一部长和第一副部长，缔造了一个新的权力共享政府。

自1998年以来，贝尔法斯特便吸引了各方投资，尤其是来自欧盟的。市中心许多建筑都被重建，旅游业因此复兴。这座城市曾因全球经济危机损失惨重，但如今正在全速恢复中。

追溯祖先

如果你希望能追溯阿尔斯特的家族历史，可前往**北爱尔兰公共档案馆**（PRONI；028-9053 4800；www.proni.gov.uk；2 Titanic Blvd；周一至周三和周五9:00~16:45，周四10:00~20:45），它的总部设在贝尔法斯特的泰坦尼克区，这里免费进入，但如果需要影印文件则会收费。你可以浏览其网站获取如何注册和搜寻记录的详细信息。

景点

市中心

★市政厅 历史建筑

（City Hall；见地图320页；www.belfastcity.gov.uk；Donegall Sq；导览游 周一至周五 11:00、14:00和15:00，周六 14:00和15:00）免费 贝尔法斯特经典的文艺复兴风格的市政厅是在1906年以精致的白色波特兰石所建。45分钟导览游的亮点包括豪华的、婚宴蛋糕般的意大利大理石以及门厅和圆形大厅颜色鲜艳的彩色玻璃。另外还有机会进入议会厅，坐在市长的宝座上，见证过去历任市长肖像。每位市长都可以选用自己喜欢的艺术家为其作画，因此风格差异甚大，非常有趣。

工业革命使得贝尔法斯特在19世纪转型。这座城市的迅速崛起也反映在这栋建筑的奢华立面上，装潢费用是由天然气供应公司的利润来支付的。大厅的正面有一尊**维多利亚女王**表情严肃的雕像，位于雕像两侧的黄铜作品则象征着纺织业和造船业的兴盛，位于女王身后的小孩则象征教育。

在贝尔法斯特的……

第一天

可以在Botanic Ave众多咖啡馆中的**Maggie May's**（见332页）吃早餐开启这一天，接着往北边散步来到**市中心**，来趟免费的市政厅（见318页）导览游。参加**黑色出租车之旅**到西贝尔法斯特，让司机载你到一家当地餐馆吃午餐。然后来到**贝尔法斯特驳船**（Belfast Barge），跨过河流并利用下午的时间一览**贝尔法斯特泰坦尼克号博物馆**（见323页）。最后在大教堂区的**Potted Hen**吃晚餐，并在这座城市最大的啤酒花园**National Grande Café**来一杯啤酒，结束愉快的一天。

第二天

第二天早上可以到**女王大学**（见324页）走走，去**阿尔斯特博物馆**（见327页）看展览，然后散步穿越**植物园**（见325页）。下午则可安排导览游了解充满历史故事的**克拉姆林路监狱**（Crumlin Road Gaol），或爬上**洞穴山**（Cave Hill；见327页）。晚餐可以在**Mourne Seafood Bar**（见332页）享用，然后在**Duke of York**（见333页）和**王冠酒吧**（见333页）这样的传统小酒馆消磨漫漫长夜。

在东北方向有一尊**爱德华·哈兰德**（Sir Edward Harland）爵士的雕像，他是约克郡出生的海洋工程师，也是Harland & Wolff船厂的创办人，在1885年至1886年间曾是贝尔法斯特市的市长。雕像南面则是一座**泰坦尼克号罹难者纪念碑**。

Bobbin Coffee Shop（见320页地图；菜肴 £4~6；⏲周一至周五 9:30~16:30，周六 10:00~16:00）位于建筑的东南角，这里展出贝尔法斯特最有名的居民，有足球选手乔治·贝斯特（George Best）和音乐家范·莫里森（Van Morrison），还有播音员佛德（Gloria Hunniford）与爱尔兰前总统玛丽·麦卡利斯（Mary McAleese）。

★ 王冠酒吧 历史建筑

（Crown Liquor Saloon；见地图320页；www.nationaltrust.org.uk；46 Great Victoria St；⏲周一至周三 11:30~23:00，周四至周六 11:30至午夜，周日 12:30~22:00）免费 这里没有太多富于历史意义的建筑，可以边喝啤酒边游览，国民托管组织旗下的王冠酒吧就是其中之一。这家贝尔法斯特最有名的酒吧于19世纪末由帕特里克·费拉肯（Patrick Flanagan）创办，维多利亚式的奢华装饰一览无遗（当时创办人想要吸引对面刚盖好的火车站和大剧院的上流社会人群）。

外部（1885年）则以华丽而色彩缤纷的意大利瓷砖装饰，酒吧入口外面的人行道上还有一幅马赛克拼成的王冠图案。传说费拉肯是位天主教徒，跟新教徒妻子为小酒馆的命名争吵不休。最后妻子胜出，取名为Crown，以此向英国君主致敬。而费拉肯则将王冠图案用马赛克瓷砖铺在了人行道上，任由客人们每天踩在脚下，为自己报了一箭之仇。

内部装饰（1898年）采用了大量的染色和切割玻璃、大理石、陶瓷、镜面和红木，照明则采用纱罩以营造气氛。酒吧的一边有装潢精致的长吧台，另一边则是一排华丽的木制包厢隔间。包厢装配有青铜板（克里米亚战争时的物件），可用来点燃火柴或按铃，让客人不必从座位上起身便可续点啤酒（可惜现在已不是如此）。

莱能霍尔图书馆 图书馆

（Linen Hall Library；见地图320页；www.linenhall.com；17 Donegall Sq N；⏲周一至周五 9:30~17:30，周六 9:30~16:00；📶）免费 为了"提升心智且刺激众人探索知识的好奇心"而设立的莱能霍尔图书馆建于1788年，馆藏图书26万本书，有一半以上为重要的爱尔兰和当地的研究汇集。政治性的资料包括自1966年以来与北爱尔兰相关的所有文献记载。图书馆有家小**咖啡馆**（www.linenhall.com；菜肴 £3~7.50；⏲周一至周五 10:00~16:00，周六 10:00~15:30）。参观者入口在Fountain St上，正门的拐角处。

Central Belfast 贝尔法斯特市中心

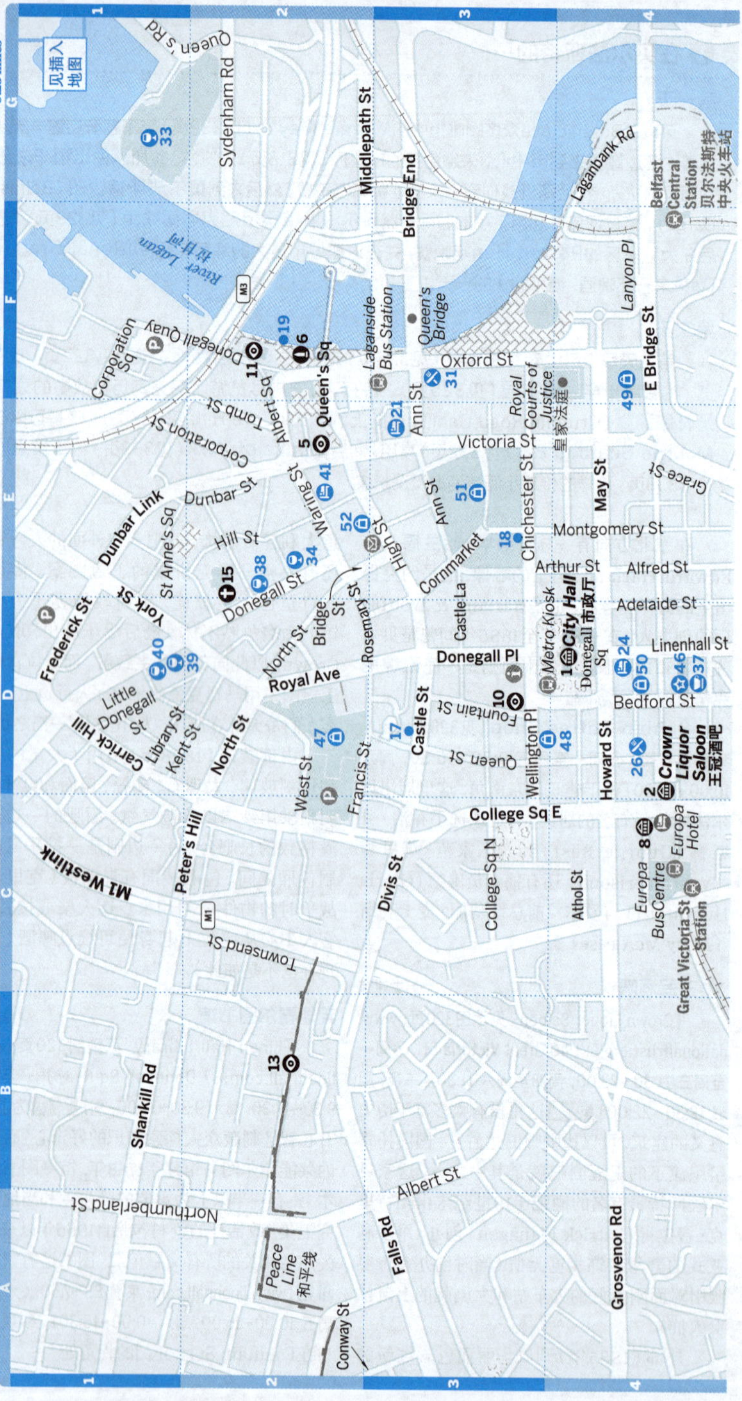

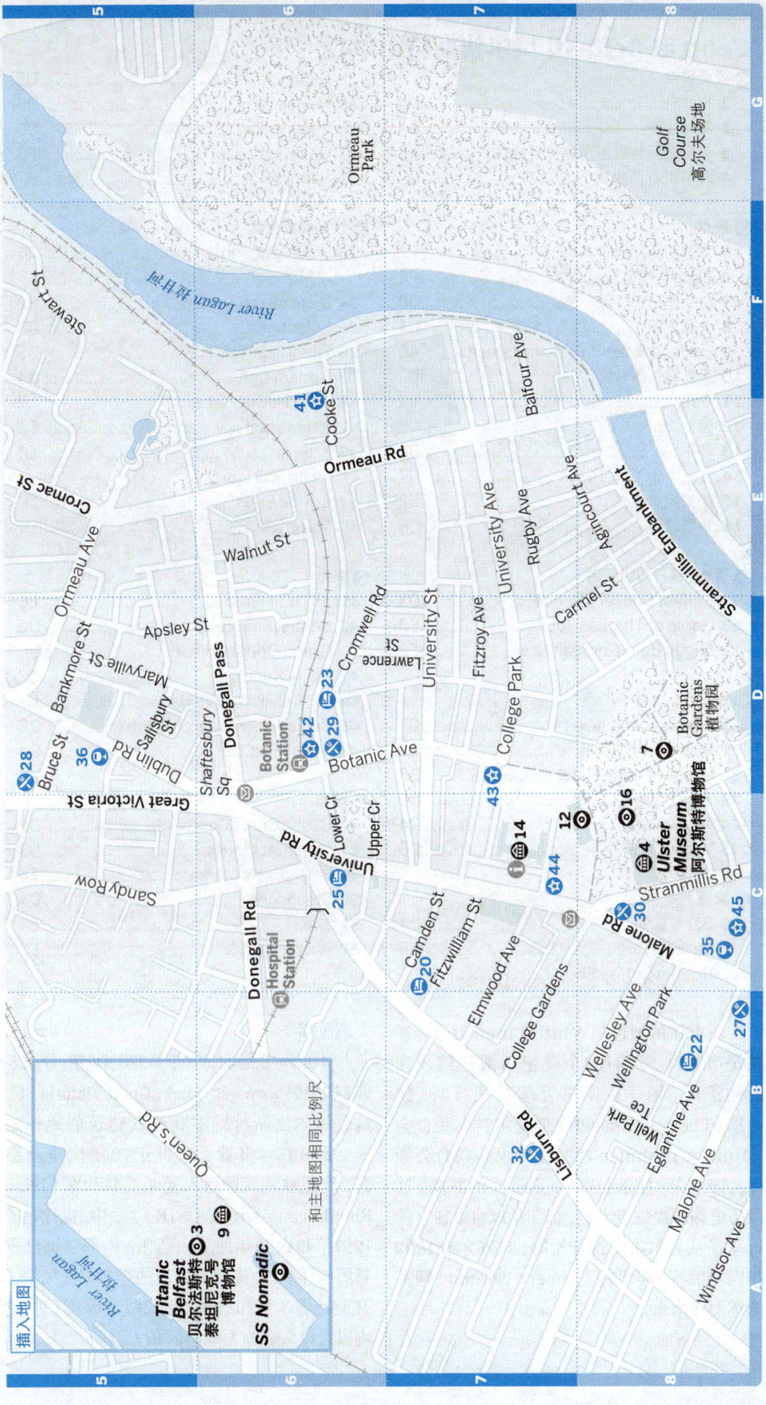
Ormeau Park
Golf Course
高尔夫球场地
River Lagan 拉甘河
Stewart St
Cooke St
41
Balfour Ave
Ormeau Rd
Cromac St
Ormeau Ave
Walnut St
Cromwell Rd
University Ave
Rugby Ave
Agincourt Ave
Stranmillis Embankment
Carmel St
Apsley St
Bankmore St
Maryville St
Salisbury St
Donegall Pass
Lawrence St
University St
Fitzroy Ave
College Park
Botanic Gardens
植物园
7
23
42
29
Botanic Station
Botanic Ave
Shaftesbury Sq
Dublin Rd
Bruce St
36
28
Great Victoria St
43
Ulster Museum
阿尔斯特博物馆
16
12
14
4
Lower Cr
Upper Cr
University Rd
Sandy Row
44
Stranmillis Rd
25
Donegall Rd
Hospital Station
Camden St
Fitzwilliam St
20
Malone Rd
30
45
35
Elmwood Ave
College Gardens
Wellesley Ave
Wellington Park
22
27
Lisburn Rd
32
Well Park Tce
Eglantine Ave
Malone Ave
Windsor Ave
插入地图
和主地图相同比例尺
Queen's Rd
River Lagan 拉甘河
Titanic Belfast 贝尔法斯特泰坦尼克号博物馆
3
9
SS Nomadic
5
6
7
8
A
B
C
D
E
F
G

Central Belfast 贝尔法斯特市中心

重要景点

1 市政厅 D4
2 王冠酒吧 D4
3 贝尔法斯特泰坦尼克号博物馆 A6
4 阿尔斯特博物馆 C8

景点

5 艾尔伯特纪念钟塔 E2
6 Bigfish 雕像 F2
7 植物园 D8
8 大歌剧院 C4
9 Harland & Wolff Drawing Offices A6
10 莱能霍尔图书馆 D3
11 Obel F2
12 温室 C8
13 和平线 B2
14 女王大学 C7
15 圣安妮大教堂 E2
16 热带峡谷 C8

活动、课程和团队游

17 Belfast Cookery School D3
18 Game of Thrones Tours E3
19 Lagan Boat Company F2

住宿

20 Arnie's Backpackers C7
21 Malmaison Hotel E3
22 Malone Lodge Hotel B8
23 Tara Lodge D6
24 Ten Square D4
25 Vagabonds C6

就餐

26 Bar & Grill D4
27 Barking Dog B8
Bobbin Coffee Shop （见1）
28 Ginger D5
29 Maggie May's D6
30 Maggie May's C8
31 OX F3
32 Saphyre B7

饮品和夜生活

33 Box Nightclub G1
王冠酒吧 （见2）
34 Duke of York E2
35 Eglantine C8
36 Filthy Quarter D5
37 Harlem Cafe D4
38 John Hewitt Bar & Restaurant E2
39 Kremlin D1
Linen Hall Library Coffee Shop （见10）
40 Maverick D1

娱乐

41 An Droichead E6
42 Belfast Empire D6
Grand Opera House （见8）
43 Harty Room D7
44 Sir William Whitla Hall C7
45 Sonic Arts Research Centre C8
46 Ulster Hall D4

购物

47 Castle Court Centre D2
48 Matchetts Music D3
49 St George's Market F4
50 Steensons D4
51 维多利亚广场 E3
52 Wicker Man E2

图书馆的旧址在White Linen Hall（现在是市政厅），启用1个世纪后搬迁到现在的建筑内。第一位图书管理员托马斯·拉塞尔（Thomas Russell）是爱尔兰人联合会（United Irishmen）的会员，也是联合会领导人沃尔夫·托恩（Wolfe Tone）的好友。这段历史渊源提醒着人们，当年争取自由独立的行动是从贝尔法斯特开始的。拉塞尔在1803年因罗伯特·埃米特（Robert Emmet）叛乱未遂而被吊死。

大歌剧院 历史建筑

（Grand Opera House；见320页地图；☎028-9024 1919；www.goh.co.uk；Great Victoria St）这是贝尔法斯特维多利亚式建筑的地标之一，于1895年开业，20世纪70年代重新整修，这座歌剧院曾落入爱尔兰共和军（Irish Republican Army，简称IRA）手中，也撑过了1991年和1993年的战火袭击。内部装饰已重新照原样翻修，完全是顶级的维多利亚风格，有旋转的木材和石膏、花式镀金雕刻和礼堂内以大象头雕饰为框架的私人包厢。

询问一下是否有到后台参观的导览游，也可订一张票前去观赏演出。

大教堂区(Cathedral Quarter)

这里是位于市中心北边圣安妮大教堂附近的城区，被Donegall St、Waring St、Dunbar St和York St这4条街道包围。区内有复古的红砖仓库、鹅卵石车道，可谓是波希米亚风格建筑的聚集地，区内还有艺术家工作室、设计工作室、时尚酒吧和餐馆。

圣安妮大教堂 教堂

(St Anne's Cathedral; 见320页地图; www.belfastcathedral.org; Donegall St; 入场费乐捐; ⏲周一至周六 9:00~18:00，周日 9:00~16:00)以爱尔兰-罗马风格闻名的圣安妮大教堂建于1899年，但直到1981年才完工。进入教堂后就会看到以迷宫方式呈现的黑白相间的大理石地砖，黑色的地砖通往死路，而白色的地砖则通往圣坛与救赎。还有10根支柱，上头有美丽的雕刻，象征贝尔法斯特各种生活形态。共济会的支柱也在其中(南面中间那根)。

南边的长廊有北爱尔兰统一党的英雄爱德华·卡森爵士(Sir Edward Carson，1854~1935年)之墓。而在受洗堂内，则有令人惊艳的*The Creation*马赛克拼图，一共由15万块彩绘玻璃拼贴完成，这个作品和位于西边门上的马赛克拼图是格特鲁德·马丁(Gertrude)和玛格丽特·马丁(Margaret Martin)姐妹花了7年时间完成的艺术杰作。

Laganside & Lanyon Place

雄心勃勃的振兴Laganside计划旨在重建和恢复贝尔法斯特中心过去的光环，从20世纪90年代开始，整修了一批老建筑并配置了新设施。这个计划有超过30件公众艺术品被放置在河岸的滨水景观区。在贝尔法斯特游客欢迎中心(Visit Belfast Welcome Centre)要一份Laganside Art Trail步道简介，即可漫步探索这些艺术品。

在多尼戈尔码头(Donegall Quay)岸边坐落着贝尔法斯特最高的建筑——于2011年完工的28层楼酒店Obel(见地图320页)，酒店有233间公寓。在它的南边，会看到建筑风格奇特的购物中心维多利亚广场(Victoria Square; 见335页)，高高的中庭顶部罩着一个巨大的玻璃穹顶，购物中心内有一处观景平台。

艾尔伯特纪念钟塔 地标

(Albert Memorial Clock Tower; 见320页地图; Queen's Sq)在High St东侧的尽头是贝尔法斯特唯一的斜塔。1867年，为纪念维多利亚女王过世的夫君，而建此钟塔。它没有比萨斜塔那样出名，但不可否认，它明显地往南边倾斜，如同当地人盛传的："老艾尔伯特不仅有时间，它还有倾向。"修复计划包括加强其基座部分，同时也对斯克拉波(Scrabo)砂岩重新抛光，使其洁白光亮。

泰坦尼克区(Titanic Quarter)

拉甘河(River Lagan)东侧便是贝尔法斯特曾经的造船厂，也是皇家邮轮泰坦尼克号(RMS Titanic)的出生地，这里有两座高耸的黄色吊车，名叫参孙(Samson)和歌利亚(Goliath)。

这里部分是工业废弃物的废弃地，部分是建筑工地，部分则是高新技术创业园。目前，这里正在进行一项名为泰坦尼克区(Titanic Quarter; http://titanicquarter.com)的重建计划，计划投资10亿英镑，旨在开发弃置已久的码头区。在Queen's Rd上有很多信息板介绍该区的一些项目与感兴趣的领域，最主要的建筑为星形的贝尔法斯特泰坦尼克号博物馆。

★贝尔法斯特泰坦尼克号博物馆 展览

(Titanic Belfast; 见320页地图; www.titanicbelfast.com; Queen's Rd; 成人/儿童£15.50/7.25，与汤普森泵房和干船坞联票 £19/9.25; ⏲4月和6月至8月 9:00~19:00，5月和9月 9:00~18:00，10月至次年3月 10:00~17:00)过去建造泰坦尼克号的船台如今成为闪闪发光、造型奇特的贝尔法斯特泰坦尼克号博物馆所在地。这里提供的多媒体互动资料让游客们可以轻松地回顾贝尔法斯特的历史和世界上最知名的远洋客轮的故事。巧妙的设计使展览的历史图像、动画投影和录音资料更加生动愉悦，记录了贝尔法斯特在20世纪发展为工业巨星。此外，还有利用高科技打造的穿越之旅，让游客可以回顾当年嘈杂、充满海水味的造船厂场景。

你可以在这里探索关于泰坦尼克号建造的所有细节，利用电脑可以飞越龙骨到舰桥，直到旅客住房的复刻品。最值得一看的莫过于有关的影片片段，这恐怕是当年为这艘客轮唯一保留下来的画面了。

在建筑体后方则可以看到巨型船台，泰坦尼克号与其姐妹轮船奥林匹克号（Olympic）就是在那里建造并下水的。

汤普森泵房和干船坞 历史遗址

（Thompson Pump House & Graving Dock; 见326页地图; www.titanicsdock.com; Queen' s Rd; 干船坞免费入场，泵房 成人/儿童 £6/4，与贝尔法斯特泰坦尼克号博物馆联票 £19/9.25; ⊙周六至周四 10:00~17:00，周五 9:30~17:00; 📶）位于Queen' s Rd另一边的是令人印象深刻的纪念碑，纪念当年客轮的盛况。巨大的**汤普森泵房**是当年坦泰尼克号建造完工的地方。

南贝尔法斯特（女王区）

Great Victoria St和沙夫茨伯里广场（Shaftesbury Sq）往前延伸1.5公里的路段就是Golden Mile，它将这座城市与女王区（大学区）连接在一起，过去一度是贝尔法斯特夜生活的重要街道。现在因为城市正在进行重建，因此稍微没落了些，但仍有许多不错的小酒馆和餐厅。

可搭乘市区巴士8A路、8B路和8C路，从Donegall Sq E站出发，沿着Bradbury Pl和University Rd至女工大学（Queen' s University）。

★阿尔斯特博物馆 博物馆

（Ulster Museum; 见320页地图; www.nmni.com; Stranmillis Rd; 入场费乐捐; ⊙周二至周日 10:00~17:00）在这座令人着迷的博物馆内可以消磨整天时间，但如果你时间有限，则千万别错过**无敌舰队展室**（Armada Room），这里有许多1588年从西班牙无敌舰队沉船赫罗纳（Girona）号上打捞回来的艺术品。也别错过**埃及展室**（Egyptian Room），那里有拥有2500年历史的埃及Takabuti公主木乃伊，于1835年在贝尔法斯特揭开面纱。另外还有**早期部族画廊**（Early Peoples Gallery），这里的青铜器Bann Disc展示了凯尔特人在铁器时代的最佳巧思与设计。

免费游览（至多10人，先到先得）于周二至周五的14:30开始解说，周日则为13:30。

在一楼是**北爱尔兰问题**（The Troubles）时期的展览，一路延伸到二楼的**历史区**。这里收藏了史前时代的石头和青铜器制品，展现爱尔兰当年的文明，同时也为爱尔兰许多考古遗址提供了相关文化背景。常设展览有**Malone Hoard**，总共有16块光滑的石斧，为新石器时代的代表，就在博物馆不远处出土。

位于三楼深受儿童喜爱的**自然区**（Nature Zone）则有许多有关地质的解说，有地壳的演化与自然的形成历史。亮点包括上**古海床简介**（Snapshot of an Ancient Sea Floor），展出2亿多年前被贝壳填满的海床和压缩石化的漂流木照片。

高楼层则为**爱尔兰和欧洲艺术区**，大部分都是出生在贝尔法斯特的艺术家之作品，如约翰·拉威利爵士（Sir John Lavery，1856~1941年）。还有较为现代的画作，如爱德华·麦贵尔（Edward McGuire）于1974年为诗人谢默斯·希尼（Seamus Heaney）画的肖像。

女王大学 历史建筑

（Queen' s University; 见320页地图; University Rd; 导览游 £5）这所北爱尔兰最有名望的大学由维多利亚女王于1845年创立。1908年，女王学院变成了贝尔法斯特女王大学，如今其校区总共有250多栋建筑。女王大学共有学生约25,000人，专攻医学、工程和法律等领域。

大学主入口处开设有**女王大学迎宾中心**（Queen' s Welcome Centre; www.queenseventus.com; University Rd; ⊙周一至周五 8:00~18:00，周六和周日 11:00~16:00）**免费** 除了有展览还有纪念品商店。可事先预约**导览解说**，也可以拿一份或下载免费的简介，即可自行游览这所大学。

查尔斯·兰尼恩（Charles Lanyon）于

1849年建造了女王学院的建筑，为都铎风格的蜂蜜色砂岩和红砖建筑。这里的氛围有点像牛津，这是因为兰尼恩参考了15世纪牛津莫德林学院（Magdalen College）的中央高塔Founder's Tower。

这里曾是爱尔兰三个女王学院之一（其他两个虽然仍存在，但已不称作女王学院了，分别位于科克郡和戈尔韦郡），当年创建学院的目的，是在英国圣公会在都柏林创设的三一学院之外，提供一个非宗教学校的选择。

植物园 花园

（Botanic Gardens；见320页地图；Stranmillis Rd；⏲7:30至日落）免费 这块贝尔法斯特的绿地是查尔斯·兰尼恩的美丽**温室**（Palm House；⏲4月至9月 10:00~17:00，10月至次年3月10:00~16:00）免费 它于1839年开始兴建，1852年完工。温室有一座鸟笼穹顶，是铁框与玻璃的完美结合。附近建于1889年的**热带峡谷**（Tropical Ravine；⏲4月至9月 10:00~17:00，10月至次年3月 10:00~16:00）免费 是一座巨大的红砖温室，由花园负责人Charles McKimm设计。里面有高高的步道，可俯瞰热带蕨类植物、兰花、百合和香蕉在底下凹陷处的生长情形。温室在花了£380万整修之后，于2016年年中重新开放。

植物园内的Stranmillis Rd门口有座雕像，是纪念出生在贝尔法斯特的威廉·汤姆森爵士（Sir William Thomson，1824~1907年），也被称为**开尔文勋爵**（Lord Kelvin）。就是他将现代物理的概念植入当地，也是他发明了Kelvin温度计，确定从绝对零度（-273℃或0°K）来测量温度。

西贝尔法斯特（West Belfast）

多尼戈尔广场的西北边，Divis St一路穿过Westlink Motorway公路至Falls Rd和西贝尔法斯特。这里虽然好几十年都因为北爱尔兰问题的内部动乱而阴影重重，而且过去是战场，但现在则成了北爱尔兰最吸引观光客前往一探究竟的景点之一。近年来的历史事件及其氛围仍回荡在空中，不过仍旧能感受到对未来的乐观希望与期待。

这里最有名的便是非常震撼的**壁画**（见328页），以这样的方式为当时的冲突留下历史见证，同时也可看出当年对政治的热切关注。

西贝尔法斯特因亚麻布工厂而发展起来，并在19世纪末推动了城市的繁荣。在西贝尔法斯特居住的都是薪水低廉的工人阶级，即使是在维多利亚时代也因为宗教问题而与其他地区分隔。1968年发生的北爱尔兰问题更加深了这种隔阂。自1970年起，被称为和平线（Peace Line）的分界线讽刺性地划分了政府效忠者的新教香吉尔（Loyalist and Protestant Shankill）区（爱尔兰语称此区为sean chille，意思是“老教堂”）以及共和党人的天主教法尔斯（Republican and Catholic Falls）区。

虽然过去这里的声名狼藉，现在却是相当安全的区域。游览西贝尔法斯特最好的方式就是参加既可提供资讯又娱乐感十足的**黑色出租车团队游**，当然你也可以自行前往，步行或者在Falls Rd和香吉尔路（Shankill Rd）之间与他人合乘黑色出租车。另外也可从Queen St搭乘公共汽车10A路至10F路，该线路沿着Falls Rd前进，或是从惠灵顿广场（Wellington Pl）搭乘公共汽车11A路至11D路，这条线路则沿着香吉尔路前行。

你可在贝尔法斯特游客欢迎中心（Visit Belfast Welcome Centre；见330页）拿免费的简介，上面有法尔斯区和香吉尔区步行游览说明。

和平线 城墙

（Peace Line；见320页地图）用瓦楞钢板、水泥和铁锁链构筑的6米高墙，是这个地区最醒目的标志，它将贝尔法斯特的新教与天主教社区一分为二，并给这里带来了长久的创伤。“和平线”在西贝尔法斯特长约6.5公里，总长则有34公里。高墙的铁门只在白天的部分时段开放。

起初在1969年，“和平线”只是被当作是“临时措施”，但其存在的历史却比柏林墙还要久。根据双方协议，到2023年，北爱尔兰保证会将其移除。

市中心之外

★阿尔斯特民俗及交通工具博物馆 博物馆

（Ulster Folk & Transport Museums；见326

Around Central Belfast
贝尔法斯特市中心周边

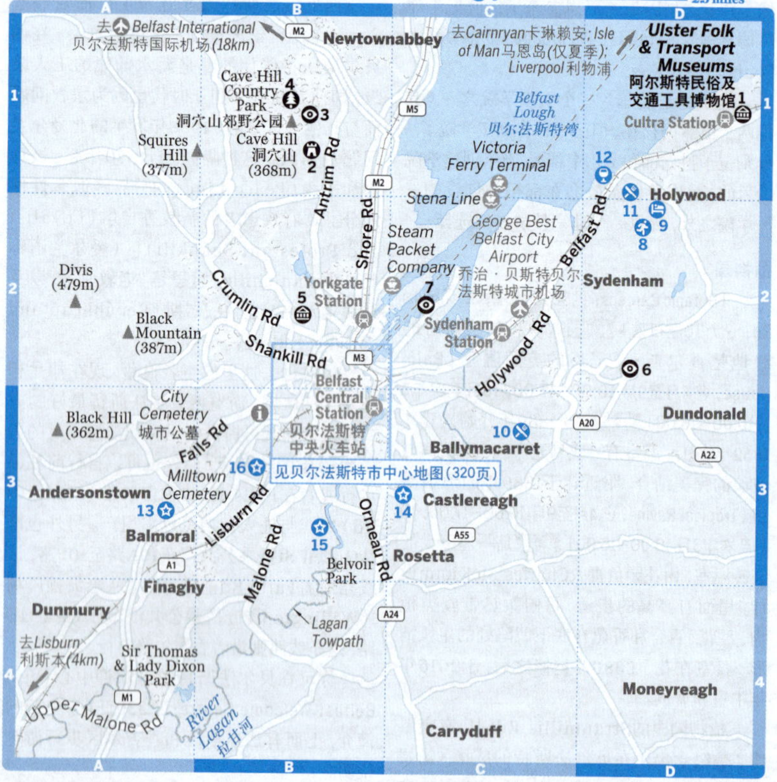

Around Central Belfast 贝尔法斯特市中心周边

重要景点
1 阿尔斯特民俗及交通工具博物馆 D1

景点
2 贝尔法斯特城堡 B1
3 洞穴山 B1
4 洞穴山郊野公园 B1
5 克拉姆林路监狱 B2
6 议会大厦 D2
7 汤普森泵房和干船坞 C2

活动、课程和团队游
8 Holywood Golf Club D2

住宿
9 Rayanne House D2

就餐
10 Acapulco C3
11 Fontana D1

饮品和夜生活
12 Dirty Duck D1

娱乐
13 Casement Park A3
14 Kingspan Stadium C3
15 Lyric Theatre B3
16 Windsor Park B3

购物
Belfast Castle Gift Shop .... (见2)

页地图；www.nmni.com；Cultra，Holywood；成人/儿童 £9/5.50，两家博物馆联票 £11/6；⏲3月至9月 周二至周日，10月至次年2月 周二至周五 10:00~16:00，周六和周日 11:00~16:00）这是北爱尔兰最精美的博物馆之一，阿尔斯特民俗及交通工具博物馆其实是两座博物馆：阿尔斯特民俗博物馆和阿尔斯特交通工具博物馆合二为一，就位于前往班戈（Bangor）的A2公路旁，大约位于贝尔法斯特市中心东北14公里处，就在Holywood北边不远处。

前往班戈的长途汽车站也在附近。Cultra站是贝尔法斯特到班戈铁路线离博物馆最近的车站，步行只需10分钟即可到达博物馆。

➡ 阿尔斯特民俗博物馆

农舍、锻造厂、教堂和磨坊，以及一座完整的村庄在这里被重建，加上人和动物，就是为了让游客进一步了解爱尔兰过去几百年来的生活模式。工业时代，19世纪的贝尔法斯特和德罗莫尔（Dromore）就出现了红砖联排房屋。夏天，这里还会示范用茅草盖屋顶和田间耕作，也有一些穿上古装的人物扮演活动。

➡ 阿尔斯特交通工具博物馆

交通工具博物馆展出蒸汽火车、板车、摩托车、厢型车、公共汽车和小汽车等交通工具，最有名的就是泰坦尼克号邮轮展览，包括当时为泰坦尼克号与其姐妹船奥林匹克号所绘制的原始设计图。汽车藏品的亮点是命运多舛的德劳瑞恩汽车公司（DeLorean DMC）的不锈钢汽车原型，该车1981年在贝尔法斯特制造。这款车是一场商业灾难，但因为系列电影《回到未来》（*Back to the Future*）而名声大噪。

议会大厦 著名建筑

（Stormont；见326页地图；www.niassembly.gov.uk；Upper Newtonards Rd；⏲室外广场 7:30至日落）免费 议会大厦令人赞叹的白色新古典立面是贝尔法斯特的地标之一。北爱尔兰议会就位于1.5公里长的坡道尽头。

7月和8月的工作日有免费的导览游，除了导览游，你还可以在建筑外围走走，或是到其网站上用视频游览。

自1932年完工以来，议会大厦一直都是北爱尔兰议会的所在地，直到1972年。2007年5月8日，它回归政治领域，当时伊恩·佩斯利（Ian Paisley）和马丁·麦吉尼斯（Martin McGuinness），两位几十年来的宿敌，在谈笑间宣誓成为第一部长与第一副部长。

议会大厦前面有一尊工会缔造者爱德华·卡森爵士（Sir Edward Carson）的雕像，大厦附近19世纪的Stormont城堡是北爱尔兰事务大臣的官邸，就如同邓恩郡的希尔斯伯勒一样。

从Donegall Sq W搭乘公共汽车20A路可达。

洞穴山郊野公园 公园

（Cave Hill Country Park；见326页地图；www.belfastcity.gov.uk；Antrim Rd；⏲7:30至日落）免费 从洞穴山山顶（海拔368米）往下看，可俯瞰整座城市的全貌，包括码头、贝尔法斯特湾和莫恩山脉。晴朗的天气里，你甚至可以看到苏格兰高地。洞穴山郊野公园横跨整个山区的东部坡地，有许多步道以及一座冒险游乐园，3~14岁儿童可在这里玩耍。

要到达这里，请在Royal Ave搭乘至贝尔法斯特城堡的1A路至1G路的任一路公共汽车。

这座山丘原本被称作为Ben Madigan，以纪念9世纪的阿尔斯特国王Matudhain。它奇特的地貌与崎岖的地形从南边看起来很像是“拿破仑的鼻子”，200多年来，当地人都这么认为，不过你可能会有不同意见。山顶有铁器时代的土丘McArt's Fort。1795年，爱尔兰人联合会的成员，包括沃尔夫·托恩（Wolfe Tone）曾在这里俯瞰整座城市，发誓要争取爱尔兰独立。从贝尔法斯特城堡停车场通往山顶的道路会经过5处洞穴，这也是这座山的命名由来。

贝尔法斯特城堡 城堡

（Belfast Castle；见326页地图；www.belfastcity.gov.uk；Antrim Rd；⏲周二至周六 9:00~22:00，周日和周一 9:00~17:00；📶）免费 为多尼戈尔第三任侯爵所建的贝尔法斯特城堡建于1870年，有着苏格兰男爵式的建筑风格，该风格是从维多利亚女王的巴尔莫勒尔城堡开始流行起来。拥有许多炮塔的城堡占据洞穴山的东南侧，在1934年被捐赠给贝尔法斯特市。城堡上方的洞穴山游客中心

贝尔法斯特的壁画

贝尔法斯特的政治壁画传统可追溯至1908年，当时国王比利（King Billy，威廉三世，新教教徒，于1690年的博因河战役中打败天主教的詹姆士二世）的肖像被联合主义者画在墙壁上，作为对爱尔兰自治的抗议。这样的传统一直到20世纪70年代才又再度兴起，当时发生了北爱尔兰问题，因此壁画就被用作划分教派地盘、彰显政治主张、纪念历史事件和美化恐怖主义组织。

壁画作为"社会声音"很少是永久性的，但后来情形发生了变化，壁画被用来反映当时的问题。出租车之旅会带你观看许多更突出和更著名的壁画，同时司机兼导游也可以提供壁画的相关背景，并解释许多符号背后的意义。

共和派壁画

共和派的第一幅壁画出现在1981年。当时被关在美斯监狱（Maze Prison）的共和派囚犯们正在进行绝食抗议，要求政府承认他们作为政治犯的身份，因而出现了几十幅声援支持的壁画。在以后的几年里，共和派的壁画则扩大了范畴，内容涵盖政治议题、爱尔兰传说与历史事件。在1998年《北爱和平协议》签订时，壁画内容为要求警察改革和保护民族主义者免受教派攻击。

共和派壁画上常见的图像包括浴火重生的凤凰（象征爱尔兰从1916年复活节起义的火焰中重生）、绝食抗议斗士波比·山德士（Bobby Sands）的脸庞，以及来自爱尔兰神话的场景和角色。常见的标语包括"Free Ireland"（让爱尔兰自由）、爱尔兰语的"ÉIRÍ AMACH NA CÁSCA 1916"（1916年复活节起义）和"TIOCFAIDH ÁR LÁ"（我们的日子会来的）。

共和派壁画主要集中在西贝尔法斯特的Falls Rd、Beechmount Ave、多尼戈尔路（Donegall Rd）和Shaw' S Rdballymurphy区，以及北贝尔法斯特的New Lodge Rd和南贝尔法斯特的Ormeau Rd。

保守派壁画

保守派壁画跟共和派壁画比起来，其传统上的色调更加好战且更具挑衅。保守派的战

（Cave Hill Visitor Centre）有关于公园民俗、历史、考古和自然方面的展出。楼下则是Cellar Restaurant餐馆和一家小纪念品商店（⏲10:30~16:30）。可从Royal Ave搭乘公共汽车1A路至1G路至此。

传说这座城堡的住客若看到白猫则会交好运，这是因为城堡美丽的花园内有9只猫的艺术作品，分别以马赛克瓷砖拼贴、绘画、雕塑与花园饰品等方式呈现。小朋友来到这里都会开心地寻觅这9只猫。

活动

Belfast Cookery School 烹饪课

（见320页地图；☎028-9023 4722；www.belfastcookeryschool.com；53-54 Castle St；课程 £35~75）这间烹饪学校的课程与Mourne Seafood Bar（见332页）合作，提供各种烹饪技能的学习，包括做面包、晚宴、烤肉在内的国际菜肴（印度菜、意大利菜、泰国菜、西班牙菜、摩洛哥菜等），不过这里的龙虾、鱼类和其他海鲜菜最为知名，请提前预约。

Holywood Golf Club 高尔夫

（见326页地图；☎028-9042 3135；www.holywoodgolfclub.co.uk；Nuns Walk，Demesne Rd，Holywood；果岭费用 周一至周四 £30，周六和周日 £35）这座随地势起伏的69杆高尔夫球场位于贝尔法斯特东北11公里处，它是世界排名第一的高尔夫球手罗里·麦克罗伊（Rory McIlroy）的主场俱乐部，不但有可眺望贝尔法斯特湾和安特里姆海岸（Antrim coast）的美丽景致，而且周一至周五打18杆的费用在9:30以前只要£15。请注意这里周五9:30之后不对外开放。

斗口号“No Surrender！”（绝不投降！）到处可见，并伴随着红白蓝三色绘制的路边石、准军事部队徽章和国王比利的肖像（通常他会骑在一匹白马上）。你也会看到阿尔斯特的红色手掌（Red Hand of Ulster），有时候会以握拳的方式呈现[象征阿尔斯特自由战士（Ulster Freedom Fighters），简称UFF]。另外，也会看到第一次世界大战发生在1916年的索姆河战役（Battle of The Somme），这场战役中许多阿尔斯特军人阵亡，因而用来象征阿尔斯特对英国王室的忠诚，与1916年共和派的复活节起义形成鲜明对比。常见的标语包括阿尔斯特防卫协会（Ulster Defence Association，简称UDA）所宣传的“Quis Separabit”（谁能把我们分开？），以及反抗独立的宣言“We will maintain our faith and our nationality”（我们将保持我们的信仰和国籍）。

今日壁画

近年来，人们对如何处理贝尔法斯特壁画问题争论不休。有些人认为这些壁画很丑且有碍观瞻，更是对过往暴力的回忆；其他人则认为这些壁画是北爱尔兰历史的一个重要组成部分。无论如何，这些壁画无疑都成了著名的观光景点，但现在也有人主张将这些激烈且充满侵略性和好战形象的图像用当地的英雄和知名人士取代，像是足球国手乔治·贝斯特（George Best）、《纳尼亚传奇》（*Narnia*）的作者刘易斯（CS Lewis）和高尔夫球高手罗里·麦克罗伊（Rory Mcilroy）。

当然也有一些完全不入流或搞笑的作品，如在Balfour Ave尽头紧邻Ormeau Rd的地方有幅壁画问的是：“量子力学如何有助于解释宇宙的起源？”（被科学家票选为物理学中最重要的十大尚未解决问题之一）。当然这也反映出一直悬而未决的北爱尔兰教派划分问题，它在局外人眼中也是无解。

若想了解更多北爱尔兰的壁画，可以参考下列资源：Bill Rolston所著Drawing Support（共有三册）、Bogside Artists的合辑the People’S Gallery 以及Mural Directory网站（www.cain.ulst.ac.uk/murals）。

团队游

Lagan Boat Company 乘船游

（见320页地图；☎028-9024 0124；www.laganboatcompany.com；成人/儿童 £10/8；⏲4月至10月 每天 12:30~14:00，11月至次年3月 周六和周日 12:30~14:00，4月至9月 15:30增加班次）Lagan Boat Company提供很棒的泰坦尼克号游，探索拉甘河下游的港区，带你到拉甘河的船舶下水滑道上去看当年泰坦尼克号邮轮和奥林匹克号客轮启航之地，另外还有一个超大的船坞，但建造泰坦尼克号的时候，整座船坞也只剩下23厘米的空间。导览游从多尼戈尔码头（Donegall Quay）的Bigfish雕像处开始。

Titanic Tours 导览游

（☎07852 716655；www.titanictours-belfast.co.uk；成人/儿童 £30/15；⏲预约制）由泰坦尼克号船员的曾孙女提供的3小时导览游物超所值，带你去走许多与泰坦尼克号有关的场景。一个团为2~5人，包括住宿地点的接送服务。

Paddy Campbell’s Famous Black Cab Tours 文化游

（☎07990 955227；www.belfastblackcabtours.co.uk；导览游每1~3人 £30，4人以上每多1人加£10）这是相当热门的1.5小时乘黑色出租车游览。

Game of Thrones Tours 巴士游

（见320页地图；☎028-9568 0023；www.gameofthronestours.com；成人/儿童 £40/30；⏲复活节至9月 周三至周日，10月至复活节团队游减少）这些全天候的导览游带你去参观11处《权力的游戏》拍摄地点，如沃德城堡庄园

(Castle Ward Estate，也就是临冬城）和托利莫尔森林公园（Tollymore Forest Park，史塔克家族发现冰原狼与其幼狼的森林），以及两条总共6.5公里长的步道。行程从早上9:00在36 Chichester St开始，就在购物中心维多利亚广场（Victoria Square）的前方（在Top Shop旁边）。

节日和活动

贝尔法斯特市政府（www.belfastcity.gov.uk/events）全年组织举办各式活动，从圣帕特里克游行到市长大人（Lord Mayor）的表演等。其线上活动日历相当方便，也可从**贝尔法斯特游客欢迎中心**（Visit Belfast Welcome Centre；http://visit-belfast.com/whats-on）获取资讯。

CityDance 舞蹈节

（www.citydancebelfast.com）为期2天的舞蹈节，2月时在新月艺术中心（Crescent Arts Centre）免费参加。

Féile an Earraigh 音乐节

（www.feilebelfast.com）为期4天的传统爱尔兰和凯尔特音乐吸引了来自爱尔兰、欧洲和美国各地的人们齐聚一堂。通常在2月或3月举行。

圣帕特里克节 文化节

（St Patrick's Day；www.belfastcity.gov.uk/events）3月17日庆祝爱尔兰圣人的节日，同时也是大家狂欢的日子，市中心会有精彩的游行。

贝尔法斯特电影节 电影节

（Belfast Film Festival；www.belfastfilmfestival.org）4月举办为期11天的国际电影节。

Festival of Fools 街头剧院

（http://foolsfestival.com）5天的街头娱乐活动主要位于大教堂区与市中心一带。通常在5月初举办，在7月和8月的周日下午也会继续进行。

Belfast Marathon 体育节

（www.belfastcitymarathon.com）5月的第一个周一，来自全球的跑步者都会来贝尔法斯特共襄盛举，这场马拉松活动一般人也可以参加，不妨跟着在旁边走一走或参加趣味跑步。

Cathedral Quarter Arts Festival 艺术节

10天的戏剧、音乐、诗歌、街头剧院和艺术展览节，每年5月初在大教堂区举办。

住宿

从背包客住的青年旅舍到精致的精品酒店，这里提供的住宿选择一年比一年多。贝尔法斯特大部分较为经济且中等价位的住宿都在市中心的南边，靠近大学区Botanic Ave、University Rd和Malone Rd一带，大约只要20分钟便可步行至市政厅。

商务酒店则在市中心，拥有40间房的the Mutual可以说是商务酒店中的新亮点，这座建于1904年的地标性建筑，是一座红砂岩外墙的苏格兰式建筑，就坐落在15-16 Donegall Sq S。

泰坦尼克区则坐拥豪华的连锁酒店Premier Inn，未来几年，这个地区将迎来许多新酒店，包括一家84间客房的以泰坦尼克号为主题的酒店，这家酒店的公共空间占用了**哈兰德和沃尔夫制图室**（Harland & Wolff Drawing Offices；见320页地图，Queen's Rd），该制图室是泰坦尼克号进行初稿设计的地方。

周末、夏季和热门的节庆时期请提前预约。

市中心

★ Ten Square 酒店 ££

（见320页地图；☎028-9024 1001；www.tensquare.co.uk；10 Donegall Sq S；标双 £95起；Wi-Fi）前身为银行的这座建筑就在市政厅的南边，对设计师来说，这里的风水好得不得了。Ten Squar是一座深受上海风格影响的华丽酒店，提供友善热情的服务。许多杂志如*Conde Nast Traveller*均曾报道过这家酒店，房间采用黑漆木家具、低矮的日式床和豪华亚麻床品。曾下榻于此的住客包括波诺（Bono）和布拉德·皮特（Brad Pitt）等巨星。

大教堂区

Malmaison Hotel 酒店 ££

（见320页地图；☎0844 693 0650；www.

malmaison-belfast.com; 34-38 Victoria St; 标双/家庭房 £95/270起; @) 酒店坐落在一栋美丽的意大利仓库（于19世纪50年代竞争商行所建）内，Malmaison是一家奢华酒店，有大尺寸的床铺、厚皮革沙发，还有够两人泡浴的大浴缸，所有内饰都以黑色、红色、深巧克力色和米白色的色调构成。其中一间套房甚至还有一张紫色的桌球台。

南贝尔法斯特

★ Vagabonds 青年旅舍 £

（见320页地图；028-9023 3017; www.vagabondsbelfast.com; 9 University Rd; 铺 £13~16, 标双/双 £40; @ ）舒服的上下铺，可以上锁的行李隔间，私人淋浴空间和令人放松的气氛，无疑是贝尔法斯特最棒的青年旅舍之一。这里由一对热爱旅行的夫妇经营，离女王区和市中心都很近。

Arnie's Backpackers 青年旅舍 £

（见320页地图；028-9024 2867; http://arniesbackpackers.co.uk; 63 Fitzwilliam St; 铺 £14~16, 标双/双 £44; @ ）这家年代久远的老式风格青年旅舍就在大学区的一所安静的排屋里。这里有煤火和友善的伙伴，没有狭窄拥挤感，只有舒适和温馨。

Tara Lodge 民宿 ££

（见320页地图；028-9059 0900; www.taralodge.com; 36 Cromwell Rd; 单/双 £79/89起; @ ）民宿地点相当好，在安静的巷子内，但离热闹的Botanic Ave只有几步之遥。这家民宿装潢得像精品酒店，不但有整齐的内装、极简风格的室内设计，还有友善且高效率的服务人员以及24间干净明亮的房间。这里提供可口的早餐，包括麦片粥和布什米尔斯威士忌。

Malone Lodge Hotel 酒店 ££

（见320页地图；028-9038 8000; www.malonelodgehotelbelfast.com; 60 Eglantine Ave; 双/家庭/公寓 £89/109/120起; ）现代感十足的Malone Lodge拥有维多利亚式的露台，还有豪华的房间、优雅的装潢、美味的食物和乐于助人的员工。有些卧室在一个单独的建筑内，酒店还提供五星级的单床或双床的自炊公寓。

市中心之外

★ Rayanne House 客栈 ££

（见326页地图；028-9042 5859; www.rayannehouse.com; 60 Demesne Rd, Holywood; 单/双/标双/家庭£80/120/140/145起; ）离Holywood Golf Club（见328页）不到100米，这座建于1883年的宏伟庄园，房间相当精致，还有阳台可眺望贝尔法斯特湾的美景。这里还有一间以罗里·麦克罗伊（Rory McIlroy）为主题的房间，淋浴杆是用高尔夫球杆特制的。这里的餐厅（也对外开放）供应9道菜的泰坦尼克号菜单（£69），复制当年船上一等舱所供应的餐点。

就餐

近年来，贝尔法斯特的餐厅经营模式有了大的转变，许多新开的餐厅为用餐环境设定新的标准，媲美欧洲其他最佳餐厅。

市中心

St George's Market Bar & Grill 新派爱尔兰菜

（见320页地图；028-9024 0014; http://stgeorgesbargrill.com; Oxford St; 早餐 £4.50~7, 主菜 午餐 £8~10, 晚餐 £13~17; 周二 10:00~14:30, 周三和周四 10:00~14:30和17:00~21:00, 周五和周六 9:00~14:30和17:00~22:00, 周日 10:00~16:00）一楼餐厅所有的食材都来自历史悠久的圣乔治市场（St George's Market; 见335页），在开市的日子最好的座位在阳台，可以往下看到忙碌熙攘的摊贩和买菜的人潮。这里最有名的就是阿尔斯特干煎早餐（Ulster fry-up breakfasts），但其他主菜如爱尔兰大麦炖羊肩排也相当可口。

★ OX 爱尔兰菜 ££

（见320页地图；028-9031 4121; http://oxbelfast.com; 1 Oxford St; 主餐 午餐 £10, 晚餐 £19~25; 周二至周五 正午至14:00和18:00~21:30, 周六自13:00开始）有高挑的天花板和米色的砖墙隔间，以金色木制家具点缀的用餐环境，就像是在剧院一样，开放式厨房可看到来自米其林餐厅的厨师忙碌的身影，提供贝尔法斯特最精致且性价比最高的餐点。这家餐厅与当地食材供应商合作，由他们提供爱尔兰最嫩的牛肉、丰富的海鲜以及季节性蔬菜水果。

★ **Mourne Seafood Bar** 海鲜 ££

（☎028-9024 8544；http://mourneseafood.com；34-36 Bank St；主餐 £8~22；⏰周一至周四 正午至21:30，周五和周六 正午至16:00和17:00~22:30，周日 13:00~18:00）这家餐厅相当受欢迎，不太正式，有点像小酒馆，以红色砖墙和深色木头装饰，还有老式的油灯从天花板上垂下来。菜单上有牡蛎搭配原味酱（au nature）或Rockefeller，非常鲜甜的干贝、龙虾和海螯虾都是来自附近海港。另外还有远洋钓到的深海鱼类，像是鲂鱼（gurnard）和海鲈鱼等。晚餐请事先订位。

附属的Belfast Cookery School（见328页）提供各类烹饪课程。

Ginger 法式小馆 ££

（见320页地图；☎028-9024 4421；www.gingerbistro.com；7-8 Hope St；主餐 午餐 £10~12.50，晚餐 £16~23；⏰周一 17:00~21:00，周二至周四 正午至15:00和17:00~21:00，周五和周六 正午至15:00和17:00~22:00）Ginger很有可能是你经过却完全没注意到的餐厅。这里温馨又随意，食物却一点也不马虎。火焰色头发的主厨真的很有一套，将爱尔兰当地食材发挥得淋漓尽致，创作出相当精致的菜肴，比如用茶叶熏的鸭胸肉佐姜丝和蕃薯泥。

大教堂区

Hendogs 美国菜 £

（www.thepottedhen.co.uk；St Anne's Sq，Edward St；主餐 £7~8.25；⏰正午至深夜）位于Potted Hen之上的Hendogs菜单供应的热狗包括inferno dog（墨西哥辣椒和美乃兹酱、辣椒酱、苹果木烟熏奶酪、辣椒和苏格兰阀帽辣椒）以及New Yorker（猪肉香肠、五香熏牛肉、嫩黄瓜和芥末）。除了热狗，这里也供应其他选择，如玉米饼、茄子和轩尼诗酒腌制的肋骨，以及好喝的奶昔。无须订位。

南贝尔法斯特

Maggie May's 咖啡馆 £

（见地图320页；www.maggiemaysbelfastcafe.co.uk；50 Botanic Ave；主餐 £4.50~14；⏰周一至周六 8:00~23:00，周日 9:00~23:00）这家经典的咖啡馆有温馨的木隔间、老贝尔法斯特的壁画和许多宿醉的学生狼吞虎咽地吃着巨大的阿尔斯特油炸食品。全天的早餐菜单包括法式吐司和枫糖浆，而午餐可以是汤、三明治或者牛肉千层面。可自带酒水。

餐厅有一家新开的分店**Stranmillis**（☎028-9066 8515；www.maggiemaysbelfastcafe.co.uk；2 Malone Rd；主餐 £4.50~14；⏰周一至周六 8:00~23:00，周日 9:00~23:00）。

★ **Barking Dog** 法式小馆 ££

（见320页地图；☎028-9066 1885；www.barkingdogbelfast.com；33-35 Malone Rd；主餐 £14~24，小吃 1/5 盘 £3/12；⏰周一至周四 正午至15:00和17:30~22:00，周五和周六 至23:00，周日 正午至21:00）这家用硬木、裸砖、烛光与另类装潢设计营造出奇特风格的餐厅，就位于重新装修的农舍里。菜单上提供温馨且色香味俱全的菜肴，像融化的乳酪和牛肉搭配焦糖腌过的洋葱和辣根奶油这样的经典汉堡，还有甘薯意式小方饺配胡萝卜和帕尔马干酪薯片。这里的服务也很棒。

★ **Saphyre** 新派爱尔兰菜 £££

（见320页地图；☎028-9068 8606；www.saphyrerestaurant.com；135 Lisburn Rd；主餐 午餐 £12~14，晚餐 £23~27；⏰周一至周三 10:00~15:00，周四至周六 10:00~22:30）位于1924年的阿尔斯特维尔长老会教堂（Ulsterville Presbyterian Church）附近（在室内设计展示间后方）的Saphyre，提供贝尔法斯特最精致且工序烦琐的菜肴。冷冻的豌豆和薄荷汤与斯特兰福德蟹（Strangford crab）、海鳟鱼（sea trout）与栗色和紫色土豆、羔羊臀肉（lamb rump）和甜面包、大黄蛋奶酥与姜味酸奶（rhubarb souffle with ginger yoghurt）……每一道菜都是不容错过的杰作。

市中心之外

★ **Fontana** 新派爱尔兰菜 ££

（见326页地图；☎028-9080 9908；www.

restaurantfontana.com; 61 High St, Holywood; 主餐 £13.50~27.50; ⏲周二至周五 正午至14:30和17:00~22:00, 周六 18:00~22:00, 周日 11:00~15:00）它位于村庄般的Holywood街区，通过隐蔽的楼梯来到隐藏在二楼的Fontana，供应的新派爱尔兰风味菜肴相当特殊，有野生多宝鱼配脆皮紫菜、甜菜根和茴香调味饭（fennel risotto），枫糖孜然鸡与欧洲防风草烘烤，这些香料和沙拉食材均来自他们自己的广场花园。

Acapulco

墨西哥菜 ££

（见326页地图；☎028-9029 6400; http://acapulco.ie; 255 Upper Newtownards Rd; 主餐 £11~17; ⏲周二至周四 正午至15:00和17:00~21:00, 周五 正午至15:00和17:00~22:00, 周六 正午至22:00, 周日17:00~21:00; 👪）由于邻近议会大厦（见327页），因此食客包括许多政要和议员的助理。这里供应的菜肴摆盘装饰得相当华丽，墨西哥卷饼（burritos）、春卷（chimichanga）、芙乐达（flauta）、辣酱玉米饼馅（enchiladas）、菜肉卷饼盘片（fajita platters）、尤卡坦辣子鸡肉串（Yucatan-spiced chicken skewers）均十分地道且分量很大。这里也提供好吃的儿童餐。这家餐厅是Ballyhackamor的Upper Newtownards Rd一带少数经营时间很久的餐厅。

饮品和夜生活

贝尔法斯特的夜生活相当热闹且氛围友善，随着时尚的设计师酒吧的兴起，起互补作用的古老传统酒吧正日益受到威胁。许多小酒馆和酒吧也都供应相当可口的美食。

尽管情况已趋于改善，但要通过酒吧或俱乐部门口保镖的审查还真有点困难。一些华丽的场所有着装标准，通常不能穿运动鞋、牛仔裤或棒球帽（如此，监视器才能捕捉到你的清晰脸部画面），还有当然不能穿戴与足球队相关的颜色。有的甚至公开规定顾客不能有“政治含义的文身”。

市中心

★王冠酒吧

小酒馆

（见320页地图；www.nicholsonspubs.co.uk; 46 Great Victoria St; ⏲周一至周三 11:30~23:00, 周四至周六 11:30至午夜，周日12:30~22:00）贝尔法斯特最有名的酒吧不只是观光胜地（见319页），在午餐和刚入夜时就挤满了当地人。

★Filthy Quarter

酒吧

（见320页地图；www.thefilthyquarter.com; 45 Dublin Rd; ⏲周一至周六 13:00至次日1:00, 周日 至午夜）4家独立的酒吧聚在一起，形成这座有名的酒吧Filthy Quarter。它们包括：以复古传统风格和摆满小古董打造的Filthy McNastys；拥有两层楼高的啤酒花园、用喷壶当饮料冷藏器、每晚22:00举办当地音乐家表演的唯美Secret Garden；Gypsy Lounge（周二、周四、周五、周六和周日的晚间营业）则有吉卜赛大篷车造型的DJ台；Filthy Chic有一个枝形吊灯和一个枝状烛台装饰的鸡尾酒吧。

Harlem Cafe

咖啡馆、酒吧

（见320页地图；http://harlembelfast.com; 34-36 Bedford St; ⏲周一至周四 8:00~23:00, 周五和周六 8:00至次日1:00, 周日 9:00~19:00; 📶）位于矢车菊蓝色建筑内的咖啡馆墙上贴满了艺术作品。这里是逛完街后慢慢品尝咖啡或是喝点小酒的好地方。菜单有各种食物，从早餐、早午餐，到去戏院前的晚餐等均有供应。周五和周六夜晚有现场音乐演出。

大教堂区

★Duke of York

小酒馆

（见320页地图；www.dukeofyorkbelfast.com; 11 Commercial Ct; ⏲周一至周三 11:30~23:30, 周四和周五 11:30至次日1:00, 周六 11:30至次日2:00, 周日 14:00~20:00）传统小酒馆Duke在一条不起眼的巷子内，位于市中心曾经的报纸区（newspaper district），是当年印刷工人和记者们聚集的地方。新芬党（Sinn Féin）领导人亚当斯（Gerry Adams）在1971年还是学生时曾在这家酒吧工作。这家小酒馆在天气温暖时很有派对的温馨气氛。

John Hewitt Bar & Restaurant

小酒馆

（见320页地图；www.thejohnhewitt.com; 51 Donegall St; ⏲周一至周五 11:30至次日1:00, 周六 正午至次日1:00, 周日 19:00至次日1:00）以贝尔法斯特诗人和社会家约翰·休伊特（John Hewitt）的名字命名的酒馆是少见的没有电视或游戏的小酒馆，这里只听得到顾客们尽情聊天的声音。除了健力士啤酒，这家酒吧也供应来自Lisburn's Hilden Brewery的精酿啤酒和蒂龙郡Red Han酿酒公司提供的酒品。几乎每晚从21:00开始都有民谣、爵士和乡村音乐演出。

泰坦尼克区

Box Nightclub 俱乐部

（见320页地图；www.boxnightclub.com；2 Queen's Quay；周二至周四和周六 21:00至次日2:00）这间位于Odyssey Complex购物中心的高档俱乐部有两层楼、6家酒吧和两个新的VIP包厢。

南贝尔法斯特

★**Eglantine** 小酒馆

（见320页地图；32 Malone Rd；周一和周二 11:30至午夜，周三至周日 11:30至次日1:00；）昵称为"Eg"的小酒馆被当地人评选为学生酒吧中最棒的一家。这里的啤酒与食物十分美味，还有许多活动：周一是电影之夜，周二是酒精之夜，其他夜晚则可欣赏DJ打碟或乐团表演。另外还有一台小精灵游戏机。

市中心之外

Dirty Duck 小酒馆

（见326页地图；http://thedirtyduckalehouse.co.uk；3 Kinnegar Rd，Holywood；周一至周三 正午至23:00，周四至周六 正午至次日1:00，周日 12:30~23:00）在阳光普照的周日午后，没有什么比贝尔法斯特朝向河岸的露天啤酒花园更棒的地方了，何况这里距离Holywood火车站只有几步之遥。来这里享受新鲜的生啤酒和现场音乐很不错，楼上还有可欣赏四周美景的餐厅。

☆ 娱乐

若想要更进一步听到现场音乐演奏、参与俱乐部之夜的活动，可以去Oh Yeah Music Centre唱片行。

其他信息来源如下：

- 贝尔法斯特游客欢迎中心（Visit Belfast Welcome Centre；见330页）
- Big List（www.thebiglist.co.uk）
- Culture Northern Ireland（www.culturenorthernireland.org）
- Belfast Music（www.belfastmusic.org）

定期举行爱尔兰传统音乐表演的小酒馆有Botanic Inn等。

欣赏爵士和布鲁斯可以到John Hewitt或the Black Box。

英式橄榄球、足球、盖尔足球和曲棍球是冬天的运动，板球赛在夏天举行。

Belfast Empire 现场音乐

（见320页地图；www.thebelfastempire.com；42 Botanic Ave；现场演奏入场费£5~20）这里是用维多利亚晚期的教堂改建的，有三层楼高的空间提供娱乐活动，这里是传奇色彩十足的现场音乐表演场地。

Ulster Hall 演出场所

（见320页地图；www.belfastcity.gov.uk；34 Bedford St）自1862年以来，Ulster Hall一直都是各类活动的热门地点，包括摇滚演唱会、午餐时间的风琴演奏、拳击和**阿尔斯特管弦乐团演奏**（http://ulsterorchestra.com）。

School of Music 古典音乐

（www.music.qub.ac.uk）女王大学音乐学院每周四午餐时间举行免费的小型音乐会，并在周四晚间在漂亮的有悬臂托梁屋顶的**Harty Room**（见地图320页；School of Music，University Sq）和**Sonic Arts Research Centre**（见320页地图；Cloreen Park）定期举行音乐会，偶尔也会在宽敞的**Sir William**

> **不要错过**
>
> **融入爱尔兰文化**
>
> 致力推广爱尔兰的语言、音乐和文化，**An Droichead**（见320页地图；www.androichead.com；20 Cooke St；门票£5~15）文化中心提供爱尔兰语言课程，同时也安排爱尔兰的阶段性传统舞蹈和同乐会（Céilidh）工作坊。这里也举办艺术展览并提供现场音乐演出场地。这里是个好地方，可以听到来自全国各地著名的民俗音乐家的现场演出，同时也有一些当地崛起的后起之秀。

Whitla Hall（见320页地图；University Rd）演出。可从网站上下载*Current Events*小册子。

Lyric Theatre 剧院

（见326页地图；www.lyrictheatre.co.uk；55 Ridgeway St）这座令人惊艳的现代风格剧院于2011年开业，满足了大众对于戏剧和建筑的想象。它建在老Lyric剧院的原址上，由好莱坞明星利亚姆·尼森（Liam Neeson）剪彩（他现在已成为老板）。

Grand Opera House 歌剧院

（见320页地图；www.goh.co.uk；2-4 Great Victoria St；售票处 周一至周五 9:30~17:30，周六 9:30~17:00）这家华丽的老歌剧院是歌剧、芭蕾舞、大众音乐和戏剧表演的演出场地。售票处就在Howard St角。

Windsor Park 足球

（见326页地图；紧邻Lisburn Rd）若要获取北爱尔兰国际足球比赛细节，请上体育馆网站www.irishfa.com查询。

Casement Park 盖尔式足球

（见326页地图；www.antrimgaa.net；Andersonstown Rd）它位于西贝尔法斯特，你可以在这里观赏刺激的盖尔足球。

Belfast Giants 冰球

（www.belfastgiants.com；2 Queen's Quay）Belfast Giants冰球队总是能吸引众多人潮来到溜冰场看他们的比赛。冰球场位于Odyssey Complex，赛季为9月至次年3月。这里也举办各种室内运动比赛和活动，包括网球和体操。

Kingspan Stadium 英式橄榄球

（见326页地图；www.ulsterrugby.com；85 Ravenhill Park）这家刚装修过的橄榄球场可容纳18,000名观众，是阿尔斯特橄榄球队的主场。

购物

北爱尔兰的特色产品包括精致的Belleek陶瓷和爱尔兰纺织品（有古董也有新品）。

一般购物的话，常见的购物街连锁店和百货公司集中在市政厅北边，主要以**Royal Ave**为中心。主要的几个购物中心有**维多利亚广场**（Victoria Square；见320页地图；www.victoriasquare.com；介于Ann St和Chichester St；周一至周二 9:30~18:00，周三至周五 9:30~21:00，周六 9:00~18:00，周日 13:00~18:00）以及**Castle Court Centre**（见320页地图；www.castlecourt-uk.com；Royal Ave；周一至周三和周五、周六 9:00~18:00，周四 9:00~21:00，周日 13:00~18:00）。另外，周四可在夜晚购物，商家会营业至20:00或21:00。

★ **St George's Market** 市场

（见320页地图；www.belfastcity.gov.uk；cnr Oxford & May Sts；周五 6:00~14:00，周六 9:00~15:00，周日10:00~16:00）爱尔兰最古老且至今仍在运营的市场建于1896年。这座维多利亚式的建筑每周五都有**杂货集市**（鲜花、产品、肉品、鱼类、家饰和二手物品）；周六有**都市食品和手工艺品集市**，届时有各式食品摊位和现场音乐表演；还有**周日集市**（食品、古董、当地艺术品和手工艺品）。St George's Market Bar & Grill餐厅（见331页）可从上方鸟瞰整座市场。

周五和周六11:00至15:00，每20分钟就有一班免费接驳车从多尼戈尔广场和Adelaide St出发，载客至市场。

12月初的时候，会有为期两天的圣诞集市和展览。

Wicker Man 珠宝、纪念品

（见320页地图；www.thewickerman.co.uk；44-46 High St；周一至周三和周五、周六 9:30~18:00，周四 9:30~21:00，周日 13:30~18:00）除了举办展览外，充满艺术气息的Wicker Man也售卖各式各样的当代爱尔兰手工艺品和礼品，包括银饰、玻璃器皿和编织品等。

Steensons 珠宝

（见320页地图；www.thesteensons.com；Bedford House, Bedford St；周一至周六 10:00~17:30，周四 10:00~20:00）这座位于市中心的展览室出售风格特别、现代感十足的手工珠宝。大多以银、金和白金为材料制作，珠宝来自位于安特里姆郡葛莱纳姆的工作室。Steensons也是《权力的游戏》中珠宝的设计商，仔细寻找设计相似的作品吧。

Matchetts Music 音乐

（见320页地图；www.matchettsmusic.com；6 Wellington Pl；⏲周一至周六 9:00~17:30）这里出售各种发声乐器，从吉他和曼陀林到便士哨和手持山羊皮手鼓（bodhráns）等，柜子里装满了乐器，当然还有爱尔兰传统歌谣的歌词簿和吉他和弦乐谱。

实用信息

危险和麻烦

即使是在北爱尔兰问题最棘手的时候，对观光客来说，贝尔法斯特都不算是特别危险的城市。当然如果可以的话，天黑之后避开所谓的“居中地带”会比较好，这些地带也就是靠近西贝尔法斯特和平线、Crumlin Rd以及Short Strand（女王桥的东侧）地区，若不确定前往的地区是否安全，可询问你居住的酒店或青年旅舍。

有些持不同政见的共和主义者团体仍会采取暴力攻击，目标主要是警察和军队，但没有获得群众的支持。这些安全措施并不会影响观光（除了道路会被封闭），但还是要留意潜在的危险。你可以关注北爱尔兰警察服务网（Police Service of Northern Ireland，简称PSNI）的推特账号（@policeserviceni），若有相关暴力事件发生可获得即时信息。

你可能也会发现，这里比起英国和爱尔兰其他地区的安全检查更为严格，如警察开的是武装越野车，警察局也都有加强设施。位于市中心的小酒馆也都有保镖守门。

如果你想要拍这些警察局、军事哨点或任何军事设施周边的照片，请先询问并获得许可，这样比较安全。在满是新教徒和天主教徒的西贝尔法斯特，最好不要未经询问就对着人拍照。请先询问并做好被拒绝的准备。对着壁画拍照倒是没有关系。

紧急情况

联络警察、消防队和救护车的紧急电话为☎999。

强暴案件和性侵害中心（Rape Crisis & Sexual Abuse Centre；☎028-9032 9002；29 Donegall St；⏲周一至周五 10:00~18:00）

Victim Support（☎028-9024 3133；www.victimsupportni.co.uk）是一家独立的慈善机构，协助犯罪事件的受害者。

上网

贝尔法斯特有104个免费Wi-Fi热点，服务完善，包括观光景点、社区和休闲中心与其他公共建筑等。可上网搜寻BelfastWi-Fi。

行李寄存

受到当年北爱尔兰问题的影响与出于安全上的考量，贝尔法斯特机场、火车站和汽车站均不提供行李寄存服务。不过，大部分酒店仍让住客白天寄存行李，还有贝尔法斯特游客欢迎中心（Visit Belfast Welcome Centre）白天也提供行李寄存服务（每件£4.50，需要提供有照片的证件）。

医疗服务

有几家医院提供意外和紧急服务。

Mater Hospital（☎028-9074 1211；45-51 Crumlin Rd）在临近Antrim Rd和Clifton St的交叉路口。

Royal Victoria Hospital（☎028-9024 0503；274 Grosvenor Rd）在市中心西部。

Ulster Hospital（☎028-9048 4511；Upper Newtownards Rd，Dundonald）靠近议会大厦。

邮局

邮政总局（见320页地图；12-16 Bridge St；⏲周一至周六 9:00~17:30）、Botanic Gardens邮局（见320页地图；cnr University Rd & College Gardens；⏲周一至周六 8:00~21:00，周日 10:00~18:00）和Shaftesbury Sq邮局（见320页地图；1-5 Botanic Ave；⏲周一至周五 9:00~17:30）。

旅游信息

贝尔法斯特游客中心（Visit Belfast Welcome Centre；见320页地图；☎028-9024 6609；http://visit-belfast.com；9 Donegall Sq N；⏲6月至9月 周一至周六 9:00~19:00，周日 11:00~16:00，10月至次年3月 周一至周六 9:00~17:30，周日 11:00~16:00；📶）提供北爱尔兰的旅游信息，也可预订住宿。服务也包括行李寄存（但不可隔夜）、货币兑换和免费Wi-Fi提供。

乔治·贝斯特贝尔法斯特城市**机场旅游信息柜台**（见326页地图；☎028-9093 5372；George Best Belfast City Airport；⏲周一至周五 7:30~19:00，周六 7:30~16:30，周日 11:00~18:00）；贝尔法斯特国际机场旅游信息柜台（☎028-9448 4677；Belfast International Airport；⏲周一至周五 7:30~19:00，周六 7:30~17:30，周日 8:00~11:00）。

到达和离开

飞机

贝尔法斯特国际机场（Belfast International Airport，代码BFS；028-9448 4848；www.belfastairport.com）位于城市西北30公里处，有飞往英国其他地方和欧洲的航班，还有飞往美国拉斯维加斯、奥兰多和纽约的航班。

乔治·贝斯特贝尔法斯特城市机场（George Best Belfast City Airport，代码BHD；见326页地图；028-9093 9093；www.belfastcityairport.com；Airport Rd）位于市中心东北6公里处，有飞往英国和欧洲的航班。

船

除了Steam Packet Company和Stena Line的服务，其他往返苏格兰和英格兰的汽车渡轮均停靠贝尔法斯特北边37公里处的拉恩港（Larne Harbour）。前往拉恩港码头的火车自维多利亚大街站发车。

Steam Packet Company（见326页地图；08722 992 992；www.steam-packet.com）由Steam Packet Company经营的汽车渡轮往返贝尔法斯特和道格拉斯的Isle of Man（2.5小时，一周2~3班，仅于4月至9月航行），乘船地点位于市中心北边2公里处的艾伯特码头（Albert Quay）。没有公共交通工具可到达渡轮码头，搭乘出租车约需£3。

Stena Line（见326页地图；08447 707070；www.stenaline.co.uk）汽车渡轮往返贝尔法斯特和利物浦（英格兰；8小时）以及卡琳赖安（Cairnryan，苏格兰；2.25小时），乘船地点在市中心北边5公里处的维多利亚码头（Victoria Terminal），到达码头可经由M2高速公路往北方走，在第一个交叉路口右转。公共汽车96路从Queen's St发车（£1.70，20分钟，周一至周五每天9班，周六和周日每天3班）也可到达。出租车约需£9。

长途汽车

在贝尔法斯特的长途汽车站内设有**信息台**（周一至周五 7:45~18:30，周六 8:00~18:00），你可以在这里拿一份当地公共汽车时刻表，或与**Translink**（028-9066 6630；www.translink.co.uk）联系以取得时刻表和车票信息。

National Express（08717 818 178；www.nationalexpress.com）每天提供长途汽车服务，往返贝

从贝尔法斯特出发的交通

长途汽车

目的地	价格	行程（小时）	发车频率
阿马	£9.30	1.25	周一至周五每小时1班，周六6班，周日4班
巴利卡斯尔	£12	3	周一至周五每天3班，周六2班
班戈	£3.80	0.75	周一至周六每半小时1班，周日8班
伦敦德里	£12	1.75	周一至周六每半小时1班，周日13班
唐帕特里克	£6	1	周一至周六每小时至少1班，周日6班
都柏林	£15	2.5	每小时1班
恩尼斯基林	£12	2.25	周一至周六每小时1班，周日3班
纽卡斯尔	£8	1.25	每小时至少1班

火车

目的地	价格	行程（小时）	发车频率
班戈	£5.50	0.5	周一至周六每20分钟1班，周日每半小时1班
都柏林	£30	2.25	周一至周六每天8班，周日5班
拉恩港	£7.20	1	每小时1班
纽里	£11	0.75	周一至周六每天10班，周日5班
波特拉什	£12	1.75	每小时1班

尔法斯特和伦敦（单程£37, 15.5小时），经由卡琳赖安渡轮、邓弗里斯（Dumfries）、米尔顿凯恩斯（Milton Keynes）、卡莱尔、曼彻斯特和伯明翰。售票中心位于Europa Busv Centre内。

Scottish Citylink（☎0871 266 3333; www.citylink.co.uk）每天有3班长途车从格拉斯哥到贝尔法斯特（£32, 6小时），经由卡琳赖安渡轮前往。

Europa BusCentre（见320页地图; ☎028-9066 6630; Great Victoria St, Great Northern Mall）贝尔法斯特的主要公共汽车站就在Europa Hotel酒店后面，隔壁就是维多利亚大街火车站，可经由酒店旁的Great Northern Mall进入。运营的车次主要前往伦敦德里、都柏林和北爱尔兰西部和南部城市。

Laganside Bus Station（见320页地图; ☎028-9066 6630; Oxford St）这是贝尔法斯特另一个较小的公共汽车站，Laganside就位于河畔，主要提供前往邓恩郡和蒂龙郡东部的车次。

火车

若需要火车票价和时刻表，请与Translink（☎028-9066 6630; www.translink.co.uk）联系。

NIR Travel Shop（☎028-9024 2420; Great Victoria St车站; ⌚周一至周五 9:00~17:00; 周六 9:00~12:30）提供车票预订、渡轮和假期行程安排打包服务。

贝尔法斯特中央火车站（Belfast Central Station, Bridge St东侧）是位于市中心东边的火车站，有前往都柏林和其他北爱尔兰城市的班次。如果你到达中央火车站，你的火车票可供你免费搭乘公共汽车前往市中心。

维多利亚大街火车站（Great Victoria Street Station; Great Victoria St, Great Northern Mall）位于Europa Bus Centre隔壁，有前往波塔当（Portadown）、利斯本（Lisburn）、班戈（Bangor）、拉恩港和伦敦德里的火车。

ℹ 当地交通

贝尔法斯特综合公共交通系统包括连接机场、中央火车站和长途汽车站的公共汽车车次。

抵离机场

贝尔法斯特国际机场的机场快线300路公共汽车往返机场和Europa Bus Centre（单程/往返£7.50/10.50, 30分钟），7:00~20:00每10分钟或15分钟1班，20:00~23:00每30分钟1班，深夜开始则每小时1班。回程车票一个月内有效。搭乘出租车约£30。

乔治·贝斯特贝尔法斯特城市机场的机场快线600路公共汽车往返机场Europa Bus Centre（单程/往返 £2.50/3.80, 15分钟），周一至周六 6:00~21:30每20分钟1班，周日则每40分钟1班。回程车票一个月内有效。搭乘出租车约£10。

自行车

北爱尔兰国家自行车网络第9公路穿过贝尔法斯特中央，主要沿着拉甘河的东岸和贝尔法斯特湾的北岸而行。

Belfast Bikes（☎034-3357 1551; www.belfastbikes.co.uk; 登记一次£5, 有效期3天，自行车每30分钟/1小时/2小时/4小时 免费/50p/£2.50/3.50; ⌚24小时）贝尔法斯特的共享自行车计划于2015年实施，整座城市内共提供300辆自行车，设置30个自行车站，未来规划持续扩增自行车和车站数量。可在线上注册或利用触屏终端注册。如果自行车遗失、遭窃或毁损，你的信用卡会被收取£120。

公共汽车

Metro（☎028-9066 6630; www.translink.co.uk）运营贝尔法斯特的公共汽车，大部分的城内车次都是从Donegall Sq、市政厅附近或是沿着Queen St的车站发车。你可以从广场西北角的**Metro kiosk**（见320页地图; ⌚周一至周五 8:00~17:30）领取免费的公共汽车地图（并买票）。

也可向司机买票（付零钱），公共汽车票价依距离从£1.50至£2.30不等。司机也售卖一日通票**Metro Day Ticket**（£3.90），让你周一至周六可以在City Zone内无限次搭乘。周一至周六 10:00之后搭乘费用较便宜，周日整天也有折扣（£3.40）。

越来越多的公共汽车为低底盘车辆，可搭载一辆轮椅。

汽车和摩托车

在贝尔法斯特有许多汽车出租店。

Avis（www.avis.co.uk）城区（☎0844 544 6036; 69-71 Great Victoria St）；贝尔法斯特国际机场（☎0844 544 6012; Belfast International Airport）；乔治·贝斯特贝尔法斯特城市机场（☎0844 544 6028; www.avis.co.uk; George Best Belfast City Airport）。

Budget（Www.Budgetbelfast.Co.Uk）位于城区（☎028-9023 0700; 69-71 Great Victoria St）；贝

尔法斯特国际机场(☎028-9442 3332; Belfast International Airport);乔治·贝斯特贝尔法斯特城市机场(☎028-9045 1111; George Best Belfast City Airport)。

Dooley Car Rentals(☎0800 282189; www.dooleycarrentals.com; Airport Rd, Belfast International Airport, Aldergrove)这间租车公司提供多种选择且价格合理,一辆小车一周费用大约是£200,可选择单程或是跨国界的租赁(另外多付£117则可将车子留在爱尔兰;如果你需要在爱尔兰境内租车但到北爱尔兰还租则多加€150)。

Europcar(www.europcar.co.uk)位于城区(☎0871 384 3425; Belfast Central Station);贝尔法斯特国际机场(☎0871 384 3426; Belfast International Airport);乔治·贝斯特贝尔法斯特城市机场(☎0871 384 3425; George Best Belfast City Airport)。

Hertz(www.hertz.co.uk)贝尔法斯特国际机场(☎028-9442 2533; Belfast International Airport);乔治·贝斯特贝尔法斯特城市机场(☎028-9442 2533; George Best Belfast City Airport)。

出租车

Fona Cab(☎028-9033 3333; www.fonacab.com)

Value Cabs(☎028-9080 9080; www.valuecabs.co.uk)

邓恩郡和阿马郡

最佳餐饮

➡ Moody Boar（见348页）

为何去

邓恩郡的宝藏远比贝尔法斯特丰富：斯特兰福德湾（Strangford Lough）波光闪闪、小岛纵横的水系一路往南延伸，一边是总有鸟类盘旋在上空的埃斯皮城堡（Castle Espie）古老的修道院，另一边则是美轮美奂的阿兹半岛（Ards Peninsula）。莫恩山脉的海拔随地势在古老的爱尔兰守护神所在地唐帕特里克（Downpatrick）和勒卡尔（Lecale）附近向海平面逐渐走低。

邓恩郡的邻居阿马郡则大部分是农村，从南部低矮起伏的丘陵到北部的苹果园和草莓田，中部则是宗教首都、迷人的小城市阿马。阿马南部是一个宁静而闭塞的地方，可以在爱尔兰与英国的边境来回穿梭而不会被发现。

两县郁郁葱葱的风景和扇形的海湾提供了丰富的时令食材，成为该地区大量特色餐馆的食材来源。

何时去

➡ 5月为阿马郡的果园带来一团团白色的苹果花，月初还有苹果花季展等庆祝活动。

➡ 一般来说，夏天是最适合到这里踏青骑行的好季节，6月下旬则可见证莫恩山脉知名的国际徒步嘉年华。

➡ 春天和秋天很适合来这里观鸟，但懂行的观鸟专家们一定会在月历上标记10月，因为这时候会有成千上万的布伦特鹅来到斯特兰福德湾上的埃斯皮城堡准备过冬。

邓恩郡和阿马郡亮点

❶ 沿着**莫恩山脉**（见344页）的古老步道体验登山之趣。

❷ 来一趟城堡之旅，在**希尔斯伯勒**（见345页）的城堡享用盛宴。

❸ 在**斯图尔特山别墅和花园**（见342页）一览厅堂和精致的庭园景色。

❹ 在**埃斯皮城堡野禽及湿地中心**（见342页）看成群鹅鸭。

❺ 在**纽卡斯尔**海边**皇家邓恩郡高尔夫球场**（见344页）纵情挥杆。

❻ 跟着爱尔兰守护神的脚步来到**唐帕特里克**（见343页）。

❼ 在**阿马市**的**阿马公共图书馆**（见347页）阅读价值连城的书籍，如首版《格列佛游记》。

❽ 到斯特兰福德湾岸边参观因美剧《权力的游戏》而远近驰名的**沃德城堡庄园**（见343页）。

❾ 在**基尔布洛尼森林公园**（见345页）骑山地自行车沿山坡而下。

邓恩郡(COUNTY DOWN)

人口 531,670/面积 2448平方公里

阿兹半岛(Ards Peninsula)

低洼的阿兹半岛(An Aird)环绕着斯特兰福德湾(Strangford Lough)伸入海中,对面就是波塔费里纳罗斯海峡(Potaferry Narrows)上的勒卡尔半岛(Strangford Lough)。半岛北部有爱尔兰岛上最肥沃的农田,出产大量的小麦和大麦,南边则是整齐划一的田野、白色的农场小屋与狭窄的小路,东海岸则有些不错的沙滩。来此游览以自驾最为合宜。

斯图尔特山(Mt Stewart)

斯图尔特山别墅和花园 历史建筑

(Mt Stewart House & Gardens; www.nationaltrust.org.uk; 成人/儿童 £8/4; ⏲别墅 4月中旬至9月 10:00~17:00, 11月至次年3月 周六和周日 正午至15:00, 花园 复活节至9月 10:00~17:00, 10月至次年复活节营业至16:00)宏伟的斯图尔特山别墅和花园在18世纪可以说是北爱尔兰最气派的别墅,有一座令人称羡的花园。当时是为了伦敦德里(Londonderry)侯爵而建的,装饰着奢华的石膏像、大理石人体雕像和许多无价的艺术珍宝。

斯图尔特山位于A20公路上,在Greyabbey西北3公里处、纽顿纳兹(Newtownards)东南8公里处。从贝尔法斯特和纽顿纳兹到波塔费里(Portaferry)的长途汽车会在别墅门口停靠。最后入园时间为闭门前1小时。

Lady Mairi Vane-Tempest-Stewart(1920~2009年)是第七位侯爵的女儿,她将这座别墅赠给了国家信托(National Trust)。这栋建筑的宝藏包括曾于1815年维也纳会议上使用过的椅子(椅子装饰为1918~1922年所添加),还有一幅由乔治·斯坦布斯(George Stubbs)绘制的汉布尔顿尼安赛马(Hambletonian)绘画,这种马曾出现在电影*Hambletonian, Rubbing Down*(1799~1800年)中,这幅画可以说是爱尔兰史上相当重要的一幅画。

美丽的花园内有许多景观都是第七位侯爵夫人Lady Edith在20世纪初的杰作,可以让她的小孩能够在花园内快乐玩耍,如前院的Dodo Terrace上面就有许多历史上不常见的珍奇野兽(如恐龙和渡渡鸟)和神话角色(像是葛里芬和美人鱼)等,还有巨型青蛙和鸭嘴兽等。而18世纪所建的**Temple of the Winds**(⏲3月至9月 周日 9:00~17:00)则是经典希腊风格的装饰性建筑,坐落在湖面的制高点。

斯特兰福德湾(Strangford Lough)

几乎嵌入爱尔兰岛内陆的斯特兰福德湾(Loch Cuan)位于波塔费里和斯特兰福德之间,经由700米宽的纳罗斯海峡(the Narrows)与大海相连。海湾的西岸都是凸起的小岛,有一半已被小丘覆盖,这些小丘都是最后一个冰河时期末期的冰川融化后形成的。而在东岸,这些小丘被海浪侵蚀成许多巨石,形成了浅水潮汐礁[当地人称之为“马蹄”(pladdies)]。

灰色的海狗会成群出现在海湾,尤其是在阿兹半岛的南边。也有许多鸟类在岸边和潮汐海滩上栖息。斯特兰福德湾的牡蛎堪称一绝,这里也有许多美食佳肴和不错的住宿地点。建议最好自行驱车前往,才能尽情探索这里的风光。

景点

埃斯皮城堡野禽及湿地中心 野生动物保护区

(Castle Espie Wildfowl & Wetlands Centre; www.wwt.org.uk; Ballydrain Rd, Comber; 成人/儿童 £7.30/3.60; ⏲周一至周五 10:00~17:00, 4月至9月 周六和周日 至17:30, 10月至次年5月 至16:00)埃斯皮城堡野生动物保护区位于Comber东南边2公里处,紧邻Downpatrick road(A22),这里可以说是鹅、鸭和天鹅的天堂。这里遍布观鸟人士的藏身处,对于喜欢大自然的人来说,这里是梦想的国度,保护中心更是提供了家庭喂鸟与池塘嬉戏活动。

最适合到此一游的季节是5月和6月,届时会有很多鸟类如幼鹅、小鸭和小天鹅在这里栖息。10月也是很合适的季节,大约会有3

万只布伦特鹅（brent geese，占全球总数的75%）从加拿大北极圈飞来群聚于此过冬。

唐帕特里克（Downpatrick）

人口 10,300

圣人帕特里克在爱尔兰传教的任务始于唐帕特里克，也在这里结束。他是爱尔兰的守护圣人，人们相信他是在靠近索尔（Saul）的地方初次入教的，且去世后葬在邓恩天主教堂（Down Cathedral）。每年的圣帕特里克节（3月17日），小镇就会挤满前来朝圣与观光的人。

唐帕特里克现为邓恩郡的行政中心，在那位伟大的圣人抵达前就已颇负盛名。圣人的第一家教堂是在早期的Rath Celtchair土方上修建的，至今仍可在教堂的东南面看到遗址。历史上，城镇因Dún Pádraig（帕特里克的城堡）这个名字而被人所知，17世纪时因英语化融合而有了唐帕特里克现今的名字。

到达和离开

唐帕特里克的长途汽车站位于圣帕特里克中心（St Patrick Centre）的南边。

服务包括：

贝尔法斯特Europa BusCentre £6，1小时，周一至周五每半小时1班，周六每小时1班，周日6班。

卡斯尔韦伦（Castlewellan）£4.40，30分钟，周一至周五每天7班，周六6班，周日4班。

邓德拉姆（Dundrum）£3.50，15分钟，周一至周五每天7班，周六6班，周日4班。

纽卡斯尔（Newcastle）£3.80，20分钟，周一至周五每天7班，周六每天6班，周日4班。

纽里（Newry）£9.30，1.25小时，周一至周五每天7班，周六6班，周日4班。

勒卡尔半岛（Lecale Peninsula）

位于唐帕特里克东边、地势低洼的勒卡尔半岛被大海和斯特兰福德湾从北面、南面和东面隔离，西面则是Rivers Quoile的沼泽和布莱克斯塔夫（Blackstaff）。半岛的爱尔兰名字Leath Chathail意为"卡尔之地"，卡尔是8世纪一位王子的名字。这里富饶的农田被渔港、峭壁与沙滩包围。

在半岛南部的Ardglass和Killough之间有座**柯尼岛**（Coney Island），曾被写入范·莫里森（Van Morrison）所吟唱的同名歌谣。这座位于海边的小岛事实上并不是岛，在过去可能曾是个小半岛，后被海水切割成了现在样子。赢得奥斯卡最佳短片奖的电影《岸边》（*The Shore*，2011年）就是在导演特瑞·乔治（Terry George）位于小岛上的家族小屋拍摄的。

沃德城堡庄园（Castle Ward Estate）

因为美剧《权力的游戏》中临冬城的拍摄地而声名大噪的**沃德城堡庄园**（www.nationaltrust.org.uk；Park Rd；成人/儿童 含庄园导览£8/3.75；⏲庄园复活节至10月 正午至17:00，其他地区4月至6月 10:00~18:00，10月至次年3月 至16:00）于18世纪60年代建造，从庄园可以俯瞰斯特兰福德湾西岸的风景，导览游相当有趣，从正午开始至16:00每个小时都有一场。

在这里还有维多利亚时代的洗衣博物馆、斯特兰福德湾野生动物中心、16世纪种植时期的高塔Old Castle Ward和15世纪的高塔Castle Audley，还有步道和自行车道。**碧空探险中心**（Clearsky Adventure Centre；☎028-4372 3933；www.clearsky-adventure.com；Castle Ward Estate，Park Rd；⏲复活节至9月 10:00~18:00，10月至次年3月 至16:00）有许多探险活动，包括海岸攀岩、划独木舟和斯特兰福德湾海上探险行程。

沃德城堡庄园当初是为了班戈（Bangor）领主伯纳德·沃德（Bernard Ward）及其夫人安妮（Anne）所建的，这对夫妻的建筑品味十分迥异，可从其庄园的风格上看出端倪，他们后来离婚，大概也来自这种分歧。伯纳德喜欢建筑体正面与主阶梯清晰可见的新古典风格，然而安妮喜欢的却是建筑背面的Strawberry Hill歌德式建筑，在其歌德式闺房内有令人难以置信的扇型拱顶。

纽卡斯尔（Newcastle）

人口 7500

在莫恩山脉山脚5公里长的黄金沙滩上，纽卡斯尔（An Caisleán Nua）已斑驳陆离的维多利亚式海边度假别墅获得了好几百万的整修经费，因而出现了当代的雕像、几公里长的海边步道和一座横跨Shimna河的精致步行桥。

景点和活动

皇家邓恩郡高尔夫球场 高尔夫

(Royal County Down Golf Course; www.royalcountydown.org; 36 Golf Links Rd; 5月至10月费用 £175~190, 11月至次年4月费用打折) 这座高尔夫球场绿草如茵，拥有71洞，由Old Tom Morris设计，场内附设两座9洞练习场。这里周一、周二、周四上午和周日下午对外开放。抵达十分方便，但需要提前好几个月预约。

到达和离开

20路和20A路长途汽车可从贝尔法斯特的Europa长途汽车中心前往纽卡斯尔，途经邓德拉姆(£8, 1.25小时，每小时至少1班)。

长途汽车240路则是走内陆从纽里到纽卡斯尔(£7, 50分钟，周一至周五 每天7班，周六6班，周日4班)，接着继续行驶至唐帕德里克。

莫恩山脉(Mourne Mountains)

若你从贝尔法斯特抬头朝南望向纽卡斯尔方向，就会发现莫恩山脉占满了整个地平线。这是北爱尔兰最美丽的一隅，有灰色花岗岩的独特景观、黄色的金雀花和一片白色农舍，低矮的山丘上整齐地交错着网格状的干石墙，墙体由巨大的圆形花岗岩卵石垒砌而成。

这些丘陵在1896年曾被爱尔兰知名作曲家威廉·珀西·弗伦奇(William Percy French)写入了一首歌，合唱部分唱道："就在莫恩山脉蜿蜒入海的地方"(Where the Mountains of Mourne sweep down to the sea)，歌曲完美地捕捉了这里山坡、大海、天空相互和谐构成的美景。

历史

莫恩山脉南面新月形的低洼地带被称为**莫恩王国**(Kingdom of Mourne)。由于路途遥远难以到达，这里好几个世纪都与世隔绝(主要道路会经过丘陵北边)，因此也形成了独特的地貌景观和文化。直到19世纪初海岸公路建造完成之前，要到达这里都是靠徒步跋涉和坐船。

18世纪，这里的主要经济活动是靠走私。往来的船只在半夜偷运来自法国的酒品，再用马匹悄悄地穿越丘陵地带将这些走私货运往内陆，以避开纽尔卡斯守卫的盘查。被称为**白兰地之路**(Brandy Pad)的走私古道就是从鲜血之桥(Bloody Bridge)前往托利莫尔，现已成为相当知名的步道。

景点

托利莫尔森林公园 森林

(Tollymore Forest Park; Bryansford; 车辆/行人 门票 £5/2; ⏲10:00至傍晚) 这座景观森林公园在纽卡斯尔西边3公里处，美丽的步道和自行车道沿着Shimna河和莫恩山脉的山坡修建。除此之外，还有维多利亚式的装饰性建筑，包括像教堂一样的**Clanbrassil Barn**，以及石窟、山洞、桥墩和垫脚石等(没错，这座公园曾是《权力的游戏》的取景地)。停车场上有台电子信息机，可得知公园内的动植物种类及其历史。你也可以在**营地**(☎028-4372 2428; 176 Tullybranigan Rd; 帐篷和露营车场地 £11.50~16.50)租帐篷住一晚。

活动

Life Adventure Centre 户外活动

(☎028-4377 0714; www.onegreatadventure.com; Grange Courtyard, Castlewellan Forest Park) 如果你喜欢爬山、攀岩、划独木舟或其他户外活动的话，那么位于卡斯尔韦伦森林公园(Castlewellan Forest Park)的探险中心就是你的首选。这里提供当天往返与新手体验的活动，适合个人、情侣和家庭一起前来(每人£76起)，也提供周日下午的体验行程。这里有独木舟(半天/全天 £35/45)以及越野自行车(£25/30)供租借。

Hotrock 攀岩

(☎028-4372 2188; www.tollymore.com; Tollymore National Outdoor Centre; 成人/儿童 £5/2.50; ⏲周二至周四 10:00~22:00; 周五至周一至17:00) 如果天气阴冷潮湿，则可以在这座室内攀岩场攀爬，这里也提供攀岩鞋和安全绳索租借(£3.50)。入口位于B180公路上，就在托利莫尔森林公园东边，紧邻Bryansford Rd。

到达和离开

可在www.walkni.com网站上确认不同季节的交通信息。

夏季可搭乘环线**Mourne Rambler**（公共汽车405路；www.translink.co.uk；成人/儿童£7/3.50；⏲5月至8月 周二至周日），从纽卡斯尔到莫恩，途中停靠18站，包括托利莫尔森林公园、卡斯韦伦（Castlewellan）和赛伦特河谷（Silent Valley）。每天有5班车。

莫恩海岸之路（Mournes Coast Road）

介于纽卡斯尔和纽里之间的A2海岸公路是这里景色最美的道路。

基尔布洛尼森林公园（Kilbroney Forest Park）

占地16平方公里的**基尔布洛尼森林公园**（Shore Rd；⏲6月至8月 9:00~22:00，9月至次年5月 至17:00）免费 位于罗斯特雷弗（Rostrevor）东边1公里处。从停车场到森林区最高处大约需要10分钟，有一条景观优美的小路，可以俯瞰整条河流到卡灵福德山（Carlingford Mountain）的景致，30吨重的花岗石巨岩**Cloughmore Stone**上面绘着维多利亚时代风格的涂鸦。这座公园拥有北爱尔兰最棒的**越野自行车路线**，小路入口处的**East Coast Adventure**提供（☎028-4175 3535；www.eastcoastadventure.com；1小时/整天£17.50/30，路线图£2，调度服务£5）提供自行车租借与调度服务。

邓恩郡中部（Central County Down）

贝尔法斯特的南部土壤肥沃，只有Ballynahinc西南边的Slieve Croob沼泽地显得粗犷，是这片丰饶土地上较为贫瘠的地方。

希尔斯伯勒（Hillsborough）

人口 3400

优雅的小镇希尔斯伯勒位于贝尔法斯特南方19公里处，在17世纪40年代由亚瑟·希尔（Arthur Hill）上校所建，他也在这里建造了用来平息爱尔兰叛乱分子的碉堡，精致的乔治王时代风格建筑环绕广场，与主要道路平行。

小镇最知名的莫过于希尔斯伯勒城堡，它是北爱尔兰事务大臣的官邸，也曾招待过许多国家领袖（美国前总统乔治·W.布什与比尔·克林顿均曾在此接受款待），同时也是英国女王访问北爱尔兰时的下榻官邸。

希尔斯伯勒也是美食之城，这里有温馨的小酒馆和不错的餐厅。

到达和离开

长途汽车238路从贝尔法斯特的Europa BusCentre（£3.80，25分钟，周一至周六至少每小时1班，周日每天8班）开往希尔斯伯勒，终点是纽里（Newry；£7，50分钟）。

阿马郡（COUNTY ARMAGH）

人口 174,790/面积 1326平方公里

阿马市（Armagh City）

人口 14,600

阿马市（Ard Macha）是座相当热闹的天主教城市，自5世纪便在这里发迹，长久以来都是宗教重镇，英国国教圣公会大主教和天主教大主教的大教堂均位于这里。这两大教派的大教堂均以圣帕特里克命名，各占据一座山头，彼此遥望。

历史

当圣帕特里克刚开始在爱尔兰传教的时候，他就选择了靠近Emain Macha（Navan Fort）的地方作为根据地，地点位于北爱尔兰异教徒较多的阿尔斯特。圣帕特里克在445年于附近山丘建立了爱尔兰第一座石头教堂（现为爱尔兰座堂），之后便宣布阿马位居爱尔兰所有教堂之首。

到了8世纪左右，阿马市已成为欧洲最著名的宗教、教育和手工艺品中心。这座城市被切割为三个区域（称作trians），被以英格兰、苏格兰和爱尔兰为名的街道划分。然而阿马市的繁荣也成为其致命伤，在831年至1013年被维京人攻打过不下10次之后逐渐衰落。

Armagh City 阿马市

Armagh City 阿马市

重要景点

1 阿马公共图书馆 A3

2 圣帕特里克座堂 B3

3 圣帕特里克罗马天主教大教堂 A1

景点

4 阿马郡博物馆 D3

5 阿马市法庭 C2

6 阿马市监狱 D4

7 Charlemont Place C2

8 The Mall C3

9 Registry A3

住宿

10 Armagh City Hostel A3

11 Armagh City Hotel C5

就餐

12 1868 Restaurant & Wine Bar C2

娱乐

13 Market Place Theatre & Arts Centre B3

这座城市在18世纪因其亚麻制品的发达而重新繁荣起来，那个时期留下来的遗产有皇家学院、天文观测台以及知名的图书馆，还有不少精致的乔治王时代风格的建筑。

景点

★阿马公共图书馆 博物馆

（Armagh Public Library; http://armaghpublibrary.arm.ac.uk; 43 Abbey St; ⏲周一至周五10:00~13:00和14:00~16:00）免费这里收藏有1726年出版的《格列弗游记》（*Gulliver's Travels*）首版，上面还有作者斯威夫特（Swift）亲自写上的注释，这本书无疑是镇馆之宝，图书馆则是在1771年由大主教鲁宾逊（Robinson）创建。其他珍贵馆藏包括Walter Raleigh爵士作于1614年的著作《世界的历史》（*History of the World*）、《无辜者的宣称》（*Claims of the Innocents*）以及霍加斯（Hogarth）和其他名家的雕刻。

附近的**Registry**（5 Vicar's Hill; 成人/儿童 £2/1; ⏲周二至周六 10:00~13:00和14:00~16:00）是爱尔兰教会记录的存放地，这里还有古时候的钱币、艺术品与其他新奇有趣的古玩。

★圣帕特里克座堂 主教座堂

（St Patrick's Church of Ireland Cathedral; ☎028-3752 3142; www.stpatricks-cathedral.org; 门票乐捐; ⏲4月至10月 9:00~17:00, 11月至次年3月 至16:00）这座英国国教圣公会大教堂占据了圣帕特里克原本的石砌教堂。现今所看见的大教堂其实是在13世纪原址上重建的，然而建筑体本身则是1834年至1840年整修的哥特式风格。北边的外墙有个石块，上面记录着布莱恩·博如（BrianBorú）长眠于此。布莱恩·博如是爱尔兰的至尊国王，在1014年最后一次与维京人的战役中在都柏林附近牺牲。

教堂里面有11世纪凯尔特十字（Celtic Cross）的遗址，还有可追溯至铁器时代的大理石雕像Tandragee Idola。南边的走廊有专门纪念大主教理查德·鲁宾逊（Richard Robinson, 1709~1794年）的地方，他建造了阿马市的景观瞭望台和公共图书馆。请提前预约导览游（45分钟，每人£3）。

★圣帕特里克罗马天主教大教堂 主教座堂

（St Patrick's Roman Catholic Cathedral; www.armagharchdiocese.org; Cathedral Rd; 门票乐捐; ⏲8:30~19:30）前往阿马的罗马天主教大教堂路上，高耸着两座哥特式高塔，分别在1838年至1873年完工。里面几乎可以说是拜占庭式的装潢，墙壁和天花板的每一处都贴满颜色鲜艳的马赛克砖。圣坛于1981年整修得更为现代化，具有非常独特的幕架和十字架，看起来与教堂内的马赛克镶嵌画和雕像显得格格不入。

阿马郡博物馆 博物馆

（Armagh County Museum; ☎028-3752 3070; www.nmni.com/acm; The Mall E; ⏲周一至周五 10:00~17:00, 周六 10:00~13:00和14:00~17:00）免费史前的斧头、沼泽中挖出的物品、用玉米做的玩具娃娃和稻草制作的男孩衣服以及军用服装和装备均为博物馆的馆藏。别错过曾经放在阿马市绞刑架上的铸铁头骨，十分惊耸骇人。

The Mall 公园

沿着中央草地往东边走，就会看到赛马场、斗鸡场和斗牛场，18世纪以前，这里曾是相当热门的活动场所。后来由于大主教鲁宾逊决定将这个城市发展成学习之都，因而将这里改造成一座优雅的乔治王时代风格的公园。这里有许多著名的建筑，包括北边仍在使用中的**阿马市法庭**（Armagh Courthouse，不对外开放）和南边的**阿马市监狱**（Armagh Gaol，目前已改建为酒店），以及一些乔治王时代风格的广场，例如**Charlemont Place**。

节日和活动

若你有机会亲眼目睹爱尔兰传统道路保龄球赛（road-bowling），千万不要错过。参赛者会沿着乡间小路丢出800克重的铁球，看谁抵达终点时滚球次数最少即获胜。可在www.irishroadbowling.ie查询相关信息。

苹果花嘉年华 食物

（Apple Blossom Fair; www.armagh.co.uk）在洛夫高马诺尔庄园（Loughgall Manor Estate，阿马市东北方10公里处）的果园内举

办的苹果花嘉年华，通常会在5月初登场，活动包括果园导览游、农产品集市、烹饪演示活动，还有出售各种苹果和苹果制品的摊贩。

住宿

Armagh City Hostel 青年旅舍 £

(☎028-3751 1800; www.hini.org.uk; 39 Abbey St; 床铺/标双/家 £19/42/48起; ⊙3月至9月中旬营业，9月中旬至次年3月只接待团体; 📶) 这家时尚且刻意打造的青年旅舍就在爱尔兰大教堂（Church of Ireland Cathedral）隔壁，其实比较像小酒店。总共有6间舒适的双人房、两间家庭房与10间床铺房（全都有独立卫浴），还有电视、茶水设备、配备齐全的厨房、起居室和阅读室。

Armagh City Hotel 商务酒店 ££

(☎028-3751 8888; www.armaghcityhotel.com; 2 Friary Rd; 标单/标双/家 £75/89/109起; @📶🏊) 在这家拥有120个房间的现代酒店里，虽然装潢风格不算特别，但设备比较齐全：有难得一见的休闲中心，附设健身房、蒸汽室、游泳池、美容沙龙、餐厅、酒吧和夜店。较高级的房间则附设阳台，可俯瞰高尔夫球场。

就餐

★Moody Boar 新派爱尔兰菜 ££

(☎028-3752 9678; http://themoodyboar.com; Palace Stables, 1 Greenpark; 主餐 午餐 £8~12，晚餐 £15.50~20; ⊙周二至周六 10:00~21:30，周日 正午至20:30 ✎) 🌿这里其实是Palace Demesne公共公园，Moody Boar位于曾经的中庭，每周五都有现场音乐演奏。这里的素食和无麸质食物相当有名，厨师Sean Farnan从自家庭院就地取材入菜，餐厅还有自己的香料园与菜园。

这里还有许多令人惊艳的现代陶艺品（可出售），由Sean的哥哥Stephen Farnan创作。

1868 Restaurant & Wine Bar 新派爱尔兰菜 ££

(☎028-3751 5353; www.1868restaurant.com; 2 College Hill; 主餐 午餐 £8~14，晚餐 £10.50~25; ⊙周二至周四 11:00~15:00和17:00~21:00，周五和周六 至21:30，周日 正午至16:30; 👪) 很适合在建于1868年的红砖建筑Probate & Customs House内来场烹饪手法现代感十足的经典爱尔兰美食盛宴（千万要留肚子品尝太妃糖苹果蛋糕配奶油糖果酱）。天气好的时候，中庭前院还开设有品酒酒吧并摆放露天桌椅。

娱乐

Market Place Theatre & Arts Centre 剧场

(☎028-3752 1821; www.marketplacearmagh.com; Market St; ⊙售票处 周一至周六 9:30~16:30，Footlights Bar & Bistro 周四 17:00~23:00，周五和周六 17:00至次日1:00，表演之夜 18:00~24:00) 阿马郡的主要文化聚集地包含可容纳400人的电影院、举办画展以及Footlights Bar & Bistro，周六晚间也有现场演奏。

实用信息

游客中心 (Tourist Office; ☎028-3752 1800; www.armagh.co.uk; 40 Upper English St; ⊙4月至9月 周一至周六 9:00~17:30，周日 13:00~17:30; 10月至次年3月 周一至周六 9:00~17:00) 位于St Patrick的Trian complex。

到达和离开

公共汽车251路可以从贝尔法斯特的Europa BusCentre搭乘（£9.30，1.5小时，周一至周五每小时1班，周六每天8班，周日每天4班）。另外，可以从纽里搭乘公共汽车40路（£6，50分钟，周一至周六每小时1班，周日每天3班）。

伦敦德里郡和安特里姆郡

包括 ➡

最佳餐饮

- Pyke 'n' Pommes（见355页）
- Green Man（见355页）

最佳住宿

- Beech Hill Country House（见355页）

为何去

北爱尔兰令人着迷的北海岸可以说是一座巨型的地质教室。在大海经年累月的洗礼下，安特里姆郡的岩石变得光滑并留下了一道道白色的海蚀痕迹，这些海边岩块被切割融合为海垛、石峰、悬崖和洞窟。如此奇幻的地貌和岩石奇观，搭配颓圮的城堡与森林茂密的峡谷，让此区成了热门电视剧《权力的游戏》的拍摄地点，剧中多幕场景都是在这里取景完成的。

往西边走，伦敦德里郡最迷人的景点就是生机勃勃的伦敦德里，它坐落在福伊尔河（River Foyle）畔，是爱尔兰岛上唯一一座被城墙围绕的城市，见证着几个世纪的动荡不安。最近十几年来，它复兴为一座文化之城，有不少创意十足的企业在此落脚，还有公众艺术与丰富的饮食亮点。德里也是野性大西洋之路（Wild Atlantic Way）上的理想休憩地点。

何时去

- 5月是最适合沿着堤道海岸步行的时节，不但可以避开巨人之路夏季的人潮，还可以享受春天盛放的花朵与美妙的大自然风情。
- 6月和7月是海鸟在此群居的旺季，很适合造访充满野性的拉斯林岛上的凯布尔国家自然保护区，同时这也是最适合在海滩上放松的季节。
- 巴利卡斯尔的传统节庆Ould Lammas Fair是从17世纪以来就有的传统，在8月的最后一个周一和周二举行，庆祝夏天结束，正式进入秋收。

伦敦德里郡和安特里姆郡亮点

❶ 沿着地质景观丰富的**堤道海岸**（见361页），从卡里克索桥走到热闹的巨人之路。

❷ 在历史厚重的**伦敦德里**（见352页），探索其现代化的街道、颇负盛名的用餐地点与振奋人心的音乐。

❸ 努力跨过狭窄且摇摇晃晃的**卡里克索桥**（见362页）。

❹ 在**波特拉什**（见359页）海滩上驰骋，享受大西洋的浪花，尽情冲浪。

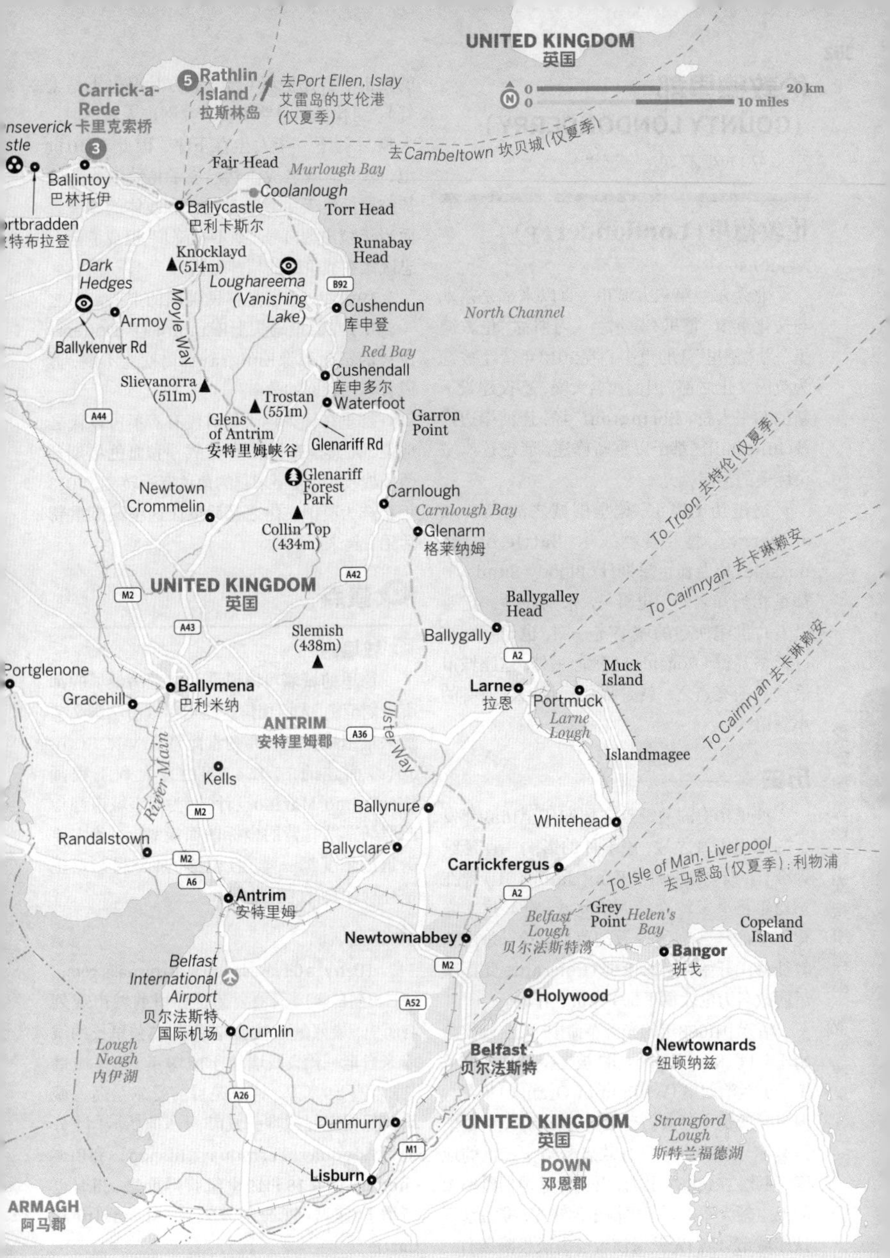

5 在荒野的**拉斯林岛**(见363页)观赏海鸟与海狗。

6 通过**Old Bushmills Distillery**(见360页)酒厂的游览,一窥爱尔兰威士忌不为人知的秘密。

7 饱览**邓恩希尔Mussenden Temple**(见358页)的海岸风光,这里是《权力的游戏》中许多场景的拍摄场地。

伦敦德里郡（COUNTY LONDONDERRY）

人口 247,130/面积 2074平方公里

伦敦德里（Londonderry）

人口 107,900

北爱尔兰第二大城市一直以来都是艺术与文化重镇。德里（爱尔兰人习惯称"伦敦德里"为"德里"）的市中心在2013年曾经被选为英国文化之都，因而声名大噪，不仅建设了新的和平大桥、Ebrington广场，连河岸边以及Guildhall区都予以重新修建，展现这座城市优美的河岸风光。

这里历史厚重，德里围城之战（Siege of Derry）、博格赛德战斗（Battle of the Bogside）以及血色星期日（Bloody Sunday）都是相当知名的历史事件。来到此地一定要沿着17世纪所建的城墙走一圈，也千万别错过博格赛德（Bogside）壁画。另外，这座城市最迷人的亮点之一就是提供现场音乐演奏的小酒馆。

历史

德里历史的关键点在1688年至1689年发生的德里围城之战，该事件的影响一直延续到今日。詹姆士一世（King James Ⅰ）曾在1613年将皇家特许状颁给此城，将兴建并强化德里的任务交给伦敦的贸易公会，并让新教徒移民开始在科罗伦郡（Colerain；此郡随后便改名为伦敦德里郡）种植农作物。

在英国1688年的光荣革命中，天主教徒詹姆士二世（King James Ⅱ）被支持新教的荷兰王子奥兰治威廉（William of Orange）推翻。但当时詹姆士二世仍有很大的影响力，而德里是爱尔兰境内唯一没有效忠詹姆士二世的地区，因此，在1688年12月，由安特里姆伯爵率领的天主教大军来到了福伊尔河东岸，准备拿下这座城市。他们先派遣使者前去谈投降条件，同时也让军队搭渡轮过河，准备进攻。当时有13位仍是学徒的男孩看到此景，用肉身挡住了城墙，齐声大喊："我们不会投降！"

于是，在1688年12月7日，德里围城之战展开。接下来的105天，德里城内的新教徒市民们勇敢地抵抗外侮，在炮弹、疾病和饥饿的攻击下誓死护城（当时敌方状况也不是太好）。当救济船只终于攻破突围进入城内时，大概只剩下一半人生存下来。因此在20世纪，德里围城之战俨然已成了北爱尔兰新教徒奋勇抵抗天主教爱尔兰共和政体的象征。而当年喊出的口号"绝不投降！"也成了至今忠诚派在战争时的精神喊话。

19世纪，德里是移民美国的主要港口之一，如今在德里码头上Eamonn O' Doherty设计的纪念雕像Emigrants仍屹立不倒，诉说着移民家庭的故事。

德里在烽火连天的时代有着不可取代之地位，尤其是在博格赛德战斗和血色星期日两场战役中。近年来它的角色有所转变，2013年获选为英国文化之都后也让这座城市重新活化了起来。

景点

城墙内

德里的城墙可以说是爱尔兰岛最早的都市规划范例，人们相信这是当年效仿法国文艺复兴重镇维特里勒弗朗索瓦（Vitry-le-François）而建的，于1545年由意大利工程师Hieronimo Marino设计，因为两座城市都参照罗马军队扎营的坐标图而规划，两条主要街道的角度都一样，且道路的4个起迄点正是4座城门所在位置。

★ **德里城墙** 城墙

（Derry' s City Walls；www.derryswalls.com；⊙日出到日落）免费 要感受德里的城市规划与历史，最好的方法就是沿着1.5公里长的城墙亲自走一圈。城墙建于1619年，德里城墙共8米高、9米厚，德里是目前爱尔兰岛上城墙仍保留完好的唯一城市。4座原始城门（分别为Shipquay、Ferryquay、Bishop' s和Butcher' s）则在18和19世纪获得重建，当时也新增了3座城门（分别为New、Magazine和Castle）。

当年城墙是在Honourable The Irish Society的监督下完成，这是一个由詹姆士国王和伦敦商会公司于1613年设立的机构，为确保德里的防卫与周遭郡的农业发展而设，并用以监督新教徒拓荒者们的情况。这个机构至今仍存在（只是现在主要从事慈善活

动），且为德里城墙的持有单位。

★高塔博物馆 博物馆

（Tower Museum; www.derrycity.gov.uk/museums; Union Hall Pl; 成人/儿童 £4/2; ⏲10:00~18:00）可直接前往五楼观赏这座获奖的博物馆，里面有16世纪的塔台复制品，可从上面鸟瞰整座城市。接着一层层往下逛，沿途观赏精彩的西班牙无敌舰队沉船（Armada Shipwreck）展览，还有德里故事（Story of Derry）展览，展览规划相当用心，还提供影音设备让你一边欣赏馆藏，一边了解这座城市的历史，从6世纪St Colmcille（Columba）修道院的落成到20世纪60年代末期的博格赛德战斗等战役都有涉及。这里需要至少2小时。

★圣高隆大教堂 主教座堂

（St Columb's Cathedral; www.stcolumbscathedral.org; 17 London St; 入场费乐捐; ⏲周一至周六 9:00~17:00）建立于1628年至1633年间的天主教堂拥有和城墙一样的灰绿色片岩，这是英国和爱尔兰境内第一座后改革时期设立的教堂，也是德里最古老的建筑之一。

入口的门廊处（位于尖塔下方，在St Columb's Court入口处旁）即可看到1633年的基石，以纪念这座教堂的完工。这块石板取自1164年建造的教堂的遗址。在门廊处也可看到1688年至1689年那些战役中轰进教堂广场的空心炮弹，炮弹里面装的不是炸药，而是投降的条件。隔壁的小礼拜堂内有更多历史遗物，包括画作、老照片和4把在17世纪用来锁住城门的大锁。

当代艺术中心 画廊

（Centre for Contemporary Art; http://cca-derry-londonderry.org; 10-12 Artillery St; ⏲周二至周六 正午至18:00）免费 德里的当代艺术中心为北爱尔兰新兴艺术家提供展示舞台，画廊时常替换不同艺术家的展览，还有来自全世界的优秀当代艺术作品。

城墙外

★Guildhall 知名建筑

（☎028-7137 6510; www.derrycity.gov.uk/Guildhall; Guildhall Sq; ⏲10:00~17:30）免费 矗立于城墙外的Guildhall为新哥特式建筑，最初建立于1890年，后历经大火于1908年重建。这里精致的彩绘玻璃窗由伦敦商会赞助，钟塔则是效仿伦敦大本钟的形式而设计的。除此之外，这里设有爱尔兰当年种植时期的历史回顾展，还有游客中心。

此建筑是老伦敦德里公司的所在地，这家公司将住房和就业上歧视天主教徒的政策制度化，引起了民族主义者的愤怒，因而在1972年两度被爱尔兰共和军（Irish Republican Army，简称IRA）放置炸弹。而在2000年至2004年间它则是血色星期日质询案（Bloody Sunday Inquiry）事件的爆发地。

和平桥（Peace Bridge） 桥梁

优雅而弯曲的桥梁完工于2011年，S形桥身与人行步道和自行车道横跨福伊尔河（River Foyle）两岸，连接西岸的城墙内地区和东边的Ebrington Square，远看就像是两手相握般串起两地。

Ebrington Square 广场

在19世纪曾为碉堡，之后为英国军队基地。Ebrington Barracks营房在2003年退役，而过去的阅兵广场则变为开放式广场，成为各界表演与展览活动的空间。

Hands Across the Divide 纪念碑

若从Craigavon Bridge入城，最先映入眼帘的景点就是Hands Across the Divide纪念碑。这个醒目的铜制雕塑刻画了两个人向对方伸出双手，代表着和解与对未来的希望。这座雕像在1992年启用，也就是血色星期日事发20年后。

博格赛德

博格赛德位于城墙西边，在19世纪和20世纪初开始发展成以天主教工人阶级为主的住宅区。在20世纪60年代左右，这里小巧而附有天台的房子成了贫穷与失业人口的聚集区，俨然是孕育公民权利运动与民族主义的温床。

在1969年8月，这里出现了为期3天的博格赛德战斗，当地青年与北爱尔兰皇家警察部队（Royal Ulster Costabulary; 简称RUC）之间的冲突越演越烈，竟成了街头枪战，因

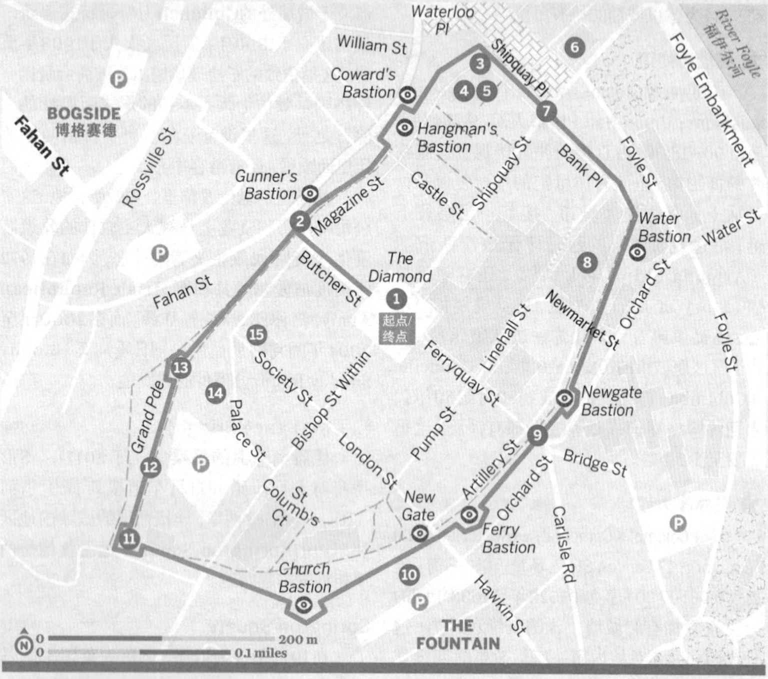

步行游览
城墙内的伦敦德里

起点和终点： THE DIAMOND

长度： 2公里

以德里市中心广场的The Diamond为起点开始步行，占据中心的是❶**War Memorial**。接着沿Butcher St走，这是当年德里肉贩聚集开店的街道，然后再走到❷**屠夫门**(Butcher's Gate)，沿着阶梯来到城墙的上方。

往下走到❸**Magazine Gate**，这是因其邻近的火药库而命名。城墙内的就是富有现代感的❹**O' Doherty's Tower**，主建筑为❺**高塔博物馆**（见353页）；城墙外则是红砖墙面砌成的新哥特式建筑❻**Guildhall**（见353页）。

福伊尔河曾延伸至城墙东北角，因此中间有个水闸❼**Shipquay Gate**。沿着转弯到东南面的城墙，爬上❽**Millennium Forum**（见357页），可看到❾**Ferryquay Gate**，在1688年至1689年的大围攻时期，尚在修道院研习的男孩们就是在这里用肉身抵御进攻的。

沿着城墙往前走便可看到❿**Fountain housing estate**，这是福伊尔河西岸最后一处新教住宅区。在New Gate地板旁边有一处圆形铺砖的地方，每年为纪念那些修道院男孩举行的Apprentice Boys' 游行（8月的第二个星期六）会在此燃起10米高的火焰。

接着往南走便可抵达西南角的⓫**Double Bastion**，这是咆哮雷格（Roaring Meg；德里围城之战中最有名的大炮）所在地。接下来的一段城墙被称作⓬**Grand Parade**，从这里可眺望博格赛德艺术家绘制的壁画。

在⓭**Royal Bastion**可以看到一个空的基座，这里曾放置着Reverend George Walker纪念碑，他是大围攻时代的地方行政官，但纪念碑在1973年被爱尔兰共和军炸毁。在其后方的是1872年的爱尔兰⓮**圣奥古斯丁教堂**（Chapel of St Augustine），教堂建在6世纪的St Colmcille修道院原址上。继续往前则是⓯**见习生纪念堂**（Apprentice Boys' Memorial Hall），它高耸的围墙保护着整座建筑不被从下方丢掷的漆弹骚扰。

而迫使英国政府派兵前往北爱尔兰镇压。博格赛德和隔壁Brandywell区约有33,000的居民宣称自己拥有独立的公民权利，在各街道设有哨点以阻挡军队进入。当时大家都知道“德里自由区”（Free Derry）是不准警察或军队进入的地方，由爱尔兰共和军自愿民兵组成巡逻队，在街道巡视。1972年1月，Rossville St周围发生了恐怖的血色星期日事件，“德里自由区”则在1972年7月31日的莫托曼行动（Operation Motorman）中走入历史，当时英国派出上千名武装士兵与装甲车队占领了博格赛德。

如今，此区的人口超过8000人，在复兴风潮兴起后，老房子与公寓都已被拆掉重建成现代住宅。

自由德里角落 纪念碑

（Free Derry Corner；Fahan和Rossville Sts路口）纪念碑位于一间房子的墙上，上面漆着著名标语“You are Now Entering Free Derry”（你已进入德里自由区），这是博格赛德唯一剩下的自由区纪念了。

团队游

Bogside Artists Tours 步行游览

（☎07514 052481；www.bogsideartists.com；每人 £5）步行导览游会由当地的艺术家亲自带你到著名的People's Gallery。可提前致电或上网预约。

节日和活动

City of Derry Jazz Festival 音乐节

（www.cityofderryjazzfestival.com）为期5天的爵士音乐节庆在不同场所举行，包括Ebrington广场等，通常是在4月底或5月初举行。

Gasyard Wall Féile 爱尔兰文化节

（www.facebook.com/gasyardwallfeile）文化节有现场音乐演奏、街头艺人表演、嘉年华、剧院表演和爱尔兰语活动等，都在8月的文化庆典中举办。

住宿

★ Merchant's House 民宿 ££

（☎028-7126 9691；www.thesaddlershouse.com；16 Queen St；标单/标双/标三/家 £40/65/90/100起；@🛜👪）这座历史悠久的乔治时代小镇风格的房子可说是民宿中的明珠。它有优雅的客厅和餐厅，镶有大理石的壁炉与古董家具、电视、煮咖啡器具，早餐还有自制果酱，房间内备有浴袍（只有家庭房有独立卫浴）。请先致电民宿领取钥匙。

★ Beech Hill Country House 历史酒店 £££

（☎028-7134 9279；www.beech-hill.com；32 Ardmore Rd；标单/标双 £99/129起；🛜）这座充满18世纪氛围的庄园位于德里东南方4.3公里处的迷人森林内，有漂亮的花园围绕，也曾在历史中留名——它曾是第二次世界大战时美军的海军基地，美国前总统克林顿亦曾数次到访此地。这里的30间客房均为乔治时代的色调与装潢。餐厅可欣赏湖景，景观堪称一绝。

就餐

★ Pyke 'n' Pommes 汉堡 £

（在Foyle Marina后方，紧邻 Baronet St；菜肴 £5~15；⏰周二至周四 正午至15:00，周五和周六 至17:00，时间可能不定；✍👪）德里的独立餐厅最为推荐此处，它位于一个船运货柜内。主厨Kevin Pyke真的很厉害，用当地食材制作的汉堡以最著名的Notorious Pig（猪肉、香脆腌高丽菜、甜菜根和鲜奶油调制）为必点佳肴，还有Cheeky Monkey（鲶鱼、柔软的土豆和熏制的苹果泥）和Veganderry（鸡豆、柠檬和香菜）最有特色，也别忘了Legenderry Burger（和牛、腌洋葱和蜂蜜芥末美乃兹）。依照季节还可能会有鲭鱼或牡蛎入菜。

★ Green Man 熟食 £

（Craft Village，Shipquay St；⏰周一至周六 9:30~18:00）这里很适合文艺青年前来野餐，有来自爱尔兰岛各地的食材，像Haven Smokehouse的烟熏鲑鱼、Durrus的农场乳酪、Filligans的腌渍品和酱料、弗马纳郡的黑白布丁、Knochnarea的蜂蜜和健力士面包，还有Glastry Farm出产的冰激凌和Melting Pot爱尔兰软糕等甜品。

饮品和夜生活

★ Peadar O'Donnell's 小酒馆

（www.peadars.com；59-63 Waterloo St；

Londonderry 伦敦德里

Londonderry 伦敦德里

◎ 重要景点
1 德里城墙……B5
2 Guildhall……B5
3 圣高隆大教堂……B6
4 高塔博物馆……B5

◎ 景点
5 当代艺术中心……B6
6 Ebrington Square……D4
7 自由德里角落……A5
8 Hands Across the Divide……B7
9 和平桥……C4

活动、课程和团队游
10 Bogside Artists Tours……B5

住宿
11 Merchant's House……A3

就餐
12 Green Man……B5
13 Pyke 'n' Pommes……B1

饮品和夜生活
14 Peadar O'Donnell's……B5

娱乐
15 Mason's Bar……B5
16 Millennium Forum……B5

购物
17 Austins……B5
18 Cowley Cooper Gallery……B6
19 Craft Village……B5

周一至周六 11:30至次日1:30，周日 正午至次日0:30）这是间典型的爱尔兰酒吧/杂货店，有摆放居家用品的柜架，吧台上还有店家的秤与媲美博物馆藏品的小古玩。Peadar每晚和周末午后有传统音乐时段。它的附属酒吧**Gweedore Bar**（www.peadars.com；61 Wa-terloo St；周一至周六 11:30至次日1:30，周日 正午至次日0:30）每晚都会有现场摇滚乐团演奏，周六晚间楼上则为迪斯科舞台。

☆ 娱乐

Mason's Bar
现场音乐

（10 Magazine St）栽培了Undertones乐团的城市仍不断地产出原创、有感染力的音乐。Mason的表演清单不停地变化，包括学生常客、正在成形的乐团，还有DJ、卡拉OK以及喜剧之夜。

Millennium Forum
剧院

（www.millenniumforum.co.uk；98 Newmar-ket St）这座剧院是爱尔兰最大的剧院舞台，是舞蹈、戏剧、演唱会、歌剧与音乐剧的表演场所。

购物

Craft Village
工艺品

（www.derrycraftvillage.com；紧邻Shipquay St；营业时间不定）这里重新整修过的广场聚集了不少工艺品店，贩售德里水晶、手工编织布料、瓷器、珠宝和其他当地工艺品，同时也是Café del Mondo的所在地，Green Man熟食也位于此。每周五正午至16:00会有个达人食品市集。可从Shipquay St、Magazine St或高塔博物馆入场。

Austins
百货公司

（www.austinsstore.com；2 The Diamond；周一至周六 9:30~17:30，周日 13:00~17:00）这是世界上最古老的独立百货公司，是购买爱尔兰商品的好地方，于1830年成立，建筑物上方有标志性的铜圆顶。商品提供海外运送服务。

Cowley Cooper Gallery
艺术品

（10-16 Pump St；周二至周六 10:30~17:00）这间商业艺廊是呈现当代爱尔兰艺术的舞台，销售当地艺术家的作品，每年大概还会举办六七场展览。

ℹ 实用信息

德里游客资讯中心（Derry Tourist Information Centre；028-7126 7284；www.visitderry.com；44 Foyle St；周一至周五 9:00~17:30，周六和周日 10:00~17:00）贩售书籍和地图，有兑换货币的服务且可帮忙订房。

到达和离开

飞机

德里城市机场（City of Derry Airport；☎028-7181 0784；www.cityofderryairport.com）位于A2前往利马瓦迪（Limavady）的方向，距离德里东部约13公里。每天都有班机直飞伦敦斯坦斯特德机场，以及利物浦和格拉斯哥的国际机场。夏天还有飞至西班牙和葡萄牙的航班。

长途汽车

长途汽车站（bus station；☎028-7126 2261；Foyle St）位于城墙内东北边。

至北爱尔兰各地的交通由Translink（www.translink.co.uk）运营；其他位于爱尔兰境内的交通则由Bus Éireann（www.buseireann.ie）提供服务。

贝尔法斯特Europa BusCentre £12，1.75小时，周一至周五每半小时1班，周六和周日每小时1班。

Coleraine £8，1小时，周一至周五每天8班，周日每天2班（周六不提供服务）。

多尼戈尔镇 £12.60，1.5小时，每天6班。

戈尔韦 £16.50，5.5小时，每天5班。

莱特肯尼 £5.50，40分钟，每天10班。

利马瓦迪 £5.20，30分钟，周一至周六至少每小时1班，周日每日6班。

奥马 £8，1小时，周一至周六每小时1班，周日每日6班。

斯莱戈 £16.80，2.5小时，每天8班。

Airporter（☎028-7126 9996；http://airporter.co.uk；1 Bay Rd，Culmore Rd；📶）运营德里至贝尔法斯特国际机场（£20，1.5小时）和乔治·贝斯特贝尔法斯特城市机场（£20，2小时）的线路，周一至周五每小时1班（周六和周日每天6~7班）。另外长途汽车也从Airporter写字楼发车，地点在市中心北方1.5公里处，旁边就是Da Vinci's Hotel。

火车

德里火车站[通常在北爱尔兰的时刻表上是伦敦德里（Londonderry）]在福伊尔河的东岸；免费的公交巴士连接火车站和汽车站。

贝尔法斯特 £12，2.5小时，周一至周六每天9班，周日6班。

Coleraine £9.30，45分钟，周一至周六每天11班，周日6班。

波特拉什（Portrush）£12，1.25小时，周一至周六每天10班，周日6班。

当地交通

从德里城市机场出发有公交车234路（£3.50，20分钟，周一到周五约每小时2班；具体请见www.translink.co.uk），乘坐出租车约£15。

从公交车站外Foyle St发出的公交车开往郊区和周围村庄。

Derry Taxi Association（☎028-7126 0247；www.derrytaxis.ie）

Foyle Delta Cabs（☎028-7127 9999；www.foyletaxis.com）

Claudy Cycles（☎07133 8128；www.claudycycles.com；自行车租赁半天/全天 £8/12）

邓恩希尔（Downhill）

这段海岸线最美的景点便是壮丽的邓恩希尔领地和位于其下的冲浪沙滩。

从邓恩希尔开始，景色优美的Bishop's Road便沿着陡坡向上爬升，穿过丘陵来到Gortmore野餐区鸟瞰福伊尔河景、多尼戈尔和斯普林山脉（Sperrin Mountains），或在Binevenagh Lake的断崖上指点江山。

景点和活动

★邓恩希尔领地 古迹

（Downhill Demesne；www.nationaltrust.org.uk；成人/儿童 £4.50/2.30；⏲日出至日落）1774年德里大主教（布里斯托尔第四位伯爵Frederick Augustus Hervey）在此地建了一座占地160公顷、富丽堂皇的住所。房子不幸在1851年被烧毁，接着在1876年重建，于第二次世界大战后废弃。遗迹现今仍屹立在断崖上，四周还有漂亮的花园围绕。

由主教所建的圆顶Mussenden Temple原本是他的图书室（有些人则说是为了藏情妇），现在成了《权力的游戏》的拍摄场景。

你可从海岸公路的狮门（Lion's Gate）或主教门（Bishop's Gate）进入领地。

另外，这里也有一栋全部刷白的17世纪建筑黑兹勒特房屋（Hezlett House；4月至9月 10:00~17:00），它是爱尔兰岛最古老的村舍之一，现场还有与原野生活相关的展览。

到达和离开

公共汽车134路在利马瓦迪（£4.40，35分钟，周一至周五每天9班，周六6班）和Coleraine（£2.70，15分钟）之间穿梭，沿途会在邓恩希尔停靠。公共汽车234路在德里（£5.20，35分钟，周一至周五每半小时1班，周六每小时1班，周日7班）和Coleraine（£2.70，10分钟）之间往返，经停邓恩希尔。

波特斯图尔特（Portstewart）

人口 7800

自维多利亚时期开始，英国小说家威廉·泰可瑞（William Thackeray）便形容此处的空气"舒适且令人愉悦"。波特斯图尔特的海边和高尔夫球场孕育出一种迷人的上流社会氛围，将其与东边6公里处波特拉什的民粹风气明显分隔开。不过这里仍住着不少的学生，主要是来自Coleraine的阿尔斯特大学（University of Ulster）。

到达和离开

长途汽车140A路和140B路在Coleraine和波特斯图尔特之间穿梭（£2.70，20分钟，周一至周六每20分钟一班，周日5班），且可继续前往波特拉什（£2.30，10分钟）。

安特里姆堤道海岸的季节性公共汽车亦在此处停靠（见359页）。

安特里姆郡（COUNTY ANTRIM）

人口 618,110/面积 3046平方公里

波特拉什（Portrush）

人口 6300

靠海的波特拉什（Port Rois）度假村每到旺季总是挤满游客与度假人潮，当然，有许多景点和活动都属于老派的家庭活动，但这里也是冲浪者的天堂，更是北爱尔兰最高档的高尔夫胜地。

景点和活动

皇家波特拉什高尔夫球俱乐部 高尔夫

（Royal Portrush Golf Club; ☎028-7082 2311; www.royalportrushgolfclub.com; Dunluce; 果岭费 工作日/周末 £160/180）与大西洋比邻而居且位于城镇最东边的皇家波特拉什高尔夫球俱乐部建立于1888年，是爱尔兰全岛唯一曾在1951年主办过公开赛的高尔夫球俱乐部，接下来会在2019年举办第二次。这里有两座72洞的高尔夫球场，水边有White Rock（第5洞）和Calamity（第14洞）球场，还有70洞的河谷球场。

到达和离开

长途汽车站就在Dunluce Centre旁边，公共汽车140A路和140B路分别连接波特拉什和波特斯图尔特（£2.30，10分钟，周一至周六每20分钟1班，周日5班），以及波特拉什和Coleraine（£2.70，20

堤道海岸的季节性公共汽车

Antrim Coaster（公共汽车252路；www.translink.co.uk；成人/儿童 £9/4.50；复活节和5月假期的周末和7月至9月；）依季节排班提供往返Coleraine和拉恩（Larne）的公共汽车站交通服务（通常在复活节、5月假期的周末和7月至8月）。沿途停靠站包括波特斯图尔特、波特拉什、布什米尔斯、巨人之路、巴林托伊、巴利卡斯尔、库申登（Cushendun）、库申多尔（Cushendall）、格莱纳里夫（Glenariff；水岸）、格莱纳姆（Glenarm）和莱恩（Larne）市中心火车站。

Causeway Rambler（公共汽车402路；www.translink.co.uk；成人/儿童 £6.50/3.25；复活节至9月）提供依季节排班往返Coleraine和卡里克索桥停车场的交通服务，沿途经过波特斯图尔特、波特拉什、邓路斯城堡（Dunluce Castle）、布什米尔斯、巨人之路、Dunseverick Castle和巴林托伊。4月和5月每天4班，6月至9月每天8班。

分钟)。安特里姆堤道海岸季节性公共汽车亦在此停靠。

火车站则在码头的南边，可从Coleraine搭火车至波特拉什(£2.30，12分钟，周一至周六每小时1班，周日10班)，同时也可往返贝尔法斯特或德里。

出租车服务有：

Andy Brown's(☎028-7082 2223; http://andybrowntaxis.co.uk)

North West Taxis(☎028-7082 4446; www.portrushtaxis.co.uk)

布什米尔斯(Bushmills)

人口 1350

布什米尔斯一直以来都是爱尔兰威士忌爱好者的天堂，同时也是登山爱好者的绝佳去处，你可以从这里开始探索海岸堤道。

景点和活动

Old Bushmills Distillery 酒厂

(☎028-2073 3218; www.bushmills.com; Distillery Rd; 团队游 成人/儿童 £7.50/4; ⏲3月至10月 周一至周六 9:15~17:00，周日 正午至17:00，11月至次年2月 周一至周六 10:00~17:00，周日 正午至17:00)这里是世界上最古老的合法酒厂，执照还是詹姆士二世在1608年间颁发的。布什米尔斯威士忌是以爱尔兰大麦做原料，从River Bush支流St Columb's Rill取水，最后在橡木桶内酿成。在酿造过程中，酒精含量会从60%降到40%，而被蒸发的酒体则被称为"天使的分量"。游览过后，你可以在多款酒中免费挑选一杯细细品尝。

2015年，墨西哥龙舌兰制造商Jose Cuervo从饮品集团Diageo手中买下酒厂，使其恢复独立企业身份。

巨人之路和布什米尔斯铁路 遗产铁路

(Giant's Causeway & Bushmills Railway; ☎028-2073 2844; www.freewebs.com/giantscausewayrailway; 往返 成人/儿童 £5/3)在购入内伊湖(Lough Neagh)岸边的私有铁路后，这条沿着峡谷修建的狭窄铁道和火车头(两个蒸汽车头和一个柴油车头)沿着19世纪的观光路线，为游客提供从布什米尔斯到巨人之路共3公里长的铁路之旅体验。依季节而出发的火车在7月至8月通常每天于11:00~17:30整点由巨人之路发车，半点则是由布什米尔斯发车，复活节至6月以及9月至10月只有周末运营。

到达和离开

公共汽车172路连接Coleraine(£2.70，20分钟，周一至周五每天8班，周六和周日每天3班)、巨人之路(£2.30，5分钟)和巴利卡斯尔(Ballycastle; £6.30，45分钟)。

依季节提供服务的项目包括安特里姆堤道海岸季节公共汽车(见359页)及巨人之路和布什米尔斯铁路(见360页)。

巨人之路(Giant's Causeway)

一旦你亲眼看到巨人之路，就会知道为什么祖先们认为这条堤道并非自然之物。波浪下，一片规则且紧密堆积的六角形石柱，怎么看都像是巨人的神斧天工。

如此奇特的岩石形状使其成为国家保护区，并且还是北爱尔兰唯一的世界遗产。这里可谓整座爱尔兰岛上令人印象最深刻且充满情调的景观，因此常常人山人海。如果可以的话，尽量避开周末到此一游，或是在淡季旅客较少时游览。春天和秋天的黄昏是此处最适合拍照的时候。

到访巨人之路是免费的，但你所付的停车费用亦包含巨人之路游客体验的门票，停车券无法单独购买。

景点和活动

从停车场需要走5~10分钟的路程下坡(有轮椅坡道)抵达巨人之路(也有接驳公车)。然而，更有趣的方式是徒步沿着断崖小径往东北方走约2公里，来到**Chimney Tops**，从这里鸟瞰整条堤道的风景和东边的海岸线，包括伊尼什欧文(Inishowen)和马林角(Malin Heads)的风光。

这尖锐的海角曾被西班牙舰队于1588年炮轰(当时被误认为是邓路斯城堡)，西班牙船只赫罗纳(Girona)号的残骸还在海角的尖上。之后回到停车场的路上可沿着**牧羊人阶梯**(Shepherd's Steps; 有标示牌)前行，

步行游览 堤道海岸

起点: 卡里克索桥(CARRICK-A-REDE)

终点: 巨人之路

长度: 16.5公里

堤道海岸的壮观风景沿着海岸线延伸,是爱尔兰最棒的海岸徒步线路。你要做好万全准备:部分路径狭窄泥泞,紧贴着没有护栏的悬崖顶端,在潮湿或多风的天气里会很危险。潮汐大浪可能暂时阻塞怀特公园海湾两侧的道路,请提前查询确认潮汐时间。

当你战战兢兢地走过❶**卡里克索桥**(见362页)之后,沿着从❷**Larrybane Head**延伸出来的道路来到悬崖顶端,在这里你可以远眺绵羊岛,然后转向内陆。抵达❸**巴林托伊教堂**后,右转沿着道路而下直到❹**巴林托伊港**。

继续沿着海岸线前行,途中经过一些圆锥形的海蚀柱和拱门,攀爬过石灰岩悬崖,抵达2公里长、细沙堆积的❺**怀特公园海湾**,你可以走在较为坚硬的沙砾上,因为细沙很容易在低潮时被海水冲走。在海湾的最远端,巨石和海蚀圆石包围着一片悬崖,攀爬这座高达250米(有些地方湿滑)的石灰岩悬崖,在巨石断崖之上的就是❻**波特布拉登**。

穿过波特布拉登,石灰岩让位给黑色的火山玄武岩,道路穿过一个在岩石中自然形成的管道,到达若干海浪侵蚀的岩石洞穴。在❼**Dunseverick Harbour**这座小海港,沿着一条小路前行200米之后,顺着右边的台阶而下。道路沿着一片海岸草地滩涂延伸,绕过一座岬角,穿过一座瀑布上的步行桥,到达❽**Dunseverick Castle**。

之后的道路较窄,慢慢爬上悬崖顶端,途中穿过❾**老鲑鱼场**(一座矗立在遥远海岸边的小农舍,屋顶都已生锈)。在Benbane Head附近,是整个徒步最高和最北的点,木制的长椅标志着为人所知的观景点❿**汉密尔顿的座位**(纪念18世纪的神职人员和业余地理学家威廉·汉密尔顿)。在海拔100米的悬崖上沉浸于壮丽全景之中,俯瞰乱石和石柱向西方延伸,然后启程踏上最后一段路。沿着路牌标志的⓫**牧羊人阶梯**而下,在巨人之路游客体验中心前1公里处就是⓬**巨人之路**了。

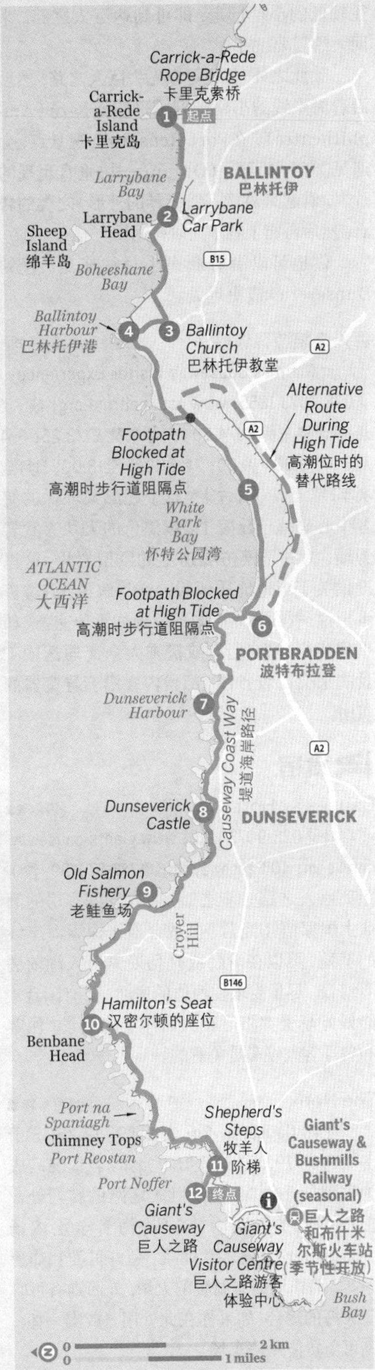

往较低的小径行走，即可到达巨人之路。来回大约需要1.5小时。

除此之外，你也可以先去巨人之路，然后沿着海岸线的小路走到圆形露天剧场（Amphitheatre），在Port Reostan有观景点，会遇见类似“风琴”（Organ；一块垂直呈现的片岩，看起来就像是管风琴的外形）之类的岩石，然后再爬上牧羊人阶梯返回。

你也可以沿着断崖小径往东走，直到Dunseverick或更远处。

巨人之路游客体验 游客中心

（Giant's Causeway Visitor Experience；☎028-2073 1855；www.nationaltrust.org；成人/儿童 含停车费 £9/4.50，无停车费 £7/3.25；⏰4月至9月 9:00~19:00；3月和10月 至18:00；11月至次年1月 至17:00；📶）🍃这个超酷又环保的游客中心坐落于丘陵上，以黑色的大块玄武岩为墙，为的是模仿堤道上的巨型岩片。这里提供关于当地地质地貌的详尽解说，游客资讯柜台、餐厅和商店服务设施均十分完善。如果你步行、骑自行车或搭乘大众交通运输工具前来会比较省钱。门票内含语音导览器的费用。

食宿

Causeway Hotel 酒店 ££

（☎028-9073 1210；www.giants-causeway-hotel.com；40 Causeway Rd；单/双 £79/99；📶）距离巨人之路一步之遥，拥有28间客房的酒店由国家信托经营，很适合当作探索海岸线的基地，可以在清晨或是傍晚避开人潮前去看海景。尽量要求住西边的房间，要有阳台才能好好享受夕阳落在大西洋上的美景。住客和餐厅客人停车是免费的。

The Nook 小酒馆食物 £

（48 Causeway Rd；主餐 £9~12.25；⏰厨房 11:00~19:00）这座18世纪的学堂现已成为温馨的小酒馆，位于巨人之路的转弯处，提供好吃的三明治、汤品、海鲜杂烩浓汤（chowder）、爱尔兰炖菜、鱼虾贝类和炸薯条等。酒馆里面有温暖的火炉，外面则有可眺望大海的露台。如果你在此处用餐或喝一杯，则可免费使用停车场。

到达和离开

除了安特里姆堤道海岸的季节性公共汽车（见359页）与巨人之路和布什米尔斯铁路（见360页），公共汽车172路自巴利卡斯尔出发（£4.40，30分钟，周一至周五每天8班，周六和周日每天3班）至Coleraine（£2.80，25分钟）和布什米尔斯（£2.30，5分钟）的途中会经过此地。来自Coleraine的火车则去往贝尔法斯特或德里。

当地交通

从巨人之路游客体验中心的停车场走到景点大约1公里，沿途轻松好走；也可搭乘每15分钟发车的**小巴**（单程/来回票价£1/2），巴士可搭载轮椅。

巨人之路至巴利卡斯尔（Giant's Causeway to Ballycastle）

堤道海岸线是指巨人之路至巴利卡斯尔之间最美丽的那段风景，黑色的海边断崖与白色的风蚀痕迹、岩石遍布的小岛、美轮美奂的码头、辽阔的沙滩等景致交相辉映。

景点和活动

这里的主要景点均可自驾或乘公共汽车抵达，但卡里克索桥停车场到巨人之路之间的16.5公里路程非常推荐用徒步的方式跟着堤道海岸线的标示（www.walkni.com）走完全程。

在巨人之路东边9.5公里处有一座海边小村庄波特布拉登（Portbradden），大概有六七栋码头小屋。从波特布拉登清晰可见怀特帕克湾（White Park Bay），从A2便可轻松抵达这片海湾，宽阔的海滩令人着迷。

再往东方前进3公里是巴林托伊（Ballintoy, Baile an Tuaighe），这座美丽的村庄沿着山坡而建，隐藏着只会在明信片里出现的码头景色，现已因《权力的游戏》铁群岛的君王港（是在此地选取的所有场景当中最知名的一处）而出名。码头区重新启用的石灰窑过去曾用来生产石灰石，原料来自白垩峭壁的石头和巴林托伊的煤矿。

★卡里克索桥 桥梁

（Carrick-a-Rede Rope Bridge；www.nationaltrust.org.uk；Ballintoy；成人/儿童 £5.90/3；⏰4

月至8月9:30~19:30，2月下旬至3月下旬和9月至10月下旬 9:30~18:00，10月下旬至次年2月下旬9:30~15:30）这条宽1米、长20米的桥梁用绳索串联，将海边断崖与卡里克岛连接起来，在遍布岩石暗礁的海水之上30米处迎风摇曳。横跨这座桥十分安全，但如果你恐高的话恐怕会很刺激，尤其是在起风的日子（风若太大则会关闭）。从小岛上可看到拉斯林岛（Rathlin Island）以及东边的Fair Head。

停车场有个国家信托经营的小型资讯中心和咖啡厅。

卡里克索桥好几个世纪以来都是鲑鱼的渔场，渔夫们在小岛顶端撒下渔网，使沿着海岸线游经此处的鲑鱼上钩。每年春天渔夫们便会将索桥收起。

到达和离开

公共汽车172路往返巴利卡斯尔、布什米尔斯和Coleraine（周一至周五每天8班，周六和周日每天3班），是游览海岸线主要的交通工具，几乎全年无休，沿途会经过巨人之路、巴林托伊和卡里克索桥。安特里姆堤道海岸的季节性公共汽车（见359页）则在特定季节提供服务。

拉斯林岛（Rathlin Island）

人口 110

粗犷的拉斯林岛位于距巴利卡斯尔6公里处，这是一座L形的小岛，6.5公里长、4公里宽。拉斯林在春夏之际则是几百只海豹与上千只海鸟的家园。

苏格兰英雄罗伯特一世（Robert the Bruce）曾在1306年隐居于小岛，当时他为了躲避英国国王的追捕而藏匿于此。就是在这里，他看到蜘蛛不屈不挠地织着网，重复编织的动作让他心生勇气，决定再跟英格兰进行最后一搏。这一次，他终于在班诺克本（Bannockburn）赢得了胜利。据说当年他所藏匿的洞穴就在拉斯林西灯塔下方，位于小岛的东北角。

景点和活动

拉斯林因其海岸景观和位于小岛东边的**凯布尔国家自然保护区**（Kebble National Nature Reserve）鸟类景观而闻名。

如果你没有时间游览凯布尔国家自然保护区，那么最棒的短程之旅便是穿过国家信托基金会的**巴利可那甘自然保护区**（Ballyconagan Nature Reserve）到北海岸的老海岸卫队瞭望台（Old Coastguard Lookout），这里的海岸景观让你可以饱览整个海边断崖，甚至看到苏格兰的小岛Islay和Jura。

拉斯林岛被40多艘沉船遗骸围绕，包括英国海军战舰德立号（HMS Drake）。

RSPB Rathlin Seabird Centre 野生动物保护区

（www.rspb.org.uk；⏲4月至8月 10:00~16:00）免费 在重新修葺的拉斯林西灯塔（Rathlin West Lighthouse）里面，鸟类保护皇家协会（Royal Society for the Protection，简称RSPB）中心有令人惊艳的海蚀景观观景平台，还有机会看到许多海鸠、三趾鸥、海雀和角嘴海雀。这里免费提供单、双筒望远镜，还有一家咖啡厅与纪念品店。

到达和离开

只有岛屿居民可以开车前往拉斯林（残障人士除外），不过这座岛从渡轮码头步行至任何地方都不会超过6公里（大约1.5小时的步行时间）。

拉斯林岛渡轮（Rathlin Island Ferry；☎028-2076 9299；www.rathlinballycastleferry.com；成人/儿童/自行车 往返 £12/6/3.30）每天都有往返巴利卡斯尔的轮渡；尽可能提前预约。4月至9月中旬每天有超过10班航行，一半为快船服务（20分钟），其他的则为较慢的渡轮（45分钟）。冬天班次会减少。

McGinn's（☎028-2076 3451；成人/儿童 £5/3）在4月至8月提供游客码头至凯布尔国家自然保护区的接驳服务；若有其他需求，可与该公司联系。

安特里姆峡谷（Glens of Antrim）

安特里姆郡的东北角是一片高原，白色白垩岩基石上面被黑色玄武岩覆盖。沿着海岸线，在库申登（Cushendun）和格莱纳姆（Glenarm）之间，高原则被冰川切割成不同的景色，这里就是鼎鼎有名的安特里姆峡谷。

这片区域有两条道路穿过，一条是紧邻

海边的Ulster Way，穿过所有海边小村落；另一条是32公里长的Moyle Way，走内陆，一路穿过高原，从Glenariff Forest Park直至巴利卡斯尔。

安特里姆郡内陆（Inland County Antrim）

在安特里姆峡谷的东边沼泽地带，丘陵缓缓下降过渡到内伊湖畔的低海拔农地和River Bann的宽阔峡谷区。这里很少有人前往，通常游客不是沿着海岸公路快速穿越，就是在经由贝尔法斯特前往德里的路上路过此区。即便如此，若时间允许，这里仍有几处值得停下观赏的景点。

安特里姆镇（Antrim Town）

人口 19,800

安特里姆镇（Aontroim）紧邻River Sixmilewater河畔，离内伊湖很近。在1798年冲突动荡时期，当时的爱尔兰人就在这座城镇的High St上与敌人激战。

到达和离开

公共汽车218路和219路从贝尔法斯特发车前往巴利米纳（Ballymena），途中会经过安特里姆（£4.40，40分钟，周一至周五每小时1班，周六每天7班）。

火车从贝尔法斯特市中心火车站出发前往安特里姆（£5.70，30分钟，每小时1班），之后继续前往德里（£12，1.75小时）。

弗马纳郡和蒂龙郡

包括 ➡

最佳餐饮

- Cafe Merlot（见369页）
- Jolly Sandwich Bar（见369页）

最佳住宿

- Westville Hotel（见369页）
- Watermill Lodge（见371页）

为何去

冰和水塑造了弗马纳郡古老的自然风貌，山丘崎岖起伏，平原上孕育了蓬松的草甸，小小的鼓丘掩映其间（冰川退缩时形成的圆形山包），波光粼粼的湖泊被芦苇环绕，点缀在大地之上。大致扫一眼地图，我们可以发现该郡水域面积占比大约三分之一。当地人会告诉你：弗马纳郡一年有6个月时间可以看到湖泊，另外6个月就只能在茫茫湖水中寻找弗马纳郡的身影了。迷宫般的水网是船夫及皮划艇和钓鱼爱好者的天然游乐场。周围的景观也很适合步行观光。

蒂龙郡得名于蒂尔欧文（Tír Eoghain，意思是“欧文的土地”，欧文是爱尔兰传说中的一位酋长），主要由斯普林山脉（Sperrin Mountains）的沼地构成，荒原就像一块巨大的棕色毛呢覆盖在这片地区，该郡南侧零星分布着一些史前遗址。除了在杂色斑驳的山丘远足，游客还可以拜访几处绝佳的景点，以回望该郡历史，了解蒂龙郡与美国的历史渊源。

何时去

- 5月是蝗虫开始活跃的季节，也是激动人心的厄恩湖鳟鱼垂钓的时节，而6月则是乘船赏湖的理想月份。
- 对于热爱远足的你来说，7月是在斯普林山脉徒步旅行的最佳季节。你可以加入朝圣之旅：每年7月的最后一个星期日（凯恩星期日），大批徒步旅行爱好者会前往马拉卡恩山（Mullaghcarn）徒步登顶。
- 夏季快要结束的时候，阿尔斯特美国民俗公园将举行一年一度的阿巴拉契亚与蓝草音乐节。

弗马纳郡和蒂龙郡亮点

❶ 猜想**怀特岛**（见371页）和**博阿岛**（见371页）上奇怪石像的意义。

❷ 探索**大理石拱形洞**（见372页）的地下奇观。

❸ 租一艘独木舟或皮划艇，探索芦苇荡中的**厄恩湖**（见370页）。

❹ 在**阿尔斯特美国民俗公园**（见372页）了解爱尔兰与美国之间的历史渊源。

❺ 来到家族宅邸**库尔城堡**（见368页），感受爱尔兰贵族的奢华生活。

❻ 寻访**德夫尼什岛**（见371页）上的凯尔特修道院，登上古老的圆塔最高处一览湖光山色。

Londonderry
伦敦德里
ANTRIM
安特里姆郡
Ulster Way
阿尔斯特之路
River Foyle
Dungiven
LONDONDERRY
伦敦德里郡
A6
Claudy
A5
UNITED KINGDOM
英国
Dunnamanagh
Maghera
A6
Strabane
Sperrin Mountains
斯普林山脉
Sperrin
Cranagh
Plumbridge
B47
A5
B48
Gortin Lakes
Beaghmore Stone Circles
Davagh Forest Park
Gortin
B162
Newtownstewart
Gortin Glen Forest Park
Ulster American Folk Park
阿尔斯特美国民俗公园
An Creagán
Mullaghcarn
马拉卡恩山
(542m)
Creggan
Kildress
Cookstown
Coagh
Ardboe High Cross
A505
TYRONE
蒂龙郡
Omagh
奥马
River Camowen
Pomeroy
Lough Neagh
A45
A29
B43
River Drumragh
UNITED KINGDOM
英国
Coalisland
Donaghmore
Dungannon
Castlecaulfield
Dromore
A5
Fintona
A4
Moygashel
M1
Argory
Grant Ancestral Homestead
Ballygawley
Moy
Portadown
N2
Benburb
Augher
Aughnacloy
A4
A28
Tempo
Fivemiletown
Armagh
阿马
Emyvale
Caledon
A4
A28
Markethill
Irvinestown / Lisbellaw
FERMANAGH
弗马纳郡
UNITED KINGDOM
英国
ARMAGH
阿马郡
Monaghan
莫纳亨
Lisnaskea
利斯纳斯基
A34
N2
Newtownhamilton
MONAGHAN
莫纳亨郡
Newtownbutler
Clones
克朗斯
Crom Estate
克罗姆庄园
IRELAND
爱尔兰
Ballybay
Castleblayney
N2
Cootehill
Butlersbridge
巴特勒斯布里奇
20 km
10 miles

弗马纳郡 (COUNTY FERMANAGH)

人口 61,810/面积 1691平方公里

恩尼斯基林及周边 (Enniskillen & Around)

人口 13,800

恩尼斯基林的名字来源于InisCeithleann，意思是赛特林之岛——赛特林(Ceithleann)是爱尔兰传说中的女战士。恩尼斯基林是一座动人的小镇，坐落在上厄恩湖和下厄恩湖之间水网密布的区域，长达1英里的主干道随着鼓丘过山车一般的地势高低起伏。水边风景迷人，夏季船只穿梭往来，酒吧和餐厅热闹非凡，这一切都让恩尼斯基林得以成为旅行者的大本营，为他们在探索上、下厄恩湖及大理石拱形洞(Marble Arch Caves)之前补充能量。

虽然奥斯卡·王尔德(Oscar Wilde)和塞缪尔·贝克特(Samuel Beckett)都不是恩尼斯基林本地人，但他们都曾就读于恩尼斯基林的波托拉皇家学校(Portora Royal School)：王尔德1864年至1871年在此学习，贝克特则从1919年至1923年求学于此。贝克特正是从这里开始学习法语，后来成为用法语写作的作家。恩尼斯基林在北爱尔兰问题中也是一个响当当的名字——1987年11月11日(Poppy Day，英联邦阵亡将士纪念日)，爱尔兰共和军的炸弹在恩尼斯基林一座战争纪念馆爆炸，造成11人死亡。

景点和活动

★恩尼斯基林城堡 博物馆

(Enniskillen Castle; ☎028-6632 5000; www.enniskillencastle.co.uk; 城堡营房; 成人/儿童 £4/3; ⏲全年周一 14:00~17:00，周二至周五 10:00~17:00，5月至9月 周六 14:00~17:00，7月和8月 周日 14:00~17:00)恩尼斯基林城堡是16世纪马吉尔酋长(Maguire)的要塞，镇守在小城镇中央岛的最西端，要塞的双塔**水门**俯瞰着往来的游轮。走进城堡的高墙之内，便是**弗马纳郡博物馆**(Fermanagh County Museum)，在这里可以了解该郡的历史、考古学、自然景观和野生动植物知识。

15世纪的古迹包括**皇家恩尼斯基伦军团博物馆**(Royal Inniskilling Fusiliers Regimental Museum)，馆中收藏有各式枪械、制服和军功章，包括8枚"一战"时期授予的维多利亚十字勋章。建设这座博物馆是为了纪念1689年在城堡组建的支持威廉一世的军团，建筑的大部分在2015年得到了翻修。

圣米迦勒教堂 教堂

(St Michael's Church; ☎028-6632 2075; www.saintmichaels-parish.com; 4 Darling St; ⏲8:00~17:00)教堂气势如虹，直指苍穹，雄踞城市中心，但它的历史很短，在1875年方才兴建起来，用以取代之前坍塌的另一座教堂。教堂内有大量艺术品和装饰品，还有查尔斯·罗素(Charles Russell)的绘画。

★库尔城堡 历史建筑

(Castle Coole; ☎028-6632 2690; www.nationaltrust.org.uk; 紧邻A4; 城堡游成人/儿童 £5/2，团体 £2.50/1.50; ⏲城堡建筑 7月和8月每天、6月的周五至周三、3月中旬至5月和9月的周六、周日和节假日 11:00~17:00，室外 3月至10月 10:00~19:00，11月至次年2月 至16:00)600公顷的**室外场地**上有一处湖泊，这里是全英国唯一一群本土灰雁的栖息地。你也可以游览宏伟的18世纪城堡建筑。

庄园位于恩尼斯基林东南2.5公里处。从恩尼斯基林市中心前往庄园大约需要步行30分钟——走过邓恩便利店(Dunnes Stores)之后，左转上Tempo Rd，沿着Castlecoole Rd直行即可到达。

英王乔治四世1821年访问爱尔兰时，贝尔莫尔伯爵二世在库尔城堡为君主专门准备了一套皇家卧房。不过国王本人却更喜欢在斯莱恩城堡与情妇私会，他从未在这间套房里居住过。卧室装饰着红色的丝绸，墙上挂着系列画《浪子的攻势》(*A Rake's Progress*；伯爵对国王婚外恋情的尖锐讽刺)。这间卧室是一小时导览游中的一大亮点。

这座帕拉第奥主义风格的宅邸由詹姆斯·怀亚特(James Wyatt)为贝尔莫尔

Enniskillen 恩尼斯基林

伯爵一世阿默·劳里-科里（Armar Lowry-Corry）设计，修建于1789年至1795年，它可能是18世纪爱尔兰新古典主义建筑最纯粹的表达。

据说，如果有一天灰雁离开这里，贝尔莫尔伯爵就会失去库尔城堡。

Enniskillen 恩尼斯基林

重要景点
1 恩尼斯基林城堡……A2

景点
2 圣米迦勒教堂……A2

住宿
3 Westville Hotel……D3

就餐
4 Cafe Merlot……B2
5 Jolly Sandwich Bar……A2

饮品和夜生活
6 Blakes of the Hollow……B2

购物
7 Buttermarket……B2

住宿

★ Westville Hotel 酒店££

（☎028-6632 0333；www.westvillehotel.co.uk；14-20 Tempo Rd；标单/双 £65/70起；@🛜👪）酒店室内装饰充满设计感，颜色组合酷炫，食物精美，拥有恩尼斯基林为数不多的标准四星级酒店享受。家庭套房豪华精美，两个相通的房间可以接待4名住客。

就餐

★ Jolly Sandwich Bar 咖啡馆£

（☎028-6632 2277；www.thejollysandwichbar.co.uk；3 Darling St；主菜 £4起；⊙周一至周五 8:00~16:00，周六 8:30~16:00）这家咖啡馆价格亲民、气氛亲切，面包让人感到幸福，可以堂食或打包带走的三明治选择十分广泛。三明治的原料包括季节性和当地产品。烘焙食品在这里是神圣的事业。

★ Cafe Merlot 法式小馆££

（☎028-6632 2143；www.blakesofthehollow.com/cafe-merlot；6 Church St；主菜 午餐 £6~10，晚餐 £13~17；⊙正午至14:00，18:00~21:00）咖啡馆的拱形天花板上镶嵌着砖石，美丽的小店洋溢着法式风情。除了以肉类和海鲜为主

的常规菜单之外，还有季节性特色菜。这里的酒单是全城最好的。它位于Blakes of the Hollow酒吧的下方。

饮品和夜生活

★Blakes of the Hollow 酒吧

（William Blake；☎028-6632 2143；6 Church St；⏲正午至深夜）这家传统的维多利亚酒吧自1887年以来几乎没有变化，全阿尔斯特最棒的健力士黑啤就在这里等待着你。酒吧里有大理石吧台、4个巨大的雪利酒桶、古董银灯架、开放式壁炉和老旧的木壁板，一切都经过了一整个世纪的香烟烟雾洗礼。每周五晚上21:00，这里都会有传统音乐表演。

娱乐

Ardhowen Theatre 剧院

（☎028-6632 5440；www.ardhowentheatre.com；97 Dublin Rd；⏲售票处 周一至周五 9:30~16:30，有演出时至19:00表演之前，周六11:00~13:00、14:00~17:00与18:00~19:00）演出包括音乐会、当地业余和专业戏剧与音乐表演、哑剧和电影。剧院位于市中心A4方向东南约1公里，坐落在湖畔，外围是令人印象深刻的玻璃幕墙建筑。这里的咖啡馆很棒。

购物

Buttermarket 工艺品

（Down St；⏲周一至周六 9:00~17:00）旧市场上的楼房经过修缮改造成了琳琅满目的工艺品商店和工作室，出售的商品从绘画、陶瓷、珠宝到渔具应有尽有。

实用信息

在公共汽车站附近便是为游客提供帮助的**旅游局**（☎028-6632 3110；www.fermanaghlakelands.com；Wellington Rd；⏲全年周一至周五 9:00~17:30，复活节至9月 周六 10:00~18:00，周日 11:00~17:00；📶）停车位充足。

到达和离开

两端桥梁之间的城市主干道改了五六次名字，制高点钟楼是市中心的标志。另一条主要街道是Wellington Rd，位于城市主干道南边，与主干道平行，那里有公共汽车站、旅游局和停车场。如果开车前往，请尽量避免高峰时段，西端的桥梁很容易发生拥堵。

公共汽车站位于市中心。Ulsterbus和Bus Éireann均有往返于贝尔法斯特（£12，2.25小时，周一至周六每小时1班，周日2班）、奥马（Omagh；£8，1小时，周一至周六每天1班）、都柏林（€20，2.5小时，每天8班）、多尼戈尔（Donegal；€15，1小时，周一至周六每天4班，周日2班）和斯莱戈（Sligo；€17，1.5小时）的长途汽车线路。

厄恩湖（Lough Erne）

厄恩湖长约80公里，由两部分组成：恩尼斯基林南部的上厄恩湖和北部的下厄恩湖。厄恩河（River Erne）将两部分连为一体，河流发源于卡文郡（County Cavan），最终在巴利香农（Ballyshannon）以西的多尼戈尔湾（DonegalBay）汇入大海。这片区域非常适合自驾爱车探索风景，还可以享受随心所欲的野餐和选择丰富的水上运动。

活动

恩尼斯基林旅游局（见370页）可以为你提供关于独木舟和小船出租的信息以及钓鱼的详细资料。

在恩尼斯基林、基勒迪斯（Killadeas）和阿奇代尔城堡郊野公园（Castle Archdale Country Park）租赁**日租船**都很方便。配备舷外机的开放式划艇租金为每小时£10~15，配备船舱和引擎的6座船租金为每半天/全天£60/90。

厄恩湖独木舟道（Lough Erne Canoe Trail；www.canoeni.com）网站上列出了比利克（Belleek）和贝尔特比特（Belturbet）之间50公里水道上的亮点。下厄恩湖水面开阔，风力较大时可能掀起大浪，最好留给有经验的人去探索，而上厄恩湖宁静的水面则是初学者和家庭观光的理想选择。

可以从网站下载地图和信息。

Share Canoe Hire 划独木舟

（☎028-6772 2122；www.sharevillage.org；紧邻Newbridge Rd，Share Discovery Village；独木

舟出租 每小时/天 £12/35; ⌚6月至8月)这里提供皮划艇、独木舟和装备出租。

上厄恩湖(Upper Lough Erne)

上厄恩湖虽然被称作湖，但它更像是一座水上迷宫，其间分布着超过150个小岛、河口、芦苇荡和九曲回环的静水。湖区鸟类品种十分丰富：成群的大天鹅和鹊鸭在这里过冬，凤头鸊鷉春天在这里筑巢。

食宿

★ Watermill Lodge 民宿££

(☎028-6772 4369; www.watermillrestaurantfermanagh.com; Kilmore Quay, Lisnaskea; 标单/双 £60/95起)湖畔环境幽静，让人在7间湖景客房中安享宁静的夜晚。奢华的客房旁是装饰精美、铺盖茅草屋顶的Watermill Restaurant(3道菜的晚餐 £26起; ⌚周三至周五 17:00~21:30, 周六 12:00~22:00, 周日 12:00~20:00)，菜单偏法国风味，随季节而变化。

当地交通

从恩尼斯基林出发，Ulsterbus有95路沿着湖泊东线前往利斯纳斯基(Lisnaskea)的路线(£4，车程30分钟，周一至周五每天6班，周六每天5班)。58路公共汽车从西线一路开往德里林(Derrylin; £4，车程40分钟，周一至周五每天5班，周六每天2班)，终点站为卡文郡的贝尔特比特。

下厄恩湖(Lower Lough Erne)

下厄恩湖的水域比上厄恩湖更加开阔，90多座造型各异的小岛主要集中在湖南部。在早期基督教时代，陆路旅行十分不便，那时的厄恩湖是连接多尼戈尔海岸和内陆地区利特里姆的重要通道，湖畔至今仍能看到许多古老的宗教遗迹和历史文物。中世纪时，下厄恩湖是一条重要朝圣道的一部分。

当地交通

湖东面，Ulsterbus有一条线路从恩尼斯基林出发，途经欧文斯敦(Irvinestown)抵达佩蒂戈(Pettigo; 周一至周六每天3~5班)，中途在阿奇代尔城堡郊野公园(35分钟)和凯什(Kesh; 1小时)附近停靠。Bus Eireann's从都柏林出发至多尼格尔的线路途经恩尼斯基林和比利克(€8, 35分钟，每天8班)。

德夫尼什岛(Devenish Island)

德夫尼什岛这个名字从DaimhInis演变而来，意思是公牛之岛，这是厄恩湖上几座"神圣岛屿"中最大的一座。奥古斯丁修道院由圣摩洛伊斯(St Molaise)在6世纪建立，今天剩下的遗迹包括一座保存完好的12世纪圆塔、圣摩洛伊斯教堂(St Molaise's Church)和圣玛丽修道院(St Mary's Abbey)的残迹、一座与众不同的15世纪高十字架和许多令人着迷的古代墓碑。可以爬上圆塔的顶部一览周围的风景。

小型渡船(☎07702 052873; 特洛里登船点; 成人/儿童往返 £3/2; ⌚7月和8月每天开船，时间不定，5月至6月班次减少)从特洛里登船点(Trory Point Landing)抵达德夫尼什岛。从恩尼斯基林取道前往欧文斯敦(Irvinestown)的A32号公路，5公里后注意出现在道路左侧的标志，该标志位于服务站与B82和A32道路分岔口之间。

你也可以乘坐恩尼斯基林的厄恩湖观光游轮进行游览。

怀特岛(White Island)

怀特岛位于阿奇代尔城堡郊野公园北部海湾里，有厄恩湖地区最震撼人心的修道院景点。

到达和离开

怀特岛渡轮(White Island Ferry; ☎028-6862 1892; 紧邻B82的Castle Archdale Marina; 每人 £4; ⌚7月至8月每天、复活节的周五至周一及5月Bank Holiday的周五至周一 10:30~16:30，请致电确认时间)从阿奇代尔城堡郊野公园的小游艇船坞出发，在阿奇代尔城堡船舶出租办公室购票。航行时间需要15分钟，你可以在岛上停留约半小时。

博阿岛(Boa Island)

博阿岛位于下厄恩湖北部水域，岛屿两端均与湖岸相连——A47号主路从岛上穿过。小岛最西头是苔藓蔓生的卡尔卓墓地（Caldragh graveyard），著名的杰纳斯之石（Janus Stone）就在这片阴森森的墓地里。这座异教人像的历史可能有2000年之久，石雕上刻有两个背靠背的怪诞人头。这座雕像不远处是一座更小的人像，叫作勒斯蒂人（Lusty Man），因为它来自勒斯蒂莫尔岛。这些雕像的起源和意义已经在时间的长河中被人遗忘。

岛屿西侧距离桥梁1.5公里的地方，有一块指示墓地位置的路牌。

厄恩湖西部（West of Lough Erne）

大理石拱形洞 洞穴

（Marble Arch Caves; ☎028-6634 8855; www.marblearchcaves.net; 43 Marlbank Rd, Legnabrocky; 成人/儿童 £9/6; ⏰7月至8月 10:00~17:00, 3月底至6月和9月至10月 10:00~16:00; 📶）厄恩湖南岸是一片石灰石高原，弗马纳郡丰富的降水在高原内溶蚀出错综复杂的地下洞穴网。其中规模最大的便是大理石拱形洞。1.25小时的观光游人气很高，可以参观瑰丽的岩洞和地下河流（上文中的关闭时间是指最后一次观光的开始时间）。

洞穴位于恩尼斯基林西南16公里、佛罗伦斯宫以西4公里处（1小时步行路程），驾车可从A4和A32到达。夏季观光需要提前预订。

游览先乘小船，沿克拉达地下河（River Cladagh）富含泥煤和泡沫的水面前行，来到3条地下溪流交汇的交叉口码头（Junction Jetty）。上岸后，步行穿过大画廊（Grand Gallery）和水池洞（Pool Chamber），一路上导游关于食物的笑话让人乐不可支。一条人工隧道通向新石洞（New Chamber），从这里开始，一条道路沿位于地下的欧文布林河（River Owenbrean）而行，经过摩西漫步道（Moses Walk; 一条水深及腰、砌有围墙的通道）到达方解石摇篮（Calcite Cradle），在那里可以观赏到鬼斧神工的地层结构。这些洞穴很受欢迎，所以最好提前电话预订行程，尤其是4人及以上的团队游。

20世纪90年代，洞穴出现了严重的淹水，后来发现是奎尔卡山（Cuilcagh Mountain）坡地沼泽的机械化泥炭开采导致河流灌入洞穴。为了恢复和保护沼泽环境，奎尔卡山公园（Cuilcagh Mountain Park）就此建立。2001年，该地区成为联合国教科文组织认定的地质公园。游客中心提供公园的地质和生态介绍。

拱形洞穴得名于一处天然形成的石灰岩拱门，它跨越了克拉达地下河，从洞穴中露出地面。你可以从游客中心沿路标步行到达拱门处。1895年第一个发现这些洞穴的是法国洞穴探险家爱德华·马特尔（Édouard Martel）。

蒂龙郡（COUNTY TYRONE）

人口 177,990/面积 3263平方公里

阿尔斯特美国民俗公园（Ulster American Folk Park）

18世纪和19世纪，数以千计的阿尔斯特人背井离乡，漂洋过海，去大西洋另一边寻找新的生活。仅在18世纪就有20万爱尔兰人移民。他们的故事被记录在阿尔斯特美国民俗公园（Ulster American Folk Park; ☎028-8224 3292; www.nmni.com/uafp; 2 Mellon Rd; 成人/儿童 £9/5.50; ⏰3月至9月 周二至周日 10:00~17:00, 10月至次年2月 周二至周五 10:00~16:00, 周六和周日 11:00~16:00），它是爱尔兰最好的博物馆之一，还有一座庞大的户外历史公园，分为“旧世界”和“新世界”两大展区，生动地再现了当年的历史往事。

公园的两个部分通过一艘移民船仿制品巧妙地连接为一个整体。来自阿尔斯特各地的原始楼房被拆除转移在这里重建，包括铁匠的打铁铺、织布工的茅草房、长老会的会议室和校舍等。在公园的美国展区，你可以参观真正的18世纪定居者的石头小屋和小木屋，它们和其他原始楼房一样，是从大西洋彼岸的宾夕法尼亚州远渡重洋运来的真品。

展览大厅介绍了阿尔斯特与美国之间的密切联系——美国《独立宣言》是由几位阿

尔斯特人签署的——还展出了一辆真正的卡利斯托加货车。

熟练的导游和工匠就在这里，为游客解释如何纺纱织布、如何制作蜡烛等民间技艺。一年到头，这里会举办各种各样的**特别活动**，包括5月的美国南北战争重演和爱尔兰传统音乐节、7月的美国独立日庆祝活动、8月下旬/9月的阿巴拉契亚与蓝草音乐节（Appalachian and Bluegrass Music Festival）等。充分游览此地至少需要半天时间。

公园位于奥马（Omagh）西北8公里处，紧邻A5公路。最后入园时间是关门前1.5小时。

跨区长途汽车（Translink Goldline）从贝尔法斯特到德里的273路（周一至周六每小时1班，星期日每天6班），途中在奥马停靠，可根据乘客要求停在公园门口。

了解爱尔兰

今日爱尔兰

进入千禧年之后，爱尔兰发生了巨大变化。它逐渐走出了经济衰退的局面，之后又奋力摆脱了全球金融危机的低迷状态。虽然这个国家整体上仍然呈现出保守的态势，但也正在逐步接受日益多元的文化，社会身份的认同感日渐宽容，在全球舞台上的出镜率也越来越高。

推荐书籍

《都柏林人》[*Dubliners*，詹姆斯·乔伊斯（James Joyce）著，1914年]短篇小说集，文笔犀利，一针见血，在当时和今天都有重要的现实意义。

《房间》[*Room*，爱玛·多诺霍（Emma Donoghue）著，2010年]从男孩的视角讲述了一对母子被囚禁在房间里的经历，一个令人心碎的美丽故事。

《秘密手稿》[*The Secret Scripture*，塞巴斯蒂安·巴里（Sebastian Barry）著，2008年]一位身在精神病院的百岁老人的自传；2015年改编为电影，由吉姆·谢里丹（Jim Sheridan）执导。

《聚会》[*The Gathering*，安妮·恩赖特（Anne Enright）著，2007年]对一个爱尔兰家庭酗酒和家庭暴力行为的有力描述。

推荐电影

《血色星期日》[*Bloody Sunday*，保罗·格林格拉斯（Paul Greengrass）执导，2002年]再现了1972年发生在德里的难忘事件。

《迷失1971》[*'71*，扬·德芒热（Yann Demange）执导，2014年]讲述了1971年贝尔法斯特骚乱期间，一名英国士兵与部队失散后发生的故事。

社会革命

2015年5月22日，爱尔兰共和国成为全球第一个通过公投实现同性婚姻合法化的国家。要知道，爱尔兰在1993年才将同性恋行为从刑事犯罪中撤销，因此这次公投对同性婚姻的支持率（62%）十分值得关注，这也显示了爱尔兰社会在过去若干年中取得的进展。至少对于同性婚姻的支持者而言，这是一项非凡的成就：公投结果宣布当晚，都柏林（该地区公投对同性婚姻的支持率超过70%）举行了疯狂的庆祝活动。这一次，算是爱尔兰长久以来第一次以积极的成果成为国际新闻关注的焦点（公投结果公布当晚，希拉里·克林顿在推特发文："爱尔兰，干得漂亮！"）。

大部分观察家认为，这一结果不仅反映了大多数人对于维护LGBT权益的态度，而且具有更加深远的意义。过去，关于道德和社会的一切问题都是天主教的主教们说了算，天主教会一直对支持同性婚姻的议案持反对意见，但是这一次，主教们无言的抗议恰恰是对教会当前地位的默认：教会的保守观念再也不能像从前那样影响人们，尤其是对30岁以下的群体而言。在出生于20世纪70年代中后期的Y世代（Generation Y）的印象中，他们所面对的政治体制无能且令人失望，只会让生活日益艰难，长期以来，他们对政治已经失去了信心，而这一次全民公投重新点燃了许多人的希望。时代在变化，很多爱尔兰人都在与时俱进，实在太是时候了！

复苏

另一个好消息是，2013年底，爱尔兰共和国终于结束了自2010年起在国际债权人要求下实施的限制性紧缩政策，当时实施这项政策是为了换取780亿欧元的紧急援助，以使国家免于破产。然而获得援助并没有让这个国家喜笑颜开：对于许多爱尔兰人来说，紧缩性政策让他们付出了高昂的代价，尤其是那些原本就十分脆弱的边缘群体。为了大幅削减支出，政府撤销或缩减了一些重要的社会服务；整体工资水平平均降幅达15%；大量新出台的间接税收让已经捉襟见肘的家庭雪上加霜。

2015年，主要经济统计数据显示，爱尔兰终于迎来了转机。在经济衰退最严重的时期，爱尔兰的失业率一度上升到超过15%，现在却下降到不足10%；政府批评人士指出移民人数持续飙升仍是一大问题，但即使是移民的增长速度在2015年也下降了20%，与此同时，回到爱尔兰的人数却有所上升。爱尔兰看起来十分渴望借欧洲经济快速增长的势头实现发展，经济增长率超过了3.5%（几乎是欧洲平均水平的3倍）。

投出信任的一票?

2011年上台的爱尔兰政府由右倾的爱尔兰统一党（Fine Gael）和左倾中间派工党（Labour）联合组成，承诺将弥补金融危机造成的损害——毫无疑问，该政府在2016年大选前正充分积极兑现当初的承诺，而那时恰好是走出危机的最佳时机。但选举结果表明，选民似乎并不认可政府“为了人民的利益”的口号，政府也许应为过去5年人们不得不承受的每一笔预算削减和收费增加而接受惩罚。

发源于爱尔兰共和军（IRA）的新芬党（Sinn Féin）在2016年选举前等待时机。党魁仍然是身经百战的格里·亚当斯（Gerry Adams），但党派本身已经发生了翻天覆地的变化。在北爱尔兰，北爱尔兰新芬党与竞争对手民主统一党（Democratic Unionist Party）在政府内结为联盟。而在爱尔兰，根据某些民意调查结果，新芬党已经成为最受欢迎的党派，该党反对紧缩的强硬主张（许多人称之为民粹主义）具有广泛的吸引力。

复活节起义百年纪念

这次选举的大背景都是几十年以来最重要的纪念日：1916年复活节起义100周年纪念，当时的共和派民族主义者宣布爱尔兰共和国独立,后来被英国军方镇压并处决。各大政党都想借机捞取政治资本。作为传统上的保守党，爱尔兰统一党本身的历史意识形态坚决反对暴力叛乱，这使它相对难以通过起义纪念活动为自己造势。而新芬党就没有这样的顾虑，这个政党完全将自己视为1916年起义中英雄的传人。尽管新芬党在国会的议席有所增加，2016年大选的最终胜利者却属于统一党的老对手——共和党。

人口：4,830,000人（爱尔兰）/ 1,810,000人（北爱尔兰）

面积：84,421平方公里（爱尔兰）/ 13,843平方公里（北爱尔兰）

通货膨胀率：-0.7%（爱尔兰）/ 0%（北爱尔兰）

失业率：9.8%（爱尔兰）/ 6.2%（北爱尔兰）

爱尔兰信仰体系

（占人口百分比）

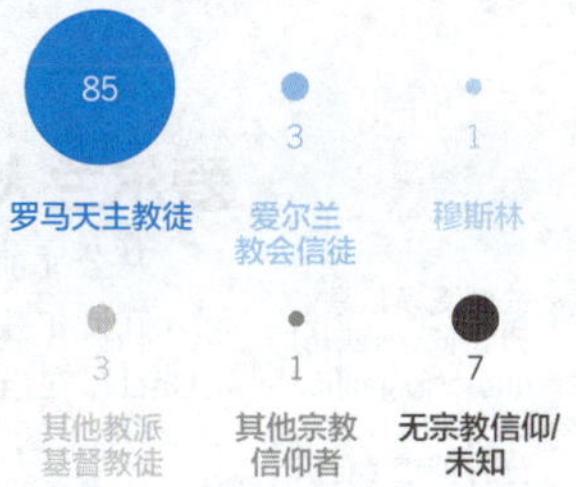

北爱尔兰信仰体系

（占人口百分比）

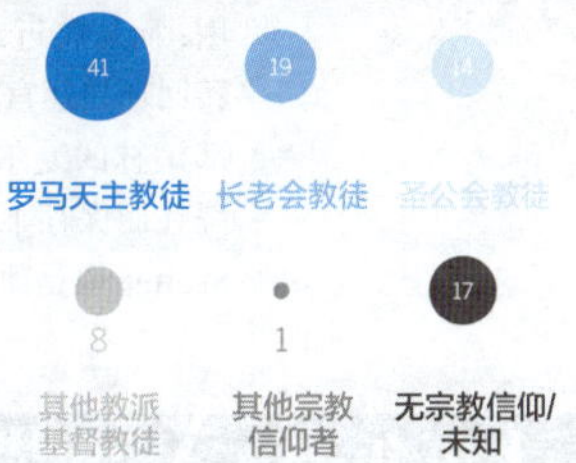

每平方公里人口数

历史

从"前凯尔特时代"到"凯尔特年轻一代"（Celtic cubs），对身份的探寻始终贯穿于爱尔兰的历史，如果这座小岛未曾先后受到各大外来势力你争我夺的话（凯尔特部落、维京掠夺者、诺曼侵略者和英国人都曾觊觎这座小岛），爱尔兰的身份或许会简单许多。事实上，在过去1000年的大部分时间里，爱尔兰与其近邻的关系都十分紧张，二者的关系就像一面镜子，反映了爱尔兰身份构建与认同过程中十分重要的一环，但是所呈现的内容可能并不像人们预期的那样泾渭分明。

爱尔兰人

欲知更多信息，请访问www.ibiblio.org/gaelic/celts.html，花10分钟阅读《什么是凯尔特人？》（*Who were the Celts?*）

从公元前8世纪开始，为数众多的凯尔特部落花费了大约500年时间才在爱尔兰定居下来。最晚抵达的一批凯尔特部落通常被称为盖尔人（Gaels，在当地语言中意为"外来者"），他们于公元前3世纪来到爱尔兰海岸，随后将该岛划分为五大郡——伦斯特（Leinster）、米斯（Meath；后来与伦斯特合并）、康诺特（Connaught）、阿尔斯特（Ulster）和芒斯特（Munster），并将其进一步分割为若干封地，由100多位封地小国王和首领控制，他们名义上均宣誓效忠于位于米斯郡塔拉城（Tara）的至高君王。

凯尔特人为今天的"爱尔兰文化"奠定了基础：他们颁行了一整套详尽的法律体系，史称"布雷恩法"（Brehon Law），直到17世纪早期仍在使用；而从将近2000年前的历史文物上，我们可以清楚地看到凯尔特人旋转回环如迷宫般的装饰图案，几乎可以认为是爱尔兰风格的缩影。在位于都柏林的爱尔兰国家博物馆，还可以在布罗伊特金器展区看到历经时间洗礼而保存下来的杰出凯尔特设计作品。位于戈尔韦郡的图罗石（Turoe Stone）也是凯尔特艺术的优秀代表。

大事年表

公元前10,000年至公元前8000年

最后一次冰河时代结束，最初的人类先民穿越苏格兰和爱尔兰之间的大陆桥，在中石器时代到达爱尔兰。这些人类几乎没有留下考古遗迹。

公元前4500年

第一批新石器时代的农民通过船只从遥远的伊比利亚半岛抵达爱尔兰，带来牛羊牲畜和农作物，标志着定居农业经济的开始。

公元前700年至公元前300年

铁器技术逐渐取代了青铜器。凯尔特文化和语言传播到爱尔兰，在文化和政治领域占据统治地位长达一千年的时间，至今仍能在爱尔兰看到诸多凯尔特文化遗产。

基督教降临

一说起早期基督教在爱尔兰的传播，大家都知道圣帕特里克（St Patrick）功不可没，但事实上，公元3~5世纪，大批传教士来到爱尔兰，将当地原有的德鲁伊教派仪式与基督教学说结合起来，教化崇拜异教神的当地人皈依基督教，最终创造出被称为凯尔特基督教或岛屿基督教的融合信仰。

爱尔兰的基督教学者在拉丁语、希腊哲学和基督教神学方面颇有建树。修道院如雨后春笋般大量出现，其中就包括奥法利郡的科隆玛诺伊（Clonmacnoise）、威克洛郡的格伦达洛（Glendalough）和沃特福德郡的利斯莫尔（Lismore）。那是一段黄金时代，手稿插画、金属加工和雕塑工艺繁荣发展，创造出许多精美绝伦的瑰宝，如《凯尔经》（*Book of Kells*）、镶嵌珠宝以及这座"圣徒与学者之岛"上随处可见的石雕十字架。

最佳修道院景点

卡舍尔 蒂珀雷里郡

科隆玛诺伊 奥法利郡

格伦达洛 威克洛郡

维京人来了！

下一批来爱尔兰闯荡的是维京人。他们在公元795年第一次出现在爱尔兰的海岸线上，对富庶繁荣的修道院展开了大肆掠夺。为了自卫，僧侣们

圣帕特里克

圣帕特里克（ST PATRICK）是爱尔兰的主保圣人。每年3月17日，世界范围内各民族的人们都会穿上绿色的衣服，喝着健力士啤酒，纪念这位圣人。而在热闹的庆祝活动背后，有一位肩负传道重任的真实历史人物。他就是将基督教传播到爱尔兰的圣帕特里克（389~461年）。

关于这位人物的真相是：他并不是爱尔兰人。这位让爱尔兰引以为豪的标志性人物来自于现在的威尔士，在他出生的时候，那片地区还处在罗马的统治之下。

圣帕特里克在16岁时被爱尔兰人绑架，他们带他穿过海峡来到爱尔兰，使他成为辛勤劳作的奴隶。他遇到了基督教，随后逃出牢笼返回英国。但他发誓要让爱尔兰人成为基督教徒，这成了他终生的事业。他获得了圣职，之后被任命为爱尔兰主教。他再次穿越海峡。

他在阿马市安顿下来，如今爱尔兰主教教堂的圣帕特里克教堂正是在当初圣帕特里克的教堂旧址上兴建起来的。圣帕特里克很快让大量农民和贵族皈依了基督教。短短30年内，爱尔兰许多地区都接受了基督教信仰，国家按天主教堂区和教区划分。他还在爱尔兰各地建立了修道院，为之后几个世纪中爱尔兰学术研究奠定了基础。

所以，下一次过圣帕特里克节，当你喝着健力士啤酒大吃咸牛肉配卷心菜的时候，好好想想这个真实存在过的人吧。

公元431~432年

教皇策肋定一世（Celestine I）派遣帕拉迪乌斯主教（Bishop Palladius）前往爱尔兰，统治当地的基督教徒。圣帕特里克于次年抵达，继续传教。

550~800年

早期修道院在爱尔兰大量出现。知识渊博的修士学者开始探索全欧洲的知识，开启了爱尔兰的"黄金时代"。

795~841年

维京人袭击爱尔兰的修道院；烧杀劫掠之后在包括都柏林在内的爱尔兰各地定居下来，都柏林很快成为经济和权力的中心。

1014年

克朗塔夫（Clontarf）之战在耶稣受难节爆发，交战双方为至高君王布莱恩·博如（Brian Ború）和伦斯特王马艾莫达·马克·莫查达（Máelmorda mac Murchada）率领的军队。

建起圆塔，作为瞭望台和维京人袭击时的避难场所；在爱尔兰全国各地都可以看到保存至今的圆塔，其中格伦达洛、凯尔斯和安特里姆郡斯蒂普尔的一些圆塔保存得相当完好。

尽管僧侣们竭力抵抗，但维京人仍然占了上风，主要原因是他们拥有更优良的武器装备，另一部分原因是一些当地人为了从劫掠者那里获得金钱利益或人身保护而站到了维京人的一边。到10世纪，古斯堪的纳维亚人已经在爱尔兰基本定居下来，建立了威克洛、沃特福德和韦克斯福德等城镇，以及他们的都城迪福林（Dyfflin），后来更名为都柏林。1014年，维京人在克朗塔夫之战中被芒斯特国王布莱恩·博如（Brian Ború）击败，但博如也在战斗中牺牲。最终，维京人就像他们之前的凯尔特人一样，放弃了强奸—抢劫—逃跑的路线，选择了定居下来，融入当地社会，逐渐实现同化：维京人与凯尔特人的通婚让爱尔兰人的基因中出现了红发和雀斑的特征。

英国人入侵

英国"统治"爱尔兰的800年名义上开始于1169年的诺曼人入侵。与其说是入侵，其实更像是一个邀请，因为是伦斯特国王向以彭布罗克伯爵理查德·菲茨·吉尔伯特·德·克莱尔（Richard Fitz Gilbert de Clare，1130~1176年，绰号"强弓"）为首的英国男爵们提出要求，恳请他们前来帮助自己解决领土争端。两年之后，英国国王亨利二世率领大军登陆爱尔兰，应教皇阿德里安四世（Pope Adrian Ⅳ）的要求镇压基督教传教士们的反抗。

尽管国王拥有统领全局的权威，但真正瓜分爱尔兰的却是那些诺曼系英国男爵，他们在此后的300年中不断巩固自己的封建权力。同化再次发挥了作用。借用一个经常被引用的说法：这些诺曼系英国人和他们的佃户成了"比爱尔兰当地人更地道的爱尔兰人"（Hiberniores Hibernis ipsis）。他们的城堡遍及全国各地，不过真正的遗产则是他们所建起的城市，例如壮观的基尔肯尼，这座城市直到今天依然保留了大部分中世纪特征。诺曼系英国人也许确实承诺效忠于英国国王，但事实上他们只忠于自己：到了16世纪初，英国国王实际控制的范围绝不超过都柏林周边被称为佩尔（Pale）的地带。不过，英国国王很快就要发挥更重要的作用了。

《爱尔兰历史进程》（*The Course of Irish History*），作者为圣三一学院教授T.W.穆迪（TW Moody）和F.X.马丁（FX Martin）。这部内容丰富的作品从爱尔兰本身以及其与英国的近邻关系的角度回溯了爱尔兰的历史。

1169年

效忠亨利二世的威尔士和诺曼男爵登陆韦克斯福德，在麦克默罗（MacMurrough）的帮助下占领了韦克斯福德和沃特福德。这一事件标志着英国对爱尔兰长达800年的占领开始。

1171年

英国国王亨利二世入侵爱尔兰，强迫诺曼贵族和部分爱尔兰盖尔人首领将他尊为凌驾于众王之上的君主。

1350~1530年

诺曼系英国男爵们建立起独立于英国国王的势力范围。在之后的200多年中，英国国王的控制范围逐渐缩小到都柏林周边被称为佩尔的地带。

1366年

英国国王颁布了《基尔肯尼法令》（*Statutes of Kilkenny*），禁止诺曼系英国人与爱尔兰当地人通婚、禁止爱尔兰语和当地习俗，以阻止诺曼系英国人与当地人的同化。这一举措并未奏效。

爱尔兰与都铎王朝

1534年，亨利八世与阿拉贡的凯瑟琳（Catherine of Aragon）离婚，为此与罗马教会决裂，宣布自己为英国教会的最高领袖，诺曼系英国人群情激奋，一些人甚至拿起武器与国王对抗。亨利八世担心爱尔兰的崛起有利于西班牙或法国，因此做出了强硬的回应，坚决镇压叛乱，没收反叛者的土地，解散了所有的爱尔兰修道院（在英格兰也是）。随后，他宣布自己为爱尔兰国王。

伊丽莎白一世（1533~1603年）在1558年登基，她对爱尔兰采取了和父王一样的强硬态度。阿尔斯特对女王最为敌视，那里的爱尔兰人在蒂龙伯爵休·奥尼尔（Hugh O' Neill）的指挥下进行了不屈不挠的反抗，但最终在1603年被击败。奥尼尔始终拒绝投降，直到获知伊丽莎白女王的死讯，他取得了某种意义上的胜利，但是付出了惨痛的代价。他和其他伯爵逃离了爱尔兰，这一事件史称“伯爵大逃亡”（Flight of the Earls）。伯爵的逃亡让阿尔斯特门户洞开，英国人统治了这片地区，实行移民定居政策，具体内容包括没收逃亡伯爵的土地，将土地重新分配给忠实于英国国王的臣民。没收土地在爱尔兰各地推行，不过在阿尔斯特执行得最为彻底。

“外佩尔地区”的说法源自于英国国王和男爵统治时期，因英国人控制范围仅限于佩尔地区而得名。在当时的英国人看来，岛上的其他地区都是蛮夷居住的未开化之地。

奥利弗·克伦威尔入侵爱尔兰

1642年,英国内战爆发，爱尔兰人支持查理一世反对新教徒议会派，希望国王的胜利能够恢复爱尔兰天主教的势力。当奥利弗·克伦威尔（Oliver Cromwell）和他的圆颅党击败保皇党并于1649年将查理一世斩首之后，克伦威尔将目光投向了不效忠于他的爱尔兰。为期9个月的远征有效而残酷（德罗赫达尤其惨遭屠戮）；更多的土地被没收——克伦威尔那句著名的爱尔兰人“要么去地狱，要么去康诺特”的说法似乎有些奇怪，因为那里风景很美，但问题是没有太多耕地，天主教的权利范围也更有限。

《阿尔斯特史》（*A History of Ulster*）作者为乔纳森·巴登（Jonathan Bardon）。这本书对北爱尔兰的悠久历史进行了严谨而深入的思考和研究。

博因河战役与《刑法》

爱尔兰天主教势力在1690年再一次遭受重创。爱尔兰这一次又下错了注，站在了詹姆士二世这边，这位国王在光荣革命中被信奉新教的荷兰国王威廉·奥伦治（奥伦治国王的妻子玛丽正是詹姆士二世的女儿）取而代之。詹姆士二世对德里展开了长达105天的围城之战（今天亲英派“决不投降！”的口号正是来源于此次战役），但是并未成功；7月，他与威廉的军队在劳斯郡的博因河畔交锋，经此一役，詹姆士二世被彻底击败。

1536~1541年

亨利八世下令解散教会，没收教会财产。1541年，亨利八世设法让爱尔兰议会宣布承认其为爱尔兰国王。

1585年

马铃薯从南美洲引入爱尔兰，逐渐成为全国上下所有家庭的主食。

1594年

蒂龙伯爵休·奥尼尔为修缮城堡屋顶从英国订购了大量的铅，但却用这些铅制成了子弹，持续9年的战争就此开始。

1601年

金塞尔战役爆发，交战双方为伊丽莎白一世的军队与休·奥尼尔领导的起义联军。奥尼尔投降，爱尔兰反抗英国统治的大本营被击溃。

《克伦威尔：可敬的敌人》(*Cromwell: An Honourable Enemy*)，作者为汤姆·赖利（Tom Reilly）。这本书重点阐述了一个不受欢迎的观点：克伦威尔对爱尔兰发动的战争及其后果其实被过分夸大了。你或许很熟悉历史通常的说法，这本书则提出了相反的意见（没错，赖利是爱尔兰人）。

1695年《刑法》通过，禁止天主教徒拥有土地或就任高级别职位，这再一次让天主教遭受耻辱。爱尔兰文化、音乐和教育均被禁止，以期从此铲除天主教。大多数天主教徒继续在秘密场所举行宗教仪式，但也有一些富裕的爱尔兰人为了保住地位和财富而改宗皈依新教。土地逐渐流转到新教徒地主手中，大多数天主教徒沦为艰难维生的佃户。到18世纪后期，天主教徒仅拥有5%的土地。

反抗英国人的统治

从18世纪末起，一个意想不到的因素成了爱尔兰人奋起反抗由《刑法》造成的不平等局面的主要推动力。一些熟悉启蒙运动的自由派新教徒受到法国大革命和美国独立的鼓舞，开始计划直接反抗英国的统治。

其中最著名的要数西奥博尔德·沃尔夫·托恩（Theobald Wolfe Tone，1763~1798年），这位年轻的都柏林律师领导了一个被称为爱尔兰人联合会的团体，试图推进改革，削减英国在爱尔兰的权力（亲英派新教徒为应对可能发生的冲突而成立了新教徒奥伦治协会，后来改称奥伦治会）。沃尔夫·托恩希望法国人能帮助他揭竿而起，但法国未能在1796年组织援军登陆爱尔兰，使得该组织不得不孤军面对敌人的反扑，这些人在1798年的维尼格山血战中走到了尽头。3年后，英国人试图颁布《联合法案》(*Act of Union*)以结束爱尔兰的反抗，但是民族主义者的行为已经一发不可收拾。

大饥荒时期：奥康奈尔和巴涅尔

《为自由而战：跨越千年的爱尔兰英雄》(*For the Cause of Liberty: A Thousand Years of Ireland's Heroes*)，作者为特里·格威（Terry Golway）。这本书生动展现了爱尔兰民族主义者的奋斗历程。

19世纪爱尔兰的历史特点是不断尝试着摆脱英国人的控制。激进的共和党人主张使用武力，分别于1848年和1867年试图建立一个世俗平等的共和国，但两次尝试均宣告失败。温和派则主张通过法律渠道展开非暴力运动，迫使政府让步。

伟大的解放者

出生于凯里郡的丹尼尔·奥康奈尔（Daniel O' Connell，1775~1847年）一生不懈地致力于天主教解放事业。1828年，奥康奈尔成为英国国会议员，但作为天主教徒，他无法实际行使议员权利：为了避免一触即发的起义，政府被迫于1829年通过《天主教解放法案》(*Act of Catholic Emancipation*)，允许一部分富裕的天主教徒拥有投票权和被选举为国

1607年	1649~1653年	1688~1690年	1695年
奥尼尔和另外90名阿尔斯特贵族乘船前往欧洲，永远离开了爱尔兰。这一事件被称为“伯爵大逃亡”，让阿尔斯特门户洞开，英国人统治了这片地区并施行移民定居政策。	英国内战期间，当爱尔兰宣布支持查理一世时，克伦威尔将爱尔兰变成了一片焦土，其间对爱尔兰天主教徒进行了大屠杀，没收了两百万公顷的土地。	在詹姆士二世国王退位后，效忠于他的天主教军与效忠于继任者威廉王子的新教军展开战斗，威廉在1670年7月12日的波因河战役中获得胜利。	《刑法》（又称《惩戒法》）禁止天主教徒拥有马匹，天主教徒不得与信仰其他宗教的人通婚，不得使用木材之外的材料修建教堂，也不得购买或继承地产。

会议员的权利。

在此之后，奥康奈尔继续为争取爱尔兰自治而奋斗。他是一位有力的发声者，不仅代表爱尔兰，也反对包括奴隶制在内的种种不公正；美国废奴运动领导人弗雷德里克·道格拉斯（Frederick Douglass）对奥康奈尔极为赞赏和崇敬（美国前总统奥巴马在2011年访问爱尔兰期间特别提到了这段历史关系）。奥康奈尔被称为“解放者”，深受爱尔兰人的崇敬，成千上万的爱尔兰人都在倾听他的声音，然而，奥康奈尔始终不愿僭越法律的框架，这一点为他的失败埋下了伏笔：当政府阻止他的一次集会继续前进时，他退缩了，表面上看似是为了避免暴力和流血冲突。但当时的爱尔兰正处于大饥荒之中，他未与英国人抗争到底的行为被视为屈服；他被监禁了一段时间，1847年在穷困潦倒中死去。

《大饥荒后的爱尔兰》（*Ireland Since the Famine*），作者为F.S.L.莱昂斯（FSL Lyons）。这本书是爱尔兰现代史的标准课程读本。

爱尔兰的无冕之王

查尔斯·斯图尔特·巴涅尔（Charles Stewart Parnell；1846~1891年）

大饥荒

1845~1851年的大饥荒据估计导致了100万人口死亡，约200万人被迫离开爱尔兰。这一惨痛的悲剧既是天灾也是人祸，造成了难以估量的灾难性影响。对于爱尔兰快速增长但极度贫困的人口而言，马铃薯是重要的主食，当这种作物歉收时，价格迅速飙升。而具有压迫性质的《刑法》让已经因高额租金苦不堪言的农民仅能勉强买得起少量维持生存的马铃薯。不可避免地，大多数佃户交不起租金，冷漠的地主也很少或从不让步，欠租的佃户被驱逐或送到条件恶劣的工场。

可悲的是，在这段时间里小麦和乳制品却出现了丰收——该国生产的食物足以养活全部人口，据说当时出售到国外的牛的数量比整座岛的人口还要多。然而，就在数百万人民在饥荒中饿死的同时，爱尔兰不得不将食品出口到英国和海外其他地区。

在饥荒最严重时期颁布的《济贫法》承认地主有责任维持贫穷佃户的生存，导致许多地主付钱让佃户前往美国，以将他们从自己的领地上“移除”。许多爱尔兰人在不知情的情况下登上了臭名昭著的“棺材船”，就此命丧大海。英国首相罗伯特·皮尔（Robert Peel）爵士意识到了赈灾救济的重要性，但采取的措施不足，有一些（但是极少）地主为租户提供了可能的帮助。

大规模移民让爱尔兰人口在接下来的100年里持续减少，大量移民到国外尤其是美国谋生的爱尔兰人将这段难忘的痛苦经历也带到了国外。

1795年

为应对爱尔兰人联合会谋求新教徒和天主教徒权利平等的活动，一群新教徒创建了奥伦治会。

1798年

对潜在的反叛者的压迫和迫害导致爱尔兰人联合会在领导人沃尔夫·托恩的带领下起义。沃尔夫·托恩被捕获并被押送至都柏林，他在那里自杀。

1801年

《联合法案》生效，将爱尔兰与英国在政治上联合起来。爱尔兰议会因贿选而落败。大约100名国会议员转而成为伦敦下议院议员。

1828~1829年

丹尼尔·奥康奈尔利用法律漏洞赢得议会的一个席位，但却因为天主教徒的身份而无法行使职权。首相通过了《天主教解放法案》，让天主教徒获得了有限的权利。

《大饥荒》(*The Great Hunger*),作者为塞西尔·伍德姆-史密斯(Cecil Woodham-Smith)。这本书是1845~1851年爱尔兰大饥荒的经典研究著作。

是19世纪的另一位伟大政治家。巴涅尔和奥康奈尔都是雄辩的演说家,但他更关注土地改革,尤其是减少租金和改善工作条件。他的主张可概括为"3F":公平租金(fair rent)、自由销售(free sale)和固定租期(fixity of tenure)。巴涅尔支持土地同盟(Land League)的活动,这个组织发起了"抵制"政策[英文中的"抵制"(boycott)以一位特别不受欢迎的土地经纪人查尔斯·博伊科特(Charles Boycott)命名],这项政策针对所有不符合土地同盟目标的租户、经纪人和地主:这些人被当地人当作麻风病人一样避之唯恐不及。1881年,《土地法》通过,法案满足了土地同盟的大部分要求,标志着土地同盟的重大成功。

巴涅尔领导的另一项伟大斗争是为爱尔兰争取一定程度的自治。尽管有自由党领导人威廉·格莱斯顿(William Gladstone)名义上的支持,1886年和1892年提出的《爱尔兰自治法案》均未获通过。同之前的奥康奈尔一样,巴涅尔的声望一落千丈:1890年,他被卷入一场离婚诉讼,这样的丑闻让保守的爱尔兰人难以接受。"爱尔兰的无冕之王"被迫辞职,不到一年后便离开人世。

掀起革命浪潮

《爱尔兰人在美国》(*The Irish in America*),作者为迈克尔·科菲(Michael Coffey)。这本书探讨了大饥荒中经常被其他史学研究忽略的问题:爱尔兰人移民美国的艰难经历。

20世纪20年代,爱尔兰争取自治的斗争加快了步伐。长期以来在爱尔兰民族主义者的期待中被边缘化的激进主义再度抬头,这在某种程度上是因为阿尔斯特的态度更加强硬。任何形式的爱尔兰独立均遭到大力反对,最终导致了阿尔斯特志愿军(UVF)的成立,这是一个亲英反独立的准军事组织,拥有超过10万名成员,宣誓与任何将自治法案强加于爱尔兰的企图做斗争。作为回应,民族主义者组建了爱尔兰志愿军(IVF),交锋似乎已经不可避免。

《自治法案》(*Home Rule*)最终于1914年获得通过,但第一次世界大战的爆发使该法案的正式颁布延期。对大多数爱尔兰人来说,搁置该法案令人失望但也情有可原,而且当时大多数志愿军都加入了抗击德军的队伍。

复活节起义

然而,仍有少数人拒绝接受这一事实。两小股势力——一部分由帕特里克·皮尔斯(Pádraig Pearse)领导的爱尔兰志愿军和由詹姆斯·康诺利(James Connolly)领导的爱尔兰市民军,共同策划了一场起义,举国震

1845~1851年	1879~1882年	1884年	19世纪90年代
一种霉菌引起的疾病严重打击了马铃薯种植和收获。英国政府对饥荒采取自由放任的态度,造成50万至100万人死亡,多达200万人移民国外。	土地同盟发起土地战争,不满的佃农向地主发起了征讨,迫使政府于1881年通过《土地法》,允许公平租金、固定租期和自由销售。	盖尔运动协会(GAA)在蒂珀雷里郡瑟勒斯镇的海斯酒店(Hayes Hotel)成立。该协会旨在推广盖尔运动和文化。今天,爱尔兰式曲棍球和盖尔式足球都是极受欢迎的运动。	以诗人威廉·巴特勒·叶芝(WB Yeats)为代表的盖尔语复兴运动(Gaelic Revival)致力于发掘和推广包括民间故事、体育、音乐和艺术在内的爱尔兰语言和文化。

惊。1916年的复活节是一个星期一，那天，一队志愿军进入都柏林，占领城中的一些关键据点后宣布起义，并将位于奥康奈尔街的邮政总局作为总指挥部。皮尔斯站在邮局门前的台阶上，向行人大声朗读宣言，宣布爱尔兰从此成为独立的共和国，他领导的组织即临时政府。不到一个星期，起义军被人多势众的英国军队武力镇压。起义者并未获得民众的支持，在将他们送往监狱的途中，甚至不得不保护他们免受愤怒的都柏林人的攻击。

假如英国人没有将叛军领袖处死以示警告的话，复活节起义或许不会对爱尔兰局势产生任何影响。77人被判死刑，其中15人被执行，包括受伤的康诺利：他被绑在椅子上枪杀。这让公众的态度发生了戏剧性的逆转，对共和党人的支持大幅度增加。

与英国开战

第一次世界大战结束时，《自治法案》仍然未得到具体落实，进展十分缓慢。在1918年的大选中，共和党与新芬党结盟，赢得了爱尔兰的大多数席位。虽然坐镇伦敦的英国国会原则上支持爱尔兰籍议员，但新当选的新芬党代表——其中许多是参加过1916年复活节起义的老战士——宣布爱尔兰独立并成立了第一个爱尔兰国会（Dáil Éirean），位置在今天的都柏林市长官邸（Dublin's Mansion House），由埃蒙·德·瓦莱拉（Eamon de Valera，1882~1975年）领导。爱尔兰志愿军也成为爱尔兰共和军（IRA），在爱尔兰国会授权下，向驻扎在爱尔兰的英国军队宣战。

从军事角度看，独立战争并不是一场大规模的战争。它持续了两年半，伤亡约1200人。但这也是一场残酷的战争。爱尔兰共和军采用了游击队式的打法，对英军实行"打了就跑"的战术；英军调来了参加过第一次世界大战的老兵（由于混穿棕色的军服和黑色的警服而被称为"黑棕部队"），由于他们都在战争中遭受过心灵创伤，因而具有实施各种暴行的倾向。

一定程度的自由

1921年7月双方休战，随即开始了紧张的谈判。谈判达成的合约于1921年12月6日签署，由此诞生了爱尔兰自由邦，由爱尔兰32个郡中的26个组成。其余6郡全部位于阿尔斯特地区，仍然是英国的一部分。这项条约是不完美的：地理上的分割为50年后的麻烦埋下了伏笔，同时还导致民族主义者内部的分裂，认为此项条约是实现完全独立之前必要的过渡阶段的人与

要想更加全面地了解爱尔兰历史，请访问国家图书馆历史网站：www.nli.ie/blog。

尼尔·乔丹（Neil Jordan）执导、连姆·尼森（Liam Neeson）主演的影片《傲气盖天》（*Michael Collins*）讲述了复活节起义、自由邦成立和迈克尔·柯林斯的惨死等一系列历史事件。

1904年

6月16日，詹姆斯·乔伊斯的小说《尤利西斯》（*Ulysses*）中的故事全部发生在这一天——乔伊斯之所以选择这一天，因为这是他与妻子诺拉第一次约会的日子。

1907年

鲁迅在《摩罗诗力说》中提到了爱尔兰诗人穆尔顿（Paul Muldoon），这是爱尔兰文学第一次被介绍到中国。

1916年

复活节起义：一群共和党人占领都柏林邮政总局，宣布成立爱尔兰共和国。经过不到一星期的斗争，叛军被人多势众的英国军队武力镇压。

1919~1921年

爱尔兰独立战争于1919年1月爆发。因英国部队混杂警服（黑色）和军装（棕色），此次战争又称黑棕战争。

将其视为投降英国、背弃共和党理想的标志的人，就此分道扬镳。这种分裂将决定整个20世纪爱尔兰政治发展的走向。

内战

《爱尔兰共和军简史》(*Pocket History of the IRA*)为布伦丹·奥布莱恩(Brendan O'Brien)的畅销作品，用仅仅150页的篇幅概括了复杂的历史，简明易懂。

经过激烈讨论，该条约获得批准，支持条约的一方在1922年6月的选举中获得了胜利。反对条约的力量以德·瓦莱拉(de Valera)为核心集中起来，尽管他身为爱尔兰国会主席，却不是条约谈判小组的成员(批评家和反对者认为，这样一来他在谈判宣告失败时就可以将责任推卸得一干二净)，德·瓦莱拉反对条约的某些规定，尤其是向英国君主宣誓效忠这一条。

大选后不到两周，一年前曾经并肩战斗的同志之间便爆发了内战。这场残酷冲突中最惨重的损失是迈克尔·柯林斯(Michael Collins，1890~1922年)，他是独立战争期间爱尔兰共和军的重要指挥者，也是《英爱条约》(*Anglo-Irish Treaty*)的首席谈判代表，他在自己的家乡科克郡的一次伏击中意外中弹身亡。柯林斯此前早已预言了这项条约将产生苦涩的结果。据说，签署条约时他曾说："您看，我这就给自己判了死刑。"

共和国的诞生

1923年，内战因双方消耗过大而宣告终结，支持条约的一方获得胜利和新生国家的统治权，直到1932年。不甘心就此败北的德·瓦莱拉在1926年创建了一个新党，名为爱尔兰共和党(Fianna Fáil，字面意为"爱尔兰的战士")，该党在1932年的选举中获得多数票，到1948年之前一直大权在握。同时，德·瓦莱拉在1937年创立了新的宪法，废除了此前为人诟病的效忠英国的规定，重新确立了天主教会的特殊地位，并再次宣称对北爱尔兰6郡享有主权。1948年，爱尔兰正式脱离英联邦，成为独立的共和国。历史是讽刺的，宣布爱尔兰独立的党派，正是当初支持《英爱条约》的爱尔兰统一党——爱尔兰共和党在那一年的选举中意外爆冷出局。经历了800年的抗争，爱尔兰——至少是爱尔兰的大部分——终于实现了独立。

成长之痛，猛虎长啸

独立之后最重要的人物非埃蒙·德·瓦莱拉(Eamon de Valera)莫属，他为独立的爱尔兰作出了巨大的贡献。但是，到20世纪50年代末60年代初时，他对国家的判断陷入了保守和传统的思维定式，这种思想并不符合当时国家经济困难濒临绝境的现实，长期失业和人口外流只是政策不力

1921年	1921~1922年	1922~1923年	1932年
经过两年的战斗，双方伤亡达到1200人。1921年7月11日，双方停战并开始和平谈判。经过在伦敦的谈判协商，爱尔兰代表团于12月6日签署了《英爱条约》。	《英爱条约》使得爱尔兰26郡独立，阿尔斯特地区6个新教郡则划归英国。1922年，爱尔兰自由邦成立。	由于不愿接受英爱条约中的条款，埃蒙·德·瓦莱拉领导的军队与迈克尔·柯林斯领导的从前的友军展开了战斗。爱尔兰爆发了短暂而血腥的内战，柯林斯也在战斗中阵亡。	在野10年之后，德·瓦莱拉领导的爱尔兰共和党上台，主张进一步削弱爱尔兰自由邦与英国之间的联系。

的表面后果而已。德·瓦莱拉的继任者、爱尔兰共和国总理是肖恩·勒马斯（Sean Lemass），他的任期开始于1959年，口号是"水涨众船高"。到20世纪60年代中期，他的经济政策将外流移民减少了一半，爱尔兰迎来了一段繁荣时期，30年后的再一次经济繁荣时期则使爱尔兰获得了"凯尔特之虎"的称号。

关于英爱战争的导火索事件和战争对于普通民众的影响，在法瑞尔（JG Farrell）1970年发表的小说《问题》（*Troubles*）当中有生动和有力的描述。

欧洲的合作伙伴

1972年，爱尔兰共和国（与北爱尔兰一起）成为欧洲经济共同体（EEC）成员。得益于共同体的农业政策，爱尔兰的农产品得以享受固定价格和保证限额，进一步促进了爱尔兰的经济发展。然而，与此同时，1973年石油危机引发的全球经济衰退也让这个国度再次受到打击，人口外流数量再度增长，到80年代达到了顶点。

凯尔特之虎

20世纪90年代初，欧洲国家的资金为爱尔兰经济增长提供了助力。教育和基础设施建设领域获得了巨额投资，加之较低的公司税门槛和其他鼓励性措施，使爱尔兰成为寻求进入欧盟市场的高科技企业的理想选择。在不到10年的时间里，爱尔兰从欧洲最贫穷的国家之一摇身一变，跻身欧洲最富有的国家之列：失业率从18%下降到3.5%，平均行业工资攀升到欧洲各国前几位，而GDP的迅速增长则使该国的经济模式成为世界羡慕的成功典范。爱尔兰因此获得了"凯尔特之虎"的称号。

衰退悄然来临

从2002年开始，巨大的建设规模让爱尔兰经济保持蓬勃发展的态势，完全超出了任何负责任的增长预期。失控的国际衍生品市场导致大量低息贷款涌入爱尔兰银行，银行又不加限制地将其作为贷款发放。

雷曼兄弟破产，次贷危机爆发。爱尔兰银行在濒临破产时获得了援助。但还没来得及喘口气，国际货币基金组织（IMF）和欧盟又对该国未来中期经济的发展施加了压力。爱尔兰再次面临高失业率和移民外流的老问题，所幸的是，限制性的紧缩计划让事态在2014年年底前出现了转机。

1870年，受到大饥荒和移民外流的影响，爱尔兰本国出生的人当中有超过三分之一都生活在爱尔兰之外的国家和地区。

北方（并不）如此糟糕

自2007年5月8日以来，北爱尔兰由来自民主统一党的首席大臣彼

1933年

爱尔兰文学家萧伯纳到访过中国，与蔡元培、宋庆龄、鲁迅、林语堂等人在上海会面。

1948年

1948年大选中，爱尔兰共和党败给了与新共和党派"共和之家党"联合参选的爱尔兰统一党。新上台的政府宣布爱尔兰自由邦成为独立的爱尔兰共和国。

1969年

北爱尔兰民权协会的游行遭到亲英派攻击和警方干预，最终发展为暴动，冲突在博格赛德战役中达到顶点。北爱尔兰问题就此产生。

1972年

爱尔兰共和国（和北爱尔兰）成为欧洲经济共同体成员。在血色星期日事件中，13名平民惨遭英国军队杀害；英国政府中止了北爱尔兰议会的权力，对北爱尔兰实行直接管辖。

得·罗宾逊(Peter Robinson)和来自新芬党的副首席大臣马丁·麦吉尼斯(Martin McGuinness)所领导的制宪议会统治,处于相对和谐的状态。即使你对过去40年爱尔兰的发展变化并不十分关注,但要知道,像罗宾逊这样一位狂热的反对独立者,在过去的职业生涯中对任何形式的爱尔兰民族主义都抱有敌意的亲英派,能够与像麦吉尼斯这样的前爱尔兰共和军指挥官在同一个内阁中共事,这简直是一个小小的政治奇迹。

但事实也没有表面上看起来那么简单。这是各方经过艰难对话和谈判达成的结果,它试图摒弃从16世纪英国向爱尔兰移民开始便不断积累的怨恨、不信任、暴力和根深蒂固的偏见。

分裂的爱尔兰

根据《英爱条约》,新的北爱尔兰议会在1922年6月22日成立,詹姆斯·克雷格(James Craig)担任第一任首相。他的北爱尔兰统一党(UUP)成为北爱尔兰的执政党,直到1972年,其间人口占少数的天主教教徒(约40%)被议会剥夺了实权和代表力量,议会通过经济补贴、倾向性住房分配和改变选区划分等手段维护统一党的利益:德里的选区边界被重新划分以保证新教议会的地位——尽管这座城市三分之二的人口是天主教徒。绝大多数信奉新教的北爱尔兰皇家警察部队(RUC)和他们的准军事部队B特分队(B-Specials)几乎从不掩饰自己的教派偏见。从主观意图和目的上看,北爱尔兰都是一个奉行隔离政策的国度。

我们终将胜利

统一党人称霸路上的第一个挑战是爱尔兰共和军在20世纪50年代发起的边境战役,但这次武装斗争很快被平息,其领导者也被监禁起来。然而10年之后,当局不得不面对一个更加挑衅的敌人:成立于1967年的民权协会(Civil Rights Association)。民权协会深受美国的影响,它试图纠正德里公然的宗派主义门户之见。1968年10月,在德里举行的天主教徒游行被北爱尔兰皇家警察部队以暴力中断,传闻爱尔兰共和军为游行者提供了"保护"。当时没有人意识到,北爱尔兰问题就此开始。

1969年1月,另一波被称为"人民民主"的民权运动组织了一场从贝尔法斯特到德里的游行。游行者在接近目的地时遭到了一群新教徒的攻击。警方首先站在一边,然后横扫了以天主教徒为主的博格赛德地区。越来越多的游行、抗议和暴力活动随之而来,许多共和党人认为警方的介入反而

1973~1974年

通过《桑宁代尔协议》,新的北爱尔兰议会成立。统一党人对该协议表示反对,阿尔斯特工人理事会组织的大罢工使整个北爱尔兰地区陷入瘫痪状态,新议会因此宣告失败。

1979年

中国与爱尔兰签署建交公报,宣布两国建交。

1981年

10名共和党囚犯绝食抗议而死。第一位绝食而死的鲍比·桑兹3周前刚刚被选为英国国会议员。超过10万名群众参加了桑兹的葬礼。

1993年

英国首相约翰·梅杰与爱尔兰总理阿尔伯特·雷诺兹共同签署了《唐宁街声明》。声明称,英国对北爱尔兰"没有私心,也没有战略或经济利益"。

让事态更加严重。8月，英国军队先后开赴德里和贝尔法斯特，维护法律和秩序。起初，英国军队在一些天主教徒聚居区受到了欢迎，但很快也被视为占大多数的新教徒操纵的工具。军队的过度介入事实上导致更多人加入了长期处于弱势的爱尔兰共和军，在英国军队杀害了13名德里平民的血色星期日（1972年1月30日）之后，爱尔兰共和军的人数明显增加。

北爱尔兰问题

在血色星期日之后，爱尔兰共和军从某种程度上已经向英国宣战。在继续将矛头对准北爱尔兰人民的同时，爱尔兰共和军还将轰炸范围扩展到了英国大陆，针对无辜者发起攻击，遭到了公民和教派分歧双方的共同谴责。与此同时，亲英派准军事组织也展开了针对天主教徒的教派运动。狂热的情绪在1981年达到了顶点，北方的共和党囚犯绝食抗议，要求获得政治犯的相应权利。10人断食而死，其中最有名的要数英国国会议员鲍比·桑兹（Bobby Sands）。

许多党派因内部政见不同而分裂成更小的派系，局面纷繁错杂。爱尔兰共和军已经分裂成"官方"和"临时"两大派系，从中又派生出更极端的共和党组织，如爱尔兰民族解放军（INLA）。无数新教徒、亲英的准军事组织奋起反抗爱尔兰共和军，双方以暴制暴，冲突不断。

和平的序曲

20世纪90年代初，共和党人清楚地意识到：武装斗争政策已宣告失败。北爱尔兰社会已经发生了变化——20世纪60年代末引发冲突的大多数不公正现象已经得到纠正，大部分普通公民迫切希望结束敌对冲突的局面。在美国总统克林顿的北爱尔兰特使乔治·米切尔（George Mitchell）的斡旋下，统一党、民族主义者以及英国和爱尔兰政府之间进行了一系列谈判，各方最终于1998年达成了历史性的《贝尔法斯特协议》（*Good Friday Agreement*）。

协议规定，英国政府（自1972年以来一直）持有的立法权将移交给新的北爱尔兰议会。不过，双方的斡旋、分歧、宗教派别偏见和固执让协议的落实进展缓慢，会议先后4次中止——最近一次从2002年10月持续到了2007年5月。

在此期间，北爱尔兰政治发生了戏剧性的两极分化，立场更温和的北爱尔兰统一党势力衰落，而由伊恩·佩斯利（Ian Paisley）领导的态度强硬

关于北爱尔兰问题的书籍

《逝去的生命》（*Lost Lives*），大卫·麦基特里克（David McKittrick）著

《十人丧生》（*Ten Men Dead*），大卫·贝雷斯福德（David Beresford）著

《忠诚的部落：亲英派机构内部档案》（*The Faithful Tribe: An Intimate Portrait of the Loyal Institutions*），鲁斯·达德利·埃德华兹（Ruth Dudley Edwards）著

北爱尔兰问题为许多电影提供了创作题材，如《血色星期日》（2002年）、《因爱之名》（*The Boxer*，1997年，丹尼尔·戴-刘易斯主演）。

20世纪90年代中期

得益于较低的公司税、政府开支的缩减、来自欧盟的无偿支出和低成本的劳动力市场等因素，爱尔兰迎来了被称为"凯尔特之虎"的繁荣时期，一度成为欧洲最富裕的国家之一。

1994年

8月31日，新芬党党魁格里·亚当斯以爱尔兰共和军的名义宣布终止暴力活动。10月，亲英派联军指挥部也宣布停火。

1998年

4月10日，各方经协商斡旋达成《贝尔法斯特协议》，新的北爱尔兰议会获得了完全的司法权和行政权。

1998年

"真爱尔兰共和军"（Real IRA）在奥马投下炸弹，造成29人死亡，200人受伤。这是北爱尔兰问题中最严重的单次暴力事件；公众的愤怒和政治家的迅速行动阻止了亲英派的反击。

的民主统一党（DUP）兴起；在民族主义者方面，爱尔兰共和军的政治派系新芬党成为民族主义者希望的火炬，党魁为格里·亚当斯和马丁·麦吉尼斯。

全新的北爱尔兰

*A History of Ireland*的作者为麦克·克罗宁（Mike Cronin）。这本书以不到300页的篇幅概括了爱尔兰的历史。文字简洁易读，但缺乏深入分析。

民主统一党和新芬党不愿意放弃任何一块领地，在关键问题上坚决站稳脚跟。他们的主要关注点在于要解除爱尔兰共和军武装力量，组建新的警察武装力量取代北爱尔兰皇家警察部队的位置。佩斯利和统一党人不断向被解散的共和军部队提出越来越多的要求（照片证据、统一党人做证等），他们的目标十分明确：爱尔兰共和军必须公开彻底投降。新芬党拒绝加入监管北爱尔兰警察局（PSNI）的警务委员会，始终没有改变他们与治安力量完全不合作的政策。

但是随着爱尔兰共和军交出所有的武器，新芬党也最终同意加入该警务委员会。民主统一党放弃了对过去的共和派对手的顽固态度，双方开始共同管理这片因宗教派系之争而长期忽略其真正需求的地区。能够表明北爱尔兰终于在某种程度上恢复了正常状态的证据是2011年的议会选

与美国的联系

今天，超过4000万美国人拥有爱尔兰血统——从18世纪40年代的马铃薯饥荒到20世纪30年代经济大萧条，爱尔兰出现了好几波前往美国的移民潮。许多美国历史上的传奇人物，从大卫·克洛科特（Davy Crockett）到约翰·斯坦贝克（John Steinbeck），甚至迄今为止44任美国总统中的18位都有爱尔兰血统——包括巴拉克·奥巴马，他母亲的家族中有一位名叫法尔茅斯·科尔尼（Falmouth Kearney）的成员正是来自奥法利郡莫尼高尔的爱尔兰移民。

以下是与历任美国总统或与爱尔兰移民美国的经历相关的地区列表：

- **安德鲁·杰克逊中心**，安特里姆郡
- **邓布鲁蒂号饥荒船**，韦克斯福德郡
- **格兰特祖居地**，蒂龙郡
- **肯尼迪祖居地**，韦克斯福德郡
- **科夫皇后镇往事博物馆**，科克郡
- **阿尔斯特美国民俗公园**（见372页），蒂龙郡

2005年

爱尔兰共和军要求部队不得参与除了“完全通过和平手段，协助推进纯粹政治和民主的方案”之外的任何活动。

2007年

北爱尔兰议会在5年前统一党和共和党之间的谈判陷入僵局时休会，现在恢复行使职权。双方解决了首要议题。

2008年

爱尔兰银行体制在雷曼兄弟倒台之后几乎破产；危机影响范围巨大，爱尔兰濒临经济灾难的边缘。

2010年

爱尔兰从国际货币基金组织和欧盟获得850亿援助，解决了银行体制的燃眉之急，但也使国家财政受到严重的制约。

举，民主统一党和新芬党在选举中再度成为最大的两个政党，他们将继续前进。

但双方的敌意毕竟根深蒂固。2011年4月，一位名叫罗南·克尔（Ronan Kerr）的年轻北爱尔兰警察局警官被谋杀，这起事件让人再度想起了北爱尔兰充满暴力的历史。不过，虽然这是一起悲剧，但从中也能看出根本性的变化：克尔是一名信奉天主教的警察，这表明警察局已经在摆脱传统新教徒偏见的道路上取得了巨大的进展，对于这起谋杀案，宗教分裂的双方都难辞其咎。也许最有说服力的是，首席大臣彼得·罗宾逊出席了葬礼——这是罗宾逊第一次参加天主教的安魂弥撒。

1897年开始，爱尔兰长老会传教士弗雷德里克·奥尼尔在辽宁省法库县生活传教，直到1942年因日本侵略离开中国，在中国东北生活了45年，其传奇经历见《闯关东的爱尔兰人》一书。

2011年

英国女王伊丽莎白二世成为第一位访问爱尔兰共和国的英国君主，此次访问是对两国关系日渐紧密的充分肯定。

2013年

爱尔兰成为欧元区第一个摆脱国际财政援助的国家。

2015年

爱尔兰成为世界上第一个通过公投宣布同性婚姻合法的国家。

2017年

2017年6月14日，爱尔兰众议院举行全体会议，选举统一党党首利奥·瓦拉德卡为政府总理。

爱尔兰式生活

说爱尔兰人热情好客，绝对名副其实，但是这份热情背后还有更深层次的性格因素。爱尔兰人绝不只是能说会道的东道主，现实中的他们要比这复杂和矛盾得多。诗人威廉·巴特勒·叶芝的一句话高度概括了爱尔兰人性格中的二元性：“身为爱尔兰人，他始终能感觉到悲剧如影随形，这驱使他捕捉每一次片刻欢愉。”

爱尔兰的心跳

根据2011年的人口普查，每个家庭平均生育子女数量已下降至1.38，创爱尔兰历史新低。

爱尔兰人以热情友好闻名于世，“好客”只是“爱尔兰人爱聊天，无论和朋友还是和陌生人”的另一种说法。他们的幽默感能让你捧腹大笑，不过最好小心他们对激烈辩论的热情，爱尔兰人犀利睿智的言谈会将你反驳得无话可说。毒舌——爱尔兰人取笑别人的方式——堪称一门艺术，如果你不熟悉这种艺术，可能会觉得他们太过尖酸刻薄，但你很快就会发现，这是爱尔兰人相互之间沟通的重要内在因素。人们普遍认为，真正的朋友应该可以坦然接受玩笑，而不是彼此给予廉价的恭维。

然而，在浮躁的社交和自黑的废话背后，隐藏着一个黑暗的秘密：内心深处，爱尔兰人在自我评价方面始终缺乏信心。这就是为什么他们即使对最平常的赞美也存有戒心。不过，在过去30年中，爱尔兰人的性格已经发生了根本性的转变。

经济繁荣及其带来的预期增长大大改变了爱尔兰人的精神面貌，他们不再以虚伪的谦逊为乐，而是正在逐渐转变成为一个不断追求进步和成功、渴望得到认可的民族。毫无疑问，这在很大程度上要归功于年轻一代，他们的野心和需求驱动民族性格的转变，不过许多年长的爱尔兰人也参与了这一进程，过去他们一直害怕因为不合时宜或自吹自擂而遭人非议，现在终于可以尽情享受时代的变革。

冲突后的爱尔兰一度面临严峻的现实，致使该国不得不接受史上最大的一笔财政援助，这在当时激起了一些强烈反应。许多人指责过于浮夸、华而不实的物质文化是导致爱尔兰陷入困境的原因。当时一位部长的表态甚至轰动一时，他在电视上十分不明智地表示：“我们都爱开派对！”

主动承担过失是源自清教徒式的传统美德，那时贫困和奋斗都是融入爱尔兰血脉的一部分，可是当代的爱尔兰并不具备这一美德。在凯尔特虎的繁荣背景下成长的年轻一代认为一切皆有可能，他们自信地宣布，虽然最近几年形势艰难，但是紧缩只是暂时性的权宜之计而不会是最终的命运。他们已经有了为走出困境做好自己分内事的准备，并且坚信一切都将向好的方向发展。

灵药与毒药

爱尔兰人爱酒，爱得难舍难分。爱尔兰常年雄踞全球酒品消费榜榜首。尽管人们已经逐渐意识到酗酒对爱尔兰社会（尤其是年轻人）的恶劣影响，并且对此提出了警告，但是饮酒仍然是该国最流行的社交活动，势头丝毫不减当年。周末的夜晚，走在全国随便哪座小镇的路上，都可以切身感受到爱尔兰酒文化的氛围及其影响。

有些专家将爱尔兰人的嗜酒归咎于国家财富的急剧增长，但统计数字显示，爱尔兰人长期以来一直沉迷于“借酒浇愁”的不健康爱好。不过，在公共场所公然酗酒确实是近期才有的现象，老一辈爱尔兰人始终不厌其烦地提醒年轻人：他们当年绝对不会在公共场所让人看见自己喝得酩酊大醉的模样。

生活方式

爱尔兰人或许确实喜欢挑刺——工作、天气、政府和真人秀里的“臭狗屎”（feckin' eejits）都是他们炮轰的对象，但如果你和他们较真，他们会告诉你，他们生活的国度是全世界最美好的地方。这地方确实有许多毛病，但其他地方不也都有各自的问题吗？

传统的爱尔兰——与教堂和社区联系密切的大家庭——正在迅速消失，爱尔兰不断加快的城市化进程打破了社区之间相互依存的社会结构，而这种结构正是相对贫困的必需要素之一。因此，当代爱尔兰与欧洲其他国家已经没有显著的不同，只有进一步前往偏远地带（小岛和偏僻的农村）才能看到旧日爱尔兰的面貌。

2014年，37.8%的人口生活在农村地区。

对同性恋友好的爱尔兰

2015年5月婚姻平等全民公投的通过不只是爱尔兰LGBT群体的重大事件，也是全球LGBT运动中的重要分水岭：爱尔兰是世界上第一个通过全民公投实现同性婚姻合法化的国家。

高达62.4%的支持率证明这个国家对同性恋的态度发生了深刻的转变：同性性生活直到1993年才实现合法化，之后，支持乔伊斯的学者和同性恋权利活动家大卫·诺里斯（David Norris）为此开展了漫长而孤立无援的宣传活动。除了一个选区之外，其他所有选区的赞成票都多于反对票数，这表明全国各地的态度都在转变，而不仅仅局限于都柏林这样的大城市。在都柏林，LGBT群体可以自豪地公开自己的性取向，都柏林光荣大游行（Dublin Pride）也成了当地最盛大、最热闹的节日之一。

2009年，来自科克的棒球手多纳尔·奥格·库萨克（Donal ÓG Cusack）成为第一位出柜的盖尔运动协会（GAA）运动员（也是一位爱尔兰精英体育人），大多数同行和球迷都对他表示支持（库萨克现已成为盖尔运动协会主席）。这不仅证明广大农村地区对同性恋的态度有所转变，也证明传统的爱尔兰已经在接受同性恋的道路上取得了重大进步。然而，这并不意味着所有农村地区的居民都能坦然面对通过自家村庄的同性恋大游行，或者对开在主干道上的同性恋酒吧热烈欢迎。对许多人来说，包容同性婚姻其实是传统观念在新时代的演变：人们有权做自己喜欢的事，只要不影响他人就可以，同性婚姻也应该如此。过去人们常说年轻的同性恋者需要前往大城市才能获得更好的接纳，现在仍然是这样。

多元文化

波兰人已经超过英国人，成为了爱尔兰规模最大的非爱尔兰族群。

过去，爱尔兰一直是个成分单一的国家，但随着数以千计的移民从世界各地前来——17%的人口出生于海外——种族之间的包容与融合迎来了挑战。从整体上看，多元融合是成功的，不过透过事物的表象，仍然可以发现种族间冲突的存在。

经济的下滑加剧了不同种族间的紧张局势，"爱尔兰的工作留给爱尔兰人"的观点开始抬头并得到某些权威人士的支持，不过目前支持这一言论的人仍然占极少数。无论如何，来自东欧的移民增势明显放缓，许多东欧人认为留在本国是更有前景的选择。

宗教

爱尔兰共和国约有380万居民（占总人口的84.2%）是天主教徒，2.8%为新教徒，0.5%为穆斯林，其余为其他信仰的宗教人士和非宗教人士。在北爱尔兰地区，新教徒约占53%，天主教徒占44%（3%为其他宗教信仰者和非宗教人士）。大部分爱尔兰新教徒都是隶属于英国教会的爱尔兰教会、长老会（Presbyterian）和循道宗教会（Methodist churches）的成员。

出席天主教弥撒的人数占全部人口的比例从20世纪70年代初的91%下降到了2011年的30%。

天主教依然是爱尔兰重要的文化标签，不过许多爱尔兰人（特别是年轻一代）已经与教会渐行渐远。教会的学说在当今的许多重大社会问题上都已与时代脱节，如离婚、避孕、堕胎、同性恋和未婚同居等。此外，牧师虐童的丑闻和教会逃避责任的做法也让教会受到强烈谴责，许多老一辈信徒由此产生了强烈的抵触情绪，让他们对自己一生虔诚奉献的教区产生了怀疑。

广播电视

爱尔兰主要有四大地面电视频道，其中三个频道由国家广播公司Raidió Teilifís Éireann（RTE）经营，另一频道属于一家私营商业广播电台。RTE的优势是广泛覆盖的体育节目和新闻时事类节目。TV3电视台主要走轻松愉快的路线，主打节目为真人秀和名人档案，也转播二流的美国娱乐节目。爱尔兰语电视台TG4以电影和戏剧为主，主打节目为《爱尔兰人》（*as gaeilge*），这是一档配英语字幕的爱尔兰语节目。大多数爱尔兰的家庭还可以通过卫星电视或光纤电视收看英国主要的电视台——BBC、ITV和英国电视4台——这几个频道在北爱尔兰尤其受欢迎。

2015年最受欢迎的男女新生婴儿的名字分别是利亚姆（Liam）和艾玛（Emma）。

爱尔兰人是狂热的广播听众，收听率高达85%。大多数人是RTE的忠实听众，这家广播电视台拥有三个主要频道：广播1台（88.2-90FM，主要播送新闻和讨论）、广播2台（90.4-92.2FM，生活方式和音乐频道）以及Lyric FM（96-99FM，古典音乐频道）。广播电视工作者丹尼斯·奥布莱恩（Denis O' Brien）也拥有几家广播电台，包括谈话节目《新闻杂谈》（*Newstalk*，106-108FM，新闻时事和生活方式）和"今日FM"（*Today FM*，*100-102FM*，音乐、对话和新闻）。此外还有约25家聚焦本地生活、符合当地口味的本土广播电台。其中，西北地区的高地广播（Highland Radio）主要覆盖多尼戈尔郡、斯莱戈郡、蒂龙郡和弗马纳郡，市场占有率高达85%，堪称欧洲最成功的本土广播电台。在北爱尔兰，BBC的地位无人能够撼动，除了BBC四大电台之外，这里还有专门针对北爱尔兰的BBC阿尔斯特广播电台（BBC Radio Ulster）。

音乐

爱尔兰的文学传统固然令人称道，但那毕竟是评论家热衷的话题。在这个国家停留一段时间之后你会发现，一天结束之际萦绕在耳边的音乐才是最亲切的陪伴。无论欢庆还是悲伤，不同的场合和心情都有与之相匹配的音乐。爱尔兰与世界其他地区一样喜欢流行音乐，不过其独特的音乐传统使爱尔兰的现场音乐显得与众不同。

传统与民谣

许多传统的欧洲音乐形式在流行音乐的冲击下已经失去了生命力，但爱尔兰音乐（在爱尔兰直接叫作“传统音乐”或“传统”）却将这份活力保留至今。爱尔兰音乐在许多方面都遵循传统，并且曾经影响过许多音乐形式，其中最典型的便是美国乡村音乐和西部音乐——密西西比三角洲蓝调与爱尔兰传统乐曲的融合，之后又受到福音音乐等风格的影响，是摇滚乐的根基。

爱尔兰音乐从来没有以书面形成传承，而是在音乐人之间代代相传，历经时间考验，不断演变发展。地方风格之所以得到发扬，是因为本地音乐家始终在努力超越其他同行。双目失明的吟游竖琴家特洛·奥卡罗兰（Turlough O' Carolan，1670~1738年）创作了超过200首曲目——我们很难知道在不断的重复和学习中究竟衍生出了多少个版本。这种流动的特征是欣赏传统音乐的关键所在，也解释了为什么这种音乐至今仍然能够与时俱进。

20世纪60年代，作曲家肖恩·奥里亚达（Seán Ó Riada，1931~1971年）试图重塑爱尔兰音乐的架构。他的“凯尔特之声”（Ceoltóirí Chualann）是第一个征服本土外听众的合唱团，从这个合唱团中诞生的酋长乐队（the Chieftains）堪称最具影响力的传统爱尔兰音乐组合。酋长乐队在1963年开始录制专辑，一共发行了近40张专辑，每一张都值得一听；

感受传统音乐的最佳去处

- 休的酒吧（Hughes' Bar），都柏林
- 鹤酒吧（Crane Bar），高威
- 德巴拉民谣俱乐部（De Barra's Folk Club），克洛纳基尔蒂（科克郡）
- 麦克迪亚马达（MacDiarmada's），杜林（克莱尔郡）
- 利奥小馆（Leo's Tavern），克罗利（多尼戈尔郡）

传统音乐知多少

与人们印象中不同的是，竖琴并非传统音乐中广泛使用的乐器（诚然，竖琴是爱尔兰国徽，但这可能是由于这个国家在传统上一直操纵在拨弄琴弦的人手中）。山羊皮制成的宝思兰鼓（bodhrán）比竖琴常用得多，不过它并不太适合作为国家的象征。尤利安风笛通过挤压肘部的风箱发出独特的声音，但在小酒馆里不太可能见到这种乐器。爱尔兰小提琴并非爱尔兰独有，它与长笛、锡哨、手风琴和布祖基琴（与曼陀铃类似）一起，共同组成了爱尔兰本土音乐的主要乐器。爱尔兰音乐可分为五大类：吉格舞曲、里尔舞曲、角笛舞、波尔卡和慢调，旧式无伴奏版的传统叙事曲和唱段则称为“老调”（sean-nós）。

其中10张乐队同名系列专辑绝对是不容错过的选择。

20世纪60年代另一大获成功的组合是都柏林人乐队（the Dubliners）。这支乐队的风格更接近民谣而非传统音乐，他们将下流的酒歌升华为人人可以传唱的欢快歌曲。其他流行乐队还有富里兄弟乐队（the Fureys），乐队成员中的四兄弟来自爱尔兰游民群体[不是像美国组合“威尔伯里旅行者”（the traveilling Wilburys）那样的旅行者，而是真正的流浪者]，后来吉他手达弗·亚瑟（Davey Arthur）也加入其中。如果你喜爱充满爱尔兰风情的反叛之歌，那么可千万别错过民谣团体“沃尔夫小调”（The Wolfe Tones）。

传统音乐歌单

- 安静的格伦（Tommy Peoples乐队）
- 帕迪·基南（帕迪·基南）
- 音乐汇编：帕特里克·斯特里克精选集（The Best of Patrick Street；不同艺术家）
- 酋长乐队6：波拿巴撤退（Bonaparte's Retreat；酋长乐队）
- 老巫婆要人命（Old Hag You Have Killed Me；茅屋乐队）

20世纪70年代以来，许多乐队都试图将传统音乐与更加前卫的流派融为一体并且取得了成功。茅屋乐队（The Bothy Band）成立于1975年，这是一支阵容强大的超级乐队，成员包括布祖基琴演奏者多纳尔·拉尼（Dónal Lunny）、尤利安风笛手帕迪·基南（Paddy Keenan）、长笛和哨笛演奏者马特·莫洛伊（Matt Molloy，后来加入了酋长乐队）、爱尔兰小提琴（fiddle）演奏者帕迪·格拉金（Paddy Glackin）和手风琴演奏者托尼·麦克马洪（Tony MacMahon）等。每个人都是技艺精湛的乐手，他们的作品至今仍像40年前一样令人如痴如醉。

音乐人之间经常合作进行音乐创作。当代乐队中，黄昏乐队（The Gloaming）值得推荐。这支乐队为传统爱尔兰音乐注入了时代的新声——他们的首张同名专辑2011年一经发布便引起轰动。乐队核心成员、爱尔兰小提琴手凯文·奥赖利（Caoimhín Ó Raghallaigh）的个人发展也非常不错，最新个人专辑《还原》（*Laghdú*）为听众呈现了优美的爱尔兰小提琴演奏，也展现了他对循环乐段和电子乐的理解。

如果你想要寻找一支融合摇滚、民谣和传统音乐的乐队，请不要错过“第十三道锁的幽灵”（The Spook of the Thirteenth Lock），这支乐队自2008年以来发行了数张专辑——其中第二张专辑叫作《杀手，此时此地》（*The Brutal Here And Now*，2012年）。

只要说起传统音乐，就不能不提《大河之舞》（*Riverdance*），这部舞蹈剧展现出了爱尔兰舞蹈性感的一面，成为风靡全球的世界级现象。不过，众多传统音乐的狂热拥护者对其音乐价值的评价并不高。舞台表演非常棒，音乐却让人不敢恭维。

流行音乐

自20世纪60年代起，爱尔兰出现了一批伟大的摇滚音乐人，例如范·莫里森（Van Morrison）、瘦子李奇（Thin Lizzy）、凯尔特摇滚乐队霍斯利普（Horslips）、流行朋克“低调乐队”（the Undertones）和贝尔法斯特本土乐队“僵硬的小指头”（Stiff Little Fingers，简称SLF）——这支乐队堪称爱尔兰版的碰撞乐队（the Clash），还有鲍勃·盖尔多夫（Bob Geldof）组建的新城之鼠乐队（Boomtown Rats），代表作为《讨厌周一》（*I Don't Like Mondays*）。

不过，所有这些乐队都在U2这支超新星天团面前黯然失色。1976年，U2在都柏林北部成立，在80年代后期成为全世界最成功的摇滚乐队之一。对于这支享誉无数的乐队，实在无须多言。在发行13张录音室专辑、22次获得格莱美奖并创下150万张专辑销量之后，U2再也无须向任何人证明自己的成功。2014年，苹果公司将U2的最新专辑《纯真之歌》（*Songs of*

Innocence）强行推荐给iTunes用户——无论他们是否想要，这一小小的不明智之举让乐队的人气受到了一些影响。不过，U2乐队的iNNOCENCE + eXPERIENCE巡演一直持续到2015年年底，获得了巨大的成功。

在U2觉醒之后，20世纪80年代和90年代涌现出许多爱尔兰音乐人，其中一些巧妙地避开了成为"U2第二"的负担。波哥乐队（the Pogues）融合朋克与爱尔兰民谣的风格让人眼前一亮，谢恩·麦高万（Shane MacGowan）感性的歌曲创作堪称真正的传奇，尽管长期酗酒为他的天才蒙上了一层阴影，但并不妨碍他创作的《纽约的童话》（*A Fairytale of New York*）成为爱尔兰最受欢迎的歌曲，每年圣诞节都被大家深情传唱。希妮德·奥康娜（Sinéad O' Connor）几乎是U2的反面——无论他们做什么，她都反其道而行之——加之细腻的声线，她很快声名鹊起。专辑《狮子和眼镜蛇》（*The Lion and the Cobra*，1987年）中不加修饰的真挚情感十分动人。此外还有"我的血腥情人节"乐队（My Bloody Valentine），80年代末以吉他噪音实验开创了"自赏摇滚"（shoegazer rock）的先河——《失爱》（*Loveless*，1991年）可以说是有史以来最棒的爱尔兰音乐专辑之一。

20世纪90年代主要由DJ、舞蹈音乐引领时代潮流，与此同时，一个原有的概念得到了全新的诠释：男孩乐队。在爱尔兰最成功的组合（男孩地带Boyzone和西城男孩Westlife）背后，是音乐经纪人路易斯·华兹（Louis Walsh），他对音乐的敏锐把握似乎发轫于60年代的感伤音乐。过去10年中，路易斯·华兹曾担任过选秀节目《X音素》（*X Factor*）英国场的评委，让同卵双胞胎兄弟组合"杰德沃德"（Jedward）一炮走红——这对孪生兄弟唱功并不怎么样，主要凭借古灵精怪的气质征服了广大观众。

当代舞台

男孩地带和西城男孩确实一度名满天下，不过与另一支由《X音素》选手组成的乐队"单向组合"（One Direction）相比就是小巫见大巫了。在这里提到他们是因为乐队成员之一尼尔·霍拉尼（Niall Horan）来自爱尔兰韦斯特米斯郡马林加——这就意味着单向组合在爱尔兰歌迷（9~19岁的青少年）眼中至少拥有一部分爱尔兰血统，也因此得到了他们的狂热支持。

如日中天的单向组合很少在爱尔兰演出，即使来到爱尔兰也只会选择超大型的体育场馆，而不会走进爱尔兰大城小镇的寻常巷陌。分布在大街小巷的演出小会场是几乎所有其他爱尔兰音乐人的领地，从在笔记本电脑上玩音乐的前DJ到抱着吉他写歌演唱的歌手，都会出现在这些地方。

音乐人丰富的情感和敏感的灵魂深受爱尔兰人喜爱——他们是真挚的歌手和音乐人。其中，普遍得到认可的有戴米恩·莱斯（Damien Rice），2014年走出自闭困局的他为听众带来了新专辑《我心爱的旧日幻梦》（*My Favorite Faded Fantasy*），还有来自贝尔法斯特的"个性公爵"（Duke Special），他的讽刺民歌和受到音乐厅启发的表演赢得了无数赞誉，拥有庞大的粉丝群体。他的最新专辑是《小心机器》（*Look Out Machines*，2015年）。格伦·汉塞德[Glen Hansard，电影《曾经》（*Once*）主演]大部分时间在纽约度过，但他始终是爱尔兰不可或缺的存在，有时还会与他的旧乐队"架构"乐队（The Frames）上路巡演。2015年，来自布雷的霍齐尔（Hozier）盖过了汉塞德的风头，霍齐尔在2014年以一首《带我去教堂》

最佳爱尔兰摇滚专辑

《约书亚之树》（*The Joshua Tree*; U2）

《历史的终结》（*The End of History*; Fionn Regan）

《失爱》（*Loveless*; 我的血腥情人节）

《活力与险境》（*Live & Dangerous*; 瘦子李奇）

《得不到的我不要》（*I Do Not Want What I Haven't Got*; 希妮德·奥康娜）

《发烧友》(*Hot Press*; www.hotpress.com)是一份双周刊杂志，刊载本土和国际音乐界的评论和歌曲排行。

(*Take Me to Church*)风靡全球，这首歌收录于他的首张同名专辑。

20世纪第一个10年，DJ在音乐爱好者心中风光不再，摇滚乐队卷土重来。除了U2之外，爱尔兰最成功的摇滚乐队当属雪地巡游者(Snow Patrol)——来自北爱尔兰的五人乐队；在此期间，主唱加里·莱特博迪(Gary Lightbody)回到家乡贝尔法斯特为当地艺术家宣传造势，他一直是这座城市大大小小音乐现场的标杆人物。

都柏林三人组合"手稿"乐队(The Script)旋律感极强的流行摇滚让演唱会场场满座，创下了数百万的销量记录[最新专辑《静默之声》(*No Sound Without Silence*)，发行于2014年]，他们的歌曲也出现在《90210》和《切尔西制造》(*Made in Chelsea*)等电视剧集中。康纳·奥布莱恩(Conor O' Brien)领导的"乡巴佬"乐队(Villagers)并没有光鲜的销量纪录，但几乎所有爱尔兰评论家都对这支乐队独立民谣摇滚风格赞赏有加——他们的第三张专辑《甜蜜心机》(*Darling Arithmetic*)发布于2015年。如果你喜欢电子风格的摇滚乐，那么千万别错过"捷普"乐队(Jape)，乐队2015年发行的专辑《化学海》(*This Chemical Sea*)中好似催眠的迷幻声音非常受欢迎。

有一位爱尔兰音乐人可谓无人能出其右，那就是恩雅(Enya)——爱尔兰史上最畅销的独唱艺术家，也是全球最畅销的女性艺术家之一。这位出生于多尼戈尔的作曲家和演奏家在爱尔兰传统音乐的熏陶下长大，但在20世纪80年代初，她和兄弟姐妹组建的克兰纳德家族乐团(Clannad)开创了凯尔特新世纪音乐(New Age)的先河，合成器营造出低沉的循环效果，人声与器乐完美结合。恩雅单飞之后取得了如日中天的成绩，创下了7500万的唱片销量记录。虽然恩雅从2008年至今没有新专辑问世，但她始终是新世纪音乐领域独领风骚的殿堂级人物。

爱尔兰文学

在所有民族特色、性格特点和文化表现形式中，最能彰显爱尔兰与众不同之处的可能就属语言和写作了。爱尔兰人对语言的热爱和源远流长的口头文学传统孕育了许多闻名世界的作家，丰富了爱尔兰的文化遗产。而承载这一切的，是一种外族侵略者强加于爱尔兰人的语言。对于这种文化上的强盗行为，爱尔兰人的回应是：全方位保留英语原有的面貌，但在其中加入爱尔兰独有的风味，使之充分吸纳爱尔兰式的韵律、发音方式和语法特点，从而创造出一种兼容并蓄的美妙语言。

神话时代

早在真正的现代文学问世之前，就已经出现了阿尔斯特文学（Ulaid），根据8~12世纪的口头传颂记述成文，就像爱尔兰版的荷马史诗。其中流传最广的故事是《夺牛长征记》（*Táin Bó Cúailnge*），讲述的是康诺特的梅芙女王与爱尔兰神话中大名鼎鼎的英雄库·丘林（Cúchulainn）之间的战斗。库·丘林至今仍不时出现在爱尔兰作家的笔下，塞缪尔·贝克特（Samuel Beckett）和弗兰克·麦考特（Frank McCourt）等人都曾写到过这位英雄。

当代传奇

- 《布鲁克林》（科尔姆·托宾）
- 《泡沫之恋》（约瑟夫·奥康纳）
- 《斯蒂比死了》（保罗·穆雷）
- 《绿色之路》（安妮·恩莱特）
- 《骆驼》（夏兰·柯林斯）

现代文学

在随后近1000年的时间里，爱尔兰先后走出了乔纳森·斯威夫特（Jonathan Swift，1667~1745年）的《格列佛游记》（*Gulliver's Travels*），广受好评的剧作家奥斯卡·王尔德（Oscar Wilde，1854~1900年），以及《德古拉》（*Dracula*）的创作者布拉姆·斯托克（Bram Stoker，1847~1912年）——有些人认为吸血伯爵德古拉的名字来源于爱尔兰语中的droch fhola（意为邪恶之血），还有文学巨匠詹姆斯·乔伊斯（James

盖尔语复兴运动

《自治法案》（*Home Rule*）曾一度引发激烈的社会讨论和分歧，爱尔兰的艺术、文学和身份认同也随之发生了一场革命。诗人威廉·巴特勒·叶芝（William Butler Yeats，1865~1939年）和他的文友小团体[包括格雷戈里夫人（Lady Gregory）、道格拉斯·海德（Douglas Hyde）、约翰·明顿·辛格（John Millington Synge）和乔治·罗素（George Russell）等]主张复兴英国-爱尔兰文学，他们让古老的凯尔特故事重见天日，以充满激情的笔调描绘史诗中的战役和骁勇善战的女王，为读者呈现了充满浪漫色彩的爱尔兰。对于一个经历了长达数百年侵略和剥夺的国家而言，这些形象展现了另一个版本的历史——更吸引人的爱尔兰历史。

Joyce，1882~1941年），其人其书都是爱尔兰引以为傲的资本。

乔伊斯的作品大部分是他离开爱尔兰之后在艺术家天堂巴黎创作的，另一位对语言和风格进行了大胆实验性创作的伟大文学家塞缪尔·贝克特（1906~1989年）也是如此。贝克特的作品往往以人类处境和自我本质等基本性的存在主义问题为核心。《等待戈多》应该是他最出名的作品，但真正为他赢得难以撼动的文学地位的却是一系列质朴有力的小说和戏剧。

在20世纪享有一定知名度的爱尔兰作家中，有些格外引人注意，其中就包括剧作家和小说家布伦丹·贝汉（Brendan Behan，1923~1964年）。他的作品中交织着悲剧、智慧和生命的跌宕起伏。《少管所男孩》（*Borstal Boy*）、《怪咖一群》（*The Quare Fellow*）和《人质》（*The Hostage*）都是这位作家在因酗酒英年早逝之前留给世人的佳作。

C.S.刘易斯（CS Lewis，1898~1963年）出生于贝尔法斯特，在布伦丹·贝汉去世前一年离世，他为我们留下了充满寓言色彩的童话史诗《纳尼亚传奇》，其中三部故事现已改编为电影。而在北爱尔兰作家的作品中，当然不出意外地会涉及北爱尔兰问题：伯纳德·麦克莱弗蒂（Bernard MacLaverty）的《卡尔》（*Cal*，后改编为电影《恩怨情天》）和之后的《解剖学院》（*The Anatomy School*）都是了不起的作品。

当代文坛

不错，文学巨匠永远是巨匠。但是如果问起身边的爱尔兰人他们最喜欢的本土作家是谁，他们的回答很可能是某位在世的文人。

他们可能会提到罗迪·道伊尔（Roddy Doyle，1958年至今），他的“社会四部曲”获得了巨大的成功：《承诺》（*The Commitments*）、《唠叨人生》（*The Snapper*）、《货车》（*The Van*）和《童年往事》（*Paddy*

最佳爱尔兰文学

《安琪拉的灰烬》（*Angela's Ashes*，1996年），弗兰克·麦考特（Frank McCourt）作品，获得普利策奖。小说讲述了20世纪30年代经济大萧条时期，还是孩童的作者在利默里克艰难度日的真实故事。

《女人之间》（*Amongst Women*，1990年），约翰·麦加亨（*John McGahern*）作品，以言简意深的笔调讲述了一个爱尔兰西部家庭在独立战争之后经历的社会震荡。

《在黑暗中阅读》（*Reading in the Dark*，1996年），英国卫报小说奖获得者谢默斯·迪恩（Seamus Deane）作品，故事从一个年轻男孩内心的挣扎出发，讲述北爱尔兰问题期间作者在贝尔法斯特的真实成长经历。

《海》（*The Sea*，2005年），约翰·班维尔（John Banville）获得布克奖的小说。这部作品是一场关于宿命、悲伤、死亡、童年和回忆的全神贯注的冥想。2013年改编为电影。

《娼妓之城》（*Strumpet City*，1969年），詹姆斯·普伦基特（James Plunkett）作品。这部小说将读者带回了1913年大罢工时期的都柏林，被认为是20世纪爱尔兰文学的代表作。

《悲欢岁月》（*The Butcher Boy*，1992年），帕特里克·麦凯布（Patrick McCabe）作品。这部小说是一部精彩的悲剧，讲述了莫纳亨孤儿陷入疯狂的悲剧故事。尼尔·乔丹将这部作品翻拍成了一部成功的同名电影。

Clarke, Ha Ha Ha）这四部小说均被翻拍成电影。在他的最新作品《够胆》（*The Guts*, 2013年）中，《承诺》中的主角吉米·拉比特（Jimmy Rabbitt）又回来了——读者们将看到一个年岁渐长、比过去更有头脑、与疾病顽强斗争的他。

塞巴斯蒂安·巴里（Sebastian Barry, 1955年至今）曾两次入选布克文学奖（Man Booker Prize）最终候选名单，两次入选作品分别为关于第一次世界大战的戏剧文学《漫漫长路》（*A Long Long Way*）和扣人心弦的小说《秘密手稿》（*The Secret Scripture*, 2008年）——后者以精神病院中百岁老人罗珊的口吻讲述了她一生的传奇往事。他的最新小说《临时绅士》（*The Temporary Gentleman*, 2014年）讲述了罗珊的兄弟杰克·麦克纳蒂（Jack McNulty）的故事：当年曾是英国陆军军官的他在第二次世界大战期间被派往非洲，但是职业生涯和个人经历的罪恶感让他再也无缘回到爱尔兰故土。

安妮·恩莱特（Anne Enright, 1962年至今）凭借《聚会》（*The Gathering*, 2007年）一书获得了布克奖，书中讲述了一个关于酗酒和虐待的时代故事——作者本人称之为“文字版的好莱坞悲情片”。而她最新的一部小说《绿色之路》（*The Green Road*, 2015年）也延续了这一路线，继续挖掘爱尔兰家庭中的阴暗故事。另一位来自爱尔兰的布克奖得主是“重量级选手”约翰·班维尔（John Banville, 1945年至今），2005年凭借《海》（*The Sea*）荣获这一奖项；在此我们也推荐他的《证词》（*The Book of Evidence*, 1989年）和影射小说大作《不可企及》（*The Untouchable*, 1997年），后者以艺术史学家安东尼·布朗特（Anthony Blunt）的秘密特工经历为创作原型。班维尔的笔名是本杰明·布莱克（Benjamin Black），他用这个名字创作了一系列以20世纪50年代为背景的惊悚侦探小说，主角是脾气古怪的病理学家怪克（Quirke），该系列笔法老练生动，最新一部名为《死而不休》（*Even the Dead*, 2015年）。爱尔兰知名作家科尔姆·托宾（Colm Tóibín, 1955年至今）出生于韦克斯福德，他是以《布鲁克林》[Brooklyn, 2009年；2015年改编为电影，西尔莎·罗南（Saoirse Ronan）主演]为代表的九部小说的作者。他最近的作品是深入探讨寡居问题的小说《诺拉·韦伯斯特》（*Nora Webster*, 2014年）。

埃玛·多诺霍（Emma Donoghue, 1969年至今）凭借《房间》（*Room*, 2010年；2015年改编为同名电影）获得了多项大奖，出版于2014年的《青蛙音乐》（*Frog Music*）则取材于19世纪末旧金山女扮男装的珍妮·邦尼（Jenny Bonnet）的真实经历。约翰·伯恩（1971年至今）以大屠杀题材小说《穿条纹睡衣的男孩》（*The Boy in the Striped Pyjamas*, 2006年；2008年改编为电影）闻名于世；他最新的一部小说《孤独简史》（*A History of Loneliness*, 2014年）探讨了天主教会和虐童的棘手问题。

科伦·麦凯恩（Colum McCann, 1965年至今）在1986年离开爱尔兰，后来定居纽约。“911”事件后，他创作了第六部小说，《转吧，这伟大的世界》（*Let the Great World Spin*, 2009年），这部作品为他赢得了美国国家图书奖和国际IMPAC都柏林文学奖。在此之后的小说《飞越大西洋》（*Trans-Atlantic*, 2013年）将三个独立的故事串连在一起：阿尔科克（Alcock）和布朗（Brown）飞越大西洋，弗雷德里克·道格拉斯（Frederick Douglass）1845年对爱尔兰的造访，以及20世纪90年代末的北爱尔兰和平进程。

欧因·科弗（Eoin Colfer）是爱尔兰最成功的作家之一，阿特米斯奇幻系列（*Artemis Fowl*）的作者，在八部奇幻小说中，读者跟随阿特米斯一起冒险，感受他从一位反英雄的罪犯逐渐成长为精灵拯救者的过程。

当代诗社

爱尔兰最伟大的现代诗人是出生在德里的诺贝尔文学奖得主谢默斯·希尼（Seamus Heaney，1939~2013年），每一首诗都浸透着他温暖的个人魅力和讥诮的幽默感，令人读之难忘。他是叶芝当之无愧的后继者，也是当代英语诗坛最重要的诗人之一。1995年获得诺贝尔奖之后，他将因此获得的社会关注比作“在母亲面前谈论性的人”。《被开垦的土地：1966~1996年诗选》（*Opened Ground - Poems1966-1996*）于1998年出版，是他作品中最受好评的一部。

都柏林人保罗·德尔坎（Paul Durcan，1944年至今）是都柏林时代变化最可靠的记录者之一。1990年，他的作品《老爸老爸》（*Daddy,Daddy*）获得了著名的惠特布赖特诗歌奖（Whitbread Prize for Poetry）。这是一位既有意思又有责任心、既温柔又粗犷的作家。来自凯里郡的诗人和剧作家布伦丹·肯内利（Brendan Kennelly，1936年至今）是凯里一带极其受欢迎的人物。他在圣三一学院授课，并开创了一个独特的诗歌流派，其主要特点是充满戏谑的童真，同时也不失历史和学术价值。依婉·伯兰（Eavan Boland，1944年至今）是一位多才多艺、广受赞誉的作家，以诗歌而闻名。她将爱尔兰政治与坦率的女权主义相结合，《暴力时期》（*In a Time of Violence*，1994）和《失落之地》（*The Lost Land*，1998年）是她最著名的两部诗集。

复杂且极具冲击力的北爱尔兰问题始终是北方作家钟爱的创作题材。德里人肖恩·奥赖利（Sean O' Reilly，1969年至今）的小说中塑造了许多脱离了宗派主义却无可挽回地受到伤害的人物，深得广大读者的共鸣和喜爱。他的最新小说《水印》（*Watermark*，2005年）讲述了在一个不知名的爱尔兰小镇上，一位年轻姑娘在欲望和理性边缘挣扎的故事。约恩·麦克纳米（Eoin McNamee，1961年至今）的一系列作品对这场冲突进行了直接深入的探讨，展现了宗教和历史对个体生活的影响。小说《蓝色的夜》（*Blue is the Night*，2014年）是继《蓝色探戈》（*The Blue Tango*，2001年）和《蓝色鸢尾》（*Orchid Blue*，2010年）之后的三部曲终结篇。

保罗·穆雷（Paul Murray，1975年至今）的第二部小说《斯蒂比死了》（*Skippy Dies*，2010年）讲述了一所男子中学里特权学生之间的故事，作品广受好评[尼尔·乔丹（Neil Jordan）随后将故事搬上了大银幕]。然而后来出版的一部以金融危机为背景创作的《标记和虚空》（*The Mark and the Void*，2015年）则反响平平。沙恩·赫加蒂（Shane Hegarty，1976年至今）于2015年出版了《达克魔斯》（Darkmouth）第一部，小说中的故事发生在虚构的爱尔兰小镇达克魔斯（Darkmouth），刚刚成年的年轻人芬恩需要学习如何同女孩相处，还要与怪物战斗。

小妞文学

尽管作家们厌恶这个标签，出版商也自称瞧不上这种说法，但小妞文学的销路确实很好，而爱尔兰人正是此类文学创作数一数二的好手。梅芙·宾奇（Maeve Binchy，1940~2012年）是这方面的佼佼者，她对这种文学风格的娴熟把握让她的作品在销售榜单上超越了众多文豪。她去世前的最后一部小说是《冬季一周》（*A Week in Winter*，2012年）。玛丽安·凯斯（Marian Keyes，1963年至今）也是一位创作了多部畅销书的作家，最新作品为《鸠占鹊巢的女人》（*The Woman Who Stole My Life*，2014年）。

凯斯拥有非比寻常的叙事功底，更难得的是她能够巧妙地处理酗酒和抑郁症等敏感话题，对于自己曾亲身经历的这些问题，她的坦诚态度令人敬佩。凯瑟·凯利（Cathy Kelly）曾经专门负责回答读者专栏的来信，现在则成了每年出版一部小说的高产作家。在最新出版的《从巴黎开始》（*It Started With Paris*，2014年）中，一位年轻人在艾菲尔铁塔下求婚，然而麻烦却接踵而至……

每年5月的最后一个周末，里斯塔尔作家周文学节（Listowel Writers' Week）都会在凯里郡的里斯塔尔举办，这是全世界最受欢迎的文学节日之一——很大程度上是因为读者有机会在此亲自见到最喜欢的作家。

2015年，莫文蔚演唱的歌曲《当你老了》因细腻真挚的情感受到乐迷听众好评，实际上这首歌的歌词翻译自爱尔兰诗人叶芝的*When You Are Old*。

爱尔兰风光

爱尔兰的文学、歌曲和绘画传达出一个清楚的信息——这座南北横跨486公里、东西只有275公里的岛屿风光无限，曾在这座岛上居住过的人一定会流连忘返，尤其是已经离开的人。对于他们而言，爱尔兰永远令他们心驰神往。在许多游客眼中，平缓的山丘绿意盎然，参差不齐的海岸线上掀起惊心动魄的狂风巨浪，这些都是体验爱尔兰风格不可或缺的组成部分。

悬崖和峭壁

1821年，人们在高威郡的沼泽发现了一具铁器时代的人类遗体，他的斗篷、鞋子和胡须都完好无损。

许多地方分布有大规模裸露地表的岩石，比如克莱尔郡的巴伦（Burren）风景区，这种地貌不适合植被生长，只有一部分地区能长出足够绵羊和山羊啃食的青草，剩下那些辽阔得仿佛外太空的地区大多都是一副了无生气的荒凉景象。巴伦附近便是壮观的莫赫悬崖，峭壁笔直向下，插入轰鸣的波涛中。安特里姆郡的巨人之路上布满令人叹为观止的六角形石柱，多尼戈尔郡里格山的峭壁则是全欧洲最高的海崖。另一些坡度较为平缓的海岸上则覆盖着温柔的沙丘。爱尔兰近海有一些小岛，其中许多是贫瘠的岩石堆，岛上形成了独特的生态系统——斯凯利格·迈克尔岛（Skellig Michael）便是凯里郡近海上的一座美得让人窒息的小岛，海岸线呈锯齿状展开。

关于爱尔兰的地质、考古、城市发展、农业和植树造林的信息，请参阅弗兰克·米切尔（Frank Mitchell）和迈克尔·赖恩（Michael Ryan）的著作《解读爱尔兰风光》（*Reading the Irish Landscape*）。

西海岸的乡村农场地貌崎岖不平，难以耕作，这主要是因为岩层太过靠近地表。现在，岩层的大部分已经被挖掘出来，砌成分割小牧场的石墙，为可耕种的土地提供空间。阿伦群岛（Aran Islands）以壮观的石墙网而出名。

山地和森林

爱尔兰西部分布着大片悬崖、山丘和山脉，属于该国的多山地区。较高的山脉位于西南部，全岛最高峰是海拔1040米的卡朗图厄尔山（Carrauntoohil），位于凯里郡的麦吉利卡迪山脉。

爱尔兰人经常抱怨森林面积的减少，许多树木被英国人砍伐一空（伊丽莎白一世统治时期），成为皇家海军建造船只的木材。过去岛上的橡树森林十分繁盛，现如今只有极小一部分幸存，我们今天看到的橡树多是最近种植的。取而代之的农村地区主要是由树篱和石墙分隔的绿色田野。农村土地的主要用途为耕地和放牧牛羊的牧场。

植物

爱尔兰林木稀少，不过生存的植物种类却比任何其他欧洲国家都要丰富，这在某种程度上要感谢农业开发的相对落后。

在基拉尼国家公园和威克洛郡南部的希尔拉附近，还有少量保存至今的原始橡树林。松树是更为常见的树种，种植面积正在稳步增长。树篱在爱尔兰乡野间广泛种植，具有划定土地边界的作用。树篱实际上包含许多曾经在橡树林中繁荣生长的本土植物品种——这是自然万物适应环境并自我调节的一个有趣例子。克莱尔郡的巴伦地区存在一片罕见的地中海植物、高山植物和极地品种混合的植被群落。

爱尔兰的沼泽地孕育出了适应潮湿而缺乏养分的酸性条件的独特植物，由于沼泽开发成为能源利用的方法之一，这些植物的生存受到了威胁。泥炭藓（Sphagnum moss）是一种至关重要的沼泽植物，它的同伴物种包括沼泽迷迭香、沼泽棉、黑株苔草（茎杆长度可达30厘米）以及各种类型的石楠和地衣。食肉植物在此也茁壮成长。茅膏菜用富有黏性的触须捕捉昆虫，狸藻则利用微小的瓣膜囊捕捉沼泽池中的水生动物。

如需更多关于公园、花园、纪念碑和内陆水道的信息，请登录www.heritageireland.ie网站。

哺乳动物

狐狸和獾习惯避开人类，我们很少见到它们的踪影。除了这两种动物外，生活在爱尔兰的野生哺乳动物主要是只有人脚踝高的“小动物”，如兔子、刺猬和鼩鼱等。徒步旅行者经常见到爱尔兰野兔，至少可以瞥见它飞快逃窜的模糊身影。红鹿在全国各地的荒野山坡上漫步，威克洛山脉和基拉尼国家公园数量尤其多，这片区域红鹿的种群规模是全国最大的。

对大多数游客来说，爱尔兰最常见的哺乳动物是生活在海洋和河道中的哺乳动物。水獭，这种欧洲其他地方很少能看到的动物在爱尔兰却十分活跃。海豹经常出现在海岸和河流沿岸，海豚也很常见，它们跟随墨西哥湾洋流的温暖海水，一直来到了爱尔兰附近的水域。有些干脆在爱尔兰海岸定居下来，还经常游入西海岸的海湾，溯流而上进入河口。

戈登·达西（Gordon D'Arcy）的插图本口袋指南《爱尔兰的动物》（*Animals of Ireland*）介绍了爱尔兰常见的动物，使用方便，价格亲民。

鸟类

许多游客专门为观鸟来到爱尔兰。爱尔兰位于欧洲最西端，这样的地理位置使它成为从北美和北极迁徙的鸟类理想的中转站。在秋天，南部各郡便成了美洲涉禽（主要是鹬和鸻）和鸣禽的临时家园。春天来临之际，来自非洲的移民，如剪嘴鸥、海燕和海雀等也纷纷在西南各郡安家落户。

从非洲迁徙来的长脚秧鸡相当稀有，在西部各郡——多尼戈尔和香农卡洛（Shannon Callows）周围，以及高威郡的伊尼什博芬（Inishbofin）等岛屿上都可以见到它们的身影。春末夏初之际，崎岖的海岸线便成了海鸟筑巢的避风港，特别是悬崖和岛屿，常见鸟类主要有塘鹅、三趾鸥、剪水鹱、暴雪鹱、鸬鹚和苍鹭等。海鹦在海边悬崖上筑巢，燕尾服一样的毛色看起来很像企鹅。

湖泊和低洼湿地吸引了大量来自北极和北欧的水禽和涉禽，如天鹅、

沼泽

沼泽地曾经覆盖爱尔兰全岛五分之一的面积，这种景观看起来更像是威士忌的麦芽色而不是绿色——那是沼泽地里原生的石楠花和泥炭藓呈现出的黄棕色。在基尔代尔的艾伦沼泽（Bog of Allen），或在开车穿过西部各郡的途中，游客随时都有可能遇到沼泽地。梅奥郡大部分海岸都被沼泽覆盖，多尼戈尔也覆盖着大片荒草。

大卫·卡博特(David Cabot)的《爱尔兰的鸟》(*Irish Birds*)是一本介绍鸟类及其栖息地的口袋指南，还介绍了观鸟的最佳地点。

麦鸡、黑雁鹅、白颊黑雁、白额雁和金鸻等。全世界格陵兰白额雁有一半以上生活在韦克斯福德野生动物保护区，白额燕鸥也在海滩上繁衍后代，沙丘是它们天然的屏障。冬天，岛上有绿翅鸭、红脚鹬和杓鹬。主要迁徙季节为4月至5月和9月至10月。

气度非凡的游隼在岛上歇脚，人们发现它们在威克洛和其他地方的悬崖上筑巢。2001年，来自苏格兰的46只金雕雏鸟在位于多尼戈尔的格伦威国家公园回归野外，人们希望借此重新引进这一物种。遗憾的是，计划实施过程中遭遇了恶劣天气、不明原因的中毒和枪击等打击，好在到2013年，两个独立的金雕家庭幸存下来，繁衍出一小群下一代雏鸟。近几年重新引入爱尔兰的鸟类包括白尾海雕，一对名为西尔莎(Saoirse)和凯明(Caimin)的白尾海雕在2014年成功繁殖了一只雏鸟——110年来第一只在爱尔兰本土出生的海雕。如需获取更多信息(实时拍摄活动)，请登录www.goldeneagle.ie网站。

环境问题

在环境污染方面，爱尔兰不是世界上最大的垃圾制造者，但是近年来的经济增长带动了工业和消费主义的发展，其后果便是污染和浪费的增加。虽然爱尔兰的人口密度在欧洲排名处于最后几位，但人口总数却在上升。过去20年中，爱尔兰所有主要城镇的周边郊区均呈快速发展的态势；城市化进程最快的当然要数都柏林，城市范围不断扩张，已延伸到了米斯郡和基尔代尔郡的卫星城和通勤带。2008年，房地产行业泡沫破灭，许多城市建设项目被叫停，但是一排排半联排房屋至今仍留在原地。现在，越来越多爱尔兰人选择驾驶汽车或乘坐飞机出行，爱尔兰越来越依赖不可再生能源。20世纪90年代初以来，废弃物的数量大大增加。

毋庸置疑，人们对环境的关注在持续增长，政府也已采取了一系列措施来弥补经济繁荣可能造成的损害。自2007年以来，爱尔兰的可持续能源管理局一直在积极促进和协助可再生能源的开发，包括太阳能、风能、水能、地热能和生物质能资源。就目前的情况而言，爱尔兰可再生能源的开发才刚刚起步：2013年，可再生能源仅满足了该国7.8%的能源需求(供暖、发电和交通)。

"欧盟可再生能源指令"(European Renewables Directive)为爱尔兰设定的目标是：到2020年可再生能源满足所有能源需求的16%，但这一目标现在看来似乎还比较遥远。爱尔兰最近陷入经济危机，这意味着可再生能源技术的主要基础设施建设(如风电场或太阳能电池板制造等)无法

水力压裂法

爱尔兰政府目前正在讨论是否允许在西北部富含页岩气的地区(西北爱尔兰石炭纪盆地)施行水力压裂法即液压破裂法获取能源，大致覆盖利特里姆郡、罗斯康芒郡、斯莱戈郡、卡文郡、多尼戈尔郡和弗马纳郡的部分地区。根据澳大利亚勘探公司Tamboran估计，仅弗马纳一郡的页岩气生产潜力就高达2.2万亿立方英尺，可以满足北爱尔兰长达50年的电力需求。但在2014年年底，北爱尔兰行政部门出于环保考虑中止了这一项目，主要是担心对空气和地下水造成污染。2015年，Tamboran公司对该决定提出上诉。爱尔兰共和国政府委托环境保护局(EPA)研究了这一课题，并于2016年通过禁止水力压裂法的禁令。

国家自然保护区

爱尔兰共和国有66个国家级自然保护区和10个私有经营的国家级自然保护区（NNR），由**国家公园和野生动物管理局**（National Parks & Wildlife Service; www.npws.ie）管理。国家自然保护区的定义是对特定植物、动物或矿物具有重要意义的区域。北爱尔兰有超过45个国家级自然保护区，由英国国家环境部（Department of the Environment）租赁或拥有。这些保护区包括安特里姆的巨人之路和格莱纳里夫（Glenariff），以及邓恩郡的北斯特兰福德湾（Strangford Lough）。如需更多信息，可登录**北爱尔兰环境局**（Northern Ireland Environment Agency; www.ni-environment.gov.uk）网站。

获得足够的资金。

在更具体的层面上，一些环保利用项目取得了一定的成效，"塑料袋税"（plastax）便是其中的典型案例——零售业所使用的塑料袋按每个€0.24征税之后，使用量竟然骤减了90%。

这是一个积极的信号，但它并不意味着爱尔兰就是环保运动的先锋。民调显示，爱尔兰人对环境的关心程度似乎比大多数欧洲国家都要低。爱尔兰距离达到《京都议定书》规定的减排要求还有很长的路要走。除了批准欧盟协议之外，政府在环保议程上并没有太多作为，不过必须指出的是，欧盟协议已经为爱尔兰在减少空气污染和加强水质管理方面树立了相当宏伟的目标。

爱尔兰的国家公园

- 巴伦风景区
- 康尼马拉国家公园
- 格伦威国家公园
- 基拉尼国家公园
- 威克洛山脉国家公园
- 巴利克罗伊（Ballycroy）国家公园

可持续旅游

每年造访爱尔兰的游客人数远远超过当地人口（约1.5倍于当地人口）。这意味着游客可能对当地环境产生巨大影响。人们通常认为旅游对环境有潜在的好处——负责任的游客消费可以带动经济领域和环保部门的发展。尽管爱尔兰生态旅游局负责生态游的规范化并促进符合标准的旅游公司发展，但爱尔兰快速发展的生态游并未得到充分的规范。户外活动（潜水、冲浪和钓鱼）的日益流行对爱尔兰沿海和内陆水域的水体保护提供了经济激励，但是如果管理不善，在这些环境中日益频繁的活动可能产生有害后果。

爱尔兰长途汽车网综合高效，很多情况下无须开车出行。这个国度也很适合骑自行车和假期徒步。许多酒店客栈和青年旅舍都拥有绿色凭证，餐馆菜单上也经常推广各类有机食材。游客在爱尔兰时应尽量减轻对环境的影响，做到这一点并不难。

爱尔兰的体育运动

在许多爱尔兰人眼中，体育是一种宗教。对某些人来说，运动的意义在于通过艰苦训练培养意志和信念。慢跑、骑自行车和有组织的团队运动都属于此类。对另一些人而言，运动是用来欣赏的，尤其应该坐在客厅沙发或酒吧座位上，观看心爱的球队在场上奋战，随着球队的命运起伏而心潮澎湃或绝望哀鸣。

各郡首府都有体育场，以供各郡代表队举行盖尔足球赛和爱尔兰式曲棍球赛。联赛和冠军赛季大约在2月至9月下旬，除了规模最大的几场比赛（通常在都柏林克罗克公园举行），其他赛事的门票很容易购买；详见www.gaa.ie网站上的赛事日程表。

盖尔式足球和爱尔兰式曲棍球

盖尔运动是爱尔兰民族性的核心，贯穿于爱尔兰人生活的方方面面，在爱尔兰文化中占据着核心位置。19世纪末盖尔运动的复兴与整个盖尔语复兴运动和爱尔兰独立运动密切相关。盖尔运动的主心骨是**盖尔运动协会**（GAA；www.gaa.ie），成立于1884年，宗旨是“保护和发展国家运动”。GAA至今依然负责推进业余体育运动的发展。我们十分欣慰地看到，经过时间的洗礼，在全球化和体育商业化的浪潮中，盖尔运动仍然是爱尔兰无可争议的最受欢迎的运动。

盖尔运动追求速度和力度，心脏不好的人可消受不起。运动极具挑战性，运动员之间的竞争尤其激烈。这两项运动均以郡为单位。代表所在郡出战是每位俱乐部球员的梦想，大家都希望能前往都柏林克罗克公园（Croke Park）参加每年9月的爱尔兰全国总决赛，经过从郡内到郡际级别的重重淘汰，总决赛无疑是赛事的最高潮。

足球

爱尔兰对于这些“世界性运动”热情高涨，不过球迷们更多关注的是曼联、利物浦和格拉斯哥双雄（流浪者和凯尔特人）等球队，而不是蹩脚的职业运动员和业余爱好者拼凑起来的爱尔兰全国联赛（www.fai.ie）和北爱尔兰的爱尔兰足球联盟（www.irishfa.com）。面对英超联赛动辄上千万身价的豪华阵容，爱尔兰本土的足球天才纷纷投向英超足球俱乐部的怀抱，本国球队实在难以与之抗衡。

你说SOCCER，我说FOOTBALL

为了与盖尔式足球区分开来，你经常会听到足球被称为“soccer”，尤其是在盖尔运动兴盛的地区，这样做也是为了对所谓的“驻军运动”表示轻蔑——这种说法对美国人来说很清楚，但却让英国人摸不着头脑。但英式足球（Association Football，这项运动的官方名称）的爱尔兰球迷始终坚持将这项运动称为football，而另一项传统运动则称为Gaelic football。在都柏林地区直接称为“gah”，其实是“GAA”（盖尔运动协会简写）的发音。

游戏规则

盖尔式足球和爱尔兰式曲棍球比赛均由两队组成，每队15人，双方争夺的目标是一个类似橄榄球的球。球门由两个长的垂直的立柱和一条水平横杆构成，与足球球门类似，由守门员保护。攻破对方球门（在横木下方）可得3分，击中横杆上方两根立柱之间的位置可得一分。计分方式如下：1-12，意思是进1次球得3分，横杆上方打进12次得12分，共计15分。

盖尔式足球使用的是与足球尺寸相当的圆球，球员允许脚踢或手传，规则与澳大利亚相类似。爱尔兰式曲棍球被认为是一项更加优雅的运动，球员使用扁平的球棒击球，球棒在爱尔兰语中叫作camán，所使用的皮革小球则称作slíothar，可以用球棒击球或传球，也允许用手传球。两项运动的比赛时间均为70分钟。

在国际赛事中，爱尔兰共和国和北爱尔兰有各自的代表队，但二者都很难在大型巡回赛事中谋得一席之地。他们各自的荣耀时代都已经远去——20世纪80年代的北爱尔兰和1988~2002年的爱尔兰共和国都曾有过一段光辉岁月。

为了避免与人气更旺的英超联赛（赛季从8月中旬到次年5月中旬）的档期正面碰撞（势必碰一鼻子灰），爱尔兰足球联赛的赛季安排为4月至11月，也是这段时间内唯一的欧洲足球联赛。北爱尔兰足联遵循英国的冬季赛季时间表。

橄榄球

橄榄球是爱尔兰中产阶级传统的保留运动项目，不过每年2、3月的橄榄球六国锦标赛都会吸引全岛的目光，因为爱尔兰国家队的成员来自爱尔兰和北爱尔兰，得到民族主义者和统一派的共同支持。为体现这一点，这场国际赛事上不播放爱尔兰国歌，取而代之的是温和的《爱尔兰的呼唤》（*Ireland's Call*），一首专门为此而创作的歌。近年来，爱尔兰队成绩斐然，2015年蝉联了赛事冠军。2014年，爱尔兰女子橄榄球队也赢得了冠军，爱尔兰第一次成为这场赛事中的双料冠军。

在郡级赛事中，伦斯特和芒斯特是欧洲赛场上最活跃的竞争者，分别获得过三次和两次喜力杯（2014年更名为欧洲冠军杯）；阿尔斯特地区也以一次夺冠的成绩紧随其后。

> 大多数郡都擅长某一项盖尔运动。基尔肯尼郡、沃特福德郡、克莱尔郡和蒂珀雷里郡都是传统上的爱尔兰式曲棍球大郡；凯里郡、米斯郡、梅奥郡和阿尔斯特九郡都更擅长足球。科克郡、高威郡、奥法利郡、韦克斯福德郡和都柏林在这两项运动上都很擅长。

高尔夫

苏格兰也许是高尔夫的发源地，但爱尔兰是高尔夫发展壮大的地方。苏格兰有几处优质高尔夫球场，这一点不错——但爱尔兰这个名字本身便几乎可以成为全球最佳高尔夫球场的代名词。

共有超过400座球场可供选择，想要打一杆高尔夫，绝对不用担心找不到地方。这里有大量的公园球场（或室内球场），过去几十年兴建的美式度假村球场值得一试：风景优美，无可挑剔的草坪球道，白沙滩，还有匠心独运的庭园水景，小心失手把球打进去哦。

不过，爱尔兰高尔夫的精髓还要数海滨球场，精心布局的球场几乎可以将整条海岸线的壮丽美景尽收眼底。在这里，大自然提供了完美的原材料，景观浑然天成，毫无人工雕琢的痕迹，就像米开朗基罗所说的，雕像原本就藏在大理石块中，他只是将它挖出来而已。

最后，让我们来说说爱尔兰的高尔夫球手。撇开俱乐部会所附庸风雅、社交成瘾的伪高尔夫爱好者不谈，真正的爱尔兰高尔夫球手是那些在停车场就换上运动鞋、迫不及待要挥杆开球的男人或女人；他们了解每一个安全落地点，并且将分享当地的高尔夫知识当作自己的责任。如果你独自一人走进俱乐部，发现大家正在做正式开球之前的热身练习，那么真正的爱尔兰高尔夫球手一定会和你搭档，因为让你孤零零一个人玩是不地道的。爱尔兰高尔夫球手态度友好，平易近人，他们承认高尔夫比赛中没有永远的赢家，今天打得不好，那只是今天的事，明天或许就会出现转机。他们知道高尔夫赛场之外的意义：打完一局之后，在会所开怀举杯——如果不能这样的话，高尔夫还有什么意思？

赛马和赛狗

爱尔兰人对赛马如醉如痴，但没有英格兰同胞的绅士架子。如果喜欢马儿打响鼻躁动不安的模样，你每天都可以在爱尔兰和英格兰各地的博彩店电视上看到赛马。投注似乎并没有带来钱财，不过，爱尔兰每一个赌马的人都会说，他们"收支平衡"。

爱尔兰在培育世界顶级赛马和其他马术比赛（例如超越障碍马术比赛）马匹方面享有盛誉，超越障碍马术比赛也是非常受欢迎，但却不那么平等。每年的重大赛事包括爱尔兰全国大奖赛[仙女屋赛马场（Fairyhouse），4月]、爱尔兰德比[卡勒平原（the Currag），6月]和爱尔兰烈治大奖赛（卡勒平原，9月）。有关活动的更多信息，请联系爱尔兰赛马公司（www.hri.ie）。

传统上属于穷人的赌局，灰狗竞赛（俗称"赛狗"）近年来也得到了长足的发展，某种程度上已经变成了一个集体活动形式。赛狗是赛马的替代品，成本更低，更方便，也有更多因地制宜的选择余地。全国共有20条赛道，由爱尔兰赛狗委员会（www.igb.ie）管理。

马路保龄球

爱尔兰学者芬坦·莱恩（Fintan Lane）博士的书《长长的子弹：爱尔兰马路保龄球历史》（*Long Bullets: A History of Road Bowling in Ireland*）将保龄球运动的历史一直追溯到17世纪。

这项运动的目标是在指定的距离（通常为1公里或2公里）沿一条公共道路（一般选择车流量较小的道路）投掷重约800克的铸铁球，要求精确地控制速度和准确性。以最少投掷次数完成全部里程的人即是胜利者。根据传统，游戏参与者会在比赛期间打赌。

比赛中使用的球被称为"碗"或"子弹"，一次"发射"便是一次投掷，"猫爪"则是指用左手投掷的人。如果你听到有人谈论他们的"屁股"，其实是指路上的投掷标记，"打屁股"是指某人在投球之前越过了标记线。Faugh a Bheallach是一句传统的爱尔兰战吼，意思是"别挡道"。"面包片"是指碗第一次应当在道路上打中的一束青草，这样就在一场比赛中"得一分"。

马路保龄球的主要流行地区是科克郡，拥有200家俱乐部，这项运动在阿马郡也很普及。一年到头都有比赛，吸引了大量观众。这项运动现已传播到全球多个国家，包括美国、英国、德国和荷兰，并建立了世界冠军锦标赛（见www.irishroadbowling.ie）。在爱尔兰，这项运动由爱尔兰马路保龄球协会管理。

生存指南

出行指南

签证

中国居民可在爱尔兰驻中国大使馆的中文网站（www.dfa.ie/zh/aierlandashiguan/zhong-guo）和VFS Global网（www.vfsglobal.cn/ireland/china/chinese/introduction）了解爱尔兰最新的签证信息。

爱尔兰普通旅行签证最多长达90天。建议至少在出发前15天递交你的签证申请。最多提前90天（从你预计出发日期计算）递交签证申请，受理签证时间通常是3个工作日。申请签证材料请访问签证中心网站查询具体信息。

VFS Global（☎020 2910 6151）在中国与爱尔兰签证与移民局及爱尔兰大使馆合作，为申请爱尔兰签证的人员提供服务，可以在其网站了解签证详情并预约服务。VFS Global在北京、武汉、沈阳、成都、上海、广州等多座城市设有签证中心。

英国-爱尔兰签证体系简称“BIVS”，是指英国与爱尔兰两国互相承认彼此颁发的短期访问类签证。如果持有带有BIVS字样的爱尔兰访问签证，你将可以凭借该签证在访问爱尔兰之后进入英国；同样，如果持有带有BIVS字样的英国访问签证，也将可以凭借该签证在访问英国后进入爱尔兰。但你应该选择计划先入境的那个国家申请签证：如果持有爱尔兰短期访问签证但还想去英国访问的话，那么你必须先入境爱尔兰。反之，如果持有英国访问签证并且还想访问爱尔兰，那么你必须先入境英国。

如果持有爱尔兰短期访问签证，你可以在去爱尔兰的途中经由英国转机，但是，在英国过境的时间必须少于24小时。在到达爱尔兰之后，你可以再去英国访问并停留更长的时间。

此体系只覆盖短期访问类签证，学生签证或者工作签证并不在此体系包含范围内。

保险

保险非常重要：根据险种不同，保险可涵盖医疗费用、行李遗失、旅行安排取消或延误等一切相关事项。

根据爱尔兰的签证规定，必须涵盖整个行程的旅行/医疗保险。在入境爱尔兰时可能会被要求出具旅行医疗保险。在“磨坊”网站的保险界面（bx.doyouhike.net/）可以选择适合你的险种，包括满足签证要求的险种。

所有在公共道路上行使的车辆必须投保。如果你驾驶自己的车辆出行，请检查现有的车险是否适用于爱尔兰。

现金

爱尔兰使用的货币是欧元（€）。由于该岛特殊的历史政治背景，组成北爱尔兰的阿尔斯特六郡仍使用英镑（£）。北爱尔兰银行发行的纸币在全英范围内被承认是法定货币，但是许多北爱尔兰之外的商店拒收这种货币，你必须在英国银行进行兑换。

可在国内兑换好欧元或英镑，或在当地标有Bureau De Change的地方兑换，另外携美元、英镑、日元等货币亦可当场兑换欧元。

自动柜员机（ATM）

自动柜员机（ATM）通常称为“自动取款机”，广泛分布在除个别小村镇之外的城市。请注意ATM机是否被不法分子篡改；利用读卡器进行欺诈（盗刷）是当前的一个严峻问题。

爱尔兰的商店目前大部分还不接受银联卡，ATM取款也暂未开通。如果想了解最新的银联业务开通情况，可在银联网站（cn.unionpay.com/）查询。

信用卡和借记卡

维萨（Visa）和万事达（MasterCard）信用卡和借记卡在爱尔兰广泛使用。美国运通卡（American Express）仅被主要连锁店所接受，几乎没有商家接受大来卡（Diners）或JCB卡。酒吧和某些民宿等商家更愿意接受借记卡（可能对信用卡支付收取一定费用），少数乡村民宿只接受现金支付。银联卡服务在爱尔兰并不普遍，仅Brown Thomas等中国人常去的店面有标示出接受银联卡，刷卡前请主动向店员确认使用银联网络。

关税和退税

非欧盟居民可以申报增值税（VAT，购买奢侈品时额外收取的21%销售税——不包括书籍、儿童服装和教育用品）退税，条件是商店参与了现金返还或退税计划（以出具标签为证）。你会获得购买凭证，凭证必须在最后离开欧盟的地点盖戳。如果你从爱尔兰出发继续前往英国或欧洲大陆，请注意保存购买凭证，直到通过欧盟的最后关税站；盖戳之后可以将其寄回，获得退税返还。

爱尔兰退税可以退商品总价的17.36%，并无退税底线，但一定要是在离港前3个月以内购买的物品。都柏林有2个常用退税公司Global Blue（前称Tax Free）和Fexco，一般商店门口和柜台都有退税公司标识，切记结单时向店员询问有无退税服务。Global Blue使用退税申请单，需在每次购物结单后将退税单和购买收据一起保存好。Fexco退税需向店员索要Fexco Horizon Card，然后去www.shoptaxfree.com注册相关信息开卡，此后在有Fexco服务的商家消费，只需在消费终端刷卡，无须保留纸质单据。

如果单笔购买超过2000欧元的商品，在机场换完登机牌后请咨询服务台，并打电话给海关然后出示所购物品和发票，海关需要在发票上盖章或签字，安检后需要到第二航站楼退税公司柜台处理相关事宜。退税公司需要保留海关盖章的购物发票，然后会用邮件方式联系你，回国后在海关或派出所在相关文件上盖章证明已经返回国内，并寄回爱尔兰。如一切顺利，大约半个月相关退税款会打到你的银行卡里。

如果单笔消费不足2000欧元，可以不用联系海关，直接安检。Global Blue退税可直接将相关退税表格投入机场内的Global Blue信箱。Fexco在航站楼也有自助机器并附有中文选项，划卡后可自助服务完成退税手续。

银行

按照爱尔兰大使馆最新消息，2016年底，中国银行已确定在爱尔兰都柏林建立分行，不过现在仍处于筹备阶段。

小费

如果对服务或饮食不满意，你可以不付小费（即使小费已经以“服务费”的名义自动加入账单）。

酒店 只需要向搬运行李的服务员付小费，每件行李€1/£1。

酒吧 只需为餐桌服务支付小费，一轮饮品€1/£1。

餐厅 对于服务满意，可支付10%的小费，在较为昂贵的酒店可达15%。

出租车 10%的小费，或取整支付不找零。

洗手间保洁员 50c/50p。

电源

使领馆

下面列出了一部分位于都柏林的大使馆和位于贝尔法斯特的领事馆。如需完整列表，请登录爱尔兰**外交部**网站（www.dfa.ie）查询。网站上也列出了爱尔兰海外外交机构的信息。

中国大使馆(☎01-219 6651; www.fmprc.gov.cn/ce/ceie/chn/; 40 Ailesbury Road, Ballsbridge, Dublin 4)贝尔法斯特领事馆(☎028-9073 7108; http://belfast.chineseconsulate.org/chn)

法国大使馆(☎01-277 5000; www.ambafrance-ie.org; 66 Fitz-william Ln, Dublin2)

英国大使馆(☎01-205 3700; www.gov.uk/government/world/organisations/british--embassy-dublin; 29 Merrion Rd, Ballsbridge, Dublin 4)

美国大使馆(☎01-630 6200; http://dublin.usembassy.gov; 42 Elgin Rd, Ballsbridge, Dublin)以及贝尔法斯特领事馆(☎028-9038 6100; http://belfast.usconsulate.gov/embassy-info.html; Danesfort House, 223 Stranmillis Rd, Belfast)。

海关条例

爱尔兰和北爱尔兰均实行两级海关制度:一级针对在欧盟(EU)以外免税购买的货物,另一级针对在另一欧盟国家购买并已缴纳税款和关税的。对于在欧盟境内可运输的货物量没有明确限制,但海关会根据某些指导原则来区分所携带物品的自用和商用性质。限额如下:

免税 对于来自欧盟外部的免税商品,规定限额包括200支香烟,1升烈酒或2升葡萄酒,60毫升香水和250毫升淡香水。

关税税款已付 官方确认为个人自用的限额包括3200支香烟(或400支小雪茄,200支雪茄或3公斤烟草)和10升烈酒,20升加强型葡萄酒,60升汽酒,90升静止葡萄酒或110升啤酒。

猫狗宠物

来自爱尔兰和英国以外任何地方的猫和狗都必须严格按检疫法规定接受检验检疫。英国和爱尔兰均实行欧盟宠物旅行计划(EU Pet Travel Scheme),动物应在入境之前6个月植入微型芯片,接种狂犬病疫苗并进行血液检测。如果宠物只是在英国和爱尔兰之间旅行,则不需要上述准备或申报材料。请联系位于都柏林的**农业、食品和农村发展部**(☎01-607 2000; www.agriculture.gov.ie)获取详细信息。

旅游信息

无论是爱尔兰还是北爱尔兰,几乎每座大城市都设有旅游局或信息中心,服务种类五花八门,包括住宿和景点预订、货币兑换、地图和指南销售以及免费出版物等。请查询具体目的地信息,了解都柏林、科克、多尼戈尔、高威、马林加、斯莱戈和其他城市主要旅游局的位置。

爱尔兰的旅游管辖权属于**爱尔兰旅游局**(☎爱尔兰 1850 230 330,英国 0800 039 7000; www.discoverireland.ie);而在北爱尔兰则属于**北爱尔兰旅游局**(NITB; ☎总部 028-9023 1221; www.discovernorthernireland.com)。在爱尔兰之外,爱尔兰旅游局和北爱尔兰旅游局均属于**爱尔兰旅游总局**(Tourism Ireland; www.tourismireland.com)。

目前,爱尔兰驻中国大使馆已经开通了中文网站(www.dfa.ie/zh/aierlandashiguan/zhong-guo),爱尔兰旅游局和爱尔兰驻华大使馆开通了官方新浪微博账号,会定期发布最新资讯。穷游网和蚂蜂窝网站均可以提供当地旅游信息和游记。爱尔兰华人志(www.huarenzhi.com)有关于租房、留学、工作等当地生活的中文介绍。

营业时间

爱尔兰和北爱尔兰的营业时间基本相同。

银行 周一至周五10:00至16:00(周四至17:00)。

办公机构 周一至周五9:00至17:00。

邮局 北爱尔兰:周一至周五9:00至17:30,周六9:00至12:30;爱尔兰:周一至周五9:00至18:00,周六9:00至13:00。较小的邮局可能在午餐时间休息,每周可能休息一天。

小酒馆 北爱尔兰:周一至周六11:30至23:00,周日12:30至22:00。拥有夜间经营许可的酒吧可营业至凌晨1:00(周一至周六,周日至24:00);爱尔兰:周一至周四10:30至23:30,周五和周六10:30至次日0:30,周日12:00至23:00(允许延迟30分钟)。拥有酒吧延长营业许可的小酒馆周四至周六可营业至凌晨2:30。所有小酒馆在圣诞节和耶稣受难节均不营业。

餐厅 都柏林12:00至22:30,室外餐厅至21:00(入座时间最晚为20:00);许多餐厅每周休息一天。

商店 周一至周六9:00至17:30或18:00(周四以及某些周五至

20:00)，周日12:00至18:00(仅限于较大的城镇)。农村地区的商店午餐时间可能休息，每周可能休息一天。

旅游局 周一至周五9:00至17:00，周六9:00至13:00。许多旅游局会在夏季延长工作时间，10月至次年4月则缩短工作时数或天数，甚至关闭。

旅游景点 有些景点仅在复活节至9月或10月期间开放。

节假日

节假日期间，大家都想出门度假，道路交通可能比较混乱。在这样的时段，预订住宿是明智的选择。

下面是爱尔兰和北爱尔兰通行的节日：

新年 1月1日

圣帕特里克节 3月17日

复活节(从周五耶稣受难日至周一复活节)3月/4月

五月假日 5月的第1个周一

圣诞节 12月25日

圣士提反日(节礼日)12月26日

如果圣帕特里克节和圣士提反日恰逢周末，那么休息日将顺延至之后的周一。在爱尔兰，尽管耶稣受难日并非法定节假日，但几乎所有地方这一天都不营业。而在北方，大多数商店在耶稣受难日会开门营业，但在随后的周二关门休息。

英国北爱尔兰

春季银行假日 5月的最后一个周一

奥伦治纪念日(Orangemen's Day)7月12日

八月假日 8月的最后一个周一

爱尔兰

六月假日 6月的第一个周一

八月假日 8月的第一个周一

十月假日 10月的最后一个周一

住宿

从简陋的基本款到富丽堂皇的豪华酒店，住宿的选择范围非常广泛。无所不在的民宿是爱尔兰酒店产业的支柱，不过近年来中端酒店和客栈数量大幅增长，对传统民宿构成了挑战。除了亿客行(Expedia)、缤客(Booking.com)、优栈(Trivago)等酒店比价网站之外，爱尔兰也有极具本地特色的在线住宿资源：

www.daft.ie 短期和长期租赁的在线分类网站。

www.elegant.ie 专精于自炊城堡、短租建筑和独特建筑的住宿网站。

www.familyhomes.ie 收录家庭经营的客栈和自炊住宿。

www.imagineireland.com 遍及整座岛屿的现代别墅出租，包括北爱尔兰。

www.irishlandmark.com 非营利保护团体，出租具有历史和文化意义的自炊住宿，如城堡、塔楼、门楼、度假屋、学校宿舍和灯塔等。

www.stayinireland.com 收录各种客栈和自炊住宿信息。

民宿和客栈

提供床铺和早餐的民宿包括家庭经营的小型住宅、农舍和短租乡间住宅，卧室数量少于五间。不同民宿的标准千差万别，大多数拥有配备私人浴室的卧房，每人每晚价格约在€35至€40(£25至£30)之间。豪华民宿的人均价格可能达到€55(£40)或更高。淡季——通常为10月至次年3月——价格通常较低，一周当中工作日的价格也相对较低。

客栈就像规模加大的升级版民宿——相当于爱尔兰的精品酒店。客栈设施通常比民宿更好，有时还设有餐厅。

其他贴士：

- 民宿设施从基本款(床、浴室、水壶、电视)到豪华版(旋涡浴缸，热带雨林浴)应有尽有，价格也随之水涨船高。Wi-Fi是标配。大多数民宿都有停车场(请确认)。
- 大多数民宿接受信用卡，但是偶尔一两家乡村民宿可能没有接受信用卡的设备；预订前请确认。
- 强烈建议提前预订，尤其在旺季客流高峰(6月至9月)。
- 有些较偏远地区的民宿和客栈仅在复活节至9月或某几个月份营业。
- 如果某家民宿客满，店主可能为你推荐该地区的其他住

网上预订住宿

关于Lonely Planet作者给出的更多住宿点评，可登录lonelyplanet.com/hotels查看。你可以读到一些观点独到的评价，以及关于最好住宿地的推荐语。最棒的是，你可以在线预订住宿。

“标准”酒店价格是多少？

根本没有标准价格这回事。价格根据需求而变化，在线价格、电话预订或现场亲自预订的价格可能各不相同。民宿的价格基本一致，但在一年中的不同时间，根据具体日期、假期安排甚至你讨价还价能力的高低，住宿价格可能发生巨大的波动。我们在评论中使用的价格区间如下。此处的价格均为配备私人浴室的双人间在旺季的价格。

价格	爱尔兰	英国北爱尔兰
经济型(€/£)	<€80	<£50
中档(€€/££)	€80~180	£50~120
高档(€€€/£££)	>€180	>£120

宅(未收入旅游清单的私人住宅，只是偶尔接待客人)。

➡ 某些民宿为了提高价格竞争力，可以选择是否需要早餐。

露营、房车公园和运河

露营和房车公园在爱尔兰并不像欧洲其他地区那样常见。有些青年旅舍同时提供露营场地和住宅设施，性价比胜过单纯的露营地。在营利性露营地，一座双人帐篷的价格通常在€12到€20(£8到£14)之间。除另有说明之外，露营地的价格均指两人价格。房车营地的价格约为€15至€25(£10至£18)。大多数营地仅在复活节至9月或10月底开放。

除了普通房车外，马拉房车也是另一种选择，适合在乡间漫步。旅游旺季马拉房车的出租价格在每周€800左右。请登录爱尔兰旅游局(Fáilte Ireland)网站www.discoverireland.ie获取运营商列表，或访问www.irishhorsedrawncaravans.com。

要欣赏田园风光，另一种不紧不慢、赏心悦目(不过可能有点年久失修)的方式是乘坐驳船在运河上穿梭。请联系爱尔兰旅游局获取租赁公司名单。

还有一个选择是租船。乘船沿爱尔兰内陆水道而行，居住在船上饱览一路风光。提供香农-厄恩水道船舶出租业务的公司：**绿宝石之星**(Emerald Star)(☎071-962 0234; www.emerald-star.ie)。

青年旅舍

青年旅舍的价格适用于18岁以上的青年。旅游旺季的铺位价格通常为€10至€25(£7至£18)。许多青年旅舍现在也提供家庭房和双人间。

相关的青年旅舍协会有：

An Óige(www.anoige.ie)爱尔兰国内与国际青年旅舍(HI)相关的组织，共有26家分布在爱尔兰各地的青年旅舍。

HINI(www.hini.org.uk)北爱尔兰与国际青年旅舍相关的组织，在北爱尔兰有5家青年旅舍。

爱尔兰独立假日酒店(Independent Holiday Hostels of Ireland, IHH; www.hostels-ireland.com)在全爱尔兰设有五十五家获得旅游局批准的青年旅舍。

爱尔兰独立青年旅舍经营者协会(Independent Hostel Owners of Ireland, IHO; www.independenthostelsireland.com)独立的青年旅舍协会。

酒店

酒店包括从当地小酒馆到中世纪城堡在内的各种建筑。在大多数情况下，如果在线预订或直接与酒店协商，很可能获得比标价更优惠的房价，尤其是在旅游淡季。平淡无奇的中档连锁酒店(许多为爱尔兰本地酒店)的爆炸式发展给传统民宿和客栈带来了重大挑战：连锁酒店也许没有能够与传统民宿和客栈相匹敌的个性化服务，但是客房干净，设施通常也相当不错(不过Wi-Fi可能收费)。

住宅交换

住宅交换很流行，这是一种价格合理的出国旅行方式，可以真正在异国他乡享受到家的感觉。爱尔兰有好几家提供国际住宅交换的机构，按年收费。交费后即可访问相关网站，获得介绍住宅的手册、照片和业主详细信息等资料。之后，双方可自行接洽交换事宜。有时交换内容也包括家中的车辆。

国际房屋交换(Homelink International House Exchange; www.

homelink.ie）拥有超过60年房屋交换经验的机构。

国际假日交换服务局（Intervac International Holiday Service；www.intervac-homeexchange.com）历史悠久，在全球45个国家设有代理机构。

租赁住宿

自炊式住宿通常按周出租，住宿单位通常为你所居住的公寓、住宅或小型别墅。价格根据地区和季节变化而变化。**爱尔兰旅游局**（Fáilte Ireland；☎爱尔兰 1850 230 330，英国 0800 039 7000；www.discoverireland.ie）出版了一本注册自炊住宿指南；

就餐价格区间

价格	爱尔兰	英国北爱尔兰
经济型（€/£）	<€12	<£12
中档（€€/££）	€12~25	£12~20
高档（€€€/£££）	>€25	>£20

你可以在旅游局网站上查看列表。

饮食

咖啡馆和餐厅列表按从低至高的价格区间排列。在相同价格区间内按评价由高至低排列。

气候

贝尔法斯特

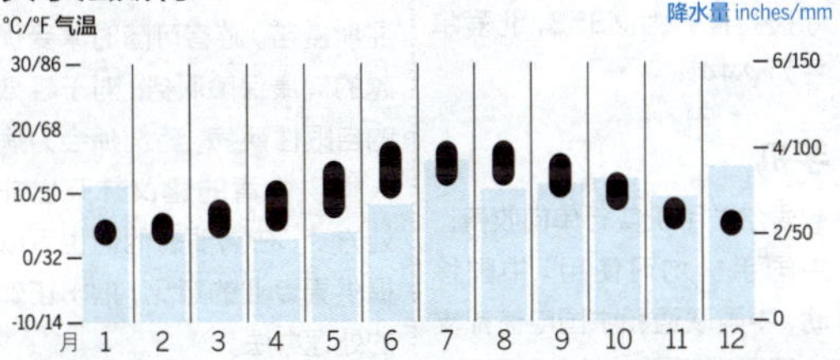

都柏林

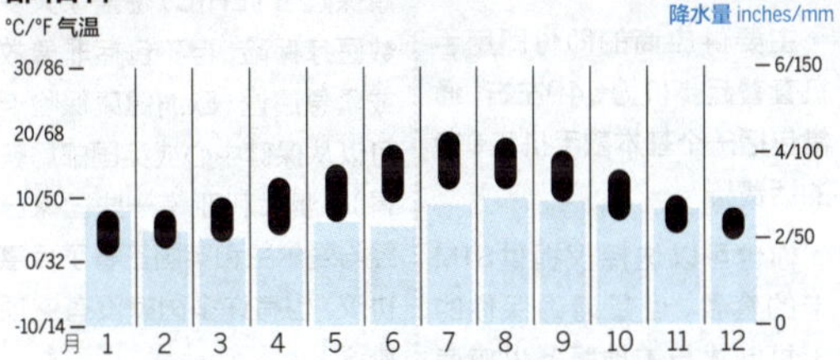

戈尔韦

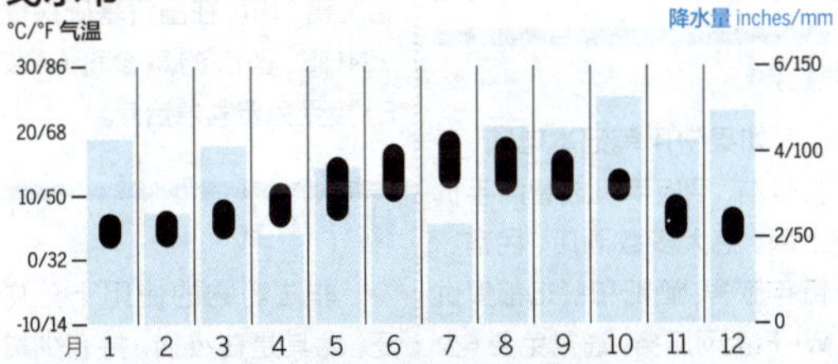

地图

比例尺为1:400,000的米其林爱尔兰地图（No 923）是一份完备的单张地图，制图清晰，岛上大部分风景优美的道路都有标记。如果需要更多细节，可以选择爱尔兰地形测量局（Ordnance Survey）出版的假日地图——由东、南、西、北一套四张地图组成，比例尺为1:250,000。

地形测量局的探索发现系列共有89幅地图，覆盖整座岛屿，比例尺为1:50,000，网上可获得电子版。上述地图均可在**爱尔兰地形测量局**（Ordnance Survey Ireland；www.osi.ie）和爱尔兰各大书店获得。

柯林斯（Collins）出版社也出版了包括爱尔兰在内的系列地图，可在书店购买。

电话

爱尔兰的电话区号通常为以0开头的三位数字，例如☎021是科克，☎091是高威，☎061是利默里克。唯一的例外是都柏林，区号为两位数（☎01）。用手机拨打电话必须先拨区号，如果是区域内固定电话呼叫则不需要区号。

北爱尔兰所有的固话区号均为☎028，只有从北爱尔兰之外的地区用手机拨打才需要拨区号。从爱尔兰拨打北爱尔兰电话号码，请使用☎048而不是☎ 028，请勿使用国际拨号代码。

其他代码：

- ☎1550或☎1580——最高费率
- ☎1890或☎1850——本地或分摊费率
- ☎0818——从爱尔兰内任何地区拨号均按当地费率计算
- ☎1800——免费拨打

免费和低费率电话在爱尔兰之外不可用。其他贴士：

- 价格在18:00后的夜间以及周末通常较低。
- 如果你能找到运行正常的公用电话亭，请记住爱尔兰内拨打本地号码的费用约为€0.30三分钟（拨打手机的费用约€0.60），价格与拨打时间段无关。在北爱尔兰拨打本地电话的费用约为40p，拨打手机约60p，有时可能上下浮动。
- 通信社和邮局均出售充值电话卡，可以在任何付费电话上进行国内和国际呼叫。

从爱尔兰打电话回中国需要拨☎0086，然后拨手机号，或者区号加固定电话号。

智能手机和Wi-Fi的普及使你可能会优先考虑手机里的微信、QQ或skype等App。不过在海外视频总有一两秒（甚至更长）的画面误差，还是语音靠谱些。

代码

地区	代码
中国大陆	86
香港	852
澳门	853
台湾	886

查号台

在电话号码查询业务方面，有多家代理商相互竞争供你选择。

在爱尔兰，请拨打☎11811或11850；国际号码查询业务请拨打☎11818。

在北爱尔兰，请拨打☎118 118，118 192，118 500或118 811。

号码查询对固定电话收费约为€1/£1，手机端收费可达€2/£2。

国际长途

从爱尔兰拨打国际号码，请先拨打☎00，再拨国家代码（86代表中国，1代表美国），然后拨区号（通常以0开头），最后是电话号码。爱尔兰的国际拨打代码为☎353，北爱尔兰为☎44。

手机

- 爱尔兰手机实行单向收费，中国手机均可使用。中国移动、中国联通和中国电信都支持开通国际漫游，详情请咨询服务运营商。
- 主要供应商的即付即用手机套餐起步价为€40左右，通常包括一个基本款手机和€10的话费。
- 你也可以选择仅提供SIM卡的套餐，但是请确保你的手机制式与本地服务供应商兼容。

上网

如果使用笔记本电脑、平板电脑、平板手机或智能手机上网，绝大多数酒店、民宿、青年旅舍、酒吧和餐馆都提供Wi-Fi上网服务，通常免费（少数酒店可能收费）。

网咖的数量越来越少。尚未被淘汰的少数网咖收费通常为每小时€6/£5。

时间

冬天，爱尔兰与英国相同，使用格林威治标准时间（GMT），也称作世界协调时间（UTC）。夏天则调整为东一区时间（GMT+1），也就是说，都柏林和伦敦12:00时，北京为19:00，洛杉矶和温哥华为4:00，纽约和多伦多为7:00，巴黎为13:00，悉尼则为21:00。

健康指南

前往爱尔兰旅行不要求注射疫苗。游客可随时享受优越的健康保障服务。对于轻微的自限性疾病，药剂师会为病人提供中肯的建议并开出非处方药，在需要时他们也可以提供更专业的意见，指出正确的处理办法。

欧盟公民持有的欧洲健康保险卡（EHIC）覆盖了大多数医疗保险，但不包括非急救或紧急遣返（欧洲健康保险卡可以从保健中心或英国邮局获得）。澳大利亚等一些国家已经与爱尔兰和英国签署了互惠协议，也有许多国家没有这项协议。

在北爱尔兰，任何人不论国籍，均可在国营基础保健（NHS）医院的急诊科（A&E）接受免费紧急治疗。

法律事宜

非法药物的使用十分广泛，尤其是在夜店。持有少量

实用信息

货币 爱尔兰：欧元（€）；英国北爱尔兰：英镑（£）。

报纸 《爱尔兰独立报》Irish Independent（www.independent.ie），《爱尔兰时报》Irish Times（www.irishtimes.com），《爱尔兰审查报》Irish Examiner（www.examiner.ie），《贝尔法斯特电讯报》Belfast Telegraph（www.belfasttelegraph.co.uk）。

广播 RTE广播1台（88-90 MHz），今日FM（100-103 MHz），新闻杂谈106-108（106-108 MHz），BBC阿尔斯特广播电台（92-95 MHz；仅限北爱尔兰地区）。

度量衡 除酒精称量采用品脱之外，其他均采用公制度量衡。

大麻会被处以罚款或警告，但性质更严重的毒品将受到更严重的处罚。在公共场合醉酒属于非法行为，但却随处可见——只要不惹麻烦，警察通常会选择视而不见。

如需法律援助，请联系下列机构：

法律援助委员会（Legal Aid Board；☎066-947 1000；www.legalaidboard.ie）当地法律中心组建的网络。

北爱尔兰法律服务局（Legal Services Agency Northern Ireland；☎028-9076 3000；www.dojni.gov.uk/legalservices）北爱尔兰法律援助计划的行政管理机构，不提供法律咨询。

旅行安全

爱尔兰的安全状况胜过欧洲的大多数国家，但也需要做好常规预防措施。

北爱尔兰与岛上其他地方一样安全，不过个别地区的宗派分裂比较严重，最突出的是在贝尔法斯特的部分地区。因此，前往北爱尔兰最好避开7月12日的奥伦治节日游行，这种场合经常引燃宗派分裂的烈火，许多北爱尔兰人在这段时间甚至会选择离开该郡。

儿童

来到绿宝石岛旅行的家庭需要注意以下事项：

- 21:00之后（5月至9月为22:00），儿童不得在酒吧出现。
- 必须为9个月至4岁的儿童安装汽车座椅（每周约€50/£35），这是强制规定。
- 较大的城市均有为婴儿更换纸尿裤的场所，不过只有大型购物中心才设有此类设施。

在线资源

要获取更多基本信息，可参阅下列网站：

www.lonelyplanet.com/family-travel 关于携儿童旅行的在线资源，实用广泛。

www.eumom.ie 为孕期女性和婴幼儿父母准备。

www.babygoes2.com 寻找全世界适合家庭出游的旅行网站。

残障旅行者

新建筑均有轮椅通道，许多酒店配备直梯、坡道和其他相关设施。其他场所尤其是民宿可能没有完备的配套设施，残障旅行者的选择有限。爱尔兰旅游局和北爱尔兰旅游局的住宿指南会指出哪些场所设有轮椅通道。

大城市的公共汽车绝大多数都设有低层通道和残障人士专用的空间，但在跨区路线上提供残障人士通道的车辆数量仍然相对较少。

火车可为残障旅行者提供上下车帮助。理论上，如果提前打电话，爱尔兰铁路局（Iarnród Éireann）员工会为你安排乘车陪同服务。较新的火车会配备为视障和听障乘客提供的视听播报系统。

爱尔兰的公民信息委员会（Citizens' Information Board；☎0761 079 000；www.citizensinformationboard.ie）和**北爱尔兰的残疾人行动协会**（Disability Action；☎028-9066 1252；www.disabilityaction.org）可以为残障旅行者提供意见和建议。

同性恋旅行者

爱尔兰对同性恋十分宽容。在都柏林以及高威和科克等地的大城市，都可能时不时看到同性恋相处的场面，北爱尔兰的贝尔法斯特和德里也是如此。2015年，爱尔兰举行了历史性的全民公投，以压倒性的支持率实现了同性婚姻合法化。然而，你会发现这座岛屿上仍然存在一丝恐同的阴影，特别是在某些小镇和农村地区。资源包括下列内容：

Gaire（www.gaire.com）同性恋旅行住宿接待相关问题的留言板和信息交流平台。

北爱尔兰同性恋青年社区（Gay & Lesbian Youth Northern Ireland; www.cara-friend.org.uk/projects/glyni）提供志愿咨询、实用信息、健康和社交组织的同性恋社区。

男同性恋健康项目（Gay Men's Health Project; ☎01-660 2189; http://hse.ie/go/GMHS）为同性恋男性健康问题提供实用建议。

全国同性恋联盟（National Lesbian & Gay Federation, NLGF; ☎01-671 9076; http://nxf.ie）每月发布《同性恋社区新闻》（*Gay Community News*; http://theoutmost.com）。

北爱尔兰同性恋权益协会（Northern Ireland Gay Rights Association; Nigra; ☎9066 5257; http://nigra.org.uk）。

出柜屋（Outhouse; ☎01-873 4932; www.outhouse.ie; 105 Capel St, Dublin; 🚌各市中心）高端男同性恋、女同性恋和双性恋资源中心。绝对值得停车一看，在这里你可以了解当下新鲜事，阅读布告栏上的信息，结识各种各样的人。这里免费发行爱尔兰粉红页（Pink Pages）——以同性恋为中心的服务目录，可登录网站查看。

最远的距离（The Outmost; www.theoutmost.com）提供了大量关于同性恋新闻、娱乐、生活方式和观点的信息资源。

女性旅行者

女性旅行者在爱尔兰基本不会遇到任何问题。过去避孕用品比较少见，现在这个问题已经不复存在，不过口服避孕药的人最好带足需要的用量。

爱尔兰设有**强奸危机应对网络**（Rape Crisis Network Ireland; ☎091-563 676; www.rcni.ie），可下载应用程序。

Nexus NI（☎028-9032 6803; Belfast; www.nexusni.org; ⏲周一和周四8:30~17:00，周二和周三8:30~20:00，周五9:00~16:00）为性侵犯、性暴力和性骚扰的受害者和幸存者提供咨询和支持。贝尔法斯特、德里、波塔顿（Portadown）和恩尼斯基林均设有分部。

摄影

➡ 自然光可能较暗，所以请将感光度调得比平时更高一些，比如日间拍摄使用ISO 400的感光度。

➡ 在北爱尔兰，在拍摄有围墙的警察局、军队驻地以及其他军事或准军事机构的照片之前，必须获得许可。

➡ 请勿在未经允许的情况下拍摄西贝尔法斯特的新教徒或天主教聚集地的人；拍照前请询问，做好接受拒绝的准备。

工作

欧洲经济区公民有权在爱尔兰和北爱尔兰从事合法工作。父母或祖父母为爱尔兰人的非欧洲经济区公民有资格申请双重国籍（和工作权），不过相关手续可能花费相当长的时间。详情请咨询所在国家的爱尔兰大使馆或领事馆。

年满18岁的全日制美国学生可以申请获得为期四个月的爱尔兰工作许可以及保险和配套实用信息，详情请咨询**爱尔兰的工作和旅行**（Work & Travel Ireland; ☎01-602 1788; www.workandtravelireland.org）。

大多数父母出生于英国的英联邦公民都有权行使"居留权"（Right of Abode）在北爱尔兰（和英国其他地区）工作。大多数31岁以下的英联邦公民都有资格获得工作度假签证——有效期为两年，允许在北爱工作时间共计12个月。该签证必须提前申请。请联系**英国边境局**（UK Border Agency; www.gov.uk/government/organisations/uk-visas-and-immigration）获取更多信息。

交通指南

到达和离开

入境

前往爱尔兰的游客大多数从都柏林入境，也有人选择香农和贝尔法斯特。

都柏林是绝大多数航线的目的地。都柏林的两座海港是与英国互通海运的重要连接点；来自法国的渡轮在达罗斯莱尔和科克的南部港口停泊。

机票、团队游和火车票均可在www.lonelyplanet.com/bookings网站在线预订。

从非欧盟地区抵达后，需要经过移民检查。入境窗口分欧盟居民（EU Nationals，通常有显眼的欧盟蓝底白星标志）和其他（Non EU Nationals）。非欧盟护照持有者请在“其他”窗口排队。

有时移民检查官会在检查护照的同时，问一些简单的问题：比如你为什么来爱尔兰、你来多久、你准备去哪些地方等，只要如实回答即可。最好将自己的行程单、电子机票打印单和住宿预订随身携带，有时移民官会要求查看。如果你对你的英语并不自信，也可以在入境提问时将行程单交给移民官。

通过移民检查后，就可以前往行李到达大厅提取行李。依照航班代码去相应的转盘提取行李，所有的托运行李都要取下来。

取完行李出门之前，还有一道海关检查。没有海关申报物品的可使用无申报通道，切忌携带肉质和奶制品。跟着大部队走吧，此处不需要停留。

飞机

机场

主要机场有：

科克机场（Cork Airport，ORK；www.corkairport.com）机场有爱尔兰航空公司（Aer Lingus）和瑞安航空公司（Ryanair）等。

都柏林机场（Dublin Airport，DUB；www.dublinairport.com）爱尔兰最主要的门户国际机场，直飞英国、欧洲、北美和中东。

香农机场（Shannon Airport，SNN；www.shannonairport.com）少数直飞英国、欧洲和北美的航线。

贝尔法斯特国际机场（Belfast International Airport，BFS；www.belfastairport.com）直飞英国、欧洲和北美的航班。

截至目前，都柏林和贝尔法斯特尚未开通直航中国城

气候变化和旅行

任何依赖碳基燃料的运输方式均会产生二氧化碳，该气体是人类活动导致气候变化的主要原因。现代旅行离不开飞机，在每人每公里耗油量方面，飞机比大多数汽车都更节省燃料，而旅行的距离却更远。但由于飞机在高空排放废气（其中包括二氧化碳）和颗粒，这加剧了对气候变化的影响。许多网站都提供“碳排放计算器”，人们可以估算出行程所产生的碳排放量，如果你愿意，还可以捐助世界各地的气候友好型项目，以抵消温室气体排放对气候的影响。Lonely Planet会抵消所有员工和作者旅行所产生的碳足迹。

Ferry Fast Boat Routes 快速轮渡路线

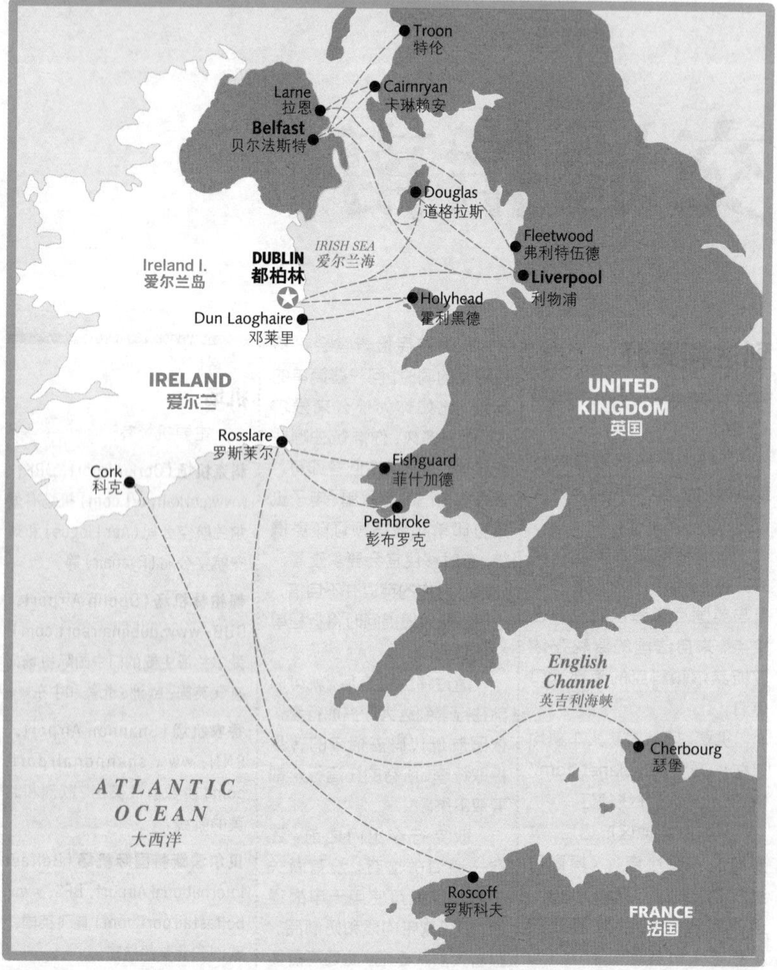

市的航班，可以选择在伦敦、迪拜等欧洲、中东城市转机抵达。

陆路

欧洲大巴**Eurolines**（www.eurolines.com）提供从伦敦维多利亚火车站（London's Victoria Station）至都柏林长途汽车站（Dublin Busáras）的长途汽车和渡船服务。

海路

爱尔兰与英国和欧洲大陆之间的主要渡轮线路：

➡ 贝尔法斯特至利物浦（英格兰；8小时）

➡ 贝尔法斯特至卡琳赖安（Cairnryan；苏格兰；1小时）

➡ 科克至罗斯科夫（Roscoff；法国；14小时；仅4月至10月）

➡ 都柏林至利物浦（英格兰；快4小时/慢8.5小时）

➡ 都柏林和邓莱里至霍利黑德（威尔士；快 2小时/慢 3.5小时）

➡ 拉恩至卡琳赖安（苏格兰，2小时）

➡ 拉恩至特伦（苏格兰，2小时；仅3月至10月）

➡ 拉恩至弗利特伍德（英格兰；6小时）

➡ 罗斯莱尔至瑟堡/罗斯科夫

（法国；18/20.5小时）

➜ 罗斯莱尔至菲什加德和彭布罗克（威尔士；3.5小时）

航空公司的价格竞争迫使渡轮运营商不得不提供大幅度的折扣，实行灵活票价制度。

网络资源www.ferrybooker.com上提供了所有业务覆盖爱尔兰的海运渡轮路线和运营商。

主要运营商包括：

布列塔尼轮渡（Brittany Ferries；www.brittanyferries.com）科克至罗斯科夫；4月至10月。

爱尔兰轮渡（Irish Ferries；www.irishferries.com）都柏林至霍利黑德渡轮（每天最多4班，全年运营）；法国至罗斯莱尔（每周3次）。

P&O轮渡（P&O Ferries；www.poferries.com）都柏林至利物浦，每日一班，全年无休，另有拉恩至卡琳赖安的航线。拉恩至特伦的航线仅限3月至10月。

斯蒂娜航线（Stena Line；www.stenaline.com）霍利黑德至都柏林港、贝尔法斯特至利物浦和卡琳赖安以及罗斯莱尔至菲什加德的每日航线。

当地交通

选择爱尔兰当地交通时，需要决定是驾车还是使用公共交通工具。自驾游可以充分利用时间，自由前往最遥远的地方。租车价格通常很便宜，一般在每天€10或以下。如果两人或以上结伴旅行，分摊后租车和汽油费用可能比公共汽车的票价还低。

政府部门和私营公司组成的公共汽车网络覆盖范围广，通常具有相当高的竞争力，但是旅途耗费的时间可能较长，很多城镇之外的旅游景点没有公共汽车服务。铁路网速度更快，但覆盖范围仅限于主要城镇。公共汽车和火车在高峰时段都很拥挤，需要提前预订才能保证有座位。

飞机

爱尔兰的国土面积有限，不需要国内航空，但考虑到国际航班乘客的转机需求，都柏林、贝尔法斯特、科克、德里、多尼戈尔、高威、凯里、香农和斯莱戈之间有航班往来。爱尔兰本岛和阿伦群岛（Aran Islands）之间的航班是一条热门线路。

自行车

爱尔兰小巧玲珑，风景秀丽，是绝佳的骑行胜地。但是也要考虑某些不利因素，如糟糕的天气、狭窄的道路和高速行驶的机动车辆等。某些地方有专门的自行车道，如梅奥郡长达42公里的西部绿色大道（Great Western Greenway），在这里骑行才是真正的享受。给西部骑行者的温馨提示：根据当地盛行的风向，从南向北骑行更轻松。

公共汽车允许携带自行车，前提是有足够的空间。如需将自行车带上火车，请注意以下事项：

➜ 城际火车对每辆自行车收费€10。

➜ 请提前预订（www.irishrail.ie），因为每班列车上只有两辆自行车存放处。

爱尔兰组织团队游的公司：

出发爱尔兰（Go Ireland；☎066-976 2094；www.govisitireland.com）提供导览游和自助游服务。

爱尔兰自行车之旅（Irish Cycling Safaris；☎01-260 0749；www.cyclingsafaris.com）在爱尔兰各地组织丰富多样的团队游。

利斯莫尔骑行假日（Lismore Cycling Holidays；☎087-935 6610；www.cyclingholidays.ie）在东南地区组织团队游。

票价详情

除另有说明之外，关于本书的旅行费用均为单程（一次）成人票价。

长途汽车/火车和渡船组合

乘坐长途汽车、轮渡和火车，可以从英国主要城市中心抵达大多数爱尔兰城镇。或许没有飞机的快捷，但制造的碳足迹较少。从伦敦到都柏林，乘长途汽车需要约12小时，火车需要约8小时；从伦敦到贝尔法斯特，乘长途汽车需要13至16小时。两段旅程单程票价只需要£30。**Eurolines**（www.eurolines.com）提供长途汽车-渡船的组合，而**Virgin Trains**（www.virgintrains.co.uk）则提供从伦敦至都柏林的多种组合。有关更多选项，请查看赛莱公司（SailRail）票价。

船

爱尔兰周边的所有岛屿均可乘船抵达。

内河、河湾和湖泊上也有渡轮，为游客特别是自行车骑行者提供了便利实用的捷径。

在258公里长的香农-厄恩水路和其他河湖区域，游轮是颇受欢迎的选择。关于乘船旅行的细节，详见本书的相关章节。

穿越边界

北爱尔兰和爱尔兰共和国之间的穿越边界没有明显的界线，也无须任何形式的手续。

长途汽车

爱尔兰共和国内私营公交与**Bus Éireann**竞争十分激烈，通常对消费者十分有利，在国家公交公司无固定班次或未覆盖的地区，私营公司可能提供服务。本书中将列出相应的公司。

汽车旅行的距离不是特别长，车程超过5小时的长途班次极少。**Bus Éireann**提供在线订票服务，但某些特定线路无法预订座位。许多路线实行动态定价：较早预订以获得最低票价。

请注意以下事项：

➡ 爱尔兰共和国内的公共汽车路线和频率正在逐渐收缩。

➡ 爱尔兰交通局（Transport for Ireland）开发的"全国旅行规划"应用程序（The National Journey Planner）对规划公共汽车和火车出行安排十分有用。

爱尔兰的主要公共汽车/长途汽车服务：

Bus Éireann（☎01-836 6111；www.buseireann.ie）共和国主要的公交线路运营商。

Translink（☎028-9066 6630；www.translink.co.uk）北爱尔兰主要的公交服务公司，拥有Ulster-bus和跨区长途汽车（Goldline）。

小汽车和摩托车

驾驶汽车或摩托车是更加灵活独立的旅行选择。道路系统覆盖广泛，高速公路网络极大缩短了驾驶时间。但是请注意，许多二级道路非常狭窄，可能存在安全隐患。

租车

相对于某些国家，爱尔兰的租车费用相对便宜。一辆小型车提前预订的费率在每天€10至€20之间（不限行驶里

公里里程(km)

	阿斯隆	贝尔法斯特	科克	伦敦德里	多尼戈尔	都柏林	戈尔韦	基尔肯尼	基拉尼	利默里克	罗斯莱尔港	香农机场	斯莱戈	沃特福德
贝尔法斯特	242													
科克	219	424												
伦敦德里	209	117	428											
多尼戈尔	183	180	402	69										
都柏林	127	167	256	237	233									
戈尔韦	93	306	209	272	204	212								
基尔肯尼	116	284	148	335	309	129	172							
基拉尼	232	436	87	441	407	304	193	198						
利默里克	363	323	105	328	287	202	98	113	111					
罗斯莱尔港	201	330	208	397	391	153	274	98	275	211				
香农机场	133	346	128	351	282	218	93	135	135	25	234			
斯莱戈	117	206	336	135	66	214	138	245	343	227	325	218		
沃特福德	164	333	126	383	357	163	220	48	193	129	82	152	293	
韦克斯福德	184	309	187	378	372	135	253	80	254	190	19	213	307	61

程）。可以在当地租车，参考比价网站和公司网站的价格（经常有订票网站上没有的优惠价格）。

其他贴士：

- 大多数汽车为手动挡；可以选择自动挡汽车，但租金很高。
- 如果从爱尔兰共和国出发前往北爱尔兰，务必确认保险是否覆盖北爱尔兰境内的旅程。
- 如果你未满23岁，或者没有有效期至少一年的驾照，那么大多数租用公司不会为你提供汽车租赁服务。租车的基本条件包括：

护照：代表个人身份的凭证。

驾照：驾照需要中国驾照原件+英文驾照公证翻译件或国际驾照。

信用卡：信用卡必须是有效的驾驶者本人使用的国际信用卡，驾驶者提供的信用卡必须确保有足够的信用额度。

年龄限制：一般来说，驾驶员的年龄会限制在25周岁到65周岁之间，年龄在25周岁以下，需在当地支付一定的年轻驾驶员风险金。但这个年龄限制在不同的租车公司会有一些上下浮动，有些需要25周岁以上，有些则只需要21岁。而对于某些中高档车型，租车公司可能会要求驾驶员需持驾照半年以上或更长时间。

驾龄：在一些特定的地区，对于某些车型来说，驾车者需持有1~2年以上的合法驾照。

公证：公证件可通过中国各地公证处办理（通常需要一周），可携带本人中国驾照原件及复印件、中国居民身份证原件及复印件、户口本原件及复印件前往你所在城市（国内城市）的公证处申请办理驾照英文公证件，通常需要3~5个工作日完成办理，不同地区稍有差异。

机动车组织

两大主要机动车组织包括：

汽车协会（Automobile Association, AA; ☎北爱尔兰分会 00 800 8877 6655,爱尔兰共和国分会 1800 66 77 88; www.theaa.ie）

皇家汽车俱乐部（Royal Automobile Club, RAC; ☎北爱尔兰分会 0333 200 0999,爱尔兰共和国分会 0800 015 6000; www.rac.ie）

停车场

- 所有大型城镇均有室内和室外短时停车场，跟随路标很容易找到。
- 路边停车通常需要出示路边停车机或停车计时牌提供的单据（计时牌可旋转显示停车时间，通常由租赁机构提供）。停车价格从每小时€1.50至€5不等；停车场停车一整天的费用约为€24。
- 道路边缘的黄线（单黄线或双黄线）表示此处禁止停车。双黄线表示全天候禁停。请多注意附近标志，了解是否允许停车。

道路和交通规则

爱尔兰的限速上限很高，实际驾驶中几乎不可能真正超速，这种情况在全世界可不多见。

- 高速公路（标记为蓝色背景上的M+数字）：现代化的分隔式高速公路。
- 主干道（在爱尔兰共和国的标记为绿色背景上的N+数字，北爱尔兰境内为A+数字标记）：通常为精心设计的双车道道路。
- 二级和三级公路（爱尔兰共和国标记为R+数字，北爱尔兰为B+数字）：可能非常狭窄蜿蜒。
- 许多高速公路要求交费，由服务区的机器收取。M50公路上，可以在www.eflow.ie网站实现6号和7号交流道之间的自动付费。
- 方向标识有时不太明显。
- 智能手机或智能设备的GPS导航非常有必要。
- 爱尔兰认可欧盟驾照。
- 非欧盟驾照在爱尔兰的有效期最长为12个月。
- 如果计划从欧洲大陆驾车前往，没有第三方保险是非法行为。
- 基本道路交通规则：

  靠左行驶；靠右超车。
- 驾驶员和所有乘客必须系好安全带。

  1~2岁以下的儿童不得坐在前排乘客座椅上。
- 进入环形道路时，靠右让道。
- 爱尔兰共和国的限速和距离标志单位均为公里；北爱尔兰的限速和距离标志单位通

常为英里。

限速：

爱尔兰共和国 高速公路限速120公里/小时，国道限速100公里/小时，跨区和地方道路限速80公里/小时，城镇限速50公里/小时或根据当地路标规定。

北爱尔兰 高速公路限速70英里/小时（112公里/小时），主要道路限速60英里/小时（96公里/小时），建筑区域限速30英里/小时（48公里/小时）。

酒驾是必须引起重视的问题：在爱尔兰共和国和北爱尔兰驾驶时，血液中的酒精含量分别不得超过50mg/100ml（0.05%）和35mg/100ml（0.035%）。

搭便车

搭便车在爱尔兰不太流行。决定搭便车的旅行者应当意识到这种行为存在轻微的风险，甚至可能导致严重后果，在此不予推荐。在高速公路上搭便车是非法的。

当地交通工具

都柏林和贝尔法斯特拥有完善的本地公共汽车网络，其他一些大城市也是如此。

➡ 都柏林地区城际列车（DART）铁路线基本沿都柏林海岸线延伸，而Luas有轨电车系统有两条人气很高的线路。

➡ 出租车通常较为昂贵：flag-fall的白天/夜间价格分别为起步价€3.60 / 4，500米之后每公里收费€1.10/1.40。

➡ 优步（Uber）已在都柏林使用，预计今后将在其他地方普及。

团队游

如果时间有限，参加有组织的团队游可以基本浏览该国的主要景点。可以通过旅行社、旅游局预订团队游。声誉较好的旅行经营者包括：

Bus Éireann（☎01-836 6111；www.buseireann.ie）提供从都柏林和科克出发前往知名景点的一日游。

爱尔兰CIE国际旅游集团（CIE Tours International；www.cietours.ie）爱尔兰共和国和北爱尔兰境内的多日巴士游。

帕迪瓦根旅行社（Paddywagon Tours；☎01-823 0822；www.paddywagontours.com）遍及爱尔兰全境的活动丰富多彩的团队游。

爱尔兰旅行列车（Railtours Ireland；☎01-856 0045；www.railtoursireland.com）为火车爱好者而准备。

爱尔兰出租车之旅（Taxi Tours Ireland；☎085-276 5991；www.taxitoursireland.ie）配备汽车和司机，为你提供1~14天的专属自驾游。

火车

由于爱尔兰国土面积相对较小，火车旅行十分便捷，提前购买火车票价与公共汽车相差无几。

➡ 爱尔兰共和国许多风景美丽的地区，如整个野生大西洋之路地带，目前仍然不通铁路。

➡ 绝大部分线路从都柏林出发，辐射状的线路之间互连有限，可能给旅游者造成不便。

➡ 有四条路线从北爱尔兰贝尔法斯特出发，其中一条通过纽里（Newry）与爱尔兰共和国铁路系统相连，直到都柏林。

长途汽车和铁路通票

下列长途汽车、铁路和汽铁通票值得关注：

爱尔兰探险家（Irish Explorer）5天无限次爱尔兰铁路行程，有效期连续15天（成人/儿童€160/80）。

开路通票（Open Road Pass）连续6天中有3天搭乘Bus Éireann（€60）交通工具；额外费用每天€16.50。

周日旅行（Sunday Day Tracker）一天之内可无限次乘坐北爱尔兰Translink的长途汽车和火车（成人/儿童 £9/£4.50），仅限周日。

背包客4日游（Trekker Four Day）连续4天无限次乘坐爱尔兰铁路（€110）。

请注意，我们不推荐欧洲铁路公司（Eurail）通票的任何组合。

Train Routes 铁路线路

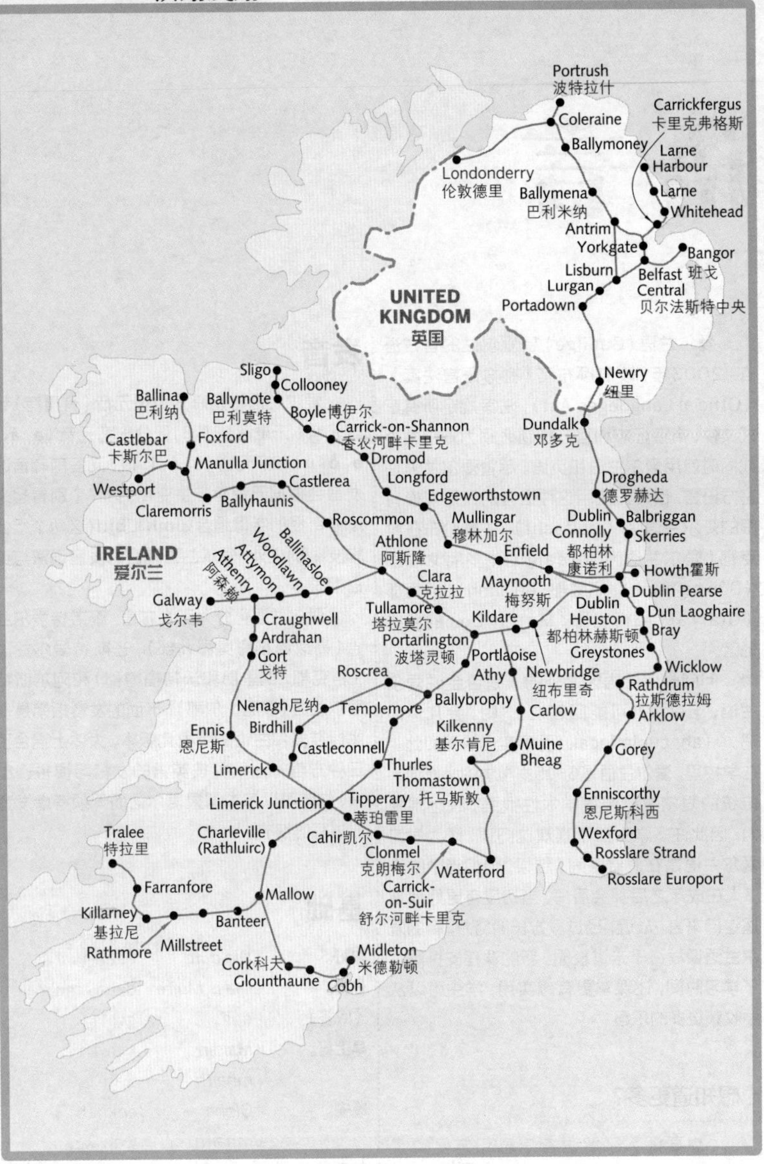

➡ 只有在都柏林-科克和都柏林-贝尔法斯特两条线路才有真正的一等车厢。其他列车上，尽管有些车厢为了营销贴上了“一等座”之类的标签，但事实上座位规格与标准车厢完全相同。

爱尔兰铁路(Irish Rail, Iarnród Éireann; ☎1850 366 222; www.irishrail.ie)负责爱尔兰共和国火车运营。

北爱尔兰跨区联线铁路(Translink NI Railways; ☎028-9066 6630; www.translink.co.uk)负责北爱尔兰火车运营。

语言

爱尔兰语(Gaeilge)是爱尔兰的官方语言。2003年,政府颁布了《官方语言法案》(Official Languages Act),法案规定所有正式文件、街道标志和官方标题必须为爱尔兰语或同时使用爱尔兰语和英语。尽管爱尔兰语是官方语言,但真正使用这种语言的只是规模有限的爱尔兰语区(Gaeltacht),主要分布在科克郡(爱尔兰语为Corcaigh)、多尼戈尔郡(Dún na nGall)、高威郡(Gaillimh)、凯里郡(Ciarraí)和梅奥郡(Maigh Eo)的乡村地区。

问问爱尔兰语区之外的人是否会说爱尔兰语,十有八九可能回答:"嗯,会几个词吧。"(ah, cupla focal.)而事实也的确如此。在学校里,爱尔兰语是6~15岁学生的必修课。传统的爱尔兰语课程学术性很强,缺乏想象力,因此许多学生都不喜欢这门课,认为学习爱尔兰语是在浪费时间。结果,他们当中的许多人在成年之后都会后悔,当初没有更好地掌握这门语言。最近,经过多方长期努力,新的爱尔兰语课程终于走进校园。新的课程安排削减了学习时间,让课堂更有趣实用,学生可以从中收获更多的乐趣。

想知道更多?

想要深入了解语言信息和方便实用的词汇,请查阅Lonely Planet的*Irish Language & Culture*。你可以登录**shop.lonelyplanet.com**找到它,或者在苹果应用程序商店购买Lonely Planet的iPhone常用语手册。

发音

爱尔兰语将元音分为长元音(有重音)和短元音(无重音),同时区分出宽元音(**a**, **á**, **o**, **ó**, **u**)和窄元音(**e**, **é**, **i**, **í**),元音前辅音的发音会根据元音而产生变化。除了个别看起来十分奇怪的字母组合如**mh**和**bhf**(这两个组合均发w音)之外,爱尔兰语辅音的发音通常与英语相同。

爱尔兰语可分为三大方言:康诺特爱尔兰语(高威郡和梅奥郡北部),芒斯特爱尔兰语(科克郡、凯里郡和沃特福德郡)和阿尔斯特爱尔兰语(多尼戈尔郡)。下面的发音指南是现代标准爱尔兰语的英语化版本,大体上混合了三种方言——只要按英语的发音习惯拼读出来,你就可以基本掌握盖尔语而无须考虑发音或拼写的细节。

基础

你好。	*Dia duit.*	deea gwit
你好。(回答)	*Dia is Muire duit.*	deeas moyra gwit
早上好。	*Maidin mhaith.*	mawjin wah
晚安。	*Oíche mhaith.*	eekheh wah
再见。		
(离开时说)	*Slán leat.*	slawn lyat
(留下的人说)	*Slán agat.*	slawn agut
是的。	*Tá.*	taw
就是。	*Sea.*	sheh
不。	*Níl.*	neel

不是。	*Ní hea.*	nee heh

（非常）感谢。
Go raibh (míle) maith agat. goh rev (meela) mah agut
打扰一下。
Gabh mo leithscéal. gamoh lesh scale
对不起。
Tá brón orm. taw brohn oruhm
我不明白。
Ní thuigim. nee higgim
你会说爱尔兰语吗？
An bhfuil Gaeilge agat? on wil gaylge oguht
这是什么？
Cad é seo? kod ay shoh
那是什么？
Cad é sin? kod ay shin
我想去……
Ba mhaith liom dul go dtí baw wah lohm... dull go dee...
我想买……
Ba mhaith liom a cheannach... bah wah lohm... a kyanukh

另一个/再一次	*ceann eile*	kyawn ella
漂亮	*go deas*	goh dyass

对话

欢迎。（字面含义：十万分欢迎）
Ceád míle fáilte. kade meela fawlcha
你好吗？
Conas a tá tú? kunas aw taw too

标志

Fir	fear	男士
Gardaí	gardee	警察
Leithreas	lehrass	厕所
Mna	mnaw	女士
Oifig An Phoist	iffig ohnf wisht	邮局

关键短语

以下爱尔兰语将帮助你更好地与当地人交谈：

Tóg é gobogé.
别紧张。
tohg ay gobogay

Ní féidir é!
不可能！
nee faydir ay

Ráiméis!
胡说！
Rawmaysh

Go huafásach!
那太糟糕了！
guh hoofawsokh

Ní ólfaidh mé go brách arís!
我绝对不会再喝了！
knee ohlhee mey gu brawkh ureeshch

Slainte!
祝你健康！/干杯！
Slawncha

Táim go maith.
我很好。
thawm go mah

Nollaig shona!
圣诞快乐！
nuhlig hona

Cáisc shona!
复活节快乐！
kawshk hona

Go n-éirí an bóthar leat!
一路顺风！
go nairee on bohhar lat

拜托，请您……
más é do thoil é. ...maws ay do hall ay
你叫什么名字？
Cad is ainm duit? kod is anim dwit
我的名字叫（Sean Frayne）。
(Sean Frayne) is ainm dom. (shawn frain) is anim dohm

星期

周一	*Dé Luaín*	day loon
周二	*Dé Máirt*	day maart
周三	*Dé Ceádaoin*	day kaydeen
周四	*Déardaoin*	daredeen
周五	*Dé hAoine*	day heeneh
周六	*Dé Sathairn*	day sahern
周日	*Dé Domhnaigh*	day downick

数字

1	*haon*	hayin
2	*dó*	doe
3	*trí*	tree
4	*ceathaír*	kahirr
5	*cúig*	kooig
6	*sé*	shay
7	*seacht*	shocked
8	*hocht*	hukt
9	*naoi*	nay
10	*deich*	jeh
11	*haon déag*	hayin jague
12	*dó dhéag*	doe yague
20	*fiche*	feekhe

术语表

7月12日——奥伦治会游行庆祝新教徒国王威廉三世在1690年的博因河战役中战胜天主教国王詹姆士二世

An Óige——字面意思为"青年时代"；即爱尔兰共和国青年旅舍协会（Republic of Ireland Youth Hostel Association）

Anglo-Norman——盎格鲁-诺曼人，12世纪入侵爱尔兰的诺曼人、英格兰人和威尔士人

Apprentice Boys——学徒男孩，1814年为纪念8月德里围城战而成立的亲英派组织

ard——字面意思是"高"；爱尔兰地名

Ascendancy——优势人群，盎格鲁-诺曼人的新教徒贵族后裔以及在移民定居政策实施期间来到这里的人们

bailey——城堡的外墙

bawn——围墙区，主城堡外被墙壁包围的区域，在发生战乱时作为防御工事和饲养牲畜的场所

beehive hut——蜂巢小屋，见clochán

Black & Tans——黑棕部队，"一战"结束不久加入北爱尔兰皇家警察部队的英国老兵，以行事残暴著称

Blarney Stone——布拉尼巧言石布拉尼城堡高处供奉的神圣之石；据说如果向后弯腰亲吻石头，就可以变得能说会道

bodhrán——山羊皮手鼓

Bronze Age——青铜时代，爱尔兰最早开始使用金属的时期，大约在公元前2500年至公元前300年左右，在石器时代之后，铁器时代之前

B-Specials——B特分队，北爱尔兰的辅助警察部队，1971年宣告解散

bullaun——中间凹陷的石头，可能用于研磨药材或食物的砂浆，常见于僧侣居住的地方

caher——石墙包围的圆形区域

cairn——史前坟墓上常见的石堆

cashel——石头围起的环形堡垒；见ráth

céilidh——传统音乐和舞蹈集会，又称ceili

Celtic Tiger——凯尔特之虎，1990~2002年爱尔兰经济快速增长，因此获得这一绰号

Celts——凯尔特，公元前300年左右来到的爱尔兰铁器时代的战士部落，控制了这个国度长达1000年

chancel——高坛，教堂东端祭坛所在的地方，神职人员和合唱团专用

chipper——切刀，炸鱼和薯条快餐店常用的术语

cill——字面意思是"教堂"；爱尔兰地名；见kill

Claddagh ring——克拉达戒指，18世纪中叶后康诺特地区广为流行的戒指，戒指装饰图案是两只手捧着一颗佩戴王冠的爱心。如果爱心的方向指向手掌，意味着佩戴者已经找到伴侣或者已婚，如果爱心朝向指尖则意味着他或她正在寻找伴侣

clochán——形状像老式蜂箱的圆形石头建筑，起源于基督教早期

Connaught——康诺特，爱尔兰四大古老省份之一，覆盖高威郡、利特里姆郡、梅奥郡、罗斯康芒郡和斯莱戈郡地区，有时也拼写为"Connacht"；见伦斯特、芒斯特和阿尔斯特词条

craic——闲谈，对话、闲聊、轻松愉快的美好时光；也称为crack

crannóg——湖中为防御而搭建的人工岛

currach——用木板条建成、上覆帆布的划船，也称为cúrach

Dáil——爱尔兰共和国下议院；另见Oireachtas和Seanad

DART——都柏林地区城际列车

demesne——住宅或城堡附近的地产

diamond——小镇广场

dolmen——垂直的石块做成的墓室或墓门，上面有一块巨大的压顶石；出现于公元前2000年左右

drumlin——鼓丘，退缩的冰川形成的圆形小山

Dúchas——负责公园、纪念碑和花园管理的政府部门；旧称为公共工程办公室（Office of Public Works）

dún——堡垒，多为石质建筑

DUP——民主联盟党，成立于1971年，主要发起人为伊恩·佩斯利，该党坚决反对民主统一党提出的统一派政策，即**Éire**——这是爱尔兰语中爱尔兰共和国的意思

esker——冰川形成的凸脊

Fáilte Ireland——"欢迎委员会"；爱尔兰旅游委员会

Fianna——神话中的战士，出现在许多古代爱尔兰传说故事中

Fianna Fáil——字面意思为"爱尔兰的战士"；这是爱尔兰共和国的主要政党之一，由反对1921年英爱条约的新芬党改组而成

Fine Gael——爱尔兰统一党，字面意思为"盖尔人部落"；这是爱尔兰共和国的主要政党之一，由支持1921年英爱条约的新芬党改组而成；该党主持成立了爱尔兰独立后的第一届政府

fir——男人们（单数为fear）；男厕所上的标志；另见leithreas和mná

fleadh——盖尔运动协会（GAA）的节日，致力于推广盖尔式足球和爱尔兰式曲棍球以及其他爱尔兰体育运动

Gaeltacht——爱尔兰语区

gallóglí——14至15世纪的雇佣军士兵；在英语中称为gallowglasses

garda——爱尔兰共和国警察；复数为gardaí

ghillie——钓鱼或狩猎指南；也称为ghilly

gort——字面意思为"土地"；爱尔兰地名

hill fort——用城墙和沟渠加固的山顶，通常认为可以追溯到铁器时代

HINI——北爱尔兰国际青年旅舍（Hostelling International of Northern Ireland）

Hunger,the——1845~1851年爱尔兰大饥荒的俗称

hurling——与曲棍球类似的爱尔兰体育运动

Iarnród Éireann——爱尔兰共和国铁路

INLA——爱尔兰民族解放协会（Irish National Liberation Association）；1975年由从爱尔兰共和军中分裂出的团体组成，1998年后宣布停火

IRA——爱尔兰共和军，最大的共和国准军事组织，80年前成立之初的目标是为统一的爱尔兰而斗争；1969年爱尔兰共和军分裂为官方共和军和临时共和军；官方共和军不再活动，临时共和军即成为新的爱尔兰共和军

Iron Age——铁器时代，青铜时代之后又一个使用金属工具的时期，时间约在公元前300年（凯尔特人到来）左右，至公元5世纪基督教传入为止

jarvey——双轮马车车夫

jaunting car——基尔肯尼郡传统的马拉交通工具，另见jarvey

Leinster——伦斯特，爱尔兰四个古代省之一，由卡洛郡、都柏林、基尔代尔郡、基尔肯尼、莱伊什郡、朗福德郡、劳斯郡、米斯郡、奥法利郡、西米斯郡、韦克斯福德郡和威克洛组成；另见康诺特、芒斯特和阿尔斯特词条

leithreas——厕所；另见mná和fir

leprechaun——爱尔兰民间传说中的淘气小精灵

lough——湖泊或狭长形状的海湾

Loyalist——亲英派通常为北爱尔兰新教徒，主张延续北爱尔兰与英国的联系

Luas——都柏林的轻轨交通系统；在爱尔兰语中意为速度

marching season——游行季，奥伦治会的节日游行，从复活节持续到整个夏天，庆祝新教徒国王奥伦治威廉三世在1690年7月12日的博因河战役中战胜天主教国王詹姆士二世以及与英国的联盟

Mesolithic——中石器时代，也称为Middle Stone Age；时间从第一位人类在爱尔兰定居开始，大约在公元前8000年至公元前4000年；另见新石器时代Neolithic

mná——女人；女厕所门上的标志；另见fir和leithreas

motte——城寨，早期诺曼人的防御工事，由凸起的扁平土堆与上部建筑组成；与外墙（bailey）连接时则被称为墙

寨堡垒，13世纪初以前爱尔兰修建了许多这样的工事

Munster——芒斯特，爱尔兰四大古代省之一，由克莱尔郡、科克郡、凯里郡、利默里克郡、蒂珀雷里郡和沃特福德郡组成；另见康诺特、伦斯特和阿尔斯特词条

nationalism——民族主义，相信爱尔兰应当重新统一的主张

Nationalist——民族主义者，支持爱尔兰统一的人

Neolithic——新石器时代，也被称为New Stone Age；公元前4000年至公元前2500年在爱尔兰以定居农业为主要特征的时期，在青铜时代之后，参见中石器时代（Mesolithic）

NIR——北爱尔兰铁路（Northern Ireland Railways）

NITB——北爱尔兰旅游局（Northern Ireland Tourist Board）

NNR——国家自然保护区（National Nature Reserves）

North, the——政治实体北爱尔兰，而不是爱尔兰地理上的北端

NUI——爱尔兰国立大学（National University of Ireland），在都柏林、科克郡、高威郡和利默里克郡均设有分校

Ogham stone——欧甘石，刻有欧甘符文的石头，是爱尔兰最早的文字形式，形状像树枝一样

Oireachtas——爱尔兰共和国议会，由下议院（Dáil）和上议院（Seanad）组成

Orange Order——奥伦治会，北爱尔兰最大的新教组织，成立于1795年，成员人数多达100,000，得名于在博因河战役中胜利的威廉·奥伦治国王

óstán——酒店

Palladian——帕拉第奥主义，安德烈亚·帕拉第奥（Andrea Palladio，1508~1580年）开创的建筑流派，以古罗马建筑风格为基础

paramilitaries——准军事人员，非法武装组织，也可能是亲英派，也可能是共和党人，常使用暴力和犯罪手段谋取政治和经济利益

partition——分离，1921年爱尔兰分裂

passage grave——长道墓，由一条狭窄的通道连接至墓室的凯尔特坟墓，通常埋在坟堆里

penal laws——18世纪通过的禁止天主教徒买土地和担任公职的法律

Plantation——移民定居政策，处理17世纪新教徒移民（外来者）在爱尔兰定居的办法

poitín——非法酿造的威士忌，也写作poteen

provisionals——临时爱尔兰共和军，从官方共和军（现已基本停止活动）中分裂出来形成；临时军得名于1916年成立的临时政府，他们是在北方打击英国军队的主要力量，也称为provos

PSNI——北爱尔兰警察局（Police Service of Northern Ireland）

ráth——木制围墙和土砖砌成的环形堡垒；另见cashel

Real IRA——真爱尔兰共和军，爱尔兰共和军分裂运动；反对新芬党支持《贝尔法斯特协议》，是1998年奥马爆炸事件的始作俑者，造成29人死亡；停火后仍在英国制造了多起爆炸和其他暴力行为

Republic of Ireland——爱尔兰共和国，包括爱尔兰岛南部的26郡

Republican——共和党，爱尔兰统一的支持者

republicanism——共和主义，主张爱尔兰统一，有时被称为好战的民族主义

ring fort——环形堡垒，环绕在堤岸和沟渠当中的圆形居住区，从青铜时代直到中世纪一直存在，早期基督教时期尤其普遍

RTE——爱尔兰无线电台（Radio Telifís Éireann）；爱尔兰共和国的国家广播电视台，拥有两个电视台和四个广播电台

RUC——北爱尔兰皇家警察部队（Royal Ulster Constabulary），过去叫作北爱尔兰警察局（PSNI）

Seanad——爱尔兰共和国上议院；另见Oireachtas和Dáil

shamrock——三叶草，叶片分为三瓣的植物，据说圣帕特里克曾用它来解释三位一体

shebeen——地下酒吧源自

爱尔兰语síbín，指非法饮酒场所

sheila-na-gig——字面意思为"少女的乳房"；拥有夸张生殖器的女性雕像，雕刻在教会和城堡外部的石头上。至于这些雕像存在的意义，有些解释认为是对男性神职人员的警示，也有人认为这些形象是凯尔特战争女神的化身

Sinn Féin——新芬党，字面意思为"我们自己"，这是一个以爱尔兰统一为目的的共和政党，被视为爱尔兰共和军在政治上的化身，但该党本身却认为两个组织是彼此分离的

slí——徒步路径或道路

snug——酒吧里分隔开的舒适饮酒区

souterrain——通常与环形堡垒和山丘堡垒相连的地下房间；很可能是战乱时期的藏身处和逃生路线和/或货物存储之地

South,the——爱尔兰共和国

standing stone——竖立在地面的石头，广泛分布在爱尔兰各地，年代各不相同，有些是墓地的标记

Taoiseach——爱尔兰共和国总理

teampall——教堂

trá——海滩或河岸

Treaty——1921年的《英爱条约》，将爱尔兰分割成两部分，南方获得相对独立，导致1922~1923年内战爆发

tricolour——绿色、白色和橙色的爱尔兰国旗，象征着对"绿色"的天主教南方与"橙色"的新教北爱尔兰合二为一的希望

turlough——在干燥的夏季经常消失不见的小型湖泊，源自爱尔兰语turlach

UDA——阿尔斯特防卫协会(Ulster Defence Association)，规模最大的亲英派准军事集团，1994年以后宣告停火

uillean pipes——尤利安风笛，用肘部挤压风箱发声的爱尔兰风笛；尤利安(uillean)是爱尔兰语中胳膊肘的意思

Ulster——阿尔斯特，爱尔兰的四个古老省之一；有时用来概括北方郡，但阿尔斯特还包括卡文郡、莫纳亨郡和多尼戈尔郡(均属于爱尔兰共和国)；另见康诺特、伦斯特和芒斯特词条

Unionist——统一党人，希望保持北爱尔兰与英国之间的联系的人

United Irishmen——爱尔兰人联合会，成立于1791年的组织，旨在减少英国在爱尔兰的权力，该组织发起了一系列不成功的起义和入侵活动

UUP——北爱尔兰统一党(Ulster Unionist Party)；北爱尔兰最大的统一党派和议会的多数党派；成立于1905年，1910至1921年由统一党人英雄人物爱德华·卡森(Edward Carson)领导，1921至1972年是唯一的统一政党组织，但如今其地位却受到民主统一党(DUP)的威胁

UVF——阿尔斯特志愿军(Ulster Volunteer Force)，非法的北爱尔兰亲英派准军事组织

Volunteers——志愿军，IRB的分支，后来发展成为爱尔兰共和军

幕后

说出你的想法

我们很重视旅行者的反馈——你的评价将鼓励我们前行，把书做得更好。我们同样热爱旅行的团队会认真阅读你的来信，无论表扬还是批评都非常欢迎。虽然很难一一回复，但我们保证将你的反馈信息及时交到相关作者手中，使下一版更完美。我们也会在下一版特别鸣谢来信读者。

请把你的想法发送到**china@lonelyplanet.com.au**，谢谢！

请注意：我们可能会将你的意见编辑、复制并整合到Lonely Planet的系列产品中，例如旅行指南、网站和数字产品。如果不希望书中出现自己的意见或不希望提及你的名字，请提前告知。请访问lonelyplanet.com/privacy了解我们的隐私政策。

声明

气候图表数据引用自Peel MC,Finlayson BL & McMahon TA（2007）‘*Updated World Map of the Köppen-Geiger Climate Classification*’，*Hydrology and Earth SystemSciences*, 11, 163344。

封面图片：巨人之路的卡里克索桥，Chris Hill/ Alamy。

本书部分地图由中国地图出版社提供，其他为原书地图，审图号GS（2017）2350号。

关于本书

这是Lonely Planet《爱尔兰》的第十版。本书的作者为芬恩·达文波特、达米安·哈珀、凯瑟琳·勒内韦、莱恩·冯·博克摩斯、尼尔·威尔逊。

本书为中文第一版，由以下人员制作完成：

项目负责 关媛媛

项目执行 丁立松

翻译统筹 肖斌斌 王玫珺

翻　　译 李文雯 吴孟颖 陈阳

内容策划 郭瑶 王珏（本土化内容） 周伯源（本土化内容） 涂识

视觉设计 李小棠 庹桢珍

协调调度 高原

责任编辑 马珊 李偲涵

地图编辑 马珊

制　　图 田越

流　　程 孙经纬

终　　审 杨帆

排　　版 北京梧桐影电脑科技有限公司

感谢寇家欢、兰珊、洪良、潘英、罗霄山、关雨铂、张妲、茅宇琪为本书提供的帮助。

索引

000 地图页码
000 图片页码

000 地图页码
000 图片页码

V

W

地图图例

景点

- 海滩
- 鸟类保护区
- 佛教场所
- 城堡
- 基督教场所
- 孔庙
- 印度教场所
- 伊斯兰教场所
- 耆那教场所
- 犹太教场所
- 温泉
- 神道教场所
- 锡克教场所
- 道教场所
- 纪念碑
- 博物馆/美术馆/历史建筑
- 历史遗址
- 酒庄/葡萄园
- 动物园
- 其他景点

活动、课程和团队游

- 人体冲浪
- 潜水/浮潜
- 潜水
- 皮划艇
- 滑雪
- 冲浪
- 游泳/游泳池
- 徒步
- 帆板
- 其他活动

住宿

- 住宿场所
- 露营地

就餐

- 餐馆

饮品

- 酒吧
- 咖啡馆

娱乐

- 娱乐场所

购物

- 购物场所

实用信息

- 银行
- 使领馆
- 医院/医疗机构
- 网吧
- 警察局
- 邮局
- 电话
- 公厕
- 旅游信息
- 其他信息

地理

- 棚屋/栖身所
- 灯塔
- 瞭望台
- 山峰/火山
- 绿洲
- 公园
- 关隘
- 野餐区
- 瀑布

人口

- 首都、首府
- 一级行政中心
- 城市/大型城镇
- 镇/村

交通

- 机场
- 过境处
- 公共汽车
- 缆车/索道
- 自行车路线
- 轮渡
- 地铁
- 单轨铁路
- 停车场
- 加油站
- 出租车
- 铁路/火车站
- 有轨电车
- 其他交通方式

路线

- 收费公路
- 高速公路
- 一级公路
- 二级公路
- 三级公路
- 小路
- 未封闭道路
- 广场
- 台阶
- 隧道
- 步行天桥
- 步行游览路
- 步行游览支路
- 小路

境界

- 国界
- 一级政区界
- 未定国界
- 地区界
- 军事分界线
- 海洋公园
- 悬崖
- 墙

水文

- 河流、小溪
- 间歇河
- 沼泽/红树林
- 暗礁
- 运河
- 水域
- 干/盐/间歇湖
- 冰川
- 珊瑚礁

地区特征

- 海滩/沙漠
- 基督教墓地
- 其他墓地
- 公园/森林
- 运动场
- 一般景点(建筑物)
- 重要景点(建筑物)

注：并非所有图例都在此显示。

我们的故事

一辆破旧的老汽车，一点点钱，一份冒险的感觉——1972年，当托尼（Tony Wheeler）和莫琳（Maureen Wheeler）夫妇踏上那趟决定他们人生的旅程时，这就是全部的行头。他们穿越欧亚大陆，历时数月到达澳大利亚。旅途结束时，风尘仆仆的两人灵机一闪，在厨房的餐桌上制作完成了他们的第一本旅行指南——《便宜走亚洲》(*Across Asia on the Cheap*)。仅仅一周时间，销量就达到了1500本。Lonely Planet 从此诞生。

现在，Lonely Planet在都柏林、富兰克林、伦敦、墨尔本、奥克兰、北京和德里都设有公司，有超过600名员工和作者。在中国，Lonely Planet被称为“孤独星球”。我们恪守托尼的信条：“一本好的旅行指南应该做好三件事：有用、有意义和有趣。”

我们的作者

芬恩·达文波特（Fionn Davenport）

都柏林；威克洛郡和基尔代尔郡 芬恩在爱尔兰出生长大。过去20年中，他一直密切关注并用文字记录着故乡发生的一切。令他惊讶的是，这个国度至今仍然能够不断给他带来惊喜。在故乡都柏林，他不断探索发掘城市中层出不穷的好去处：景点、娱乐场所、餐厅、咖啡馆和酒店等。这是一项繁重艰辛的工作，但他却乐此不疲。在《爱尔兰时报》(Irish Times）旅行版块中，你也可以读到他的大作。芬恩也是“欢迎来到爱尔兰”“爱尔兰Top15”“行前参考”“初次到访”“新线报”“如果你喜欢”“每月热门”“旅行线路”“当地美食”“野性大西洋之路”“地区速览”和“了解爱尔兰”等章节的作者。

达米安·哈珀（Damian Harper）

利默里克郡和蒂珀雷里郡；克莱尔郡；戈尔韦郡 达米安作为《孤独星球》作者的时间将近20年，他第一次来到爱尔兰是因为工作，当时水石书店（Waterstones）在都柏林的道森街上开设了第一家国际分店，他在此担任了一年的书商。拥有两份大学文凭的达米安为Lonely Planet走访了许多地方，《伦敦》《上海》《越南》和《英国》等书中都有他的贡献。这一次，他抓住机会，前往景色壮丽的爱尔兰西海岸一探究竟。达米安也是目录章节的作者。

凯瑟琳·勒内韦（Catherine Le Nevez）

米斯郡、劳斯郡、卡文郡和莫纳亨郡；贝尔法斯特；邓恩郡和阿马郡；伦敦德里郡和安特里姆郡 4岁那年搭车穿越欧洲时，周游世界的渴望就在凯瑟琳心里扎下了根。从那时起，她只要有机会便出发，在旅途中取得创意写作博士、职业写作硕士学位以及编辑与出版研究生学历。说起凯尔特，凯瑟琳对爱尔兰和布列塔尼文化遗产非常感兴趣，而且她很喜欢健力士黑啤。她走遍了绿宝石岛上的每一处小镇，足迹遍布孤独星球上的大部分地区，许多版本的指南中都有她的身影。

莱恩·冯·博克摩斯（Ryan Ver Berkmoes）

梅奥郡和斯莱戈郡；多尼戈尔郡；米德兰兹；弗马纳郡和蒂龙郡 从马林角到达罗，莱恩·冯·博克摩斯探寻了爱尔兰这一部分地区的荒野。1985年，他第一次前往高威，印象中那是一片灰蒙蒙的地带，当地人在泥泞的潮水中嬉戏狂欢。现在那里已经完全变样了！乡村小酒馆已经成为旧日的回忆，现在这个地方让他流连忘返，在这里，他的名字很普通，而提起他的姓氏，人们却忍不住要大吃一惊。莱恩也是交通指南章节的作者。欢迎在ryanverberkmoes.com；@ryanvb上关注他。

尼尔·威尔逊（Neil Wilson）

韦克斯福德郡，沃特福德郡，卡洛郡和基尔肯尼郡；科克郡；凯里郡 尼尔第一次造访爱尔兰是在1990年，当时他乘着帆船来到了金塞尔。后来他走遍了爱尔兰共和国和北爱尔兰的大部分地区，其间也为孤独星球指南进行了大量实地调研。此次旅行指南的创作让他有机会攀登麦吉利卡迪山脉主峰，骑单车沿着教士大斜坡一路登顶，尽情享受西科克郡农场的自制奶酪（啊，古比恩农场……）。尼尔是一位全职旅行作家，现居苏格兰。他为六七家出版机构创作了超过70本旅行指南。尼尔也是户外活动章节的作者。

爱尔兰

中文第一版

书名原文：*Ireland*（12th edition，Mar 2016）

图书在版编目 (CIP) 数据

爱尔兰 / 澳大利亚 Lonely Planet 公司编；李文雯等译. -- 北京：中国地图出版社，2017.9（2020.4 重印）
书名原文：Ireland
ISBN 978-7-5204-0159-3

Ⅰ. ①爱… Ⅱ. ①澳… ②李… Ⅲ. ①爱尔兰－概况 Ⅳ. ① K956.2

中国版本图书馆 CIP 数据核字 (2017) 第 228406 号

出版发行	中国地图出版社
社　址	北京市白纸坊西街 3 号
邮政编码	100054
网　址	www.sinomaps.com
印　刷	北京华联印刷有限公司
经　销	新华书店
成品规格	197mm × 128mm
印　张	14.5
字　数	762 千字
版　次	2017 年 9 月第 1 版
印　次	2020 年 4 月北京第 2 次印刷
定　价	79.00 元
书　号	ISBN 978-7-5204-0159-3
审 图 号	GS（2017）2350 号
图　字	01-2017-5899

如有印装质量问题，请与我社发行部（010-83543956）联系